KB190713

고린도전서

해석학적&목회적으로 바라본 실용적 주석

앤서니 C. 티슬턴(Anthony C. Thiselton) 지음
권연경 옮김

지은이 **앤서니 티슬턴** Anthony C. Thiselton

영국 브리스톨대학과 셰필드 대학 교수를 거쳐 더럼대학 세인트 존스 칼리지 학장, 노팅엄대학 신학과 학장을 역임하였다. 은퇴 후에도 계속 노팅엄대학 신학과 교수 및 레스터 주교좌교회 정경신학자로 봉사하고 있다. 그는 교회와 사회에서 인간 배아 및 수정 위원회, 영국 성공회 교리 위원회, 왕위 지명 위원회, 교육 위원회 위원 활동 등으로 활동하며, 학술적으로는 신학연구학회(Society for the Study of Theology) 회장, 대영학술원 펠로우 등으로 활동하고 있다. 고린도전서 NIGTC 주석이 포함된 여러 저서들 중 국내에 번역 소개된 저서들로는 『두 지평』(총신대학교출판부), 『성경해석학 개론』, 『기독교교리와 해석학』(새물결플러스), 『해석의 새로운 지평』(SFC) 등이 있다.

옮긴이 **권연경**

서울대 영문과를 졸업하였고, 미국 풀러신학교(M.Div.) 및 예일대학교 신학부(S.T.M.)를 거쳐 King's College London에서 갈라디아서 연구로 박사학위(Ph.d.)를 받았다. 웨스트민스터 신학대학원대학교와 안양대학교에서 신약학 교수를 역임했고, 현재는 숭실대학교 기독교학과에서 가르치고 있다. 저서로는 『행위 없는 구원?』, 『네가 읽는 것을 깨닫느뇨』(SFC), 『로마서 산책』(복있는사람)이 있고, 역서로는 『IVP성경신학사전』(IVP), 『기독교와 문학: 세계를 보는 창』(크리스찬다이제스트), 『부활』(청림)과, 공역한 『예수의 정치학』(IVP), 『갈라디아서 어떻게 읽을 것인가』(성서유니온선교회) 등이 있다.

FIRST CORINTHIANS

A Shorter Exegetical and Pastoral Commentary

Anthony C. Thiselton

차례

제2부 본문 및 주석

한국어판 서문

권 박사께서 이 주석을 한국어로 번역하게 되어 매우 기쁘게 생각한다. 지난 번 한국을 방문했을 때, 참 좋은 인상을 받았다. 때문에 요즘도 한국 교회에 대해 종종 생각한다. 나는 사도행전에 나오는 한 구절, 곧 "너희는…땅 끝까지 이르러 내 증인이 되리라"라는 말을 해외를 향한 나의 부르심으로 생각한 적이 있다. 그러나 사람들은 내 건강 문제 때문에 이것을 감당치 못할 것이라 판단했다. 하지만 하나님은 예기치 못한 놀라운 방법으로 그분의 말씀을 성취하셨다. 그것은 주로 내가 쓴 글, 특히 철학박사 학위 논문들을 통해서였다.

이 주석은 단순히 앞서 출판된 헬라어 본문에 대한 훨씬 두꺼운 주석(Eerdmans, 2000, 이하 *NIGTC* 주석)의 요약판이 아니다. 그보다 나와 아내는 오랜 기간 고린도전서에 관해 연구해 온 것을 토대로 목회자들과 교회 지도자들을 위한 주석을 쓰는 것이 교회에 유익할 것이라고 생각했다. 따라서 이것은 특히 설교와 헌신을 위해 필요한 실용적인 적용점들을 구체화하기 위해 고안된 것이다. 나는 이 주석이 평범하고 늘 똑같고 애매모호하게 되지 않도록 하기 위해 오랜 세월에 걸쳐 개정 작업을 했다. 하지만 영국과 미국의 목회자들과 교회 지도자들이 이 주석에서 실용적으로 도움받기를 많이 구하는 것처럼 보인다. 그래서 이 주석의 독자수가 더 확장되는 것에 대해 기쁘게 생각한다. 아무쪼록 이 주석이 다른 많은 나라, 특히 한국의 목회자와 교회 지도자들에게 도움이 되기를 기도한다.

앤서니 C. 티슬턴(Anthony C. Thiselton)
노팅엄대학 기독교 신학 교수, 레스터 성당 정경신학자(Professor of Christian Theology, University of Nottingham, U.K., and Canon Theologian of Leicester Cathedral)

역자 서문

시대는 달라져도 사람 사는 모양은 그리 달라지는 것 같지 않다. 고린도전서를 읽노라면 새삼 그런 생각이 든다. 고린도교회에는 분열이라는 근원적인 문제가 있었다. 그리고 논바닥처럼 갈라진 공동체 틈새로 온갖 문제들이 기어 나와 교회 생활을 더 힘겹게 만들고 있었다. 영적 자존심은 하늘을 찔렀지만, 실제 삶의 수준은 오히려 세상보다 더 낮은 데까지 내려갔고, 화려한 영적 언어들이 난무했지만, 정작 그들의 삶은 무기력했다. 그래서 바울은 가슴이 아팠다. 영적 언어의 위장막 속에서 활개를 치는 육신적 욕망의 현실이 가슴 아팠고, 그런 아픔을 못 느끼게 하는 신학적 위선에 화가 났다. 복음적 삶의 방식이 이 세상의 흐름을 극복하고 그 지경을 넓혀가기는커녕 오히려 세상의 논리가 복음의 비전을 잠식하는 안타까운 현실이 고통스러웠다. 그것이 오랜 세월 지난 후의 이야기가 아니라, 복음이 막 전파되던 첫 세대의 이야기라는 사실은 바울뿐 아니라 오늘 우리의 마음까지도 답답하게 만든다.

바울의 시대로부터 거의 이천 년에 가까운 세월이 흘렀다. 그 사이 많은 변화가 있었다. 그리고 많은 사람들은 그 변화에 '발전' 혹은 '진보'라는 이름표를 붙인다. 어쩌면 당연한 이야기다. 바울이 불러주는 이야기를 한 자 한 자 파피루스에 받고 험한 여정을 거쳐 이를 전달해야 했던 시대는 내가 이렇게 역자 서문을 컴퓨터로 '두들겨서' 이메일로 '날려 보내는' 시대와 비교할 수 없다. 이처럼 우리는 1세기의 고린도보다 훨씬 더 진보된 문명을 누리며 산다. 하지만 변화는 그 정도 수준에서 멈추는 것 같다. 우리가 갖게 된 문명의 장난감들은 비약적으로 진보했지만, 그 진보된 문명을 갖고 노는 우리의 유치함은 그대로다. 오늘 우리가 그려내는 삶의 모양 자체는 그 당시 고린도 사람들이 보여준 삶의 모습과 그리 달라 보이지 않는다. 좀 더 비싼 장난감을 가졌다 해서 그걸 갖고 노는 아이들의 행동이 더 성숙해지는 것은 아닌 것과 마찬가지다.

강의나 설교에서 간혹 농담처럼 '고린도교회에서 청빙이 오면 아무리 대우를 잘 해준다 해도 거절할 것 같다'는 이야기를 하곤 한다. 그만큼 골치 아픈 상황을 연출하고 있는 동네가 고린도교회다. 하지만 어디 고린도교회뿐이겠는가. 몇 걸음 장소를 옮긴다고 해서, 혹은 시대를 약간 바꾼다 해서 사람의 속내가 달라질 것인가. 죄와 죽음의 증상들이 지배하는 세계가 그대로라면, 그것이 일부 개인의 문제가 아니라 모든 인간들이 공유하는 근원적 문제라고 한다면, 그런 세계 속에서 복음으로 사람들을 섬기는 일이란 언제나 힘겨운 싸움일 수밖에 없지 않겠는가.

바울이 고린도교회에서 위기감을 느낀 것처럼, 오늘 우리들 또한 '한국기독교의 총체적 위기'에 관해 이야기한다. 거룩한 언어와 치장은 여전히 화려하지만, 대개는 속 빈 강정들이다. 기독교라는 '종교'의 위세는 대단하지만, 복음이 약속하는 삶의 자태는 발견하기 어렵다. 최근 뉴스를 장식하는 어느 교회는 '한국교회가 우리 사회에 보다 폭넓은 영향력을 주어야 한다는 소명감' 때문에, 세상 권력을 동원하여 건축허가를 얻어 내고 공공도로의 지하를 사용할 수 있는 남다른 특혜를 누린다. 물론 도로점용 비용으로 일억 몇 천을 내는 것이니 돈의 힘도 당연히 필요하다. 불신자들도 '유전무죄, 무전유죄'를 외치는 수준의 사법제도 아래서, 많은 목사들과 '그리스도인들'이 서로 싸우며 '법정에서 주님의 뜻을 가리겠다'고 기염을 토한다. 허긴 바퀴 달린 십자가를 끌고 나오는 수준의 목사들이라면, 거기서 무얼 기대하겠다는 것 자체가 어리석은 일일 것이다. 물론 이런 '지도자'들이 활개를 친다는 것은 그 사람들을 먹여 살리는 교인들 역시 한통속이라는 이야기가 된다. 주일마다 예배당을 가득 채우고 기분 좋은 이야기에 '아멘'을 열창하는 기독교인들은 예배당 문을 열고 나가는 순간 세상 속의 사람들과 쉽게 뒤섞여 버린다. 복음을 욕망 분출과 충족의 수단으로 삼고, 성경은 내 욕심을 정당화하기 위한 종교적 점괘로 삼아버린 사람들을 향해 '버림'과 '비움'의 논리가 귀에 들어올 리 없다.

하지만 그렇다고 복음이 사라진 것은 아니다. 이천 년 전 바울의 투쟁 역시 오늘 우리들의 투쟁만큼이나 비관적이었다. 고린도후서의 암울한 분위기는 고린도에서 치러진 세속적 흐름과의 전투가 '패배'로 끝났을 가능성을 시사한다. 갈라디아교회의 경우도 마찬가지다. 물론 우리는 그 싸움의 실제 결말을 알지 못한다. 하지만 당시 상황 속에서 바울이 느끼는 절박한 위기감은 오늘날 우리들의 위기감과 다르지 않다. 그런 절박함 속에서 바울은 '십자가에 달리신 그리스도'를 선포했다. 우리의 욕망에 주파수가 맞추어진 세상의 가치들에서가 아니라, 일견 어리석음 그 자체로 보이는 십자가의 복음으로부터 참 생명의 물줄기가 흘러나온다고 외쳤다. 이것은 외적 승패의 문제가 아니라 진리의 문제였다.

물론 십자가에 달린 그리스도가 구원의 통로라는 주장은 어리석다. 하지만 구원을 얻는 자들, 곧 하나님의 부르심을 입은 자들에게는 바로 그 십자가가 하나님의 능력이고 하나님의 지혜다. 바울이 십자가를 높이 든 것이 바로 그 때문이었다. 복음이 어리석었기 때문이 아니라, 그 어리석음 속에 참 능력과 지혜가 담겨 있었기 때문이다. 그의 투쟁을 지탱해 나간 것이 바로 이 확신이었다. 그는 십자가의 비밀을 알았고, 그래서 세상이 뭐라 하든 이 십자가를 의존하는 삶을 살았다. 그래서 그는 사람들과 자주 부딪혔다. 사람들을 동원하여 방송국 앞에 가 '실력행사'를 해야 하고, 세상의 권력을 동원하여 '주님의 일'을 해야 하는 그런 사람들에게는 바울 식의 십자가 논리가 터무니없었기 때문이다. 절대반지를 없애는 것이 악을 이기는 것이라는 역설적 논리가 보로미어처럼 지혜로운 사람에게는 이해될 수 없는 것과 마찬가지다.

그런 점에서 고린도전서는 우리의 신앙을 검증하는 좋은 시료가 된다. 이 편지는 우리가 내세우는 믿음이 십자가의 뒤를 따르는 제자들의 몸짓인지 아니면 종교의 외양을 갖춘 세속적 욕망의 게임인지 밝혀내는 하나님의 시험문제다. 여기서 우리는 심오한 신학적 개념의 무게를 벗고, 지극히 일상적인 삶의 한가운데서 드러나는 복음의 칼날을 느낀다. 안전한 말의 세계를 넘어, 우리의 삶 자체가 말씀의 심판대 위에 오르는 것이다. 당시 성도들의 영적 자신감은 오늘 우리들의 자심감과 다를 바 없고, 그래서 그들의 영적 풍선을 겨냥한 십자가의 못은 또한 오늘 우리의 위선을 겨냥한 것이기도 하다. 그래서 우리는, 바울이 훗날 말한 것처럼, '우리가 믿음에 있는지 우리 자신을 검증하는'(고후 13장 5절) 태도로, 그렇게 그의 편지를 읽는다. 하나님 나라는 멋진 말의 문제가 아니라 삶으로 드러나는 능력의 문제라는 사실을 되새기면서(고전 4장 19, 20절), 그리고 십자가가 하나님의 능력이라 외쳤던 바울의 그 외침이 우리의 삶 속에서도 '아멘'으로 울려나기를 소망하면서 말이다.

이 주석은 이전에 저자가 쓴 방대한 고린도전서 주석의 후속편이다. 물론 그보다는 짧고, 그래서 주석적 논증들은 상당 부분 생략되거나 요약되었다. 하지만 그보다 더 중요한 차별성은 이 책 전체를 관통하는 목회적 관점이다. 큰 주석이 고린도교회의 상황과 그에 대처하는 바울의 입장을 상세히 밝힌 것이라면, 이 책은 고린도교회의 이야기가 오늘 우리들에게 던지는 실천적 의미에 무게를 둔 보다 실용적 주석서라 할 수 있다. 그런 점에서 이 책은 말씀을 통해 하나님의 인도를 받기 원하는 성도들에게, 그리고 말씀으로 그들을 섬겨야 하는 목회자들에게 유용한 도구가 될 것이다.

이 책이 번역되고 출판되는 과정에는 나름의 우여곡절이 있었고, 그래서 시작부터 출판까지 많은 시간이 걸렸다. 나름 애를 썼지만, 결과적으로 번역의 품질에 많은 아쉬움이 남는다. 타인의 번역을 두고 타박을 많이 하던 사람이 막상 세련되지 못한 결과를 내놓는 것 같아 송구스러운 마음이 크다. 나중에 기회가 된다면 더 손질을 해서 보다 제대로 된 모습으로 만들 수 있으면 하는 마음이다.

초기에 이 책 번역에 함께 참여해 주었던 성기문 교수님께 이 자리를 빌어 감사의 마음을 전한다. 물론 번역의 품질에 대한 책임은 전적으로 나에게 있다. 이 책의 출판을 맡은 입장에서 여러 모로 마음고생이 많았을 SFC의 이의현 간사께도 감사의 마음을 전한다. 또한 늘 부족한 남편의 든든한 후원자가 되어 주는 아내 최인화에게, 그리고 '엉터리 박사' 아빠에게 큰 기쁨이 되어주는 딸 세라에게 사랑과 감사의 마음을 전한다. 부족한 작품이지만, 이를 통해서도 주께서 많은 영혼에게 생명과 기쁨을 허락해 주시기를 바라는 마음이 간절하다.

2011년 4월
새 생명의 꿈틀거림을 느끼며,
권연경

서문

나는 2000년 12월에 고린도전서의 헬라어 본문을 기초로 삼은 이 책보다 더 두꺼운 주석(*NIGTC* 주석)을 출판한 적이 있다. 하지만 그렇다고 지금 이 주석이 그것의 요약본은 결코 아니다. 나는 *NIGTC* 주석을 출판한 이후 지난 5년 동안 계속해서 고린도전서를 공부했다. 그래서 이 주석을 저술하면서는 다음의 두 가지 원칙을 견지하기로 마음먹었다. 첫째로, 다양한 해석의 가능성을 많이 살펴보기보다는 주로 나 자신의 견해를 제시한다. 둘째, 오늘날 교회와 세상이 직면한 목회적이고 실천적인 문제와 고린도전서를 어떻게 연결할 수 있을까 하는 문제에 더 큰 관심을 기울인다.

고린도전서에 대한 또 다른 주석을, 그것도 꽤 간단하게 쓰려 한 데는 두 가지 자극이 있었다. 그중 하나는 중요한 것이지만, 다른 하나는 비교적 가벼운 것이다. 먼저 비교적 가벼운 자극은 트루로의 주교이며 예전 영국국교회 교리위원회의 동료였던 빌 인드(Bill Ind)와의 장난스런 대화에서 비롯된 것이다. 트루로 주교는 언젠가 내 멱살을 잡으며 이렇게 말했다: "고린도전서 주석을 하나 썼더군. 그래서 '하나 사야지'라고 생각했지. 그러다가 어떤 사람의 서평에 '1,371쪽에 보면…'이라고 적힌 걸 봤어. 제발 좀 우리 같은 사람이 감당할 수 있을 만한 그런 두께로 쓸 수는 없나?"

물론 이보다 더 중요한 동기도 있다. 나의 *NIGTC* 주석을 두고 많은 학자, 신학교 교수, 그리고 중견 목회자들이 매우 관대하고 따뜻한 격려의 말을 해 주었지만, 반면 다른 여러 목회자와 교회 성경공부 모임의 인도자들은 좀 더 짧은 주석, 그리고 (*NIGTC* 주석처럼) 목회적이고 학문적인 이슈에 관심을 둘 뿐 아니라, 우리가 현재 당면하고 있는 오늘의 문제에 깊은 관심을 기울인 그런 주석이 필요하다고 입을 모았다. 나의 *NIGTC* 주석 집필을 위해 연구비를 지원해 주었던 영국성서공회 역시 교회 생활에 좀 더 직접적 도움을 줄 수 있는 연구가 나왔으면 하는 바람과 희망을 피력하였다. 어드만 출판사도 그 생각에 공감을 표시했다. 물론 얇은 주석이 두꺼운 주석의 축소판 수준이어서는 안 된다는 조건을 달았다. 이 주석은 이러한 뜻을 깊이 고려하면서 저술한 것이다.

이 주석을 집필하면서는, 나의 이전 주석이든 다른 사람의 주석이든, 다른 책을 펼쳐 놓은 경우가 거의 없었다. 일생 동안 고린도전서를 공부하였기에 그냥 원고를 쓰면서 '생각'할 수 있었다. 물론 이 주석은 지금까지의 오랜 연구와 묵상을 기초로 한 것이지만, 특히 나는 ① 본문이 실제로 의미하는 바와 ② 그 의미를 어떻게 오늘의 목회적이고 실천적인 이슈에 적용할 수 있을까 하는 물음에 관심을 기울였다. 앞선 *NIGTC* 주석에서는 이보다 더 다양한 질문을 제기했음을 기억하는 분들도 있을 것이다.

주석과 해설 부분을 작성하는 일은 비교적 수월했다. 비록 세 번씩이나 다시 고치고 단어도 더 쉬운 것으로 바꾸려고 했지만 말이다. 대체적으로 어려운 대목은 본문과 주석 부분 뒤에 따라 나오는 52개의 '묵상을 위한 제언' 부분이었다.

'가능한'[원문에는 '가능한 묵상을 위한 제언'으로 되어 있지만, 번거로움을 피하기 위해 본문 번역에서는 '묵상을 위한 제언'이라고 옮겼다—역주]이라는 제목에는 결코 쉽지 않은 과제를 앞에 둔 나의 주저하는 마음이 담겨 있다. '실천적인' 설명은 너무도 쉽게 진부한 설교 내지는 본문과 무관한 이야기로 전락하기 때문이다. 맨 처음에 작성한 원고는 너무 '경건한' 설교 같았고, 또 권유 조의 표현이 너무 많았다. 사실 복음 자체가 단순히 "어떻게 하면 좀 더 잘 할 수 있을까" 하는 이야기가 아니라 우리 삶에 변화를 일으키는 복된 소식을 기뻐하는 것이 아닌가. 두 번째로 원고를 작성할 때는 주로 질문을 만들어 내는 데 집중했다. 하지만 이런 작업에는 늘 함정이 있다. 누구나 다 아는 사실을 마치 한 수 가르치듯 내놓거나("해답은 7절에 있다"라는 식으로), 너무 막연해서 독자들이 도대체 어떻게 대응해야 할지 알 수 없는 소리를 하기 쉬운 것이다.

많은 고민과 또 많은 종이를 낭비하고 나서, 세 번째로 원고를 다시 쓰기 시작했다. 위에서 언급한 함정을 피하기 위해 묵상과 질문을 섞는 방법을 시도했다. 내가 '가능한'이라는 말을 쓴 것은 "내가 누구라고 이런 말을 할 수 있을까?" 하는 염려에서다. 그럼에도 불구하고 '묵상' 부분이 오늘날 우리의 삶과 사고에 신중한 주석에 토대를 두고 실천되고 형성되게 하는 영향을 끼칠 수 있었으면 하는 것이 나의 간절한 바람이다. 또 분주하고 과중한 사역을 감당하는 많은 이들에게 설교 자료로 요긴하게 사용되었으면 한다. 이 주석의 앞부분은 실제로 내가 몸담은 노팅엄 외곽의 한 교회에서 다른 이들이 인도하는 성경공부반을 통해 시험을 거친 것이다.

이 주석의 서론에서는 몇 가지 선별된 주제만 다루었다. 고린도전서를 하나의 전체로 이해하는 데 필요한 실질적인 도움을주자는 의도에서였다. 슐라이어마허처럼 나도 본문을 읽고 싶은 열정을 불러일으켜야 할 서론이 정작 지루하고 현학적으로 흐르는 경우가 너무 많다는 사실이 개탄스럽다. 본문 이해를 위한 실질적인 도움을 구하는 이들이 서론을 지나치지 말았으면 좋겠다. 서론은 독자를 고린도와 바울의 '세계'로 들어갈 수 있도록 해 주며, 왜 고린도 교회와 바울이 그런 식으로 생각하고, 느끼고, 행동하고, 썼는지를 설명해 줄 것이다. 이를 위해 나는 서론에다 고린도의 지리적 정황을 묘사한 지도와 일곱 장의 고대 고린도 유적 사진을 실어 두었다.

본문에 제시된 헬라어 본문의 번역에 관해서도 약간의 설명이 필요할 것 같다. 나의 *NIGTC* 주석을 서평했던 이들 중 많은 사람들이 새롭고 독창적인 본문 번역에 대해 호평해 주었다. 철저하고 정확하게 옮기려다 영어가 다소 난삽하고 어색해진 몇몇 사소한 경우를 제외하고, 그 주석에서 제시된 번역을 이 책에서도 그대로 사용하였다. 물론 독자층이 더 넓을 것을 예상하여, 여기저기 손을 대어 보다 부드럽게 만들었다. 그렇게 해서 의미가 실질적으로 달라진 경우는 한 군데뿐이다. 내가 *NIGTC* 주석을 완성한 이후, 브루스 윈터(Bruce Winter)는 12장 3절에 대해 매우 설득력 있는 해석을 제안했는데, 번역을 부드럽게 하는 과정에서 나는 그의 제안을 반영하였다. 그리고 이따금 표현의 세밀한 차이에 주의를 기울이기는 했다.

어쩌면 독자들 중에는 책 뒤에 붙은 참고문헌이 지나칠 정도로 위압적이라고 느끼는 이들이 있을지도 모르겠다. 하지만 내가 인용한 저자들은 모두 본문에 대한 나의 이해에 결정적인 영향을 미친 사람들이다. 따라서 내가 그들의 영향을 언급하지 않는다면 학자로서 신뢰를 저버리는 일이 되었을 것이다. 주석 본문에서는 짧고 축약된 제목과 쪽 번호만 적었고, 더 상세한 정보는 책 뒤의 참고문헌에서 확인할 수 있게 했다. 내가 직접 활용하지 않은 책이나 논문은 그곳에 포함하지 않았다. 그러므로 만약 중요한 연구 중 본 주석에서 누락된 것이 있다면, 이는 내가 그 책을 높이 평가하지 않아서가 아니라 학자에 대한 언급을 최소한으로 줄이려는 의도 때문임을 알아 주었으면 좋겠다. 만약 그 책이나 논문이 2000년 이후에 출판된 것이 아니라면 필시 *NIGTC* 주석에 소개했을 것이다.

길이로 치면 이 주석은 나의 *NIGTC* 주석의 6분의 1에 해당한다. 게다가 '묵상을 위한 제언' 부분을 포함하고 있기 때문에, 실제 주석 부분은 훨씬 더 짧다. 또한 그 내용도 다르다. 왜냐하면 이 주석의 본문을 해설할 때 염두에 둔 질문과 의도가 *NIGTC* 주석을 쓸 때와 달랐기 때문이다.

마지막으로 나의 아내 로즈메리에게 기쁜 감사의 마음을 표하고 싶다. 아내는 오랫동안 남편이 더 간단하고 실용적인 주석을 써 주었으면 하고 바랐다. 또 아내는 나의 난삽한 필체를 힘겹게 해독해 가며 이것을 깔끔한 활자로 옮겨 주었다. 나로서는 이것이 아홉 번째 책인데, 그럴 때마다 가족과 함께 많은 시간을 보내지 못하는 대가를 치러야 했다. 그런 나를 이해해 준 가족들(현재 세 명의 자녀와 다섯 명의 손자 손녀들을 포함하여)에게 감사한다. 쉴라 리즈(Sheila Rees) 또한 바쁜 일정에도 불구하고 흔쾌히, 그리고 친절하게 참고문헌을 확인하고 오타를 교정하는 수고를 해 주었다. 이 책을 쓰는 과정에서 나를 격려해 준 모든 이에게 깊은 감사의 말씀을 드린다. 그리고 이 위대한 서신과 함께 씨름하는 많은 이들이 이 책을 통해 앞길을 비추는 새로운 빛을 발견할 수 있기를 기도한다.

앤서니 C. 티슬턴(Anthony C. Thiselton)
노팅엄대학 신학과, 체스터대학교 신학과

제1부

서론

Introduction

Ⅰ. 로마의 도시 고린도와 그 문화적 특징

1. 번창하는 국제 무역 및 산업도시 고린도

그리스의 고린도는 육지가 마치 긴 목처럼 좁아지며 그 양쪽으로 항구가 있는 곳에 자리하고 있었다. 동쪽으로는 겐그레아(Cenchrae) 항이 바다 건너 아시아 지방(현재의 터키 서부에 해당)과 에베소를 마주보고 있었고, 서쪽으로는 레카이움(Lechaeum) 항이 이탈리아 및 로마를 바라보고 있었다. 이스트

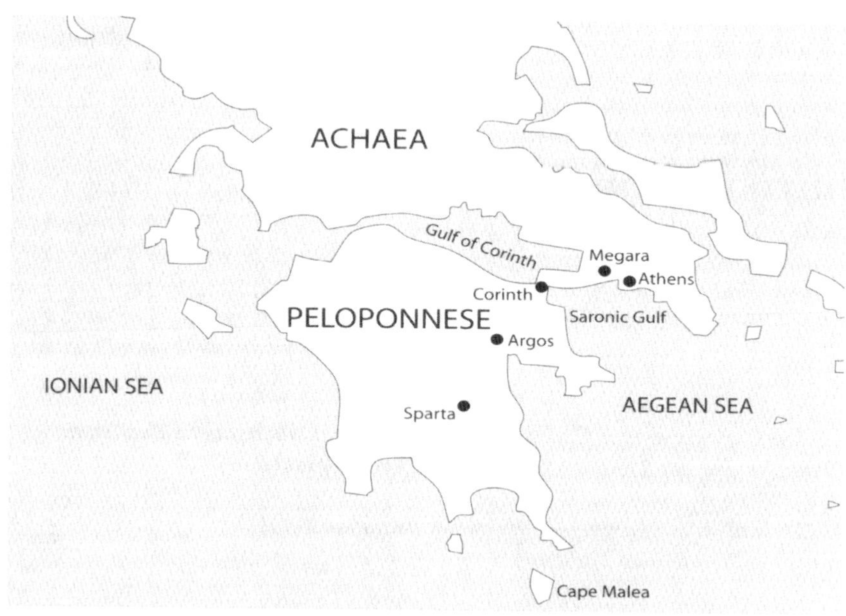

고린도와 주변지역

이 지도는 동서와 남북 무역의 교차로로서 고린도의 전략적 위치를 보여준다. 그리스-로마 시대 때 '부요한 고린도'로 불릴 만한 충분한 이유가 있었던 것이다. 대략 6km쯤 맞은 편에 이스트무스(isthmus)가 있었고, 서쪽(엄밀히 말해 북서쪽)으로 약 2.5km 지점에는 레카이움(Lechaeum) 항구가 있었다. 여기서는 로마와 이탈리아 간의 무역에 이용되는 고린도만을 볼 수 있다. 사로니코스만(Saronic Gulf)이 보이는 동쪽으로는, 에베소와 아시아 간의 무역에 이용되는, 겐그레아(Cenchreae) 항구가 있었다. 또한 고린도는 북쪽(아덴, 아가야, 그리고 마게도냐)으로 가는 통로와 남쪽(펠로폰네소스)으로 가는 통로 사이에 위치해 있었다.

무스(isthmus)에서 폭이 가장 좁은 지역은 동서의 해변 사이가 6마일, 그러니까 9킬로미터가 채 안 되었다. 자연히 고린도는 동서를 잇는 중요한 국제무역 요충지로 이름을 날렸다.

고린도는 이처럼 동서 무역 면에서 유리한 입지뿐 아니라 그리스 북부와 남부의 연결점이라는 또 하나의 결정적인 이점을 지니고 있었다. 북쪽으로는 아가야(Achaea) 지방이 있고, 더 올라가면 빌립보 및 데살로니가 등이 속한 마케도니아 지방이 있었다. 남쪽으로는 지중해의 말레아봉(Cape Malea)까지 이어지는 펠로폰네소스 반도가 자리하고 있었다. 그러니까 고린도는 동서와 남북이 교차하는 명실상부한 상업과 무역의 요충지였다. 바울이 사역할 무렵 고린도는 매우 번창하는 국제적 무역도시였다. 당시의 고린도와 비교해 볼 때, 아테네는 오히려 화려했던 과거의 추억만을 되씹고 있는 무기력한 대학도시에 가까웠다.

당시 동쪽 아시아와 서부를 오가며 무역에 종사하던 사람들은 말레아봉을 돌아 항해하기보다는 고린도 항구들을 이용하는 것을 선호했는데, 이는 특히 겨울이면 그리스 남부 바다를 위협했던 풍랑 때문이었다. 비교적 가벼운 화물선인 경우, 선원들이나 무역상들은 디올코스[diolkos, 멀리 펠로폰네소스를 돌아 운항하는 대신 이스트무스를 육로로 가로질러 배를 옮길 수 있게끔 만든 포장 도로—역주]라 불리는 포장 도로를 이용하여 롤러를 까는 식으로 배 전체를 이쪽 항에서 저쪽 항으로 운반할 수 있었다. 혹은 일단 한쪽 항구에서 짐을 내린 다음 반대편 항에서 다시 실을 수도 있었다(그림 1을 보자). 어떤 방법을 택하건, 관세와 운송비 덕분으로 고린도와 그 관리들은 풍족한 수입을 누릴 수 있었다.

<그림1> 현대 운하(The Modern canal)와 고대 디올코스(*Diolkos*)

디올코스(*Diolkos*)는 기원전 6세기경에 생긴 포장도로이다. 이 도로는 동쪽과 서쪽의 두 항구 사이를 가벼운 배들이 롤러에 의해 움직일 수 있도록 해주었다. 선원들과 상인들은 펠레폰네소스 남쪽에 위치한 말레아봉으로의 불안한 항해보다 고린도에 세금을 내고 디올코스를 이용하는 편을 선호했다. 말레아봉으로의 항해는 6일이 더 소모될 뿐만 아니라 보퍼트 수치(바람의 강도를 측정하는 수치) 6에 해당하는 강한 바람을 만나야만 했기 때문이다. 선원들은 "말레아로 다시 가느니 차라리 죽겠다"라고 말할 정도였다. 현대 운하는 대략 디올코스 길을 따라 만들어졌다. 고대 로마는 운하를 파려고 시도했지만 성공하지 못했다. 네로는 황금 모종삽을 사용해 그런 시도를 '열었다.' 하지만 디올코스는 아직도 그 통로의 대부분을 볼 수 있는데도, 19세기에 와서야 운하가 생긴다.

2. 고린도에 막대한 수입을 안겨준 여행 산업, 무역 및 제조업

고린도는 늘 여행객으로 붐볐다. 여기에 한몫을 한 것이 매 2년마다 개최되었던 이스트무스 경기의 유명세였다. (고대) 올림픽 경기에 버금갈 정도였던 이스트무스 경기는 고대 그리스의 3대 스포츠 축제 중 하나였다. 이때는 참가자 및 관람객뿐 아니라 다른 방문객 또한 로마와 시리아 지방 사이의 제국 전역에서 몰려들었다. 고고학자들이 발굴해 낸 동전들을 보면 이 축제를 보기 위해 제국 전역에서 모여들었던 방문객의 국제적인 면모가 잘 드러난다.

주후 49년도에도 이 경기가 열렸었는데, 아마도 바울은 고린도에 도착했을 때 그 축제 때 사용되었던 점포와 가판대 등을 보았을 것이다. 그리고 바울이 사역하고 있던 51년에는 새로운 축제를 개최하여 이들 점포가 한창 분주하게 돌아가고 있었을 것이다. 일 세기 중엽 무렵에는 이 축제의 규모가 더 커져 다양한 형태의 시합들이 더해진 것은 물론, 때로는 대단한 볼거리들까지 제공되기도 했다. 고린도 혹은 이스트미아는 전차 경주, 육상 경기, 트럼펫, 플루트, 리라 등의 연주 시합 및 시 낭송 등의 통상적 행사 외에도, 여성을 위한 육상 경기나 기수가 한 팀의 말에서 다른 팀의 말로 옮겨 타는 아포바티콘*(apobatikon)* 경기 등을 포함하기도 했다. 이 기간 동안에는 고린도에서 축제를 관장하였는데, 고린도는 이를 통해 엄청난 돈을 벌어들일 수 있었다.

경기에 참가하는 선수나 관람객 외에도, 사업가, 무역상인, 특히 사업에 재질이 있는 많은 사람이 새로운 기회의 산실 역할을 하던 고린도를 찾았다. 이곳에서 사람들은 새로운 거래 계약을 성사하거나, 새로운 사업을 시작하거나, 직장을 구하거나, 혹은 일대일로 직접 합의나 계약을 이끌어 내거나, 혹은 대도시의 대중을 잠재적 고객으로 만들어 보려는 생각을 품었다. 이들은 방을 구하고, 필수품이나 토산품을 사고, 짐꾼, 사무보조원, 회계사, 관광안내자, 경호원, 대장장이, 목수, 요리사, 가정부, 글을 읽을 줄 아는 노예와 막일을 할 노예 등을 고용하는 데 필요한 돈을 갖고 이곳을 찾았다. 이들은 장기적으로 혹은 단기적으로 관리자, 수공기술자 및 마차, 텐트, 배 혹은 전차 등을 수리할 줄 아는 사람을 고용하기도 했다.

아마 바울 자신도 뜨거운 더위 아래 오랜 시간 일을 했을 가능성이 높다. 그리고 그가 일했던 점포는 아마 레카이움 도로 근처(그림 2), 아니면 아고라

<그림 2> 아크로고린도를 배경으로 한 레카이움(Lechaeum)에서 오는 길

이것이 아마도 가장 친숙한 고린도의 전경일 텐데, 곧 아크로고린도를 배경으로 한 레가이움으로 오고 가는 길이다.(Ben Witherington)

(Agora) 혹은 광장(Forum) 북쪽 햇살이 잘 드는 쪽에 자리하고 있었을 것이다. 고고학자들은 길이가 13피트에 폭이 8피트 정도인 가게 혹은 작업실을 발굴했다. 이 중 어떤 것들은 위층에 숙박 시설을 갖추고 있었는데, 아굴라와 브리스길라 역시 이와 비슷한 시설에 자리를 잡았을 것이다(행 18장 3절 참조).

3. 로마의 식민지 고린도와 새로운 정착민

지리적으로 고린도는 국제적인 무역 중심지였고, 사업과 경제적 번영에 민감한 도시였다. 따라서 이런 곳에서 매우 경쟁적이고, 자급자족적이며, 친기업적인 문화, 즉 성공을 향한 야망 및 오늘날 우리가 상업주의라고 부르는 그런 태도가 팽배하게 된 것은 사실상 불가피한 일이었다. 하지만 고린도가 그렇게 된 데는 또 다른 두 가지 결정적 요인들이 더 있었다.

첫 번째는 고린도가 주전 44년 로마의 식민지로 새롭게 세워진 도시라는 사실이다. 고린도의 역사는 오랜 그리스의 도시 국가 시절로 거슬러 올라가지만, 주전 2세기 무렵에는 스파르타와, 그 후에는 로마와 얽힌 정치적 갈등 관계에 연루되었고, 그러다 주전 146년에 로마의 군대에 의해 초토화되어 200여 년간 거의 폐허 상태로 방치되어 있었다. 하지만 안보나 무역 및 경제적 역량 면에서 그처럼 요충적 위치에 놓인 곳이 영원히 방치될 수는 없는 노릇이었다. 율리우스 카이사르(Julius Caesar)는 주전 44년, 그러니까 자신이 암살되던 그 해 고린도를 자신이 지휘하던 군단의 퇴역병들을 위한 식민지 *(colonia)*로 재건하였다.

따라서 새로운 고린도시의 초기 정착민은 주로 로마의 군인이나 로마의 해방민과 노예였지만, 오래지 않아 이 도시에는 로마 공화국의 다른 지역에서 온 무역상인과 사업가들로 넘쳐났다. 이 새로운 도시의 체제와 법률은 철저히 로마 양식을 따랐다. 하지만 무엇보다 중요한 것은 로마에 대한 충성이었다. 왜냐하면 퇴역 군인과 충직한 로마시민으로 이루어진 정착지로서, 고린도는 향후 파르티아나 다키아, 혹은 그보다 더 동쪽에 있는 지역을 정벌할 수 있는 확실한 전략적 기반 노릇을 할 수 있었기 때문이다. 율리우스 카이사르를 기리는 이 새로운 도시의 공식 명칭은 *콜로니아 라우스 율리아 코린티엔시스(Colonia Laus Julia Corinthiensis)*였는데, 이를 줄여서 고린도라 불렀다. 도시에 인접한 570여 미터의 거대한 아크로고린도는 초기 그리스 시대에는 도시를 방어하는 요새 역할을 한 것으로서, 필요한 경우 여전히 그와 같은 방어 진지의 기능을 해 주었다(그림 3 참조).

이처럼 잘 정비된 식민지였기 때문에 점점 더 많은 사람들이 성공의 꿈을 안고 고린도로 이주해 오기 시작했다. 말하자면, 고린도는 조건이 완벽한 도

<그림 3> 아크로고린도

이 사진의 배경인 아크로고린도는 그리스 시대 때 고대 고린도의 원시 요새를 형성했다. 대략 474m(2,000ft)의 높이로 세워져 고린도 지역 전체를 내려다 볼 수 있었다. 2세기 전 그리스 시대 때 악명 높은 아프로디테 신전이 정상에 세워졌지만, 로마 시대 때 이르러 그 영향력의 대부분을 상실했다.

시였다. 안정된 로마의 정치 체제를 갖춘 대규모의 국제적 중심지에다 로마와 에베소 및 동부로 가는 항로가 있었고, 제조업에 필요한 자연 자원이 풍부했으며, 갑작스러운 성공(혹은 실패)에 매우 익숙한 활발한 기업 문화가 있었다. 경쟁, 후견제도(*patronage*), 상업주의, 그리고 다양한 형태 및 수준의 성공 같은 것들이 고린도 시민들을 둘러싼 주된 문화였다.

4. 제조업, 후견제도 및 무역의 핵심 도시였던 고린도

하지만 이런 혜택에도 만족할 수 없다는 듯이, 고린도는 상품 제조에 필요한 자연 자원 면에서도 엄청난 혜택을 누렸다. 그중에서도 가장 주목할 만한 것이 페이레네 수원(Peirene Fountain)에서 끊임없이 공급되는 물이었다. 이는 활기차게 덩치를 키워가던 대도시의 생활용수 뿐만 아니라 벽돌이나 도자기, 기와, 테라코타 장식 및 가재도구의 제작에도 매우 요긴한 것이었다(그림 4 참조). 매장량이 대단했던 이회암(marl)과 점토, 대규모 건설공사에 사용되었던 가벼운 사암, 그리고 거리와 도로 포장에 사용되었던 석회암 등, 다른 필수 자원들 역시 풍부했다.

<그림 4> 페이레네 수원

이 수원(水原)은 고린도가 번성하는 데 결정적인 역할을 했다. 물이 흐르는 속도는 18m3/hr로 큰 도시에 필요한 물을 공급하는 데 충분했다. 수원지는 토기, 기와, 그리고 테라코타 물건 등의 제작에도 중요한 자원이었다. 씻고 마시는 것 외에도 기타 여러 가지 목적들을 위해 물을 사용해야 했기에 이 수원지는 도시의 자원뿐만 아니라 사회적 중심지 역할을 했다. 바울과 초기 그리스도인들도 이곳을 자주 방문했다. (Ben Witherington)

심지어 초기 헬라시대에서조차 고린도는 '부유한 고린도'로 통했지만, 1세기 로마시대에 이르러 고린도는 그야말로 경제적 부와 상업과 발전으로 활기 넘치는 도시가 되어 있었다. 추측이지만, 아마도 글로에 같은 여성 사업가는 중간 관리자를 고린도로 보내 대신 계약을 체결하도록 했을지도 모른다(1장 10절). 아굴라와 브리스길라는 주후 49년 클라우디우스 황제의 칙령으로 로마에서 추방된 후 고린도야말로 가죽 제품 및 텐트 제조에 최적의 장소임을 발견했을 것이다. 그들은 당시 이미 기독교 신자로서 바울보다 조금 앞서 고린도에 도착했다. 아마도 그들은 광장의 북쪽 아니면 레카이움로의 시장터에 가게가 딸린 작업실을 차렸을 것이다.

당시 고린도 문화가 **자만**까지는 아니라 하더라도, 상당한 정도의 자기만족을 가진 채 **경쟁**과 **성공**을 향한 욕구로 가득했다는 사실은 전혀 놀라운 일이 아니다. 고린도의 문화는 한 마디로 자기홍보(self-promotion)의 문화였다. 바울이 고린도에 '이를 때에 심히 두려워하고 떨었던' 것도 놀라운 일이 아니다(2장 3절). 성공을 최고 가치로 치고 **승자**에 열광하는 사람들에게는, 낮아지고 십자가에 못박힌 그리스도에 관한 복음이 불쾌한 것일 수밖에 없었기 때문이다. 바울 자신도 전문 교사나 변론가의 모양새를 버리고 피혁 제품 공장과 가게에서 수공업자로 일하는 방식을 고집했다. 바울이 고린도에 '간 것은 거창한 수사와 지혜로운 모양새를 통해서'가 아니었지만, 정작 이처럼 상업주의적 문화로 가득한 고린도는 바울이 버렸던 바로 그런 모습을 원하고 있었다. 그가 내세운 유일한 매력, 곧 '오직 십자가에 달린 그리스도만'(2장 2절) 이야기하는 것은 고린도의 그 누구도 원하지 않는 것이었다. '십자가의 선포가 구원의 길에 있는 우리들에게는 하나님의 능력'이라 하더라도, '멸망의 도상에 있는 이들에게는 어리석은 것'이 될 수밖에 없다는 사실이 전혀 놀라운 일이 아니다.

Ⅱ. 고린도의 사회적, 정치적, 경제적 문화와 교회 내에 팽배한 분위기

고린도전서를 보면 분명히 알 수 있는 것처럼, 고린도의 그리스도인들은 회심 이전에 자신들이 속해 있던 문화의 여러 특징들을 기독교적 삶 속으로 갖고 들어왔다. 이는 여러 가지 문화가 혼재하는 상황에서는 언제나 일어나는 일이다. 고린도 성도들이 지닌 '말'의 은사에 대해 감사하던 바울은 분명 그들이 복음을 갖고서 로마 제국의 다른 곳으로 여행하며 능동적이고도 정교한 설득을 통해 복음을 전할 수 있으리라는 점을 염두에 두었을 것이다. 언제나 그런 것은 아니지만, 분명 말의 은사는 지혜의 말이 될 수 있고, 또 '모든 종류의 지식'을 포함할 수도 있기 때문이다(1장 5절). 하지만 여기에는 심각한 부작용 역시 존재했다. 그중에서도 특별히 다음과 같은 것들을 언급할 수 있다. ① 경쟁력, 자기성취, 그리고 자기홍보에 몰두하기, ② 타인을 고려치 않는 자기만족적, 자축적, 자율적이며 자유를 만끽할 권리를 내세우는 태도, ③ 사랑이나 타인을 위한 배려 등과 같이 일상적 삶을 위한 좀 더 기본적인 은사보다는 '지식', '지혜', 그리고 '자유' 등의 은사를 더 높이 치려는 경향 등이다.

1. 경쟁력, 자기성취, 그리고 자기홍보

① 대체적으로 고린도 사람들은 자기 주장이 강하고, 야심이 많으며, 경쟁심이 강한 편이었다. 이스트무스 경기나 사업과 무역, 사회적 지위 및 경제적 권력 등 생활의 모든 영역에서 성공을 위한 경쟁의 흔적을 찾을 수 있었다. 사업가들은 종종 관습과 '질서'를 무시했다. 당장 성공이 보장되는 일이라면 정도가 아닌 편법도 '마음대로' 활용했다. 그들은 후견제도를 축으로

하는 사회적 관계망을 활용했다. 그들 자신의 능력보다는 영향력 있는 후견인과 관계를 맺음으로써 좀 더 신속한 성공을 확보하고자 했던 것이다. '앞서가는 것'이 당시 고린도를 지배했던 원리였던 셈이다.

바울이 말의 은사와 '지식'에 대해서는 감사를 드리지만(1장 4~7절), 기독교 신앙과 제대로 어울릴 수 없는 다른 문화적 유산들도 있었다. "질투와 분쟁이 여러분들 중에 팽배해 있다면, 여러분은 자기중심적으로, 그저 다른 사람과 마찬가지로 행동하는 것이 아닙니까?"(3장 3절) 바울은 "여러분 중에 어떠한 분열도 없도록 하십시오"라고 호소해야 했다(1장 10절). 바울은 이렇게 선언한다: "아무도 자신을 속이지 마십시오. 여러분 중 누구라도 이 세상의 기준으로 지혜롭다고 생각한다면, 그런 사람은 정말 지혜로운 사람이 되기 위해 어리석은 사람이 되십시오…'하나님께서는 지혜로운 척하는 사람들로 하여금 자기 꾀에 빠지게 하실 것입니다.'"(3장 18, 20절) "누구라도 사람을 자랑하지 않도록 하십시오."(3장 21절) "우리에게는 모두 '지식'이 있습니다.' 하지만 이 '지식'은 교만하게 할 뿐입니다. 오히려 사랑이 덕을 세웁니다."(8장 1절)

경쟁적으로 서로를 비교하는 일 역시 금방 다른 사람을 '무시하고' 자신의 성과를 자랑하며 뻐기는 모습으로 이어질 수 있다. "눈이 손더러 '넌 필요 없어' 하거나, 머리가 발더러 '난 너 필요 없어'라고 말할 수는 없습니다. 오히려 다른 것보다 약하고 덜 중요해 보이는 기관은 없어서는 안 될 것입니다"(12장 21, 22절). "사랑은 자랑하지 않습니다. 자신만 전부인 듯 교만하지 않는 것입니다."(13장 4절)

② 고린도에서 '성공'이 전부인 승리주의자 형태의 종교가 성행하고 있었다면, 이런 곳에서 낮아지고 십자가에 달린 그리스도를 선포하는 일이란 말할 수 없이 '부끄럽고', 치욕스러우며 '어리석은' 일이었을 것이다. 사실 그

것은 '어리석은' 것일 뿐 아니라 '거슬리는' 것이기도 했다(1장 18, 24절). 십자가를 선포한다는 것은 부득불 고린도의 문화를 지배하고 있던 가치 체계를 전복하고 역전하는 효과를 낼 수밖에 없었을 것이다: "영리한 자들을 부끄럽게 하려고 하나님께서는 세상의 가장 어리석은 자들을 택하셨고, 권력 있는 자들을 부끄럽게 하고…'잘 난 사람들'을 아무것도 아닌 것으로 만드시려고 세상의 가장 약한 자들을 택하셨습니다."(1장 27~29절) "우리는 그리스도 때문에 어리석지만, 여러분은 지혜롭습니다…여러분이 강할 때, 우리는 약합니다…말하자면 우리는 세상의 쓰레기처럼, 신발에 묻은 오물처럼 되었습니다."(4장 10, 13절) 이런 십자가의 관점과 가치관은 경쟁을 당연시하고, 저돌적인 태도와 영리함을 최고의 가치로 간주하여 '가장 약한' 사람은 설 자리가 없게 만드는 문화적 분위기와는 맞지 않았다.

③ 고린도, 특히 신분 상승을 꿈꾸던 이들의 문화는 자기홍보(self-promotion)의 문화라 할 수 있다. 벤 위더링턴(Ben Witherington)은 이런 분위기를 잘 요약했다. "바울 당시 고린도에 살던 많은 이들은 '자수성가'와 '개천에서 용이 났다'는 말로 표현되는 분위기에 휩싸여 있었다. [바울의] 자기비하나 스스로 '종의 역할'을 받아들인 것은 '사회적 신분상승이 주요 코드로 통하던 도시에서' 기대되는 가치에 역행하는 것이었다."(*Conflict and Community*, 20-21.이 책에 인용된 모든 연구는 책 뒤쪽 참고문헌에 상세한 정보가 제시되어 있다)

이런 주장은 우리가 아래에서 다루게 될 두 가지 요인에 의해 더욱 뒷받침된다. 즉, 수사학과 고고학이다. 수사학자들은 오늘날로 치면 대중매체의 역할에 상응하는 그런 종류의 포장과 '여론 조종'의 기능을 담당했다. 그들은 후견인과 떠오르는 유명 인사의 치적을 찬양했는데, 이때 그들의 관심은 진실보다는 그 효과에 더 많이 기우는 경향이 있었다. 고고학적 발굴 자료 역시 인정과 대중적 명성에 대한 그들의 열망을 잘 보여준다. 아마 가장 잘 알려진 예로는 '아고라'(Agora, 시장) 혹은 '포룸'(Forum, 광장)으로 불리는 지역에서 발견된, 그나이우스 바비우스 필리누스(Gnaeus Babbius Philinus)와 관련된 석문일 것이다. 지금은 무너진 건물 기둥의 머리를 장식하고 있던 것으로, 거기에는 이런 말이 적혀 있다: "조영관이며 대신관인 그나이우스 바비우스 필리누스는 자신의 비용으로 이 기념물을 설립하도록 했으며, 판관[duovir: 2명이 조를 이루어 재판의 직무를 담당했던 로마의 행정관직—역주]의 권위로 이를 승인하였다." 바비우스는 당대와 후세에 자기 이름을 알리려는 열망이 너무 강한 나머지 도시를 위한 사업을 감독하고 승인할 수 있는 역할까지 얻으려고 노력했고, 또 돈을 들여 자신의 업적을 기록해 후세에 남기고자 했던 것이다.

2. 자기만족, 지역적 자율성 및 자유

위에서 언급한 것처럼, 고린도는 필요한 모든 것을 갖추고 있었다. 페이레네 수원에서 거의 무한정으로 물을 공급받을 수 있었고, 아크로고린도는 필요한 경우 요새 역할을 할 수 있었다. 동서 및 남북으로 무역이 매우 활발했고 또 안정적이었다. 제조업이나 수출 또한 활발했다. 이스트무스 경기는 다른 방법으로는 불가능할 정도의 수준으로 소비자들을 끌어들였다. 진흙, 이회토(marl) 및 석회암과 같은 자원이 풍부했고, 온갖 종류의 일자리가 널려 있었으며, 무역업과 제조업이 붐을 이루었다. 수사학에서도 그 지방의 중심지 노릇을 했으며, 도시의 시설과 경관을 보기 위해 로마 제국 동반부 전역에서 사람들이 모여들었다.

따라서 많은 신자들이 고린도가 자랑하던 자급자족의 태도를 교회 내로

들고 들어온 것은 전혀 이상한 일이 아니었다. 그들은 '고린도적' 영성, 요즘의 표현을 빌자면 고린도의 상황에 맞게 새롭게 정의된 영성을 추구했다. 바울이 자주 '지혜', '지식', '영', '영적', '자유', 그리고 '구원 얻음'에 관해 말한 것은 이 용어들이 모두 고린도의 관점과 상황에 맞도록 새로이 정의되었기 때문이다. (따라서 바울은 편지 여러 곳에서 이 용어들을 공인된 사도적 복음에 맞도록 다시금 재정의했다.)

바울은 이렇게 말한다: "우리는 지혜를 말합니다. 하지만 그것은 이 현재의 세상에서 통하는 지혜가 아닙니다."(2장 6절) "우리는 너무 심오하여 사람들은 발견할 수 없는 하나님의 지혜를 말합니다."(2장 7절) "우리는 모두 '지식'이 있습니다."(8장 1절) 하지만 "누군가 이 '지식'을 이미 얻었다고 생각한다면 그들은 아직 알아야 할 것을 '알지' 못하는 사람입니다."(8장 2절) 성령께서는 사람을 '영적인' 존재로 포장하기 위한 도구가 아니라, '하나님께로부터 오는 성령'으로서 '그리스도의 마음'을 가져다주는 분이시다(2장 12, 16절). "고린도의 친구들이여, 나로서는 여러분을 성령의 사람으로 대할 수가 없습니다. 여러분은 여전히 영적이지 않습니다."(3장 1, 3절) "여러분은 '모든 것을 할 수 있는 자유'를 말하지만, 모든 것이 유익한 것은 아닙니다."(6장 12절, 10장 23절 참고) 그리스도인은 현재 '구원으로 가는 길 위에' 있다(현재진행형, 1장 18절).

자율성에 대한 고린도인의 관심은 그들로 하여금 기독교적 정체성의 보편적 성격을 폄하하도록 만들었다. 편지의 서두에서 바울은 그들이 '모든 곳에서 주, 곧 그들과 우리 주의 이름을 부르는 모든 이들과 더불어 한 거룩한 백성으로 부르심을 받은' 이들임을 떠올리게 한다(1장 2절). 바울이 한 절에서 같은 이야기를 세 번 반복하는 것은 결코 우연이 아니다. '모든 곳에서 주의 이름을 부르는 모든 사람들, 그들의 주요 우리의 주' 이는 편지의 본문에서 길게 풀고자 하는 주제에 대한 서곡에 해당하는 셈이다.

일반적인 혹은 지역적인 자기만족성에 대한 가장 확실한 도전은 4장 7, 8절에서 발견된다: "누가 여러분 사이에서 무슨 차이를 찾을 수 있습니까? 여러분이 가진 것 중 받지 않은 것이 하나라도 있습니까? 여러분이 그것을 [누군가에게서 선물로] 받은 것이라면, 왜 받은 것이 아닌 양 뻐깁니까?" 바울은 매우 뼈 있는 역설을 섞어 그들의 승리주의적 구호를 인용한다: "우리는 부유하게 되었다! 우리는 왕처럼 다스린다." 이에 대해 바울은 이렇게 토를 단다. 여러분이 정말로 '왕처럼 다스리는 것이었다면', 그렇다면 우리도 여러분과 함께 왕으로 다스릴 수 있을 텐데 말입니다!"(4장 8절) 하지만 사도들은 여전히 검투장 안의 검투사처럼 기진함과 상처로 고통을 당하고 있으며, 고린도 그리스도인들은 이를 보며 환호하고 있다(9~12절). 사도들은 '세상의 찌꺼기'다(13절). 바울은 풍자의 강도를 더욱 높인다. "우리는 바보들이며, 여러분은 지혜롭습니다. 우리는 약한데 여러분은 강합니다. 여러분은 높임을 받고 우리는 치욕을 당합니다."(10절) 하지만 그는 그저 그들을 부끄럽게 하려는 것이 아니라, 그들에게 경고하려는 것이다(14절). 그리스도인으로서 그들에게 존재와 정체성을 부여한 것은 '십자가의 선포'와 하나님의 주권적 은혜라고 말이다(1장 18~25절).

3. 지혜, 지식, 그리고 자유: 추가적인 언급

앞에서 우리는 고린도인들이 '지혜'와 '지식'을 자기 나름대로 재정의했다는 사실을 언급했다. 바울은 이 세상의 지혜가 아닌 하나님의 지혜에 관해서는 긍정적으로 말한다. 사업이나 무역, 혹은 제조업, 직장에서의 승진 혹은 심지어 자신의 처지를 개선하기 위한 노예들의 노력에서(7장 21절 참고)

필요한 사람을 알고, 시장 상황을 알고, 성공을 위해 필요한 전략을 운용할 줄 안다는 의미에서 지식과 지혜는 성공을 위해 불가결한 자질들이다. 바울이 지혜 자체를 폄하하는 것은 아니다. 다만 지혜는 단순한 영리함, 특히 자기 이익에 빠른 영리함과는 구별된다.

지식, 자유, 그리고 도덕적 행동과의 관계는 6장에서 다루어지는 반면, 지식과 자유 및 타인을 위한 사랑과 존중 간의 대조는 8장 1절부터 11절까지에서 주로 다루어진다. 아마도 스스로(지식 및 사회적, 경제적 영향력 측면에서) '강한 자들'로 지칭했을 고린도의 일부 그리스도인들은 자기들은 지식이 있어 훨씬 개화한 태도로 이방 신전 경내의 축제나 식사에 참여할 수 있다고 주장했을 것이다. 그들은 거기서 제공되는 고기가 우상 제사에 바쳐진 것이든 아니든 상관없다고 강변했을 것이다. 지식은 '하나님은 한 분만 계시기' 때문에 '우상은 실질적인 존재가 없다'는 것을 알게 해 준다(8장 4절). 따라서 그리스도인은 이 지식에 근거하여 사업상 혹은 사교적인 관계를 유지할 수 있다는 것이다. 하지만 바울은 여기에 문제가 있다고 대답한다. "모든 사람에게 '지식'이 있는 것은 아닙니다! 어떤 사람은 여전히 지금도 습관적으로 우상에 사로잡혀 있으며, 그들은 고기를 실제 우상의 제물로 알고 먹습니다."(8장 7절)

바울은 중도적이면서도 단호한 입장을 개진한다. 실제 우상 제사에 참여하는 것을 엄격히 금하면서도 특정한 상황에서는 이 지식에 근거한 자유를 어느 정도 인정하는 입장을 제시하는 것이다. 그리스도인은 정체성을 훼손하는 상황이 아니라면 이방인과 어울릴 수 있다. 하지만 다른 그리스도인과 관련하여서는 사랑을 지배적 원리로 세워야 한다. '지식이 있는 여러분은'(8장 10절) '그리스도께서 위하여 죽으신 형제자매들'을 파멸로 이끌어서는 안 된다(8장 11절). 그렇게 하는 것은 '그리스도께 죄를 짓는' 것이다(8장 12

절). 이렇게 되면 '선택의 권리'는 분명 제한되고 제약되어야 한다(8장 9절). 분명, 고린도인이 좋아했던 '모든 것을 할 수 있는 자유'라는 구호(6장 12절)는 '모든 것이 유익한 것은 아니다'라는 이유로 철저히 제한되고 분명한 한계 아래 놓이게 된다(6장 12절).

11장부터 14장까지에서는 사랑이 훨씬 광범위하고 더욱 긍정적인 주제로 부각된다. '지식'은 그 소유를 주장하는 이들을 우쭐하게 만들 위험이 있을 뿐 아니라(8장 1절), 교회 공동체를 '지식이 있고, 성숙하고, 강하고, 안정된' 신앙을 지닌 자들과 믿음의 체계나 정체성 측면에서 잘 모르고, 덜 성숙하고, '약하거나' 혹은 불안정한(확신 없는) 사람들로 갈라놓기도 한다. 이에 반대하여 바울은 사랑의 핵심 특성은 다른 사람들이 나와 입장이 다를 때라도 그들을 존중하는 방법으로 '다른 사람'을 세우게 되는 것이라고 주장한다. 따라서 12장 2절부터 6절까지에서 바울은 성별의 문제에서 차이의 동화나 획일성과는 대조적으로 상호성 및 상호보완성을 부각한다. 11장 17절부터 34절까지에서는 주님의 만찬이라는 문맥에서 사회적으로 취약한 입장에 있는 사람을 옹호한다. 12장 1절부터 14절까지는 교회 내의 통일성과 다양성이라는 두 개의 축을 강조하지만, 자칭 '영적인 사람'이 자기들의 '은사'를 마구 행사함으로써 다른 이들로 하여금 열등감을 느끼게 하지 못하도록, 은사의 사용을 규제하고 질서를 잡는 중요한 '내부적 규칙'을 제시한다.

사랑장(13장 1~13절)은 고린도전서 신학의 중심부에 자리한다. 사랑의 특징으로 열거된 거의 모든 자질이 고린도의 실제 상황과 긴밀하게 연관된다. "사랑은 친절한 것입니다. 사랑은 질투심에 불타지 않습니다. 사랑은 빼기지 않고, 스스로 잘난 것처럼 우쭐하지 않습니다. 사랑은 경우 없이 무례하게 행동하지 않으며, 자신의 관심사에만 몰두하지 않습니다."(13장 4b절~5a절)이것이 14장에서 말하는 '예' 혹은 올바른 태도의 지배 원리다. 즉, 말하라는 하나님의 음성을 다른 사람이 들을 때, 혹은 다른 사람이 방언으로 말하게 될 때는 한 사람이 너무 길게 말하지 않도록 배려 하는 것이다(14장 1~33a절).

Ⅲ. 지금도 유효한 '고린도의' 특성들: 인기주의 수사학, 그리고 소비주의와 포스트모더니즘과의 공명

1. 고전 수사학과 청중을 즐겁게 하는 수사학: 고린도 대 로마

고린도인은 거의 편집증 수준에 가까울 정도로 지위, 인정, 그리고 자기 홍보에 집착했는데, 이는 그들이 특정 종류의 수사학을 매우 높이 쳤다는 사실과 잘 어울린다. 하지만 여기서 우리는 두 종류의 서로 다른 수사학을 구별해야 한다. 수사학의 '고전적' 전통은 아리스토텔레스에게로 거슬러 올라가는데, 그 후에는 로마의 웅변가 키케로(Cicero, 주전 106~43년), 그리고 후에는 퀸틸리아누스(Quintilianus, 주후 40~95년) 등이 가르쳤다. 이 수사학의 목표는 설득의 기술을 넘어 진리를 효과적으로 전달하는 것이었다. 이와는 대조적으로 특히 고린도 같은 일부 지방의 중심도시들은 진리보다는 '목적 달성'에 관심이 많은 그런 종류의 수사학의 영향을 많이 받았다.

브루스 윈터(Bruce Winter)를 비롯한 몇몇 연구가는 바울 당시의 고린도가 소피스트, 혹은 '제2의 소피스트'의 영향을 많이 받았다는 사실을 보여준다(Winter, *Philo and Paul*, 특히 1-15, 126-202). '환호받는 것'이 소피스트의 목적이었다. 이와 달리 진리를 설득력 있게, 그리고 선명하게 제시하는 것은 로마에 있던 고전 수사학자들이 세웠던 목표였다. 소피스트 웅변가들은 경쟁에서 이기는 것을 목표로 삼았다. 반면 키케로, 퀸틸리안 및 세네카(약 주전 55년~주후 40년) 같은 이들의 목적은 교육과 사회와 진리에 봉사하는 것이었다.

퀸틸리아누스는 제대로 교육을 받지 못한 수사학자들이 진리라는 내용을 수사학의 형식이나 효과와 분리하는 데 불만을 표시한다. 어떤 이들은 "거의 모든 경우에 고함을 지르고 '손을 높이 들고서' 목소리를 깔며, 이리저리 몸을 움직이고, 숨을 헐떡이거나 격한 몸짓을 보여준다. 사람들은 여기에 넋을 잃고 광분한다"라고 했다(Quintilian, *Institutio Oratoria* 2.11.9-11). 이런 모습과 "우리는 우리 자신을 선포하지 않습니다"(고후 4장 5절)라고 하는 바울의 절제된 주장은 하늘과 땅 차이다. 이들 수사학자들은 대중의 환호를 이끌어내기 위해 일종의 공연을 하는 것과도 같았다. 고린도인은 바울에게 이런 수사학자들과 같은 위상을 열망한 반면, 바울은 '거창한 수사 혹은 재치의 과시'를 거부함으로써(고전 2장 2절) 소피스트 수사학자에게 부여되는 지위를 거부했다. 하지만 고린도의 교인들은 피혁공 혹은 수공업자라는 바울의 위상에 당혹감을 느꼈고, 따라서 그가 '진정한 프로'로서 그에 걸맞는 위상을 갖추기를 희망했던 것이다.

퀸틸리아누스는 수사학이 대중적 유명인들과 신전 지도자들에 의해 '공연에 지나지 않는' 수준으로 전락해 버린 사실을 개탄했다. 그들은 마치 운동선수나 가수처럼 행동한다. 그들의 웅변적 과시와 감언이설은 "열화와 같은 환호성 및 도를 넘는 열광적 고함 소리로 화답된다. 그 결과는 허영심과 텅 빈 자기만족감이다. 그들은 동료 학생들의 격렬한 열광에 취해버렸다."라고 했다(Quintilian, *Oratoria* 2.2.9-12). 이런 불평을 한 사람은 퀸틸리아누스만이 아니다. 세네카는 웅변의 목적이 사안 자체에 있는 것이 아니라 사람들에게 인정받는 데 있을 때가 너무 많다고 불평한다(Seneca, *Declamationes Controversiae* 9.1).

2. 수사학, 사회구조, 그리고 '포스트모던' 정서: 고린도 대 바울

많은 이들 중 특히 두 명의 학자가 통찰력과 설득력이 돋보이는 연구서를 통해, 이처럼 실용주의적이고, 청중의 취향에 민감하며, 소피스트적인 수사학과 오늘날의 포스트모던적 분위기에서 드러나는 많은 태도와 가치들 사이에 공명점이 있다는 사실을 관찰하였다. 고전 수사학은 여전히 근대주의의 '최선'으로 규정되기도 하는 진리에 대한 관심을 보이는데, 이는 공히 적용되는 이야기다. 비록 '과학적' 방법에 과도한 위상과 권리를 부여하는 잘못이 있기는 하지만 말이다. 이에 반해 소피스트 수사학은 주로 권력과 영향력을 지닌 집단의 판결과 환호에 관심을 보이는데, 이들은 급진적인 '반(反)토대적'(그저 토대를 무시하는 것이 아니라) 입장을 취하면서 텍스트와 진리를 '오로지 사회언어학적 세계 내에서만 구성하려고' 한다(Pogoloff, *Logos and Sophia*, 27). 지식에 대한 이러한 입장은 "본질적으로 급진적일 수밖에 없는데, 이는 이성적 사고라는 준칙이 이성적으로 증명이 불가능하며, 오직 설득에 의해서만 지탱되기 때문이다."라고 한다(29). 청중 혹은 소비자에 의해 평가된 설득의 기교 속으로 진리가 용해되어 버림으로써, '모더니즘의 인식론과는 대조적'인 관계에 서는 전혀 다른 '세계관'이 나타나게 되는 것이다(27, 30).

고린도에서 매우 중요한 것으로 취급되었던 '인정'이라는 단어 자체가 이런 점을 잘 확증해 준다. 인정하거나 혹은 인정하지 않는 것은 청중 혹은 '소비자들'인데, 이런 인정은 진리로서 가치가 있는가 혹은 진리에 상응하는가 하는 물음과는 무관하다. 매체를 등에 업은 스타나 스포츠 영웅의 유명세는 시장에서 대중의 투표와 소비자의 구매에 의해 조작되고 구성된다. 가치를 소비 시장이 결정하는 것이다. 하지만 소비 시장이란 결코 '자유롭거나' 가치중립적이지 않다. 이것을 고대 고린도에서는 소피스트 수사학자들이, 그리고 포스트모던 사회에서는 대중매체의 '홍보'가 조작하고 주무른다. 가령 십대의 소녀가 또래 집단 사이에서 '없어서는 안 될 것'으로 통하는 상표의 옷을 고를 때, 그녀는 정말로 자신에게 필요하거나 자신에게 가장 최선의 것을 선택하는 것이라고 말할 수 있을까? 소피스트 수사학자들은 오늘날로 치자면 대중매체와 같다. 그들은 단지 상품을 소개하는 것이 아니라 판촉을 하는 사람들이었다. 그들의 관심사는 진리의 내용이 아니었다. 그들은 교묘한 설득의 홍보 전략을 고안하는 이들이었다(Thiselton, *Thiselton on Hermeneutics*, 30-36참조).

포골로프의 통찰력 있고 설득력 있는 연구에 더하여, 존 D. 무어스(John D. Moores) 또한 이에 상응하는 연구를 내어 놓았다(*Wresting with Rationality in Paul*, 5-32, 132-60). 무어스에 의하면, 바울은 진리를 주창하기 위한 기초로서 교회가 지닌 공통의 사도적 전승 외에도 성경과 이성에 호소한다. 비록 그가 고전 수사학의 장치들을 사용한다고 해도, 이는 철저히 이런 틀에서 이루어진 것이다. 바울은 결코 독자들로 하여금 복음의 증거를 '개연성의 저울'에 달아 보도록 조장하지 않는다. 그렇게 되면 무엇이 진짜 '복음'인가를 청중이 구성하게 된다(21-23). 실제로 바울은 자신의 청중이 '조 바꾸기'(code switching, 곧 친숙한 단어에 새로운 의미가 생기도록 언어를 조작하는 것)를 하고 있는 것은 아닌지 주의 깊게 살핀다.

바울은 성경, 이성, 그리고 사도적 공동체가 공유한 전제, 곧 *엔투메메스*(*enthymemes*) 혹은 공유된 신념으로 전제된 것에서 출발하여 자신의 논증을 펼친다. 무어스는 이렇게 선언한다. "바울은 한 번도 메시지의 정체성을 그것을 수용하는 이들이 그것에서 찾아낸 의미에 의해 결정되는 것이라고 생각한 적이 없다. 바울이 보기에 그들의 응답이 결정하는 것은 메시지의 정체성이 아니라 그들 자신의 정체성이다. 바울을 오늘날의 독자 반응 이론의 기준에 맞추려는 것은 그의 생각을 송두리째 뒤집는 결과가 될 것이다."(133-134) 고린도전서 1, 2장을 보면 바울이 십자가의 복음을 사도적 및 기독교적 정체성의 '토대요 기준'으로 간주하고 있음이 분명하다(Schrage, *Der erste Brief*, vol. I, 165). 그리스도인들은 자기 자신을 복음 선포의 기준인 양 내세우지 않는다. 하지만 이는 고린도의 소피스트 수사학과는 어울리지 않는다.

무어스가 잘 보여준 것처럼, 청중 혹은 독자의 방식대로 수행된 그런 식의 십자가 복음 선포가 오히려 복음에서 그 내용과 능력을 빼앗는 것이 될 수 있다는 바울의 주장은 매우 설득력이 있다(2장 4, 5절). 만약 단어들이 언어적 '조 바꿈'에 의해 다른 의미로 치환될 수 있다면, 의사소통은 더 이상 서로 간의 의사소통이기를 멈춘 채 그저 다람쥐 쳇바퀴처럼 말과 말이 서로 꼬리를 물고 돌아가는 하나의 '연기' 혹은 조작에 불과한 것으로 전락할 것이다. 비트겐슈타인(Wittgenstein)처럼, 그리고 바울처럼, 무어스 역시 언어 외적 말하기가 인간의 행동과 생활방식에 뿌리를 둔 것이어야 한다고 역설한다. 바울이 '그리스도의 마음'(2장 6절)을 자신의 사도적 땀 흘림을 통해 설명해 보일 때(3장 5절~4장 21절), 그가 우리에게 보여준 것이 바로 이것이다. 또한 무어스는 이것을 14장 6절부터 32절까지에서 바울이 말한 바 알아들을 수 있는 말의 필요성과 연관을 짓는다. "나팔이 신호 같지 않은 애매한 소리를 내면 누가 전쟁을 준비하겠습니까?"(14장 8절).

오늘날의 많은 독자들은 이런 설명들을 포스트모더니즘적이고 소비자 중심적인 다원주의 사회의 부정적인 특징을 간략히 묘사하는 것이라고 여길 것이다. 우리는 진리를 그저 '우리' 집단의 구미에 맞는 것으로 다시 정의할 수는 없는 일이다. 현재 미주에서 가장 큰 영향을 끼치는 두 명의 포스트모던 저자는 스탠리 피쉬(Stanley Fish)와 리처드 로티(Richard Rorty)다. 포스트모던 신실용주의의 입장에서, 피쉬는 '진지한 인간'(seirous man)과 대조되는 의미에서의 '수사적 인간'(rhetorical man)의 입장을 옹호한다. "수사적 인간은 실재의 발견이 아니라 실재의 조작을 위해 훈련된 사람이다. 실재란 실재로 받아들여진 것, 유용한 것을 의미한다."(Fish, "Rhetoric," in *Doing What Comes Naturally*, 483. 그는 여기서 Richard Lanham을 인용한다) 어떤 이들은 이것이 유신론적 세계관의 유일한 대안이라고 여기겠지만, 이는 사실 바울보다는 고린도와 훨씬 더 많은 공통점을 보여준다.

'있는 그대로 세계란 존재하지 않는 것'이기 때문에, '실재를 바르게 인식하는 일'이란 아예 불가능한 과제가 된다는 로티의 주장도 마찬가지다(*Truth and Progress*, 25). 진리란 이런저런 '지역' 공동체에게 유익한 것으로 '정당화된' 것에 지나지 않는다(21). 놀랄 것도 없이, 어떤 기준도 모든 상황에 다 적용될 수 있는 것은 아니기 때문에 사실상 '지역' 공동체가 진리에 대한 자신만의 기준을 설정할 수 있다고 생각한다는 점에서 로티는 1세기의 고린도 교회와 입장을 같이한다. 하지만 이와 대조적으로, 바울은 '남자나 여자나, 종이나 자유인이나, 유대인이나 이방인이나 할 것 없이' 기독교적 정체성의 '토대와 기준'은 십자가라고 생각한다(갈 3장 28절, 더 나아가 *Thiselton, Interpreting God and the Postmodern Self*를 보자).

3. 바울은 수사학을 사용했을까? 그렇다면 어떤 수사학일까?

고린도전서 2장 1절부터 5절까지에 너무도 선명히 나타나는 것처럼, 바울은 분명 소피스트적이고 청중의 기호에 맞추어진 수사학을 거부한다. 그럼에도 불구하고 바울은 논증을 명료하게 하고 진리를 설득력 있게 표현하기 위해 고전 수사학의 표준적 형식들과 장치들을 활용한다. 부활에 관한 논증이 이에 대한 탁월한 실례를 제공한다. 나중에 주석 부분에서도 설명하겠지만, 공유된 사도적 전승에 대한 선언은 사실에 대한 진술로부터 시작한다(*narratio*, 15장 1~11절). 부활을 부인하는 데서 생겨나는 결과에 대한 설명은 첫 번째 수사적 반박(*refutatio*, 12~19절)이 되는데, 여기에는 심의적 수사학(deliberative rhetoric)의 장치를 동원한다. 이 장치는 특정 신념을 수용하거나 거부하는 것 혹은 특정한 행동을 실천하는 것의 장점과 단점을 열거하는 것이다(Mitchell, *Paul and Rhetoric*, Eriksson, *Traditions as Rhetorical Proofs* 참고). 다음 대목에서는 그리스도의 부활이 미래 신자들의 부활의 근거가 된다는 사실에 대한 적극적인 선언이 뒤따른다. 이는 수사적 확증(*confirmatio*)에 해당한다(20~34절). 부활에 관한 장 전체가 이런 식으로 구성되어 있다.

또한 바울은 잔뜩 부풀린 일부 독자들의 허세에 바람을 빼기 위해 풍자 혹은 자기풍자의 수법도 자주 사용한다. 웰너(Wuellner)와 맥칸트(McCant)는 고린도전서 4장 1절부터 21절까지에서 많은 부분이 역설(가령, 4장 8절의 "우리 없이도 '왕으로 다스리게' 되었군요!")뿐 아니라 풍자와 자기 풍자 또한 담고 있다는 사실을 잘 보여주었다. 자기 풍자란 원래는 엄숙한 자기변호가 되어야 할 것에다 미묘한 변화를 가하는 일종의 '유희'라 할 수 있다. '패러디를 사용하는 이는 풍자(satire), 익살(burlesque), 역설, 그리고 빈정거림 등의 다양한 장르를 조작하는데' 그 중요한 목적의 하나는 '젠체하는 사람들'의 허세에 구멍을 내는 것이다(McCant, "Paul's Parodic Apologia," in *Rhetoric*, 179). 바울은 매우 고상한 위치를 점하고 있는 척하지만, 실상 그는 고린도의 신자들이 그의 높은 위상을 인정하는지 아닌지에 전혀 관심이 없다. 다만 이로써 그는 허세적인 수사적 변호를 풍자하는 셈이고, 이를 감지하는 사람은 여기서 재미를 느끼는 것이다.

이러한 기교의 좋은 실례가 고린도후서에서 발견된다. 고린도후서 11장 1절에서 바울은 "나의 연약함을 조금만 참아 주십시오"라고 주문하면서, 말하는 장르를 바꾸겠다는 신호를 보낸다. "내가 약간 자랑을 늘어놓더라도 그건 바보처럼 자랑하는 것입니다."(11장 17절) "여러분이 지혜로운 분들이라, 바보들을 기꺼이 참아주시니 말입니다."(19절) "바보처럼 말하면서, 감히 자랑을 늘어놓아 보겠습니다."(21절) "세 번 태장으로 맞고, 한 번 돌로 맞았습니다."(25절) "다마스커스에서는 성벽의 창문을 통해 광주리를 타고 내려와 도망을 쳤습니다."(32절) 에드윈 저지(Edwin Judge)가 관찰한 것처럼, 고대 세계에서는 포위된 도시를 공격할 때 뜨거운 기름 세례를 받거나 성벽 위의 적군에게서 공격당할 위험을 무릅쓰고 '처음으로 성벽을 넘는 일'이 자랑할 만한 영웅적 행위로 칭송되었다. 그런데 지금 바울은 자신이 '처음으로 성벽을 넘은' 사람이라고 자랑하는 것이다. 그런데 그것은 거꾸로 도망치기 위해서였다! 여기서 우리는 '자랑'과 자기홍보이라는 '시합'의 일부로 기능하는 자기풍자의 한 사례를 볼 수 있다(빌 3장 7~11절, 특히 8절 참고). 실제로 그러지는 않았지만, 만약 원했다면 바울에게는 고린도인이 즐기던 수사적 자화자찬의 시합을 벌이는 것이 얼마나 쉬운 일이었겠는가!

Ⅳ. 본문 이해를 돕는 추가적인 서론적 사안

1. 고고학적으로 방증되는 고린도의 로마적 성격

고린도와 그 주변의 발굴 작업은 고린도라는 도시, 그 생활과 문화 및 바울의 서신을 이해하는 데 특별히 많은 도움을 준다. 가장 먼저 발굴 작업자들의 시선을 끄는 것은 바울 당시의 헬라어 석문은 매우 희귀한 반면 라틴어 석문은 다량으로 발견된다는 점이다. 바울이 그랬던 것처럼 석문들이 헬라어로 되어있는 아테네에서 고린도로 바울이 그랬듯이 이동하는 사람들에게는 그 대조가 더욱 놀랍게 느껴질 것이다. 이러한 사실은 1세기의 고린도가 로마의 도시였다는 사실을 분명히 보여준다. 또한 이전의 헬라 시대의 고린도에나 적용될 법한 대중적 환상이나 신화들을 더 이상 받아들일 수 없다는 말이 된다.

고린도전서의 본문을 이해하려는 노력과 관련하여 다음과 같은 세 가지 사례가 특별히 눈에 띤다.

1) 로마적 배경은 고린도전서 6장 1절부터 18절까지를 이해하는 데 도움을 준다. 로마에서 형법은 상당히 합리적인 절차를 따라 진행된 반면, 민법의 경우는 사정이 전혀 달랐다. 재정적으로 든든한 사람들, 사업상으로나 사교적으로 영향력이 있는 사람들, 부유하고 힘이 있는 후견인들은 재판관이나 배심원에게 보상을 주고 판결을 유리하게 할 수 있었다. 따라서 그리스도인이 동료 그리스도인을 법정으로 끌고 가는 것에 대한 바울의 분노는 법정소송 자체를 부정하는 말이라기보다는, 그리스도인이 사회적, 경제적으로 우월한 자신의 지위를 이용하여 힘으로 다른 그리스도인을 휘둘러 재산이나 재화를 부당하게 포기하도록 만드는 행태에 분노하는 것이라고 할 수 있다. 어떤 이들은 그렇게 해석하기에는 근거가 충분치 않다고 말하기도 하지만(Hall, *Unity*, 76-77), 이런 해석은 본문의 상황과 매우 잘 맞아떨어진다.

2) 두 번째 사례는 11장 7절부터 34절까지에서 발견할 수 있다. 여기서 바울의 관심은 주님의 만찬을 거행하기 위한 장소로 사용되었던 빌라에서 식사 준비가 마치 가정집에서 하는 만찬인 것처럼 이루어졌다는 사실에 있다. 고린도의 외곽 교외 지역 아나플로가(Anaploga)에서 발굴된 빌라에는 식당(*트리클리니움*, *triclinium*)의 흔적이 있다. 초대받은 손님은 40평방미터 정도 되는 이 방에서 긴 의자에 기대고 앉았을 것이다. 반면 비를 모으는 공간이 포함된 안뜰(*아트리움*, *atrium*)는 30평방미터 정도였다(그림 5 참조). 로마

<그림 5> 빌라 모자이크

고고학자들은 광장(Forum) 서쪽, 도심 외부의 교외에 있는 아나플로가(Anaploga)에서 1세기 중, 후반에 만들어진 두 개의 로마식 빌라를 발굴했다. 트리클리니움(*triclinium*) 바닥은 모자이크로 구성되었고, 크기는 대략 7.5×5.5m², 24×18ft²이었다. 긴 의자들이 차지하는 공간을 감안할 경우, 약 15명 이상의 인원을 수용할 수 있었다. 반면, 아트리움(*atrium*, 일종의 휴게실 공간으로 약 6×5m², 20×16ft² 정도 크기)은 중앙에 지붕의 물을 모아두는 연못(*impluvium*)이 있음을 감안해도 약 3~40명의 손님들을 수용할 수 있었다. 어떤 학자들은 이러한 배치가 고린도전서 11장 17절부터 31절까지에서 볼 수 있는 문제들(아트리움에서 식사를 하는 만찬 손님들은 보다 호의를 받는 손님들에 비해 "이류"로 느껴질 수 있었다)을 이해하는 데 도움이 될 것이라 주장한다.

시대의 식사 관습을 고려해 볼 때, '지체 높고' 반가운 손님은 *트리클리니움*에 기대고 앉아 최상급의 음식과 포도주를 즐겼을 것이고, 다른 '식객' 혹은 '다른 사람들'은 *아트리움*에 서서 질 낮은 음식을 먹거나 심지어 먹지 못하는 경우도 있었을 것이다. 여기서도 홀은 이런 각본의 역사적 사실성에 회의를 표하지만(*Unity*, 64-74), 그의 목적은 게르트 타이센(Gerd Theissen)이 재구성한 시나리오를 반박하는 것이었을 뿐, 이런 대체적인 그림에 대해서는 많은 이들이 동의하고 있다. 이러한 로마 사회의 식사 관습은 본문의 배경을 잘 해명해 준다고 할 수 있는 것이다.

3) 세 번째 사례는 11장 1절부터 16절까지이다. 알라인 루젤(Aline Rousselle)과 데일 마틴(Dale Martin)은 고대 로마 사회에서 결혼한 여인이 두건을 쓰지 않은 채 대중 앞에 나서는 것은 '의향이 있다'는 것, 곧 '친구 관계 혹은 그보다 더 깊은 관계'를 맺을 의향이 있다는 신호였을 것이라는 사실을 잘 보여주었다. 정숙한 기혼녀로서 자기 남편에게 충실하려는 여자라면 두건이나 베일을 두고 다니지는 않았을 것이다. 본문에서 바울의 관심사는 공예배 시의 '신중함과 품위'다. 본문을 주해할 때 이에 대해 보다 자세한 설명을 제시할 것이다.

<그림 6> 아폴로 신전

바울은 오늘날 사람들이 '다원주의'를 복음의 신빙성에 대한 장애물로 간주하는 것을 놀라워할지도 모른다. 모든 '신들'은 신전을 가졌다! 이 신전들 중 어떤 것들은 바울이 고린도에 왔을 당시 이미 고대의 것이었다 (Ben Witherington).

2. 다원주의, 후견제도, 그리고 자기홍보: 고고학적 증거

① 고고학적 증거는 고린도에 종교적 다원주의가 대세였음을 잘 보여준다. 아폴로 신전의 잔해가 오늘날까지 남아 있는데, 아마 바울 당시에도 이 신전은 매우 오래된 것이었을 것이다(그림 6 참고). 아스클레피오스 신전의 유적지에서는 신체 일부를 묘사한 테라코타 모형들을 발견했는데, 이들은 해당 부위를 낫게 해준 것에 대해 감사하는 표시로 의술의 신에게 드린 것들이었다. 친구나 사업상의 동료를 초대하여 함께 축하 연회나 친교의 식사를 즐긴 장소로 보이는 지붕이 있는 회랑이나 안뜰도 발견되었다. 영향력이 있고 자의식이 강한 일부 그리스도인들이 사업상의 이유로나 관계 유지를 이유로 그런 모임에 빠지는 것을 주저한 것도 전혀 이상한 일이 아니었을 것이다. 반대로 많은 '연약한' 그리스도인들이 '우상'이 자리를 차지하고 있는 이방 신전 경내에 들어가는 것을 불쾌하게 생각했을 것이라는 점 역시 전혀 이상할 것이 없다. 이런 상황에서 바울의 목회적 판단은 단호함과 유연함 모두를 필요로 했을 것이다(8장 1절~11장 1절).

② 바비우스 기념비(Babbius monument)는 가장 특이한 유물 중 하나라 할 수 있다. 이에 대해서는 이미 언급한 적이 있다. 이 유물은 아마 티베리우스 황제 치하, 곧 바울이 고린도를 방문하기 약 20여 년 전에 만들어졌을 것이다. 이는 후견제도와 자기홍보라는 고린도 문화의 두 측면을 잘 보여준다. 바비우스는 아마도 신흥 부유층 출신으로서, 도시에 자신의 흔적을 남기고 후대에도 자신의 이름을 남기고 싶었을 것이다. 기념물을 '자신의 비용으로' 설립했다는 사실과 그가 이런 후원을 지지했음을 알려주는 석문이 적어도 두 개 이상 발견되었다. 어떤 이들은 해방 노예들도 판관(*duovir*)의 자리에까지 오를 수 있었다는 사실에 근거하여, 바비누스 역시 해방 노예 출신이었을

수도 있다고 주장한다(Wiseman, "Corinth and Rome", 498). 경쟁이 매우 심한 자기홍보의 문화에서 많은 이들은 매우 빨리 권력과 영향력을 가진 위치로 올라갈 수 있었다.

③ 또 하나의 핵심적 기념물은 고린도 박물관과 공식 유적지의 경계선 밖에서 찾을 수 있다. 처음 아크로고린도에서 출토된 석회암의 돌판에는, 원래 구리로 채운 글자로 이런 말이 적혀있었다. "조영관 직에 대한 보답으로 에라스투스(Erastus)가 자신의 비용으로 설립하다." 이 기념물의 연대는 대개 1세기 중엽으로 추산된다. 이 사람이 로마서 16장 23절에서 언급된 에라스투스[개역에서는 에라스도—역주]일 가능성이 매우 높다. "시의 재무장관인 에라스투스가 여러분에게 안부를 전합니다."

④ 로마제국 전역에서 바울이 마주치는 것이라고는 '다원주의'뿐이었는데, 이는 고린도에서 특히 더 심했다. 단지 매우 엄격한 유대 공동체 내에서만 사정이 달랐을 뿐이다. 그런데 오늘날 획일적인 '모더니티'가 붕괴되고 포스트모던적 상황으로 파편화되면서, 어떤 그리스도인들은 문화적 다양성과 '다원주의'가 복음선포의 거의 극복하기 어려운 장애물이 되고 있다고 한탄한다. 하지만 중세와 근대의 보다 획일적인 전통은 서구의 역사 중 그저 스쳐 지나가는 시기에 지나지 않는다. 물론, 바울은 이런 시기에 대해 알지 못했다. 바울이 '다원주의'에 대한 21세기의 패배주의적 한탄을 듣고 어떤 반응을 보였을지는 상상하기조차 어렵다.

3. 바울의 고린도 방문, 그의 사역, 그리고 사역의 시기

엥겔스가 관찰한 것처럼, 고린도는 기독교 공동체를 세우기에 최적의 장소였다. 수많은 무역의 연결고리가 신속한 복음 전파를 가능케 했고, 회당과 유대교 공동체도 존재했기 때문이다(*Roman Corinth*, 20). 여기서 그리스도인이 된 사람들의 사회적 배경은 다양했던 것으로 보인다. 에라스도나 스데바나처럼 관직에 있는 사람이나 대가족의 가장으로 거명된 사람이 있는가 하면, 노예, 가난한 자 및 해방 노예를 비롯하여 사회적으로 비천한 신분의 사람도 있었다.

바울은 아테네를 거쳐 고린도로 갔다. 그에게 두 도시 간의 대조는 매우 놀라웠을 것이다. '고린도는 아테네가 갖지 못한 이점들을 갖추고 있었다. 아테네는 더 이상 생산적이지도 창조적이지도 않은, 그렇고 그런 대학 도시에 지나지 않았던' 반면, 고린도는 '활짝 열린 신흥 도시'였다(Murphy-O'Connor, *Paul*, 108). 아테네에서 고린도까지 여행 거리는 약 50마일 정도였다. 도보 여행의 첫날 바울은 아마도 메가라(Megara) 근처에 이르렀을 것이다. 그리고 이튿날 고린도의 외부 경계에 도달하기까지 좀 더 위험한 여정을 했을 것이다.

곧 이어 바울은 바삐 오가는 사람들의 무리와 포장된 디올코스(*diolkos*), 그리고 주후 49년에 열렸던 경기들의 흔적을 볼 수 있었을 것이다. 이윽고 그는 레카이움(*Lechaeum*) 길을 따라 시장과 가게를 지나 광장으로 갔을 것이다. 도중에 그는 아스클레피오스 신전과 페이레네 수원, 그리고 개선문을 지났을 것이다. 광장에서 남쪽으로는 행정을 맡아보던 사무실들이 버티고 있었을 것이며, 북쪽으로는 사무실과 가게와 가판대가 늘어서 있었을 것이다. 아마도 바쁜 시즌이었다면 무역업자, 관광객, 수공업자, 거리의 행상인, 관리, 서신 배달원, 노예, 그리고 집안의 가장이 거리와 광장을 메우고 있었을 것이다.

바울의 첫 복음 선포가 '연약함 중에, 많은 두려움과 떨림으로' 행해진 것이었다면(2장 2, 3절), 아마 바울은 (슈바이처와 디벨리우스가 제안한 것처럼) 몸이 허약한 상태로 고린도에 도착했을 것이다. 어쨌든 그는 곧 바로 '십자가에 달리신 그리스도'에 초점을 맞춘 복음을 퍼뜨리기 시작했다. 그는 고린도 사람들이 대부분 선호하던 방식, 곧 청중을 즐겁게 하는 '영리함'과 수사를 버리기로 했다. 그는 동료 그리스도인으로서 직업이 같았던 아굴라와 브리스길라와 함께 정착하였고(행 18장 3, 11절. 고전 16장 9절 참고), 가게와 작업실에서 부지런히 일하는 와중에 복음을 전했다. 물론 시장이나, 샘터, 그리고 다른 곳에서도 그랬을 것이다. 아마도 스데바나와 그의 가정이

<그림 7> 베마(Bema)

이곳은 항상 바울이 로마 총독 갈리오(행 18장 12~17절 참고) 앞에 섰던 '판결장소'로 간주된다. 1905년 이전에는 사도행전에 나오는 갈리오에 대해 비판적 시각이 강했지만, 1905년에 루시우스 주니우스 갈리오와 관련된 클라우디우스 황제가 쓴 서신의 파편들 4개가 발견되었다. 이 파편들은 1913년에 출판되었다. 2개의 보다 긴 파편들이 1967년에 출판되었다. 그 편지는 주후 52년 4월 또는 5월 정도(늦어도 8월)의 날짜를 반영한다. 그 편지는 보고서였는데, 고린도에서 갈리오의 총독 부임기간이 51년 7월에서 52년 6월(또는 50년 7월에서 51년 6월)까지였음을 보여준다. 바울은 주후 51년에 고린도에 갔을 것이고, 고린도전서는 주후 53년과 55년 사이에(아마도 53, 54년) 기록되었을 것이다. 바울은 52년 8월 또는 9월에 에베소로 돌아왔고, 여기서 18개월의 대부분을 보냈을 것이다. 이 기간 동안 그는 고린도전서를 썼다(Phoenix Data Systems, Neal and Joel Bierling).

바울이 고린도에 도착한 후 첫 회심자였을 것이다(16장 15절. 1장 16절 참고). 가이오와 그리스보도 초기 회심자에 속하는 이들이었다(1장 16절). 바울은 약 18개월 후 고린도를 떠나 겐그레아에서 배를 타고 에베소로 갔다(행 18장 11~19절 참고). 아마도 바울의 고린도 사역은 주후 50년 3월 무렵부터 51년 9월까지 이어졌을 것이다.

정확한 연대를 측정하는 데 필요한 고고학적 자료 중 하나는 클라우디우스 황제가 바울을 재판한 적이 있는 고린도의 총독 갈리오에게 보낸 편지다(행 18장 12, 13절. 그림 7을 보자). 편지의 일부 조각이 1905년에 발견되었다가, 1910년에 세 개가 더 발견되었고, 마지막 두 조각은 1967년에 발견되었다. 이 증거에 대해서는 내가 쓴 *NIGTC* 주석을 참고하기를 바란다(*First Epistle*, 29-32).

4. 서신의 기록: 정황, 연대 및 통일성

바울은 주후 51년에 고린도를 떠난 후 52년에서 53년까지, 혹은 54년 여름까지의 기간 동안 에베소를 목회와 선교의 거점으로 삼았다(어떤 학자들은 바울이 53년에 거기서 갈라디아서를 썼다고 생각하지만, 다른 학자들은 그보다 더 이른 시기를 생각한다). 에베소에 머물면서 바울은 갈라디아, 안디옥, 그리고 다른 곳에 있는 기독교 공동체를 다시금 방문하였다. 그 사이에 아볼로가 고린도를 방문하였다가 가슴 아픈 소식을 듣고 에베소에 있던 바울에게로 다시 왔다. 아마도 이로 인해 바울은 고린도전서보다 앞선 '이전의' 편지를 보내게 되었을 것이다. 고린도전서 5장 9절에서 이에 대해 분명하게 언급한다. "나의 편지에서 부도덕한 사람들과는 함부로 어울리지 말라고 말했었습니다." 비록 어떤 학자들은 이것을 고린도후서 6장 14절부터 7

장 1절까지라고 생각하지만, 이 편지는 소실된 것이 거의 확실하다.

54년(혹은 53년) 무렵 바울은 다른 두 소식통에게서 고린도에 관한 소식을 듣게 되었다. 먼저는 '글로에 집안 사람들'의 입을 통해 한 가지 소식을 들었다(고전 1장 11절). 아마 이들은 글로에를 위해 일하던 사람들로서, 에베소 교회의 일원이었을 것이다. 그 후 바울은 고린도의 그리스도인들에게서 여러 가지 질문을 담은 편지를 한 통 받았다. 그것은 결혼과 독신(7장 1절), 우상에게 바친 음식(8장 1절), 성령의 은사(12장 1절), 그리고 다른 사안에 대한 질문이었다. 우리에게 있는 '고린도전서'는 이 두 소식에 대한 바울의 대응을 담고 있다. 구두 보고에 대한 바울의 반응은 더 선명하며, 때로는 단호하다(1장 10절~6장 20절). 반면 7장부터 10장까지에서 잘 드러나는 것처럼, 고린도인들이 질문한 사안에 대한 답변은 민감한 사안들이 얽힌 복잡한 사정을 인식하면서 종종 양쪽 입장 모두를 고려하는 경향을 보인다.

바울은 모든 것을 십자가와 십자가에 달린 그리스도의 빛으로 조명한다. 그리고 편지의 마지막 부분에서는 부활에 관해 이야기한다. 편지 전체에 걸쳐 바울은 고린도인들이 사용하던 용어들을 재정의해야 할 필요에 직면한다. 그 용어들은 '영성' 개념을 해체하고 고린도인들 나름의 방식으로 재구성하기 위해 왜곡하거나 새롭게 사용하기 시작한 용어들이다. 고린도전서의 통일성을 부인하는 이들도 있지만, 이 편지가 본래부터 하나라는 사실에는 의문의 여지가 없다. 왜냐하면 전체가 자연스럽게 연결되며, 하나님의 <u>은총</u>과 <u>십자가</u>의 중심성, 그리고 부활에 관한 일관성 있는 설명이 잇따르기 때문이다. 편지 전체를 하나로 묶어주는 핵심 주제는 <u>사랑</u>이다. "사랑이 <u>세운다</u>"(8장 1절).

13장에서 사랑의 특징으로 언급된 모든 자질이 고린도의 교회와 관련된다: "사랑은 질투로 불타지 않으며, 자랑하지 않습니다. 자기만 잘난 척 빼기지 않는 것입니다. 사랑은 경우 없이 무례하게 행동하지 않으며, 자신의 이익에만 몰두하지 않습니다. 사랑은 결코 도움을 멈추지 않으며, 결코 믿음을 잃지 않고, 결코 희망을 버리지 않으며, 결코 포기하지 않습니다. 사랑은 떨어지지 않습니다. 방언은 그치고, '지식'도 무의미해질 것입니다. 제일 중요한 것은 사랑입니다."(1장 4, 5, 7, 8, 13절) 공적 예배의 질서를 위한 제약들조차도 '다른 사람'을 위해 존중하는 태도를 고취하고, 교회 전체를 세우며, 다른 사람에게 복음을 전파하기 위한 것이다.

그럼에도 불구하고 바울은 고린도의 그리스도인들이 도덕적 규율과 금기사항에 얽매여 살기를 원치 않았다. 바울의 관심은 그들의 기쁨과 영광과 '자랑'이, 인간들의 경쟁적인 비교에 의해 재단된 성취와 '성공'이라는 비현실적 주장에 근거한 것이 되지 않도록 하는 데 있었다. 따라서 그들이 자랑하겠다면, 하나님 안에서 자랑해야 한다(1장 29~31절). 오직 하나님과 그분께서 선물로 주신 것들 안에서만 자랑하라는 권유는 은혜에 의한 칭의라는 진리에 대해 말하는 또 하나의 방식이다. 이 편지에서 이 진리는 추상적인 교리로서가 아니라 그리스도인의 삶의 모든 영역에 적용되는 기독교적 정체성, 곧 성도가 교회와 세상의 험한 일상에서 삶으로 드러내어야 할 정체성의 준칙으로 설파되는 것이다.

제2부

본문 및 주석

Text and Commentary

I. 자기소개, 인사말 및 감사(1장 1~9절)

1. 자기소개와 인사말(1장 1~3절)

1 하나님의 뜻을 따라 그리스도 예수의 사도로 부름받은 바울과 사랑하는 우
리의 그리스도인 형제 소스데네는 2 모든 곳에서 우리 주, 곧 그들의 주시며
우리의 주이신 예수 그리스도의 이름을 부르는 모든 사람들과 함께, 고린도에
있는 하나님의 교회, 곧 그리스도 예수 안에서 거룩해지고 거룩한 백성으로 부
름받은 사람들에게 [편지합니다] 3 하나님 우리 아버지와 주 예수 그리스도께
로부터 오는 은혜와 평화가 여러분들에게 있기를 [원합니다]

사도라는 단어는 고린도전서에서 매우 중요한 역할을 수행한다. 바울은 자신의 사도 직분에 큰 의미를 부여한다. 이는 가령 "내가 사도가 아닙니까? 내가 우리 주 예수를 본 사람이 아닙니까?"(9장 1~3절), "하나님께서 교회에 두신 사람들에는 우선 사도들인 몇 사람들과"(12장 28절), 혹은 "모든 사도들 중에 가장 작은 자"(15장 8, 9절) 및 다른 여러 구절들에서 쉽게 확인할 수 있다. 전통적으로 칼빈을 비롯한 여러 주석가들은 고린도전서에서 바울이 자신의 **사도** 직분을 언급하는 것이 '권위를 확보하려는' 의도라고 주장했다. 물론 이는 어느 정도 사실이다. 바울이 그저 자신의 사적인 견해를 제시하거나 자의적인 목적에서 편지를 쓴 것은 아니기 때문이다. 그는 분명 하나님의 대변인으로서, 곧 자기 나름의 어떤 목적보다 하나님께 받은 임무를 수행해야 하는 사람으로서 편지를 쓰는 것이다. 하지만 사도에 관한 보다 최근의 연구에 의하면, 여기서 바울이 자신을 **사도**로 언급하는 일차적인 의도는 독자들의 관심을 사도라는 인물에게서 그들을 증언하도록 부르신 그리

스도께로 돌려놓는 것이다. 크래프턴(Crafton)이 잘 관찰한 것처럼, '사도들이란 하나님의 계획을 드러내는 창문과도 같다. 본질적으로 그들의 역할에서 요구되는 자질은 투명함이다'(*The Agency of the Apostle*, 63).

사도는 자신의 중요성을 무리하게 드러내서는 안 된다. 사람들로 하여금 아무런 방해 없이 그리스도를 볼 수 있게끔 해야 하기 때문이다. 십자가 자체만이 유일한 걸림돌로 남아야 한다(1장 18절). 증인 자신을 무슨 중요한 존재처럼 내세워 사람들로 하여금 십자가에 집중하지 못하게 하거나 십자가의 메시지를 식상하게 듣도록 해서는 안 된다. 이런 견지에서 보면 증언하는 사람이 누구든 모든 복음 증언은 '사도적' 행위에 해당한다. 오로지 하나님의 **은총**에만 달려 있다는 점에서(고전 15장 10절), 인간적인 장점들은 사도 직분의 근거가 되지 않는다. 크리소스톰이 말한 것처럼, '부르시는 분이 중요하다. 부르심을 받는 이는 다만 순종할 뿐이다'(*Homilies on 1 and 2 Corinthians*, Homily I).

사도적 증언에는 다음의 두 가지가 모두 포함되어야 한다. 곧, 그리스도께서 죽었다가 다시 살아나셨다는 사실 자체에 대한 믿음(9장 1~3절, 15장 8, 9절), 그리고 그리스도의 사명과 사역에 우리가 직접 참여한다는 사실에 대한 믿음이다. 따라서 그리스도와 십자가 복음에 대한 메시지를 선포하는 일에는 말뿐만 아니라 삶의 태도 역시 똑같이 중요하다. 9장 및 다른 여러 곳에서 볼 수 있는 것처럼(가령, 4장 8~13절), 사도적인 삶의 방식 자체가 사도적 증언의 한 부분으로 제시된다. 부활의 일차적 증인들로서 사도들이 수행한 역할은 모든 교회를 위해 그 기반을 닦는 데 결정적이었고, 따라서 이는 반복될 수 없는 독특한 의미의 사역이었다. 하지만 다른 관점에서 볼 때, 사도적 삶으로 사도적 메시지를 '뒷받침했던' 섬김의 방식은 모든 세대에 걸쳐 적용되어야 할 사도적 신앙과 삶의 특징이다.

바울은 **사도 직분으로의 부르심**이 스스로 추구한 것이 아니었음을 강조한다. 그는 **하나님의 뜻**에 밀려 사도로 섬기게 되었다(1절). 결코 자신의 선택이 아니었던 것이다. 고린도전서 9장 15절부터 18절까지, 사도행전 26장 14절 및 갈라디아서 1장 15절 등을 보면 이 사실이 더욱 분명하다. 이들 구절들은 예레미야 선지자의 소명 이야기를 떠올리게 한다(렘 1장 4~10절, 20장 7~9절). 바울처럼 예레미야 역시 자신의 소명이 스스로의 선택이 아니었다고 강변한다. 그를 선지자로 **부르셨다**. 따라서 바울은 이 부분에서 자신의 사도적 부르심을 부각함으로써, 하나님께서 자신에게 사도라는 임무를 지우지 않으셨다면 결코 지금처럼 이런 식의 편지를 쓰지는 않았을 것이라는 점을 넌지시 암시하고 있는 셈이다.

자신의 존재를 필요 이상으로 부각하지 않으려는 바울의 의도는 그가 당시 대부분의 헬라어 편지에서 사용되던 통상적 인사말과 도입구를 그대로 활용한다는 점과 잘 맞아떨어진다. 물론 그는 이 관습적 어구에다 기독교적 내용을 첨가한다. 하지만 그렇다고 해서 그가 복음을 반문화적인 것으로 생각한 것은 아니다. 복음이 반문화적인 양상을 띠는 경우는 외부의 문화적 규범이 복음의 가치나 윤리와 정면으로 충돌할 때뿐이다. 가령, 한편으로 바울은 그리스도인들이 자기보다 못한 신자들에 대해 우위를 점하기 위해 부당한 영향력을 행사하거나 세속적 수단을 동원하는 것에 반대한다(6장 1~8절). 그런 식의 태도는 복음과 문화적인 충돌을 야기하기 때문이다. 반면 바울은 신앙이라는 명분을 내세워 지나치게 까다로운 입장을 취하려는 태도 또한 경계한다(8장 1~13절). 당시 이교의 신전에서는 의례히 여러 가지 공공 행사들이 거행되었을 것이다. 이에 대해 일부 그리스도인들은 이런 곳에서 식사하는 일을 피해야 하며, 이로써 개인적으로 또는 사업상 나쁜 영향을 미칠 수 있는 친구들이나 지인들과 접촉하는 것을 피해야 한다고 생각했다. 하지만 바울은 오히려 그런 식의 반문화적 태도를 조심하라고 주의를 준다.

거룩한 백성으로 부름받은 사람들 및 우리의 주이신 예수 그리스도의 이름을 부르는 사람들(2b절)이라는 표현은 모든 그리스도인들에게 주어진 소명을 **사도로 부름받은** 바울의 소명과 짝을 이루는 것으로 제시된다(1절). 사도로서 부르심과 성도로서 부르심이라는 두 '소명'(召命)은 어느 정도 서로 겹치는 것으로, 상호 배타적인 것이 결코 아니다. 하나님께서 이미 되게 해 주신 그런 존재가 되도록('그리스도 예수 안에서 거룩하여지고') 부르심을 받았다는 생각은 하나님께서 옛날 이스라엘에게 주신 명령, 곧 하나님께서 가나안 땅을 '너희에게 주셨으므로' 가서 그 땅을 '차지하라'는 명령에 담긴 논리를 반영한다(수 1장 1~3절, 11, 12절). 여기서 거룩하다는 말이 일차적으로 강조하는 바는 다름이 아니라 하나님께 속하여 그분의 특별하고 독특한 백성이 되었다는 생각이다. '구별되었다'는 말에서 드러나는 것처럼, '거룩함이란 우선 받아들이는 것이지 성취하는(우리 편에서) 것이 아니라'는 말은 옳다(Conzelmann, *1 Corinthians*, 21). 바울이 말하고자 하는 바는 그리스도인들이 도덕적으로 이미 완벽하다는 것이 아니다. 어떤 사람이 멋지게 표현한 것처럼, '교회란 죄인들의 학교이지 성자들의 전시관이 아니다.' 그럼에도 불구하고 기독교적 제자도란 하나님께서 이미 부여하신 그 지위에 걸맞게 되려는 노력을 포함한다. 실천적 거룩함 역시 매일매일 그리스도의 형상을 닮음으로써 선을 이루려는 변화를 포함한다. 이것이 바로 하나님께 속했다는 말의 의미를 실천적으로 살아내는 것이다.

하지만 사랑이나 선함과 같이 그리스도를 닮은 성품으로의 꾸준한 성숙은 주로 공동체 내에서 이루어지는 변화다. 이런 성숙이 한 개인의 문제가 될 경우도 있겠지만, 그것은 매우 제한적인 예외일 뿐이다. 편지 도입부에서 바울이 사용하는 이런 표현들은 고린도 교회에 만연한 지나친 개인주의를 겨냥해 집요하게 공격하기 시작하는 것이었다. 사실 사도 직분조차도 '동역자'가 필요하다(3장 9절). 바울은 고린도의 지역 교회가 다른 기독교 공동체와 단절된 채 스스로를 자기성취적 존재로 간주하는 그런 태도에 대해 배격한다. 그들 또한 더욱 큰 기독교 공동체의 일부다. 이 편지의 수신자들은 **모든 곳에서 우리 주, 곧 그들의 주시며 우리의 주이신 예수 그리스도의 이름을 부르는 모든 사람들과 함께** 거룩한 자들로 부름받은 것이다(2b절).

바울은 자기들만으로도 충분하다는 고린도 교회의 주장을 단호히 배격한다. 그들은 너무 쉽게 마치 자기들이 해변에 놓인 유일한 자갈돌인 양 생각하는 경향을 보인다. 다른 곳에 있는 성도들의 전통이나 행동에는 아랑곳없이 자기 마음대로 생각하고 행동할 수 있는 양, 자기 마음대로 잠수하거나 헤엄칠 수 있는 양 생각하는 것이다. 편지의 처음부터 끝까지 바울은 그와 같은 '국지적' 사고를 배격한다. "우리 또한 보편적 교회의 일부다. 우리는 그리스도를 고백하고 예배하는 모든 신자들과 하나됨을 느껴야만 한다" (Johnson, *1 Corinthians*, 38).

그들과 우리의 주님이라는 표현은 여러 가지로 설명할 수 있다. 어떤 학자들에 따르면, 이 표현은 이 편지의 필사자였을 가능성이 많은 소스데네가 분개한 마음에서 첨언한 것일 수 있다. 고린도의 많은 신자들이 다른 그리스도인들의 체험과 헌신은 고려하지 않은 채 그리스도를 '그들의 주님'으로 독점하려하는 배타적 태도를 보이는 것에 분개했다는 것이다. 하지만 이 표현의 주인공이 바울이든 다른 누구든 간에, 이 말이 전달하는 의미는 동일하다. 곧, 그 어떤 그리스도인, 혹은 그 어떤 그리스도인 집단도 그리스도의 임재와 지혜와 능력을 독점할 수 없다는 것이다. 1장 13절에서 바울이 분개하며 외치는 이유가 바로 이것이다. "그리스도께서 나누어지셨습니까?" 다시 말해, 이것은 이런 질문이다: 그리스도께서 모든 이들을 위한 분이 아니라 어떤 특정 집단의 전유물로 전락하셨다는 말입니까?

그리스도의 임재와 권위를 자신들만의 전유물로 삼으려는 유혹은 여러 가지 방식으로 표출될 수 있다. 언젠가 이런 식의 아집에 사로잡힌 한 교회 직분자가 19세기의 유명한 설교가인 찰스 스펄전을 방문하였다. 지금 당장은 만나기 곤란하다는 스펄전의 대답을 전해 듣고서 그는 이렇게 대답했다. "그렇다면 주의 사자가 기다리고 있다고 전해주시겠습니까?" 잠시 후 하녀가 그 손님에게 전달한 메시지는 이랬다. "대단히 죄송합니다만, 지금 스펄전 목사님은 주님을 만나고 계시는 중입니다." 혹은 이와 비슷한 방식으로, 이륙 후 추락하게 될 비행기를 놓친 신자가 사고 후 자신을 구해주신 것을 놓고 하나님께 감사 기도를 드리고 싶을 수도 있다. 자기가 앉았어야 할 자리에 대신 앉았을 사람에 대해서는 한 번도 생각해 보지 않고서 말이다. 이처럼 **거룩하라는 부르심**은 개인적 혹은 집단적 이기주의를 넘어서는 사고방식을 요구한다.

소스데네는 바울의 **사랑하는 그리스도인 형제**다(1절). 여기서 우리는 1절의 **형제**에다 '사랑하는'이라는 말을 덧붙여 번역할 수 있다. 헬라어 본문에서 형제라는 단어가 사용될 때는 많은 경우 따뜻함, 친밀감 및 동료애로 엮어진 유대감을 내포하는데, 영어의 'brother'라는 말만으로는 이를 담아내기 어렵기 때문이다. 바울은 8장 11절에서도 이런 가족적 유대감을 드러낸다. '그리스도께서 위하여 죽으신 형제[혹은 자매]'

주의 이름을 부른다(2b절)는 말은 요엘 3장 5절의 약속을 생각나게 한다. 이후 로마서 10장 13절에서 바울은 이 구절을 다시 언급한다. '예수가 주시라는 선포' (고후 4장 5절)는 복음 선포의 핵심이다. 그리고 '예수는 주시다'라는 선언은 아마 기독교 최초의 고백문이었을 것이다. **이름**은 명성 혹은 성품을 나타낸다. 물론 **주**(主)는 절대적이고 무조건적인 신뢰와 순종을 드려야 할 그분을 지칭한다(12장 3절의 주석을 보자). 이 두 표현 모두 '그리스도의 종'으로서 완전히 그리고 오직 그에게만 '속한' 이들로 하여금 그분께 주저 없는 신뢰와 자신 있는 헌신을 드리도록 요청하는 표현들이다.

은혜와 평화[3절, '있기를 원하노라'는 우리말 번역에서 첨가된 부분이다—역주]라는 말로써 "A(발신자)가 B(수신자)에게 문안합니다"라는 통상적 인사말 형식이 완결된다. 고린도전서에서처럼 이런 인사말 뒤에는 대개 감사의 말이 따라온다. 하지만 형식이 통상적이라고 해서 내용도 그런 것은 전혀 아니다. 은혜와 평화라는 인사는 단순한 인사 이상이다. 많은 이들은 이 단어들이 수행하는 다면적 기능을 묘사하기 위해 '소원 기도'(wish prayer)라는 표현을 사용한다. 인사와 소원과 기도라는 이 세 가지는 단순한 정보전달을 넘어 말하는 행위 자체가 나름의 기능을 수행하는 일종의 '행위들'이다. 전문용어로는 이를 '화행'(話行, speech act)이라 부른다. 이들 언어가 단순한 정보 전달 이상의 기능을 수행하고 있기 때문이다. 이는 표현하는 행위 자체가 어떤 기능을 **수행**하는 실행 언어다. 곧 은혜와 평화를 실제로 전달하는 역할을 수행하는 언어다.

'**은혜**'(3절)는 하나님께서 자발적으로, 아무런 이유 없이, 주권적으로 내리시는 선물을 가리킨다. 여기서는 특별히 하나님 자신이라는 선물을 가리킨다. 은혜란 하나님 자신의 임재와 분리될 수 없기 때문이다. 칼 바르트가 잘 지적한 것처럼, 고린도인들은 하나님보다는 '은사'와 '체험'에 더 열광했다. 하나님의 선물이란 바로 하나님 자신이다. 그래서 바르트는 '하나님의'라는 표현이 고린도전서의 중추신경이라 말했다(Resurrection of the Dead, 18). 평화(3절)를 주관적 내적 평온의 느낌 이상의 그 무엇이다. 히브리어 샬롬(Sh l m)을 번역한 이 헬라어 단어는 온전한 삶이라는 객관적 상태를 가리킨다. 기독교 나름의 관점에서 보자면, 이는 평화와 온전한 삶의 원천인 하나님과 조화를 이룬 상태를 가리킨다.

바울은 각각 **하나님 우리 아버지와 주 예수 그리스도**를 이 **은혜와 평화**의 궁극적 원천 및 중재의 통로로 제시한다. 은혜와 평화는 **하나님**께로부터 기원하여, **그리스도**를 통해 우리에게 주어진다. 은혜와 평화의 공동 수여자로서 하나님과 그리스도 사이에 존재하는 이처럼 긴밀한 연관은 종종 '하나님의 그리스도 닮음'(the Christlikeness of God)이라는 말로 표현되기도 했다.* 하나님께서 주시는 선물의 본질은 예수 그리스도의 인격과 사역의 빛 아래 드러나는 것이기 때문이다.

* 우리가 그리스도의 성품과 사역을 통해 하나님을 알게 되기에, 결과적으로 하나님께서는 그리스도를 닮은 모습으로 드러나실 것이다. 하나님과 그리스도의 계시적 밀접함을 강조하는 표현이다—역주.

1. 묵상을 위한 제언(1장 1~3절)

1. 그리스도인의 소명(부르심)에 관하여(1, 2절)

'사도적' 사역도 그렇지만, 그리스도인으로서 소명(부르심) 역시 그리스도를 증언하기 위한 부르심과 더 구체적으로 하나님을 섬기는 부르심 둘 다를 포괄한다. 비록 바울은 전혀 다른 방식으로 섬김의 길에 들어섰지만, 하나님의 부르심을 인식하는 일에는 세심한 주의와 자발적이고도 열린 태도가 필요할 수 있다. 자기성취를 위해 자신을 내세우는 것과 하나님의 뜻을 이루기 위해 그분의 부르심에 응답하는 것 사이에는 어떤 차이가 있을까? 오늘날 그리스도인들이 '소명'에 대해 더 많이 묵상해야 하는가?

2. 사도 직분에 관하여(1절)

사도들이란 자신을 비우고 명백하게 사도적 증거의 초점인 그리스도를 가리켜야 하는 사람들이다. 선포자들이 '권위를 주장하는' 태도가 지나쳐 그리스도 자신이 아니라 그의 대리인에게로 관심이 분산되는 경우가 있지는 않은가?

3. '모든 곳에 있는' 교회들에 관하여(2절)

어떤 그리스도인들은 그들이 속한 시대, 그들이 속한 문화, 그들이 속한 지역교회처럼 자신이 속한 영역으로 배움의 지평을 제한하려는 경향을 보인다. 다른 시대나 다른 장소의 그리스도인들과 교회의 체험 및 삶의 방식에서 눈을 돌려버리면, 우리는 무엇을 잃어버리게 될까? 이처럼 편협한 태도는 중보기도에조차 영향을 미쳐, 결과적으로 '우리와 같은 사람들'만을 위해 기도하게 되지는 않을까? 극단적인 형태의 상황 중심 신학에 영향을 받은 나머지, 지역적인 것에만 과도한 관심을 쏟음으로써 오히려 '모든 교회들'은 무시하는 경향이 생기는 것은 아닐까?

4. 관습과 예절의 수용에 관하여(3절)

바울의 편지들은 당시의 편지 작성 관행을 그대로 활용한다. '대안문화'(counterculture)로서의 교회를 지나치게 강조하다 보면, 우리가 일상에서 접하는 관행이나 예절, 혹은 관계의 방식을 무시하는 결과를 초래할 수도 있다. 항상 그렇지는 않겠지만, 적어도 어떤 경우에는 이런 식의 태도가 복음 증언을 촉진하기보다 저해하는 것이 될 수도 있지 않을까?

2. 감사(1장 4~9절).

4 저는 그리스도 예수 안에서 여러분에게 주신 하나님의 은혜로 인해 항상 여
러분을 위하여 하나님께 감사합니다. 5 왜냐하면 그 안에서 여러분이 모든 면
에 있어서, 곧 모든 말과 모든 지식에 풍성해졌기 때문입니다. 6 그리스도에
대한 증거가 여러분 중에서 확실하게 되어 7 여러분은 어떤 은사에도 부족함
이 없이 우리 주 예수 그리스도께서 공개적으로 나타나시기를 기다리고 있습
니다. 8 그분께서 여러분을 우리 주 예수 그리스도의 날에 나무랄 것이 없는
자로 끝까지 견고하게 지켜주실 것입니다. 9 여러분을 그리스도의 아들 됨에
공동을 참여하도록 부르신 하나님께서는 신실한 분이십니다.

이 단락의 첫 번째 주제는 감사다. 여기에는 목회적으로 묵상해 볼 가치가 있는 독특한 요소가 적어도 세 가지 이상 포함되어 있다. 첫째, **감사합니다**(4절)라는 표현은 한편으로 고대 헬라어 편지들의 통상적인 형식을 따르기도 하지만, 다른 한편으로 당시 관행과의 차이점 또한 매우 분명하다. 통상적으로 고대 헬라어 편지들에서 감사는 건강이나 여행의 안전과 같이 주로 개인적인 행복에 대한 것이었다. 그런데 바울은 자신이 누린 개인적 이로움 때문이 아니라 **하나님께서 다른 사람들에게 주신** 이로움 때문에 감사를 드린다. 또한 바울이 감사를 드리는 주된 이유는 그저 자신의 개인적 평안함이 아니라 다른 사람들의 삶의 건강함이다. 더불어 바울은 항상(4절), 그러니까 어떠한 경우에도 하나님께 감사를 드린다.

둘째, 바울의 감사에는 **거저 주어지는 하나님의 은혜**라는 독특한 기독교적 전제가 깔려 있다. 다른 곳에서 이미 설명한 것처럼, 바울은 여기서도 풍성해짐 혹은 부요함이라는 경제적 은유를 소개한다(4장 8절 참조). 독자들

이 가진 것 중에는 '받지 않은 것은 아무 것도 없다'(4장 7절). 논의를 진행하면서 바울은 그들이 좋아했던 용어인 '영적인 것들[선물들]'(헬, *프뉴마티카*) 대신 보다 신학적이면서도 체험 의존도가 덜한 '값없이 주어진 것들(선물들)'(헬, *카리스마타*)이라는 용어로 대체한다. 아무 조건 없이 주어지는 선물들(=은사들)은 우리로 하여금 이를 주신 분께 감사하게끔 만든다. 고린도전서에서 은혜 개념이 차지하는 비중은 로마서에 비해 결코 뒤지지 않는다.

셋째, 무엇보다 놀라운 것은 고린도인들이 받은 은사들에 대해 바울이 진심으로 깊이 감사하고 있다는 것이다. 말할 것도 없이 이들 은사들은 지금 고린도 교회 내에서 가장 골치 아픈 문제들을 야기하고 있는 주범들이다. 이런 은사들로 인해 분열, 실망, 비교와 경쟁이 발생했고, 성도들은 자기들만으로도 충분할 것 같은, 그리고 자신들이 무슨 '특별한' 존재라도 된 듯한 착각에 빠지게 되었다. 나중에 바울은 성도들에게 **지식**(5절)이란 쉽게 사람을 '우쭐하게'하거나 '교만하게' 만들 수 있다고 경고한다(8장 1절. 또한 14장 4절 참조). 하지만 바울은 그렇다고 해서 은사들의 긍정적인 의미까지 무시하지는 않는다. 오히려 이 은사들을 두고 하나님께 **감사를 드린다**. 만일 이들 은사들이(12장부터 14장까지에서 설명된 것처럼) 그리스도 중심적으로 사랑의 기준에 따라 활용된다면, 온 교회를 위한 복된 자원이 될 수 있기 때문이다.

두 번째 주제는 **그리스도**라는 이름을 반복하여 사용하고 있다는 사실에서 분명히 드러난다. 본문 1절부터 10절까지에서 그리스도라는 이름이 무려 10번이나 등장한다. 모든 은사와 복은 다 **그리스도** 안에서 주어진다(4~7절). 사도의 복음이 증언하는 내용은 다름 아닌 **그리스도**다(6절). '그리스도의 이름으로' 바울은 성도들에게 호소한다(7, 10절). 그리스도인의 삶은 **그리스도의 아들 됨에 공동으로 참여함**으로써 이루어지는 것이다(9절). 그리스도인들은 **그리스도의 공개적인 나타남**을 기다리고 있다(7절). 기독교 신앙의 초점은 어떤 사상이나 체계가 아니라 바로 그리스도 그분께 있다. 이 그리스도를 통해 하나님께서 우리를 만나시는 것이다.

성부 하나님께서 모든 좋은 것의 원천이요 근거시라면, 그리스도께서는 이런 은사들의 중재자요 통로시다. 그리스도의 사역은 개인적 용서라는 의미를 넘어 우주적 차원을 포괄한다. 모든 그리스도인의 삶은 그리스도의 형상을 닮은 것이며 십자가의 방식을 따르는 것이기에 바울은 이 '그리스도의 이름으로' 성도들에게 호소한다(10절). 유명 브랜드의 제품은 그 브랜드의 이름이 모든 것을 말해준다. 마찬가지로 그리스도의 이름은 모든 사람을 향해 열린 무한한 사랑을 말해준다. 그런데 어떻게 해서 고린도의 그리스도인들은 이 이름이 환기하여 주는 그 모든 의미들보다 자신의 자존감이나 경쟁적 권력 놀음을 더 중요한 것으로 여기게 되었을까? 더욱이 그리스도인들이란 단순한 '교제'(NRSV) 차원보다 더 깊은 차원에서 이 이름과 얽혀 있다. 헬라어 *코이노니아*(9절)는 지분이 있는 주주가 된다는 뜻을 포함하고 있는데, 여기서는 무엇보다 **그리스도의 아들 됨에 공동으로 참여한다**는 사실을 가리킨다(9절). 말하자면 이렇다. 하나님의 **아들**로서 **그리스도**는 아들이 된다는 것의 의미를 완벽하게 드러내셨다. 그리고 그를 통해 아들의 신분을 얻은 우리는 그리스도께 아들이 되는 의미를 배우고 그 의미를 삶으로 실천한다. 즉, 우리가 **아들이 되는 일**은 그리스도께서 아들이 되는 일에 의해 규정되는 것이다.

그리스도인들은 우리 주 예수 그리스도의 공개적인 나타남[헬, *아포칼립시스*(계시)]을 기다린다. 왜냐하면 무엇보다 그들은 그리스도께서 하신 일이 옳았다는 사실이 온전히, 그리고 공개적으로 확인되기를 고대하며, 그리스도의 영광이 만천하에 드러나기를 간절히 기다리기 때문이다. 이 서론적 언급은 13장 9, 10절에서 본격적으로 제시될 논의를 준비하는 것이라 할 수 있다.

"우리는 부분적으로 알고, 부분적으로 예언한다. 그러나 완전한 것이 오면 부분적인 것들은 없어질 것이다." 현재 우리 제자들의 삶은 불확실함에서 자유로울 수 없지만, 믿음 안에서 다음 걸음을 떼기에 충분할 정도의 빛은 언제나 존재한다. 그러기에 그리스도인들은 우리 앞의 커튼이 활짝 젖혀지고 밝은 햇빛이 만물의 참된 실상을 환히 밝혀 줄 그 순간을, 그리고 모든 사람들이 그리스도의 참 모습을 목격하게 될 순간을 학수고대한다. 그러나 아직은 한 걸음 한 걸음 앞으로 나아가야 하는 우리의 믿음에 늘 겸손한 태도가 요구된다. 그래서 이 믿음에는 모든 일에 대해 확신에 찬 듯 행동하는 자기중심적 오만함은 설 자리가 없다. 이 또한 바울이 8장 1절에서 말하게 될 내용을 미리 예고하는 셈이다: "'지식'은 교만하게 하지만, 사랑은 덕을 세웁니다."

이 단락의 세 번째 주제는 하나님의 신실하심 및 하나님의 은사와 관련이 있다. 우리가 **온갖 종류의 말과 모든 종류의 지식**이라고 번역한 구절에는 '온갖'이라는 단어가 사용되고 있는데, 이때의 '온갖'은 양이나 수가 아니라 질과 관계된 표현이다. 가령 어떤 모임에서 '다 왔네'라고 말하더라도 한 명도 빠짐없이 모두 참석했다는 의미는 아닌 것과 마찬가지다. 고린도 교회에는 말과 이해력의 은사가 다양한 형태로 나타나고 있었고, 바울은 이들 은사가 다양하다는 사실에 감사하고 있다. 현대 서구에서 살아가는 우리들은 여기서의 '말'을 어떤 청중들을 향해 하나님에 관해 말하는 것으로만 이해한다. 하지만 바르트와 불트만이 강조한 것처럼, 하나님께서 주신 말씀이란 일차적으로 하나님으로부터 오는 말씀이지 그저 하나님에 관한 말로 그치는 것이 아니다. 또한 시편에서 많은 예를 볼 수 있는 것처럼, 우리가 성령님을 통해 하나님께 드리는 말씀도 여기에 포함될 수 있을 것이다.

영감(靈感)된 혹은 (그보다) '주어진' 말에는 가르침, 설교, 개인적 간증 등이 포함되었을 것이다. 하지만 이에 못지않게 경배, 중보, 감사, 간구, 고백, 사죄, 속죄 선언, 슬픔의 토로, 갈구와 같은 많은 형태의 말들 역시 포함될 수 있다. 비록 바울이 쓴 것은 아니지만, 히브리서 1장 1절부터 13절까지는 설교를 시작하는 바람직한 방식의 멋진 실례를 보여준다. 여기에는 찬양, 고백, 말씀 해설, 선포, 신학적 논의, 찬송 및 다른 다차원적 소통 방식들이 모두 등장한다. 이처럼 풍성한 내용의 설교를 읽노라면 오늘날 우리가 자주 내세우는 '선포하는 설교'와 '가르치는 설교' 사이의 식상한 구분은 부끄러운 일이 아닐 수 없다.

하지만 다른 사람과 경쟁하여 더 많은 것을 성취하고 더 큰 영향력을 행사하려 했던 고린도의 문화적 분위기에서 수사학은 지나칠 만큼 많은 자리를 차지하고 있었고, 결과적으로 하나님께서 주신 말의 은사들조차도 잘못 사용될 위험이 있었다. 이처럼 '풍성한'(5절) 다차원적 현상들(12~14장을 보라)조차도 우월한 지위 확보를 위한 경쟁 수단으로 전락하거나, 아니면 질서도 없이 혼란스럽기만 한 예배라는 부작용을 야기할 수 있었던 것이다. 하지만 어차피 아무 근거 없이 거저 주신 선물이라면, 설사 사람이 그 은사들을 무책임하게, 심지어 자신의 영예를 위해 사용한다고 하더라도, 그 선물들 자체가 무가치한 것으로 전락하는 것은 아니다.

지식에 또한 동일한 원칙을 적용할 수 있다. 종종 바울은 지식에 대한 잘못된 태도를 말할 때 이 단어에 인용부호를 붙인다. (소위) '지식'은 교만하게 한다(8장 1절). 특별히 13장 12절에서 사용된 '(하나님을) 알게 되다'(헬, *에피그노소마이*) 같은 동사와는 달리, 지식(헬, *그노시스*)이라는 명사는 종종 사실은 그렇지 않다는 의미를 담은 부정적 뉘앙스를 내포한다. 따라서 어떤 경우 '지식'은 본문에서처럼 지혜, 깨달음 및 이성 등을 포괄하는 넓고 일반적인 의미로 사용될 수 있다. 반면 다른 많은 문맥에서는 논리나 정보를 활용하는 인지적 지식과 지혜로움 사이를 반드시 구분해야 할 필요가 생기기도 한다. 그러나 본문에서 **지식**은 보다 일반적으로 이해력과 관련된 은사라는 의미로 사용되었다. 한편으로 이는 지혜로움을 갖추기 위한 조건이 될 수도 있지만, 다른 한편으로는 교만, 자기밖에 모르는 거만함 혹은 개인주의적 태도로 이어질 수도 있다. 바울은 다른 사람들에게 주어진 이런 지식의 은사를 두고 하나님께 감사한다. 그들이 이 은사를 남용하는지 아닌지하는 문제는 잠시 옆으로 제쳐 두고서 말이다.

바울은 '은혜'(*카리스*, 4절)나 '은사'(그저 주신 선물, 7절) 등의 명사 및 '주다' 혹은 '풍성하게 하다'와 같은 동사(5절)를 활용하여 이러한 선물들이 주어진 것이라는 사실을 부각한다. 주어진 것들을 놓고 자신의 성취를 말할 수는 없다. "여러분들이 가진 것 중 받지 않은 것이 하나라도 있습니까?"(4장 7절). 앞에서 지적한 것처럼, 12장부터 14장까지에서 보겠지만, 바로 이 점을 강조하기 위해 바울은 고린도 성도들이 즐겨 사용한 '영적 은사'(헬, *프뉴마티카*)라는 표현을 자신이 선호하는 '거저 주어진 선물들'(freely given gifts, *카리스마타*)이라는 말로 대치한다.

하나님께서 성도들에게 선물을 주시는 것은 그분의 **신실한** 보호의 한 표현이다. 바로 이를 통해 신자들은 **우리 주 예수 그리스도의 날에 나무랄 것이 없는 자로 끝까지 견고하게 지켜주실** 것이다(8절). 마지막 심판 때에 누군가 우리를 고발하더라도 그리스도인들은 고소를 당할 수 없다. 그리스도 안에서 그들은 법적으로 허물이 없는 자들이며 따라서 고발 자체가 불가능한 이들이기 때문이다. 모든 것이 '제대로'(곧, 의롭게) 된 것이다. 만일 마지막 구원이 확실하다는 것을 알기 위해 '은사들'이 필요하다면, 하나님은 그들로 하여금 **어떤 은사에도 부족함이 없도록** 해 주신다(7절). 고린도전서는 끊임없이 로마서의 핵심 주제를 떠올리게 한다. 로마서 못지않게 고린도전서 역시 오직 믿음으로 하나님의 은혜에 의해 주어지는 칭의를 선포한다.

2. 묵상을 위한 제언 (1장 4~9절)

1. 감사에 관하여(4~7절)

바울이 보기에 가장 큰 감사의 이유는 은혜, 곧 아무 조건이 없는 하나님의 사랑이다. 그러나 바울은 하나님께서 자신에게 주신 은혜를 두고 감사할 뿐만 아니라 다른 사람에게 주신 은혜에 대해서도 깊이 감사한다. 우리 그리스도인들은 다른 사람들에게 주어진 복을 두고서도 하나님께 감사하는가? 우리는 또한 (고린도에서 말의 은사가 복이자 올무였던 것처럼) 그렇게 '혼합된' 복을 두고서도 감사를 드리는가? 감사하는 일에서도 이기적인 모습을(가령, 다른 누군가가 어떤 것을 잃고 대신 내가 그것을 얻었을 때 그로 인해 감사를 드리는 것처럼) 보일 수 있을까?

2. 그리스도라는 이름의 반복된 사용에 관하여

여섯 절로 이루어진 본문에서 그리스도의 이름이 다섯 번이나 사용되고 있다. 혹시 교리나 사상 혹은 특정한 행동방식이 오히려 우리의 관심을 그리스도께로부터 멀어지게 하는 경우는 없을까?

3. 하나님의 신실하심에 관하여

그리스도인들로서 우리는 하나님께서 우리를 '마지막까지' 지키실 것이라는 약속을 확신할 자격이 있다(8절). 이처럼 아무런 제약이 없이 주어진 약속의 확신에 관해 우리는 세 가지 다른 반응을 보일 수 있다. 즉, 이를 의심할 수도 있고, 이를 믿고 교만해질 수도 있으며, 혹은 확신에 찬 믿음으로 응답할 수도 있다. 마틴 루터는 이렇게 말했다. "믿음이란 하나님의 은총에 대한 살아있는 대담한 확신이다. 이 은총은 너무도 분명하고 확실한 것이어서 우리는 천 번이라도 여기에 우리의 생명을 걸 수 있다. … 이 은총은 우리가 기쁘고 담대하고 행복하게 하나님과 그분의 모든 피조물들을 대할 수 있도록 해 준다"(1522년『로마서 주석』서문).

II. 교회의 분열—원인과 처방 (1장 10~25절)

1. 바울이 알게 된 교회의 상황: 개인 숭배와 힘겨루기 (1장 10~17절)

> 10 형제 자매 여러분, 우리 주 예수 그리스도의 이름으로 여러분께 권합니다.
> 모두 같은 편을 들고, 여러분 가운데 분열이 없도록 동일한 마음가짐과 동일한
> 뜻으로 하나로 합하십시오. 11 제가 사랑하는 그리스도인 가정인 글로에의 집
> 사람들에게서 여러분에 대한 말이 제게 들립니다. 곧 여러분 중에 불화가 있다
> 는 것입니다. 12 제 말 뜻은 이렇습니다. 여러분이 각각 말하기를, "나는 바울
> 사람들에게 속해 있다", "나는 아볼로의 편이다", "나는 베드로 사람이다" 혹은
> "나는 그리스도께 속한 사람이다"라고 말한다는군요. 13 그리스도께서 분열하
> 셨습니까? 바울이 여러분을 위하여 십자가에 못 박힌 것이 아니지 않습니까?
> 아니면 여러분이 바울의 이름으로 세례를 받았다는 말입니까? 14 저는 그리스
> 보와 가이오 외에는 여러분 중 어느 누구에게도 직접 세례를 베풀지 않았다는
> 사실에 감사합니다. 15 여러분 중 그 누구도 제 이름으로 세례를 받았다고 말
> 하지 못할 것이니 말입니다. 16 그러고 보니 스데바나 집 사람들에게도 세례를
> 베풀었군요. 하지만 그 외에 다른 누구에게 세례를 베풀었는지는 기억하는 바
> 가 없습니다. 17 그리스도께서 세례를 베풀기 위해서가 아니라 복음을 전하라
> 고 저를 보내셨습니다. 그리고 복음을 교묘한 수사로 전하지 않는 것은 그리스
> 도의 십자가가 헛되지 않게 하기 위해서입니다.

이 단락의 핵심 단어는 **분열**(splits)이다(10절. 헬, *스키스마타*). 이를 분리(division)라는 좀 더 점잖은 말로 옮기는 것은 바울이 강조하고자 하는 논점을 놓치는 것이다(영어의 division은 종종 의견의 불일치를 함축한다). 웰본

(Welborn)은 여기서 문제의 핵심은 '신학적 논쟁이 아니라 권력 투쟁'이라고 정확하게 지적한다(『정치와 수사학』, 7). 헬라어에서 '분열'이라는 단어는 고기잡이 그물이 찢어져 수리하지 않으면 안 되는 상황을 가리키기도 하고(막 1장 19절), 서로 떨어져 나가 다시 원상태로 돌려놓아야 하는 경우를 가리키기도 한다(고후 13장 11절). 또한 이 단어는 서로 다른 정치적 입장을 가리키는 비유로도 사용될 수 있다. 요한복음에서 예수의 가르침은 이를 듣는 군중들 간에 '분열'을 야기했다(요 7장 43절, 9장 16절). 교회에서 이런 찢어짐 혹은 분열이 생겨나는 것은 여간 심각한 일이 아니다. 바울은 교회를 그리스도의 몸이라 부른다. 말하자면, 교회 내의 권력 다툼은 그리스도의 몸에서 팔다리를 찢는 것과 같은 것이다(고전 12장 27절. 11장 18절 참조).

바울은 결코 "나는 바울 편이다"라고 말하는 이들을 옹호하는 법이 없다. 만약 이 분열이 교리적인 것이었다면 어느 한쪽 편을 들었을지도 모른다. 하지만 분열된 집단들은 일체 예외 없이 모두 정죄의 대상이 된다.* 이런 분열 상황에 직면하여 바울은 고린도의 그리스도인들 **모두 같은 편을 들라고** 호소 혹은 **요청한다**(10절). 이 표현은 고린도 성도들이 사용하던 '정치적' 언어를 그대로 활용한 것이다. 모두 같은 편에 속한 그리스도인 신자로서 그들의 삶은 동일한 은혜에 기초하고 있으며(1장 4~9절), 따라서 그들은 마땅히 **동일한 마음가짐**을 보여야 한다(10절). 나중에 바울은 이를 '그리스도의 마음'이라고 풀이하는데(2장 16절), 우선 지금으로서는 **그리스도의 이름**으로 성도들에게 호소하고 요청한다. 누구나 잘 아는 것처럼, 이 **이름**은 설사 자

* 별주. 이것은 1831년 F. C Baur가 고린도에서 '그리스도 파'는 '바울 파'가 주장하는 율법으로부터의 복음의 자유와 해방에 대해 거의 유대인적인 반대를 보였다는 가정에 근거하여 사변적이지만 영향력 있는 이론을 제안한 이래 중요한 문제가 되었다. 이와 대조적으로 20세기 중반 이후, J. Munck와 N. A. Dahl 등의 저술가들은 이런 그룹들이 '분파'나 '분열'이 아니라 어떤 명사들을 중심으로 모이거나 어떤 사조(*ethos*)를 반영하는 파벌들이라고 주장했다. 1990년대 L. L. Welborn과 Margaret M. Mitchell 같은 몇몇 저술가들은 '정치적' 차원, 즉 교회 내의 영향력을 놓고 권력 싸움을 벌이는(수사적 대립의 사용에 의해 지지받는) 것이라고 주장한다. 이것은 Munck의 접근을 배제하기보다 보완하는 것이다.

신에게 손해가 된다 하더라도 '남'을 위해 자신을 내어주는 희생적 사랑을 실천하셨던 그리스도의 성품을 성도들로 하여금 떠올리게 한다. 바로 이 **이름**으로 그리스도인들은 확신에 찬 기도를 드리는 것이다.

바울의 표현을 "같은 말을 하라" 혹은 "같은 생각을 품으라"라고 번역하게 되면 문자적인 의미는 잘 전달되지만, 이 표현이 함축하고 있는 정치적 또는 사회적 맥락은 제대로 드러나지 않게 된다. 지금 바울은 획일적이 되라거나 교리의 사소한 부분까지라도 일치하도록 같은 말을 되뇌이라는 것이 아니라, 경쟁적 태도를 버리라는 것, 그리하여 어떤 형태의 권력 놀음도 발붙이지 못하도록 하라는 것이다. 라이트푸트(Lightfoot)는 "파당을 넘어서라" 혹은 "차이를 극복하라"라는 번역을 제안했다(*Notes*, 151). 여러 음정의 화음은 단조로운 동음제창(unison)을 요구하지 않으면서도 전체적인 아름다움과 통일성을 부각시킨다. 로마의 식민지로 재건된 이후 고린도를 지배하고 있던 경쟁적으로 자기주장을 하는 문화를 고려해 볼 때, 서로 다른 집단들 간의 경쟁적 권력 놀음이 고린도 교회의 근원적인 문제였다는 사실은 거의 확실해 보인다.

본문에 언급된 **바울**, **아볼로**, **베드로**뿐 아니라 심지어 **그리스도**조차(12절) 정치적 슬로건의 일부였을 뿐 실제적인 충성의 대상은 아니었다. 데이비드 홀(David Hall)이 최근 내놓은 주장이 옳다면, 어쩌면 본문의 바울, 아볼로, 베드로 및 그리스도라는 이름은 이름이 밝혀지지 않은 다른 지도자들 혹은 교사들을 에둘러 가리키는 이름일 수도 있다(*The Unity of the Corinthian Correspondence*, 4-25). 매우 설득력 있는 그의 논의는 바울이 '위장된 방식으로' 아볼로에 대해 언급하는 4장 6절에 주로 근거한다. 어쨌든 바울이 강조하는 바는 그와 아볼로가 상부상조하며 '하나가 되어 일했다'는 것이다(3장 9절). 사실이 그렇다면, 어떤 형태로든 바울과 아볼로를 서로 대결하게 하려는 시도는 정치적 조작을 위한 몸짓이거나 잘못된 판단의 결과일 수밖에 없다.

만일 본문에 언급된 네 사람의 이름이 모두 고린도 신자들의 입에 오르내린 것이라면 (위에 소개한 Hall의 주장이 맞을 수도 있지만, 이 점에 대해 분명한 판단을 내리기는 어렵다), 아마 신자 중 일부는 베드로와 맺은 인맥을 주장함으로써 자신의 위상을 확보하려고 생각했을 것이다. 베드로로 말하자면 예수께서 그의 고백 위에 교회를 '세우신', '수석' 사도가 아닌가? 또 어떤 사람들은 직접 **그리스도**의 이름을 내세우면서 심오한 영성의 소유자인 양 모든 사역자들을 무시하려 들었을 지도 모른다. 우리는 고린도의 많은 사람들은 존경을 받거나 영향력이 있는 후견인을 확보함으로써 자기 지위를 높여보려고 했다는 사실을 알고 있다. 플루타르크 역시, 마치 나무를 타고 오르는 덩굴처럼, 높은 지위에 있는 다른 사람을 타고 올라감으로써 자기 지위를 확보하거나 영향력을 확보하려고 하는 사람들에 관해 말한 적이 있다 (Plutarch, *Moralia*, 805행 E, F). 아마 이와 비슷하게 그리스도인들 중에서도 일부는 그들이 만나거나 직접 설교를 들어본 적도 없는 지도자들을 들먹임으로써 그 영광을 나누어 가지려 했을 수 있다.

바울은 그러한 태도가 십자가에 대한 선포 위에 기초한 신앙과는 양립할 수 없는 것으로 보았다. 만일 그리스도께서 "**분열**되어" 각각의 **분파**가 나름의 그리스도를 독점할 수 있다면, 어떻게 그리스도를 온전하고 충만한 상태로 받아들일 수 있을 것인가?(12장 12절 참고) 바울은 '자기' 편이라고 행세하는 이들을 향해 역설적인 물음을 던진다. "**바울이 여러분을 위하여 십자가에 못 박힌 것이 아니지 않습니까?** 여러분은 여러분 중의 지도자나 후견인을 그리스도의 자리에 놓으면서, 그의 십자가를 통해 구원을 얻겠다고 하는 것입니까?" 바울은 **세례**를 언급함으로써 자신의 논점을 더욱 강화한다. 말하자면, 바울은 이렇게 묻는 셈이다. "여러분이 그리스도인이 될 때, 누구에게 충성을 맹세한 것입니까?" 이런 역설적인 물음을 통해 바울은 '주변의 그리스 로마 사회의 특징이던 사람을 내세우는 정치'를 송두리째 내던져 버린다(Clarke, *Secular and Christian Leadership*, 92).

바울은 신자들의 충성심이 그리스도가 아니라 다른 인간 지도자들에게로 잘못 향한다는 사실이 너무 마음 아파, 오히려 자신이 대규모로 세례를 베풀면서 '바울파'를 더 많이 만들지 않았다는 사실에 안도감을 느낀다(14~17절). 성례를 주관하거나 집행하는 사람들은 항상 그 성례를 받는 사람과 무언가 특별한 유대가 있는 것처럼 생각할 위험이 있다. 하지만 고린도 체류 시 바울이 세웠던 유일하고도 확실한 목표는 십자가에 달리신 그리스도를 전하는 것이었을 뿐, 그 밖의 다른 목표는 전혀 없었다(2장 2, 3절). 바울이 자랑했던 것은 그리스도의 십자가뿐이었다(갈 6장 14절). 갈라디아에서 바울은 오직 십자가에 달린 분이신 그리스도만 '밝히 드러내었다'(갈 3장 1절).

3. 묵상을 위한 제언(1장 10~17절)

1. 교회 내의 권력 놀음에 관하여

교회 내의 권력 놀음은 그리스도의 중심성을 해치고 생각지도 않게 교회 내의 '분열'을 조장할 수 있다. 우리들이 사는 세속 문화 속에 그리스도인들을 그런 권력 놀음으로 이끄는 특징들이 존재하는가? 교회의 사람들이 이런 식으로 행동하게 되면, 연약한 사람들은 어떻게 되겠는가? 어떻게 하면 신망이 있는 사역자나 그들의 이름을 '빙자하여' 분열적인 움직임을 조장하거나 사사로운 의도를 관철하려는 행태를 막을 수 있겠는가?

2. 공감대를 형성하는 일에 관하여

우리가 '한마음'이 되려면, 다른 사람이 말하는 모든 것에 동의해야만 하는가? 혹 우리는 '그리스도의 마음'을 내가 원하는 방식으로 독점하려고 하는 것은 아닌가? 또 교회를 섬기는 목회자들이 자신에 대한 충성을 부추기는 나머지 더 균형 있고 원만한 제자도 혹은 교회의 연합을 해치는 경우는 없는가? 애석한 일이지만, 교회의 위원회나 기본 구조를 개혁하려는 선의의 시도조차도 그런 분열적인 권력 놀음으로 이어지는 수가 있다. 본문의 가르침은 이러한 사태를 예방하기 위한 좋은 지침이 될 것이다.

2. 기준으로서의 십자가: 능력과 지혜, 약함과 어리석음(1장 18~25절)

18 십자가에 대한 선포가 멸망의 길에 있는 자들에게는 어리석은 것이지만, 구
원의 길에 있는 우리에게는 하나님의 능력입니다. 19 "내가 지혜로운 자들의
지혜를 멸하고 영리한 자들의 영리함을 폐하겠다"라고 기록되어 있기 때문입
니다. 20 현자가 어디 있습니까? 전문가가 어디 있습니까? 현재의 세상 질서에
변론가가 어디 있습니까? 하나님께서 이 세상의 지혜를 어리석음으로 만드신
것이 아닙니까? 21 하나님의 지혜로 말미암아 이 세상이 자기 지혜로 하나님
을 알게 된 것이 아니라 하나님의 지혜로 말미암은 것입니다. 그래서 하나님께
서는 믿는 자들을 선포된 복음의 어리석음을 통해 구원하시기를 기뻐하셨습니
다. 22 유대인은 표적을 요구하고 헬라인은 지혜를 추구하지만, 23 우리는 십
자가에 달리신 그리스도를 선포합니다. 이는 유대인에게는 거리끼는 것이요 이
방인에게는 어리석은 것이지만, 24 부르심을 받은 자들에게는 하나님의 능력
이요 하나님의 지혜가 되시는 그리스도입니다. 25 하나님의 어리석음이 사람
의 지혜보다 더 지혜롭고 하나님의 약함이 사람의 강함보다 더 강한 것입니다.

오늘날 우리에게는 다소 놀라울 수 있겠지만, 본문에서 바울이 내세우는 근본적인 대립 관계는 능력과 **연약함** 사이가 아니라 **능력**과 **어리석음** 사이다(18절). 고린도의 신자는 필시 자신들이 살고 있는 도시의 문화에서 영향력 혹은 강제력으로서 힘(power)이라는 개념을 이끌고 들어왔을 것이다. 오늘날 우리가 기계의 힘, 전기력, 전자력, 정치적 투표의 위력 혹은 군사력 등에 근거하여 힘의 개념을 생각하는 것처럼, 그들 역시 당시의 사회 경제적 권력을 유비로 하여 **힘**의 개념을 이해했을 것이다. 이로 인해 그들은 너무 성급하게 **능력**을 기적적이고 놀라운 것들과 동일시하는 오류를 범했을지 모

른다. 하지만 바울은 이와는 전혀 다른 방식으로 **하나님의 능력**에 관해 이야기한다.

십자가의 능력은 단순한 무력이나 군사력과는 다르다. 예수께서 메시아로서 받은 유혹에 저항하셨던 것은 바로 그런 **권력** 개념을 배척하신 행동이었다. 사탄의 시험들은 모두 어떤 놀라운 것을 보여줌으로써 손쉽게 권력을 장악할 수 있는 지름길을 제시하는 것들이었다. 그러니까 거의 기계적이고 '수사적인' 설득으로 믿음을 조작하라는 유혹이었던 것이다. 이에 반해 바울에게서 가장 두드러지는 사실은, **능력**이란 무엇이든 **실효성**이 있는 것을 가리킨다는 점이다.

그리스도께서 당하셨던 십자가 처형은 점잖은 대화에서는 꺼내기도 어려울 만큼 부끄러운 이야기에 해당했다. 그 처형은 치욕적이었고, 십자가에 달린 그리스도를 선포하는 것은 위력적이거나 조작하는 힘과 거리가 멀었다. 하지만 그것은 무언가를 이룰 수 있는 **실질적인 효과로서의 능력**이었다. 무엇보다 이는 무언가를 이루기 **위한 능력**이었지, 누구 **위에** 군림하려는 세속적 의미의 권력에다 기독교의 탈을 씌운 것이 아니었다. 루터가 진정성을 결여한 영광의 신학과 진정한 십자가의 신학을 대조하면서 말하고자 한 것이 바로 이것이었다.

따라서 하나님의 **능력**의 반대는 단순히 약함이 아니다. 사실 바울은 잠시 후 연약함을 통해 나타나는 능력을 이야기하게 될 것이다. 능력의 진정한 반대 개념은 **어리석음**이다. 왜냐하면 어리석음이란 **아무 효과도 열매도 없는 헛된** 것을 추구하도록 만들기 때문이다. 그래서 어리석음은 **멸망의 길을 가고 있는 사람들**에 대한 정확한 묘사가 된다(18절). 이처럼 무익하고 헛된 여정의 결과는 자아가 '사라지는' 무(無)의 심연일 뿐이다(여기 사용한 '길을 가고 있다'는 표현은 바울이 의도적으로 선택한 현재분사가 지닌 현재 진행의 의미를 드러내기 위한 번역이다). 어리석음은 자신의 멸망을 초래한다. 그러나 십자가의 **선포를 실효성 있는 현실**(하나님의 능력)로 경험하는 그리스도인은 이제 그런 운명에서 돌아서서, **하나님의 은혜로 구원의 길을 가고 있는** 사람들이다(여기서도 바울은 일부러 **과정**의 의미가 있는 현재분사를 선택했다).

어쩌면 그리스도인이 '구원받은' 사람들이라고 생각하는 사람들은 구원을 **받는 과정**에 있다고 하는 바울의 현재진행형 표현에 든든함과 자신감이 결여되어 있다고 느낄 지도 모른다. 하지만 바울은 구원을 세 가지의 다른 시제로 나타낸다. 잘 알려진 예화를 생각해 보자. 즉, 난파된 배에서 구명보트에 의해 구출된 사람들을 세 가지 다른 방식으로 묘사하는 것이다. ① 우선, 그들은 **구출된** 사람들이다. 그들은 위기에서 구출되었다. 그러나 ② 구명보트가 해안을 향해 갈 때, 그들은 **구원을 받는 과정**에 있는 사람들이다. 마지막으로, ③ 그들은 구명보트가 어서 단단한 육지에 닿기를 애타게 기다린다. 그때에야 비로소 그들은 구출**될 것이다**. 고린도의 신자는 자신들의 구원을 당연시하며 이를 너무 안이하게 생각했다. 지극히 역설적인 어조로 바울은 이렇게 말한다. "이미 여러분들은 배가 불렀군요. 이미 여러분들은 부유한 사람들이 되었군요. 우리 없이[우리의 목회적 뒷받침과 가르침이 없이도] 왕좌에 올라 '왕처럼 다스리고' 있군요! **이게 사실이라면 얼마나 좋겠습니까!**"(4장 8절). 이 편지의 수신자들은 여전히 여정 중에 있다. 그리고 이 여정에는 자기절제, 반성, 더 깊은 깨달음과 겸손이 필요하다.

바울은 고린도 신자들의 이런 생각을 교만한 자들에 대한 하나님의 심판의 불가피성과 연결하기 위해 이사야 29장 14절을 인용한다(9절). 사람들은 **어리석음**에서 허우적이면서도 **지혜**로운 삶을 산다는 착각에 빠져 있다. 그런데 이제 십자가가 선별의 기준이 되어, **지혜롭다**고 착각하며 살아가는 **어**

리석음과 겸허하게 하나님의 참 **지혜**를 현실로 누리는 삶 사이의 차이를 폭로한다. 바로 이 지혜가 우리를 구원으로 인도한다. **십자가에 달린 그리스도**(아직은 높아지지 못한 그리스도, 23절)에 관한 메시지를 선포함으로써 하나님께서는 어리석은 자들의 어리석음과 참된 **지혜**의 효력 사이의 차이를 드러낸다(20, 21절).

십자가에 달린 그리스도(23절)에 대한 선포는 이를 받아들이는 사람들을 제외한 사람들에게는 누구에게나 그 무엇보다 **거리끼는 것**(헬, 스칸달론)임을 분명히 인식하는 것이 중요하다. 이 점에 있어서는 무엇보다 마틴 헹엘(Martin Hengel)의 연구에서 매우 유익한 도움을 얻을 수 있다(*The Cross*, 93-263). 로마(고린도는 로마에 속한 '도시'였다) 사회에서는 십자가의 죽음을 잔인하고, 역겨우며, 가증스러운 것으로 여겼다. 이 처벌은 죄를 저지른 노예 혹은 질서를 교란한 테러범에게 국한하여 시행하였고, 로마 시민이나 더 '점잖은' 범죄자에게는 결코 적용하는 일이 없었다. 십자가는 너무 역겨운 것이어서, 정중한 분위기의 대화에서는 우회적인 방식이 아니면 입에 올릴 수조차 없는 그런 주제였다. 따라서 이방인들이 '신과 같은' 구원자를 상상했다면, 혹은 유대인의 경우 능력과 위엄으로 기름 부음 받은 메시아를 기대했다면, 십자가에 달리신 그리스도, 십자가에 달린 메시아는 역겹기 짝이 없는 어불성설이었다. 이 점에서 괴테와 니체, 그리고 마르크스를 염두에 두고 던진 위르겐 몰트만의 경고는 정확하다. 곧, 우리가 '거리끼는 십자가 주위를 장미로 둘러놓고선' 너무 쉽게 이 십자가의 추함과 부끄러움을 잊어버린다는 것이다(*The Crucified God*, 35-6). 이 주석의 원고가 출판사로 넘어간 후, 이런 관점을 훨씬 더 멀리 밀고 나간 웰본(Welborn)이 자신의 연구서를 출판하였다. 그는 이 '거리낌'의 핵심이 십자가에 달린 그리스도의 비논리성에 있는 것이 아니라, 십자가 자체가 전달하는 사회적 치욕과 비천함에 있다고 주장했다. "그리스도의 십자가를 통해 하나님께서는 어느 누구도, 그 무엇도 승인하지 않으셨던 셈이다."(Welborn, 250)*

믿지 않는 이방인이나 유대인이 십자가에 달리신 그리스도에 대해 선포하는 것을 대단히 역겨운 것으로 여긴 것은 너무도 당연하다. 그런데 바울의 논의는 일부 고린도의 성도들조차도 십자가의 중심성을 '건너 뛰려고' 했음을 시사한다. 이들은 아마 더 성령 중심적인, 그리고 더 승리주의적인 신앙을 선호했을 것이다. 이런 태도에 맞서서 바울은 그리스도의 십자가가 그들이 그리스도인이 되는 일의 유일한 기준이며 토대라고 주장한다. 복음 자체가 십자가에 달리신 그리스도에 대한 선포이다(18절). 물론 많은 사람들에게는 이것이 어리석은 것으로 보일지도 모른다. 하지만 구원의 길을 가고 있는 사람들에게는 이것이 참된 현실이요, 변화의 능력인 것이다.

그런 그리스도인들은 '정상적인' 인간적 가치를 모조리 역전하는 십자가의 생생한 현실을 새롭게 깨달을 필요가 있다. 세상이 **어리석음**이라 간주하는 것이 실제로는 하나님의 **능력**이요, 하나님의 **지혜**다. 소위 **하나님의 '어리석음'이 인간의 지혜보다 지혜롭다**. 그리고 **하나님의 연약함이 사람의 힘보다 더 강하다**(25절). 이러한 '역전'은 인간 인식의 한계와 인간 지식의 실패 가능성을 여실히 드러낸다. 상반된 관점을 지닌 두 '세계'가 서로 참된 '지식'을 소유하고 있다고 주장하며 십자가 발치에서 정면으로 충돌한다. 헛된 혹은 빗나간 '지식'은 자기 의존적 이기심을 부추긴다(8장 1절). 하지만 십자가의 거리낌을 받아들이는 것은 이런 자기의존적 태도를 버리고 모든 관심을 그리스도께로 집중함으로써 그분께서만 하나님께서 계시하시는 실제 현실의 원천이요, 통로이심을 아는 것이다.

---

* L. L. Welborn, Paul, *the Fool of Christ: A Study of I Corinthians1-4 in the Comic-Philosophical Tradition*(London and NewYork: T&T Clark. Continuum, 2005).뒤늦게 각주를 넣을 수 있도록 해 준 출판사에 감사의 말을 전한다.

심지어 세상의 **현자들**이나 **전문가들**조차도 이런 가치와 '세계'의 역전에서 자유롭지 못하다(20절). 디트리히 본회퍼(Dietrich Bonhoeffer)가 관찰한 것처럼, 바울의 '역전'은 단지 산상수훈에서 드러난 예수의 역전을 반영한 것에 지나지 않는다. 예수께서 행복 혹은 '복'을 말씀하신 것은 성공한 자, '강한' 자, '자신감에 넘치는' 자들이 아니라, 기댈 곳을 잃고, 핍박받고, 가난한 자들에게서였다(마 5장 3, 4, 10절). 그들은 더 이상 자신을 의지할 수 없게 되고, 그저 하나님께서 주시는 은총을 기대할 수밖에 없는 사람들이기 때문이다. 본회퍼는 이렇게 말한다. "하나님께서 어디 계실지 결정하는 사람이 나라면, 나는 어느 장소에서든 내게 맞고 내 생각에 어울리는 하나님을 찾아낼 것이다. 하지만 스스로 어디 계실지를 결정하시는 분이 하나님이시라고 한다면, 그분께서 정하신 장소는 다름 아닌 십자가다."(*Meditating on the Word*, 45) 위에서 언급한 것처럼, 십자가에 대한 선포는 우리의 관심을 성취(achieving)에서 그와는 정반대인 받음(receiving)으로 돌려 놓는다. 알렉산드라 브라운(Alexandra Brown)이 멋지게 표현했듯이, 십자가라는 척도는 '모든 것을 뒤집어 놓는다.' 그리고 여기에는 고린도 신자들의 '앎의 방식' 또한 포함된다. 십자가는 그리스도의 마음에 기초한 새로운 세계를 투사함으로써 이런 역전을 이루어낸다(2장 16절; Brown, *The Cross*, 33, 81, 그리고 139). 부활과 더불어 십자가는 '바울 복음의 출발점'이다(Crocker, *Reading 1 Corinthians*, 2).

4. 묵상을 위한 제언 (1장 18~25절)

1. 구원의 길을 가고 있음에 관하여

혹시 '구원의 길을 가고 있다'는 사실을 인식하지 못한 채, 아무런 확신도 없이 절망이라는 죄에 다가가 있는 이가 있지는 않은가? 혹은 그와 반대로, 그들이 구원을 '받았다'는 사실에 너무 고무된 나머지, 주제 넘는 오만의 죄에 빠져 십자가와는 어울리지 않는 승리주의적 태도를 드러내는 이가 있지는 않은가?

2. 하나님의 능력에 관하여

'능력'에 대한 약속이 혹 '하나님의 능력'보다는 오히려 세상의 '어리석음'에 더 가까운 그런 기대를 불러일으키는 것은 아닌가? 그리스도인이라고 해도 여전히 구원, 거룩한 삶 및 하나님을 섬기기 '위한 능력'보다 사람들 '위에 군림하는 능력'을 추구하는 경향이 있다. 십자가의 형태로 드러나는 '그리스도의 마음'은 능력을 바라보는 세상의 관점을 '역전'한다. 그렇지만 하나님이 주신 정당한 '능력'에는 주어진 임무나 상황을 책임 있게 처리하는 것 또한 포함될 수 있다. 혹시 우리는 '약함 속의 능력'을 빌미로 삼아 과감하게 책임을 감당해야 할 상황을 회피하려 들지는 않는가? 십자가의 고통에는 '연약함'뿐 아니라 도덕적이고 신체적인 용기 또한 포함된다.

3. 십자가에 관하여

그리스도인조차도 십자가를 당황스럽고 거슬리는 것으로 느낄 수 있을까? 만약 그렇다면, 그리스도인이라는 우리의 정체성은 어떻게 된 것일까? 혹시 오늘날 그리스도인들 중에는 성령을 더 강조함으로써 십자가의 중심성보다 더 '앞서' 나아가려 하지만 실상은 이것이 후퇴라는 사실을 깨닫지 못하는 그런 사람은 없는가? 본회퍼가 말한 것처럼, 십자가 아래서 하나님의 조건대로가 아니라 우리 나름의 조건대로 하나님을 만나려 하는 이들은 결국 착각과 자신이 만든 우상에 빠지게 된다. 십자가는 결코 자신을 내세우기 위한 도구(일부 고린도의 신자들이 착각한 것처럼)일 수 없다. 그리스도인에 대한 니체의 비판을 생각해 보자. "'영혼 구원'이라고? 쉽게 말하자면 그것은 '내가 세상의 중심이다'라는 말이 아닌가?"(*Anti-Christ*, Aphorism, 43). 십자가는 그런 자기중심주의에서 그리스도인들을 건져낸다. 그리스도께서는 내가 나 자신을 위해 결코 할 수 없었던 일을 십자가 위에서 하신 것이다.

3. 십자가의 기준과 고린도 교회의 사회적 상황 (1장 26~31절)

26 형제 자매 여러분, 여러분들이 부르심을 받은 정황을 한번 생각해 보십시오. 세상이 말하는 영리함으로 치자면 여러분 중에 세상의 기준으로 학식 있는 자가 많지 않고, 영향력이 있는 자가 많지 않고, 지체 높은 집안에서 태어난 사람들도 많지 않습니다. 27 그러나 하나님께서 세상의 영리한 자들을 부끄럽게 하시려고 세상의 어리석은 자들을 택하셨고, 세상의 강한 위치에 있는 이들을 부끄럽게 하시려고 세상의 약한 자들을 택하셨습니다. 28 하나님께서 세상의 비천한 자들과 멸시받는 자들, 그러니까 없는 것이나 다름없는 존재들을 택하셔서 '무언가 되는 이들'을 아무것도 아닌 것으로 만들려 하셨습니다. 29 이는 어떤 종류의 사람들이라도 하나님 앞에서 자랑하지 못하게 하시려는 것이었습니다. 30 여러분이 그리스도 예수 안에 있는 것은 그분으로부터 오는 선물입니다. 이분 예수께서는 하나님께로부터 난 우리의 지혜, 곧 우리의 의로움과 거룩함과 속량이 되셨습니다. 31 "자랑하는 자는 주 안에서 자랑하라"라고 기록된 것처럼 말입니다.

1장 18절부터 25절까지에서 개진된 '역전'의 원리는 현재 고린도의 상황 및 성도들의 체험을 통해 더 자세히 드러난다. 세상과 고린도의 세속 문화가 적용하는 가치 기준을 따른다면 많은(전부는 아니겠지만) 고린도의 그리스도인들은 사회적으로 아무것도 아니었다(1장 28절). **여러분 중에 세상의 기준으로 학식 있는 자가 많지 않고,** [사회적] **영향력이 있는 자가 많지 않고, 지체 높은 집안에 태어난 사람들도 많지 않습니다**라고 하는 상황인데도, 그들이 세상의 가치 기준을 따르려고 하는 이유는 무엇인가?(26절)

사실, 그들이 무언가 또는 '누군가'가 되었다는 주장(28절) 자체가 하나님께서 만드신 새로운 세상의 역전된 가치에 근거한 것이었다. 바로 이런 역전된 가치의 세계 속에서 그들은 그리스도께로부터 혹은 그분을 통해 새로운 지혜, 곧 의로움과 거룩함과 구속함을 얻은 것이다(30절). 그들이 하나님께 수용되고 '아무것도 아닌 것'이라는 이전의 지위를 뒤집는 새로운 지위를 얻게 된 것은 순전히 하나님의 선물을 받았기 때문이다(30a절). 따라서 만일 그들이 그리스도를 통해 이루어진 역전이라는 현실을 거부하거나 이를 자신에게 적용하지 않는다면, 이는 곧 무언가를 성취하고 더 나은 지위를 얻겠다는 자신들의 야망 자체를 포기하겠다는 말과 같다. 물론, 이러한 지위는 그들이 좋아하는 자기 주장의 방식대로가 아니라 선물이라는 하나님의 방식을 따라 확보되어야만 한다.

성경번역자들은 **그로부터**(30절. 개역개정에서는 '하나님으로부터')라는 표현의 깊은 의미를 표현하기 위해 고심해 왔다. 그래서 REB는 **그로부터**(헬, *엑스 아우투*)라는 간명한 헬라어를 '하나님의 행하심에 의해'라는 동사적 표현으로 풀었다. 메르클라인(Merklein)은 여기서 바울이 말하고자 하는 바는 이러한 '역전'이 '절대로 인간적인 노력의 결과가 아니라 하나님의 주도에 의한 결과라는 것'을 강조하였다. 이렇게 하나님께서 주도하지 않으셨다면 고린도인들은 '아무것도 아닌 것'(*Non-beings*, 28절, *Der erste Brief*, vol. I, 200)으로 남아 있었을 것이기 때문이다.

계속되는 논증에서 본문이 수행하는 역할 또한 교훈적이다. 최근의 몇몇 주석가들에 의하면, 바울은 여기서 자신의 관점이 일관성 있는 진리임을 강조하기 위해 고전 수사학의 대표적인 장치들을 신중하게 활용하고 있다고 한다. 이런 관점에서 본문을 읽으면, 분열(1장 10절)에 관한 바울의 진술은 주된 전제(premise 혹은 *propositio*) 중 하나가 된다. 그 다음으로 이 전제에 대한 설명이 뒤따른다(1장 11~17절, *narratio*). 그리고는 기독교적 정체성과 하나님의 능력의 기준으로서 십자가의 본질(1장 18~25절), 순전히 하나님의 은혜에 의한 고린도 신자들의 지위의 역전(1장 26~31절), 십자가라는 기준과 그 '능력'의 표현으로서 바울 자신의 사역(2장 1~5절)이라는 세 개의 단락을 통해 자신의 논점을 증명하는 분명하고 논리적인 논증을 전개한다(*argumentatio*).

만일 이런 분석이 옳다면(이는 '전형적인' 고대의 수사법과도 잘 어울린다), 바울은 자신의 논증을 최대한 선명하고 논리적으로 제시하기 위해 이를 주도면밀하게 준비한 셈이 된다. 물론 자신이 세례를 베풀었던 이들에 대한 기억을 회상하는 것과 같이 실제 편지를 구술하면서는 상황에 맞게 이런저런 구절을 첨가하기도 한다(1장 15, 16절). 이처럼 지나치게 얽매이는 것을 원하지는 않았겠지만, 아마도 바울은 자신의 입장을 말하기 전에 신중하게 준비하고 미리 생각하는 것이 바람직하다고 여겼을 것이다.

[사회적으로] **영향력이 있는 자가 많지 않고, 지체 높은 집안에서 태어난 사람도 많지 않습니다**(26절)라는 표현에 대해서는 논란이 있다. 크게 보아 지금껏 신약학자들의 논의는 세 단계를 거쳤다. 아돌프 다이스만(Adolf Deissmann, *Light from the Ancient East*)은 바울 공동체의 신자들 거의 대부분이 당시 사회의 소외 계층 출신이라고 주장했다. 또한 그는 바울 서신의 문체 역시 평민이 사용하던 비문학적인 일상 헬라어로 기록되었다고 주장했다. 반면 1960년대에는 이와는 상반된 주장이 관심을 끌었다. 바울은 신자들 중 부유하고, 영향력 있고, 지체 높은 집안에서 태어난 이가 많지 않다(not many)고 말했을 뿐, 없다고 말한 것은 아니라는 것이다. 저지(E. A. Judge)는 신자 중에는 분명 당시 사회의 '상류층'에 속하는 이도 다수 포함되어 있었다고 역설한다(*Social Patterns*, 60). 그리스보와 에라스도 같은 신자들은 상당한 재산과 지위를 소유한 사람들이었다는 것이다(롬 16장 23절).

70년대부터 현재까지는 사회적 지위의 관점에서 볼 때 바울 공동체 내의 신자들이 다양한 배경을 가지고 있었다는 관점을 널리 받아들인다. 이런 합의의 시발점이 된 것은 타이센의 논문 「고린도 교회의 사회 계층」이다(“Social Stratification in the Corinthian Community”, *The Social Setting of Pauline Christianity*, 69-144). 벤 위더링턴(Ben Witherington III) 역시 이런 입장에 동조한다. “고린도 교회의 신자들은 매우 가난한 사람들부터 상당한 부자에 이르기까지 다양하게 분포되어 있어서, 당시의 계층 분포를 여실히 반영해 준다.”(*Conflict and Community in Corinth*, 23-24) 기독교 변증이라는 관점에서 보자면, 기독교 신앙으로 회심한 자들이 계급, 성격, 배경, 남녀노소 할 것 없이 모든 종류의 사람을 다 포함했다는 사실은 매우 고무적이다. 특별히 복음에 매력을 느끼는 경향이 있는 특정 사회 계급이나 심리 ‘유형’은 존재하지 않는다. 복음은 모든 이에게 해당된다. 하지만 고린도교회에서 그랬던 것처럼, 교회 내에서 사회적 차이로 인해 야기되는 갈등들은 항구적인 목회적 숙제거리로 남는다(특히 8장 1절~11장 34절). 그럼에도 초대교회 신자들의 사회적 계층 분포에 대한 학자들의 논쟁은 아직도 계속되고 있다.

그리스도인이 부유하건 가난하건, 세 번에 걸쳐 반복되는 **하나님께서 택하셔서**(27, 28절)라는 표현은 바울이 강조하고자 하는 관점이 무엇인지 분명히 말해준다. 무가치한 것들을 순전히 은혜로 받아주시고 높이셔서 **속량된 자**라는 새로운 지위를 부여하신 분은 하나님이시다(30절). 십자가가 조성하는 역전의 상황에서는 전에 더 나은 상황에 있던 이들이 상대적으로 **무가치한 것**으로 남는다. **그래서 어떤 종류의 사람도 하나님 앞에서 자랑하지 못하는 상황이 되어야 한다**(29절). 고린도전서에 나타나는 하나님의 주권적 은총의 교리는 로마서에서만큼이나 강력하다. “여러분들이 가진 것 중에서 받지 않은 것이 하나라도 있습니까?”(4장 7절) 고린도 신자들이 지위에 목말랐을지도 모른다. 그러나 참(환상이 아닌) 지위는 오직 '그리스도 안에서' 그리스도께서 주시는 것을 함께 나눔으로써만 얻을 수 있다. 바로 여기에, 오직 여기에만 그리스도인의 '자랑'의 근거가 있다. 표현의 용법과 논증의 문맥을 고려해 볼 때, 29절의 '모든 육체'(헬, *파사 사륵스*)는 **모든 종류의 사람**이라는 일반적인 의미가 가장 잘 어울린다.

의로움(30절)은 일정 수준의 도덕적 성취가 아니라 하나님께서 그들의 위치를 '바르게 하시고' 이들을 용납하셨다는 것을 의미한다. 마찬가지로 **거룩함**(성화, sanctficiation) 역시 도덕적 진보나 영적 성장이 아니라 하나님께 속한 자 혹은 하나님과 가까운 자로서 지위를 가리킨다. 다이스만이 강조한 것처럼, **구속**이란 어떤 자율적 자유를 위한 구출이 아니다. 이 구속은 우리를 종속되게 하는 힘, 곧 죄를 비롯한 사악한 구조적 세력에서 벗어나는 것이다. 이를 통해 구속된 자들은 그들을 구속하고 값을 주고 사신 주인이신 그리스도께 속한다. 이 부분은 6장 20절의 주석에서 더 자세히 설명될 것이다. "여러분은 값으로 산 바 되었습니다." 이 모든 표현은 그리스도의 가족의 일원으로 수용된 신자들의 새로운 지위 및 이에 대한 확실한 보장을 가리킨다. 이 모든 것들의 근거는 분명하다: **"자랑하려는 이들은 주 안에서 자랑하라"**(31절). 바울은 아마도 예레미야 9장 22, 23절을 인용하는 것 같다. 다른 견해가 없는 것은 아니지만, 스탠리(Stanley)는 '바울이 이 구절을 다른 의미로 인용하고 있다는 흔적은 없다'고 주장한다(*Paul and the Language of Scripture*, 188). 헬라 문학에서 등장인물들이 '자랑하는' 것은 그들에게 가장 큰 기쁨을 안기는 일들이다. 오디세우스는 자신의 간교함을 자랑하고, 아킬레우스는 자신의 힘을 자랑한다. 하지만 그리스도인들은 자신의 어떤 자질이나 성취보다는 **주 안에서** 기쁨의 이유를 찾는다.

5. 묵상을 위한 제언(1장 26~31절)

1. 자랑의 근거에 관하여

우리의 집, 자녀, 성취, 혹은 재산에 대한 자랑은 해로울 것이 없는 즐거움일 수도 있지만, 착각과 자기 탐심의 표현이 될 수도 있다. 호머의 일리아드에서, 오디세우스는 자신의 잔꾀를, 그리고 아킬레우스는 자신의 힘을 자랑한다. 하지만 바울이 보기에 우리의 본심이 어디에 가 있는가 하는 것은, 우리의 자랑과 기쁨의 근거가 하나님께서 그리스도를 통해 주시는 너그러운 은총에 있는가 아닌가에 달려 있다. "네 보물 있는 곳에 네 마음도 있느니라"라고 예수께서 말씀하셨다(마 6장 21절). 우리가 지어졌다는 사실을 기뻐하게 되는 가장 큰 이유가 과연 하나님의 은혜 때문인가?

2. 뛰어나지 못했던 과거를 보상하려는 노력에 관하여

혹 우리가 교회 내의 다른 사람들에게 인정받으려고 애쓰는 것이 과거 자신의 비천한 출신이나 내세울 것 없었던 배경을 보상하기 위해서는 아닌가? 다른 방법으로는 얻을 수 없는 힘이나 영향력을 '교회 활동'을 통해 확보하려고 하는 것은 아닌가? 이런 태도는 십자가의 부끄러움과 낮아짐에 동참하는 것과 어울리지 않음은 물론, 십자가에 달리신 '그리스도 안에' 있는 우리의 정체성과도 어울리지 않는 것이다.

3. 교회 내의 사회적 다양성에 관하여

교회 내 성도 간의 사회적 차이가 서로를 향한 태도에 지나친 영향을 미치고 있지는 않는가? 이러한 차이는 교회 내의 파벌이나 분파의 원인이 될 수도 있지만, 배경을 초월하여 모두를 품는 사랑과 관심을 표현할 수 있게 해 주는 기회가 될 수도 있다.

4. 속량됨에 관하여

우리는 '속량'을 아무렇게나 해도 좋은 방종으로 생각하는가, 아니면 과거의 종속에서 벗어나 우리를 책임지시는 주님께 '속하는' 것으로 생각하는가? 지금 주님께서 우리를 돌보고 계신다면, 그리고 우리가 그분께 속한 존재라면, 이것이 자기비하나 자책 혹은 지나친 자기합리화의 염려에서 우리를 자유롭게 해 주는 진리가 아닌가?

4. 십자가의 기준과 바울의 복음선포 방식(2장 1~5절)

1 저로 말하자면, 형제자매 여러분, 제가 여러분께 가서 하나님의 비밀을 선포
한 것은 멋진 수사나 영리한 말을 통해서가 아니었습니다. 2 왜냐하면 저는 예
수 그리스도, 곧 십자가에 달리신 그리스도 외에는 선포할 그 어느 것도 알지
않기로 결심했기 때문입니다. 3 저는 약한 모습으로, 두려움과 떨림으로 여러
분께로 갔습니다. 4 저의 말과 저의 선포는 솔깃하고 기발한 말이 아니라 성령
에 의해 능력 있게 확인된 명백한 증거들을 통한 것이었습니다. 5 그것은 여러
분의 믿음이 사람의 영리함이 아니라 하나님의 능력에 근거한 것이 되도록 하
기 위함이었습니다.

바울은 고린도 성도들의 과거 경험에서 고린도에서 사역할 당시 자신의 경험으로 관심을 돌리면서, 그리스도의 십자가와 맺은 관계에 비추어 이 둘을 비교한다. 바울이 고린도에 간 것은 수사에 능숙한 사람이나 전문 설교자로서 자신의 성과를 드러내기 위해서가 아니라(1절), <u>오로지 예수 그리스도, 곧 십자가에 달리신 그리스도</u>를 집중적으로 선포하기 위해서였다(2절). 겉만 보고 판단하자면, 적어도 바울에게는 승리주의든, 수사적 조작이든, 혹은 깜짝 놀랄 만한 기적이든, 흔히 청중을 압도할 것으로 기대되는 그런 종류의 능력은 보이지 않았다. **저는 약한 모습으로, 두려움과 떨림으로 여러분께로 갔습니다**.(3절) 바울은 그럴듯한 말로 청중들의 구미를 맞추거나 그들의 생각을 '조종하려는' 유혹을 거부한다(4절). 신자들의 믿음이 그렇게 조종하는 방법에 의존하여 생긴 것이라면, 그 믿음의 진정성을 의심해야 할 것이기 때문이다. 하지만 그런 조작하는 방법이 없이도, 바울의 설교는 사람들의 삶을 변화하는 생성의 능력을 발휘하였다. 그의 설교를 들은 이들이 그리스도께

로 돌아서게 된 것은 하나님의 실효력 있는 행동에 근거한 것이었다. 이러한 '복음의 능력'은 십자가에 의해 규정되는 것이며, 성령의 효과적 사역에 의해 중재된다(5절). 성령은 이 진리를 명백하게 하고, 사람들로 하여금 그 진리를 자기 것으로 만들 수 있도록 한다.

여기서 바울이 말하는 **연약함**의 개념은 바울 서신의 다른 곳에서도 확인된다. 그러니까 고린도전서 2장 1절부터 5절까지에서만 잠시 나타나는 생각이 아니라는 말이다. 바울의 갈라디아 선교 역시 쇠약한 건강으로 인해 육체적으로 연약한 가운데 이루어졌다(갈 4장 14절). 그 후 고린도에서도 바울의 행동거지와 설교는 보다 힘 있고 효과적이었던 그의 편지들과는 달리 '연약한' 것으로 평가되었다(고후 10장 10절). 당시 지역 도시들에서는 제2차 소피스트 운동이 있었는데, 많은 학자들은 여기서 바울이 당시 그런 흐름에서 나타났던 '과시'의 수사법과 의도적으로 거리를 두고 있다는 사실을 밝혀냈다. 이 점을 더 자세히 알고 싶다면 불리모어(Bullimore), 포골로프(Pogoloff, 특히 97-172), 리트핀(Litfin), 그리고 윈터(Winter, *Philo and Paul among the Sophists*, 113-161)를 비롯해 참고문헌에 제시된 연구들을 참고하기 바란다.

바울은 '건전한' 의미의 수사학을 반대하지 않는다. 바울 자신도 고린도전서에서 여러 종류의 수사적 기교들을 활용하고 있다. 1장 18절부터 2장 5절까지에서도 그렇지만, 특히 15장에서는 더욱 그렇다. 하지만 그는 청중의 기호에 의해 지배되는 조종하는 수사학에 대해서는 철저히 배격한다. 이런 수사학은 청중의 관심을 끌거나 당면한 사안의 진리 여부와는 상관없이 무조건 청중들을 설득하는 데만 관심을 기울이기 십상이다. 고린도의 일부 신자들 역시 수사학이란 청중에게서 찬사나 동의를 끌어내거나 지위를 확보하기 위한 경쟁적 '연기'(performance)라고 생각했다. 하지만 키케로나 퀸틸리안처럼 '건전한'로마의 고전적 수사학자라면 누구라도 이런 사람들에 대한 바울의 경멸적 태도에 전적으로 공감했을 것이다. 플루타르크 역시 자아도취적이고 경쟁적인 수사학자들, 곧 마치 인기 배우나 검투사처럼 '스타'가 되려고 하는 이들을 비판한다. 플루타르크가 지적하는 것처럼, 이런 대중적 스타들이 이성과 진리를 거슬러 더 그럴듯한 논증을 펼칠수록 그들의 연기를 보는 청중의 환호 역시 더 커지는 법이다.

고린도의 많은 신자들은 바울에게서도 그런 모습을 보고 싶어 했다. 교회의 지도자들이 다른 전문 수사학자들과 어깨를 견줄 수 있다면, 그만큼 교회의 위상이 더 높아지지 않겠는가? 부분적으로 바울이 빌립보 교회한테서 재정 지원을 받으면서도 고린도에서는 그러지 않았던 것은(9장) 재정 지원을 했던 부유한 신자들에게 빚지는 것을 피하려는 의도도 있었지만, 바울에게서 좀 더 '전문가적인' 위상을 보고 싶어 하는 신자들의 세속적인 기대를 깨뜨리려는 의도도 있었다. 그래서 바울은 오히려 평범하게, 무두장이 혹은 천막수공업자의 신분으로 예수 그리스도의 복음 사건들에 관해 이야기했던 것이다. 당연히 고린도의 일부 전문가 계층 사람들은 이를 당황스럽게 여겼을 것이다.

구두 독백이라는 형태의 '수사법'은 현대인이 조종하려는 의사소통을 위해 주로 사용하는 방식은 아니다. 오늘날의 경우를 염두에 두고 말하자면, 오히려 음악이나 조명, 혹은 전자적인 효과 등과 같이 청중의 관심을 그리스도와 십자가보다 설교자의 특이함이나 방식에 더 집중하게 만드는 여러 수단들이 여기에 해당할 것이다. 혹은 교인들에게 압력을 가하거나 감언이설을 늘어놓는 것일 수도 있다. 이 모든 것에 대항하여, 바울은 오직 **그리스도**, 곧 **십자가에 달리신 그리스도**만을 선포하기로 결심했다고 말한다(2절).

자신을 내세우고 청중의 관심을 끌려는 태도를 배격하는 바울의 모습을 생각해 볼 때, 그가 드러낸 **두려움과 떨림**(3절)은 자신에 관한 사람들의 평판을 과도하게 염려한 탓이 아니라는 것이 분명하다. 오히려 바울의 부담은 선교의 승패가 달린 상황에서 어떻게 하면 수사학자들에게 익숙한 미사여구의 속임수 없이 그리스도를 효과적으로 선포할 수 있을까 하는 것이었다. **두려움과 떨림**은 소피스트 웅변가들의 매끄러운 자기 확신과는 거리가 멀었다. 갈라디아서에서 자신의 좋지 못한 건강에 대해 말하는 것을 생각하면(4장 13~14절), 바울이 자신은 복음 사역을 하기에는 육체적으로 너무 약하다고 생각했을 가능성도 배제할 수 없다(또 자신의 '연약함'을 없애달라는 바울의 기도에 하나님께서 부정적으로 응답하셨음을 언급하는 고린도후서 12장 7절부터 10절까지도 참고하자).

6. 묵상을 위한 제언(2장 1~5절)

1. '조종하는' 복음 선포에 관하여

십자가는 그리스도인들이 그리스도에 관해 말할 내용뿐 아니라 이를 말하는 방식 또한 규정한다. 때로 우리의 설교나 가르침, 또는 간증이 그리스도보다 말하는 사람 자신에게 관심을 가지게끔 하지 않는가? 어떤 설교자들은 십자가의 복음에 합당치 않은 조종하는 도구나 방법을 활용하기도 한다. 혹 우리는 음악이나 조명을 잘못 사용하거나 또는 과도한 압력이나 감언이설로 오히려 복음의 신뢰성을 떨어뜨리고, 피상적이기 짝이 없는 '회심'만 생산해 내고 있는 것은 아닌가?(5절)

2. 십자가의 중심성과 진리를 존중하는 것에 관하여

본문 어디에도 훈련되고, 철저하며, 합리적인 복음의 전달에 반대하는 논증은 없다. '오직 그리스도, 오직 십자가'의 원리는 결코 기독교의 진리를 아무렇게나 전해도 좋다는 말이 아니다. 바울이 청중을 '기쁘게' 하지 않으려 했던 것은 그렇게 되면 청중이 복음을 나름대로 생각하거나 변형을 가할 것이기 때문이었다. 하지만 고린도전서에서도 그토록 많은 논증들이 등장하는 마당에, 아무도 그가 합리적인 논증과 신중한 의사소통을 무시했다고 말할 수는 없을 것이다!

3. 두려움과 떨림에 관하여

복음의 진리를 '두려움과 떨림으로' 전해야 할 이유가 있을까? 우리가 느끼는 두려움이 다른 사람들이 복음에 대해 어떻게 생각할까에 대한 두려움은 아닐까? 혹은 아무런 두려움이 없다는 것은 설교자가 상황의 중대함을 망각하고 있다는 뜻은 아닌가? '연약함'의 체험이 하나님의 부활의 능력을 체험하는 계기가 될 수 있겠는가?(고후 1장 9절, 11장 30절, 12장 8~10절).

4. 십자가가 없는 '다른 복음'을 전할 위험에 관하여

그리스도와 십자가는 바울이 선포한 복음의 핵심이었다. 바울이 '사람을 기쁘게'하기 위해 자신이 만든 '다른' 복음을 전하는 어리석음에 그토록 단호하게 맞섰다는 사실을 어쩌면 오늘날의 교회가 망각하고 있는 것은 아닐까?

Ⅲ. 성령과 '영성': 그리스도의 마음(2장 6~16절과 3장 1~4절)

16개의 절로 이루어진 이 단락에서 바울은 자주 고린도의 그리스도인들이 선호하던 단어와 표현을 끌어다 쓴다. 고린도의 신자들은 지혜, 지식, 영적, 그리고 성숙한 등과 같은 주제와 용어를 좋아했다. 바울 역시 이 용어들을 모두 활용하지만, 그는 신자들에게 이들 용어의 의미를 근본적으로 새롭게 정의한다. 가장 두드러지고 중요한 것으로, '영적'이라는 것은 인간 영혼 속에 내재한 어떤 '고상한' 능력을 가지고 온다는 뜻이 아니다. 이는 하나님의 성령께서 움직이고, 활성화하고, 변화시키시는 것을 의미한다. 전문용어로 말하자면, 바울은 하나님의 성령의 역사를 초월적인 것으로, 그리고 그리스도의 형상을 닮은(Christomorphic) 것으로 풀어낸다. 바울은 성령이 '너머'에서 오는 것이라는 사실을 강조한다. 성령은 **하나님께로부터 나온다**(12절). 더욱이 성령의 역사는 **그리스도의 마음**을 품도록 만드는 효과를 통해 인식될 수 있다(16절). 고린도의 그리스도인들은 십자가보다 '앞서' 나가는 **성숙함**을 보여주기는커녕, 대부분 아직 **어리고 영적이지 못한 상태**에 지체되어 있다(3장 1~4절). 이와 마찬가지로 오늘날에도 '영성'은 초월적이며 그리스도를 닮는다는 의미에서 너무 쉽게 분리되어 버린다. 마치 영성이 성령에 의해서가 아니라 인간의 내재적 능력에 의해 '만들어지는' 것처럼 말이다.

1. 참 지혜와 거짓 지혜: 십자가와 '성숙'(2장 6~9절)

> 6 그러나 우리는 성숙한 이들 사이에서는 '지혜'에 관해 말합니다. 그렇지만
> 이는 이 세상 질서나 없어지고 말 이 세상 질서의 지배자들에게 속한 것이 아
> 닙니다. 7 우리는 사람이 발견하기에는 너무나 심오한 방식으로 하나님의 지

혜에 관해 말합니다. 곧 하나님께서 창세 이전에 우리의 영광을 위해 정해 두신 숨겨진 지혜입니다. 8 현 세상 질서의 통치자들 중 누구도 이 지혜를 알지 못했습니다. 만약 그들이 알았다면 영광의 주님을 십자가에 못박지 않았을 것입니다. 9 하지만 기록된 것과 같이, 눈으로 보지 못하고 귀로 듣지 못하며 인간의 마음으로 인식하지 못하는 것, 바로 그것을 하나님께서 그분을 사랑하는 이들을 위해 마련해 두셨습니다.

바울은 '지혜'라는 동일한 이름으로 통하는 두 가지 서로 다른 것들을 강력하게 대조함으로써 본 단락을 시작한다. 바울의 논의는 1장 19절부터 21절까지의 연장이다. "'내가 지혜로운 자들의 지혜를 멸할 것이다.'…지혜로운 자가 어디 있습니까? 변론가가 어디 있습니까?…하나님께서 이 세상의 지혜를 어리석음으로 만드신 것이 아닙니까?" 하지만 바울은 여기서 멈출 수 없었다. 왜냐하면 거짓된 지혜 혹은 소위 이 세상의 지혜는 허망한 것이지만, **하나님의 숨은 지혜**(7절)는 참된 것이기 때문이다. 어떤 지혜는 주제넘고, 자신을 내세우며, 인간적 성취에 의지하여 움직이려 하는 지혜인 반면, 어떤 지혜는 하나님께서 계시해 주시면 우리가 받아들이는 지혜로서, 하나님의 백성의 삶과 때론 하나님이 창조하신 세상을(눈에 보이지 않는 방식으로) 살찌우고 인도하는 지혜다.

그리스도인의 **성숙**을 두고 말하자면(헬, *텔레이오스*, '성숙한,' 6절), 이는 십자가의 단계를 넘어선 다음 단계나 진보된 어떤 단계를 말하는 것이 아니라 그리스도를 닮는 수준에서의 성숙함을 의미한다(16절). 전체적으로 지금 문맥의 중심은 십자가에 달린 그리스도이기에, 이는 결국 '진보된' 영성이라는 고린도인들의 성숙 개념을 뒤집어 놓는 셈이 된다. 여기서도 다시 한 번 십자가의 역전이라는 원리가 날카롭고도 변혁적인 논리로 작용하고 있음을 볼 수 있다.

여기서 바울이 단수로 '나' 대신 복수로 '우리'라고 말하는 것을 볼 때, 바울이 사용하는 주요 용어가 우선은 고린도의 성도들과 공유했었던 것으로 보인다. 하지만 바울이 이 **지혜**에 부여하는 의미는 고린도 신자들이 그 말에 붙인 의미와는 사뭇 달랐다. 바울이 **성숙한** 혹은 성숙한 자라는 말을 사용한 것은 다분히 역설적이다(6절). 왜냐하면 고린도에서 인기를 끌던 자기중심적 '영리함'이란 사실 성숙함과는 정반대의 자질인 '유치함'의 산물에 불과하다는 것이 바울의 주장이기 때문이다(3장 2절을 보자). '영리함'으로 자기 주장을 관철하려 하거나, 서로 세력 다툼을 한다거나(1장 10~12절), 혹은 자기 위상을 높이려 하는 것은 모두 유치한 일이다. 아이들은 사람들의 관심을 독차지하려고 드는 법이다. 이런 태도와는 달리 바울이 주장하는 바는 **하나님의** 참된 **지혜**란 뻐기지 않고 배우고자 하는 성숙한 사람만을 위한 것이라는 것이다.

이런 성숙한 자를 위한 지혜는 계시로 주어지는 것이지 획득하는 것이 아니다. 따라서 이 세상 질서의 구조적 권력도 자기 방식으로는 이 지혜에 접근하지 못한다(6b절, 8절). **현재 이 세상 질서의 통치자들**(6b절, 8절)이라는 표현은 학자에 따라 악마적 세력을 가리키는 것으로, 혹은 지상의 인간적 통치자를 의미하는 것으로 달리 해석되어 왔다. 어떤 이들은 이 '통치자들'(헬, *아르콘테스*)이 초자연적이면서 동시에 정치적이기도 하다고 주장한다.* 하

* 별주. 오리겐을 비롯한 여러 교부들은 이 세력들을 악마적인 것으로 본다. 현대 학자들 중에서는 C. K. Barrett, H. Conzelmann, 그리고 W. Schrage 등이 이런 입장을 지지한다. A. Wesley Carr는 *Angels and Principalities* (Cambridge: Cambridge University Press, 1981)에서는 이와는 반대의 입장을 취했다. 하지만 O. Cullmannr, *Christ and Time*(영역본; London: SCM, 1951), 191-201쪽과 George B. Caird, *Principalities and Powers*(Oxford: Clarendon, 1956)은 초자연적인 악과 정치적, 구조적 악의 세력 둘 다 포괄한다고 주장한다. 우리가 제안하는 입장과 가장 가까운 것은 Walter Wink, *Naming the Powers*(Philadelphia: Fortress, 1984)와 Unmasking the Powers (Philadelphia: Fortress, 1986), 그리고 Neil Elliott, *Liberating Paul*, 114-124쪽이다.

지만 현 문맥에서 강조하는 바를 고려해 볼 때, 여기서의 '통치자들'을 개인의 능력을 압도하는 정치적, 사회적, 영적 구조를 가리키는 것으로 보면서, 이것이 악마적 간섭을 포함하는가 하는 문제는 지금 대답할 수 없는 문제로 남겨두는 것이 가장 자연스럽다. 사실 많은 이들의 생각과는 달리, 바울은 '마귀들'에 대해 그리 큰 관심을 보이지 않는다.

바울이 말하고자 하는 핵심은 이것이다. 즉, **너무 심오하여 사람으로서는 발견할 수 없는 것**(7절) 그리고 **어떤 인간의 생각으로도 이해할 수 없었던 것**(9절)은 오직 계시를 통해서만 파악될 수 있다는 것이다. 고린도의 어떤 이들은 이런 비밀스런 계시를 한 단계 진보한 정예들('성숙한 자들')의 것으로 제한한 반면, 바울은 모든 그리스도인들을 같은 위치에 올려놓았다. 물론 그들이 '성숙한 자들'다운 겸허함으로 기꺼이 받아들이고 배우려 하는 한 그렇다는 것이다. 우리는 이를 3장 18절과 비교해 볼 수 있다. "지혜로운 자가 되고 싶은 사람은 바보가 되어야 합니다." 예수님과 소크라테스의 입장 역시 같다. 십자가가 모든 그리스도인들로 하여금 하나님의 은혜가 필요한 동등한 자리에 서도록 하는 것이라면, **지혜**라는 선물 역시 동일한 기반 위에서 작용할 것이다. 9절에서 바울이 인용한 구약이 어디인가에 대해서는 논란이 있지만, 바울은 아마 이사야 64장 4절과 65장 17절 같은 구절을 두 개 이상 결합하여 인용했을 것이다.

7. 묵상을 위한 제언(2장 6~9절)

1. 지혜와 정보의 차이에 관하여

지혜는 지식이나 정보와는 다르다. 사람들은 이 둘을 쉽게 혼동한다. 특히 자신이 이미 아는 것을 지혜롭게 활용하는 대신 더 많은 새 정보를 얻으려 애를 쓸 때 더욱 그렇다. 지혜를 얻기 위해서는 단순히 정보를 쌓는 것보다 더 큰 대가를 치러야 할지 모른다. 지혜란 '다른 사람들'을 받아들이고 그들의 말을 경청하려는 열린 마음과 그것을 실천에 옮기려는 의지를 요구하기 때문이다. 이런 지혜를 가지려면 어떤 대가를 치러야 할까?

2. 세상의 지혜, 혹은 거짓된 지혜에 관하여

자신의 야망을 이루기 위한 수단에 불과한 지혜는 쉽게 허망하고, 텅 빈 영리함으로 타락하고 만다. 세상의 권력을 쥔 사람들에게서 얼마나 자주 이런 모습이 발견되는지 살펴보자.

3. 참된 지혜인 하나님의 지혜에 관하여

인간의 발견이 주로 노력과 성취의 문제인 반면, 하나님의 계시는 일종의 선물이다. 하지만 바울과 잠언은 우리에게 하나님의 지혜를 얻으라고 말한다. 우리는 어떻게 이런 지혜를 얻을 수 있을까? 마치 은혜에 의한 칭의처럼, 선물로 받지만 매일매일 우리 것으로 만들어야 하는 그런 것은 아닐까?

2. 성령의 역사와 임재라는 기준(2장 10~16절)

> 10 하나님께서는 성령을 통해 우리에게 이런 것들을 계시하셨습니다! 왜냐하면 성령께서는 모든 것, 심지어는 하나님 자신의 깊은 곳까지도 살피시기 때문입니다. 11 사람들로 말하자면, 본인의 가장 내밀한 존재 말고 어느 누가 그 사람에 관한 것을 알 수 있겠습니까? 이와 같이 하나님에 관한 것들도 성령 외에는 어느 누구도 알 수 없습니다. 12 그런데 우리가 받은 것은 이 세상의 영이 아니라 하나님으로부터 나오는 영이며, 이는 우리로 하여금 하나님께서 거저 주신 선물들을 알 수 있도록 하기 위한 일입니다. 13 더욱이 우리는 그저 인간의 영리함으로 가르칠 수 있는 말이 아니라 성령께서 가르치시는 말로 이런 것들에 대해 이야기하며, 성령의 사람들에게 성령에 관한 것들을 해석해줍니다.
> 14 순전히 인간적 수준에서만 살아가는 사람은 하나님의 영의 일들을 받아들이지 않습니다. 왜냐하면 이런 것들이 그들에게는 어리석은 것으로 보일 뿐이며, 이런 것들은 영적으로만 분별할 수 있어서 그들이 이를 알 수도 없기 때문입니다. 15 "영적인 사람들은 모든 것을 가려내지만, 스스로는 어느 누구에게도 검증을 받지 않습니다." 16 "누가 그리스도의 마음을 알아서 그를 가르칠 수 있게 되었습니까?" 하지만 바로 우리가 그 그리스도의 마음을 지녔습니다!

10절부터 16절까지에서 바울은 일종의 성령신학을 전개한다. 이로써 그는 12장부터 14장까지에서 더 일관성 있게 개진될 '성령의 선물'에 관한 논의를 미리 준비한다. 융엘(Jüngel)이 강조한 것처럼, 성령을 통해 '하나님께서 스스로 말씀'하시듯 하나님의 말씀하심(divine address)이 하나님을 이해(divine intelligibility)하는 데 필수 요건이 된다. 하지만 달리 표현할 수 없는, 하나님의 무한하고 초월적이며 능가할 수 없는 비밀이 그리스도를 통해 사람들이 '생각할 수 있는' 것이 된다(*God as the Mystery of the World*, 152-58). 성령이라는 주제를 다루면서 바울이 처음으로 말하는 바는 **하나님의 영이 하나님께로부터** 나온다는 사실이다(12절). 이는 초월적이며 거룩한 '타자'(Other)로서, 내재적인 인간의 영이나 우주적인 신의 불꽃 혹은 스토아철학의 '세계 혼'과는 다르다. **우리가 받은 것은 이 세상의 영이 아니라 하나님으로부터 나오는 영이다**(12절). 여기서 헬라어를 **하나님으로부터 나오는 영**(the Spirit who issues from God)으로 번역한 것은 우선 이 헬라어 형용사구(헬, *토 에크 투 테우*)가 단지 하나님으로부터 나온 영(the Spirit from God, REB)이라는 표현보다 훨씬 더 강하고 분명한 의미를 함축하기 때문이기도 하고, 또한 바울의 글에서는 하나님으로부터 나오는 초월적인 성령과 편만한 '우주 정신'(cosmic spirit) 양자를 분명히 구분할 필요가 있기 때문이기도 하다. 우리는 이를 요한복음 15장 26절의 '아버지께로부터 나오는 진리의 영'이나 니케아신경과 콘스탄티노플신경에서 사용된 '나오시는'이라는 말과 비교해 볼 수 있다.

바울은 **성령의 활동**을 단순한 내적인 인간적 '영성'과 구별한다. **'영적'**이라는 것은 성령, 곧 거룩한 **영**과 관계된다는 뜻이다(2장 12, 13절, 3장 1~3절, 12장 1~7절, 15장 44절). 이는 어떤 '고차원적인' 인간의 능력과는 무관하다. 하나님의 영의 선물은 인간의 자아라는 범위를 초월한다. 여기서 바울은 **영**(10, 11, 12, 13, 14절)이나 **영적** 혹은 **영적으로**(13, 14, 15절) 등의 개념을 새롭게 정의하고 있는데, 이러한 관심이 10절부터 16절까지의 논증을 이끌어가는 주도적인 흐름이다. 영적인 것에 대한 바울의 새로운 정의를 제대로 파악하려면, 독자들은 한 위격으로서 성령과 하나님 사이에 존재하는 친밀함 및 그 사이에서 이루어지고 있는 상호 침투(inter-penetration, 헬, *페리코레시스*)를 인식하지 않으면 안 된다.

성령께서는 하나님 자신의 **깊은 곳**을 살피신다. 바로 그런 이유로 성령께서는 그리스도 안에 계신 하나님(God-in-Christ)의 마음과 생각을 있는 그대로 전달할 수 있으시다. 여기서 우리는 자아와 영을 구분하는 이분법적 관점으로 11절을 읽지 않도록 주의해야 한다. 칼 바르트가 했다고 알려진 다음의 말은 바울의 핵심 의도를 잘 요약해 준다. "하나님께서는 하나님을 통해서만 알려지실 뿐이다."(*Church Dogmatics*, II/1, sect. 27, 179) 아타나시우스 역시 거의 비슷한 논점을 표현했다. '성령과 피조물들 사이에는' 아무런 자연적인 '유대'가 없다. "성령은 하나님께로부터 온다."(*Letter to Serapion* 1:22 in J.-P. Migne, *Patrologia Graeca* 26:581)

하나님의 지혜는 하나님께서만 아시는 "비밀"이다(11b절). 따라서 하나님의 성령께서 십자가의 메시지를 활성화하고 사람들로 하여금 그것을 새롭게 받아들이도록 하지 않으신다면, '영성'이나 '지혜'에 관한 이야기들은 전부 공허한 말에 지나지 않는다. 그래서 바울은 **성령께서 가르치시는 말로, 성령의 사람들에게 성령에 관한 것들을 해석해준다**(13절)고 말하는 것이다.

주석가들은 본문에서 사용된 단어의 의미와 성별의 모호함 때문에 골머리를 앓아 왔다. 바울이 사용한 헬라어 분사는 **해석하다** 혹은 비교하다 혹은 서로 맞추다 등의 다양한 의미로 이해될 수 있고, 복수여격의 명사는 남성으로 **성령의 사람들에게**를 의미할 수도 있고 중성으로 신령한 능력으로 혹은 신령한 언어로 등을 의미할 수도 있다. 하지만 일반적인 원칙은 분명한데, 그에 비추어 보면 '**해석하다**'와 '**성령의 사람들에게**'라는 번역이 현재의 문맥과 정확하게 맞아 떨어진다.

순전히 인간적 수준에서만 살아가는 사람[14절, 개역개정에서는 '육에 속한 사람'—역주]은 혼적인 사람(헬, *프쉬키코스 안트로포스*)을 번역한 것이다. 이런 사람은 순전히 인간적 생명력(헬, *프쉬케*)의 수준에서 살아가는 사람이지, 성령(헬, *프뉴마*)의 움직임에 응답하며 살아가는 사람이 아니다. 뒤이어 나오는 말들이 이 점을 더욱 분명히 드러내준다. 이런 사람들은 **영의 일들을 받아들이지 않는다. 왜냐하면 이런 것들은 영적으로만 분별할 수 있기 때문이다**(14절). NJB는 이 구절을 자연적인 인간으로 번역했으며, NIV의 성령이 없는 사람이라는 번역 역시 받아들일 만하다.

15절이 고린도인들의 말을 반영하는 것인지 아니면 전적으로 바울 자신의 말인지는 확실히 판단할 수 없다. 아마도 고린도의 자칭 '**영적인 사람들**'은 "**영적인 사람은 모든 것을 판단하지만** 어느 누구에게서도 판단을 받지 않는다"라고 말하며 스스로 우쭐했을지 모른다. 바울은 이 말을 수용하면서 동시에 그 말의 의미를 비틀어 놓는다. 어떤 점에서 정말로 '**영적인 사람**은 [여러분의 말처럼] **모든 것을 분별합니다**.' 하지만 **영적인 사람은 어느 누구에게도 검증을 받지 않는다**는 말은 단지 제한된 의미에서만 사실일 뿐이다. 유일하고도 근본적인 기준은 그리스도의 십자가이므로(1장 18절~2장 16절), 만일 성령께서 신자에게 정말로 **그리스도의 마음**을 주신다면(16절), 이보다 더 높은 기준이 존재할 수 없다는 것은 자명하다. 하지만 그럼에도 불구하고 그리스도 중심 혹은 그리스도의 형상이라는 기준이 적용되어야 한다. 15절이 고린도인들의 말을 포함하든 포함하지 않든 십자가의 원리를 따르는 자세, 곧 그리스도와 같은 마음 자세가 분명히 드러날 때라야 이 구절에 담긴 긍정적 의미가 유효할 것이다.*

* 별주. 헬라어 본문에는 인용부호가 없기 때문에 바울이 고린도인의 신학적 구호를 인용한 것인지 아닌지는 말하기 어렵다. 하지만 대부분의 학자는 고린도전서 내에 그와 유사한 현상이 존재한다는 데 동의한다. "모든 것이 가하다"(6장 12절, 10장 23절)는 분명 고린도인의 말을 인용한 것이 분명하다. 여기에다 바울은 '하지만…'이라는 말로 제한을 가한다. 대부분의 주석가는 "우리는 모두 지식을 지니고 있다"(8장 1절), "우상이란 아무 존재도 아니다"(8장 4절), 그리고 아마도 "남자가 여자에게 손대지 않는 것이 좋다"(7장 1절)라는 말 역시 고린도인의 구호를 인용한 것으로 보아야 제대로 이해될 수 있다고 생각한다. 뒤집어 생각해 보면, 그래야만 할 불가피한 이유가 없었다면 바울이 소위 '영적인 사람들'에게 그처럼 오해되기 좋은 말을 던지지는 않았을 것이다. 그러나 바울이 그들의 말을 인용하고 있든 아니든, 바울은 '그리스도의 마음'이라는 강력한 제약을 가함으로써 15절의 효과에 분명한 조건을 단다.

'가려낸다'(15절) 혹은 14절의 경우처럼 '분별한다'(NRSV)는 것이 '판단한다'(AV/KJV)보다 더 정확한 번역일 것이다. 하지만 NIV의 '판단을 내리다'(makes judgments)나 REB의 '가치를 판단할 수 있다'(can judge the worth of)는 번역 또한 고려해 볼 만하다. 수동태로 쓰이면 이 동사는 **'시험대에 오르다'**(put on trial) 혹은 '파악되다'와 같은 의미일 수 있다. 고린도인들의 입에서 나온 말이라면 '판단받다'(judged)가 더 가능성이 높겠지만, 바울은 분명 '성령의 사람들'이라고 해서 허점이 없다거나 잘못을 하지 않는다는 식의 생각을 용납하지는 않을 것이다. 하지만 바울은 성령의 사람들의 삶에는 **그리스도의 마음**을 갖지 않은 사람들에게는 불가해한 차원과 깊이가 있다는 생각에는 동의했을 것이다. 이와 더불어 바울은 하나님의 '타자성' 혹은 초월성(16절)과 '영적'임을 모방하는 것은 무엇이든, **그리스도의 마음을 소유했느냐** 하는 기준에 의해 판단되어야 한다는 사실을 강조한다.

8. 묵상을 위한 제언(2장 10~16절)

1. '영성'과 성령에 관하여

우리가 어떤 사람이나 사건을 두고 '영적'이라 말할 때 우리의 기준은 무엇일까? 우리가 말하는 '영적'인 것은 성령의 인도에 의해 그리스도의 마음을 품는 것과 얼마나 긴밀히 연관된 것일까? 우리가 말하는 '영성'은 그리스도와 성령과 더 직접적인 관계에 기초를 두지 못한 채, 지나치게 모호하거나 분명하지 않은 개념으로 전락해 버린 것은 아닌가? 혹은 바울 자신이 영성 개념을 그렇게 사용한 것이 아님에도 불구하고, 영성을 더 넓게 정의함으로써 더 포괄적이고 일반적인 방식으로 영성 개념을 이해하려고 하지는 않는가?

2. 하나님의 지혜의 깊음에 관하여

하나님의 '깊음'에 관한 묵상에는 인내, 관심, 감수성, 상상력, 열린 마음, 이해, 하나님을 향한 열망 및 예배하는 자세가 필요하다. 우리가 그리스도를 통해 하나님의 계시적 이해에 참여하기 위해서는 진지하고 주의 깊은 노력이 필요하지 않을까?

3. '영적'이라 불릴 수 없는 그리스도인(3장 1~4절)

> 1 제 그리스도인 형제 여러분, 저로서는 여러분을 성령의 사람이 아니라 순전히 인간적 욕구에 의해 움직이는 사람들, 곧 그리스도인이라는 측면에서 어린아이 같은 사람들로밖에는 대할 수 없습니다. 2 저는 여러분에게 단단한 음식이 아니라 우유를 마시도록 주었습니다. 여러분은 단단한 음식을 소화할 수 없었기 때문입니다. 사실 아직도 여러분은 그것을 감당할 수 없습니다. 3 여러분은 여전히 영적이지 않습니다. 여러분 중에 시기와 분쟁이 가득한 것이라면, 여러분이 자기중심적인 방식으로, 다른 여느 사람들과 다름없이 행동하는 것이 아닙니까? 4 어떤 사람은 "나는 바울에게 속한 사람이다"라고 말하고, 또 어떤 이는 "나는 아볼로에게 속한 사람이다"하고 말한다면, 이는 너무도 인간적인 모습이 아닙니까?

고린도의 신자를 성령의 사람들 혹은 '영적인' 사람들로 대하는 것이 바울이나 고린도인 모두의 바람이었을 것이다. 하지만 바울은 고린도인에게 이런 말을 적용할 수 없었다(1절). 바울이 보기에 그들은 순전히 인간적인 욕구에 의해 움직이는 것으로 보였다. 영향력과 지위를 확보하려고 서로 경쟁하면서 유치한 혹은 어린아이 같은, '성숙'과는 거리가 먼 모습을 보이고 있었던 것이다(6절). **영적인** 혹은 **성령의**라는 말을 어떻게 적용할 것인가 하는 것이 문제의 관건이라는 사실만 보더라도, 그들이 이런 이름에 집착하며 그렇게 불리고 싶어했다는 사실을 금방 알 수 있다. 그런데 바울은 고대의 문학에서도 널리 활용되던 유비를 활용하여, 자신으로서는 고린도인에게 어린아이의 이유식을 먹일 수밖에 없었다고 말한다. **저는 여러분들에게 단단한 음식이 아니라 우유를 마시도록 주었습니다. 여러분은 단단한 음식을**

소화할 수 없었기 때문입니다. 사실 아직도 여러분은 그것을 감당할 수 없습니다.(2절)

고린도인의 기대와는 정반대로 바울은 이렇게 단언한다. **여러분은 여전히 영적이지 않습니다.**(3a절) 바울 자신이 사용하는 **영적** 혹은 **성령의**라는 말의 의미를 생각해 보더라도, 이 선언은 모순처럼 들린다. 왜냐하면 12장부터 14장까지에서 바울은 모든 그리스도인이 성령을 받았다는 사실을 힘주어 강조하기 때문이다. 사실 성령의 역사가 없다면 어떤 사람도 기독교 신앙을 고백하고 주되신 그리스도께 자신을 헌신할 수 없다(12장 3절). 이는 로마서 8장 9절에서도 확인된다: "그리스도의 영이 없으면 어떤 사람도 그리스도인이 아닙니다." 성령의 선물에 관한 한 '이 등 시민' 그리스도인은 존재하지 않는다.

그렇다면 3장 1절부터 4절까지에서 바울은 어떻게 **영적**이라는 말을 고린도인들에게서 거두어들인 것일까? 어떻게 보면 여기서 바울은 고린도인들이 의미하는 영성, 곧 더 '진보된' 영적 정예에게 적용될 법한 그런 개념 자체는 그대로 둔 채 여기에 미치지 못한다고 말하는 것이 아니다. 바울의 처방은 훨씬 근본적이다. 바울은 성도들의 경쟁적이고 이기적인 질투와 분쟁이 그들의 삶을 거룩하게 하는 성령의 활동 및 십자가의 사람들이라는 자신들의 정체성과 모순되며 이를 약화하는 것이라고 지적한다. 그들의 태도가 자기모순적이기 때문에 바울 역시 자기모순적인 언어로, 즉 마치 그들이 성령을 소유하지 않은 것처럼 말할 수밖에 없었던 것이다. 고린도의 성도들은 자신들이 받은 십자가 안으로의 세례 및 성령을 통한 변화와는 완전히 모순되는 행동을 보이고 있다. 그들은 여전히 자기중심적인 방식으로, 다른 여느 사람들과 다름없이 행동하는 상태에 머물러 있다(3b절). 그들은 파괴적인 세력 과시에 몰두하고 있다. "나는 바울에게 속한 사람이다." "나는 아볼로에

게 속한 사람이다."(4절)

여기서 순전히 **인간적 욕구에 의해 움직이는**이라고 번역된 표현(헬, *사르키노스*)은 순전히 인간적 수준에서 살아가는 사람들(헬, *프쉬키노스 안트로포스*)로 번역된 2장 14절의 상응구와는 구별되어야 한다. 두 표현 모두 '성령의' 및 '영적'이라는 말과 반대된다. 넓게 말해 이들은 영적이지 않다는 의미라 할 수 있다. 하지만 프쉬키노스는 인간의 생명력과 관련된 더 가치중립적인 말로, 성령의 구원하시는 활동과 닿아 있지 못한 채 그저 인간적이기만 한 상태를 가리킨다. 반면 전통적으로 <u>육신의</u>으로 번역되는 *사르키노스*(1절)와 *사르키코스*(3절)는 '하나님께 적대적인'(롬 8장 7절) 육신의 생각 속에 담긴 반역적 색채를 더욱 강하게 부각한다. 이 단어가 분명한 신학적 용어로 사용될 때, 이는 '자신의 목적을 추구하려는 자아' 혹은 '하나님과 무관하게 추구되는 삶'을 가리킨다(Robinson, *The Body*, 19-26; Bultmann, *Theology*, vol. 1, 239-46).

9. 묵상을 위한 제언(3장 1~4절)

1. 삶의 방식이 기독교적 정체성과 모순됨에 관하여

얼마나 자주 우리의 일상생활이 세례를 받고 성령을 받은 신자라는 우리의 정체성과 모순되는가? 이런 우리의 모습을 보고 세상은 우리의 증언이 모호하고 혼란스러워 우리가 도대체 무슨 메시지를 전하려는 것인지 모르겠다고 느끼지 않겠는가?

2. 신자 사이의 유치함에 관하여

아이는 늘 관심을 받고 싶어 하고 더 많은 것을 요구하는 법이다. 교회에서 종종 제일 덜 '성숙한' 사람이 가장 많은 관심을 받으려 들고 중요한 자리에 앉고 싶어 하는 것은 무슨 이유에서일까? 반대로, 매우 영적인 신자들은 자신들의 겸허함으로 인해 적극적인 발언이나 주도적 역할을 피하려는 듯이 보인다. 교회 내에 나타나는 유치하고 영적이지 못한 힘겨루기의 모습에는 어떤 것들이 있을까?

IV. 교회와 사역에 십자가와 성령의 원리 적용하기(3장 5절~4장 21절)

1. 바울은 사역자를 지나치게 높이는 입장도, 지나치게 무시하는 태도도 배격한다(5장 5~9a절)

5 그렇다면 아볼로는 무엇입니까? 바울은 또 무엇입니까? 주께서 각자에게 주신 역할에 따라, 여러분이 믿을 수 있도록 도운 종들입니다. 6 저는 심었고, 아볼로는 물을 주었지만, 하나님께서 계속 자라게 하십니다. 7 그렇다면 심는 자나 물을 뿌리는 자는 아무것도 아닙니다. 계속 자라게 하시는 하나님만 중요합니다. 8 그리고 심는 자나 물주는 자는 하는 일이 모두 한가지이며, 각자 자신의 노력에 따라 보상을 받을 것입니다. 9a 우리는 모두 하나님께 속한 동료 일꾼이기 때문입니다.

1장 12절과 본 단락을 전통적인 의미로 이해한다면, 고린도의 그리스도인은 바울, 아볼로, 그리고 어쩌면 베드로와 같은 '거물들'과 맺은 관계를 내세우고 있었을 것이다. 이런 유명한 자의 후광을 입고 있다고 말함으로써, 지위를 확보하거나 나름의 특권을 누리려 했다는 것이다. 이런 식의 책략은 후견인과 피후견인 간의 관계가 중요한 것으로 간주되었던 고린도 같은 도시에서만 통할 수 있는 수단이었을 것이다. 이런 관계에서 피후견인은 다분히 후견인이 이루어 놓은 영예와 존경의 덕을 보게 된다. 다른 한편, 우리는 앞에서 홀(Hall)의 견해를 소개한 적이 있는데, 그는 1장 12절과 본문에서 바울이 이름을 밝히지 않는 고린도의 지도자들을 넌지시 암시하고 있다고 주장한다. 그러니까 바울은 이 지도자들의 익명성을 지키기 위해 바울, 아볼로 혹은 베드로 등 실제로는 상관없는 이름을 둘러대고 있다는 것이다.

어떤 견해가 옳든, 기본 원리는 마찬가지다. 고린도의 대다수 그리스도인이 떠오르는 혹은 잘 알려진 인물 뒤에 줄을 섬으로써 공동체에서 나름의 지위를 얻고 사람에게 인정받으려 애썼던 것이다. 또한 "나는 그리스도께 속했다"(1장 12절)라고 선언하는 사람들은 인정받는 사역자나 지도자에 의지하지 않고 하늘과 직접 통한다고 주장함으로써 영적 지위를 확보하려고 했을 것이다.

이런 식의 태도를 겨냥하여, 바울은 이런 문제를 해결할 수 있는 두 가지의 목회적 전략을 세운다. ① 바울은 유명한 자들 혹은 교회 내의 지도자들에게 집착하는 자들을 염두에 두고서, 그들이 기독교 사역자를 과대평가하고 있다고 비판한다. **바울은 무엇인가?**(헬라어로 중성이며, 누구 아닌 무엇이라는 의미이다). 그저 **종**에 지나지 않는다(5절). ② 사역자의 도움을 무시하려고 하는 이들을 향해서는 그들이 기독교 사역자를 과소평가하고 있다고 비판한다. 그들의 사역은 성도의 성장을 위해 필수불가결하다. **나는 심었고, 아볼로는 물을 주었지만, 하나님께서 계속 자라게 하십니다.**(6절)

사역자 자신 혹은 그들의 위상이 과대평가되면, 교회는 바울이 1장 10절부터 12절까지와 3장 1절부터 4절까지에서 비난하고 있는 태도, 곧 '사람 뒤에 줄을 서는 정치'의 희생양이 될 수 있다. 하지만 뒤집어 생각하면, 특정 사역자를 추종하는 이런 태도의 논리적 허점을 발견하기는 어렵지 않다. 한 사역자를 높이고 다른 사역자를 깔보는 태도는 무시되는 사역자나 그의 사역은 별로 혹은 전혀 중요하지 않다고 말하는 것과 다르지 않기 때문이다. 바울은 이 두 가지 태도를 모두 신랄하게 비판한다.

한편으로는, **심는 자나 물을 뿌리는 자는 아무 것도 아닙니다. 중요한 것은 계속 자라게 하는 하나님뿐입니다**(7절)라고 말할 수 있다. 여기서 6절에서 사용된 동사의 시제가 매우 중요하다. 바울과 아볼로는 심고 물을 주었던 단계의 시점을 대표하지만(단순과거), 사역자들이 오고 가는 동안에도 하나님께서는 계속해서 자라나게 하신다(진행을 나타내는 미완료). 하지만 다른 한편으로 사역자의 소명은 그 자신의 결정이나 선택이 아니라 **주께서 각자에게 주신 역할에 따라** 주어진 것이다(5절). 그들은 각자 교인의 호의를 얻어야 하는, 있어도 좋고 없어도 좋은 경쟁자가 아니라 **하는 일이 모두 한 가지다**(8절). 또한 **하나님께 속한 동료 일꾼**이라 불릴 만큼 그들이 하는 일들은 중요하다(9a절). 이 구절을 '하나님과 함께한 동료 일꾼'으로 번역하면 본래의 의미가 제대로 살아나지 않는다. 바울의 의도는 그들이 서로 동료 사역자며, 이런 동료 사역자로서 하나님께 속했다는 것 혹은 하나님 아래서 일한다는 것이다. 3장 18절부터 4장 5절까지에서 다시 한 번 바울은 이 주제에 관해 언급할 것이다. "바울이나, 아볼로나, 게바나…모든 것이 여러분의 것입니다."(22절) 다시 말하면, '잘못된 생각으로 인해 하나님이 여러분의 유익을 위해 주신 자원을 놓치는 일이 없도록 하라'는 것이다. 그리고 여기에는 다양한 사역자라는 자원 역시 포함된다.

10. 묵상을 위한 제언(3장 5~9b절)

1. 사역자와 사역을 과대평가하거나 과소평가하는 것에 관하여

어떤 사람들은 기독교 사역자와 지도자의 위상이나 중요성을 과대평가하는 경향이 있다. 반면에 이들을 과소평가하고 무시하는 사람들도 있다. 교회의 건강을 생각해 볼 때, 어떤 태도가 더 큰 해악을 끼치는 것일까? 사역자에게 더 큰 부담이 되는 것은 아첨일까, 아니면 인정받지 못하는 것일까?

2. 사역을 맡은 '사람들'에 관하여

사역자나 회중이 한 지도자를 '유명인'으로 만들면 어떤 일이 생기겠는가? 어떤 경우에 이런 태도가 분열을 야기하겠는가? 어떻게 해서 이런 태도가 그리스도와 복음에게서 우리의 관심을 흩어 놓게 되는가? 종종 사람들은 특정 지도자가 마치 무슨 교주인 양 그들의 생각을 맹목적으로 추종한다. 그들이 더 쉽게 자신을 받아들여 주기를 바라는 마음일 수도 있고, 스스로 생각하는 부담을 피하려는 마음일 수도 있다. 이런 태도가 퍼지면, 교회는 어떤 결과를 낳겠는가?

3. 하나님 아래 함께 일하는 일꾼에 관하여

어떻게 하면 더 협조적인 사역의 실례를 보여줄 수 있을까? 이를 위해 치러야 할 대가 하나는 칭찬과 비난을 함께 나누겠다는 마음, 혹은 칭찬이나 비난을 아예 잊어버리고 모든 것을 하나님께 맡기겠다는 마음일 것이다(4장 1~5절). 모든 기독교 사역이 '하나님 아래' 이루어지는 것이라면, 우리는 하나님께 대해서만 책임을 지는 것인가? 아니면 "다른 사람들이 우리를 어떻게 생각하는지"가 여전히 중요한가? 혹은 그들이 우리의 메시지를 바꿀 수는 없지만, 우리는 그들의 인식에 민감할 필요가 있다고 말할 수 있는가(8장 1~13절)? 성장이 언제나 하나님의 전권에 속한 일이라면, "내가 세운" 종교나 믿음은 결국 황폐해지고 말 것이다. 복잡한 기반시설들이나 다양한 전략에 치중하다가 하나님을 보는 눈을 잃고서도 성장하기를 기대할 수 있을까?

2. 하나님의 밭, 하나님의 건물, 하나님의 거룩한 전으로서의 교회 (3장 9b~17절)

9b 여러분은 하나님께 속한 밭입니다. 또한 여러분은 하나님의 건물입니다. 10
하나님께서 제게 주신 은혜로운 특권에 의해, 숙련된 책임 건축가로서 저는 기
초를 놓았고, 다른 사람이 그 위에 건물을 세웁니다. 하지만 각 사람은 어떻게 건
물을 세울지 조심해야 합니다. 11 어느 누구도 이미 놓인 기초, 곧 예수 그리스도
외에 다른 기초를 놓을 수는 없습니다. 12 만일 누군가가 기초 위에다 금이나 은
이나 보석이나 혹은 나무나 풀이나 짚으로 건물을 세운다면, 13 각자의 일이 분
명히 드러날 것입니다. 그날이 그것을 드러낼 것입니다. 그것이 불에 의해 드러
날 것이기 때문입니다. 불이 각자가 어떤 식으로 일했는지 시험할 것입니다. 14
만일 누군가 세운 일이 그대로 남아 있으면, 그 사람은 보상을 받을 것입니다. 15
어떤 사람의 일이 타버리면, 그 사람은 손해를 보게 될 것입니다. 그 사람 자신은
구원을 얻겠지만, 마치 불을 통과한 것과 같을 것입니다. 16 여러분이 하나님의
성전이라는 사실, 그리고 하나님의 영이 여러분 속에 거한다는 사실을 알지 못합
니까? 17 누구라도 하나님의 성전을 파괴하면, 하나님께서 그 사람을 파괴하실
것입니다. 하나님의 성전은 거룩한 것인데, 여러분이 바로 그 성전입니다.

3장 6절부터 8절까지에서 이미 바울은 '심는' 것과 '물 주는' 것을 언급함으로써 조심스레 밭이라는 은유를 활용했다. 물론 본문과는 달리 거기서 바울의 관심은 교회 전체라기보다는 사역자의 역할이었다. 9절에서 바울은 교회가 하나님에 의해 존재케 되었다는 사실을 강조한다. 교회는 **하나님의 밭**으로서 하나님께 속한 것이다. 이는 앞서 1장 12절에서 했던 말을 생각나게 한다. 여기서 바울은 소유를 나타내는 표현을 사용하여 그리스도인들을 **하**

나님의 교회라 불렀다. 하나님이 아니셨다면 그들은 황량하고 척박한 땅에 지나지 않았을 것이다. 하지만 하나님께서 그들을 자라게 하시고 필요한 환경을 조성하셔서 그들을 돌보아 주신다.

바울은 **하나님의 건물**이라는 또 하나의 비유를 들어 같은 논점을 새롭게 설명한다(9b절). **예수 그리스도**께서 그 건물의 **기초**다(11절). 세 번째 등장한 비유는 훨씬 더 선명하다. 그 건물은 다름 아닌 성전이다. 오직 **성령**께서만 교회를 **하나님의** 거룩한 **전**으로 성별하실 수 있다. 교회가 하나님 그분의 임재를 구현하는 **거룩한** 전으로서 그에 합당한 위상을 갖출 수 있는 것은 오로지 교회 안에 성령께서 **거하신다**는 사실 때문이다(17절). 따라서 교회에 해를 입하는 행동은 거룩한 **영**을 거스르는 신성모독이 된다. 단순히 다른 사람에게 해를 입히는 것을 훨씬 넘어선다는 것이다.

밭(9절)이라는 은유는 이스라엘을 하나님의 포도밭으로 묘사하는 구약적 심상과 관계될 수도 있지만, 여기서 사용된 헬라어 단어 자체는 경작되는 모든 종류의 **땅**을 가리킬 수 있는 일반적인 단어다. 이 은유의 핵심은 경작의 필요성에 있다. 풍요로운 성장의 주된 조건들인 햇빛과 비와 영양분은 모두 **하나님만** 주실 수 있는 것들이다. '심고'(바울처럼) '물을 주는'(아볼로처럼) 농부의 역할은 부수적인 것일 뿐, 모든 것은 밭의 주인이 지시하는 바에 따라 이루어진다. **밭** 자체는 황량하게 남아 있을 수도 있고 풍성한 수확을 낼 수도 있는 것이다.

9하반절부터 15절까지에서 바울은 **밭**이라는 유기적 은유에서 **건물**이라는 구조적 은유로 옮겨간다. 우선 건물에는 **기초**가 필요하다. 교회는 **예수 그리스도**라는 **기초** 위에 서 있지 않으면 교회가 아니다(11절). 두 번째로, **건물**이 건물로 서 있으려면 각 부분이 서로 의지하고 하나로 연결되어야 한다. 이 건물이라는 은유는 일체의 개인주의도, 어떤 부분의 '자율성'도 허용하지 않는다. 그런 점에서 이는 12장에 등장할 몸의 비유를 예감하게 한다. 거기서 바울이 하는 말을 여기서처럼 건물의 비유로 바꾼다면 이런 식이 될 것이다. "지붕이 벽더러 '나는 네가 필요없어'라고 말할 수 없습니다."(12장 21절 참고) 그리고 "문이 '나는 벽이 아니니까 건물에 속해있지 않아'라고 말할 수 없습니다."(12장 15, 16절 참고) 세 번째로, **건물**은 건축, 곧 건물을 세우는 과정의 결과물이다. 건물 세움 혹은 덕성 향상[개역의 '덕을 세운다'는 표현은 '(건물을) 세운다'는 말을 번역한 것이다—역주]은 고린도전서의 핵심 주제 중 하나다. 방언은 '자신을 우쭐하게 하는' 반면 '사랑은 세운다'(8장 1절). 다시 말해, 방언은 공동체를 공동체답게 세우지 않는다(14장 4절). 세우기가 서신 전체의 핵심 주제라는 사실은 미첼(Mitchell, *Paul and the Rhetoric*)과 랜스(Lance, *A New Temple*)의 신중한 논증들을 통해 더욱 분명해졌다.

10절부터 15절까지에서 바울은 건물이라는 은유를 확대하여 한 건물을 세워 올리는 일단의 건축자들까지 포함시킨다. 최근의 연구(Shanor, "Master Builder")가 잘 보여주는 것처럼, 바울은 건설 현장의 책임자로서 여러 사람의 일꾼들을 조화롭게 활용하여 작업 전체가 일관성있고 정확하게 이루어지도록 감독한다. 1세기 당시의 계약서에 의하면, 맡은 일을 제대로 수행하지 못해 공사에 지장을 준 일꾼들에게는 처벌을 주거나 벌금을 물릴 수 있었다. **그런 사람들은 손해를 보게 될 것이지만**(15절), 그렇다고 반드시 조에서 배제되는 것은 아니었을 것이다.

바울은 이 은유를 유지하면서, 이를 한 걸음 더 밀고 나간다. 즉, 건축가들은 불에 타는 재료를 사용할 수도 있고, 불을 견디는 소재를 사용할 수도 있다는 것이다. 금이나 은이나 보석 같은 것들은 불을 견디겠지만, 나무나 풀이나 짚 같은 것들은 불이 나면 금방 타 버리고 말 것이다. 이런 형상은 마지막 심판의 **불**에 의한 시험을 견디지 못하는 공사에 대한, 그리고 **그리스도**라는 참된 **기초** 위에 세워진 튼튼한 건물의 영원한 의미에 대한 강력하고도 인상적인 비유를 제시해 준다.

그래서 바울은 사역자들에게 경고한다. **각 사람은 어떻게 건물을 세울지 조심해야 합니다**(10절). 앞서 제시된 비유에서 핵심이 **하나님께서 계속 자라나게 하신다**는 사실이었던 것처럼, 여기서도 주된 관심사는 건물에 일관성과 정체성을 부여하는 분, 곧 건물의 **기초**가 되시는 **그리스도**이시다. 밭의 비유에서 **심는** 자와 **물 주는** 자의 노력이 성장을 위한 부차적이지만 필수적인 조건이었던 것처럼, 여기서도 선택된 재료로 집을 **세우는** 일꾼은 모두 교회의 건설과 발전을 위해 각자 필요한 역할을 수행한다. 하지만 **기초**는 **그리스도**뿐이다.

공사가 형편없다고 해서 반드시 구원이 위태로워지는 것은 아니다(15절). 하지만 **손해**는 심각한 것이 될 것이다. 마지막 심판의 때에 그런 일꾼은 하나님의 나라를 위해 거의, 아니 아무것도 기여한 것이 없다는 것을 깨닫게 될 것이다. 그런 깨달음 자체가 일종의 내장된(혹은 논리적으로 '내재적인') 처벌일 수 있다. 비록 그들의 '자랑'의 근거는 여전히 그리스도와 그분께서 이루신 일이 되겠지만 말이다(1장 31절 참고). 그런 일꾼들도 **구원을 얻겠지만, 마치 불을 통과한 것과 같을 것이다.** 이 구절은 소위 연옥 교리를 가르치는 것이 아니다. 여기서 바울이 죽음 후의 지속적 상태가 아니라 마지막 심판에 대해 말하고 있다는 사실이 그 근거 중 하나다. 이는 분명 '간신히' 심판을 피하는 것을 가리키는 은유이다. 교회가 **하나님의 밭**이요 **하나님의 건물**인 것처럼, 교회는 또한 **하나님의 영께서 거하심**으로 인해 거룩하게 구별된 **하나님의** 거룩한 **전**이다(16절).* 무엇보다도 **하나님의 성전은 거룩한**

* 별주. 어떤 사람들은 어거스틴이 여기서 연옥에 대한 암시를 찾을 수 있는 것처럼 말했다고 믿는다. 하지만 그는 계속해서 불타는 '고통의 용광로'와 연옥을 같은 것으로 다르지 않는다(*Enchiridion*. 68). 그는 지금껏 참되고 확고한 실재들이라고 생각해 왔던 것이 전혀 다른 장소에 놓여 있음을 깨닫게 되는 고통에 대해 언급한다. 루터는 연옥을 비(非)바울적인 개념으로 간주한다. 왜냐하면 그것이 오직 은혜로만 의롭게 되는 교리를 허물기 때문이다[*Letters of Spiritual Counsel*, 특히 1530년 제롬 웰러와 1532년 하우스만에게 보낸 편지(London: SCM, 1955), 84-87, 그리고 *Luther's Works*(St. Louis: Concordia, 1963), vol.23, 218(또는 Weimer edition, vol. 40, 353.)]

것인데, 여러분이 바로 그 성전입니다!(17절) 이 두 구절이 강조하는 바는 그리스도인들의 공동체는 하나님의 거룩한 전으로서 그 정체성 자체를 성령께 의존하고 있다는 사실과, 그리고 이 성전의 거룩함을 의도적으로 더럽히거나 훼손함으로써 이를 **파괴하려고** 하는 일체의 시도는 가증스러운 일이라는 사실이다.[개역의 '더럽히면'보다는 '파괴하면'이 더 자연스러운 번역이다. 이는 하나님께서 '멸하실' 것이라는 표현과 같은 동사다—역주]

알지 못합니까?로 시작하는 서두의 질문은 바울이 이 사안을 두고 얼마나 격앙된 감정을 느끼고 있는지를 잘 보여준다. 성도들이 이 원칙을 삶의 기초요 핵심적 진리로 받아들이기를 기대하는 바울의 의도 역시 잘 드러난다. 더 나아가, 이 물음은 바울의 답답한 심경을 표현하는 것일 수도 있다. 가령, 아프로디테나 아폴론의 신전에는 그 신을 나타내는 형상이 있다. 그리고 이들 형상이 상징하는 신의 임재가 그 신전에 정체성을 부여한다. 이처럼 이방 종교에서조차 상식으로 통하는 사실을 고린도의 독자들이 실천하지 못하고 있는 것이다.

1장 10절부터 2장 5절까지에서 바울은 '분열'이 십자가의 사람으로서 고린도 신자들의 정체성을 훼손하는 행태라는 사실을 여실히 보여주었다. 또한 2장 6절부터 3장 3절까지에서는 성령의 사람으로서 정체성에 관해 같은 논점을 피력했다. 3장 16, 17절에서는 이러한 경쟁적 라이벌 의식과 자기중심주의를 **하나님의** 거룩한 **전**을 더럽히는 행위요, 하나님의 **거룩한** 처소로서의 본질을 위협하는 행위로 묘사한다. 그리스도인들이 십자가를 근거로(1장 30절), 성령의 중재에 의해, 한 몸으로 **거룩하게** 된 것이라면(3장 16, 17절), 동료 신자를 평가절하하거나 '성도'를 대상으로 죄를 짓는 것은 이처럼 사람으로 이루어진 성전을 거룩하게 하시는 **성령**을 모독하는 행위나 다름 없다. 이는 단지 사회적 혹은 대인관계적 차원의 잘못에 그치는 것이 아니다. 하나님께서 거룩하게 하신 사람들에게서 분열되어 나가는 것은 단지 사회적 차원을 넘어, 하나님과 맺은 관계에 중대한 영향을 미치는 행위인 것이다.

17절의 헬라어 표현은 대칭 구조를 활용한 매우 인상적인 언어유희를 보여준다. 여기서 사용된 단어는 '**파괴하다**'(*프테이레이*)라는 동사인데, 이것이 한 절을 끝내는 동시에 연이어 그 다음 절을 시작하는 단어로 사용되고 있다. 원문을 순서 그대로 번역하면 이렇다. "**만일** 누군가가 **하나님의 성전을 파괴한다면, 파괴하실 것입니다 그 사람을—하나님께서.**" 이런 구조에 대해서는 잘 알려진 케제만(Käsemann)의 연구를 참고할 수 있다("Sentences of Holy Law"). 이 연구가 제기하는 다른 주장들에는 동의하기 어렵지만, 이러한 구조가 하나님의 심판이라는 중대한 행위를 표현한다는 사실에는 충분히 동의할 수 있다. 하지만 이런 심판은 자기 자신에게 가하는 심판이다. 여기서 바울의 의도를 이렇게 표현할 수 있을 것이다. "만일 누군가가 파괴한다면,…바로 그 행위 자체로 인해 그 사람 자신이 파괴된다." 당사자를 공개적으로 거명하거나 부끄럽게 하지 않으면서 바울은 그런 분열을 조장하는 사람들에 대해 언급한다. 아마 이것이 마지막 경고일지도 모른다. 애초에 그들은 '그것이 얼마나 심각한 잘못인 줄도 모른 채' 자신의 세력을 과시하기 시작했겠지만, 그런 행태가 교회에 그리고 자기 자신에게 미치는 결과는 그들이 처음 예상했을 법한 수준을 훨씬 넘어선다. 사실상 그들은 성령과는 반대편에 서서, 하나님의 성전이 소유한 거룩함을 위협하는 그런 세력들과 어울린 셈이 되는 것이다. 또한 그들의 태도는 십자가의 겸손함과 예수님의 사랑을 무시하는 것이기도 했다.

11. 묵상을 위한 제언(3장 9b절~17절)

1. 하나님께 속한 교회에 관하여

다른 사람의 소유물에 대해서는 누구나 조심하는 법이다. 마찬가지로 만일 교회가 하나님의 소유라면, 교회의 신자들이 교회 내의 무언가를 바꾸거나 개선하려고 할 때 조심하는 것이 당연하지 않을까? 본의 아니게 하나님의 교회에 피해를 입히는 일이 없도록 세심한 주의를 기울일 필요가 있다. 그런데 종종 교회를 사역자나 회중, 혹은 이런저런 위원회의 소유물처럼 보는 경우가 있지는 않은가?

2. 불에 타지 않는 재료로 건물을 지어야 할 필요성에 관하여

그리스도인은 마지막 심판의 '불'을 견디고 영원히 남을 그런 일을 위해 자신의 삶과 은사를 사용하라는 자랑스러운 기회를 부여받은 사람들이다. 우리는 자신의 증언이나 섬김이나 사역이나 사랑(13장 13절)이 일시적인 유익을 넘어 영원한 의미를 지닐 수도 있다는 사실을 기억하고 있는가? 성도는 자신들의 사역이 불을 견딜 수 있는 '견고한' 것이 되기를 기도할 수 있다. 이것이 누군가를 사역으로 부르는 일이 되지 않을까?

3. 함께 건물을 세우는 일에 관하여(앞의 3장 5~9절에 관한 묵상에 더하여)

밭, 건물 및 성전이라는 세 가지 은유는 모두 교회의 공동체적 본질을 부각시킨다. 여기에 개인주의의 여지란 존재하지 않는다. 건물이란 상호 협력과 상호 유대 없이는 설 수 없다. 모든 사람이 혼자서 자기 나름대로 대충 건물을 지으려 든다면 어떤 결과가 생기겠는가? 그런 식으로 하나님의 교회가 설 수 있겠는가? 교회 내에서 '질서'와 구조의 중요성을 무시하고 싶은 유혹을 느끼는 경우는 없는가? 혹은 다른 사람을 희생해서라도 '내 영역'을 넓히려 들지는 않는가?

4. 교회의 거룩함에 관하여

거룩한 성전의 이미지(16, 17절)는 교회의 한 부분이 되는 것이 얼마나 중대한 일인지를 상기시켜 준다. 교회의 거룩함을 훼손하는 일에는 어떤 것들이 있을까? 고대의 신전은 그 신전에 형상을 둔 신의 본성을 드러내는 것으로 간주되었다. 기독교 신전인 우리 기독공동체는 과연 그리스도 안에 계신 하나님의 본성을 드러내고 있는가?

3. 인간 지혜의 한계: 자기기만과 하나님의 판결(3장 18절~4장 5절)

18 아무도 자신을 기만해서는 안 됩니다. 여러분 중 누군가가 이 세상 질서의
기준에서 볼 때 스스로 지혜롭다고 생각한다면, 차라리 바보가 되십시오. 그러
면 지혜로운 사람이 될 것입니다. 19 왜냐하면 이 세상 지혜가 하나님께는 어
리석음에 불과하기 때문입니다. "그분께서는 간교한 사람들의 계략을 무너뜨
리신다"라고 기록되어 있습니다. 20 또한 "주님께서는 간교한 사람들의 생각
을 헛된 것으로 아신다"라고 했습니다. 21 그렇다면 아무도 사람을 두고 자랑
하지 마십시오. 모든 것이 여러분의 것이기 때문입니다. 22 바울이든 아볼로든
게바든, 혹은 세상이든 생명이든 죽음이든, 현재 것이든 장래 것이든, 모든 것
이 다 여러분의 것입니다. 23 그리고 여러분은 그리스도의 것이고, 그리스도는
하나님의 것입니다.
1 여러분은 우리를 그리스도의 종이요 하나님의 비밀을 맡은 관리자로 간주하
십시오. 2 그 외에 책임을 맡은 관리자에게 요구되는 것은 그 사람이 신뢰할
만한 자로 인정되는 일입니다. 3 하지만 저로서는 제가 여러분이나 다른 어떤
인간 법정에서 판단을 받는 것이 대수롭지 않은 일입니다. 사실 저 자신조차도
저를 판단하지 않습니다. 4 저로서는 양심에 거리끼는 일이 없지만, 그렇다고
해서 내가 옳은 것으로 증명되는 것은 아닙니다. 저를 판단하시는 분은 주님이
십니다. 5 그러므로 정해진 때가 이르기 전, 곧 주님께서 오시기 전에는 아무
것도 판단하지 마십시오. 그분께서 어둠에 감추어진 것들 위에 빛을 비추시고
우리 삶의 숨은 동기를 드러내실 것입니다. 그 후 각 사람은 하나님께 인정을
받을 것입니다.

자기기만이라는 주제(18절)가 근본적으로 중요한 것은, 우리 자신(그리고

다른 사람들)의 인간적 판단을 믿지 말라는 경고의 차원에서뿐 아니라(3장 18~21절), 하나님의 풍성함을 우리 것으로 활용할 수 있는 자유와 지혜를 해방시키는 통찰이라는 관점에서 볼 때도 그러하다(3장 22절~4장 5절). 우선, 기본적으로 바울은 **지혜롭게 되기 위하여 바보가 되라**(18절)는 소크라테스적 준칙과 동일한 입장을 취한다. 그러니까 진정으로 배움을 시작하려면 우선 자신이 정말 아는 것이 없다는 것을 인정하라는 것이다.

둘째로, 고린도의 일부 성도들은 번지수를 잘못 찾은 자신감과 교만에 빠져 자신의 기호대로 특정 사역자를 '인정'하거나 다른 이를 거부하는 태도를 보였다. 하지만 자신의 어리석음을 바로 인식할 수 있다면, 그러한 오류를 바로 잡을 수 있을 것이다. 바울은 이렇게 주장한다. 곧 당신이 아직 배우고 깨달아야 할 것이 얼마나 많은지를 보게 된다면, 자기기만으로 스스로 속인 채 하나님께서 주시는 풍성한 자산을 가로채는 짓을 저지르지 않을 것이다. **왜냐하면 바울이든 아볼로든 게바든 혹은 세상이든 … 모든 것이 다 여러분의 것이기 때문입니다**(22절).

셋째, 인간적 판단의 오류 가능성을 인식함으로써 바울은 자신의 삶이나 사역이 용납될 만한 기준에 도달했는지 아닌지에 대한 염려에서 벗어날 수 있었다(4장 3, 4절). **저 자신조차도 나를 판단하지 않습니다**(3b절)라는 핵심 진술은 그리스도인의 자유에 관해 바울이 남긴 가장 위대한 말씀 중 하나라 할 수 있다. 물론 여기에는 그리스도인 사역자의 자유 역시 포함될 것이다. 바울은 고통스러운 양심을 안고 살아가는 그런 사람이 아니었다. '내가 원하는 바는 행치 아니하고, 도리어 원치 않는 것을 행한다'는 말(롬 7장 15절)은 이와는 전혀 다른 문맥에서 등장하는 것으로, 그 의도가 잘못 이해되는 경우가 많다. 하지만 거기서 말하는 '나'는 개인적 존재로서의 '나'가 아니라 율법 아래 있는 하나님의 백성을 묘사하는 '나'를 의미한다. 4장 1절부터 5절까지에서 바울은 자신의 내적 성찰에는 오류의 가능성이 있기 때문에 이것을 제대로 된 기준으로 삼을 수는 없다고 말한다. 그는 주님께만 책임을 지는 자며, 따라서 그는 자신의 삶과 사역에 대한 일체의 판단을 **주님**의 손에 맡긴다(4b절).

지혜로움과 **바보**(18절) 및 **지혜**와 **어리석음**(19절)간의 반복되는 대조는 1장 18절부터 31절까지에서 십자가가 만들어 내는 새로운 세상 속의 '역전'들을 생각나게 한다. 하지만 여기 인용된 욥기 5장 13절은 다른 사람을 자기 마음대로 주무르려 드는 사람에 대한 바울의 비난을 미리 내다보는 것일 수도 있다(6장 1~8절을 보라). **"하나님께서는 영리한 사람들의 계략을 무너뜨리신다"**(20절)라는 인용을 보면, 칠십인역 원문에서 자기들의 이해에('in their understanding')라고 되어 있는 표현이 바울의 인용에서는 **자기들의 계략에**('in their craftiness')라는 말로 바뀌어 있다. 아마 **하나님께서는** '교묘한' 조작으로 자기 세력을 과시하려는 사람의 교활한 술책을 **파헤치는** 분이심을 강조하려는 의도에서였을 것이다(어떤 주석가들은 계략이라는 말은 칠십인역이 아닌 히브리어 본문에서 인용된 것이라 주장한다. 그렇더라도 바울이 '계략'을 언급하고 있는 히브리어 본문을 선택함으로써 자신의 의도를 전달하려 했다는 논점은 달라지지 않는다). 아무리 잔꾀를 부리는 사람이라 해도 결국 하나님의 손아귀를 벗어날 수 없는 것이다.

아무도 자신을 기만해서는 안 됩니다라는 경고와 **여러분 중 누군가가** 이 세상 질서의 기준에서 볼 때 **스스로 지혜롭다고 생각한다면**, 그런 사람은 자신을 잘 돌아보고 겸손한 마음으로 배워야 한다고(18절)라고 권고해 주는 사실은, 고린도 교회 내의 일부 성도들이 스스로 교사나 지도자로 자처하고 나섰음을 시사한다. 이는 사역자나 교사의 역할에 대한 오해와 관련이 있다(3장 5~9절을 보자). 그래서 바울은 이렇게 선언한다. **아무도 사람을 두고**

자랑하지 마십시오(21절). “자랑하려는 자는 주 안에서 자랑하십시오.”(1장 31절) 바르트는 고린도 교회의 성도들 가운데 너무 많은 사람들이 ‘하나님보다는 하나님에 관한, 그리고 특정한 인간 지도자에 대한 자기의 믿음을 믿고 있다. 그들은 이런저런 인간적 경험을 믿음과 혼동하고 있다’고 지적한다(*Resurrection of the Dead*, 17-18). 바르트는 3장 23절뿐 아니라 본 단락의 절정을 이루고 있는 4장 5절(**하나님께 인정을 받을 것입니다**)의 배후에도 이런 상황이 깔려 있다고 말한다.

자랑에 대한 언급은 다시 한 번 우리의 관심을 십자가로 이끌고 간다. 고린도의 그리스도인들은 자신이 영적으로 부요하며 왕 같은 존재가 되었다고 **자랑하고 싶은** 유혹에 빠졌다(4장 8, 9절). 마치 경기장 관람석의 높이 마련된 왕좌에 앉아 저기 아래서 피범벅이 된 사도들이 검투사처럼 사투를 벌이는 모습을 관람하고 있기라도 한 것처럼 말이다(4장 8~13절). 반면 바울은 십자가를 자랑한다. 그것이 자기 자랑의 유일한 근거이기 때문이다(갈 6장 14절). 이러한 대조는 마르틴 루터가 제시한 보다 포괄적인 대조, 곧 ‘영광의 신학’과 ‘십자가의 신학’ 사이의 대조를 예견케 한다. 여기에 대해서는 4장 8절부터 13절까지의 묵상을 위한 제언에서 언급할 것이다. 루터의 표현은 바울이 간명하게 표현한 논점을 잘 설명해 준다. 곧, **간교한 자들**의 자기 자랑이나 생각은 **헛된 것**에 지나지 않는다는 것이다(20절). 그들의 생각에는 아무런 실질적인 근거도 존재하지 않는다. 그저 빗나간 생각에 지나지 않는 것이다.

바울은 자신의 영광이라는 환상을 추구하는 이들이 보여주는 편협한 개인주의와는 대조적으로, 온 교회가 다양한 사람과 제도 및 은사를 통해 가진 자원을 십분 활용하는 모습을 서로 비교한다(22, 23절). 자기의 영광만을 추구하고 스스로 충분한 듯 생각하는 태도는 오히려 성도를 **속여서** 하나님께서 풍성하게 내려주신 자원을 활용하지 못하게 하는 결과를 낳을 수 있다.

가령, **바울**이나 **게바** 대신 **아볼로**를 택함으로써 성도들은 '바울'이나 '게바'가 줄 수 있는 무언가를 놓칠 수 있다. 하나님께서는 더없이 풍성한 은혜를 가지신 분으로, **모든 것**을 이용하여 신자와 교회를 세워 가실 수 있다. 하지만 12장부터 14장까지에서 설명하는 것처럼, 하나님께서는 스스로 원하시는 '질서'의 원칙을 따라 은사가 고르게 '분배되도록' 질서를 세워 놓으셨다(12장 4~7절). 이러한 질서는 그저 실용적이거나 '교회적'인 것에 불과한 것이 아니다. **그리스도**와 **하나님**의 관계 자체도 바로 이런 하나님의 '질서'에 의해 결정된다. 이렇게 보면, 바울이 말하는 '질서'라는 것은 단지 부차적인 혹은 '교회론적'인 이슈를 넘어, 하나님께서 그분의 창조 세계를 위해 의도하신 다스림의 방식 자체와 관련이 있다. 그리스도조차 이 질서에 포함된다(11장 2절과 15장 28절을 보자).

고린도의 그리스도인들이 드러내는 높은 지위에 대한 환각적 열망과는 대조적으로, 바울은 그리스도의 종 혹은 하수인(REB), 그리고 **관리인** 혹은 청지기(REB에서는 steward, 헬, *오이코노모이*)라는 더 확실한 지위를 선호한다. 이 중 앞에 나온 단어는 허드렛일을 하는 비교적 신분이 낮은 종을 나타내는 반면, 두 번째 단어는 집안의 종이 주인을 대신하여 그 집안이나 재산 혹은 사업체를 관리하는 경우를 가리킨다. 여기 사용된 *오이코노모스*라는 단어는 교회 내에서나 세상에서 그리스도를 위해 섬기는 일 혹은 '사역'(1절)에서도 관리의 역할이 포함될 수 있음을 말해준다. 이는 또한 하나님께서 주신 자원을 '운용하는' 자로서 갖추어야 할 핵심적인 자질이 **신뢰성** 혹은 신실함이라는 사실을 예상할 수 있게 해 준다(2절). 이런 봉사는 비밀, 곧 **계시**를 통해 주어진 진리를 맡는 것에서부터 '집안'을 꾸려가는 일반적인 일에 이르기까지 다양한 모습으로 나타날 것이다. 1세기 당시의 상황이라면 이런 역할에는 물건을 사고 재정을 관리하고 빚을 받아내고 재정을 운용하는 등의 일까지 포함되었을 것이다.

바울은 **섬김**을 통해 얻는 참된 영예라는 주제와 주님의 일을 처리하는 데 필요한 책임감과 신뢰성이라는 주제를 함께 결합한다. 이는 스스로 영예롭게 하거나 자신을 위한 나름의 신학을 만들어 내는 태도가 아니라 하나님께서 주신 것을 신실하게 나누려는 태도를 요구한다. 약사에게 요구되는 것은 무엇이든 처방된 약품을 준비해 주는 것이지 자기 나름으로 '더 나은 처방'을 제공하는 것이 아니다. 사역자로서 주어진 목적을 실행하기 위해서는 스스로 정한 역할이 아니라 자신에게 부과된 역할을 수행하기도 해야 하는 것이다.

4장 3절부터 5절까지에서 바울은 이러한 **종들**과 **관리자들**이 **주님께** 책임을 지게 될 것이라는 사실을 강조한다(4b절, 5b절). 이러한 사실은 사역자들에게 큰 해방감을 느끼게 해 준다. 다른 유한한 사람들 혹은 자기 자신의 평가나 판단에 대한 과도한 염려로 마음이 분산되지 않도록 해 줄 것이기 때문이다. 바울은 이 모든 인간적 평가를 **대수롭지 않게 여겼다**. 크리스터 스텐달(Krister Stendahl)은 매우 중요한 자신의 한 논문에서 바울이 양심의 가책에서 자유로웠으며 매우 든든한 마음자세를 지니고 살았다는 사실, 그리고 항상 양심의 가책에 시달리는 내성적 영혼이라는 대중적인 바울 이미지는 매우 잘못된 것이라는 사실을 잘 보여 주었다.*

* 별주. 지금부터 40년 이상을 거슬러 올라간 시점인 1963년에 Krister Stendahl은 그의 고전적 연구 "Paul and the Introspective Conscience of the West"를 통해 '고통 받는 양심의 소유자'라는 바울관이 실제 바울 서신의 증거와는 맞지 않는다는 사실을 보여주었다 (*Paul among Jews and Gentiles*[Philadelphia: Fortress, 1967 and London: SCM, 1977], 78~96쪽에 재수록). 바울은 "율법의 의로 말하자면 '흠이 없었다'."(빌 3장 6절, 갈 1장 13절 참고) 그렇다고 바울이 인간의 죄와 그 파괴적 결과라는 현실을 과소평가한 것은 아니다. 중요한 것은 인본주의나 다른 여타 종교가 죄의 실재를 용서가 필요한 고통 받는 양심이라는 주관적 관점에서 파악하는 반면, 바울은 그 근본 문제를 더 객관적으로 바라본다는 점이다. 죄란 하나님께로부터 돌아서는 것이며, 이처럼 어긋난 관계는 단순히 '용서'로 해결될 수 있는 사안이 아니라 은혜에 의한 칭의를 통해 '바로 잡아야'(put right) 할 사안이라는 것이다[칭의라는 말 속에 '바로 잡는다'는 개념을 포함하고 있다—역주].

어떤 판결이 내려지든, 최종적으로 그 판결을 내릴 분은 **주님**뿐시이며(4b절), **주님께서 오실 때** 그 판결을 선포하실 것이다(5절). **정해진 때**가 될 때까지 사람들이 남긴 실패와 성취에 대한 참된 평가는 드러나지 않은 채 모호한 상태로 남아 있다. 현재 감추어진 것에는 소위 성공과 실패의 진정한 가치뿐 아니라, 특히 마음속의 **숨은 동기**도 포함된다. 여기서 사용된 헬라어는 장차 드러날 것들이란 바로 마음에서 연유하는 의지의 소원과 행동이라는 사실을 강조한다. 마음은 종종 우리의 의식적 생각 아래 존재하는 욕망의 자리를 가리킨다(REB는 이를 '우리의 내면적 동기'로 옮긴다). 이런 이유로 타이센은 이것이 프로이트 이후의 전의식(preconscious) 개념과 통하는 것으로 보았다(*Psychological Aspects of Pauline Theology*, 55-66).

하나님만 인간의 비밀을 판단하실 수 있다는 깨달음은 한편으로는 우리가 하나님앞에서 책임 있는 존재라는 사실을 상기하여 주고, 또 한편으로는 자신과 다른 사람들의 유한한 판단력으로 섣불리 판단을 내리려는 시도에서 우리를 자유롭게 한다.

12. 묵상을 위한 제언(3장 8절~4장 5절)

1. 앎과 배움의 과정에 관하여

'이미 안다는 생각'은 배움과 지혜로 가는 길을 막는 장애물이다. 그런 점에서 의심이 진리를 향한 진지한 탐색을 시작하게 하는 자극제가 될 수 있을까? 의심이 유익할 때는 언제이며, 반대로 의심이 파괴적이 될 때는 또 언제인가? '이미 안다는 생각'으로 내가 다른 사람보다 우월하다는 생각에 사로잡히는 경우는 없는가?

2. 지도자에 대한 편향적 태도에 관하여

특정 지도자를 존중하고 그에게 충성하려고 하다가, 지혜의 또 다른 원천이 될 수도 있는 다른 사역자를 평가절하하는 경우는 없는가? 이런 태도가 다른 사역자에게 어떤 영향을 미칠 것이라 생각하는가?

3. 사역과 관리에 관하여

바울은 사역자 혹은 사도를 집안 관리자(청지기, 집사)에 비유한다. 오늘날 우리 가운데 기독교 사역의 '관리' 혹은 '경영'의 측면을 무시하려는 위험은 없는가?

4. 자유와 책임에 관하여

우리 자신의 판단뿐 아니라 모든 사람의 판단이 잘못될 수 있다는 것을 알면서도, 자주 현재 우리의 노력을 평가하려고 드는 이유는 무엇일까? 다른 사람의 견해 역시 불완전하기는 마찬가지다. 그렇다면 우리는 다른 사람의 비판과 아첨에 왜 그렇게 민감하게 반응하는가? 우리가 그러한 염려에서 완전히 벗어나지 못하는 이유는 무엇인가? 자기 절제(3장 18~23절)의 태도를 모든 것을 주님의 손에 맡기는 '내려놓음'(4장 1~5절)의 태도와 조화를 이루게 할 수 있는 방법에는 무엇이 있겠는가?

4. 모든 것은 은혜로 값없이 주어지지만, 아직 투쟁이 끝난 것은 아니다 (4장 6~13절)

6 우리 그리스도인 가족 여러분, 저는 여러분들을 위해 이 모든 것을 제 자신
과 아볼로에게 말 없이 적용하였습니다. (또는 대신 '저와 아볼로에 대해 언급
하였습니다') 이는 여러분들이 우리의 사례를 통해 "기록된 것을 넘어가지 말
라"라는 말이 함축하는 바를 배우고, 이로써 누구는 내세우고 누구는 무시하며
교만해지는 일이 없도록 하려는 것이었습니다. 7 여러분이 서로 다르다고 생
각할 사람이 누가 있습니까? 여러분이 가진 것 중 받지 않은 것이 어디 있습니
까? 그런데 여러분이 그것을 받은 것이라면, 왜 마치 받은 것이 아닌 양 그것을
자랑합니까? 8 여러분은 이미 배가 불렀군요! 이미 '부유하게' 되었군요! 우리
없이도 '왕처럼 다스리게' 되었군요! 이것이 정말이라면 얼마나 좋겠습니까?
그러면 우리 또한 여러분과 함께 왕처럼 다스릴 것이니 말입니다! 9 그러고 보
면 하나님께서 우리 사도를 개선 행렬의 마지막, 죽음이 예정된 자의 자리에
두신 것 같습니다. 우리가 세상과 천사와 사람의 눈에 구경거리가 되었으니 말
입니다. 10 우리는 그리스도 때문에 바보가 되었지만, 여러분은 지혜롭습니다.
우리는 약하지만 여러분은 강합니다. 여러분은 영예롭고 우리는 치욕을 당합니
다. 11 바로 이 시간까지 우리는 배고프고 목마르며 헐벗은 채로 있습니다. 우
리는 험한 꼴을 당하며 정해진 거처도 없습니다. 12 우리는 지치도록 고생하며,
우리 손으로 일합니다. 누가 우리를 나쁘게 대하면 친절한 말로 답합니다. 핍박
을 당하면 참습니다. 13 비방을 받으면 정직한 말로 대응합니다. 바로 이 순간
까지 우리는, 말하자면 세상의 찌꺼기요 신발에 묻은 먼지처럼 되었습니다.

6절에는 두 가지 서로 다른 번역이 제시되어 있다. 두 해석 모두 우리가

받아들일 수 있는 해석이라 할 수 있다. 괄호 안에 제시된 번역은 먼저 출간된 나의 *NIGTC* 주석을 따른 것으로, 좀 더 전통적인 해석에 해당한다. 물론 이 번역이 바울의 의도에 맞는 것일 수도 있다. 하지만 앞에서 언급한 홀(Hall)의 심도 있는 연구에 따르면, 여기서 바울이 자신과 아볼로의 이름을 거론한 것은 익명으로 고린도의 몇몇 지도자를 암시하기 위한 일종의 '위장'에 해당한다. 다른 성도들이 그들의 이름을 들먹이며 세력을 과시하는 것이 이들 지도자의 책임은 아니라는 점에서, 굳이 그들의 이름을 들먹이며 창피를 줄 이유는 없다는 생각에서였을 것이다. 이런 해석과 전통적 해석이 모두 가능하지만, 어떤 해석을 택하느냐에 따라 바울의 의도는 사뭇 달라진다. 굳이 선택을 해야 한다면, 그래도 전통적 해석이 더 나은 듯하다.

이 단락뿐 아니라 고린도전서 전체에서 바울이 강조하고자 하는 핵심이 7절 하반절에 잘 표현되어 있다. **여러분이 가진 것 중 여러분이 받지 않은 것이 어디 있습니까? 그런데 여러분이 그것을 받은 것이라면, 왜 마치 받은 것이 아닌 양 그것을 자랑합니까?** 로마서를 은혜로 말미암은 이신칭의 교리와 일반적으로 결부시켜왔지만, **그렇다고 해서 고린도전서에서 이 주제가 덜 두드러지는 것은 아니다.** 우리가 그런 인상을 받는 이유는 로마서에서는 하나님의 차별 없는 은혜와 주권적 선택이 논증의 중심을 차지하고 있는 반면, 고린도전서에서는 은혜의 교리가 암묵적으로 바울이 다루는 여러 주제들의 전제로 작용하고 있기 때문이다. 바울은 지금 다양한 주제를 다루지 않으면 안 된다는 현실적인 이유로, 그 모든 논증의 근거가 될 뿐 아니라 또 이 논증을 일관성 있는 전체로 묶어주는 그 핵심적 진리[이신칭의를 말한다—역주]를 집중적으로 다루지 못하고 있을 뿐이다.

십자가를 선포하는 유일한 근거는 은혜다(1장 18절~2장 5절). 사람에 의한 발견이나 '영성'과는 달리, 계시와 성령은 순전히 하나님의 선물로 주어진다(2장 6절~3장 4절). 경쟁심에서 자유로운 사역은 하나님께서 사도 직분, 곧 섬김으로 부르신 부름을 값없는 선물로 주셨다는 사실에 기반한다(3장 5절~4장 5절). 나중에 바울은 '다른 사람들'을 존중해야 할 필요성에 관해 이야기할 것인데, 이 역시 모든 그리스도인이 동일한 은혜에 함께 의존하고 있다는 사실에 근거한다. 이는 예배에 대해서나(11장), 성령께서 값없이 주시는 '은사들'에 대해서도 마찬가지다(12~14장). 마지막으로 부활 역시 순전한 은혜의 사건이다. 죽은 자들은 아무것도 기여할 수 없고, 오로지 하나님의 능력으로만 가능한 일인 것이다(15장).

기록된 것을 넘어가지 말라(6절)라는 구절은 주석가들을 오랫동안 괴롭힌 구절이다. ① 아마도 가장 널리 퍼진 견해는 이 구절의 '**기록된 것**'이 당시 교회의 성경이었던 구약성경을 가리키는 것으로 보는 입장일 것이다(Barrett, *First Epistle*, 106-107; Schrage, *Der erste Brief*, vol. 1, 334-35; Hays, *First Corinthians*, 69). ② 어떤 주석가들은 더 구체적으로 이를 바울이 이미 인용했던 구절을 가리키는 것으로 본다(Hooker, "Beyond the Things"; Fee, *First Epistle*, 167-68). ③ 어떤 이들은 이 표현이 바울이 이 편지에서 지금까지 말해왔던 바를 가리키는 것으로 간주한다. ④ 가장 좋은 사본들이 이 표현에 정관사 토(*to*)를 덧붙이고 있다는 사실을 보면, 아마도 이 구절은 '격언의 성격'을 띤 어떤 말을 가리키는 것일 수 있다(Welborn, *Politics*, 43-75).*

---

* 별주. 위에 언급한 네 가지 해석 외에도, 신약의 본문비평에 익숙한 사람들에게는 또 한 가지 해석의 가능성이 존재한다. 이 해석에 의하면, 원문에는 '기록된 것을 넘어가지 말라'라는 구절 자체가 없고, 그래서 본문은 그 다음의 '여러분이 우리의 경우를 통해 교만하지 않기를 배우도록'(that you may learn from our example not to be puffed up) 이라는 부분과 자연스럽게 연결되어 있었다. 그런데 초기의 한 필사자가 실수로 '않기를'(not)에 해당하는 단어 메(*mē*)를 빼먹었고, 이를 바로잡기 위해 그 다음 단어인 히나(*hina*)의 히브리어 확인 요망의 '*a*' 위에다 메를 끼워넣었다. 그러고 넘어갔으면 차라리 좋았을 텐데, 나중의 필사자를 위해 지나친 배려를 베푼 것이 오히려 화근이 되었다. 이 필사자가 거기다 이를 설명하는 문구를 첨가한 것이다. "메가 알파 위에 기록되어 있습니다."["기록된 것을 넘어가지 말라"는 헬라어 문장을 따로 떼어 생각하면 "메가 알파 위에 기록되어 있습니다"라는 의미로도 번역할 수 있다. 이렇게 되면 이 부분은 바울이 말한 본문의 일부가 아니라 이 문제의 사본을 필사한 필사자가 자신의 실수를 해명하고 있는 말이 되는 셈이다—역주].

이 구절이 '난해하다'는 콘첼만의 불평은 전혀 근거 없는 것이다. 여기서 바울은 성경과 사도적 교리의 틀 내에서 이해해야 할 십자가 복음의 선포를 넘어서는 것들, 곧 자기 나름으로 만들어 낸 소위 '고급 단계'의 복음 개념을 송두리째 거부한다. 위에서 **"기록된 것을 넘어가지 말라"라는 말이 함축하는 바**라고 번역한 것은 바로 이런 의미를 부각하면서 동시에 다소 의외의 위치에 나타나는 정관사의 존재를 고려하였기 때문이다. 암브로시우스와 칼빈은 복음에 무언가를 '잘못' 더하려는 이런 생각을 그 다음 절(7절)과 연결한다(*암브로시우스*, *Opera Omnia 124D*, in J.-P. Migne, *Patrologia Latina*, 17:215; Calvin, *First Epistle*, 91). 고린도의 일부 성도들이 십자가의 복음에다 무언가를 더하려고 한 것이 아니라면, 어떻게 그들이 받은 것을 두고 자랑할 수 있었겠는가? 로마서 11장 6절에서 바울은 이를 순전히 논리의 문제로 설명하고 있다. 그러한 생각의 오류를 폭로함으로써 자기중심적 승리주의의 핵심을 공격할 수 있었던 것이다(8~13절).

8절부터 10절까지에서 바울은 역설이라는 익숙한 수사법을 활용하면서, 당시의 많은 종교적 제의에서 승리주의적이며 자기중심적인 체험을 한 자들이 즐겨 사용하던 표현을 차용한다. 헬레니즘 종교들의 제의에서 개종자는 종종 새로운 능력과 정체성을 체험하고서 이에 압도당한다. "많은 사람은 어떤 일이라도 할 수 있을 것처럼 느꼈다. 그들은 왕이었다(고전 4장 8절). 그들은 성령 안에 있었고, 해방된 자들이었다."(Nock, *St. Paul*, 174) 여기서 바울의 말이 실제로는 '신랄한 역설'로 의도된 것이라는 사실은 다음의 삽입구에서 잘 드러난다. **이것이 정말이라면 얼마나 좋겠습니까?**

고린도인들의 승리주의적 태도와 바울의 모습은 매우 대조적이다. 바울은 사도로서 섬기며 자신이 겪은 체험과 당시 철학자들의 글에 자주 나오는 '고난 목록'을 활용하여 자신의 모습을 그려낸다. 바울이 묘사하는 자신의 모습은 이렇다. 그는 **죽기로 예정된 자, 구경거리, 바보, 약한 자, 치욕을 당하는 자다. 배고프며 목마르고, 험한 꼴을 당하고, 정해진 거처도 없고, 나쁜 대접을 받는다**(9~12절). 바울 일행은 **핍박받고, 비방을 당하며, 세상의 지꺼기나 신발의 때**처럼 취급당한다(12, 13절). "고린도인들은 운이 좋은 사람들이다. 사도들이 그저 구경밖에 할 수 없는 것들을 이미 누리고 있다. 메시아의 왕국이 고린도에 도래하여 이 사람들이 왕좌에 앉은 것 같다. 반면 사도들은 이를 축하하는 무희들처럼, 종들과 나란히 앉아 있다."(Deluz, *Companion*, 46-7) 사도들은 여전히 경기장에서 검투사처럼 싸움을 벌이면서, **죽기로 예정된 구경거리** 노릇을 하고 있다. 반면 고린도인들은 '제일 좋은 자리를 차지하고선 박수를 치거나 야유를 보내기까지 한다'(47절).*

지혜로운 자와 **바보** 사이의 대조가 나타나는 것을 보면, 여기서 다루어지고 있는 진리와 지식에 대한 견해에는 1장 18절부터 31절까지에서 처음 논의된 십자가의 기준이 여전히 반영되고 있음을 알 수 있다. 십자가가 '어리석음'(1장 18절)이요 '거리끼는 것'(1장 23절)이라면, 이것을 가치의 중심에 두고 살아가는 사도들이 세상의 **찌꺼기**로 간주되는 것도 전혀 이상한 일이 아니다(4장 13절). 찌꺼기로 번역된 헬라어 단어는 더러운 그릇을 닦아서 묻어난 것을 가리킨다. 마찬가지로 **신발에 묻은 먼지** 혹은 흙 역시 신발을 닦을 때 떨어 버리는 그런 종류의 지저분한 흙먼지를 가리킨다. 복음을 믿지 않는 자칭 '지혜로운' 자들이 보기에 사도들이란 아예 피하는 게 상책인 악취 또는 창피스러운 쓰레기에 지나지 않는다. '바보들'로서 사도들은 십자가의 증인이라는 진품 표시들을 달고 다니지만, 고린도의 많은 그리스도인들은 그런 모습을 싫

---

* 별주. 바울이 '고난 목록'을 수사적으로 활용하는 방식에 대한 연구들이 많이 있다. Karl Plank, *Paul and Irony of Affliction*(Atlanta: Scholars, 1987), 33-70; John Fitzgerald, *Cracks in an Earthen Vessel* (Atlanta: Scholars, 1988), 117-48; K. T. Kleinknecht, *Der leidende Gerechtfertigte* (Tubingen: Mohr, 1984); 그리고 M. S. Ferrari, *Der Sprache des Leides in denpaulinischen Peristasenkatalogen* (Stuttgart: Katholishces Bibelwerk, 1991).

어했다. 그들은 세상이 보기에 '대단한' 사람처럼 높아지고 싶었던 것이다.

13. 묵상을 위한 제언(4장 6~13절)

1. 값없이 주어지는 선물에 관하여

교만 혹은 자존심 때문에 필요한 것도 공짜로는 받지 않으려는 사람들이 있다("나는 그 누구의 도움도 필요치 않아"). 이런 이유로 하나님의 선물을 거부하는 경우가 생기지는 않는가? 어쩌면 고린도의 그리스도인들은 무언가를 값없이 받게 되면 '자수성가'한 사람으로 인정받지 못할지도 모른다는 걱정에 빠져 있었을 수도 있다. 누군가가 내가 주는 선물을 비난한다거나 거부한다면, 혹은 그것을 마치 당연한 것이라거나 자신이 성취한 것인 양 자랑한다면 어떤 느낌이 들겠는가? 우리의 존재와 소유가 모두 하나님께로부터 온 것이라는 사실은 사람들의 '자랑'을 무엇이라고 말하는가?

2. 소위 '고급 단계'의 신앙에 관하여

우리 중에 혹 성경의 기록이나 사도적 신앙을 '넘어서는 지혜'를 찾으려는 사람이 있는가? 이런 사람들은 복음을 넘어서는 '고급 단계'의 신앙을 찾으려는 것인가?

3. 순례자의 삶과 투쟁과 승리주의에 관하여

늘 '어려움 중에 있는' 그리스도인들을 폄하하려는 태도가 우리 중에 있지는 않는가? 그런 우리는 당연히 겪어야 할 투쟁을 회피함으로써 거짓 평안의 환각에 빠져있는 것은 아닌가? 몰트만은 이렇게 말한다. "자만이란 우리가 하나님께 바라는 것이 이루어질 것이라고 자기 마음대로 예상하는 것이다. 절망이란 우리가 하나님께 바라는 것이 이루어지지 않을 것이라고 자기 마음대로 성급히 결론짓는 것이다. 소망을 부인하는 이런 두 가지 태도 모두 소망을 무의미한 것으로 만든다."(*Theology of Hope*, 23) 루터는 이렇게 말했다. "고통과 십자가 밖에서는 하나님을 찾을 수 없다"(*The Heidelberg Disputation*, sect. 21, 291).

5. 행동으로 나타나는 목회적 돌봄: 바울의 핵심 관심사(4장 14~21절)

14 제가 이 모든 것을 쓴 것은 여러분을 부끄럽게 하려는 것이 아니라 제가 너
무도 사랑하는 자녀들에게 주의를 주기 위해서입니다. 15 그리스도 안에서 여
러분의 잘못을 지적해 줄 사람은 수천 명이 될지 몰라도 아버지는 한 사람 외
에는 있을 수 없습니다. 그런데 복음을 선포함으로써 그리스도 예수 안에서 여
러분의 아버지가 된 사람은 바로 저입니다. 16 그래서 저는 여러분이 저를 보
고 배우도록 권합니다. 17 제가 디모데를 보낸 것이 바로 그 이유에서입니다.
그는 제가 주 안에서 무척 사랑하는 믿음직한 아들입니다. 그는 여러분들로 하
여금 그리스도 예수 안에서 제가 살아가는 방식을 생각나게 해 줄 것입니다.
모든 그리스도인 공동체에서 가르치는 그대로입니다. 18 하지만 어떤 이는 마
치 제가 가지 않을 것처럼 교만해져 있습니다. 19 하지만 저는 주께서 원하신
다면 곧 여러분에게로 가서, 교만해지기 시작한 사람들이 하는 말이 아니라 그
들이 무엇을 할 수 있는지를 알아보겠습니다. 20 하나님 나라는 말이 아니라
실질적인 효력의 문제이기 때문입니다. 21 어떤 것이 낫겠습니까? 손에 매를
들고 가야 하겠습니까 아니면 사랑과 온유한 마음으로 가야 하겠습니까?

이 단락에서는 여러 모로 바울의 목회적 관심과 세심함이 잘 나타난다. 우선, 얼핏 그렇지 않다는 인상을 받을 수도 있지만, 사실 바울의 신랄한 역설적 화법(8~13절)조차도 **성도들을 부끄럽게 하려는 것**이 아니었다(14절). 물론 바울은 십자가라는 기준 아래 성도들에게 가차없는 비판을 가한다(1장 18~25절 참고). 하지만 성도들을 비난하는 것에서 어느 정도 자기만족을 느끼는 그런 설교자와 달리, 바울은 이런 비판이 전혀 유쾌하지 않다. 그들의 **잘못을 지적하는 일**을 즐거워할 웅변가나 교사는 얼마든지 있을 것이다(15

절). 하지만 **아버지**로서 바울은 오직 그들의 유익을 바랄 뿐이다. 결과적으로 그가 **너무도 사랑하는** 그리스도인 **자녀들**이 잘되기만을 바라는 것이다(14b절, 16절).

둘째로, 다른 교사나 지도자와 성도 사이에는 마음과 마음이 통하는 공감대가 없을지 모르지만, 그들의 **아버지**인 바울은 성도들의 영적 건강과 감수성에 온 마음을 쏟고 있다. 카스텔리(Castelli)나 와이어(Wire)의 주장과는 달리, 바울이 여기서 **아버지**라는 이미지를 활용하는 것은 가부장적 권위를 이용해 성도들을 마음대로 통제하려는 자신을 정당화하기 위해서가 아니다.*

만약 와이어나 카스텔리의 주장이 맞다면, 이 단락의 주제는 목회적 세심함이 아니라 목회적 통제가 될 것이다. 이 점에서 카스텔리의 연구는 와이어의 연구보다 더 신중하다. 일반적으로 볼 때 기독교 지도자가 내세우는 진리에 대한 호소가 적어도 부분적으로는 권력 확보를 위한 위장된 요구일 경우가 많다는 그녀의 주장은 정확하다. 병원, 교도소, 교회, 그리고 군대 같은 곳에서 볼 수 있는 '하얀 가운을 걸치고 미소를 띤 얼굴'에 관한 푸코의 설득력 있는 이야기를 생각해 보자. 이들은 모두 모든 사람의 선을 위한다는 구실 아래 권력을 행사하고 있는 것이다. 일찍이 니체 역시 이와 같은 논점

---

* 별주. 특별히 이 두 저자는 여기서 아버지 형상이 권력과 통제라는 가부장적 전략을 반영하는 것이라는 주장을 강력하게 제기하였다. 카스텔리(A. Castelli, *Imitating Paul: A Discourse of Power* (Louisville: Westminster/Knox, 1991>, 97-115)는 아버지의 이미지가 '본받는 자'(헬, *미메타이*, 16절. 위에서는 '**나를 보고 배우도록**'이라고 번역했다. Castelli, 107-111) 개념과 결합되면 '권위주의적'이며 '정치적인' 색채를 띤다고 생각한다. 그녀의 주장에 따르면, 바울이 권위주의적 주장과 표면적인 자기 부정의 논조를 결합한 것은 독자들을 통제하기 위한 '교묘한 수사적 전략'에 해당한다(99). 그러니까 이는 미셸 푸코가 내세운 원칙, 곧 진리에 대한 호소는, 늘 그런 것은 아니지만 자주, 권력 확보를 위한 위장된 요구라는 원칙의 한 사례가 된다는 것이다. 이런 입장을 피력한 또 다른 연구는 와이어(Antoinette C. Wire, *The Corinthian Women Prophets* (Minneapolis: Fortress, 1990),특히 44-47쪽이다. 그녀는 바울의 논증에서 권력이라는 조작적 수사를 포착할 수 있다고 주장한다. 바울 혼자만이 고린도 교회의 **아버지**다(15절). 분명 아볼로를 포함한 다른 교사들은 '고용된 가정교사'에 지나지 않는다(46). 그녀에 의하면, 이같이 '위협적인 아버지'라는 수사적 움직임은 위험하며, '교회 일반을 내세워 고린도 교회를 위한 기준으로 삼으려는 것은 고린도인의 독특한 은사를 무시하는 처사다'(46: 17절). 그의 독자들을 '**자녀들**'이라 부름으로써(14b절), 바울은 그들을 미성년 도제 수준으로 격하한다. '여기서 그가 아버지인 이유는 그의 관심이 성도들의 통제에 있고' 그가 바라는 것이 그들의 '순응'이기 때문이라는 것이다(47).

에 대한 푸코(Michel Foucault)의 주장을 예견한 바 있다(Thiselton, *Interpreting God and the Postmodern Self*를 참고).

하지만 카스텔리나 와이어가 시사하는 바와는 달리(Castelli, *Imitating Paul*, 97, 111, 119), 여기서 교회의 통일성이나 보편성에 대한 바울의 호소는 결코 '획일성'에 근거한 논리가 아니다. 사실 바울의 논조는 통일성(12장 4~13절)과 다양성(12장 14~26절) 간의 강력한 변증법을 드러낸다. 바울을 보고 서구의 현대적 혹은 포스트모던적 의미에서 정치적인 평등을 지향하는 사람이라고 말하는 것은 잘못된 표현일 것이다.

'질서' 및 '질서정연함'은 '창조'와 '신적' 실재 자체의 조직 속에 함축되어 있다(11장 3절, 15장 23~28절). 교회의 '기초'는 십자가에 달리신 그리스도이시지(3장 11절), 사회적으로 구성된 무언가가 아니다. 그토록 철저히 자신의 유익을 버린 그리스도를 근거로 삼아 자기 유익이라는 전략을 구사할 만큼 바울이 비이성적이고 비논리적인 사람이었을까? 복음을 위해 매일 자신의 모든 것을 희생하고 있는 마당에, 고린도에서 이 복음을 무시하고 배신하면서까지 별것 아닌 권력을 확보하려고 했겠는가?

바울은 다른 사람의 '영성'뿐 아니라 자신의 사역에 대해서도 십자가를 기준으로 삼아 비판을 가한다. 1장 1절부터 4장 21절까지 사이에서 진실을 판별하는 핵심적 기준은 그것이 '십자가에 달리신 그리스도와 일치'하는가의 여부다(Schrage, *Der erste Brief*, vol. 1, 358). 푸코가 말한 것처럼, 종으로 섬긴다는 주장조차도 조작의 몸짓일 수 있다면, 사실상 거의 모든 이타적 행동들도 그런 식으로 이해될 수 있다. 물론 푸코 자신의 정치적인 전략 또한 예외가 아니다. 본받아야 할 것은 바울의 온유함이지 제약에서 벗어나려는 자기주장이 아니다. 와이어의 주장과는 달리, 그리스도를 본받기라는 기준은 오히려 그리스도께서 메시아로서 받으신 시험에서 나타난 진품성의 표지로서, 제약을 기꺼이 수용하려는 태도를 나타낸다. 그러니까 바울이 자신도 받아들이지 않는 기준을 고린도인에게 강요하고 있는 것이 아니라는 것이다.

지금까지 우리는 바울의 목회적 보살핌의 방식을 드러내는 두 가지 사실을 살펴보았다. 하나는 독자들의 유익을 도모하려는 열망이고, 다른 하나는 그들과의 개인적인 관계 혹은 공감대였다. '아버지'라는 이미지는 다양한 주석적 논의의 단초가 되었다. 여기서 우리는 바울식 목회적 보살핌의 세 번째 방식을 포착하게 된다. 성도들의 목회자요 아버지로서 바울의 목회적 보살핌은 단지 그의 말뿐 아니라 그의 행동을 통해서도(랍비 식으로 말하자면, *하가다*뿐 아니라 *할라카*로) 드러났다. 그가 선포한 말을 통해서뿐 아니라 그의 삶과 행동 자체가 목회적 보살핌의 방식이었던 것이다. 그는 자신이 직접 방문할 수 있을 때조차 대신 디모데를 보낸다(혹은 보냈다, 17~19절). 디모데를 통해서 고린도인들은 바울이 **모든 그리스도인 공동체**에서 줄곧 가르쳐 온(17b절) 그의 신념뿐 아니라 그의 '방식들', 곧 그가 '**살아가는 방식**'(17절) 또한 목격할 수 있을 것이다.

이런 '길들' 혹은 '**살아가는 방식**'은 앞서 8절부터 13절까지의 '고난 목록'에서 이미 그 모습을 드러내었다. 바울은 그의 글에서 자주 대리인 파송과 그 다음 자신의 직접적인 방문을 순차적으로 언급하는데(빌 2장 25~30절, 살전 2장 2~3절), 이는 바울이 행한 사도적 선포가 일관된 것이었음을 말해준다. 바울이 가게 되면, 단순히 **교만해지기 시작한** 사람들이 하는 말이 아니라 그들이 **할 수 있는** 것에 대해 알아볼 것이다. **그들이 할 수 있는 것**이라는 말은 **능력**(헬, *뒤나미스*)을 번역한 것이다. 이는 능력이 놀라운 것이라기보다는 효력있는 것을 의미한다는 사실을 보여주는 좋은 예다.

칼빈(*First Epistle*, 262)과 바르트(*Resurrection*, 18, 24, 26, 49, 52, 75, 79-82) 역시 이 구절을 이런 의미로 이해한다. 따라서 우리는 20절을 이렇게 옮겼

다. **하나님 나라는 말이 아니라 실질적인 효력의 문제이기 때문입니다**. 여기서 바울의 관심사는 최근의 수사적 '조작'과 포스트모더니즘과도 관련이 깊은 대조, 곧 수사(rhetoric)와 실재(reality)간의 대조다. 하나님의 통치는 그리스도의 십자가 안에서 그리고 이를 통하여 확실한 실재를 드러낸다(1장 18~25절, 3장 18장~4장 5절 참고).

마지막 절에서 바울은 의도를 나타내는 가정법 구문을 활용하여 목회자로서 그가 품은 강한 열망을 표현한다, **손에 매를 들고 가야하겠습니까 아니면 사랑과 온유한 마음으로 가야하겠습니까?**(21절) 성도를 대면하여 야단치는 일을 아예 배제할 수는 없겠지만, 그렇더라도 이는 바울이 원하는 바는 아니다. 사랑은 엄격함을 요구할 수도 있다. 사랑은 '언제까지나 포기하지 않으며, 언제까지나 떨어지지 않는다'(13장 7, 8절). 하지만 사랑은 '세운다'(8장 1절). 사랑은 '참으면서 기다리고, 친절하게 대하며, 결코 도움을 멈추지 않는다'(13장 4~7절). 바울의 목회적 보살핌에서 도덕적 비겁함의 흔적은 어디서도 찾아볼 수 없다. 달리 방법이 없을 경우 그는 직설적으로 성도를 꾸짖기도 한다. 하지만 그의 목표는 성도를 세우는 것이다. 이런 그의 목회적 섬세함으로 바울은 아무리 사소한 것이라도 무언가를 무너뜨리는 일에는 주저한다. 마가렛 미첼(Margaret Mitchell)이 강조한 것처럼, 세우기라는 주제는 고린도전서 전체를 관통하는 주제 중 하나다. 이것이 바로 그의 목회적 보살핌의 목적이다.

14. 묵상을 위한 제언(4장 14~21절)

1. 목회자 혹은 부모의 마음에 관하여

다른 사람을 위한 진실한 관심이 때로 그들을 통제하려는 욕구로 변질될 수 있는가? 사랑의 반대는 분노가 아니라 무관심이라고 한다. 우리의 실수나 잘못이 하나님을 슬프시게 하고 고통스러우시게 한다는 사실이 놀랍게 들리는가? 현명한 부모의 사랑이란 지나친 보호와 통제로 아이를 망치는 것도, 치명적인 실수를 할 정도로 무절제하게 자유를 허용하는 것도 아닐 것이다. 목회적 돌봄에서도 이 같은 중용의 길이 최선이라고 말할 수 있겠는가?

2. 그리스도를 '본받기'와 하나님과 함께 거룩하게 '행함'에 관하여

그리스도를 본받고 거룩한 그리스도인들을 본받는 것은 그들의 움직임이나 신념을 조목조목 따라하는 것과는 다르다. 어떻게 하면 신자들이 거룩한 그리스도인들을 창조적으로 '보고 배울' 수 있을까? 교회가 신자들을 지나치게 통제하려 하지 않으면서도 거룩한 삶을 위한 지침과 모범을 보여줄 수 있는 방법에는 어떤 것이 있겠는가? 거룩함이란 신자들의 말의 문제뿐 아니라 삶의 문제임을 명심할 필요가 있다(참고로 랍비들의 '*하가다*'(*haggadah*)는 '이야기'를, '*할라카*'(*halakhah*)는 '행함'을 가리킨다, 4장 20절).

V. 단호한 질책과 변화가 필요한 도덕적 문제(5장 1절~6장 20절)

서론: 고린도전서(특히 5~10장)에 나타난 바울의 도덕적 논증

피상적인 인상과는 달리, 바울은 종종 도덕적 회색지대나 복합적인 문제가 존재한다는 사실, 그리고 이런 것들은 상황에 따라 다른 판단이 필요할 수 있다는 사실을 쉽게 수긍한다. 바울이 품은 생각의 이런 면모는 특별히 7장부터 10장까지, 그리고 부분적으로 12장부터 14장까지의 논증에서 잘 드러난다. 하지만 5장과 6장의 논의에서는 그런 복합성이나 상황적 요인이 그의 단호한 도덕적 판단에 아무런 영향을 미치지 못한다. 5장 1절부터 13절까지에서 다룬 근친상간의 경우, 바울의 반응은 격노 이상도 이하도 아니다. …**말이 내게 들립니다**(1절)…**그런데도 여러분은 그냥 보고만 있습니다!**(2절) **우리는 이런 사람을…사탄에게 내어주어야 합니다**(5절). 이런 적나라한 정죄는 6장 1절부터 11절까지의 분위기와 잘 맞아 떨어진다. **어떻게 감히 그런 사람이…?**(1절) **알지 못합니까?**(9절)

7장에서 바울은 상황에 따라서는 '선한' 것이라고 해서 반드시 '더 나은' 대안이 되는 것이 아니게끔 만드는 복잡한 이슈가 있음을 인정한다. 5장 3절의 진술은 '엄중한 심판'의 행위인데 반하여, 7장 25절은 하나의 '의견'으로 제시된다. 융통성 없이 원칙에만 집착하는 태도로 인해 '연약한' 혹은 '불안정한' 그리스도인들이 '무너질' 수 있는 상황이라면, 여기에는 분명 재고의 여지가 존재하는 셈이다(8장 7~12절).

바울이 때로는 도적적 절대론자처럼 보이다가도 또 어떤 때는 가변적인 상황의 중요성을 인정하는 사람처럼 보이기도 하는 것은, 그가 일관성이 없는 사람이기 때문이거나, '더 나쁜' 죄에 관한 편견이 있어서가 아니다. 5,

6장의 논증에서 드러나는 도덕적 위력은 그 바탕에 놓인 신학에 근거한다. 특별히 중요한 것은 **유월절 어린 양**(5장 7, 8절)이며 구속자(6장 20절)이신 그리스도의 사역을 통해 조성된 새 창조의 새로움과, 믿음 이전의 질서와 연결된 낡은 삶의 방식 사이의 대조다. 7, 8장 논증의 도덕적 위력은 주로 목회적 관심, 특별히 '무너뜨리는' 것과 '세우는' 것 사이의 대조다(8장 1절). 새 창조 혹은 새로 지어주신 자로서 그리스도인의 정체성 자체가 위협을 받는 상황이라면 여기에는 단호한 도덕적 대처가 필요하다(고후 5장 17절). 하지만 목회적인 관점에서 볼 때, '다른 이들'을 향한 참된 사랑은 여러 가지 형태로 표현될 수 있다. 미첼이 주장한 것처럼, 여기서 중요한 것은 바로 세우기인 것이다(*Paul and Rhetoric*).

1. '경계를 넘어선' 극단적 상황(5장 1~13절)

1 여러분 중에 불법적인 성관계를 맺는 사람이 있다는 소식이 들립니다. 이방인들에게도 용납되지 않는 그런 종류의 부도덕함 말입니다. 누군가가 그의 계모와 성관계를 맺고 있다는 것입니다. 2 그런데 여러분은 여전히 해이함에 빠져 있습니다! 오히려 그 일을 두고 통곡하고, 그런 일을 저지른 사람을 공동체에서 배제하는 것이 마땅하지 않습니까? 3 몸으로는 떨어져 있지만 영으로는 함께 있는 저로서는 실질적으로 함께 있는 것처럼 그런 상황에서 이런 일을 저지른 그 사람에게 이미 심판을 선고하였습니다. 4 여러분이 우리 주 예수의 이름으로 함께 모였을 때, 제 영이 함께있으면서 우리 주 예수의 효력 있는 능력으로, 우리는 이 사람을, 그런 사람을, 사탄에게 내줄 것입니다. 이는 육체적인 것을 멸함으로써 그리스도의 날에 그 영이 구원받을 수 있도록 하기 위함입니다. 6 여러분의 자기만족은 잘못되었습니다. 적은 누룩이 반죽 전체를 부

풀게 한다는 사실을 알지 못합니까? 7 묵은 누룩을 제하고, 새로 빚은 반죽이
되도록 하십시오. 지금 여러분들이 묵은 누룩이 없는 자인 것처럼 말입니다.
왜냐하면 유월절 어린양이신 그리스도께서 희생이 되셨기 때문입니다. 8 그래
서 우리도 묵은 누룩 없이, 사악함과 악을 퍼뜨리는 누룩이 없이, 순전함과 진
실됨이라는 누룩 없는 떡으로 유월절을 지킵시다. 9 제 편지에서 부도덕한 사
람과는 함부로 어울리지 말라고 말했었습니다. 10 하지만 이는 결코 속된 세상
의 부도덕한 사람들이나 탐욕적인 사람, 혹은 다른 사람을 갈취하거나 우상숭
배 하는 자들을 말하는 것이 아닙니다. 만약 그랬다면 여러분은 세상의 밖으로
나가야만 할 것입니다. 11 오히려 지금 제가 말하고자 하는 바는 그리스도인이
라는 이름을 받아들이면서도 그 태도가 부도덕하거나 탐욕적인 사람, 혹은 우
상숭배에 빠져 있거나, 다른 사람을 비방하기 잘하는 사람, 술에 탐닉하거나,
다른 이들을 갈취하여 이익을 얻으려는 사람과는 함부로 어울리지 말라는 것
입니다. 그런 사람과는 함께 식탁에 앉아서도 안 됩니다. 12 제가 교회 밖의 사
람에 대한 판결문을 작성할 이유가 어디 있겠습니까? 여러분의 판결이 적용
되어야 할 사람은 바로 교회 안에 있는 사람들이 아닙니까? 13 교회 밖에 있
는 사람은 하나님께서 심판하실 것입니다. "악한 자를 내쫓으십시오."

지금 교회 내에 입에 담기도 어려울 정도의 비도덕적인 행태가 자행되고 있다는 소식이 **들렸다**(1절). 앞에서 제시한 두 가지 원칙 중 첫 번째 원칙에 상응하여, 바울은 이런 행태를 '그리스도인' 공동체의 정체성 자체에 대한 위협으로 간주한다. 그것은 자기모순을 공공연히 선전하는 것과 같다. 어떻게 교회가 그런 행태를 암묵적으로 지지하거나 혹은 무관심할 수 있다는 말인가? 어떻게 성도가 **그냥 보고만 있으면서**(2절) 이에 대해 **자기만족**을 느낄 수(6절) 있다는 말인가? 바울에게 보고된 행태는 '그리스도인' 교회가 가

지고 있는 정체성의 일부를 이루는 가치와 생활방식에 정면으로 위배되는 것이다.

당사자를 내쫓으라는 지시는 두 가지 목적을 함축한다. 한 가지 목적은 잘못을 저지른 사람의 **영이 주의 날에 구원을 얻도록 하기 위함이다**(5절). 두 번째 목적은 묵은 누룩을 제함으로써(7절) 그리스도인 공동체가 하나님의 새 창조를 반영하는, **새로 빚은 반죽**으로서 새로움을 되찾기 위함이다. **묵은** 누룩을 제하라는 지시를 무시하면서 **유월절을 기념하려는 것**은 자기모순이다. 도대체 누가 **묵은 누룩**을 가지고 **유월절을 기념할 수 있다**는 말인가? 어떻게 고린도교회가 **묵은 누룩**이 섞여있는 것을 내놓고 무시하면서 그들의 유월절 어린양이신 **그리스도** 안에서의 **새로운** 생명을 기념할 수 있다는 말인가?

이것이 5장 1절부터 11절까지의 대략적 흐름이다. 하지만 바울이 말하는 바를 좀 더 자세히 살피면 특정 구절들의 의미가 더 분명히 드러난다. 어떤 학자들은 고린도의 일부 신자들이 그처럼 터무니없는 잘못을 **방관하고**(2절) 용납하는 것은 부유한 후견인을 자기편으로 만들기 위한 수단의 하나였으리라고 생각한다. 이를 지향하는 한 가지 독특한 견해에 의하면, 범죄의 당사자와 그 **계모**(1절)와의 관계는 상속법을 유리하게 적용되게 함으로써 재산의 상당 부분이 교인의 수중에 머물러 있도록 하려는 의도를 품은 것일 수도 있다.

이러한 해석을 뒷받침하는 문맥상의 근거가 있다. 6장의 핵심 사안들인 법정 소송과 윤리적 문제 배후에는 탐욕과 통제라는 쟁점이 깔려 있는데, 이들은 지금 본문의 상황과 매우 밀접하게 연관되어 있는 것처럼 보인다는 것이다. 5장과 6장 사이에 넓은 의미에서 내용상의 통일성이 존재한다는 것도 사실이다. 그렇지만 교회가 그런 잘못을 두고 **통곡만하기는**커녕 오히려 **방**

관만하는 태도를 취했던 사실에 대해서는 보다 단순하고 그럴듯한 이유를 찾아볼 수 있다. 고린도 교회의 어떤 신자들은 바울에게서 배운 신학을 거의 왜곡에 가까울 정도로 과장했던 것으로 보인다. 만약 그랬다면, 그런 일들을 **방관하며** 안타깝게 여기지 않았던 것은 그리스도인의 자유에 관한 바울의 가르침을 잘못된 방향으로 적용한 결과일 수 있다. 이런 면모는 6장 12절과 10장 23절에 인용된 그들의 말에서도 분명하게 드러난다. 그들에게는 '모든 것을 할 수 있는 자유'가 있다는 것이다. 그들은 그리스도인이라면 설사 죄를 저지른다고 해도 율법에 의해 정죄당할 수 없다고 주장했다. 그리고 지금 그들은 이런 대담한 '복음'을 그대로 실천하고 있는 것일 뿐이다! 어떤 해석을 취하건, 고린도교회는 자신의 정체성을 오해했거나 기껏해야 피상적으로밖에는 이해하지 못했음이 분명하다. 그들은 십자가라는 방식에 기초한 기독교적 정체성을 드러내지 못한 것이다(1장 18~31절, 2장 1~5절).

자신의 정체성에 대한 오해나 무관심은 교회로 하여금 불법적인, **이방인에게조차 용납되지 않는 그런 종류의 성적 관계**를 용납하거나 묵인하도록 만들었다(1절). 2세기의 로마 법률가 가이우스는 이렇게 말했다. "아버지나 어머니의 여자 형제와 결혼하는 것은 불법이다…또한 한때 [라틴어로 *quondam*] 나의 장모나 계모였던 여인과도 결혼할 수 없다"(*Institutes* 1.63). 바울 이전의 시대를 보면, 키케로(Cicero)는 '장모가 사위와 결혼하는 것'에 대해 혐오감을 표현하며, '믿을 수 없는 일'이라고 했다(*Pro Cluentio* 5.27). 성적으로 분방했던 시인 카툴루스(Catulus) 역시 이에 대해서는 가증스러운 일이라고 말하며 분명한 선을 긋는다(*Poems* 74, 88-90). 바울의 격노한 표현 역시 바로 이런 시대의 정서를 반영한다. 그리스도인이라는 증거와 정체성을 생각해 볼 때, 교회 밖에 있는 사람의 인식 역시 중요한 고려사항이 되는 것이다.

하지만 바울은 성경의 지침 또한 받아들이고 있다. 전통적으로 『통상 기도책』(*Books of Common Prayer*, 1662)이라는 영어책에 포함되기도 한 레위기의 '근친과 친족 간의 성적 결합 금지' 규정은 종족의 근친성과 관련한 어떤 인류학적 이론에 근거한 것이 아니다. 이들 규정은 대가족이라는 틀에서 혹 발생할 수 있는 서로의 성적 끌림을 '선을 넘는' 것으로 간주함으로써 이미 성립된 결혼 관계를 안정되게 보호하려는 데 그 목적이 있다. 그러니까 이들 레위기의 규정은 자의적으로 자유를 제한하려는 것이라기보다는 오히려 안정감과 신뢰를 촉진하기 위한 장치인 것이다.

여하간, '자율성'과 '자유'에 집착하고 있는 고린도교회의 신자로서는 이 모든 규정을 무시하는 행태가 슬퍼해야 할 이유라기보다는 대담함을 드러내는 것으로 보였을 것이다. 그래서 바울은 교회나 범죄자 모두 잘못이 있다고 엄중히 선언한다. 바울의 이 선언을 통해 지금 법적이며 공적인 판결이 엄중히 선포되는 것이다(3~5절).

이런 종류의 선언(전문적으로는 '수행적' 언어라고 불리는)에서 늘 그렇듯, 이런 선포 행위가 효력을 발휘하려면 어떤 조건이 만족되어야만 한다. 바울은 그 조건을 네 가지로 제시한다. 첫째, 바울 자신이 **성령**을 통해 그 행위의 동참자가 된다(3a절). 둘째, 편지를 통한 사도적 의사소통은 그 자체로 사도적 임재에 해당한다(3b절, 4절. 앞의 논의를 보자). 셋째, 교회가 하나의 연합체로서 공식적으로 **다 함께 모인다**. 넷째, 그들은 **다 함께 우리의 주님이신 예수님의 능력**에 호소한다.

이러한 네 가지 조건 아래에서 형이 선고된다. 여기에는 하나의 단계나 목적 이상의 의미가 함축되어 있다. 첫째, 이들은 범죄자를 **사탄에게 내어준다**. 둘째, 그 당면 목표는 **육체적인 것을 멸하는 것이다**. 셋째, 궁극적이고도 긍정적인 목적은 그의 **영**(헬, *프뉴마*)**이 주의 날에 구원받는 것이다**(5

절). 그렇지만 이런 표현들은 각각이 주석적 난관을 지나는 것이다.*

많은 사람은 **육체적인 것**(헬, *사륵스*)을 멸하는 것이 육체적 질병 혹은 죽음을 가리키는 것으로 해석한다. 하지만 이것이 죽음을 가리킨다면, 이런 판결이 어떻게 그 사람의 최종적인 구원을 위한 것이 될 수 있겠는가? 그런 의미가 되려면 여기서 바울이 죽음 이후 회개를 위한 어떤 기회를 가리키고 있다고 전제해야 할 것이다. 로마서 8장 5절부터 9절까지 및 다른 여러 곳에서 바울은 *사륵스*('육체')라는 말을 육체적 존재가 아니라 자기 자신의 목적을 추구하는 삶의 방식, 곧 하나님께 의존하지 않고 자급자족하는 태도로 살아가는 삶을 가리키는 말로 사용한다(롬 8장 5~9절 참고). 아마도 바울은 그 범죄자가 공동체의 승인과 지원이 사라진 상황에서는 자신의 자급자족적이며 독자적인 태도가 유지될 수 없음을 깨닫고 마음을 돌이키기를 기대했을 것이다.

사탄에게 내준다는 개념 역시 질병과 죽음을 시사한다. 특히 유대교 전통에서는 더욱 그러하다(욥 2장 5, 6절, 희년서 11장 11, 12절, 48장 2, 3절, 베냐민의 유언 3장 3절). 하지만 바울이 사탄의 움직임에 대해 말하는 경우는 드물다. 더욱이 그러한 언급들에는 속임, 고소 혹은 교만의 분쇄 등을 포함한다. 고린도후서 12장 7절부터 10절까지에서 '사탄의 사자'가 가져오는 것은 죽음이 아니라 스스로 영광을 취하라고 자극하는 것이다. 사탄은 또한 처벌 혹은 하나님 나라에서 배제되는 것과 연관되어 언급되기도 한다. 위에서 제시한 해석에서 분명히 드러나는 유일한 난점은, 여기서는 *프뉴마*(*pneuma*)가 인간의 **영**을 가리키는 말로 사용되고 있는 반면, 바울에게서는

---

* 별주. 1973년에 나는 이들 구절들에 대한 20쪽 분량의 연구를 발표한 적이 있다. "The Meaning of Sarx in 1 Cor 5:5: A Fresh Approach in the Light of Logical and Semantic Factors", *Scottish Journal of Theology* 26 (1973): 204-228.이는 *First Epistle*, 390-400에서 새롭게 다루어지고 있다.

그런 경우가 드물다는 점이다. 하지만 이것이 바울의 평소 용법은 아니기는 해도, 그런 용법이 존재한다는 것 역시 엄연한 사실이다.

알지 못합니까?(6절)라는 표현은 고린도전서에 모두 열 번 나타난다. 이는 보통 고린도인들에게도 자명한 것이어야 할 원칙을 소개하는 데 사용되는 문구다. 여기서 제시된 자명한 원리란 옛 것과 새 것 사이의 대조인데, 바울은 이것을 **유월절**에 사용하는 새 누룩이라는 은유로 설명한다(6~8절). **누룩**이란 **그 자체의 양과는 비교할 수 없을 만큼의 효과를 내는 것이며, 그 효과를 막을 길도 없다**(마 13장 33절). 그래서 여기서 바울이 사용한 누룩 형상은 두 가지 역할을 수행한다. 첫째, 이는 고린도인들이 제기한 반대에 대한 답변을 제시한다. 그들은 한 사람의 범죄가 어떻게 교회 전체에 영향을 미칠 수 있겠느냐고 물었던 것이다. 둘째, 이는 그리스도 안에서 이루어진 새 창조의 '새로움'을 강조한다.

유월절이 되면 묵은 누룩은 집안에서 흔적도 없이 제거되어야 하는데, 이는 새로운 시작의 급진적 성격을 강조하는 것이다. 여기서 **제하라**는 도덕적 명령이 힘을 발휘하는 것은 **여러분이 누룩이 없는 자**라는 신학적 진술이 사실이기 때문이다(7, 8절). 이 원칙은 종종 '직설법이 사실이기 때문에 명령법이 제시될 수 있다'는 식으로 표현된다. 이러한 논리는 성경신학적 근거가 있다. 하나님께서 여호수아에게 '<u>들어가 땅을 차지하라</u>'고 명령하신 것은 하나님께서 이미 그 땅을 <u>주셨다</u>는 사실에 근거한다(수 1장 6~13절). 새 것은 '역동적'이고 옛 것을 '밀어낸다'. 옛 것은 단지 있는 모습 그대로 머무르려는 경향이 있다(Harriveille, *Newness*, 69-79). "너의 모습 그대로가 되라"라는 신학적 진술은 때때로 "너의 재산을 소유하라"라는 말(케직 사경회의 전통에서처럼)로 표현되기도 한다.

구약성경에 익숙한 그리스도인들이라면, 이처럼 급진적인 '옛 것'과의 분리나 '새 것'에 대한 몰입에서 이스라엘 전체가 출애굽과 유월절에서 체험했던 결정적인 '구속'의 모범을 떠올릴 것이다. 이스라엘은 하나님의 능하신 행동을 통해 애굽에서 해방되어 하나님의 백성이라는 새로운 지위와 정체성 및 삶의 방식에 이르게 되었다. '옛' 방식으로 되돌아가는 사람들과 함부로 **어울리지 말라**는 경고는 바로 이런 인식을 바탕에 깔고 있다.

또한 바울은 자신의 이전 지침에 대한 한 가지 '오해'를 해명한다. 바울은 교회가 세상에서 벗어나 일종의 게토(Getto) 공동체로 축소되기를 원하는 것이 아니다(10, 11절). 더 나아가, 불신 세상에서 나타나는 습관적인 악습을 아직 버리지 못한 그리스도인과 '어울리지 말라'는 지시도 아니었을 것이다. 관계맺다라고 할 수 있을 헬라어 동사는 드물게 수동태로 사용되지만 여기서는 두 개의 전치사가 결합된 복합 동사로서 매우 강한 의미를 전달하는 것으로 보인다. 그러니까 어울리지 말라는 정도가 아니라 무분별하게 '함께 섞이지' 말라는 권고인 것이다. 바울의 관심사는 그리스도인으로서 신자들이 드러내는 증거가 쉽게 모호해지는 상황을 방지하는 것이다. 그렇게 되면 외부 사람들이 무슨 생각을 하겠는가? 그리스도인들은 일상적 삶에서 분리된 게토 같은, 소위 '순수한' 교회가 되어서도 안 되지만, 자신의 기독교적 정체성의 표지를 유지하는 일 또한 포기해서는 안 되는 것이다.

바울은 자주 '악행 목록'을 제시한다. 가령 21가지 악행을 열거하고 있는 로마서 1장 29절부터 31절까지나 갈라디아서 5장 19절부터 21절까지가 그 좋은 예이다. 어떤 학자들은 바울이 이런 악행 목록을 활용하는 것은 그 목록 속의 개별적 '악행'을 구체적으로 염두에 두었기 때문이 아니라 그저 전체적인 수사적 효과를 위해서일 뿐이라고 생각한다. 콘젤만 역시 이런 관점을 보여준다(*1 Corinthians*, 100-01). 하지만 브레인 로스너(Brian Rosner)는 바울이 선정한 악행의 실례가 얼마나 철저히 구약적 윤리, 특별히 신명기의 관점을 반영하고 있는지를 보여주었다(*Paul, Scripture, and Ethics*, 61-93). 특별히 이 목록 안의 여러 악행은 지금 자기가 가진 것보다 더 많은 것을 **가지려 하는** 탐욕과 관련이 있다. 이 주제는 고린도 사회 전체를 특징짓는 한 요소일 뿐 아니라, 고린도전서 내에서도 5장과 6장 1절부터 11절까지를 연결하는 다리 역할을 한다. 이와 비슷하게 **갈취**는 사업상의 관행이나 전반적인 삶의 방식 면에서 다른 사람을 착취하는 행태를 가리킨다. **우상숭배**는 8장 1절부터 11장 1절까지의 논의를 미리 내다본다. 그러니까 바울이 열거한 이 악행들이 그저 수사적 효과만 노린 목록이 아니라는 것이다(또한 6장 9~11절을 보자).

15. 묵상을 위한 제언(5장 1~13절)

1. 해이함에 관하여

교회 안의 영적 해이에는 두 가지 원인이 있을 수 있다. 반대 의견을 표하는 사람들을 모두 추방해 버린 소위 '순수한' 교회에서도 그런 분위기가 형성될 수 있고, 누가 무슨 일을 해도 아무도 괘념치 않는 지나치게 포용적인 교회에서도 그런 모습이 나타날 수 있다. 쉽게 남을 정죄하는 분위기가 그 나름으로 해이함을 야기할 수 있는 것처럼, 지나친 관용 역시 또 다른 형태의 해이함을 낳을 수 있다. 이런 두 가지 실수를 피하기 위해서 우리에게는 어떤 태도가 필요한가? 교회가 그저 서로 즐기며 자화자찬을 늘어놓는 사교 클럽으로 전락하는 경우는 언제인가? 어떤 경우에는 고통이 없기 때문에 해이해지기도 한다. "하나님께서는 우리가 기쁠 때는 속삭이시지만, 우리가 고통 중에 있을 때는 고함을 지르신다."(C. S. Lewis)

2. 부유하고 힘 있는 이들에게 지나친 관심을 쏟는 태도에 관하여

부도덕한 지체가 제공하는 금전적 이익을 놓치기 싫었던 것이 고린도교회가 안고 있던 문제 중 하나는 아니었을까? 오늘날 교회는 부유하거나 영향력 있는 구성원을 지나치게 예우하고 있는 것은 아닌가?

3. 교회나 직장에서 투명한 일 처리에 관하여

바울은 성도들에게 투명하게 행동하고 합의된 절차를 따르라고 말한다. 혹 우리는 책임을 줄이기 위해 혹은 도덕적 위험 부담을 피하기 위해 '비공개적인' 방식으로 일을 처리하려고 들지는 않는가?

2. 조종하려 들고 탐욕스러운 태도에 대한 경고(6장 1~11절)

1 여러분 중 누군가가 다른 사람과 분쟁이 있을 때, 그 사람은 하나님의 백성
들 앞에서 중재를 받는 대신 어떻게 감히 정의를 실현할 수 있을지도 의심스
러운 법정에서 판결을 받으려 합니까? 2 '성도가 세상을 심판할 것'이라는 사
실을 모릅니까? 세상이 여러분에 의해 심판을 받는 마당에, 여러분은 사소한
사건을 심판할 자격조차 없다는 말입니까? 3 우리가 천사를 심판할 것이라는
것을 알지 못합니까? 굳이 제가 여기에 일상적인 일을 더해야 하겠습니까? 4
여러분이 일상적인 생활의 문제로 소송을 벌인다면, 그러면 여러분은 교회에
서 '하찮은 사람들'을 재판관의 자리에 앉히는 것입니까? 5 제가 이런 말을 하
는 것은 여러분을 부끄럽게 하려는 것입니다. 어쩌다가 여러분 중에 두 동료
신자 간의 문제를 중재할 수 있을 만큼 '지혜로운 사람'이 하나도 없는 지경이
되고 말았습니까? 6 그런데 그리스도인이 다른 그리스도인과 소송을 벌여야
하겠습니까? 그것도 불신자 앞에서 말입니다! 7 사실 여러분이 서로 간에 소
송이 붙었다는 바로 그 사실로 여러분은 이미 도덕적으로 완전히 패배한 사람
들입니다. 왜 차라리 여러분의 권리를 스스로 포기하려 하지 않습니까? 왜 차
라리 속임수를 당하고 말지 않습니까? 8 그런데 여러분은 오히려 다른 사람에
게 정의를 허용치 않고 동료 그리스도인들을 속이고 있습니다. 9 악을 행하는
사람은 하나님 나라를 상속받지 못한다는 사실을 알지 못합니까? 착각하지 마
십시오. 부도덕한 성관계를 맺는 사람도, 우상숭배와 관련된 일을 행하는 사람
도, 간음을 행하는 사람도, 성적 도착자도[혹은, 소아애적 성도착자도], 남자와
성관계를 맺는 사람도, 도둑질하는 사람도, 탐욕하는 자도, 술에 빠진 사람도,
비방하는 사람도, 자신의 이득을 위해 남을 착취하는 사람도 하나님 나라를 상
속받지 못할 것입니다. 11 여러분 중에도 이런 사람이 꽤 있었습니다. 하지만

> 주 예수 그리스도의 이름으로, 그리고 우리 하나님의 영에 의해 여러분은 깨끗하게 씻겼고, 여러분은 거룩하게 구별되었으며, 여러분은 올바른 자리에 서게 되었습니다.

얼핏 보면 6장은 서로 상관이 없는 세 가지 별개의 주제를 다루는 것처럼 보인다. 소위 '법정 소송'의 문제(6장 1~8절), 부도덕한 행동(6장 9~11절), 그리고 자유와 규율의 문제다(6장 12~20절). 하지만 이런 식의 편리한 구분은 피상적인 판단의 결과다. 6장 1절부터 8절까지의 전체 주제는 소송 자체가 아니다. 이 단락 배후의 법률적 배경을 고려하면, 이 단락은 자기의 이득을 위해 동료 그리스도인을 좌지우지하려는 것에 대한 경고에 해당한다. 경제적, 사회적 지위가 우월한 신자가 자신의 지위를 남용하는 것이다. 이는 자신의 것이 아닌 것에 욕심을 내는 '탐욕'스러운 태도에 해당하고, 그래서 바울은 탐욕스러운 태도나 행동과 관련된 일련의 개념들에 대해 이야기한다. 이 중 일부는 도를 넘어서는 성적 탐욕에 관한 것이다. 그리스도인이라면 그와 같은 탐욕적 행태를 모두 멈추어야 한다. 하나님의 새 창조의 한 부분이라는 그들의 정체성과 어울리지 않기 때문이다(11절).

1세기 중엽 로마 식민 도시에서 행해졌던 시민 간의 법정 소송 관습을 살펴보면, 본문의 의도가 통상적으로 생각하는 것과는 사뭇 다르다는 사실을 발견하게 된다. 고린도의 법정 소송 문제는 고린도가 행정적으로 로마의 식민지라는 사실과 관련이 있다. 당시 로마의 형법은 비교적 공정하고 객관적이었다. 하지만 시민 사이의 관계를 규제하는 민법의 경우는 전혀 사정이 달랐다. 민사소송에서는 판사뿐 아니라 배심원까지도 모종의 대가를 기대하고서 특정인에게 유리한 판결을 내리는 것이 보편적이었다. 이는 조건을 붙여 아예 돈으로 주는 것일 수도 있었고, 이런저런 비용을 대신 지불해 준다거나, 경제적, 사회적 영향력을 행사하여 빚을 갚게 해 준다거나, 혹은 새로운 사업의 기회를 열어주거나 하는 것처럼 다양한 형태를 띨 수 있었다.

이런 배경을 염두에 두고 본문을 읽으면, **정의의 실현 여부가 의심스러운 법정에서 판결을 받으려**(1절) 하는 태도는 대단히 무모한 행동이었다(**어떻게 감히**, 1절). 이는 돈이 많고 사회적 지위가 높은 그리스도인들이 더 취약한 상황에 있는 그리스도인들을 휘둘러 소송에서 이기려 하는 그런 행동에 해당하는 것이었다(6~8절). 이전의 더 부드러운 질책(4장 14~21절)과는 달리, 지금 바울은 그 당사자를 **부끄럽게 만들고** 싶어 한다(5절).

여기서 우리는 그리스도인들이 **세상을** 혹은 **천사를 심판한다**(2, 3절)는 거창한 표현에 너무 신경을 쏟을 필요가 없다. 여기서 바울의 의도는 역설과 풍자일 뿐이다. 앞에서 바울은 고린도인들의 태도를 '왕처럼 다스리는' 모습과 같다고 비꼰 적이 있다(4장 8~13절). 여기서는 한 걸음 더 나아가 교회가 **불신자** 혹은 **하찮은 사람**으로 간주되는 사람들 앞에서 조그만 문제를 놓고서도(2b절) 소송을 벌이려고 하는, 그러면서도 다니엘이나 묵시문학 전통에서처럼 신자들이 세상을 '심판'하고 '통치'할 것이라고(마 19장 28절, 계 2장 26절, 20장 4절 참고) 큰소리치는 사람들을 부끄럽게 만들고자 한다.

몇몇 교부들은 세상의 마지막에 그리스도인들이 다른 사람들을 '심판'할 것이라는 언급이 신자 개인이 독자적으로 심판자가 될 것이라는 의미가 아니라 심판의 주가 되시는 그리스도의 영광에 간접적으로, 그리고 공동체적으로 참여한다는 의미라고 지적한다. 그러나 여기서 바울이 이런 우주적 드라마의 일면을 드러내 보이는 것은 다분히 풍자적인 의도 때문이다. 옹졸하고 또 심지어 자기모순적인 고린도인들의 태도를 돋보이게 하려고 노력하는 것이다. **어쩌다가 여러분 중에…'지혜로운 사람'이 하나도 없는 지경에 이르고 말았습니까?**라는 물음은 1장 18절부터 28절까지에서 나온 십자가의 역전을 생각나게 한다. 그리스도께서 '아무것도 아닌 것들'을 '지혜로운' 사람들로 바꾸신 것이 아니었던가? 6장 4절에는 1장 28절에서 사용되었던 바로 그 단어가 사용된다. 고린도인들이 교회가 '아무것도 아닌 것들'로 간주하는 사람들을 고린도인들이 그들의 재판장으로 세우고 있다는 것이다. 그러고 나서 바울은 탐욕으로 인해 다른 사람을 조종하려는 고린도인들의 태도를 폭로한다. 바울이 보기에 이런 행동은 그야말로 사악한 것이다. **다른 사람에게 정의를 허용치 않고 동료 그리스도인을 속이는 것**(8절)보다는 **자신의 권리를 포기하는 것**(7절)이 차라리 낫다.

현 상황으로 인해 촉발된 바울의 분노는 이제 하나님의 새 창조라는 그리스도인의 지위에 어울리지 않는 '탐욕적' 행태 전반에 대한 경고로 확대된다. 여기서 우리는 9, 10절의 목록이 습관이나 관습적 행태를 가리키는 것이지 개별적 행동을 지칭하는 것이 아님을 명심해야 한다. 한 번이라도 유혹에 빠져 간음이나, 도둑질이나, 비방의 말이나 다른 사람을 갈취한 적이 있는 사람은 하나님 나라에서 배제될 것이라는 의미는 아니다.

알지 못합니까?라는 도입구를 보면 여기에 제시된 '목록'이 그리스도인의 삶에 관한 공적인 교리문답 혹은 다른 기본적 교육의 내용이었음을 알 수 있다. 이는 세례에 앞서 시행된 표준적인 교육의 일부였을 수도 있다. 사업이든 대인 관계든, 혹은 어떤 일을 위해 사람을 고용하는 일이든, 성도의 새로운 삶은 더 이상 악행, 습관적인 술 취함, 비방 혹은 다른 사람에 대한 착취 등이 특징일 수 없다. 물론 이것들은 개별적 행위가 아닌 지속적인 삶의 양식을 가리키는 표현이다.

무턱대고 다른 구절들을 끌어다가 지금의 구절을 해명할 수는 없는 일이지만, 요한일서에 나오는 병행구는 본문을 이해하는 데 상당한 도움을 준다. 바울은 이와 같은 악을 행하는 사람은 **하나님 나라를 상속받지 못한다**고 선언한다(9a절). 요한일서 3장 6절은 이렇게 말한다. "그분[그리스도] 안에 거하는 자는 죄를 짓지 않습니다." 하지만 요한일서는 이미 모든 그리스도인이 죄를 범한다는 것을 인정한다. "만일 우리가 죄 없다 하면, 우리는 스스로 속이는 것입니다."(1장 8절) 그래서 많은 번역들은 3장 6절을 죄를 범하지 '못한다'고 번역함으로써 이것이 인과적 진술이 아니라 논리적 추론이라는 사실을 드러내려고 했다. 바울이나 요한 모두 도덕적 실패가 구원의 상실을 의미한다는 말을 하려는 것이 아니다. 만약 그랬다면 용서라든가 은혜로만 주어지는 칭의가 아무런 의미가 없었을 것이다. 요한과 마찬가지로, 바울 역시 변화된 삶을 살려는 의지 없이 의도적인 악을 일삼는 사람은 그리스도를 따르겠다는 고백 자체가 의심의 대상이 될 수밖에 없다는 사실을 경고한다. 그리스도인이라면 앞을 향해 새 창조와 하나님 나라를 바라보려고 하지, 고개를 돌려 그들이 원칙적으로 벗어나게 된 죄를 쳐다보려 하지는 않을 것이다. 바울은 5장 7절부터 9절까지에서 유월절 어린양이신 그리스도께서 새로운 삶의 문을 여셨다고 말함으로써 이 점을 미리 시사했었다.

9절의 번역은 쉽지 않다. 첫 번째 단어(헬, *포르논*)는 보편적으로 '선을 넘어가는' 모든 종류의 **부도덕한 성관계**를 의미한다. 세 번째 단어(헬, *모이코이*)는 결혼한 사람과 이런 부도덕한 성관계를 맺는 것, 곧 **간음하는 사람들**을 가리킨다. 그 다음 두 단어의 의미는 뜨거운 논란거리이다(헬, *말라코이*, *아르세노코이타이*). 어쩌면 이들은 동성애적 관계 내에서의 두 역할을 가리키는 것일 수 있다(Barrett, *First Corinthians*, 140). 아니면 둘 중 첫 번째 단어는 **남자를 대상으로 하는 성관계**, 곧 남창과 맺은 관계 아니면 **도착된 성관계**를 의미할 수도 있다. 어느 쪽이 맞건, 두 번째 단어는 **남자와 성관계를 맺는 행태**를 가리킨다. 전반적인 논조가 착취 혹은 자기의 욕망을 위해 다른 사람을 이용하는 것을 드러내려는 것임을 고려한다면, 소년들을 사서 성관계를 맺는 남자를 가리킬 가능성도 있다. 하지만 헬라어 단어 자체만으로는 구체적인 의미를 규정할 수 없다. 이를 구체적으로 번역하려 든다면, 오히려 '본문의 의도를 넘어서는' 번역이 될 것이다. 이 단어들에 대해서는 서로 다른 견해를 옹호하는 방대한 양의 문헌이 존재한다. 내가 쓴 *NIGTC* 주석(*First Epistle*, 438-55)에 본문의 해석과 이에 대한 연구문헌들에 대한 주를 붙여 놓았다.

본 단락의 마지막 구절은 이런 음울한 목록과는 사뭇 다른 기뻐할 만한 위로를 전달한다. **여러분 중에도 이랬던 사람이 꽤 있었습니다**. 바울이 사용한 헬라어 시제는 과거진행형이다. 즉, 한때 그런 적이 있었다는 정도가 아니라 과거의 지속적인 삶의 방식을 나타내는 표현이다. 그리고는 단순과거형 시제의 중간태 복합 동사를 동원하여 이런 과거의 상태와 현재의 변화된 상황을 강력하게 대조한다. **여러분은 깨끗하게 씻겼습니다**(11절). 이 표현이 단회적 세례를 통해 대표되고 상징되는 새로운 시작의 결정적 순간을 가리키는 것은 사실이지만, 그렇다고 해서 이 단순과거 동사 자체가 '세례'를 가리키는 것으로 좁게 해석할 필요는 없을 것이다.

바울의 진술은 계속된다. **여러분은 거룩하게 구별되었으며, 여러분은 올바른 자리에 서게 되었습니다**. 고린도전서에서도 로마서에서만큼 은혜로 말미암은 이신칭의가 중요하다. 모든 것은 하나님의 은혜(헬, *카리스*)로 값없이 주어지는 선물(헬, *카리스마*)이며, 여기에 사람이 공헌할 수 있는 것은 아무것도 없다. 하나님께서는 사람들과 다른 상황들을 '올바르게' 하시며, 이렇게 새로 '올바르게 된' 관계가 다른 모든 관계를 결정한다.['올바르게 한다'는 것은 칭의의 한 측면을 풀어 설명한 것으로, 헬라어로는 모두 칭의와 관련된 개념이다—역주] 더 나아가 바울은 그리스도인에게 주어진 이런 새로운 정체성을 그리스도와의 연합이라는 개념으로 설명한다(12~20절).

16. 묵상을 위한 제언(6장 1~11절)

1. 조종의 유혹에 관하여

다른 사람을 선택의 여지가 없는 상황으로 몰고 가는 것은 일종의 '간접적인 폭력'을 휘두르는 것과 같다. 혹 우리는 친구, 남편이나 아내, 혹은 부모나 자녀를 힘으로 좌지우지하려 들지는 않는가? 우리는 다른 사람을 조종하려고 하면서도 그것을 의식하지 못하고 있는 것은 아닌가?

2. 중재와 직접적 대결에 관하여

예수님께서는 중재자로서 좋은 모범을 보여 주셨다. 모세 역시 '가운데 서서' 이스라엘에 대해 하나님을, 그리고 하나님께 대해 이스라엘을 대표했던 사람이었다. 때로는 이런 역할이 '이러지도 저러지도 못하는' 상황을 야기하기도 했다. 혹 우리는 개인적으로나 업무상으로 관계가 경색될 때, 중재보다는 직접적인 대결로 기우는 성급함을 보이지는 않는가? 서로의 관계에서 문제가 생길 때 법정이 최종적인 해결사가 되어야 할 것인가?

3. 내 것이 아닌 것들에 대한 탐욕에 관하여

선을 넘어서 우리의 것이 아닌 것들에 욕심을 내는 탐욕이 9, 10절에 제시된 악행 목록의 공통분모다. 이들 악행 중에서 어떤 것은 다른 것보다 더 심각하다고 말할 수 있겠는가? 아니면 동일한 이기심과 탐욕이 그저 다른 생활 영역에서 다른 방식으로 표출된 것에 불과한가?

4. 삶의 새로움에 관하여

그리스도인들도 죄를 범하지만, 그럼에도 불구하고 우리는 근본적으로 새로운 삶을 위해 부름받은 자들이다. 이는 추운 곳에서 따뜻한 방 안으로 들어오는 경험에 비유할 수 있다. 중요한 것은 우리에게 따뜻한 열기가 있다는 사실이겠지만, 아직도 녹여야 할 차가운 부분이 여전히 남아 있다.

3. 몸과 '바깥 세상'에서 실천해야 할 그리스도와의 연합(6장 12~20절)

12 "모든 것을 할 수 있는 자유가 있습니다." 하지만 모든 것이 유익한 것은
아닙니다. "무엇이라도 할 수 있는 자유가 있습니다." 하지만 저는 어떤 것도
저를 자유로이 휘두르게 하지 않을 것입니다. 13 "음식은 배를 위하여, 배는 음
식을 위하여. 하나님께서는 이것도 저것도 다 멸하실 것입니다." 14 하지만 몸
은 부도덕하기를 위한 것이 아닙니다. 오히려 몸은 주님을 위한 것이며 주님께
서는 몸을 위하십니다. 하나님께서 주님을 일으키셨고, 그분의 능력으로 우리
또한 일으키실 것입니다. 15 여러분의 몸이 그리스도의 신체부위와 기관이라
는 사실을 알지 못합니까? 그렇다면 내가 그리스도의 신체부위와 기관을 떼어
다가 매춘부의 신체부위와 기관을 만들어야 하겠습니까? 차마 생각할 수도 없
는 일입니다! 16 매춘부와 친밀한 관계로 연합한 사람은 그녀와 한 몸이라는
사실을 알지 못합니까? "둘이 한 육체가 될 것이다"라고 기록된 것처럼 말입
니다. 하지만 주님과 친밀한 관계로 하나가 된 사람은 한 영입니다. 18 성적으
로 부도덕하기를 멀리하십시오. 우리가 짓는 모든 다른 죄는 몸 밖에서 이루어
지는 죄입니다. 하지만 성적인 죄를 범하는 사람은 자신의 몸에 죄를 짓는 것
입니다. 19 아니면 여러분의 몸이 하나님께서 주셔서 여러분 안에 거하시는 성
령의 전이라는 사실을, 그리고 여러분은 여러분 자신의 소유가 아니라는 사실
을 알지 못한다는 말입니까? 20 여러분은 값을 주고 산 자입니다. 그러니 여러
분이 몸으로 살아가는 삶을 통해 하나님의 영광을 드러내도록 하십시오.

바울은 그리스도인들이 복음을 통해 자유를 부여받았다는 주장에 대한 반박으로 이 단락을 시작한다(이 주장은 이미 고린도에서 제기된 것일 수도 있고, 바울이 미리 예상하는 것일 수도 있다). 복음이 율법을 없앤 것이라면,

우리는 절대적이고 제한 없는 '자유'를 누리게 된 것이 아닌가? 우리의 자유란 모든 것을 할 수 있는 자유가 아닌가? 아마도 고린도의 신자들은 이런 식의 생각을 바탕에 깔고서 바울이 복음에서 벗어나 답답한 도덕주의로 물러나고 있다고 대답했을 것이다.

1세기의 헬라어에는 인용부호라는 것이 없었다. 그리고 대문자로 문장을 시작하도록 하는 방식으로 대화를 구별하는 현대의 헬라어 인쇄 방식은 모든 글자를 대문자로 쓰던 당시의 방식 이후에 생겨난 관습이다. 그래서 어떤 문장이 인용인지 아닌지를 판단하는 일은 독자들의 몫이다. 6장 12절과 10장 23절에서 대부분의 주석가들은 "**모든 것을 할 수 있는 자유가 있습니다**"라는 표현이 고린도에서 사용된 표어였을 것이라고 생각한다. 이것이 전부가 아니다. "남자가 여자와 성관계를 맺지 않는 것이 좋다"(7장 1절)라는 말 역시 바울이 비판을 위해 인용한 구절이다. "우리는 모두 '지식'을 가지고 있습니다"(8장 1절)라는 것 역시 인용문으로, 바울은 이에 대해 "맞습니다, 하지만…" 하는 식의 대답을 내어 놓았다(Murphy-O'connor, "Corinthian Slogans"를 보자).

12절 하반절의 번역에서 바울의 헬라어에 담긴 *엑세스티*('가하다', 자유)와 *엑수시아조*['통제력이 있다', 수동태로는 '누구의 통제 아래 놓이다'(Danker, *A Greek-English Lexicon*, 353-54 참고)] 사이의 언어유희를 살리기는 쉽지 않다. 여기서는 이를 "**어떤 것이라도 할 수 있는 자유가 있습니다**", 그러나 **나는 어떤 것도 나를 자유로이 휘두르게 하지 않을 것입니다**라고 번역함으로써 이를 전달해 보려고 했다. 이는 "**모든 것을 할 수 있는 자유가 있습니다.**" **하지만 모든 것이 유익한 것은 아닙니다**라고 했던 12절 상반절의 내용을 반복하면서 이를 더 강력하게 표현한 것이다.

놀랍게도 고든 피(Gordon D. Fee)는 이 단락과 앞 단락의 관계가 '전혀 분명치 않다'고 말한다. 하지만 자유가 어떻게 자기 절제와 연결되는지에 관해 바울이 길게 이야기를 늘어놓는 것은 조작적이고 부도덕한 행동에 대한 자신의 경고를 고린도인이 어떤 식으로 피해 나갈지 예견했기 때문이다. “바울이여, 우리는 율법에서 자유롭습니다!” 하지만 바울은 그런 식의 방종은 ‘그리스도 안에’ 있다는 것의 의미와 상충한다고 역설한다. ‘자유’란 무조건 자신의 욕망을 채워도 좋다는 면허가 아니다. 새로운 그리스도인의 자아란 ‘그리스도 안에서’ 새로운 창조로서 새로운 정체성을 지니는 것이기 때문이다.

더욱 분명한 사실은 법정 소송을 ‘이용’함으로써 다른 사람을 좌지우지하려는 태도(1~8절)나 바울이 인용하는 타당치 못한 여러 부도덕한 행태(9~11절)는 모두 교회 밖의 개방된 영역에서 그리스도인으로 산다는 것이 무슨 의미인가 하는 물음과 관계된 것들이라는 점이다. 바울은 그리스도인으로서 다른 이들과 관계를 맺고 살아가는 사회적이고 공개적인 존재방식을 ‘**몸**’(*소마*)이라는 말을 통해 표현한다. 다소 현학적으로 말하자면, 이로써 **몸**의 신학을 소개하는 것이다. 기독교적 삶이란 그저 한 개인의 ‘내적’ 상태의 문제가 아니다. 이 삶은 공개적 영역에서 몸을 통한 행위와 행동을 통해 밖으로 드러난다. 그러니까 기독교적 신앙은 볼 수 있고, 만질 수 있고, 의사소통할 수 있고, 관찰할 수 있고, 인식할 수 있는 방식으로 표현된다. 그런 의미에서 그리스도인들은 하나님의 창조 질서의 한 부분으로 존재한다.*

따라서 **몸**은 영혼을 담기 위한 일시적인 육체적 ‘껍질’ 이상의 무엇이다. 몸은 가령, **배**(the stomach, 13절)와는 구별된다. 우리가 보기에는 13절 역시

* 별주. 한 탁월한 신약학자가 ‘몸’이란 단어를 바울이 어떻게 사용했는지 관찰한 것을 인용할 만한 가치가 있다. Ernst Käsemann은 “우리 자신이 세상의 한 부분이요, 우리는 그것에 대해 책임을 지닌다. 왜냐하면 그것은 창조자가 우리에게 주신 최초의 선물이었기 때문이다. …사람은 그의 ‘세속화됨’(그의 세속성 또는 그의 세상의 부분이 됨)에서 결국 그의 소통하는 능력(그의 관계성, 가시성, 인식할 수 있는 정체성)에서 자신을 표현한다.”[Käsemann, *New Testment Questions of Today* (London: SCM, 1969), 135] 우리는 바울에게 현대 철학의 개념을 부과하는 것을 피해야 하지만, 바울이 인간 자아의 본질을 다른 사람들과 관계하는 방법의 차원에서 인식하고 있다고는 말할 수 있다. 철학의 언어에 있어서, 신약성경은 데카르트에 의해 제시된 의미에서 고립된, 개인주의적이고 자발적인 자아에 대해 말하지 않는다. 그보다 폴 리꾀르에 의해 제시된 의미에서 상호의존적인, 책임질 수 있는, 안정한 자아에 대해 말한다.

고린도인이 내세운 구호를 계속 인용하는 것 같다. **"음식은 배를 위하여, 배는 음식을 위하여. 하나님은 이것도 저것도 다 멸하실 것입니다."** 이런 표어의 배후에는 아마도 우리의 '육체적' 몸이란 영혼이 잠시 머무는 집에 불과한 것이므로 그리스도인이 이 몸으로 무엇을 하든 아무 상관이 없다는 관점이 놓여 있었을 것이다. 혹은 이후의 '영지주의'와 통하는 그런 태도를 지닌 사람들은 극단적인 금욕을 요구할 수도 있었다(7장 1절). 이는 일견 방종과는 극단에 서는 것처럼 보여도, '영혼'만 구원의 도구이며 몸은 무가치하다고 본다는 점에서 이 둘은 결국 동일한 관점이라 할 수 있다.

13상반절부터 16절까지에서 바울은 이런 주장을 송두리째 뒤집어 엎는다. 첫째, **몸은 주님을 위한 것이다**. 그리고 **주님께서는 몸을 위하신다**(13b절). 몸은 우리에게 공개적인 삶의 영역을 제공함으로써 일상적 삶을 통해 가시적이고 구체적으로 주님께 순종할 수 있도록 해 준다. 몸으로 인해 제자도가 가능해지는 것이다. 둘째, 그리스도의 부활이 미래 신자들의 부활에 대한 모범이라면, 이는 죽음 이후의 생명 역시 어떤 식으로든 몸이 있는 존재방식을 취할 것이라는 의미가 된다. 위에서 말한 것처럼, 비록 배와 같이 육체적 기관에 지나지 않는 것들은 일시적이겠지만, 우리의 '몸'은 결코 일시적인 것이 아니다(이에 대해서는 15장에 더 긴 설명이 주어질 것이다). 셋째, 신자들의 **몸**은 **그리스도의 신체부위와 기관**에 해당한다(15절). 오래전 로빈슨(Robinson)은 '지체'(member)라는 표현은 바울이 의도하는 바를 더 이상 드러내지 못한다고 말한 적이 있다. 오늘날 영어권에서 이 단어는 가령 어떤 모임이나 클럽의 '멤버'라고 말할 때처럼, 대부분 비유적인 의미로만 사용된다. 따라서 속한 몸 전체를 망가뜨리지 않고서는 그 몸에서 분리할 수 없는 **신체부위와 기관**이라는 본연의 의미가 거의 느껴지지 않는다. 사실 **그리스도의 신체부위와 기관**이라는 바울의 표현은 무엄한 말에 가까운 표현이었다. 하지만 로빈슨은 강조하기를 "오늘날에는 몸의 비유가 너무 진부해져서 개인이 '지체'가 될 수 있다는 생각이 더 이상 무엄한 말이 아니게 되어 버렸다."라고 한다(Robinson, *The Body*, 51-5).

알지 못합니까?라는 물음은 6장 2, 3, 9절의 질책을 반복한다. 즉, 고린도의 교회가 뻔한 상식에 속하는 초보적인 가르침을 망각했다는 것이다. 고린도전서에서 바울은 지금 여섯 번째 이런 수사적 질문을 던지고 있다. 바울은 그저 그들의 몸이 **그리스도의 신체 기관**이라는 사실만 가르친 것이 아니다(15a절). 그는 또한 몸을 통한 행동이 중요하며, 구원이 단지 '내적'이고 개인적인 문제에 불과한 것이 아니라는 사실에 대해 가르쳤다. 마틴(Dale Martin)의 제안에 따르면, 여기서 바울은 인간에게는 '몸'보다 '영'이 더 중요하다는 헬라의 '종교적', 철학적 전제를 의도적으로 뒤엎고 있다(Martin, *The Corinthian Body*, 174-78).

15하반절은 이와는 다른 대안적 태도를 지적하며 성도들에게 도전한다. **그렇다면 내가 그리스도의 신체부위와 기관을 떼어다가 매춘부의 신체부위와 기관을 만들어야 하겠습니까? 차마 생각할 수도 없는 일입니다!** 바울이 사용한 강력한 부정의 표현은 문자적으로 "절대 그런 일이 없기를!"이라는 의미로서, "차마 생각할 수도 없는 일이다" 같은 식의 생각을 나타낸다. 어쩌면 난해한 것일 수도 있는 이 수사적 질문은 일곱 번째로 **알지 못합니까?** 하는 물음을 제기하고 있는 16절에서 그 설명을 찾을 수 있다. 이 물음은 기본적이면서도 핵심적인 기독교의 진리를 되새기도록 만든다. 매춘부와 맺은 관계든('한 몸', 16b절) 결혼 관계든('한 육체', 17b절), **성적으로 연합한다는 것**은 '하나'가 된다는 것을 의미한다. 여기 사용된 헬라어는 <u>접착제</u>로 나무를 연결하거나 혹은 용접으로 금속을 결합할 때처럼 무언가를 <u>하나로 붙인다</u>는 의미이다. 마태복음 19장 5절에 보면, 결혼할 때 남자는 아버지와 어머니를 '떠나' 아내와 친밀하게 연합한다. 부부가 '한 육체'가 되는 것이다. 여기 사용된 결과의 전치사는 6장 16절에서 사용된 것과 동일하다(막 10장 8절, 엡 5장 31절 참고). 물론 이는 창세기 2장 24절의 헬라어 칠십인역 본문을 그대로 가져온 것이다. 히브리어 본문도 거의 동일하다.

여기서 **한 몸**(헬, *헨 소마*, 16b절) 혹은 한 **육체**(헬, *사륵스 미아*, 16b절)는 한 사람이 된다는 뜻일까? 레비나스가 강조한 것처럼, 다른 사람과 '하나'가 되는 것이 마치 한 편이 다른 편을 '삼키듯' 자기 속으로 흡수하여 자기처럼 만들어 버리는 것이라면, 이는 삶을 향상하는 것이 아니라 오히려 파괴하는 것이 될 가능성이 높다. 그래서 바울은 표현을 정확하게 하기 위해 '**한 영**'이라는 또 하나의 병행구를 첨가한다(17절). 그리스도와의 연합을 나타내기 위해 사용된 동사는 16절에서 **친밀하게 연합한다**라고 번역했던 것과 같은 단어다. 그리스도와의 연합은 신자들의 존재 방식과 삶의 방식을 결정하지만, 이는 그리스도께서 신자들을 자신에게 동화시켜 그들의 자아를 눌러 버리거나, 없어지게 하거나, 혹은 '삼켜버리는' 것과는 다르다. 여기서 바울의 의도는 선명한 이분법적 사고를 통해 매춘부와 하나로 연합하면서 동시에 그리스도와 하나로 연합하는 것은 자기모순이라는 사실을 강조하는 것이다. 그래서 18절은 이렇게 시작한다. **성적으로 부도덕하기를 멀리하십시오.**

18절 후반부의 의미는 분명치 않다. 어떤 의미에서 성적 범죄가 **자기 몸에 대한 범죄**가 되는 것일까? 성적 범죄가 어떤 면에서 술취하기나 폭식이나 혹은 자살 등의 범죄와 다르다는 것인가? 일견 이런 식의 진술은 기독교나 바울의 가르침이 전통적으로 삶의 다른 영역보다는 성적인 영역에서 더 엄격함을 보인다는 인상을 강화하는 것처럼 보인다. 하지만 사실은 그렇지 않다.

첫째, **모든 다른 죄는 몸 밖에서 이루어진다**라는 말은 고린도인들의 잘못된 신학적 모토를 인용한 것일 수 있다. 그들은 기독교적 삶이 사실상 영혼이나 영과 관련된 '사적이고 내적인' 문제일 뿐 **몸**과는 무관하다고 생각했다. 때문에 여기서 바울은 이런 식의 생각을 배격하고 있다는 것이다.

둘째, **육체**라는 용어와는 달리 **몸**(*sōma*)은 그 총체속에, 그리고 타아와의 관계 속에 있는 인간 자신을 가리킨다. 따라서 성행위는 마음과 몸을 비롯해 그 사람 전체가 개입되는 것이고, 이제 그 사람의 자아는 혼자서가 아니라 함께 성행위를 하는 상대방의 자아와의 관계 속에서 형성되는 것이라고 말할 수 있다. 말하자면, 열거된 다른 종류의 범죄들보다 훨씬 더 '직접적인' 영향을 우리 자신에게 미친다는 것이다.

셋째, 최근 윌리암 로더(William Loader)는 구약의 헬라어 번역인 칠십인역의 전통에 근거하여 이 구절의 어려움을 해결해 보려고 시도했다. 이 전통에 따르면, 성관계는 '새로운 실체를 만들어 낸다'(곧 한 육체라는 실재). "창세기 2장 23절이 의미하는 바처럼, 성관계는 타인과의 하나됨이라는 새로운 실체를 만들어 냄으로써 사람을 변화시킨다."(*The Septuagint, Sexuality, and the New Testament*, 90-2) 칠십인역의 이 본문이 12절부터 20절까지에 제시된 바울 논증의 근거를 제공하고 있다는 것이다.

바울이 여덟 번째로 사용하는 **알지 못합니까?**(19절)라는 물음 다음에는 몸과 관련된 분명한 가르침이 잇따르고, 이후 다시 구속에 관한 가르침이 잇따른다(20절, 몸의 주제는 12장과 15장에서 더 상세히 제시될 것이다). **몸**은 하나님께서 주셔서 **여러분 안에 거하시는 성령의 전**이다(엄밀히, 전이란 신전 내부의 성소를 가리킨다). 성전이라는 주제에 관해서는 3장 16절을 보기 바란다. 물론 거기서는 성전의 공동체적 측면을 부각하는 데 비해 여기서는 더 개인적인 측면을 강조하여 나타난다. 그리스 로마 사회의 독자들이라면 이방 신들의 형상이 그 신전 '안에 거하고', 바로 이것이 그 신전으로서의 무게와 성격을 결정한다는 사실을 떠올렸을 것이다. 누가 감히 다른 형상을 들이댈 수 있겠는가?

하지만 여기서 당장 문제가 된 신자들 말고도 다른 동료 신자들 역시 **[그들] 안에 거하시는 성령의 전**이라는 점에는 하나도 다를 바가 없다. 그렇다면 이는 역시 어느 정도 염두에(6장 1절부터 8절까지와 9절부터 11절까지를) 둔 것일 가능성이 있다. 자신의 이득을 위해 동료 신자들을 좌지우지하려는 것은 **성령**께서 거하시는 거룩한 전에 대해 불경죄를 저지르는 행태가 된다는 것이다.

그리고 20절에는 가장 결정적인 선언이 잇따른다. **여러분은 값을 주고 산 자입니다**. 이 구절만 놓고 본다면, 여기서 바울의 말은 노예가 구속받아 자유로워진다는 통상적인 관점과는 어긋나는 것 같다. 아돌프 다이스만(Adolf Deissmann)에 의해 널리 퍼진 이런 통상적 견해에는 오해의 소지가 있다. 마틴(Dale Martin)이 잘 지적하는 것처럼, 다른 사람에 의한 구매 혹은 **값을 주고 산 행위**는 한 주인에게서 다른 주인에게 소유권이 이전되는 것을 의미한다. 그리스도인이 값을 통해 노예의 신분에서 벗어나게 된 것은 이제 새로운 자율적인 '자유'를 누리며 스스로 세상을 살아가라는 그런 의미가 아니다. 만약 그렇다면 그들은 혼자서 세상의 온갖 어려움에 직면해야 할 것이며, 결국 더 나쁜 주인에게 팔려가는 형편이 되고 말 것이다. 그리스도께서는 사람을 구속하여 자신의 소유로 만드신다. 따라서 그들은 그분의 손길에 보살핌을 받는다. 그들은 그리스도께 속한 자이다.

1세기 그리스-로마 사회의 노예 제도에 관한 최근의 연구들을 보면, 종이 된다는 것의 실질적인 의미는 무엇보다도 그 종을 사들이는 새로운 '주인'(Lord, 헬, *퀴리오스*)의 성품과 태도에 달려 있었음을 알 수 있다. 그 다음으로 중요한 것은 주인이 그 종에게 부여한 지위와 역할이었다. 물론 많은 노예들의 형편은 참혹했다. 착취당하고, 모욕당하고, 폭행을 당하고서도 아무 치료도 받지 못하는 것이 다반사였다. 그들은 주인의 '소유물'(라틴어로 *레스*, 곧 '물건')이었던 것이다. 하지만 자신의 가치를 잘 알아주는 주인들을 만난 종들은 보다 중요한 임무를 수행했고, 심지어 재산이나 집안일 혹은 사업체를 관리하는 특권을 누리기까지 했다. 바울이 말하고자 하는 바는 일단 주인이 바뀌고 난 후 이전 주인을 섬기는 것은 불가능하다는 것이다. 그리스도인들은 구속되어 새로운 세계로 들어왔고, 이제 새 주인을 섬기게 되었다.

값이라는 말은 구속이 비싼 비용을 요구하는 일이었음을 말해준다. 그리스도는 자신의 피를 흘리고, 십자가의 죽음이라는 모욕과 천대를 스스로 받아들이셨다(1장 23~25절). 여기서 그 값을 누구에게 치른 것인가를 따지는 것은 값을 주고 샀다는 비유를 소개한 바울의 의도를 벗어나는 일이다. 여기서 값을 언급한 것은 신자들을 구속한 그리스도께서 그들의 '합법적인 주님'이시라는 사실을 강조하기 위한 것이다. 이런 문맥에서 몸이라는 개념은 신자들이란 주님께 속하여 그분을 섬기기 위해 구속받은 존재라는 생각을 더욱 부각한다. 구속받은 신자들이 세상에서 살아가는 일상적인 삶은 **하나님의 영광을 드러내기 위한 것이다**.

17. 묵상을 위한 제언(6장 12~20절)

1. 그리스도인의 자유에 관하여

그리스도인이 율법에서 자유롭다는 것은 무슨 뜻인가? "무엇이든 다 할 수 있다"(12절)라고 말하면 안 되는가? 루터는 이렇게 말했다. "그리스도인은 그 누구보다 자유로운 만물의 주인으로서 누구에게도 종속되지 않는다. 그리스도인은 그 누구보다 큰 의무를 지닌 종으로서 모든 사람에게 종속된다."(Luther, *Concerning Christian Liberty*) 우리가 자유롭다는 것과 값으로 산 종으로서 그리스도께 속한 자라는 사실을 어떻게 하나로 엮을 수 있을까?

2. 몸을 통한 순종, 그리고 사람들에게 드러나야 할 실질적인 제자도에 관하여

바깥세상에서 몸을 통해 이루어지는 가시적인 순종은 우리가 흔히 '성육신적' 신학이라고 부르는 것과 긴밀한 관련이 있다. "말씀이 육신이 되었지만, 우리는 그것을 다시 '말씀'으로 만들어 버렸다"라는 빈정거림이 근거가 있는 것인가? 그리스도인은 공개적 영역에서 일상적 제자도가 함축하는 <u>위험</u>과 <u>대가</u>를 회피할 수 없다. 제자도의 가시성과 신빙성이 바로 여기서 나오는 것이기 때문이다. "몸은 주를 위한 것이다"라(14절)는 말은 다른 사람들 눈에 비친 기독교적 제자도의 <u>신빙성</u>을 가리킨다. 이는 우리의 제자도가 내적이고 사적인 것이 아니라 가시적이고 공개적인 것이라고 말해주기 때문이다.

3. '그리스도의 신체부위와 기관' 됨에 관하여(15절)

그리스도인은 그리스도의 '지체' 혹은 신체의 기관으로서 특권을 누린다. 이것을 '그리스도께는 우리 손 말고는 다른 손이 없다'는 의미로 이해할 수 있겠는가? 단지 제한된 의미에서만 그렇다고 말할 수 있을 것이다. 우리가 없다고 그리스도께서 일하실 수 없는 것은 아니다. 하지만 하나님께서는 이 세상이 교회를 통해 그리스도를 보도록 정하셨다. 그렇다면 지금 세상은 과연 무엇을 보고 있을까?

4. 주이신 그리스도께 속함에 관하여

우리는 그리스도께서 피로 사신 자들이기에(20절), 그분께서 우리를 위해 책임을 지신다. 은혜로우신 주님께 속하여 이제 우리는 독자적인 존재로 모든 것을 혼자 하려고 애쓰던 시절보다 훨씬 더 나은 입장에 서 있다. 그런데도 그리스도께 속한 것을 취소하려고 시도하고픈 유혹을 받는 경우는 없는가?

5. 성령의 전 됨에 관하여(19절)

모든 그리스도인들은 하나님의 성전이기에, 우리가 그들을 대하는 태도는 곧 그들 속에 임재하신 거룩한 하나님을 대하는 태도가 된다. 동료 그리스도인에 대한 죄가 그저 인간관계상의 실수를 넘어 신성모독(거룩한 것을 더럽히는 일)이 될 수 있겠는가?

6. 구속(redemption)의 대가에 관하여(20절)

우리를 구속하기 위해 들이신 헤아릴 수 없는 대가는 그리스도와 우리 자신에 대해 무엇을 말해주는가?

VI. 여러 실제 문제에 관한 고린도인의 질의와 바울의 답변(7장 1절~11장 1절)

7장 1절부터 11장 1절까지에 대한 서론

다음 단락(7장 1절~11장 1절)에서는 전체 분위기나 바울이 취하는 목회적 전략이 지금까지(1장 10절~6장 20절)의 논증과는 사뭇 달라진다. 본 단락은 크게 두 가지의 서로 다른 쟁점을 다룬다. 7장은 주로 결혼, 독신, 그리고 가정 내에서 역할이나 지위에 관해 이야기한다. 8장부터 10장까지는 일반적인 대인 관계나 사업상의 관계에서 어느 정도로 구별된 선을 유지해야 하는가(또는 그럴 필요가 없는가) 하는 문제를 다룬다. 암묵적이든 명시적이든 이런 관계에는 이방의 우상숭배와 관련된 관습이 개입될 가능성이 높기 때문이다. 민감한 사안은 이방 신전에서 이방 신에게 바쳐진(보통은 전 단계에) 음식을 먹을 것인가 말 것인가와 관련된 문제다. 이런 논쟁의 틀 속에서 9장에서는 자신의 '권리'를 포기하는 바울 개인의 모범을 상세하게 소개함으로써 실제 현장에서는 추상적 이론과는 매우 다른 방식으로 접근해야 할 경우도 있다는 사실을 보여준다.

이러한 목회적 접근 방식의 변화를 효과적으로 기술하고 설명하는 방식으로는 세 가지를 생각해 볼 수 있다. 첫째, 바울은 교회가 제기한 이슈에 관해 답변하려고 한다. 1장부터 6장까지에서 바울은 깊은 염려 혹은 큰 부끄러움의 이유가 되고도 남을 여러 가지 잘못과 비기독교적인 태도를 두고 교회를 질책했다. 하지만 이것들은 고린도의 그리스도인들이 스스로 심각함을 느끼지 못하고 있던 그런 문제였다. 그러니까 지금까지 바울은 교인들에게 이를 깨닫게 하고 그들의 무책임한 나태함을 바로잡아야만 했다. 그런데 이와는 대조적으로 7장 1절부터 11장 1절까지에서는 고린도의 신자들이 먼저 여러 가지 이슈들에 대해 염려를 표시하였고, 이에 대해 바울의 충고와 지침을 받고자 했다.

둘째, 그리하여 7장 1절부터 11장 1절까지에서 바울은 과거를 뒤로 하고 미래의 일에 초점을 맞출 수 있었다. 고린도의 그리스도인들은 여전히 무엇이 잘못된 것이 무엇인지 깨달아야 하는 입장에 있었다. 하지만 1장부터 6장까지와 달리 이 단락에서 바울은 더 이상 그들의 과거의 잘못에 치중할 필요가 없었고, 오히려 미래에 대한 생각으로 논의의 방향을 돌릴 수 있었다.

셋째, 이로 인해 바울은 소위 회색지대라 불릴 수 있는 사안에 대해 더 유연한 태도를 취할 수 있었다. 1장부터 6장까지에서는 옳고 그름의 선이 매우 분명했던 반면, 7장 1절부터 11장 1절까지에서 바울은 논쟁의 양편이 지닌 장점을 골고루 고려하면서 자신의 입장을 개진할 수 있었다. 그래서 아직 결혼하지 않은 상태에서 앞날을 생각하는 사람에 대한 바울의 충고는 절대적인 명령과는 거리가 멀다(7장 25~38절). 바울은 한 분 하나님이 계실 뿐이라는 유일신적 고백에 호소하면서 이방신들을 '무의미한 존재'로 간주하는 이들의 입장이 매우 일리가 있다는 결론을 내린다. 하지만 바울은 한 걸음 더 나아가 그것이 문제의 전부가 아니라고 말한다(8장 1~13절). 바울은 자신이 유대인과 이방인, 약한 자들과 강한 자들에게 각각 어울리는 방식으로 사역할 수 있는 적응력과 융통성이 있다고 말한다(9장 19~23절). 그러니까 여기서 바울은 목회적 민감함과 목회적 유연함을 하나로 결합하는 셈이다. 이 점에 관해서는 주석의 서론에서 이미 다룬 적이 있다(13-4, 26-7).

1. 결혼, 독신, 그리고 혼자가 된 사람(7장 1~40절)

(1) 결혼의 실제 의미(7장 1~7절)

1 이제 여러분이 '남자는 여자와 육체 관계를 삼가는 것이 좋다'고 적었던 문
제에 관해 이야기하겠습니다. 2 오히려 비정상적인 육체 관계가 생길 수도 있
으므로 모든 남자는 자신의 아내에게, 그리고 아내는 자기 남편에게 충실하기
바랍니다. 3 남편은 아내에게 아내로서의 권리를 인정해 주어야 하고, 아내 역
시 남편의 권리를 인정해 주어야 합니다. 4 아내의 몸에 대한 독점적인 권리는
아내 자신이 아니라 남편에게 있습니다. 마찬가지로 남편의 몸에 대한 절대적
인 권리는 남편 자신이 아니라 아내에게 있습니다. 5 충분히 기도하는 시간을
위해 서로 합의한 얼마 동안의 기간 외에는 결혼한 배우자로서의 마땅한 권리
를 빼앗는 일이 없도록 하십시오. 그렇게 했다가도 다시 합하도록 하십시오.
사탄이 절제할 수 없을 정도로 여러분을 시험한다면 소용없는 일이 되고 말
것입니다. 6 내가 이렇게 말하는 것은 명령이 아니라 허용하는 차원에서입니
다. 7 사실 나는 모든 사람이 나와 같이 되기를 바랍니다. 하지만 각 사람은 하
나님께서 자유로이 주신 자기 나름의 은사가 있습니다. 한 사람은 이렇고, 다
른 사람은 저런 것입니다.

대체로 대다수 사람들은 오랫동안 바울의 결혼관을 잘못 이해했다. 이런 오해를 야기한 결정적 요인 하나는, 비교적 최근에 이르기까지 1하반절의 진술이 바울 자신의 말이 아니라 일부 고린도 신자들이 한 말을 인용한 것이라는 사실을 인식하지 못했기 때문이다. "남자는 여자와 육체 관계를 삼가는 것이 좋다." 바울은 아마 이것을 그들이 자신에게 보낸 편지에서 인용

했을 것이다. 6장 12절의 주석에서 언급했던 것처럼, 바울 당시의 헬라어에는 인용부호라는 것이 없었고, 따라서 어떤 말이 인용인지 아닌지를 판별하는 것은 독자들의 몫이었다.

1절 상반절의 첫 두 단어(헬, *페리 데*, "이제…에 관하여는"와 같이 번역하기도 한다)는 종종 새로운 주제가 시작된다는 표시 역할을 한다. 뿐만 아니라 여기서처럼 고린도인들이 편지에서 제기한 질문들에서 인용하고 있다는 것을 표시하는 것일 수도 있다. **이제 여러분이 적었던 문제에 관해서**…. 따라서 '남자는 여자와 육체 관계를 삼가는 것이 좋다'는 말은 고린도인들이 보낸 편지의 일부로 보는 것이 가장 자연스럽다. 2절이 '오히려'라는 상반 접속사로 시작하고 있다는 사실이 이런 해석을 뒷받침한다('**좋다**'는 말을 여러 가지 가능성 중 하나의 선택으로 이해할 경우 1절을 바울의 말로 이해할 수 있다고 생각하는 사람들도 있다. 하지만 이런 해석은 논리적으로 잘 맞지 않는다. 7, 8절도 그런 해석을 지지하는 것은 아니다). 이미 1965년에도 허드(Hurd)는 1절을 인용문이라 생각하는 학자들을 25명이나 열거할 수 있었다. 그때 이후로 지금은 이런 입장이 압도적인 다수의 견해로 자리 잡았다 (*The Origin of 1 Corinthians*, 58).

결혼한 사람의 금욕이든(특히, 헬라어 *귀네*를 **여인** 대신 <u>아내</u>로 번역하는 경우) 아예 결혼하지 말라는 충고든 간에, 이처럼 성적 결합에서 완전 금욕을 주창한 이들은 도대체 어떤 사람들이었을까? 여기서 우리는 몸과 관련된 6장 12절부터 16절까지의 논증을 기억할 수 있을 것이다. 일부 신자들은 '영성'이란 몸을 통한 행위와는 아무 상관이 없으며 오직 내적이며 개인적인 마음의 상태 혹은 '지식'(헬, *그노시스*)의 문제일 뿐이라고 애써 주장했다. 이런 '영지주의자들'은 몸을 아무렇게나 해도 상관없는 것으로 보거나, 아니면 '영적인' 사람들이 관심을 둘 가치가 없는 것으로 무시하거나 둘 중 하나였을 것이다. 전자의 경우는 방종으로, 후자의 경우는 금욕주의적 자기 부정으로 이어졌다. 바울은 두 가지 입장 모두를 완전히 비기독교적인 태도로 간주하고 이를 배격한다. '몸은 성령의 전'이며(6장 19절), '주를 위한' 것이다(6장 13절). 하지만 고린도의 일부 신자들은 '영적인 사람들'은 성관계를 피해야 한다고 주장했다.

이런 통탄할 만한 이단적 견해는 바람직하지 못한 결과를 초래했다. 하지만 바울은 이로 인해 긍정적이고도 세심한 기독교적 결혼관을 피력하게 되었다(2~6절). 그의 관점은 시대를 앞지르는 것이었다. 고대세계에서 성관계란 (어떤 경우에는) 자녀 생산을 위한 의무나 (다른 경우에는) 여성이 제공하고 남성이 즐기는 일로 간주되었다. 바울은 그런 '즐거움'이 상호적인 것이라고 주장한 최초의 인물인 것으로 보인다. 그렇지 않다면 남자와 여자 모두 상대방의 합당한 권리를 박탈하지 말아야 한다는 그의 말은 이해하기 어려운 것이 되고 말 것이다.

바울 당시의 그리스-로마 사회의 결혼 풍습에 대한 연구를 보면 바울의 접근 방식이 얼마나 독특하고 독창적인 것이었는지를 알 수 있다.* 스토아 전통에서 결혼은 가장이며 아버지요 또 시민으로서 남편의 전적인 책임과 사회의 안정을 고취했다. 따라서 대부분의 스토아 사상가들은 모든 사람에게 결혼할 의무가 있는 것으로 생각했다. 물론 에픽테투스(Epictetus) 같은 일부 사상가들은 좀 더 지적인 사람들의 경우 철학에 전념하기 위해 결혼의 '성가심'을 피할 수 있다고 말하기도 했다.

어떻게 보면 바울의 접근 방식과 일부 헬레니즘적 철학 사상의 흐름 사이

* 별주. 두 가지 대표적인 경우만 소개하도록 하겠다. W. Deming은 *Paul on Marriage and Celibacy: The Hellenistic Background of 1 Cor. 7*(Cambridge University Press, 1995)에서 스토아철학 사상의 배경을 비교하였다. 또 O. Larry Yarborough는 *Not Like the Gentiles: Marriage Rules in the Letters of Paul*(Atlanta: Scholars, 1985)에서 헬레니즘과 랍비 전승의 두 배경을 비교하고 있다.

에 실질적인 공통점이 있는 것처럼 보인다. 특히 양자 모두 어떤 사람에게 결혼이 옳은 것인가 그렇지 못한 것인가를 판단할 때 '특별한 상황'의 역할을 고려한다는 점에서 그렇다(7~9절, 특히 26~31절과 유사성을 보자). 하지만 그 외에, 결혼관계의 상호성에 대한 강조나 특별히 성적 친밀함이 두 배우자 모두에게 즐거움을 주는 것이라는 전제는 바울만의 독특한 관점으로서 시대를 훨씬 앞서는 것이다. 바울은 지속적인 성적 금욕은 사실상 배우자의 '권리'를 빼앗는 것이라고 선언한다. **남편은 아내에게[헬, *텐 오페일렌 아포디도토*] 아내로서 권리를 인정해 주어야 하고, 아내 역시 남편의 권리를 인정해주어야 합니다.**(3절)

바울은 또한 어느 배우자도 자신의 몸에 대해 독점적인 권리를 행사하지 못한다고 말한다(4절). 여기 사용된 동사(헬, *엑수시아조*)는 '[독점적]권리를 행사하다'라는 의미인데, 우리는 이미 이 단어가 6장 12절의 언어유희(자유를 가지는 것과 통제하는 것 또는 자유를 가져가는 것 사이의)에서 나왔음을 살펴본 적이 있다. 바울의 관점은 성을 힘겨루기의 수단으로 보는 성의 정치학적 입장과는 반대다. 성적 연합이 조작과 통제의 수단이기는커녕 거부되어서는 안 될 사랑의 표현이며 상호가 주고받는 것이라는 바울의 통찰은 그리스도인의 결혼에서 드러났던 새롭고도 변화된 자애로움을 관찰한 결과인 것으로 보인다. 일단 우리가 6장의 '몸' 신학과 사랑의 본질에 관한 13장의 심오한 통찰을 고려하게 되면, 이런 식의 생각이 결코 지나친 억측이 아니라는 것을 알 수 있다.

당시의 시대적 배경에서 보면, 7장 2절부터 6절까지가 함축하는 의미는 대단히 혁신적이다. 앙투아네트 와이어(Antoinette Wire)는 바울이 고린도의 그리스도인 여성으로 하여금 공적 역할보다는 보다 '가정중심적인' 역할에 머물도록 만들려고 했다는 식의 급진적인 여성주의적 해석을 내놓았지만, 이 구절들은 그녀의 그런 결론이 합당치 않다는 것을 보여준다[*The Corinthian Women Prophets*, 벤 위더링튼(Ben Witherington) 역시 같은 물음을 제기하였다(*Women in the Earliest Churches*, 24-42)]. 7장 2절부터 6절까지에는 매 구절마다 상호성이라는 주제가 살아 숨쉬고 있다. 만일 부부가 일정한 기간 동안 더 효과적인 기도 생활을 위해 **성관계를 자제하기로 결정하는 경우** 이는 **서로 합의에 의한 것**이어야 한다(5절).

나는 모든 사람이 나와 같이 되기를 바랍니다(7절)라는 구절은 오랫동안 바울이 결혼을 했다 혼자된 것인지 아니면 아예 결혼을 한 적이 없는지에 관한 논쟁의 단초가 되었다. 당시 바리새파의 지도자들은 결혼을 하는 것이 상례였다(빌 3장 5, 6절). 바울은 독신이 결혼보다 더 낫다고 말하지 않는다. 그는 두 가지 경우를 다 인정한다. 하지만 지금 바울은 본 장에서 다루고 있는 사안의 복잡함으로 인해, 결혼하지 않은 상태라면 복음 사역을 위해 전적으로 헌신하는 일이 얼마나 더 쉬워지겠는가 하는 생각을 하게 되었을 뿐이다. 하지만 **시험**과 절제를 위한 싸움을 언급하는 데서 드러나는 것처럼, 중요한 것은 자신의 상태에 만족하는 법을 배우는 것이다(5b절, 9절). 결론적으로 말하자면, 결혼이나 독신 두 상태 모두 각각 **하나님께서 자유로이 주신 나름의 은사**가 필요한 것이다.

하나님께서 자유로이 주신 은사라고 번역된 단어는 헬라어로 *카리스마*다. 이 단어가 독신 혹은 결혼 생활을 위해 필요한 선물로 사용되었다는 사실은 모든 영적 '선물'이 반드시 자연히 일어나는 것이어야 하므로 지속적인 절제나 묵상, 훈련과는 무관한 것이라는 식의 잘못된 생각을 배격한다. 12장부터 14장까지에 가면 바울은 고린도인들이 즐겨 사용했던 *프뉴마티카*, 곧 영적인 것(선물들)이라는 말을 *카리스마타*, 곧 값없이 주어진 선물, 조건 없이 주어진 선물, 너그러이 주어진 선물로 바꾸게 된다.

18. 묵상을 위한 제언(7장 1~7절)

1. 결혼과 독신을 모두 존중함에 관하여

결혼과 독신은 모두 하나님의 선물이요 소명이다. 오늘날 우리는 독신과 결혼 둘 다를 충분히 인정하고 있는가? 독신 상태도 나름의 스트레스가 있고, 결혼생활 역시 나름의 어려움을 야기하지만, 궁극적으로 이는 신자들로 하여금 나름의 형편에서 최대한의 유익을 얻고 신자로서 삶의 여정을 계속할 수 있도록 돕는 하나님의 주권적인 은사라 할 수 있다. 결혼도 하지 않고 독신도 아닌 상태로 '함께 사는' 것이 결혼이나 독신을 함부로 취급하는 태도가 될 수 있겠는가?

2. 결혼 생활에서 상호성에 관하여

당시의 헬라나 로마의 저자와 판이하게, 바울은 결혼 관계 내에서 상호성 및 상호 합의의 중요성을 강조한다. 성적 결합은 상대방을 '위한' 것이다(그저 남편의 쾌락을 '위한' 것이 아니다). 이것을 권력이나 통제의 수단으로 사용하는 것은 옳지 않다. 이런 관점은 6장에서 제시된 몸의 중요성과 어떻게 연관되는가? 혹은 다른 사람과 다른 사람의 필요를 배려하는 신중한 사랑을 역설하는 13장의 가르침과는 어떻게 연관되는가? 거기서 말하는 사랑이란 '다른 사람'을 위해 최선의 것을 추구하는 것을 의미한다. 이렇게 보면 본 장에서 바울이 말하는 바와 분명 통하는 바가 있는 셈이다.

(2) 결혼을 옹호하는가? 이혼을 옹호하는가?(7장 8~11절)

> 8 결혼하지 않은 사람과 혼자된 사람에게 말합니다. 그런 사람들은 나처럼 결
> 혼하지 않은 채로 지내는 것이 좋습니다. 9 하지만 정욕을 다스릴 능력이 없다
> 면, 결혼하게 하십시오. 정욕이 불타는 것보다는 결혼하는 것이 낫습니다. 10
> 결혼한 사람에게는 이렇게 지시합니다. 이는 나의 지시가 아니라 주님의 지시
> 입니다. 아내는 남편과 갈라서서는 안 됩니다. 11 (하지만 갈라서게 되면 그녀
> 는 그대로 있든지 남편과 다시 결합하든지 해야 합니다.) 또 남편도 아내와 이
> 혼해서는 안 됩니다.

이제 바울은 다른 상황에 있는 독자에게로 관심을 돌린다. 물론 서로 돌보아야 하는 교회의 삶에 무시해도 좋은 상황이란 존재하지 않는다(12장 12절~13장 13절). 여기서 바울은 **결혼하지 않은 사람**과 **혼자된 사람**에 관해 이야기한다. 어떤 학자들은 여기서 **결혼하지 않은 사람들**이란 결혼했다가 혼자된 사람을 의미한다고 생각한다. 사용된 헬라어(*tois agamois*)는 아직 결혼하지 않은 사람뿐만 아니라 배우자가 죽어 현재 결혼 생활을 하고 있지 않은 사람도 가리킬 수 있다. 그렇다면 바울은 주로 혼자가 된 남녀를 염두에 두고 있는 것이라 할 수 있다. 하지만 바울은 아직 결혼을 하지 않은 사람이나 이혼한 사람 역시 염두에 두고 있었을 것이다.

바울은 그런 사람들은 **나처럼 결혼하지 않은 채로 지내는 것이 좋습니다**라고 말한다. 바울의 논점을 정확히 이해하려면 이 구절의 해석에 세심한 주의를 기울일 필요가 있다. 첫째, 당시에는 결혼 기대 연령이 매우 낮았다. 특히 여자들의 경우 12세 정도에 결혼하는 경우가 많았다. 혼자된 여자의 경우 일 년 내에 재혼하는 것이 통례였다. 여기서 바울의 권고는 그리스도인으

로서 이처럼 바람직해 보이지 않는 사회의 압력에 저항하라는 독려일 수 있다. 그렇다면 바울의 말은 재혼하지 않고 그대로 지내는 것이 '당분간은 **좋다**'는 의미가 된다. 둘째, **좋다**고 말하는 것이 반드시 다른 선택을 부정적으로 말하는 것은 아니다. 가령 어떤 목회자가 "기독교 사역자로 안수를 받는 것이 좋습니다"라고 말한다고 해서, 그것이 평신도들은 한 단계 아래라거나 혹은 모든 신자들은 안수를 받아야 한다는 뜻이 아닌 것과 같다.

나처럼이라는 표현의 해석과 관련하여, 우리는 이미 바울이 혼자된 상태였을 수 있다는 점을 지적했다. 물론 바울이 평생 결혼하지 않은 사람으로 살았을 가능성을 배제할 필요는 없다. **정욕을 다스릴 능력이 없다면**(9b절)이나 **정욕이 불타는 것보다는**(9b절)과 같은 구절의 해석에는 보다 특별한 주의가 요망된다. 여기서 바울은 결혼을 성적인 욕망을 달리 억제할 수 없는 사람을 위한 불가피한 차선책이라고 말하는 것이 아니다. 그는 결혼 관계 내에서 성적 연합이 하나님께서 주신 선물이라고 말했다(7장 2~6절). 여기서 바울이 묘사하는 것은 서로에 대한 욕망이 너무 큰 나머지 복음의 중심을 자꾸 망각하는 경우에 해당한다. 어떤 사람들은 배우자나 집안일에 대한 의무에 '방해받지' 않으면서 복음 사역에만 전력투구함으로써 복음을 더 잘 섬길 수 있다. 하지만 다른 사람들은 서로를 향한 욕망이 너무 커서, 결혼 생활의 현실적 의무보다는 오히려 이것이 복음의 우선성을 저해하는 요인으로 작용할 수도 있는 것이다.

10, 11절에서 바울은 결혼한 부부 사이의 결별 가능성이라는 문제를 다룬다. 그리고 이와는 달리 12절부터 16절까지에서는 신자와 불신자 간의 '불신 결혼'의 문제를 고찰한다. 여기서 중요한 것은 당시 로마 사회에서는 이혼이 흔하고 손쉬운 일이었음을 기억하는 것이다. 특히 남자가 원할 경우에는 더욱 그랬다. 라틴어로 "당신의 것을 가지고 가라"(*tuas res tibi habeto*)라고

말하는 것만으로도 아내와의 이혼이 성립될 수 있었다. 바울과 동시대 사람인 세네카는 많은 여자가 '남편의 수로 나이를 헤아린다. 결혼하기 위해 가정을 떠나고, 이혼하기 위해 결혼한다'고 통탄했다(*De Beneficiis* 3.16.2).

랍비 유대교에서 보면, 비록 샴마이 학파는 아내가 부정한 경우에만 이혼을 허용했지만, '힐렐학파는 남편은 음식 하나를 망쳐도 아내와 이혼할 수 있다고 말한다'(미쉬나, *기틴*[또는 이혼증서] 9장 10절). 랍비들 간의 이러한 의견 차이가 아마 예수님께서 이혼에 관하여 선언하신 배경이었을 것이다(막 10장 11, 12절). 7장 10, 11절의 문맥에도 이것이 포함되었을 수 있다.

적어도 1930년대 이후로 학자들은 '남편을 버리거나 이혼할 수 있는 자유'를 주창하는 '지역교회 내의 여성주의 분파'에 관해 이야기해 왔다. 어떤 여자들은 '초영적인'(ultra-spiritual) 입장에서 그랬을 것이다(Moffatt, *First Epistle*, 78). 좀 더 최근에 와이어(Wire)는 여자 선지자는 해방된 생활방식을 추구한 반면, 바울은 이들을 가정의 영역에 묶어둠으로써 그들의 '세력'을 제한하려 하였다고 주장했다(이 연구는 Witherington의 비판과 함께 앞에서 언급된 적이 있다. *Corinthians Women Prophets*, 82-97).

여기서 바울은 사도로서 자신의 권위보다는 마가복음 10장 11, 12절에서 표현된 것과 같은 예수님 말씀 전승에 호소하고 있는 것으로 보인다(마 19장 9절 참고). 어떤 학자는 여자들이 재혼을 하기 위해 이혼을 원하고 있는 상황을 생각한다(Dungan, *Sayings*, 83-99). 바울은 결혼이란 원칙적으로 평생 지속되는 것이라는 원리를 받아들이고 있는 것 같다(10, 11, 39절. 롬 7장 1~3절 참고). 하지만 그는 신명기 24장 1절부터 4절까지의 조치 또한 의식하고 있었을 것이다. 이 구절은 이혼한 아내에게 재혼할 수 있는 자유를 보장하는 조건으로 남편이 아내와 이혼할 수 있다고 말한다. 그렇지 않으면 아내는 아무런 보호조치 없이 버려지는 상황에 처할 수밖에 없기 때문이다. 의견이 차이가 생기는 대목은 결혼이 평생을 위한 것이라는 하나님의 뜻과, 신명기 24장이나 '너희 마음의 완악함'에 관한 예수님의 말씀에 의해 허용된 '특수한 상황들'을 과연 구별할 수 있느냐 하는 것이다. 나는 *NIGTC* 주석에서 이 사안에 대해 두 개의 주를 달아 놓았다(*First Epistle*, 521-25, 540-43). 예수 전승에서 언급된 '마음의 완악함'이 오늘날 우리가 '돌이키기 어려운 파탄'이라고 부르는 것과 관계된 것인지는 논란의 대상으로 남아 있다.

19. 묵상을 위한 제언(7장 8~11절)

1. '좋은' 선택의 다양함에 관하여

우리가 선택할 수 있는 여러 가지 것 중 하나 이상의 것이 동시에 '좋은' 것일 수 있을까? 단 한 가지 길만 하나님을 기쁘시게 하는 것일까, 아니면 하나님께서 기뻐하시는 선택이 반드시 하나일 필요는 없는 것일까? 선택된 길에 대해 우리가 어떻게 반응하는지가 중요한가? 결혼이나 금욕, 혹은 금욕적 독신 모두 '좋은' 것인가?

2. 특정한 상황의 고려에 관하여

결혼하라는(혹은 하지 말라는) 지나친 압력이 그 사람에게 무엇이 '좋은'를 고려하는 바울의 관점에 영향을 미쳤을 가능성이 있을까? 기독교적 섬김에서 중요한 것이 무엇인지를 결정할 때 개인의 은사나 상황이 어떤 영향을 미치는가?

3. 목회적 인도와 '중용'의 길에 관하여

어떤 사람은 "상황에 따라 전혀 달라진다"라고 말할 수도 있고, 다른 이들은 "원칙은 원칙이다"라고 말할 수도 있다. 구체적인 상황에서 어떻게 하면 우리는 실제 상황을 충분히 고려하면서도 원칙에 담긴 이상을 관철할 수 있을까? 바울의 사례에서 책임 있는 목회적 판단은 이 두 가지 모두를 고려하는 데서 얻을 수 있다는 것을 확인할 수 있는가?

4. 이혼의 근거가 존재하는지에 관하여

이혼과 결별은 하나님의 뜻에 못 미치는 결정이다. 하지만 바울은 서로 간에 화해가 전혀 불가능한 상황이라면(11절), 차라리 헤어지는 것이 서로를 미워하며 비난하는 관계보다는 낫다고 말하는가?(하지만 12~16절을 보자. 여기서는 이야기가 다른가?) 바울은 그리스도인들이 내적 갈등이나 좌절 혹은 혼란을 겪는 상황으로부터 벗어나야 할 필요에 대해 보다 세심하고 온유한 현실주의가 필요하다고 역설한다. 하지만 사랑과 친분을 필요로 하고 또 '몸으로' 살아가야 하는 인간이 어떻게 이것을 찾고 얻게 될 수 있을까? 바울이 시사하는 바로는, 그리스도인의 경우에도 결혼은 행복한 상호보완적 관계가 될 수도 있고 좌절과 비난의 관계로 떨어질 수도 있다. 그는 항상 모든 상황에 맞춰 하나님의 값없는 선물(*카리스마*)을 염두에 두고 있다.

(3) 불신 결혼의 경우(7장 12~16절)

12 하지만 나머지 사람에게 말합니다(이것은 주님의 말씀은 아닙니다). 만일 어떤 그리스도인 형제에게 믿지 않는 아내가 있어 그녀가 계속하여 그와 계속 살고자 한다면 아내와 이혼하지 말아야 합니다. 13 만일 어떤 그리스도인 자매에게 믿지 않는 남편이 있어 그녀와 계속 살고자 한다면 남편과 이혼하지 말아야 합니다. 14 믿지 않는 남편은 그의 [그리스도인] 아내를 통해 거룩해지고, 믿지 않는 아내는 그녀의 그리스도인 남편을 통해 거룩해지는 것이기 때문입니다. 만약 그렇지 않다면 여러분의 자녀도 깨끗하게 되지 못할 것입니다. 그렇지만 그들은 지금 거룩합니다. 15 하지만 믿지 않는 배우자가 결별의 수순을 밟는다면, 결별하도록 하십시오. 그리스도인 남편이나 아내는 그런 상황의 노예로 머물러 있을 필요가 없습니다. 그렇습니다. 하나님께서는 여러분을 평화로운 삶으로 부르신 것입니다. 16 사실 아내 여러분이 얼마나 걸려 남편을 구원에 이르게 할 수 있을지 알 수 있습니까? 또한 남편인 여러분이 아내를 구원할 수 있을지 어떻게 알 수 있습니까?

그리스도인 남편은 만약 믿지 않는 아내가 **그와 계속 살고자 한다면** 먼저 별거나 이혼을 시도해서는 안 된다. 물론 여기서도 바울은 상호성이라는 원칙을 견지한다.. 즉, 만약 믿지 않는 남편이 **그녀와 계속 살고자 한다면**, 아내는 남편과 이혼해서는 안 된다(13절). 12절의 **나머지 사람**은 결혼한 신자 중 아직 언급되지 않은 범주의 사람, 곧 자신의 배우자가 아직 믿지 않는 사람들을 가리킨다. 여기서 사용된 단어(헬, *아피에미*)는, 비록 이전 단락에서는 별거(헬, *코리조*)인지 이혼(*아피에미*)인지 분명치가 않았지만, 이 문맥에서는 **이혼하다**라는 통상적 의미를 전해 준다.

바울이 이런 부부들이 함께 살기를 권하는 이유는 두 가지였을 것이다. 첫째, 이혼이란 원칙적으로 하나님의 뜻에 어긋나는 일이다. 둘째, 그리스도인의 생활방식이나 사랑이나 증거가 상대 배우자를 믿음에 이르게 할 가능성이 있다(14, 16절). 그렇기는 해도 바울은 불신자가 그들이 함께 지낼 수 없는 상황이라고 주장한다면 부당하게 강제해서는 안 된다고 권유한다.

믿지 않는 배우자 및 자신의 자녀까지도 그리스도인과 친밀한 관계에 의해 **거룩해진다**는 바울의 선언은 당연히 많은 논란의 대상이 되었다(14절). 세부적인 의미야 논란이 되겠지만, 바울의 주된 의도는 그리스도인 배우자들의 과도한 염려를 불식하려는 것이었다. 그들은 불신 배우자와 함께 있는 것이 그리스도인으로서의 지위나 하나님과 동행하는 삶을 위험하게 하지는 않을까 염려를 했기 때문이다. 6장 12절부터 20절까지에서 바울이 매춘부와의 성적 결합이 그리스도의 신체부위와 기관들을 갈갈이 찢는 치명적인 결과를 낳을 수 있다고 했으므로, 이러한 걱정은 결코 지나친 것이 아니다.

그러한 염려에 대한 응답으로, 바울은 하나님을 위해 구별된 그리스도인의 순수성과 신분은 믿지 않는 배우자와 계속 함께하는 것으로 위태롭게 되지 않는다고 주장한다. 바울은 가족 간의 유대는 사실 그와는 반대방향으로 움직이는 것이라고 말함으로써 그들을 안심시킨다. 그리스도인 배우자나 부모의 성결함, 삶의 방식, 가치관 및 영향력은 믿지 않는 배우자 및 그들의 자녀에게도 건강하고 유익한 효과를 미친다는 것이다.

만일 그리스도인 배우자가 믿음, 기도, 그리고 복음에 합당한 삶의 방식을 보여준다면 가정은 이러한 분위기로 가득 차고, 이는 결국 배우자와 자녀를 성결하게 하는 데 영향을 미치게 될 것이다. 어른들보다 영향 받기 쉬운 자녀들을 언급함으로써 바울은 경험에 근거한 강력한 논증을 제시한다. 그리스도인은 자녀에게 선한 영향을 미친다. 그렇다면 내가 나의 남편이나 나의 아내에게도 영향을 미칠 수 있다는 것, 그리고 하나님께서 우리 가정을 축복하실 것을 의심할 필요가 있겠는가? 거룩함을 의미하는 헬라어(*하기오스*)는 그와 상응하는 히브리어(*카도쉬*)를 번역한 것인데, 이는 종종 분리 혹은 차별성이라는 의미에서 거룩함을 가리킨다. 가정 내에 그리스도인이 한 명 있게 되면, 믿지 않는 가정과는 무언가가 다른 부분이 있게 되는 것이다.

하지만 바울은 그것을 근거로 일부러 믿지 않는 자와 결혼하는 일을 허용하는 것은 아니다. 바울은 그저(아직) 믿지 않는 배우자와 이미 결혼한 상태에 있는 그리스도인의 경우에 대해 설명하고 있을 뿐이다. 교부들 중에서는 터툴리안이 7장 39절을 인용하며 이 점을 강조했다(*To His Wife*, 2:2). 크리소스톰 역시 이 구절은 복음에 응답하지 않는 남편을 둔 그리스도인 '아내들의 두려움을 해소하기 위한 것'이라고 역설했다(*Homily on 1 Corinthians*, 19:4). 칼빈은 간단 명료하게 논평했다. "믿지 않는 배우자가 결혼을 불경하게 만드는 힘보다는 믿는 배우자가 이를 '거룩하게' 만드는 힘이 더 크다." 물론 그는 이렇게 첨언하고 있지만 말이다. "결혼을 시작할 때가 아니라 이미 결혼한 자들이 그 관계를 유지할 때"(*First Epistle*, 148).

15절에서 바울은 다소 다른 상황을 부각시킨다. 즉, 믿지 않는 배우자가 결혼을 파기하려 할 때, 믿는 자는 이를 강제로 막아서는 안 된다는 것이다. 그리스도인의 새로운 삶을 적대하고 반항하는 배우자는 결혼생활을 대단히 어렵게 만들 것이다. 그런 경우라면 위에서 제시된 성결의 역동성을 기대하기가 어려울 것이고, 평화로운 관계 또한 찾기 어려울 것이다.

흥미롭게도 16절의 질문에 대해서는 지금까지 낙관적 해석과 비관적 해석이 함께 제기되었다. **사실 아내 여러분 얼마나 걸려 남편을 구원에 이르게 할 수 있을지 알 수 있습니까? 또한 남편 여러분이 아내를 구원할 수 있을지 어떻게 알 수 있습니까?** 만약 이 물음이 15절과 연결된 것이라면 이런 뜻이 될 것이다. "배우자를 붙잡으려 해서는 안 된다. 왜냐하면 당신의 복음 증언이 성공할 것이라고 확실할 수 없기 때문이다."(비관적 해석) 하지만 이 질문이 13, 14절과 연결되는 것이라면 다른 의미가 될 것이다. "물론 당신은 배우자를 거룩하게 할 것이다. 당신의 증언을 통해 그를 그리스도께로 이끌 가능성이 얼마든지 있기 때문이다."(낙관적 해석) 중세 이후로 주석가들의 견해는 양분됐다. 여기서는 어느 쪽의 해석도 배제하지 않는다. 사실 바울의 물음이 '혹시 그렇게 될지 모른다' 는 격려와 '그렇게 된다는 보장이 없다'는 경고 둘 다를 염두에 두고 있을 가능성도 배제할 수 없는 것이다.

20. 묵상을 위한 제언(7장 12~16절)

1. 그리스도인 가정에 관하여

처한 형편이나 상황이 어떠하든, 그리스도인인 남편 혹은 아내는 가족에게 결정적인 영향을 미칠 수 있다는 사실을 기억하고 있는가? 한 명의 그리스도인 배우자 혹은 부모라도 가정을 '다르게' 혹은 거룩하게 만드는 분위기를 조성할 수 있다. 그렇다면 그리스도인 가정이 풍겨야 할 독특한 분위기는 어떤 것일까? 무엇이 그리스도인 가정을 별다른 것으로 만들어 주는가?

2. 일방적 혹은 쌍방적 영향에 관하여

믿지 않는 배우자의 좀 더 '중립적'인 가치관보다 믿는 배우자의 기도, 믿음, 증언 및 사랑이 더 큰 영향을 미친다고 말할 수 있을까? 이는 자녀를 돌보고 양육하는 일에서 어떤 의미가 있는가?(참고, 핵가족은 성경에는 없는 것이라고 폄하하곤 하는 최근의 경향은 좀 지나친 면이 있다. 많은 장례식 비문들에서 드러나는 것처럼, 그리스-로마 사회의 광범위한 '가정' 내에서도, 노예를 포함하여, 많은 이들이 배우자와 아이들과 핵가족 수준의 긴밀한 관계를 유지하고 있었다)

3. '돌이키기 어려운 파탄'에 관하여

그리스도인이 믿지 않는 배우자를 억지로 붙잡으려 해서는 안 된다고 바울은 말한다. 이런 권고는 서로 가치관이 충돌한다면 '돌이키기 어려운 파탄'에 이를 수도 있음을 인정해야 한다는 의미인가? 그럴 경우 남은 배우자는 자유로이 재혼을 할 수 있는가? 이에 대해서는 성경학자들이나 신학자들 및 교회의 교리 차원에서도 서로 다른 주장이 존재한다(이 문제는 나의 *First Corinthians*, 521-25와 540-43에서 보다 자세히 다루었다).

(4) 더 '나은' 상황을 추구하는 것보다 하나님의 뜻이 더 중요하다(7장 17~24절)

> 17 어떤 경우든, 각 사람은 주님께서 각자에게 나누어 주신 대로, 그리고 하나
> 님께서 부르신 대로 살아가야 합니다. 그래서 저는 모든 교회에서 이렇게 지시
> 합니다. 18 만약 누군가가 부름받았을 때 이미 할례를 받았다면, 그 할례를 다
> 시 받을 필요가 없습니다. 만일 부름받았을 때 할례를 받지 않은 상황이라면
> 그는 할례를 받아서는 안 됩니다. 19 할례도 아무것도 아니며, 무할례도 아무
> 것도 아닙니다. 중요한 것은 하나님의 계명을 지키는 것뿐입니다. 20 각 사람
> 은 하나님께서 부르실 때의 상황에 그대로 머물러 있어야 합니다. 21 만약 하
> 나님께서 부르실 때 종이었다면, 이로 인해 염려하지 마십시오. 설사 자유롭게
> 될 가능성이 있다고 하더라도 차라리 현재의 상황을 최선을 다해 활용하십시
> 오. 22 주님께는 주님께서 부르신 종이 자유로운 사람이며, 마찬가지로 부름받
> 은 자유인은 그리스도의 종이기 때문입니다. 23 여러분은 값을 주고 산 사람
> 들입니다. 사람의 종이 되지 마십시오. 24 사랑하는 그리스도인 형제자매 여러
> 분, 각 사람은 어떤 것이든 하나님께서 불러 주실 때의 상황에 그대로 머물도
> 록 하십시오. 하나님과 더불어 말입니다.

'몸'으로 살아가는 일상적 삶의 자리에서 그리스도를 주님으로 섬기며 살아가는 그리스도인은 각자의 입장에 따라 다양한 상황에 처하게 될 것이다. 기독교적 삶의 이런 다양성에 관하여 바울과 독자들의 대화는 계속된다. 어떤 상황은 사람의 힘으로는 바꿀 수 없는 성질의 것이다. 반면, 어떤 경우는 사람의 선택과 행동이 다소간 영향을 미칠 수 있다. 바울은 지금까지 결혼, 금욕, 사별이나 이혼 및 독신에 관해 이야기했다. 여기에 더하여 바울은 갈라디아서 3장 28절에서처럼, 남자와 여자의 문제와 더불어 유대인과 이방

인, 종과 자유인의 상황에 관해 언급한다.

예전에 대다수의 주석은 20절에 근거하여 본 단락의 주제를 '신자가 되었을 당시의 모습을 유지하라'는 것으로 보았다. 하지만 이는 그렇게 단순한 문제가 아니다. 핵심적인 논점은 '있는 그대로 머물라'가 아니라, 처한 상황이 무엇이든 그리스도인은 얼마든지 그리스도를 주로 섬길 수 있다는 것이다. 그럼에도 불구하고 그리스도인들은 다음 문제에 직면할 수밖에 없다. 하나님께서는 내가 여기 있도록 부르시는가 아니면 다른 새로운 상황으로 가기를 원하시는가?

당시 고린도의 문화와 서구의 근대적 혹은 포스트모던적 소비주의 사이에는 서로 통하는 부분이 하나 있다. 그것은 직장이나 직업 및 지위에 관한 '세속적' 문제들은 자기 성취, 자신의 이득, 지위 및 신분 상승의 조건으로 모습을 드러낸다는 것이다. 이에 반해 좀 더 '기독교적'인 태도는 소명을 탐구한다. 소명에 대한 논의는 그리스도인들이 반성적으로 다시 고찰할 필요가 있다.

각 사람은 주님께서 각자에게 나누어 주신 대로, 그리고 하나님께서 부르신 대로 살아가야 합니다(17a절). 이 문장은 단락 전체의 핵심 주제 역할을 한다. 이것은 지금까지의 관점에서 벗어나는 권고가 결코 아니다. 사역자의 직무나(3장 5절) 혹은 적합하게 분배된 성령의 은사(12장 7~11절, 14~18절)에 대한 문제를 다룰 때, 바울은 자주 이런 원칙을 제시한다. **나누어 준다**(헬, *메리조*)로 번역된 헬라어 단어는 각 부분으로 나눈다 혹은 정해진 대로 분배한다는 의미를 전달한다. 바울은 경쟁적 태도에 사로잡힌 고린도인들뿐만 아니라 모든 교회에서 이런 원칙을 주장함으로써 이것이 모든 그리스도인들이 따라야 할 지침임을 분명히 한다(17b절). 여기서의 부름이 신자가 되는 부름을 말하는 것인지 아니면 특정한 직업으로의 부름인지에 관해서는 다소 논란이 있다. 하지만 이와는 상관없이 그리스도인의 섬김을 위한 은사나 상황을 하나님께서 **나누어 주시는 것**이라는 사실에 실린 무게는 여전하다.

18, 19절에서 바울은 유대인으로 태어나 자랐거나 혹은 이전에 유대교로 개종했던 신자들의 상황에 관해 다룬다. 바울은 그런 사람들이 **할례의 흔적을 없앤다**고 해서 더 '나은' 그리스도인이 되는 것은 아니라고 역설한다(18절). 여기서 사용된 헬라어는 신약 전체를 통틀어 이곳에서만 나타나는 의학 용어다. 이는 히브리어 *모쉐크*와 관련된 것으로, 가능한 할례의 흔적을 감추기 위한 수술 과정을 가리킨다. 사적으로나 혹은 사업상의 이유로 체육관 같은 곳에서 이방인들과 관계를 맺고 싶은 유대인들 중에는 종종 이런 방법을 통해 자기가 유대인이라는 사실을 숨기려고 했던 사람들이 있었다(마카비상 1장 15절, 요세푸스, 『고대사』 12.51, 『아피온 반박문』 2.13.137 참고).

바울은 한쪽으로 치우치지 않는다. 할례를 받거나 할례의 흔적을 숨기는 것은 '더 나은' 그리스도인이 되는 것과는 무관하다. **중요한 것은 하나님의 계명을 지키는 것뿐이다**(19절). 바울이 할례가 **아무것도 아니라고**(19절) 말한 것은 그리스도인으로서 섬김의 질을 높이려고 애를 쓰는 특수한 상황에서 그렇다는 뜻이다. 유대인에게 하나님께서 정해 주신 의식인 할례 자체를 폄하하려는 의도는 없다. 바울은 그렇게 구약을 가볍게 취급하는 사람이 아니다.

특히 고린도인이 자꾸만 자신들의 문화나 교회를 다소 '특별한' 것으로 여기는 잘못된 태도를 염두에 두고서 바울은 자신의 주장을 반복적으로 표명한다. **나는 모든 교회에서 이렇게 지시합니다**(17b절). 바울은 모든 교회의 '보편성'(catholicity)을 강조한다. 교회는 거룩하고, 사도적이며, '보편적이고' 또 하나다. 교회의 질서는 많은 부분이 모든 지역 교회에 공통되는 것들이다. 공동체 나름의 특수성도 고려되겠지만, 이 또한 그리스도인으로서의 정체성 및 그리스도의 교회로서의 정체성을 드러내는 몇몇 보편적 특징의 틀을 벗어나지 않는다.

20절부터 24절까지, 특히 21절의 '**그것을 활용하라**'는 말의 의미를 둘러싸고 더 많은 논쟁들이 있었다. 대다수 주석가에 의하면 여기서 바울이 하는 말은, 만일 어떤 그리스도인이 한 가정의 종일 경우 **각 사람은 그 상황에 그대로 머물러야 하며**, **그것으로 인해 염려해서는 안 된다**는 것이다(21절). 마찬가지로 많은 수의 학자들은 (적극적으로) **활용하라**(21절)는 말을 종의 신분에서 **자유롭게** 될 가능성과 연결하여 이해한다(21절). 헬라어의 문법과 구문상으로는 두 해석이 모두 가능하다. 논쟁의 핵심이 되는 이런 작은 표현을 두고서 여러 권의 책이 저술되었다.* 번역성경들 역시 주석가들처럼 관점이 양분된다.** *NIGTC* 주석에서 나는 두 입장의 논증들을 상세히 검토했고, 일 세기의 노예제도에 관한 별도의 주를 첨부해 놓았다(*First Epistle*, 552-65). 글을 읽을 줄 아는 노예의 경우는 집안 관리나 사업체의 재정 관리 혹은 다른 영향력 있는 직무를 수행할 수 있었다. 이는 긍정적인 두 번째 해석에 좀 더 큰 무게를 실어 준다.

그렇기는 해도 두 견해 모두 유사한 결과를 낳을 수 있다. 그리스도인으로서 제대로 섬기는 일에 자유가 필수적인 것은 아니라는 것이다. 종이라는 신분이 그리스도인으로서 섬기기 위한 기회를 제공하는 것이라면, 자유인이 될 수 있는 기회 역시 마찬가지다. 종이든 자유인이든, 어떤 형편에 있든 상

* 별주. S. S. Bartchy, Mallon Chresai: *First-Century Slavery and the Interpretation of 1 Cor. 7:21* (Missoula: Scholars, 1973)이 주목할 만하다. 또한 Dale B. Martin, *Slavery as Salvation* (NewHaven: Yale University Press, 1990), 특히 63-68쪽을 보자.

** 번역에 관한 별주. AV/KJV, RSV, TEV와 NIV 등은 '자유를 얻을 수 있다면 그렇게 하라'는 식으로 옮기는 반면, NRSV나 NJB는 '종으로서 현재의 상태를 최대한 활용하라'는 의미로 옮긴다.[한글의 개역개정판은 전자의 의미로 옮기고 있지만, 두 번째 해석도 가능하다는 각주를 달아 두었다—역주]

관없이 그리스도인은 주님께 속한 자들이며 따라서 나름의 방식으로 주님을 잘 섬길 수 있다. 우리가 제안한 **설령 자유롭게 될 가능성이 있다고 하더라도 현재의 상황을 긍정적으로 활용하기 시작하라**라는 번역은, 상황이 어떠하든 주님 섬기는 일을 시작하는 것이 마땅한데도 그저 더 나은 섬김의 기회가 오기만 마냥 기다리는 태도가 무익함을 드러낸다.

본 단락의 마지막 구절(22~24절)은 6장 19, 20절의 구속신학을 다시금 떠올리게 한다. 바울은 이 구속의 주제를 종과 자유인이라는 두 가지 가능한 상황에 적용한다. 그리스도인은 **값을 주고 산 존재**이므로(6장 20절, 7장 23절), 비록 사회 경제적으로 여전히 종으로 남아 있는 이들이라 할지라도 어둠과 파멸의 세력으로부터는 자유롭다. 하지만 구속이 값을 주고 사는 것인 한, 그리스도인은 또한 구속자이신 그리스도께 속할 수밖에 없다(22절). **여러분은 여러분 자신의 것이 아닙니다**(6장 19절). 자유롭게 된 자는 이제 **주님께** 속한다(22절). 6장 19, 20절에서 우리는 그리스도인의 '자유'가 자기 인생의 주인이 된다는 의미가 아니라는 것을 보았다. 그리스도인이 자유롭다는 것은 그리스도께서 그들의 주님으로서 책임지신다는 의미다. 이런 뜻에서 그리스도인은 **그리스도의 종**으로서, 그분의 보살핌과 보호 아래 있는 사람이다(7장 22절).

이 땅에서의 사회적 상황이 어떠하든, 그리스도인들은 악의 세력으로부터 **자유롭게** 되었다는 사실로 인해 기뻐할 수 있다. 하지만 그보다 더욱 그리스도의 **종**으로서 새로운 주님께 속하게 되었다는 사실에 기뻐한다. 이 모든 것을 고려해 볼 때, 그리스도인은 현실적 상황으로 인해 **염려**해서는 안 된다(21절). 어떤 형편에서든 그리스도를 주님으로 섬길 기회는 존재하는 것이다.

21. 묵상을 위한 제언(7장 17~24절)

1. 다시 한 번, 소명 대 자기성취에 관하여(1장 1~3절 참고)

우리는 미래의 직장이나 직업을 하나님의 부름이라는 관점에서 바라보는가, 아니면 나의 성취와 만족이라는 관점에서 바라보는가? 소명에 관한 20세기 중반의 담론이 오늘날에 와서는 자기성취에 관한 이야기로 바뀌어 버린 것은 아닌가? 그리스도인들이 자기성취를 최우선으로 생각할 경우 잃는 것은 무엇인가?

2. 현재를 최대로 활용하는 태도와 현재에 대한 불만에 사로잡히는 태도에 관하여

우리는 얼마나 자주 "만약 … 하기만 한다면!" 특히 "만약 상황이 달랐더라면!" 하고 소리치는가? 그리스도인들이 상황이 맞을 때만 최선을 다할 수 있다는 생각이 자연스러운가? 바울은 결코 그리스도인들이 직면하는 어려움을 과소평가하지 않지만, 그럼에도 불구하고 현재의 제약이나 기회를 최대한 활용하라고 권유한다. 어떻게 하면 우리는 상황이 달랐을 수도 있지 않았을까 염려하는 대신 현 상황을 최대한 활용하는 쪽으로 우리의 힘을 모을 수 있을까?

3. 다른 사람을 시기하려는 유혹에 관하여

이것은 다른 사람을 부러워하고 시기하려는 유혹과 어떤 관계에 있는가? 허드렛일을 맡은 종은 자유로운 사람을 부러워했는가? 바울은 그리스도인이 설사 자신이 '종'이라 하더라도 기뻐할 수 있다고 역설한다. 더 심오한 수준에서 그는 주님에 의해 '산' 바 되어, 그리스도께 '속한' 존재이기 때문이다(23절). 반대로 자유롭게 되었다 하더라도 마냥 자축하는 분위기에 탐닉하는 것은 어리석다. 그리스도인은 여전히 '독자적인' 존재가 아니라 우리를 '산' 분이신 그리스도께 충성을 맹세한 존재이기 때문이다(6장 20절). 이런 깨달음은 우리의 시기심이나 자기만족을 다스리는 계기로 작용한다.

4. '지엽적' 상황 너머를 보라는 거듭된 요청에 관하여

우리는 모든 것을 지엽적인 상황이나 배경으로만 평가하려 들지 않는가? 바울은 '모든 교회'를 향해 가르침을 베푼다(17절). 그리스도인이라면 성경, 전통, 그리고 보편적인 기독교적 관습을 무시한 채 자기만의 규칙을 정할 수 없을 것이다.

(5) 결혼, 독신, 별거 혹은 혼자됨—네 가지의 추가적인 사례 연구(7장 25~40절)

25 아직 결혼하지 않은 사람들에 관해서는 주님께 받은 명령이 없습니다. 하지
만 주님의 자비를 받아 사명을 맡은 자로서 나의 의견을 말씀드립니다. 26 그
리하여 내 생각에는 심한 압력이 임박했으므로, 사람이 있는 그대로 머무는 것
이 좋은 선택입니다. 27 만약 여러분이 한 여인에게 매여 있다면 그 매임에서
풀려나려고 하지 마십시오. 만일 그 매임이 풀린 상황이라면 결혼하려는 노력
을 멈추십시오. 28 하지만 결혼을 한다고 해서 죄를 짓는 것은 아닙니다. 마찬
가지로 결혼하지 않은 여자가 결혼하게 되어도, 죄를 짓는 것이 아닙니다. 하
지만 그처럼 결혼한 부부는 일상생활의 부담을 지게 될 것입니다. 나는 여러
분이 그런 부담에서 자유롭기를 바랍니다. 29 사랑하는 형제자매 여러분, 나는
이것을 분명히 말씀드립니다. 결정적인 시간은 정해진 제한이 있습니다. 30 이
시간이 아직 남아 있는 동안 결혼한 자는 결혼에 매이지 않은 자처럼 하고, 우
는 자는 울지 않는 자처럼 하고, 기뻐하는 자는 기뻐하지 않는 것처럼 하고, 장
사를 하는 자는 가진 것이 없는 것처럼 하십시오. 31 세상을 대하는 사람은 그
속에 몰입된 것처럼 행동해서는 안 됩니다. 이 세상의 외형적 구조는 사라지고
있기 때문입니다. 32 나는 여러분이 근심에서 자유롭기를 바랍니다. 결혼하지
않은 남자는 주님의 일에, 어떻게 주님을 기쁘시게 할지에 관심을 기울입니다.
33 그러나 결혼한 남자는 이 세상의 일들을, 어떻게 아내를 기쁘게 할지 염려
합니다. 34 그래서 그는 마음이 나뉩니다. 현재 혼인한 상태가 아니거나 한 번
도 결혼한 적이 없는 여인은 사람들 앞에서와 성령 안에서 거룩하기 위해 주
님의 일에 관심을 기울입니다. 하지만 결혼한 여자는 이 세상의 일들을, 어떻
게 남편을 기쁘게 할지를 염려합니다. 35 내가 이 말을 하는 것은 순전히 여러
분에게 도움을 주기 위해서입니다. 여러분을 엄격히 속박하려는 것이 아니라

흔들림 없이 주님을 섬기는 일에 무엇이 더 합당하고 어울리는 것인지를 생각하게 하기 위해서입니다. 36 만약 누군가가 자신의 약혼녀에게 옳지 못한 행동을 하고 있다고 생각이 들면, 만약 상황이 지나치게 힘겹고 또 그것이 합당한 일인 것 같다면 원하는 대로 해도 좋습니다. 그런 것이 죄가 될 이유는 없습니다. 그들은 결혼해도 좋습니다. 37 하지만 다른 사람이나 상황이 강요하기 때문이 아니라, 굳게 서서 견고한 확신을 견지하고 스스로 결정을 내릴 전적인 권한이 있어서 직접 독자적으로 약혼녀의 순결을 지켜주겠다고 결정했다면, 그것도 잘한 일입니다. 38 그렇다면 약혼녀와 결혼하는 사람도 잘하는 것이지만, 결혼하지 않는 사람은 더 잘하는 사람입니다. 39 아내는 남편이 살아 있는 동안에는 부부관계에 매입니다. 하지만 남편이 죽으면 그녀는 그녀가 원하는 사람과 자유롭게 결혼할 수 있습니다. 물론 주님 안에서 그렇습니다. 40 하지만 내 생각에는 그대로 지내는 것이 더 행복할 것입니다. 그리고 제게도 하나님의 영이 있다고 생각합니다.

이제 바울은 네 가지의 새로운 사례에 대한 고찰을 시작한다. 36절부터 38절까지가 또 하나의 경우라면 다섯 가지가 될 것이다. 이 모든 경우는 크게 보아 '결혼을 해야 할지 말아야 할지'에 관한 문제를 제기하지만, 서로의 상황이 달라서 세부적인 대목에서는 다소 차이가 있다. ① 바울은 **결혼하지 않은 사람**에 관한 이야기부터 시작한다(25절. 바울이 사용한 복수 소유격 명사인 톤 *파르테논*은 남성과 여성이 구분되지 않는다. NRSV에서는 '처녀'로 옮겼다). ② 그 다음 바울은 결혼했는데, **그 매임을 풀어야 할지 말아야 할지 고민하는 남자들(만약 여러분이 한 여인에게 매여있다면…)**의 경우로 옮겨간다(27절). ③ 그 다음 바울은 **결혼을 하려고 하는** 커플에 대해 이야기한다(28~35절). 여기서 36절을 어떻게 이해하느냐에 따라 상황이 다소 달라진다. 이것은 결혼적령기에 이른 딸을 둔 아버지를 향한 권고일 수도 있고, 서로를 향한 열정이 매우 강렬해진 연인에 대해 이야기하는 것일 수도 있다(36~38절). ④ 마지막으로 홀로된 과부가 재혼을 해야 할지의 문제를 다룬다.

1) 결혼을 하지 않은 사람(7장 25, 26절)

바울은 그리스도인의 자유를 천명하는 것으로 논의를 시작한다. 결혼이나 독신 두 경우 모두 합당한 결정이다. 물론 당시의 분위기에서 이런 관점은 전혀 당연한 결론이 아니다. 당시의 일부 철학자들은 결혼이란 국가의 안정된 시민으로서 온전히 책임을 질 수 있는 사람에게만 어울리는 '고상한' 의무라고 생각했다. 반면 더 금욕적이고 자칭 '영적인' 부류인 양 행세하던 사람들은 독신 혹은 금욕을 결혼의 책임에 얽매이는 것보다 더 고상한 것으로 치켜세웠다. **압력**(26절) 및 관심을 분산시키는 **염려**(32절)에 관한 바울의 말을 생각해 볼 때, 바울은 자유로이 두 경우 모두를 존중하고 있음을 인식하는 것이 중요하다. 둘 중 하나를 더 나은 것으로 권하기는 하지만, 이는 각자의 소명과 서로 다른 **은사**(7장 7절)에 근거한 것이고, 또 특정한 상황과 시점에서 무엇이 최선일까를 생각하는 실용적인 의견(25절)에 따른 것이다(26, 29절).

본 단락에서 가장 치열한 논쟁의 대상이 되는(유일한 것은 아니지만) 부분은 **심한 압력이 압박했다**(26절)라는 표현이다[개역에는 임박한 '환난'—역주]. 헬라어 *아낭케*는 어려움 혹은 사람을 힘들게 하는 결핍 등을 지칭하는데, 우리의 삶을 옭아매면서 우리로 하여금 원하지 않는 방향으로 움직이도록 강요하는 영향을 가리킨다. 그래서 여기서는 **압력**(pressure)으로 옮겼다. 그 다음 나오는 단어 *에네스토산* 역시 한 가지 이상의 의미가 있을 수 있다. 곧 현재하는 것을 가리킬 수도 있고 **임박한 것**을 가리킬 수도 있다. ① 지금까지 많은 사람들이 이 두 단어를 함께 묶어 이 세상의 안정성과 영속성에 물음을 던지는 종말론적 시점을 가리키는 것으로 이해했다. ② 어떤 이들은 이 표현이 묵시문학에서 마지막 때 직전에 나타나는 환난의 때를 가리키는 것으로 생각한다. ③ 하지만 이 구절이 꼭 그런 의미는 아니다. 브루스 윈터(Bruce Winter)는 바울이 지칭하는 '특정한 상황'은 심각한 기근이 임박함을 암시하는 것이라고 주장한다("Secular and Christian Reponse", 86-106).

이런 두 가지 견해가 반드시 상충되는 것은 아니다. 기근 역시 현재의 세계 질서의 영속성에 종말론적 의문을 제기하는 한 징표일 수 있기 때문이다. 31절의 어조는 분명 종말론적이다. **이 세상의 외형적 구조는 사라지고 있기 때문입니다**. 또한 임박한 주후 70년의 예루살렘 멸망과 더불어, 기근이나 다른 대규모 재난은 현재의 지평을 넘어 그리스도의 재림과 마지막 심판을 통해 이 세상에 닥칠 종말론적 현실을 가리키는 표지가 될 수 있다. 루터는 이런 주장들을 하나로 엮는다. "우리는 어려움을 예상해야 하지만, 우리는 또한 '모든 그리스도인은 이 세상의 손님들과 같다'는 사실을 기억해야 할 것이다."(Luther, *Commentary*, 49, 52)

2) 약혼한 관계를 끝내는 문제(7:27)

또 하나의 골치 아픈 문제는 27절에 언급된 남녀가 결혼한 부부인지(REB, NRSV, NIV, NJB) 혹은 대부분의 현대 주석가들이 취하는 입장처럼 서로 결혼하기로 서약한 약혼 관계인지 하는 문제다. 여기서도 단어(헬, *귀네*) 자체는 '아내' 혹은 '여자' 어느 쪽으로든 이해될 수 있다. (매임에서) 풀려남(헬, *뤼시스*)이라는 단어 또한 상황에 따라 이혼이나 별거 혹은 파혼 등 어느 것이라도 가리킬 수 있다. 하지만 어떻게 해석하든, 28절이 강조하는 것처럼, 여기서 제시된 것은 하나의 권고사항이지 절대적인 도덕적 금지 명령은 아니다. 바울이 요구하는 것은 처한 상황과 관계되는 정황을 이성적으로 책임 있게 고려하라는 것이다. 이렇게 해서 정 반대의 결론이 불가피한 경우가 아니라면, 서로의 약속을 존중하고 계속 유지해야 한다.

3) 결혼을 할 것인가 말 것인가? - 염려로부터의 자유(7장 28~38절)

28절 배후에 놓인 과거 동사는 '기동적'(起動的, ingressive) 과거로 보아 **결혼을 한다면**으로 번역하는 것이 최선이다. 그 다음의 과거형 동사는 '격언적' 혹은 '무시간적'이다. '죄를 짓는 일이 아니다'(NRSV) 혹은 **죄를 지은 것은 아니다**(참고, REB에서는, '전혀 잘못된 일을 하는 것이 아닙니다', NJB에서는, "이것은 죄가 아닙니다"). 일단 이렇게 놓고 보면 한 가지 근본적인 질문이 생겨난다. 만약 27절이 결혼한 부부를 가리키는 것이라면, 28절은 첫 번째 배우자와 이혼하거나 결별한 후의 재혼을 허용하는 것이 될 것이고, 반면에 만약 27절이 약혼한 남녀를 가리키는 것이라면, 28절은 약속한 대로 결혼을 하도록 허용하는 것이 된다.

첫 번째 해석은 7장 10, 11절 및 마가복음 10장 9절부터 12절까지에 보존된 예수님의 말씀 전승과 어긋난다(마 19장 8, 9절 참고). 나는 *NIGTC* 주석에서 결혼과 이혼에 관한 두 개의 긴 부록을 달아 놓았다(*First Epistle*, 521-25, 540-43). 만약 28절이 29절부터 38절까지와 연결된 것이라면, 단락 전체가 약혼하여 결혼을 앞둔 남녀에 관한 것이 될 것이다. 하지만 바울이 '상황'을 강조하는 것을 진지하게 고려해 본다면, 28절을 결별 이후의 재혼을 가리키는 것으로 볼 수도 있을 것이다.

예수님께서는 결혼은 깨져서는 안된다는 것이 모든 사람을 위한 하나님의 뜻이라고 인정하셨다(막 10장 9~12절). 하지만 보는 관점에 따라서는 예수님께서도 구약의 전례를 따라 '너희 마음의 완악함'(마 19장 8절), 곧 부정

(음행, 19장 9절)이나 요즘 말하는 '돌이키기 어려운 파탄'으로 인한 이혼과 재혼은 허용하셨다고 주장하는 것도 가능하다. 결혼의 '영구성'을 인정하면서도 예외가 될 가능성이 있는 상황을 염두에 두는 바울의 관점 역시 이와 일치한다. 하지만 이 구절만으로 이 문제에 대한 결정적 답변을 내리는 것은 불가능하다(David Instone Brewer, *Divorce and Remarriage in the Bible*, Grand Rapids: Eerdmans, 2002)에서는 예수님과 바울 모두 재혼이 이상적이지는 않지만 허용될 수는 있는 것으로 보았다는 견해를 개진하였다).

이어지는 29절부터 35절까지를 관통하는 주제는 신자로 하여금 전심으로 주를 섬기지 못하도록 방해하는 것을 피해야 한다는 것이다. 이는 **재물**, 재산, 사업 등이 될 수도 있고, 결혼한 부부로서 집안을 제대로 꾸려가는 데 필요한 모든 책임 같은 것이 될 수도 있다(30, 31절). 혹은 **어떻게 하면 아내를 기쁘게 할까 하는 것을 포함한 더 일반적인 염려**일 수도 있고(32, 33절), 무엇이든 그리스도인의 **마음을 갈리게 만드는 것**이 될 수도 있다(34절). 바울은 이 부분에서도 상호 관계의 차원에서 접근하는 모습을 보인다. **결혼한 여자는 이 세상의 일들을, 어떻게 남편을 기쁘게 할지를 염려합니다**(34b절).

우리가 바울 당시 그리스-로마 사회가 결혼을 어떻게 생각했는지를 기억하면 바울의 관점과 표현을 더욱 분명하게 이해할 수 있다. 여기서 우리는 모두 결혼이 야기하는 '방해'에 관심을 보이는 네 가지의 접근 방식에 주목해야 한다.

첫째, 스토아학파와 견유학파의 철학적, 윤리적 전통에서 결혼이란 남자에게 매우 무거운 책임을 지우는 일이었다(Deming, *Paul on Marriage*, 52). 이에 관한 자료를 살펴보면, 당시의 사회는 개인주의적 관점으로 기운 오늘날 서구의 문화에서 예상할 수 있는 것보다 훨씬 더 강하게 사회적 책임을 강조했다는 것을 알게 된다. 이는 그저 한 남자와 한 여자가 같이 살기로 합의하는 정도의 문제가 아니다. 바울 당시의 결혼이란 두 부부의 집안에 대한 책임을 동반하는 일이었으며, 특히 아버지, 가장, 시민, 그리고 생계 책임자로서 주어진 사회적, 정치적, 경제적 의무를 수행하겠다는 결정을 의미했다. 남편과 아내는 다른 사람에게서 나름의 지위를 인정받았지만, 이는 아무 조건이 없는 것은 아니었다. 바울은 그리스도인의 결혼에 있는 장점과 단점을 비교하면서 아마도 이런 배경을 염두에 두고 있었던 것으로 보인다.

둘째, 어떤 이들은 바울이 다섯 번 씩이나 반복하는 '않는 것처럼'이라는 표현에 초점을 맞춘다. 그중 네 번이 30절에 나온다. "**결혼한 자는 결혼에 매이지 않은 자 처럼하고 우는 자는 울지 않는 것처럼…기뻐하는 자는 기뻐하지 않는 것처럼…장사를 하는 자는 가진 것이 없는 것처럼 하십시오.**" 이를 근거로 보면 바울은 '중도' 노선을 취하고 있다고 할 수 있다. 즉, 한편으로는 하나님의 일에 전적으로 헌신하기 위해 '세상적인' 염려에서 벗어나는 것을 칭찬하면서도, 다른 한편으로는 완전히 '세상적인' 책무 속으로 들어가는 것 역시 그에 못지않게 좋게 생각하고 있다는 것이다. 바울은 결혼한 사람들은 생계의 책임자요 시민이요 가정을 돌보아야 할 이들로서 그 책임을 회피할 수도 없고 또 그래서도 안 된다는 사실을 인정한다(Wimbush, *Paul: The Worldly Ascetic*).

셋째, '사적' 영역과 '공적' 영역의 구분은 로마 사회의 여자에게 이런저런 제한을 부과하였다. 바울은 여자 그리스도인에게 결혼을 통해 다소간의 안정성을 확보하든지 혹은 결혼을 하지 않든지 할 자유를 부여하고 있다. 이로써 바울은 남녀 관계에 상호성과 호혜라는 새로운 차원을 더하고 있는 셈이다(Witherington, *Women in the Earliest Churches*, 24-42; *Conflict*, 170-85).

넷째, '종말론적 임박함'과 관련된 논의에서 우리는 G. 캐어드(G. Caird)

의 진술 또한 고려해 볼 수 있다. 그는 이렇게 묻는다. "바울의 말은 세계 역사가 곧 끝날 것이라는 것인가 아니면 그저 신자들은 극심한 사회적 압력속에서 살 것을 예상해야 한다는 것인가?…한 가지 중심적 원칙은 이것이다. '나는 여러분들이 근심으로부터 자유롭기를 바랍니다'(7장 32절)"(*Language and Imagery*, 270-71) 그러니까 바울은 '세상의 종말에 관한 표현들'을 '세상의 종말이 아닌' 것들을 가리키기 위해 '비유적으로' 사용한다(256). 그는 종말론적 차원을 언급하고 있지만, 이는 이 세상의 것들을 상대화한다는 의미에서 그렇다는 것이다. 바울은 모든 그리스도인이 전심을 다하여 그리스도를 주님으로 섬긴다는 목표를 분명히 바라보기를 원한다(6장 20절; 7장 22~24절, 33~35절). 바울의 권고는 아무런 염려나 방해 없이 그리스도를 가장 잘 섬길 수 있는 쪽을 선택하라는 것이다.

논증이 마감되는 36절부터 38절까지는 이 점을 더 상세히 설명하고 있을 뿐이다. 한 가지 해석상의 문제는 여기서 바울이 여전히 약혼한 남자가 약혼녀에 관하여 하는 염려를 말하고 있는 것인지, 혹은 화제를 바꾸어 결혼적령기에 든 딸을 둔 아버지에게 말하고 있는지에 관한 것이다. 어느 쪽이든, 실질적인 결론은 바로 앞 절의 결론과 통한다. 곧, **흔들림이 없이 주를 섬기는 것이다**(35절).

이상의 의미들이 모두 가능하다. 그 이유는 다음과 같다. ① 바울이 사용한 '**어떤 사람**'이라는 대명사가 이 시점에서 누구를 가리키는지 분명하지 않다. ② **자신의 약혼녀**로 번역한 구절은 단순히 '결혼하지 않은 여자'를 가리킬 수 있고, 또한 **자신의(=그의)** 역시 '약혼자'나 그녀의 '아버지' 모두를 의미할 수 있다. ③ 여기서 **상황이 지나치게 힘겹고**(헬, *휘페라크모스*)로 번역한 표현도 '도를 넘는 정욕의 끌림'을 의미할 수도 있고 아니면 '인생의 절정을 넘어'라는 의미일 수도 있다. 마지막으로 이와 관련하여 ④ 이 단어 속에 포함된 단어(헬, *아크메*)는 성숙의 정점일 수도 있고(NIV, '그녀가 나이가 차 가는 경우') 감정의 정점이나 열정의 정점을 가리킬 수도 있다(NRSV, '열망이 강할 경우'). 두 번째 경우가 맞다면, 여기 사용된 *휘페라크모스*는 더 이상 억제하기 어려울 정도로 강렬한 열망을 가리킨다. 어떤 해석을 취하든(대부분의 학자들은 후자를 택한다), 바울이 바라는 바는 신자들이 방해와 염려에서 벗어나는 것이다.

여기서 바울의 결정에 가장 큰 영향을 미치는 요인은 신자들에 대한 깊은 관심이다. 13장에서 이는 다른 사람에 대한 사랑이라는 형태로 다시 표현될 것이다. 하지만 결정할 책임이 있는 사람에게 어떤 결정을 강요해서는 안 된다. 바울은 **다른 사람이나 상황이 강요하기 때문에** 어떤 결정을 내리는 일은 없어야 한다고 강조한다(37절).

이것은 어떤 도덕적 원리나 복음적 원리와도 관련이 없는 경우, 지역교회가 단체로 선호하는 것들을 개인에게 부과하려는 그리스도인 공동체들을 질책하는 것으로 보인다. 무엇보다도 바울은 그리스도인들이 불필요한 압력이나 염려로 인해 조종당하지 않아야 한다고 주장한다(26, 34, 37절). 많은 경우 결정은 옳은 것과 그른 것의 문제가 아니라, 좋은 것과 더 좋은 것의 문제이다(38절). 그런 경우 단지 '좋은 것'이 선택된다 하더라도, **그런 것이 죄가 될 이유는 없다**.

4) 혼자된 사람들의 재혼(7장 39, 40절)

7장은 사도나 목회자라면 교회 내에 도움이나 충고가 필요한 모든 사람이나 상황에 대해 관심을 기울여야 한다는 목회적 원칙을 부각한다. 따라서 바울은 단지 젊은 사람들이나 결혼한 사람 혹은 독신인 사람의 경우뿐 아니라, 결별하거나 배우자와 사별한 사람의 경우 또한 함께 고려한다. 39절에서 바울은 결혼은 평생 지속되는 것이라는 원칙을 재확인한다. 결혼은 **남편이 살아 있는 동안에는** 혹은 '죽음이 서로를 갈라놓을 때까지' 지속되어야 한다.[롬 7장 1-3절 참고 따옴표 속에 인용된 문구는 서양의 결혼식에서 전형적으로 사용되는 표현이다—역주] 하지만 그녀의 남편이 죽으면, 그녀는 자유롭게 결혼할 수 있다.

혼자된 여자는 **그녀가 원하는 사람**과 결혼할 수 있다. 물론 **주 안에서**라는 조건이 달린다(39절). '(결혼할) 남자는 주님께 속한 사람이어야 한다.'라는 NIV의 번역은 헬라어 본문보다 한 걸음 더 나가는 것이지만, 바울이 의도한 바를 명확하게 표현하고 있다고 할 수 있다. 즉, 그리스도인 남자와 결혼해야 한다는 것이다. 바울이 '불신 결혼'을 고려하는 유일한 상황은 이미 결혼한 부부 중 한 사람이 신앙을 갖게 되는 경우뿐이다. 기독교 신앙을 받아들이거나 이해하지 못하는 사람인 줄 알면서도 굳이 결혼한다면 **마음이 갈리는 상황**을 초래하는 결과가 되고 말 것이다(34절).

그와 더불어 바울은 혼자된 여자는 **그대로 지내는 것이 더 나을 것**이라는 자신의 **의견**(REB, NRSV) 혹은 '사고방식'(NJB)을 덧붙인다. 바울의 입장에서는 둘 다 '좋은' 선택이지만, 두 번째 것이 더 좋다는 것이다. 다소 뜻밖인 것은 그가 이런 입장이 소위 그리스도인 과부의 '거룩함'이 아니라 혼자 지내는 것이 **더 행복할** 것이라는 예상에 근거한 것이라는 사실이다.

확실히 말하기는 어렵지만, 바울의 이런 충고는 결혼하지 않기로 결심한 교회 내의 과부, 특별히 나름의 지위와 재산이 있는 과부의 용기를 북돋기 위한 것일 수 있다. 혼자된 남자나 아내를 찾아 가정을 꾸리기 원하는 '적당한' 남자를 만나 결혼해야 한다는 사회의 전반적인 압력을 이길 수 있도록 힘을 실어주고 있다는 것이다. 바울의 이런 의도는 1세기 당시 수많은 여인들이 아이를 낳다가 죽었다는 사실과 당시의 짧은 예상 수명 등을 고려해 볼 때 더욱 설득력 있는 것으로 다가온다. 이러한 **압력**은 동료 신자들에게서 온 것일 수도 있다. 또는 아내가 죽고 가정에 빈 자리가 생긴 사람이 다른 신자들에게 부탁을 한 것일 수도 있다. 바울이 제안하는 바는, 주님께 속했고 또 나름의 수입과 재산이 있는 상황이라면 결혼하지 않고 나름의 방식대로 주님을 섬기는 것이 더 행복할 것이라는 것이다. 그리고 이런 이유로 바울은 자신의 제안을 **성령의** 인도와 관계된 것으로 제시했을 것이다.

22. 묵상을 위한 제언(7장 25~40절)

1. 두 개의 상호보완적 원칙 유지에 관하여

① 우리가 처한 삶의 상황이 무엇이듯, 하나님을 제대로 섬길 수 있다는 원칙과 ② 우리가 하나님을 섬기는 것에 대한 방해를 최소화할 수 있는 여건을 만들기 위해 애써야 한다는 원칙을 어떻게 하나로 조화시킬 수 있을까? 바울은 다양한 상황 혹은 열망이 염려의 원인이 되어서는 안 된다고 말한다. "나는 여러분이 근심에서 자유롭기를 바랍니다."(32절) 이것이 염려와 근심에서 자유롭기(마 6장 25~34절) 및 일관된 신뢰와 순종(마 5장 20~24절, 고전 7장 31~34절)을 강조하신 예수님의 가르침과 어떻게 연결될 수 있을까?

2. 자신의 결정에 책임을 지는 도덕적 용기에 관하여

그리스도인으로서 우리는 자신의 행동에 책임을 지며(37절), 교회 내에서의 바람직하지 못한 압력에 밀려 자신의 의도와 상관없는 결정이나 행동을 하지 않을 수 있는 도덕적 용기가 있는가? 그리스도인은 다른 사람이나 상황의 압력 때문에 어떤 결정을 내려서는 안 된다(37절). 바울의 목회적 충고는 조작적인 것도 아니고 고압적인 것도 아니다: "내가 이 말을 하는 것은 순전히 여러분에게 도움을 주기 위해서입니다. 여러분을 엄격히 속박하려는 것이 아닙니다."(35절)

3. 일을 '정확하게' 해야 한다는 강박관념에 관하여

우리는 종종 여러 가지 대안이 모두 '좋은' 선택일 수 있는 상황에서도 하나님 보시기에 '올바른' 결정이 될 특정한 길을 찾느라 고심한다. 다른 결정이 더 효과적인 것으로 드러날 수도 있겠지만, 그렇다고 해서 애초의 '좋은' 결정이 잘못인 것일까? 어느 한 길이 '더 행복한' 것이 될 수는 있겠지만(40절), 그렇다고 해서 다른 길이 '죄'일 필요는 없는 것이다(36절).

4. 세상을 '대하는' 일에 관하여

바울은 '임박한 극심한 압력'(25절)과 '사라져가는 이 세상의 구조'(31절)에 관해 이야기한다. 여기에서 생겨나는 실제 사안에는 어떤 것들이 있을까? 우리가 세상에서 도피해야 한다는 뜻인가? 혹은 우리가 경제적, 사회적, 정치적 안정에 의존할 경우 거기서 연유하는 위험과 근심 또한 예상해야 한다는 사실을 단도직입적으로 경고하는 것인가? 바울은 세상에서 도피하라고 말하지 않지만, 지나치게 세상에 의존하는 것에 대해서는 분명히 경고한다. 그리스도인은 세상에 '직면해야' 하지만 '그 속에 함몰되어서는' 안 된다. 그들은 주님께 '속한' 자이기 때문이다(6장 20절, 7장 22~24절).

5. 결혼 생활의 다면적인 의무에 관하여

우리는 결혼을 두 개인 사이의 문제로만 생각하는가? 아니면 가족, 자녀 및 사회에 대한 경제적 책임을 동반하는 것으로 간주하는가? 결혼이 좋은 것이기는 하지만 신자들이 이런 책임에서 벗어나기 원한다면, 독신이나 금욕이 더 나은 선택이라는 것이 바울이 말하고자 하는 바인가? 무엇을 선택하듯, 그리스도인은 그 결정에 대한 '확신'(37a절)과 '근심으로부터의 자유'(32절)가 있어야 한다.

6. 바울의 목회적 관심에 관하여

바울을 둘러싼 근거 없는 신화와 달리, 바울은 교회 내의 모든 상황을 온유하고 세심한 사랑으로 살피려 했던 사람이라고 말할 수 있겠는가? 바울이 더 확고하고 단호한 태도를 보이는 것은 교리적이거나 도덕적인 문제가 개입될 때뿐이라고 결론을 내릴 수 있을까? 가령 바울은 결혼하지 않겠다는 과부의 입장에서 격려한다(39, 40절). 그렇다면 바울은 그들에게 어떤 관점을 강요하려는 것이 아니라 결혼할 것으로 '기대하는' 이들에게 본인의 의사와 무관한 압력을 이길 수 있는 도움과 지원을 제공하는 것이라고 말할 수 있는가? 다양한 사례를 다루는 본 장의 내용은 사랑에 관한 13장과 결코 멀리 떨어진 이야기가 아니다.

2. 형제를 향한 사랑인가, '나의 권리'인가? 우상과 상관있는 고기 (8장 1절~11장 1절)

(1) '지식'과 '권리'가 결정의 유일한 근거인가?(8장 1~6절)

1 이제 이방 신들을 위한 제사와 상관있는 고기에 관해 이야기하겠습니다. 우리는 "우리 모두가 '지식'이 있다"라는 것을 잘 알고 있습니다. 이 '지식'은 우쭐하게 합니다. 반대로 사랑은 [덕을—역자 삽입] 세워줍니다. 2 누구라도 이 '지식'을 [어느 정도] 가졌다고 생각한다면, 그들은 아직 알아야 할 것을 알지 못하는 사람입니다. 3 하지만 [하나님을] 사랑하는 사람은 누구나 참된 '앎'을 소유한 [혹은, 그분에 의해 알게 된] 사람입니다.* 4 우상과 상관있는 고기를 먹는 문제로 돌아가 봅시다. 우리도 여러분처럼 '우상은 실제로 존재하지 않는다'는 것과 '하나님께서는 한 분뿐이시다'는 것을 알고 있습니다. 5 정말 많은 '신'과 많은 '주'가 있는 것처럼, 논의의 편의상 하늘이나 땅에 소위 신이 존재한다손 치더라도, 6 우리에게는 모든 것의 기원이 되시고 우리 존재의 목표가 되시는 아버지이신 하나님 한 분, 그리고 만물의 기원이시며 우리를 존재하게 하신 주 예수 그리스도 한 분 께서 계실 뿐입니다.

* **본문비평에 관한 별주.** 번역에서 [하나님을]과 [그에 의해 알려진]이 꺾쇠 괄호로 처리된 것은 어떤 사본들에서는 이 구절을 누락했기 때문이다. 가장 오래된 사본(P46)과 알렉산드리아의 클레멘트는 괄호 내 구절을 생략했는데 이는 매우 자연스럽다. 다른 두 사본(시내산사본과 파피루스 33)은 '그에 의하여'가 빠져 있다. 이 괄호 내의 구절은 중요하지만 시기적으로 다소 늦은 몇몇 사본에는 포함되어 있다(P15, A, B, D). 전문가의 견해는 서로 엇갈리지만, 정확한 판단을 위해서는 바울이 하나님을 향한 사랑을 말하는 경우는 드물다는 사실도 고려되어야 할 것이다.

번역에 관한 역주. 1절의 번역에서 '덕을'을 꺾쇠 괄호로 처리하여 '[덕을] 세운다'로 표시하였다. 원문의 단어는 '(건물을) 세운다'는 뜻인데, 바울은 (성전 건물로서) 교회 공동체를 세운다는 의미로 사용하였다. 한글로는 '덕을 세운다'는 표현이 익숙하여 그대로 사용하되, '덕을'을 괄호로 넣어 첨가된 부분임을 표시하였다. 본 주석에 매우 빈번하게 나타나는 단어인데, 때로는 그냥 '세운다'로, 때로는 '덕을 세운다'로 그때그때 달리 옮겼다.

8장부터 10장까지에서 바울은 처음엔 어느 한 집단, 그리고 나중에는 또 다른 집단의 편을 드는 것처럼 보인다. 8장에서 바울은 이방 신전에서 우상 제사와 관련된 고기를 먹는 문제에 대해 '허용적인' 입장을 취하는 것처럼 보인다. 반면 10장에서는 그런 행위를 거의 주님의 만찬 자리에서 이루어지는 신앙 고백을 배반하는 신성모독에 가까운 것으로 간주하는 것처럼 보인다. 이 두 관점 사이의 차이가 너무 분명하여, 어떤 학자들은 8장과 10장이 서로 다른 편지에 속해 있었다고 주장한다. 하지만 이러한 어조의 차이는 바울이 각각 다루는 상황의 차이에 의한 것으로 충분히 설명될 수 있다.

8장부터 10장까지의 쟁점은 복합적이다. 따라서 바울이 다루는 당면 문제를 분명히 파악하고 단락 전체를 제대로 이해하기 위해서는 1절부터 6절까지를 한 절씩 주석하기보다는, 고린도교회 내에 두 개의(혹은 그 이상의) 상이한 집단을 구분하고서, 이 집단들에게 헛된 신과 관련된 고기를 먹는 것이 각각 무엇을 의미했는지를 살펴보는 것이 더 나을 것이다. 본 단락에는 다음과 같은 사안 및 주제가 등장한다.

1) '지식이 있는' 자(8장 1절)와 확신 없는 혹은 '약한 자들'(8장 10절)

교회 내의 한 주요 집단은 바울이 다루는 문제에 대해 상대적으로 무관심했다. '확신 없는' 집단이 그들이 무감각하여 그리스도인으로서 충성하지 않는다고 비판하지만 않으면 말이다. 일견 이들의 논리는 깔끔하기 그지없다. 기독교 신조는 **"하나님께서는 한 분뿐이시다"**(8장 5절)라고 공언한다. 여기서 바로 **"우상은 실제로 존재하지 않는다"**(5절)라는 결론이 도출된다. 그들은 이 원칙을 당시 육류의 주된 공급원이었던 이방 신전에서 나온 고기를 먹는 문제에 적용했다. 시장에 나온 고기가 가령 제우스나 아프로디테 같은 이방 신에게 바친 것이라 한들 그것이 무슨 상관이 있는가? 이런 '신'은 사실상 '존재하지 않는 것'이고, 존재하지 않는 것이 우리가 먹는 고기에 무슨 영향을 미칠 수 있겠는가? 이런 원칙을 고수하는 사람을 비판하는 이들은 '약한 자들'이다. 그들은 우상이 헛된 것이라는 사실이 함축하는 실제 의미를 당당하고 자신있게 읽어내지 못한 사람들인 것이다.

반면, 상대편에게 '약한 자들'이라 불린 이들은 마음이 편치 않았다. 그리스도인이라면 이방의 무신론적 기도나 축복이 더해진 것은 어떤 것이라도 손대지 않는 것이 마땅하다. 그 고기는 더럽혀진 고기다. 그럼에도 불구하고 '약한 자들' 중 일부는 마음이 양쪽으로 갈린다. 당시 사회에서 육류는 일종의 호사로, 쉽게 거절할 수 있는 것이 아니었다. 따라서 육류가 제공되는 공적인 행사나 만찬에 초대를 받은 이들은 혼란스러운 고민에 빠지기가 쉬웠다. 아마도 '지식'을 내세우려 했던 이들 중에는 '강한 자들'뿐 아니라 사회적으로 영향력이 있고 경제적으로도 넉넉한 이들도 포함되어 있었을 것이다. 그러니까 '약한 자들'은 신앙적인 의심 면에서뿐 아니라 사회 경제적인 위상이라는 면에서도 취약한 사람이었다. 이들은 두 가지 면 모두에서 불안한 상태에 있었던 것이다.

2) 이방 신을 위한 제사와 상관있는 고기(8장 1절)

여기서 '이방 신들을 위한 제사와 관계된 고기'로 번역된 헬라어 단어는 다르게 번역할 수도 있다. 바울이 사용한 표현 자체(헬, *에이돌로튀타*)로는 해당되는 음식이 엄밀히 **고기**인지 아니면 일반 <u>음식</u>인지 분명하지 않다. 그런 점에서 AV/KJV와 RV의 '바쳐진 것들'이라는 번역이 정확하다. <u>이것이 여러 성경</u> 전문가들 사이에서 논쟁을 불러일으켰다. 그리고 이 표현에는 <u>우상에게 제사된</u> 이라는 말도 포함하고 있다. 칠십 인역에서 우상이나 이방 신들을 지칭할 때 전형적으로 사용되던 바로 그 단어다. 그래서 현대 번역본들은 이를 '우상에게 제사된 음식'(NRSV/NIV), '이방 신에게 바쳐진'(REB), 혹은 '헛된 신에게 바친'(NJB) 등 다양하게 옮기고 있다. 바울 당시의 독자들은 물론 바울이 말하는 바가 무엇인지 잘 알았을 것이다. 하지만 더 전통적인 번역은 고린도 교회에서 다양한 상황이 전개되었을 여지를 남겨두지 않는다. 그래서 여기서는 '**이방 신을 위한 제사와 상관있는** 고기'로 다소 막연하게 번역하였다. 음식 대신 **고기**로 번역한 것은 당시의 상황을 역사적으로 재구성한 결과를 반영한 것이다. 일부 번역본에서 취한 '헛된 신'(NJB)은 고린도 교회의 '강한 자들'의 논리를 반영하는 것이라 볼 수 있다.

3) '강한 자들'의 관점과 논리

고린도 교회의 강한 자들은 다음과 같은 논리를 폈을 것이다. ① 시장에서 파는 최상품 육류는 대개 육류 도매상 역할을 하는 신전을 통해 나오는 것이어서 이를 피하는 것은 어려울 뿐 아니라 또 억지스럽기도 하다. ② 영향력 있는 불신 친구나 사업 파트너 혹은 정치적인 관료는 신자를 자주 신전 경내에서 열리는 만찬이나 연회에 초대한다. 이들은 잠재적인 전도의 대상이다. 그런데 이들의 초대를 거부하는 것은 불필요한 고집과 지나치게 방어적인 태도로 비칠 것이며, 결과적으로 신자들은 이방 친구들에게서 소외되고 말 것이다.

더 나아가 ③ 이런 식사는 정말로 '예전적인' 예배 행위가 아니다. 신전은 다만 가장 손님을 대접하기 좋은 장소를 제공할 뿐이다. 물론 초대장이 종종 (실제의 예를 들자면) "주 세라피스께서 당신을 초대합니다." 하는 식의 문구를 활용하는 것은 사실이지만, 이는 그 식사의 '주관자'로 되어 있는 그 헛된 신에 의례적으로 목례하는 것에 불과하다. ④ 무엇보다도 이들은 존재하지 않는 헛된 신이다. 이들이 실제로 존재하지 않는다면, 우리가 이런 존재하지 않는 것의 이름으로 혹은 아무 것도 아닌 것의 축복 아래 먹는다고 해서 그것이 우리가 먹는 음식에 무슨 영향을 미칠 수 있겠는가? ⑤ 이런 것들로 트집을 잡는 사람들은 '약한' 그리스도인들이다. 그들은 우리 행동이 우리 모두가 고백하는 교리에 근거하고 있다는 사실을 망각하고 있다. **"하나님은 한 분뿐이시다."**(8장 4절) 따라서 '우상은 실제로 존재하지 않는다'(4절). '강한 자들'은 이런 식으로 생각했다. **"우리는 모두 '지식'**(헬, 그노시스)**이 있다."** 그리고 우리는 이 '**지식**'에 따라 행동한다(1절).*

4) '약한 자들'의 관점과 논리

① 소위 약한 자들은 지식과 영향력, 그리고 학력과 부를 가진 그리스도인들이 너무 자신 있게 말을 하는 상황이라 이를 어떻게 생각해야 할지 혼란스럽다. 하지만 ② 그리스도인이란 예전에 자신들이 섬기던 신의 세력으로부터 구속받은 사람들이다. 따라서 이런 신의 이름과 관계된 신전이나 축제나 혹은 사교적인 모임에 참가하는 것은 예전의 삶으로 돌아가는 것과 같아 불편하기도 하고 또 불쾌하기도 하다. 모든 면에서 이는 그리스도인이라는 새로운 정체성과 어울리지 않는다.

더 나아가 ③ 신자들은 주님의 만찬에서 그리스도를 유일한 주님으로 고백한다. 그런데 동료 교인들 중 어떤 이들은 '귀신을 위한 제사'의 자리에

* **'지식'에 관한 별주.** 지식은 이성적 사유 이상의 것을 포함한다. 3절에서 바울이 말하는 '앎'은 대체로 헬라적 문맥의 그노시스보다는 구약적 문맥에서 사람을 '안다'고 할 때의 앎에 가깝다. '**안다**'라는 히브리어 동사가 성관계를 가리킬 수도 있는 것처럼, 참된 지식에는 주의 깊은 사랑, 보살핌, 그리고 '다른 사람'에 대한 관심을 포함한다. 철학적으로 말하자면, 이는 '대상의 정복'을 의미하는, '나-그것'의 관계로 규정되는 전통적 관점의 지식에서 더 깊고 상호적이고 다차원적이며, 쌍방의 인격적 개입을 포함하는 지식, 곧 마르틴 부버가 말한 '나-너'의 관계, 혹은 한스 게오르크 가다머(Hans-Georg Gadamer)와 폴 리쾨르(Paul Ricoeur)가 말한 해석학적 이해를 향한 변화를 의미한다. 자신이 개입되는 지식의 문제는 버나드 로너간(Bernard Lonergan)과 마이클 폴라니(Michael Polanyi) 역시 관심을 기울인 주제다. 로너간에 의하면 지식이란 주의 깊고, 명민하며, 합리적이고, 책임 있는 태도를 포함한다(*Method in Theology*; London: D. L. T., 1972). **사랑하는 사람은 누구나 참된 앎을 소유한 사람이다**(3절). 바로 여기서 기독교적 '인식론'이 시작된다.

있다가 곧바로 주님의 만찬의 자리로 오는 것처럼 보인다(10장 20절). 이런 상황에서 어떻게 다른 그리스도인이 이들과 함께 주님의 만찬을 나눌 수 있겠는가? 뿐만 아니라, 그들의 그런 행동 이면에는 사업상의 예전 인맥을 놓치지 않으려는 동기도 숨어 있는 것이 아닌가? ④ 많은 신자들이 그리스도인이 되기 위해 많은 희생을 치렀다. 조롱당하기도 했다. 예전의 친구들도 속 좁은 사람이라고 비난하며 등을 돌렸다. 그런데 어떤 신자들의 행동이 믿기 이전과 전혀 다르지 않다면 이들이 어떻게 느끼겠는가? 어떤 이들은 포기하고 싶은 생각이 들 것이고, 또 어떤 이들은 믿는다는 것이 무엇인지 혼란스러울 것이다. 이런 식으로라면 어떻게 우리 교회가 '거룩한' 사람이 될 수 있겠는가?

5) 본 단락에서 나타나는 바울의 목회적 전략

① 바울은 우선 강한 자들의 처지가 그들이 소유한 '**지식**'에 근거한 것임을 **잘 알고 있다**고 말함으로써 그들을 안심하게 한다(1절). 그는 이 사실을 부인하지 않는다. 하지만 그는 바로 이어서, 지식 자체는 사람에게 지나친 자신감을 불러일으킬 수 있고 근거 없는 자만심에 빠지도록 오도할 수 있다고 지적한다. **이 '지식'은 교만하게 합니다. 반대로 사랑은 덕을 세웁니다**(1절). 바울은 지속적인 배움을 동반하는 동사적 의미의 **앎**과 <u>정태적이고 완결된 상태</u>를 가리키는 명사적 의미의 지식을 구분한다. 두 번째 의미의 지식은 모든 것을 완전히 파악되고 완성된 것으로 간주하는 태도를 유발한다(1a절). 이에 대한 바울의 목회적 전략은 우선 이런 통달과 정복으로서의 지식 개념이 타당한 것인가를 따지는 것이었다. 어떻게 한 사람이 모든 것을 다 알 수 있겠느냐는 것이다. **누구라도 이 '지식'을 [어느 정도] 가졌다고 생각한다면, 그들은 아직 알아야 할 것을 알지 못하는 사람입니다.**(2절) 하지

만 겸허히 배우고 알아가는 과정은 비판이 아니라 칭찬의 대상이다.

② 바울이 구사하는 목회적 전략의 두 번째 단계는 다른 사람을 향한 사랑을 공동체를 **세울** 수 있는 태도로 높이 평가하는 것이다(1b절). 마가렛 미첼(Margaret Mitchell)이 주장하는 것처럼(*Paul and the Rhetoric*), **세우기**(building)가 서신 전체를 관통하는 주제다. 마치 풍선에 공기를 집어넣듯, 지식은 '부풀어 오르게' 혹은 **우쭐하게 한다**. '우쭐하게 한다'는 헬라어 동사는 고린도전서에서 모두 여섯 번 등장한다(4장 6, 18, 19절, 5장 2절, 8장 1절, 13장 4절). 이에 대해 폴 가드너(Paul Gardner)가 바르게 지적하는 것처럼, **사랑**이라는 주제가 정점에 달하는 것은 13장에 이르러서이지만, 우쭐함이라는 주제는 12장과 14장에서 특정한 종류의 성령의 '은사'를 내세우며 자랑하는 태도와 무관하지 않다(*The Gift of God*, 23-27). **우쭐함**이라는 말은 잘난 척하다 화를 당하는 이솝 우화 속의 개구리를 생각나게 한다.

③ 셋째로, 바울은 '강한 자들'이 확실하고 결정적이라 여겼던 논리에 일련의 제한을 가한다. 그 제한 중 하나는 모든 사람에게 '이런 지식'이 있는 것이 아니라는 사실이다(7절). 바울이 독자들을 상대로 이어가는 논증에는 현실과 상대방 모두에 대한 배려가 묻어난다. "**여러분에게 있는 그런** 지식과 장점이 모든 사람에게 있는 것은 아닙니다"라고 강한 자들을 설득하는 것이다. 지금 강한 자들은 좀처럼 사라지지 않는 습관적인 사고방식에 고착되어 있다. 즉, '습관의 힘'에 사로잡혀 있는 것이다(7절). 강한 자들은 유력한 사람들이 개최한 연회에서 '편안함'을 느낄지 모르지만, 교회 내의 '약한 자들'은 한 번도 그런 자리를 편하게 느껴본 적이 없다. 여기서 바울은 헛된 신들의 <u>존재론적 비존재성</u>(ontological nonexistence)과 <u>실존적 실재성</u>(existential reality) 사이를 조심스럽게 구분한다. 비록 존재하지 않는 신이라 하더라도 이들이 약한 자들의 신앙적 감수성에 실질적인 영향을 미친다는 사실을 고려하는 것이다.

④ 마지막으로, 바울은 강한 자들의 확신에 찬 태도가 끼치는 부정적인 영향을 지적한다. 그들의 태도는 '형제나 자매를 망하게' 할 수 있다(13절). 10장에서 바울은 이런 논점을 더욱 자세히 설명한다. 다만 여기서는 '약한 자들'이 그로 인해 시험에 들 가능성이 없는 상황이라면 바울은 '강한 자들'의 권리도 인정한다는 사실을 지적하는 것으로 충분하다(10장 23~32절).

6) 고백문(8장 6절, 8장 5절 참고)

6절에서 기독교 신앙고백은 한 걸음 더 나아간다. 바울과 다른 신약의 저자들이 분명히 선포하는 것처럼, 하나님 **아버지**께서는 모든 것의 기원이 되시며 모든 존재의 **목표가 되시는** 기원적 창조자(originating Creator)이시다. **주 예수 그리스도 한 분께서는 만물의 근원이시고 우리를 존재하게 하신** 중재적 창조자(mediating Creator)시다. 바울은 로마서에서 이러한 생각을 다시금 표현한다. "만물이 그분께로부터 나오고, 그분을 통해 생겨나고, 그분께로 돌아갑니다."(11장 36절) 요한복음과 히브리서 역시 그리스도의 역할을 두고 '통하여'(through)라는 전치사를 사용한다(요 1장 3절, 히 1장 2절). 이 모든 것은 그리스도의 중재적 창조자로서의 역할을 묘사한다. 이에 대해서는 인용이 무의미할 만큼의 방대한 연구가 존재한다.

5절의 첫 부분은 가설 하나를 내놓는다. **논의의 편의상 하늘이나 땅에 소위 신들이 존재한다손 치더라도**. 여기서 바울은 존재론적 차원의 실재(그들이 모든 면에서 실제로 존재하는 것인지 하는 문제)와 '실존적인', 곧 더 주관적이며 심리적인 의미에서 존재(예전에 우상숭배하던 이들의 의식 속에 이들이 존재하는지의 문제)를 구분하고 있는 것처럼 보인다. 신으로서 혹은 '실재'로서 이방 우상의 존재는 사라졌겠지만, 이들에 대한 죄책감이나 염려는 아직도 신자의 양심을 마비시키거나 약하게 할 수 있는 것이다.

23. 묵상을 위한 제언(8장 1~6절)

1. '올바름'이 올바른 행동을 위한 유일한 기준은 아닐 수 있음에 관하여

'옳다'는 것이 전부일 수 없는 이유가 무엇일까? 바울은 강한 자들의 논리가 그 자체로는 아무런 문제가 없다는 것을 부인하지 않는다. 하지만 그것으로 충분한 것일까? 다른 생각을 하는 사람에 대한 관심과 사랑의 배려가 없다면 '옳은' 행동이 도리어 혼란을 야기하고, 타인에 대한 도덕주의적 정죄를 부추기며, 심지어 다른 성도를 망하게 할 수도 있다고 말하면 지나친 것이 되겠는가? 이는 12, 13절에서도 다루어질 것이다.

2. '지식'과 연관된 잘못된 편안함에 관하여

'지식'이 사람을 우쭐하게 하기만 하는가? 이는 우리 앞에 놓인 자료를 '장악'하는 것을 '지식'이라 생각하는 태도와 어떻게 연관되는가? 바울의 입장에서 참된 지식이란 <u>알아가고 배워가는 지속적 과정</u>이다. 누구라도 이 '지식'이 [어느 정도] 있다고 생각한다면, 그들은 아직 알아야 할 것을 알지 못하는 사람이다(2절).

3. 사물을 바라보는 관점의 중요성과 인식의 습관에 관하여

실제로는 근거가 없는 세력이 마치 '실제' 힘처럼 영향력을 행사하는 경우가 있을까? '알게 됨'이란 우리 속에 있는 근거 없는 환상을 인식하는 것뿐 아니라 이 세력들이 다른 사람에게는 영향을 미칠 수도 있다는 사실을 세심하게 배려하는 것 또한 포함하는 것이 아닐까? 사고의 습관은 벗어나야 할 무엇인가에 우리를 얽어 맬 수 있다. 그렇지만 결국 우리는 어떤 가상적 세력도 두려워하거나 염려할 필요가 없다. 그리스도의 주 되심과 하나님 아버지의 주권은 우주적이며 보편적인 것이기 때문이다. 하나님 한 분께서만 '존재하시며', 그분께서만 유일한 주권자로서 우리의 기도와 예배와 신뢰와 순종의 대상이시다.

4. 동일한 것을 서로 다르게 인식하는 것에 관하여

'이방 신에 대한 제사와 관련된 고기'의 문제는 같은 그리스도인이라 하더라도 어떤 문제를 얼마나 다르게 인식할 수 있는가를 잘 보여준다. 이것이 놀라운가? 각 신자들이 자신의 견해에 나름의 일리가 있다고 생각하는 것이 좋은 일인가 나쁜 일인가? 오늘날 교회 내에도 고린도 교회의 경우처럼 동일한 사안이나 현상을 서로 다르게 바라보는 경우가 존재하는가?

5. 목회적 화해에 관하여

바울은 어떤 방식으로 목회적인 화해를 이루어 내고 있는가? 세심한 중재 및 인내심 있는 차분한 설명과 논증이 없이도 이러한 화해가 가능할 것이라고 생각하는가? 함께 그리스도인인 자들이 서로를 '무시한 채' 생각하고 말하는 것을 막을 수 있는 방법이 무엇이겠는가? 대부분의 경우에 사랑이 그토록 중요한 열쇠가 되는 것이라면, 어떻게 우리는 가장 취약한 입장에 선 사람에게 특별한 관심이 돌아가도록 만들 수 있겠는가(이 점은 12장 12~26절 및 13장에서 다시 거론될 것이다)?

(2) '확신 없는 자들' 혹은 '약한 자들'이 직면할 문제(8장 7~13절)

7 하지만 모든 사람이 이 '지식'을 소유한 것은 아닙니다. 어떤 이는 여전히 습관의 힘 때문에 우상에 사로잡혀 있고, 고기를 실제 우상의 제물로 알고 먹습니다. 그래서 확신 없는 그들의 자의식이 더럽혀지는 것입니다. 8 "음식으로 인해 우리가 하나님의 심판을 받는 것은 아닙니다." 음식을 먹지 않는다고 해서 무엇을 잃는 것도 아니고, 먹는다고 해서 무엇을 얻는 것도 아닙니다. 9 다만 여러분의 '선택할 권리'가 더 불안정한 이들에게 걸림돌이 되지 않도록 하십시오. 10 '지식이 있는' 여러분이 실제 우상의 자리에서 식사하고 있는 것을 누군가가 보았다고 합시다. 그렇게 되면 확신 없는 사람의 자의식이 실제 우상에게 바쳐진 고기를 먹도록 '세워지지' 않겠습니까? 11 그렇게 되면, 분명 그 확신 없는 사람은 여러분의 '지식'에 이끌려 들어가 망하게 되는 셈입니다. 그리스도께서 위하여 죽으신 형제자매가 말입니다. 12 하지만 이런 식으로 형제나 자매의 확신 없는 자의식에 치명적인 타격을 가함으로써 그들에게 죄를 짓는 것은 바로 그리스도께 죄를 짓는 일입니다. 13 그러므로 음식이 그토록 내 형제 혹은 자매에게 모욕을 주어 그들로 실수를 범하게 한다면, 나는 어떤 경우에도 어떤 식으로든 결코 고기를 먹지 않을 것입니다. 내 형제나 자매가 망하는 일이 없도록 말입니다.

본 단락의 첫 구절은 이전 단락의 첫 절에서 개진한 '강한 자들'의 주장을 정면으로 반박한다(1, 7절). 바울은 "우리는 모두 '지식'이 있다"라는 강한 자들의 모토를 거부한다(1절). **하지만 모든 사람이 이 '지식'을 소유한 것은 아닙니다**(7절). 그런데 1절부터 6절까지에서 바울은 그들의 주장에 다소 제약을 가하기는 했지만 이를 거부한 것은 아니지 않는가? 여기서 관건은 '모든' 혹은 '**모든 사람**'이라는 표현이다. '강한 자들'이 말한 '모든'이란 사실상 나와 같은 생각을 하는 집단 내의 모든 사람을 의미했던 것이다.

바울은 취약하고 '약한' 혹은 **확신이 없는**(헬, *아스테네스*, 7절. 10, 11절에서도 사용됨) 사람들이 직면한 어려움의 첫 번째 원인을 진단한다. 그들은 **여전히 습관의 힘 때문에 우상에 사로잡혀 있다**(7절, 몇몇 후대 사본들에는 다르게 되어 있지만, 습관의 힘 혹은 습관화가 원문이라는 사본상의 증거는 매우 강력하다). 이러한 습관적으로 반복된 경험의 위력은 대단하여, 만약 그들이 강한 자들과 함께 '이방 신에 대한 제사와 관계된 고기를 먹는' 일에 동참하는 경우, 그들은 이를 **실제 우상의 제물로 알고 먹게 된다**. 분명 이는 그리스도인으로서 자신들의 정체성 자체를 배반하고 부인하는 행동이 된다. 왜냐하면 그들은 그리스도인이 되면서 예전의 제사 습관을 버렸기 때문이다. 따라서 바울이 말하는 바는 그들을 그런 상태로 끌어들이는 것은 생각할 수도 없는 일이라는 것이다.

이러한 상황은 약한 자들에게서 추가로 문제를 야기한다. **확신 없는 그들의 자의식이 더럽혀지는 것입니다**(7b절). '더럽혀진다'라고 번역된 단어의 의미를 파악하기는 어렵지 않다. 이 단어는 '때를 묻히고, 더럽히고, 부정하게 하고, 오염시키는' 것을 의미한다. 리꾀르(Paul Ricoeur)는 그의 책 *The Symbolism of Evil*에서 그러한 상징적 차원의 위력을 잘 설명해 주고 있다. 반면 우리가 '자의식'이라고 번역한 단어의 의미는 논란의 대상으로서 이에 대한 많은 연구들이 쏟아져 나왔다. 이는 '자의식'(혹은 의식)을 의미하는가 아니면 양심을 의미하는가? NRSV나 NIV 같은 영어 번역들은 이를 '양심이 더럽혀진다'는 의미로 옮기고 있다(Thiselton, *First Epistle*, 640-646).

고전 헬라어나 헬레니즘 시기의 문헌들에서는 이 단어가 양심을 가리킨다. 라틴어 *con-scientia*와 마찬가지로, 헬라어 역시 '함께' 또는 '더불어'(*신*-)

'알기'(-*에이데시스*)를 나타낸다. 하지만 라틴어에서도 *conscientia*는 '의식 혹은 공동의 증언' 혹은 '양심'을 의미한다. 따라서 두 언어에서 '함께 아는' 행위는 인간의 인지 작용 중에서 자각적이고 자의식적인 부분, 곧 지성의 반응과 활동을 관찰할 수 있는 부분의 움직임을 가리킨다. 특별히 이 단어가 규칙적이고도 명시적으로 도덕적인 의미를 획득하여 선과 악에 대한 일종의 내적 재판관이라는 의미로 사용되는 것은 스토아철학에서다. 그러니까 스토아철학에서는 양심이 사실상 우리 속에서 표현되는 하나님의 음성이 되는 것이다. 하지만 바울이 '양심'을 이런 식으로 생각했는지는 의심스럽다. 물론 대개의 경우 양심은 악한 행위에 대해 회한, 불편함 혹은 고통이라는 반응을 보인다. 하지만 바울이 이 양심을 실수 없는 안내자로 간주하는 것은 아니다.

지난 19세기 후반에서 20세기 중반에 이르기까지 많은 성경학자들은 바울이 '스토아주의적' 양심 개념을 가지고 있었다고 생각했다. 하지만 1955년 C. A.피어스(C. A. Pierce)는 바울의 양심 개념이 그와 다르다고 주장했다. '양심'은 잘못된 것으로 간주되는 행동이 이미 발생한 상황에서 그 (과거의) 사건에 대해 고통을 부과한다. 하지만 바울이 양심을 미래의 행동에 대한 확실한 지침으로 간주한 것은 아니었다(*Conscience*, 13-20, 111-30). 바울이 보기에 양심은 결코 '하나님의 음성'일 수 없었다. 고린도전서 8장 1절부터 13절까지에서 바울의 의도한 것은 약한 자들이 양심의 고통에 노출된다는 것이 아니었다. 1978년에 홀슬리("Conscience")는 **자의식**(self-awareness)이라는 번역을 제안했고, 이후의 연구들은 이 제안을 잘 반영하고 있다(가령, Eckstein, *Syeidesis*; Willis, *Idol-Meat*; 그리고 Gardner, *Gifts*).

그렇다면 이렇게 번역하면 무엇이 달라지는가? 우선, 신약보다는 스토아철학의 영향을 더 많이 받은 양심 개념이 광범위하게 퍼져 있는데, 새로운 번역은 바울의 표현을 이런 관념에서 떼어놓는 효과가 있다. 구약에는 양심에 해당하는 단어가 없지만, 이와 가장 가까운 것이 '마음'(히브리어, *레브*)이라는 일반적인 개념이다. 이는 한 존재의 내적 심층 혹은 강렬한 감정, 반성 혹은 자기기만의 능력을 지닌 인간의 자아를 가리킨다. 엑스타인은 바로 이것이 양심 혹은 **자의식**으로 번역된 단어의 핵심 배경이라고 생각한다(*Syneidesis*, 35-135).

둘째, 본문을 이렇게 읽으면 현재 문맥에서 드러나는 강한 자들과 **약한 자들**의 대조와 잘 어울린다. 강한 자들은 매우 튼튼한 자의식을 소유하고 있다. 그들의 자기 인식 혹은 그리스도인이라는 인식은 **우상**의 비현실성에 대한 '**지식**'으로 인해 더욱 강화된다(7, 10절). 하지만 약한 자들의 **자의식은 확신이 없다**(7b절). 가드너(Gardner)는 이를 '다른 사람과 관계 속에서 자신에 대한 지식이 결여된' 것이며, '여기에서 잘못된 행동을 하게 될 가능성이 많아진다'고 풀이한다(*Gifts*, 45).

하지만 이처럼 '지식을 소유한' 집단의 행동방식이 조성하는 압력에 굴복하는 것은 분명치 않은 그들의 그리스도인으로서의 정체감을 **더럽히는 것**과 같다(7b절). **그렇게 되면 분명 그 불안정한 사람은 여러분의 '지식'에 이끌려 들어가 망하게 됩니다**(11절). 일차적으로 이는 양심에 반하는 도덕적 오류는 아니다. 오히려 이는 자신의 기독교적 정체성을 타협의 대상으로 삼고 이로써 헌신된 그리스도인으로서 자신의 자의식을 혼란스럽게 하는 그리스도인의, 혹은 신학의 배교라고 할 수 있다. 두 마음으로 갈리는 것은 **아직 확신 없는 자의식에 치명적인 상처를 입히는** 방식으로 행동하게끔 만든다. 이처럼 파괴적이고 유해한 행동 방식을 고집함으로써 강한 자들은 **그리스도께서 위하여 죽으신 형제와 자매에게**(11절) **피해를 입히고**(12절), 이는 **곧 그리스도께 죄를 짓는 것이다**(12b절).

음식으로 인해 우리가 하나님의 심판을 받는 것은 아닙니다라는 8절에서의 인용은 아마도 바울이 직접 들었거나, 전해 들었거나, 혹은 미리 예상되는 강한 자들의 반박을 염두에 둔 말일 것이다. 그들 나름으로는 음식이라는 것이 가치중립적인 것이므로 무엇을 먹든 영적 혹은 도덕적 의미는 없는 것이라고 생각했을 것이다.

인용이 8절 마지막까지 계속되는 것인지의 여부는 결정하기 쉽지 않다. **먹지 않는다고 해서 손해를 보는 것도 아니며, 먹는다고 해서 무슨 유익이 있는 것도 아니다**. 이것이 강한 자들의 말을 인용한 것이라면, 이 말은 사실상 '음식은 이러나저러나 상관없는 것'이니까 '그런 걸로 까다롭게 굴지 말라'는 의미가 될 것이다. 하지만 이 구절이 8절 상반절의 구호에 대한 바울의 대응일 수도 있다. 그렇다면 이는 설득적 수사법(deliberative rhetoric)의 관점에서 '유익'이라는 논리를 구사하고 있는 경우가 될 수 있다. 즉, 먹지 않는다고 해서 잃는 것이 생기는 것은 아니다. 또 먹는다고 해도 거기서 생기는 '유익'이란 그들이 생각하는 것보다 더 공허한 것이다. 어느 해석을 택하든 뜻이 잘 통한다.

이와는 달리 9절부터 11절까지의 논리는 선명하고 직설적이다. 강한 자들은 이 '**선택의 권리**'를 주장한다(9a절). 헬라어로는 단순히 **당신의 이 권리**라는 말이다. 우리가 이 **권리**를 선택과 관련된 것으로 설명한 것은 6장 12절에서 이 단어가 이미 그런 방식으로 사용되고 있고, 9장 4, 5, 6, 12, 18절뿐 아니라 10장 23절에서도 사용될 것이기 때문이다. 영어 번역들은 'liberty'로 번역하는 경우도 있고(AV/KJV, NRSV, REB) 'freedom'으로 번역하는 경우도 있다(NIV/NJB). 하지만 이렇게 번역하면 자신의 권리를 내세우는 태도를 문제시하고 있는 바울의 의도가 무색해져 버린다(하지만 다른 번역들은 9장 4절부터 18절까지에서 이를 인식하고 있다). 9장의 논의는 바로 이 **선택**

의 권리를 문제 삼고 있는 것이며, 복음을 위해 그런 **권리**를 자발적으로 포기하는 바울의 사례를 제시하고 있는 것이다.

요컨대, '강한 자들'은 자기의 **권리**를 공격적으로 주장하기만 하였을 뿐, 그런 태도가 약하고, 불안해하며, **확신이 적은** 신자들에게 **걸림돌**이 될 것인지 아닌지를 고려하지 않았다(9b절). 그래서 바울은 구체적인 예를 들어 원리를 설명한다. **만일 누군가가 실제로 우상을 숭배하는 장소에서 여러분을, 그러니까 '지식이 있는' 여러분을 본다면, 어떤 일이 생길 것인가?**(10절) 분명 **확신 없는 이들의 파멸**로 이어지고 말 것이다(11절).

그 이유가 무엇일까? 바울은 '세우기'(헬, *오이코도메오*, 10절)라는 단어를 이용하여 풍자적인 언어유희를 선보인다. 바울은 거듭 '사랑은 세우며'(8장 1절), 이 '세우기'가 교회와 섬김의 목적이라고 설명한다. 8장 1절에서 바울은 '세우기'의 방식으로서 '지식'을 사랑과 대조함으로써, 이 '지식'을 별 환상에 불과한 대체물로 배격해 버린다. 그저 바람을 불어넣어 구조물의 크기만 키울 뿐이라는 것이다. '강한 자들'은 끊임없이 지식에 호소하는데, 바울은 이 본문에서 거듭 이것을 핵심적인 단어로 언급한다(1, 2, 7, 10절). 아마도 영향력이 있고 자신감 넘치는 집단은 틀림없이 다른 이들에게 이 지식이 그들을 성숙한 수준으로 세워 줄 것이라고 주장했을 것이다.

확신이 적은 신자들 중 많은 이들이 이러한 유혹에 넘어갔을 것이다. 이에 대해 바울은 그에 상응하는 풍자로 소리친다. **그렇게 되면 확신 없는 사람의 자의식이 '세워져서'**[개역개정에는 '담력을 얻어'로 번역됨—역주] **실제 우상에게 바쳐진 고기를 먹게 되지 않겠습니까?**(10b절) 결국 그들은 이방 우상에게 제사를 드리는 상태로 전락하고, 그리스도인으로서의 정체성을 타협의 대상으로 삼고, 자신들의 주님을 배반했다는 것을 알게 된다. 이 얼마나 훌륭한 '세움'인가!

이 모든 자기모순과 불필요한 혼란은 약한 신자를 **상하게 할 것이다**('상하게 하다'로 번역된 헬라어는 대개 상처가 남을 정도로 세게 때린다는 뜻이다). 바울이 말하고자 하는 핵심은 이것이 사실상 **그리스도**를 공격하는 것과 다를 바 없다는 것이다. 바울은 이전에 열성적인 바리새인으로서 그리스도인을 핍박할 때 그리스도께서 하신 말씀을 한 번도 잊은 적이 없었다. "네가 어찌하여 나를 박해하느냐? …나는 네가 박해하는 예수이다"(행 26장 14, 15절, 9장 4, 5절, 22장 7, 8절)

이는 여기서만 드러나는 생각이 아니다. 고린도전서 3장 15절부터 17절까지에서는 그리스도인이 하나님의 성령의 전이라고, 12장 12절부터 30절까지에서는 그들이 바로 그리스도의 몸을 이루는 팔다리요, 장기들이라고 말한다. 마태복음에서 그리스도께서는 약한 자들 혹은 '작은 자들'에 대한 관심으로 인해 '약한 자들' 혹은 **확신 없는 자**를 자신과 동일시하신다. "누구든지 나를 믿는 이 작은 사람 가운데서 하나라도 걸려 넘어지게 하는 사람은, 누구라도, 차라리 그 목에 큰 맷돌을 달고 깊은 바다에 빠지는 편이 낫다." (18장 6절) "너희는 이 작은 사람들 가운데서 한 사람이라도 업신여기지 않도록 조심하여라."(18장 10절)

바울은 마지막 문장에서 마태복음 18장에서와 같은 단어를 사용한다. **그러므로 음식이 그토록 내 형제 혹은 자매에게 모욕을 주어 그들로 넘어지게 한다면, 나는 어떤 경우에도 어떤 식으로든 결코 고기를 먹지 않을 것입니다.**(13절) 이 대목에서 바울은 이중부정(결코…않겠다) 및 '영원히'('절대로' 혹은 '어떤 일이 있어도')와 같은 가장 강력한 숙어적 표현을 동원한다. 자신의 행동이 동료 신자들에게 끼칠 영향에 그와 같이 무관심하는 것은 생각할 수조차 없는 일이다.

24. 묵상을 위한 제언 (8장 7~13절)

1. 동료 그리스도인들에 대한 태도 및 '국지적' 상대주의의 유혹에 관하여

교회 내에서 자신감 넘치고 영향력 있는 멤버는 자신보다 '약하고' 덜 두드러지는 동료 그리스도인들을 무시하는 경향이 있지 않은가? 바울의 비판 중에 등장하는, "우리 모두에게 '지식'이 있다"라는 구호 자체가 '우리 모두' 속에 누가 '포함될' 것인가에 대한 편견을 내포하고 있는 것이 아닌가? 자신을 내세우는 어떤 한 집단이 자신들을 '우리 모두' 혹은 '모두'로 간주함으로써 자신의 관점을 다른 그리스도인에게 강요하는 것은 아닌가? 이 모든 것이 오늘날의 교회에 어떤 상처를 입히는가? 혹 이것이 지나친 포스트모던 사고방식에 영향을 받은 '지역 상대주의'에서 파생된 것은 아닌가? 십자가에 근거한 비판(1장 18~25절)을 생각해 볼 때, 우리는 부와 가난, 인종 등과 관계없이 모든 집단, 모든 성격의 사람이 모두 존경받고 환영받는 교회의 '보편성'(catholicity)에 대해 얼마나 더 잘 이해할 수 있는가?

2. '세상적인' 것으로 판단되는 이전의 사고방식 혹은 습관에 관하여

믿기 이전의 사고 혹은 행동의 습관은 우리의 생각이나 행동에 어떤 영향을 미치는가? 바울은 이전의 습관적 태도를 무조건 무시하지 않고, 오히려 이를 신중하게 고려하는 태도를 보인다. 되돌아 보면 회심 이전에 '세상' 냄새가 나는 것처럼 보이는 것을 대하는 태도가 현재의 삶에 영향을 미치는 방식과 정도가 사람마다 서로 다르다는 것을 느낄 수 있겠는가? 어떤 그리스도인들은 그런 행태에 지나친 반응을 보이는 반면, 어떤 이들은 너무 쉽게 이를 '기독교적'인 것으로 용인하고 받아들이지 않는가? 서로 생각이 다르다면, 그러한 태도가 그리스도인에게 미치는 영향의 정도 또한 다양하게 나타날 수 있을 것이다.

3. 양심, 지식, 그리고 사랑에 관하여

바울은 '양심'이 우리가 취해야 할 올바른 행동에 대해 완전무결한 안내자 역할을 한다고는 생각하지 않는다. 그렇다면 무엇이 그런 역할을 할 수 있을까? 연약한 그리스도인들에게 실제로 상처를 줄 수 있는 것이 무엇인지 생각할 수 없다면, 다른 사람 혹은 사람들을 향한 사랑이 모든 경우에 '지식'보다 우선되는 기준이라고 말할 수 있겠는가?

4. 지식에 대한 태도에 관하여

지식은 지속적 배움의 과정이다. '지식'에 대한 우리의 태도는 긍정적이어야 하는가, 부정적이어야 하는가? 우리는 지식과 지혜를 구분하는가?(고전 2장 6~16절 참고) 지식을 얻기 위해서는 오랜 시간 듣기가 필요하다. 만일 우리가 '됐다'고 생각한다면, 이는 우리가 다시 생각해 보아야 한다는 뜻은 아닌가?(2절, 어떤 이들은 '알아야 할 것을 아직 알지 못하고 있다.')

5. 선택의 권리에 관하여

'선택할 권리'를 절대적인 것으로 간주하는 것이 기독교적 태도인가? 다른 사람을 배려하는 사랑이 '지식'뿐 아니라 '권리'와 '자유'보다도 우선되는 것인가? 바울은 어떤 것이든 자신의 유익을 위해 연약한 동료 그리스도인에게 상처를 주는 것은 '그리스도께 죄를 짓는 것'이라고 못을 박는다(12절). 이것이 '작은 자들' 혹은 연약한 자들을 무시해서는 안 된다는 예수님의 경고와 어떻게 연결되는가?(마 18장 10절) 더 나아가 이것이 '영적인' 것에 대한 바울의 새로운 정의와도 상통할 수 있겠는가?(2장 16절; 3장 1~4절) '영적'이라는 것은 '그리스도의 정신'을 품는다는 것이다(2장 16절). 그리고 '영적이지 못하다'는 것은 '저 자신에게만 관심을 둔다'는 뜻이다(3장 3절).

6. 삶의 습관과 성결함의 성장에 관하여

본문에 나타난 예에서는 습관의 영향이 부정적이고 해로운 것으로 그려지지만, 좋은 습관에 대해서는 긍정적인 평가가 가능하지 않을까? 습관적인 태도와 행동의 형성과 고양이 성결한 삶의 성장에 얼마나 깊은 영향을 미치는가? 부모나 목회자 혹은 어린이의 교사 입장에서 생각한다면, 기독교적 양육의 목표가 단지 '지식'도 아니요, 그저 '옳은 행동'도 아니라, 기도, 성경공부, 올바른 결정 및 사랑의 태도에 대한 습관을 형성하는, 영적 조성의 과정이라고 말할 수 있겠는가? 나쁜 습관이 문제를 야기하는 것처럼, 좋은 습관은 신앙적 성품을 더욱 안정되게 만들어 준다.

(3) '권리'를 포기하는 바울의 개인적 모범(9장 1~18절)

1 제가 자유인이 아닙니까? 제가 사도가 아닙니까? 제가 예수 우리 주님을 보지 못했습니까? 주님 안에서 한 저의 일이 바로 여러분이 아닙니까? 2 다른 사람들에게는 제가 사도가 아니더라도, 어쨌든 여러분에게는 사도입니다. 왜냐하면 여러분이 주님 안에서 제 사도직의 인증서에 해당하기 때문입니다. 3 이것이 저를 조사하려는 자에 대한 저의 변호문입니다. 4 분명 우리가 먹거나 마시거나 할 '권리'가 없는 것은 아닐 것입니다. 5 우리가 다른 사도들과 주님의 형제들과 베드로가 그러는 것처럼, 그리스도인 아내를 데리고 다닐 '권리'가 없겠습니까? 6 아니면 유독 저와 바나바만 일을 그만둘 권리가 없는 것입니까? 7 도대체 어떤 사람이 스스로 모든 비용을 충당하면서 군 복무를 하겠습니까? 누가 포도를 심고서 그 열매를 먹지 않겠습니까? 누가 양 떼를 기르면서도 그 양젖으로 만든 것을 사용하지 않겠습니까? 8 내가 이런 말을 하는 것이 순전히 인간적인 근거에서뿐이라고 생각할 수는 없을 것입니다. 율법도 그렇게 말하지 않습니까? 9 왜냐하면 모세의 율법에 이렇게 기록했기 때문입니다. "곡식을 밟아 떠는 소의 입을 막아서는 안 된다." 이는 하나님께서 소들을 염려하시기 때문입니까? 10 이렇게 기록된 것은 사실 우리를 위한 것입니다. "밭을 가는 사람은 희망을 품고 밭을 갈며, 탈곡하는 사람도 그 곡식을 얻을 희망을 갖고 탈곡하는 법이다." 11 우리가 여러분에게 영적인 것을 뿌렸다면, 여러분에게서 물질적인 유익을 거두었다고 그것이 대단한 일이겠습니까? 12a 다른 사람들도 여러분이 허락한 권리의 유익을 누린다면, 우리는 더욱 그럴 자격이 있지 않겠습니까? 12b 하지만 우리는 이 권리를 사용하지 않았으며, 모든 일을 참았습니다. 이는 그리스도의 복음에 아무런 방해도 없도록 하기 위해서였습니다. 13 거룩한 의무를 수행하는 이들은 성전 제물에서 나는 것을 먹고,

제단에서 섬기는 이들도 제단에서 드려지는 것을 함께 나누는 줄을 알지 못합니까? 14 마찬가지로 주님께서도 복음을 전하는 자들은 복음으로 생계를 유지할 것이라고 명령하셨습니다. 15 그러나 저는, 이 권리를 한 번도 사용하지 않았습니다. 또 저도 그런 대접을 받으려고 이렇게 말하는 것도 아닙니다. 제가 차라리 죽으면 죽었지… 아무튼, 아무도 제 자랑이 근거 없는 것이라고 하지 못할 것입니다. 16 왜냐하면 그저 복음을 전하는 것만으로는 자랑할 이유가 될 수 없습니다. 제가 억지로라도 해야 하는 일이기 때문입니다. 만일 제가 복음을 전하지 않는다면, 그건 제게 고통입니다. 17 제가 제 자의로 이렇게 한다면 저는 보상받을 사람에 속할 것입니다. 하지만 이것이 제 자의로 택한 일이 아니라고 해도 저는 사명을 맡은 자로서 이를 받아들입니다. 18 그렇다면 무엇이 저의 '보상' 되겠습니까? 제가 복음을 선포할 때 그 복된 소식을 값없이 전하면서, 주님 안에서 제게 주어진 권리를 스스로 포기했다는 사실입니다.

놀랍게도 많은 사람들이 9장을 본래 흐름을 벗어나 사도직이라는 주제로 '이탈'한 것으로 간주하거나, 심지어 다른 주제를 다루는 별개의 문서라고까지 생각한다. 하지만 우리가 이 대목에 붙인 제목이 시사하는 것처럼, 이 부분은 8장에서 시작하여 11장 1절까지 계속되는 논증의 필수적인 부분을 이룬다. 바울은 '강한 자들'을 향해 무언가를 포기하도록 권면한다. 물론 이론적으로나 추상적으로 생각하면 그들이 권리를 주장할 법도 하다. 하지만 교회 내의 실제 상황을 고려하면 그렇게 하기가 곤란하다. 이런 문제를 설명하기 위해 바울은 사역 과정에서 자신이 직면했던 유사한 상황을 예로 든다. 곧 사역을 위해 재정 후원을 받을 '권리'가 있었지만, 현실적인 상황을 고려하여 이를 거절하지 않을 수 없었던 경우다.

소위 바울의 사도적 변호(주로 1~6절)는 엄밀히 자신의 사도 직분을 변호하기 위한 것이라기보다는(비록 지엽적인 의미에서 이것이 사실이긴 하지만), 더 근본적으로 그가 다른 사도들과 마찬가지로 사도로서 재정적 후원과 지원을 누릴 '권리'가 있다는 사실을 분명히 하기 위한 것이다. 그에게 그럴 권리가 있다는 사실이 충분히 수용된 연후에야 그가 누릴 수도 있었던 권리를 자발적으로 포기하는 쪽을 택했다는 사실을 말할 수 있기 때문이다. 바울은 4절부터 6절까지에서 다소 풍자적인 어조로 이렇게 묻는다. **우리가 먹고 마실 권리가 없는 것은 아닐 것입니다. …아니면 유독 저와 바나바만 일을 그만 둘 권리가 없는 것입니까?** 바울은 일련의 비유적 논증을 열거함으로써 자신의 논점에 방점을 찍는다. **군복무를 하는** 사람이 직접 **자신의 양식을 준비해야 한다**는 말인가?(7절) 바울은 이어지는 단계에서 그 논의를 시작한다.

1) 바울은 사도로서 충분한 자격을 갖추고 있다(9장 1~3절)

1절에서 네 번 반복되는 수사의문문은 바울에게 이것이 얼마나 민감한 사안인지를 잘 드러내 준다. **내가 '자유인'이 아닙니까? 내가 사도가 아닙니까? 내가 예수 우리 주를 보지 못했습니까?** 하지만 많은 이들이 주장하듯, 이는 그저 그의 사도 직분에 의혹을 제기하는 사람을 향해 분개심을 표출하고 있는 것일 뿐인가? 아니면 '권리'나 '자유' 혹은 '지식'을 근거로 행동한다고 주장하면서(8장 1, 2, 4, 9, 10, 11절) 결과적으로 '그리스도께 죄를 짓는'(8장 12절) 이들 혹은 '형제자매를 망하게 하는'(8장 13절) 이들을 향해 계속 분개심을 표출해 왔던 것의 연장인가? 바울은 이제 동일한 쟁점을 자기 자신의 경우에 적용하여 설명할 것이다. 그는 자신의 권리를 분명히 한다. 하지만 이는 결국 그 권리를 포기하기 위해서이다. 그러니까 바울은 강한 자들이 분명 '약한 자들' 혹은 '확신 없는' 자에게 쏟아부었을 법한 그런 질문을 함으로써 오히려 강한 자들의 조급하고 뻔뻔한 자기 확신을 풍자하고 있는 셈이다.

의미심장하게도 최근 **사도**(1절)의 의미에 관한 연구의 강조점이 바뀌었다는 사실이 이 점을 더욱 분명하게 해 준다. 1장 1절에서 잠시 언급한 것처럼, 더 전통적인 기존의 견해에 의하면, 이 사도라는 용어가 사용된 것은 권위를 주장하기 위해서이다. 물론 어느 정도는 사실이다. 하지만 그것이 바울의 핵심 강조점은 결코 아니다(나의 *NIGTC* 주석에 이에 대한 긴 별주가 달려 있다. *First Epistle*, 663-75. 또한 64-68 참고). 여러 사람 중에서 특히 크리소스톰은 이 부분에서 사도라는 표현으로 의도한 바가 자신을 내세우는 것이라는 식의 견해를 거부한다. 오히려 이 용어가 강조하는 바는, '여기서는 부르시는 분이 전부이며, 부름을 받는 자는 아무 것도 아니라는 것이다" (*Homilies*, 1:1 및 2:3).

사도 직분의 핵심은 부활하신 그리스도와 복음을 증언하는 것이다(**제가 예수 우리 주를 보지 못했습니까?**). 사도직은 그러므로 자신에게서 관심을 돌려 그리스도를 향하는 것을 의미한다. 사도직이라는 용어가 위임받았다는 사실을 강조하는 것이지 위임받은 자를 강조하는 것이 아니라는 크래프튼(Crafton)의 설명은 정확하다. 그는 이렇게 말한다. "하나님의 임재는 위임받은 자 안에서가 아니라 위임 자체를 통해 인식되는 것이다. …사도들은 하나님의 계획을 드러내는 창문이다. …위임 받은 자는 보이겠지만, 위임 자체는 애초부터 투명하다."(*Agency*, 62-63)

이 증언 혹은 위임이 무엇보다도 그리스도께 초점을 맞추는 것이므로, 이 위임은 불가불 십자가 모양을 띤다. 곧, 그리스도께서 자기를 비우시고 죽으신 것을 가리키는 것이다. 이는 비단 말로써만 아니라 행위와 삶을 통해서도 드러난다. 바렛(C. K. Barrett)이 지적하는 것처럼, '사도의 표지'란 기적을 과시하는 것이 아니라 삶으로 그리스도의 고난과 죽음에 참여하는 것을 말한다(*Signs*, 11-84). 4장 7절부터 13절까지에서 바울은 이 점을 분명히 하였다.

여기에 두 가지 구체적인 설명이 뒤따른다. 첫째, 12장 28절에서도 암시하는 것처럼, 사도들의 증언은 '토대로서의' 성격이 있다. 따라서 사도의 자격 조건 중 하나는 부활을 목격했거나 40일 기간 동안 부활하신 주님을 목격했느냐 하는 것이다. **제가 예수 우리 주를 보지 못했습니까?**라는 물음은 바로 이 부분을 건드린다. 이는 15장 3절부터 9절까지에서도 마찬가지다. 둘째로, 사도 직분의 현실적인 효력은 실제로 드러나는 결과에 의존한다. **왜냐하면 여러분이 주 안에서 제 사도직의 인증서에 해당하기 때문입니다**(2절). 여기서 '인증서'는 진정성의 확인 혹은 제기된 주장에 대한 사실 확증을 의미한다.

저를 조사하려는 자들에 대한 저의 변호문은 이것입니다(3절)라는 진술은 이전의 1, 2절을 가리키는 것일 수도 있고, 앞으로 나올 내용을 가리키는 것일 수도 있다. 약한 자들을 변호하고 자신의 '권리'를 포기하는 바울의 모습은 그리스도를 증언하는 사도로서 자신의 말과 행동이 그리스도와 같은, 십자가의 면모를 드러내는 것임을 실증해 준다. **제가 '자유인'이 아닙니까?**라는 물음은 바울의 '권리' 포기가 자발적인 선택이었음을 말해준다.

2) 사도적 권리를 확증하는 논증과 사례(9장 4~12a절)

어쩌면 교회 내의 '강한 자들'은 '지식'과 자유를 근거로 삼아 자신들이 내세우고 있는 **'권리'**에 비추어 볼 때 바울의 논증에 설득력이 부족하다고 생각했을 수도 있다. 바울은 이런 오해를 막고 싶었다.

① 우선, 바울 자신과 **바나바**의 상황이 **베드로**처럼 확실한 권위가 있는 사도에 비해 다른 부분이 있는가?(5절) 본 단락을 시작하는 4절은 부정적 답변을 유도하는 강한 수사의문문으로 이루어져 있다. **분명 우리가 먹거나 마시거나 할 '권리'가 없는 것은 아닐 것입니다**(여기서 강조를 위해 사용된

이중적 부정은 5절에서도 그대로 반복된다). 교회는 결혼한 사도들이 부부 동반으로 함께 다니며 사역할 수 있도록 후원하는 것을 당연한 것으로 여겼던 듯하다. 여기서 아내 대신 '여성 조력자'로 번역하는 경우도 있지만, 이는 사실상 근거가 없는 견해다.

신약에서는 유일하게 여기서 주의 **형제들**이 재정적 후원을 받을 권리가 있다는 언급이 나온다(5절). 복음서를 보면 예수님의 형제로 야고보, 요세(요셉), 유다, 그리고 시몬 등이 언급된다(막 6장 3절, 마 13장 56절, 막 3장 32절 비교). 바울도 갈라디아서 1장 19절에서 야고보를 주님의 **형제**로 부른 적이 있다. 2세기 무렵이 되면 이들에 관한 전설 같은 이야기가 많이 생겨나지만, 대부분 확증이 불가능한 상상력의 산물이다. 여기서 바울은 **바나바**를 자신과 같은 부류로 분류한다(6절, 행 4장 36, 37절, 11장 22~26절, 13, 14장 참고). 사도이긴 하지만, 두 사람 모두 자비량 사역을 하기로 했기 때문이다.

② 논증의 두 번째 단계로 바울은 어떤 일을 하고서 그 일에 합당한 재정적 보상을 받는 이에 대한 일상적 사례를 비유로 제시한다(7절). 로마의 군단 혹은 보충대에 속한 군인들은 아무도 양식이나 숙박 혹은 전투 장비를 직접 준비할 필요가 없었다(7a절). 여기서 바울이 사용한 단어(헬, *옵소니아*)는 <u>식량 배급</u> 및 여타 비용을 포괄하는 단어다. 마찬가지로, **포도원**을 만드는 사람은 **그 열매**를 먹을 것을 기대할 것이고, **양을 치는** 사람이라면 가령 치즈처럼 거기서 **생산되는 것**을 누릴 것으로 기대할 것이다.

③ 논증의 세 번째 단계는 성경이 재정 후원이라는 기본 원칙을 지지하고 있음을 보여주는 것이다. 재정을 후원받을 권리는 **순전히 인간적인** 혹은 사회적인 관습에 국한되는 이야기가 아니다(8절). 누군가가 무엇을 생산하면, 생산한 사람이 그것을 누리도록 하는 것이 인간적으로 마땅한 일이다. 이런 원칙은 너무 보편적인 것이어서, 심지어 동물에게까지도 적용할 수 있다.

"곡식을 밟아 떠는 소의 입을 막아서는 안 된다."(9절, 신 25장 4절 인용)

이는 하나님께서 소들을 염려하시기 때문입니까?라는 바울의 말에 불필요한 비난을 가하지 않도록 주의해야 한다. 통상적인 오해와는 반대로, 바울이 자기가 원하는 '증거 구절'만 마구 떼 오는 경우는 거의 없다. 숙련된 성경학자였던 바울은 인용된 구절의 주변 문맥을 잘 알고 있었다. 신명기 25장 4절 주변을 보면 '모두 인간의 존엄성과 정의를 지키기 위한' 규정이 문맥을 이루고 있음을 알 수 있다(Hays, *First Corinthians*, 151). 하나님께서 원하시는 인간다움은 그리스도 안에서 찾을 수 있다. 따라서 우리는 신명기의 이 구절을 두고서도, 인간다움에 대한 이러한 이상적 사례가 하나님께서 <u>우리의 유익을 위하여</u>(9b절), 혹은 <u>우리를 위하여</u>(10절) 말씀하신다는 사실을 드러낸다고 말할 수 있다.

하지만 이것이 소위 '풍유적 해석'의 사례는 아니다. 바울은 구약 계시를 자기 백성을 위한 하나님의 뜻이 역사적으로 드러난 것이라 보았다. 물론 이는 이스라엘에게 직접적으로 적용되지만, 궁극적으로는 '참된' 이스라엘, 곧 그리스도께 속한 하나님의 백성들에게도 적용된다(물론 여기에는 예수를 믿게 된 많은 유대인들도 포함된다). 이제 바울은 자기 백성의 복지를 위한 하나님의 뜻에 관해 설명한다. 노동 조건을 설정하는 것은 노동의 목표가 가져다 줄 유익을 생각함으로써 기운을 북돋우고 격려하기 위한 것이지 의욕을 망치기 위해서가 아니다. 그래서 **밭을 가는** 사람도 **희망을 품고** 밭을 가는 것이다(10절).

④ 4절부터 10절까지의 논증은 중심 논증을 결론으로 이끌고 가기 위한 준비에 해당한다. **우리가 여러분에게 영적인 것을 뿌렸다면, 여러분에게서 물질적인 유익을 거두었다고 그것이 대단한 일이겠습니까?**(11절) **씨를 뿌리고 거두는** 은유는 앞 절들에서 나온 사례와 비유에 근거한 것이다. 바울의

논증은 빈틈이 없어서, 거의 연역적 논리의 수준을 보여준다. 틀림없이 이는 강한 자들, 곧 우상의 허구성을 바탕으로 지식을 '획득했다'고 주장하는 이들을 설득하기 위한 논증이었을 것이다. 마지막 단계는 이렇게 해서 **권리**가 확보된 것이나 다름없다는 추론을 도출하는 것이다.(12a절) 다른 사람들이 재정적 **지원**을 일종의 **권리**로 주장한다면, 바울 역시 재정적 지원을 **자신의 마땅한 몫**으로, 혹은 **그 이상**으로 주장하지 못할 이유가 있을까?(12절)

이처럼 강력하고, 빈틈없고, 논리적인 논증은 모두 자유와 '지식'의 근거 위에서 바울 자신의 **권리**를 확인하기 위한 것이다. 자신이 스스로 포기하기로 한 권리 말이다! 따라서 12절 하반절에서 드러나는 논리의 전환은 매우 중요하다.

3) 바울이 자신의 권리를 자발적으로 포기하다(9장 12b절~18절)

바울은 곧바로 자신이 이런 권리를 포기했다고 선언한다. **하지만 우리는 이 권리를 사용하지 않았으며, 모든 일에 참았습니다**.(12b절) **그러나 저로서는 이 권리를 한 번도 사용하지 않았습니다**.(15절)

바울이 살던 세계에서는 선물을 거부하거나 권리에 등을 돌리는 것을 중대한 모욕으로 간주했다는 사실을 기억하는 것이 중요하다. 나의 *NIGTC* 주석에서는 이 부분을 제대로 반영하지 못했다. 그러니까 바울로서는 그러한 결정을 불가피한 것으로 만드는 나름의 중대한 이유를 제시하지 않으면 안 되었던 것이다. 바울이 제시하는 중대한 이유란 이것이다. 곧, 그렇게 하지 않는다면 결국 그리스도의 복음의 진보를 방해하는 길을 걷게 될 것이다.(12b절) 이는 앞서 8장 7절부터 13절까지에서 강한 자들이 명심해야 할 것으로 제시했던 바로 그런 이유 혹은 동기다. 그들은 그리스도인이 실족하여 멸망하는 일이 생기지 않도록 해야 한다(8장 13절). 바울이나 그들이나 두 경우 모두에서, 영향력을 행사하려는 사람들은 **권리**를 거절하는 태도에 화를 낼 것이다. 하지만 두 경우 모두에서 중요한 것은 **모든 일에 참는 것이다**(12b절). 어떤 경우라도 하나님의 말씀을 위한 평탄한 길이 방해를 받아 **그리스도의 복음**이 빗나가는 일이 있어서는 안 되기 때문이다.

잠시 바울은 재정적 후원을 받는 것이 정당한 일이라는 사실을 재차 강조한다. 아마 바울은 권리 포기와 인내에 관한 이야기가 다른 사도에 대한 간접적인 비판으로 인식되지 않을까 염려스러웠을 것이다. 13절에서 바울은 **거룩한 임무에 종사하는 이들**의 수고와 노력을 명시적으로 언급한다. 밭을 가는 사람과 밭을 가는 소처럼, 성전에서 섬기는 것 역시 실제 '일'이고, 따라서 그들 역시 자신들이 다루는 일을 통해 생계를 유지할 권리가 있다. 14절에서 바울은 **복음을 선포하는** 그리스도인 사역자들의 경우로 옮긴다. 바울은 교회 내에서 구전으로 전해져 오다가 후에 마태복음 10장 10절에 기록된 **주님의 명령** 하나를 소개한다(14절). 복음서의 문맥에 의하면, 열두사도(마태복음) 혹은 칠십인들(누가복음)은 돈이나 다른 준비물을 휴대하지 말도록 되어 있다. 그들이 사역하는 곳에 있는 사람들의 후원을 받을 것으로 기대할 수 있기 때문이다. 예수의 설명은 이렇다. "일꾼이 자기 먹을 것을 받는 것이 마땅하다."(마 10장 10절, 눅 9장 58절, 10장 3~9절 참고)

15절부터 18절까지에서 바울은 재정 후원의 '권리'를 받아들이지 않은 자신의 결정을 두고 더욱 열변을 토한다. 가장 오래되고 신뢰할 만한 사본들에 의하면, 여기서 바울은 하던 말을 도중에 멈추었다가, 다른 말로 문장을 다시 시작하는 것처럼 되어 있다. 문법적으로 이런 현상을 돈절법(頓絶法, *aposiopesis*)이라 부른다. **제가 차라리 죽으면 죽었지…아무튼, 아무도 제 자랑이 근거없는 것이라고 말하지 못할 것입니다!**(15절). 우리는 바울이 대서인에게 편지를 불러주면서 벌건 얼굴로 격렬하게 **제가 차라리 죽으면 죽**

었지…하고 부르짖다가, 마음을 추스르고 다시 본론으로 돌아오려고 애쓰는 모습을 그려볼 수 있다. 대부분의 번역에서는 이러한 격렬함이 제대로 드러나지 않는다.

이 부분에서는 두 가지 분명한 사안을 다룬다. 첫째, 바울은 만약 자신이 고린도의 성도들에게서 재정적인 후원을 받는다면 이는 많은 부분(전부는 아니더라도) 교회의 부유한 신자, 곧 '강한 자들'이거나 혹은 이들과 연결된 일원에게서 받는 후원일 것임을 잘 알고 있다. 이렇게 되면 사실상 그들이 바울의 후견인(patron)이 되고, 바울은 그들의 피후견인(client)이 된다. 바울이 살던 세계에서는 '호의'란 어떤 식으로든 상호적 의무를 함축하는 것으로 간주되었다. 따라서 바울이 그들의 재정적 지원을 받아들일 경우, 그들은 바울 역시 자신들에게 '특별한 호의'를 베풀 것으로 기대했을 것이다. 즉, 그들은 교회 내에 수직적인 지위체계를 전제하고서 교회 내에서 그들의 위상, 약한 자들과의 관계, 그리고 교회의 삶을 인도하는 일에서 그들이 하는 역할 등의 문제에 관해 나름의 주장을 제기했으며, 그들은 바울이 그들의 이런 관점을 수용할 것으로 기대했을 것이라는 말이다. 하지만 바울로서는 그런 식의 목회적 압력에 휘둘리는 것은 생각할 수 없는 일이다. 바울이 역설하는 바는 공평이며, 필요할 경우 취약하고 연약한 사람들에게 특별한 관심을 기울이는 것이 중요하다는 것이다(12장 22~24절).

둘째로, 바울이 자비량 사역을 선택한 데는 또 하나의 특별한 이유가 있다. 개인적으로 바울은 하나님께서 자신을 구원하고 사도로 삼으신 풍성한 은혜에 감격하여(15장 8~10절), 하나님께 일종의 자발적인 감사의 제사를 드리고 싶었다. 물론 그의 사도로서의 수고가 이런 자발적 감사로 간주될 수는 없었다. 왜냐하면 적어도 바울이 생각하기에 사도 직분이란 일종의 사명이요 의무로 자신에게 부과된 것이었기 때문이다. 하나님께서는 바울이 태어나기도 전에 그를 그리스도 안에서 따로 구별하시고(헬, *아포리조*), 이방인 중에서 복음을 전하도록 그를 부르셨다(갈 1장 15, 16절). 바울은 더 이상 '가시채를 뒷발질할 수'가 없었다(행 9장 5절). '여호와의 부담'에 이끌리고, 사명을 수행하도록 '임명된' 선지자 중 하나와 같이(렘 1장 5, 10절), 바울은 자신이 신적 강제성 아래 있으며(**억지로라도 해야 하는 일이기 때문입니다), 만일 제가 복음을 전하지 않는다면, 그건 제게 고통입니다**(헬, '내게 화가 있을 것이다')라고 선언한다(16b절).

그렇다면 바울은 어떻게 복음 선포라는 자신의 사명을 이런 자발적 감사 제사로 드릴 수 있는 것일까? 바울의 생각에 의하면, 어떤 방식으로든 '자유롭게 베푸는' 삶을 사는 방법을 찾아내지 않고서는 자신의 사명을 자랑스럽게 생각하기 어려웠다. 이런 이유로, 그는 자기 손으로 일하며 살아감으로써 그리스도처럼 베푸는 삶의 한 면모를 실천하고 이를 자랑스럽게 여길 수 있었다. 자기 손으로 수고함으로써 바울은 복음을 값없이 선포할 수 있었다. 말하자면 5리만 가면 되는 상황에서 '여분으로 5리를 더 가는' 효과를 누렸던 것이다.

이 대목에서 말하는 바울의 '**보상**'(reward, 17, 18절)은 개인적 희생의 결과로 받을 어떤 외적인 반대 급부가 아니다. 이 보상이란 그가 자신의 권리를 포기하는 데서 누리는 기쁨 그 자체를 말한다. 권리를 포기하는 행위와 그에 대한 '보상'은 외적 원인과 결과의 관계로 엮어진 것이 아니라 마치 사랑하는 사람에게 선물을 줄 때의 기쁨처럼 '내적인 원리'(internal grammar)로 엮어진 것이다. 이러한 '내적인' 원리는 이사야서에서도 유사한 사례를 찾을 수 있는데, 거기서 '내 상급이 그에게 있다'는 말은 하나님께서 어떤 외적 보상을 주실 것이라는 뜻이 아니라 하나님의 오심 자체가 '상급'이 될 것임을 의미한다(사 40장 10절).

25. 묵상을 위한 제언(9장 1~18절)

1. 권리의 자발적 포기에 관하여

권리의 자발적 포기라는 개념은 어떤 면에서 우리의 태도를 혁명적으로 변화시킬 수 있을까? 강제적인 권리의 상실이 분노감을 야기하는 것이라면, 자발적 권리 포기가 그런 분노감을 제거하고 치유할 수 있을까? 종종 내 권리라고 생각했던 시간이나 소유를 빼앗기거나 방해받으면 화가 난다. C. S. 루이스는 '내 신발'이나 '내 아내' 혹은 '나의 하나님'과 같은 표현 속에 담긴 '나의'라는 단어의 유혹에 대해 경고한 적이 있다(*Screwtape Letters*). 바울이 그랬던 것처럼, 그리스도인 역시 하나님의 풍성하신 은혜에 대한 응답으로 자신에게 속한 것을 기꺼이, 자발적으로 주는 것이 마땅하다는 깨달음에 압도당한다면, 분노를 느낄 만한 상황들이 오히려 기쁘고 자랑스럽게 되는 계기로 바뀌지 않을까?

2. 소유 혹은 돈과 관련된 '권리'의 포기에 관하여

특별히 자발적 포기라는 원리가 돈과 소유에 대한 우리의 태도에서 근본적인 변화를 일으킬 수 있을까?(가령 어떤 이들은 자가용이 자신의 권리가 아니라 하나님의 선물이라고 여긴다. 스스로 '내' 차의 소유주라고 생각하는 사람에 비해 이들은 자기 차를 다른 사람의 유익을 위해 사용하는 일에 더 적극적인 모습을 보인다). 만일 풍요로운 서구의 그리스도인이 수입이나 재물이나 안락함 면에서 '서구적' 기준을 누릴 권리가 있다는 생각을 포기하고 이 중 얼마를 기꺼이 포기하려고 한다면, 우리가 말하는 하나님을 위한 '희생'이 어떤 모양으로 나타날까? 자신의 '권리'에 대해 여유로운 태도를 취하는 사람은 삶의 굴곡이나 예기치 않은 변화를 불평하기보다 오히려 희생을 자랑의 이유로 만들 수 있는 기회라고 간주할 가능성이 높지 않을까?(15, 16절)

3. 섬김 혹은 사역의 정당성을 입증하는 결과 혹은 '사도직 인증'에 관하여

우리의 그리스도인으로서의 섬김 역시 바울이 말한 '사도 직분의 인증서'와 유사하지 않은가(2절)? 니사의 그레고리(Gregory of Nyssa)는 주장하기를, 배를 한 번도 항구에 정박해 본 적이 없는 사람에게 배를 맡기는 일이 없는 것처럼, 교회 또한 실제로 사람을 구원의 항구에 인도해 본 적이 없는 사람을 지도자로 삼아서는 안 된다고 했다. 우리는 우리의 증언과 섬김과 역할의 진정성을 확증해 줄 만한 어떤 실질적인 근거를 제시할 수 있는가?

4. 베풂과 섬김의 기쁨을 '내적인 보상'으로 간주하는 것에 관하여

사실은 '보상'이 우리가 베푸는 것과 나눌 수 없는 내적 관계가 있는 것임에도 불구하고, 우리는 종종 다른 외적인 '보상'을 추구하지는 않는가?(17, 18절) '주는 것이 받는 것보다 복된' 것은 주는 것 자체가 기쁜 복이기 때문이 아닌가? 바하의 오르간 푸가나 베토벤의 피아노 소나타를 연주하는 법을 배우는 일이 '가져다주는' 보상은 연주하는 기쁨 자체다. 이 기쁨 외에 또 다른 보상을 기대하는 것은 배움의 가치를 떨어뜨리는 일이 아닌가? 베풀고 싶지만 그럴 여력이 없는 사람들, 혹은 제대로 섬길 수 없는 처지에 있는 사람들은 섬길 수 있다는 사실 자체가 제일 좋은 '보상'이라고 생각하지 않겠는가?

5. 생각해 볼 만한 고용 혹은 경영의 지침에 관하여

어떻게 하면 우리는 오랜 기간 열심히 일하는 사람들로 하여금, 지금까지 수고하여 생긴 유익에 그들도 참여하게 될 것이라는 희망을 품게 할 수 있을까? 혹 우리는 그런 결과적 유익에서 생겨나는 희망을 소홀히 하고 있지는 않은가?

(4) 다양한 전략, 그러나 목표는 하나(9장 19~27절)

19 저는 자유롭고, 어느 누구의 종도 아닙니다. 하지만 저는 더 많은 사람을 얻기 위해 저 자신을 모든 사람의 종으로 삼았습니다. 20 유대인들을 얻기 위해 유대인에게는 유대인과 같이 되었고, 율법 아래 있는 자를 얻기 위해, 비록 저 자신은 율법 아래에 있지 않지만, 율법 아래에 있는 자에게 율법 아래 있는 자처럼 되었습니다. 21 저는 하나님의 율법 밖에 있는 자가 아니고 그리스도의 법이 적용되는 사람이지만, 율법 밖에 있는 자를 얻기 위해 율법 밖에 있는 그들에게 율법 밖에 있는 자와 같이 되었습니다. 22 '약한 자들'을 얻기 위해, 약한 자에게는 약한 자와 같이 되었습니다. 이 모든 이에게 제가 모든 모양이 된 것은 온갖 방법을 동원하여 그들 중 얼마를 구원하기 위해서였습니다. 23 제가 지금 복음의 본질 때문에 하는 이 모든 일은, 저 또한 복음에 참여하고 싶기 때문입니다. 24 운동장에서 모든 주자가 다 경주에 참가하지만, 상을 받는 사람은 그중 한 사람뿐이라는 사실을 알지 못합니까? 여러분도 상을 받을 수 있도록 그런 태도로 달리십시오. 25 시합에 참여하여 겨루는 선수들마다 모든 일에 절제합니다. 그런데 선수들은 시들고 부식해 버릴 면류관을 얻기 위해 그렇게 합니다. 하지만 우리는 결코 시들지 않을 면류관을 얻기 위해 그렇게 합니다. 26 그러므로 저는 달릴 때 다른 데 정신이 팔려 목표에서 시선을 떼지 않습니다. 저는 허공을 향해 주먹질을 연습하는 것처럼 그렇게 싸우지 않습니다. 27 저는 제가 의도한 목적에 맞도록 매일의 삶에서 저 자신을 거칠게 다룹니다. 다른 사람에게 복음을 전파해놓고, 저 자신이 기준에 통과하지 못한 것으로 드러나는 일이 없도록 말입니다.

1절부터 18절까지에서 바울은 주로 '강한 자들'에게 초점을 맞추었다. 이는 권리를 포기하는 자신의 사례를 보여줌으로써 그들도 같은 태도를 취하도록 하려는 것이었다. 이제 19절부터 27절까지에서 바울은 동전의 반대쪽, 곧 '약한 자들'에게로 관심을 돌린다. 바울은 '다른 이'를 돌보고 그들을 얻기 위해 할 수 있는 모든 노력을 다할 것이다. 이들과 긴밀한 사랑의 유대관계를 유지하면서 말이다. 바울은 강한 자들 역시 그와 같은 태도를 보이기를 원한다.

19절부터 23절까지에 언급된 여러 집단은 반대편 집단의 입장에서 볼 때 '외부자'다. **자유로운 자들**(19절)은 **종이 된 사람들**을 '우리 편'이라 생각하지 않았을 것이다. 이방인은 **유대인**을 '다른' 집단으로 간주했다(20절). 예수님께서는 **율법 없는 자들**을 '다른' 자들로 간주하셨다(21절). 강한 자들은 '**약한 자들**'을 '다른' 집단으로 여겼다(22절). 따라서 이 모든 외부자들과의 유대를 유지하고 이들에게 실질적인 사랑과 보살핌과 배려를 베풀기 위해 바울은 이렇게 선언한다. **이 모든 이에게 제가 모든 모양이 된 것은 온갖 방법을 동원하여 그들 중 얼마를 구원하기 위해서였습니다**(22절). 이것이 바로 바울 자신이 삶으로 드러내려 애쓴 **복음의 본질**이다(23절). 하지만 이는 쉬운 일이 아니며, 많은 노력과 희생을 필요로 한다. 따라서 바울은 24절부터 27절까지에서 절제되고 훈련된 육상선수를 비유로 들어, **목표**를 위해 희생을 감수하고 고생을 마다하지 않는 태도에 관해 이야기한다(26절).

이는 융통성과 상황 적응력이라는 전략이다. 글래드(Glad)는 이 주제에 관해 길게 논의한 적이 있다(*Paul and Philodemus*, 특히 43-45 및 240-77). 물론 이는 상황 적응 자체를 위한 추상적 의미의 적응력은 아니다. 이런 태도의 동기는 전적으로 목회적 필요에서 생겨나는 것이다. **종**과 **자유자**, **유대인**과 이방인의 '세계'를 일일이 언급하는 바울의 모습이 이를 잘 말해 준다. 이것이 바울 편에서 '일관성 없음'을 의미하는 것이 결코 아니다(Carson, "Pauline

Inconsistency", 6-45). 일관성의 원리는 이러한 다양한 전략이 의도하는 한 가지 목표에서 나타난다. **그들 중 얼마를 구원하기 위해서였습니다. 제가 지금 복음의 본질 때문에 하는 이 모든 일은**….(22, 23절) 그 어떤 것도 복음을 방해해서는 안 되는 것이다.

이런 태도가 **복음의 본질**에 맞는 것이라면(23절), 우리는 예수 그리스도의 인격과 사역에서 이러한 원리가 구체적으로 드러났을 것으로 기대할 수 있다. 신약은 예수님께서 바로 이런 태도를 보이셨음을 증언한다. 예수님께서는 모든 가능한 상황 속으로 들어가셨고, 모든 가능한 소통의 수단을 활용하셨다. 어떤 비유들은 기존의 예상을 뒤집어 엎음으로써, '외부자'를 비유라는 이야기 세계 속으로 이끌어 들이셨다(마 20장 1~16절). 때로는 인상적인 경구 혹은 지혜의 말씀을 통해 가르치기도 하셨다(마 5장 1~16절). 또 기뻐하는 자들과 함께 기뻐하시고, 슬퍼하는 자와 함께 슬퍼하셨다(마 2장 18~20절, 눅 14장 1~6절). 그분께서 겪으신 메시아로서의 시험은, 고통, 고난 및 자기를 비우는 길이 부과하는 제약을 벗어 던지라고 유혹하는 것이었다(마 4장 3~11절). 마찬가지로 바울 또한 **자유로운** 선택의 결과 **종**으로서 여러 제약을 자발적으로 받아들였다. 그저 자신만 위해 살지 않았던 것이다.

이 모든 경우에서, 바울의 전략은 '타자'의 처지가 어떤지를 세심하게 구현한다. 바울은 누구에 대해서도 속물적인 태도를 보이지 않았다. 그는 강한 자들의 자기 확신과 관련하여 '약한 자들'이 느끼게 되는 지나친 거리낌과 불안감을 잘 알고 이를 존중한다. 그리고 그의 태도와 소통 방식은 이 모든 것을 신중하게 고려한다. 그는 매사에 습관적으로 지나친 신중함을 보이는 사람이나 지나칠 정도로 편안하고 자신감 있는 사람 중 어느 쪽도 무시하는 법이 없다. 8장 1절부터 13절까지와 관련하여 이를 가장 절묘하게 보여주는 표현은 이것이다. **'약한 자들'을 얻기 위해, 약한 자에게는 약한 자와 같이**

되었습니다.(22절)

24절부터 27절까지에서 바울은 이러한 태도가 그저 일련의 즉흥적이고 호의적인 표시의 결과가 아니라, 욕망의 절제라는 개인적 희생 및 **목표**에 대한 분명한 결의에 근거를 둔 일관된 전략이라는 사실을 설명한다(26절). 여기에는 목표에 집중하기 위해서 누릴 수 있는 것을 포기하는 개인적 희생이 요구된다(26절). 그는 자신을 운동장에서 **육상 경기에 참가하고 있는 주자**에 비유한다(24절). 경주에서 이기고 싶어 하는 주자라면 **상을 받는 데** 필요한 일은 어떤 것이라도 하려 들 것이다. 이는 **다른 경기에서 겨루는 선수들**에게도 마찬가지다(25a절). 권투든, 레슬링이든, 무기를 갖고 겨루는 경기든, 어떤 경기라도 승리를 위한 노력에는 철저한 **자기 절제**가 요구된다(25절). 배부른 식사나 이런저런 호사처럼, 다른 상황에서라면 충분히 즐길 '권리'가 있는 것들도 단호히 자제하려고 할 것이다.

고린도의 신자들은 **운동장**에서 벌어지는 달리기 **경주**의 치열한 경쟁에 대해 매우 잘 알고 있었을 것이다. 이런 경쟁은 권투나 레슬링, 무기로 겨루는 시합뿐 아니라 심지어는 음악과 시도 마찬가지였다. 당시 올림픽 경기에 버금가던 이스트무스 경기(Isthmian Games)는 매 격년 개최되었는데, 이 경기가 열리던 이스트무스는 고린도에서 걸어서 얼마 걸리지 않는 곳으로서 고린도의 관문 역할을 하던 도시였다. 이 시합을 보기 위해 수많은 관광객이 몰려들었고, 이로 인해 고린도는 막대한 재정적 수입을 누리고, 도시에는 온갖 종류의 일자리가 생겨났다. 이 경기는 바울이 고린도에 도착하기 직전인 주후 49년, 그리고 그가 그곳에서 사역하던 중인 51년에도 있었고, 고린도전서가 도착할 무렵인 53년과 55년에도 경기가 개최되었다. 이 경기가 고린도의 일상생활과 사고방식에 끼친 막대한 영향에 대해서는 서론에서 다룬 바 있다.

경쟁자들은 **면류관을 얻기 위해** 수고를 마다하지 않는다. **금방 시들고**

부식해버릴 면류관에 지나지 않는데도 말이다(25b절). 당시 경기에서 승리자는 통상 소나무 잎으로 만들어진 화관을 썼는데, 간간이 다른 나무의 잎으로 만든 관도 사용했다는 언급도 있다. 다른 몇몇 헬라와 로마의 작가들의 글에서도 철저한 훈련과 **자기 절제**의 필요성을 강조하는 문맥에서 경기장에서 펼쳐지는 치열한 **경쟁의 형상**을 활용하고 있음을 볼 수 있다. 하지만 바울은 여기에다 기독교적 관점을 가미하여, 신자들은 **시들고 부식해 버릴 것**들로 만들어진 화관이 아니라 **결코 시들지 않는** 면류관을 얻으려 한다는 사실을 이야기한다(25b절). **시들어 버릴 것**과 결코 **시들지 않을 것** 사이의 대조(25절)는 부활 이전의 썩을 몸(15장 42절)과 부활 때 있게 될 썩었다가 되돌려진 몸 사이의 대조와 유사하다. 경기에 나서는 **선수들**은 순간적인 상과 일시적인 영예를 위해서도 갖은 수고를 마다하지 않을 것이다. 그렇다면 그리스도인이 사라지지 않을 영광을 얻기 위해 **자신을 절제**해야 한다는 것은 당연한 일이 아닌가(15장 43, 44절 참고).

9장 마지막 두 절에서 바울은 자신이 말하려는 바를 다시금 분명히 못박는다. 바울은 자신이 이루려는 **목표를 분명히** 의식하고 있다. 그는 결코 **한눈을 팔지 않을 것이다**(26절). 여기서 언급된 허공은 실력이 서툰 권투선수가 엉뚱한 곳으로 날리는 주먹을 가리키는 것일 수 있다. 하지만 그보다는 실전이 아니라 혼자 연습 삼아 하는 **가상 권투시합**(shadowboxing)를 가리키는 표현일 것이다. 이는 고린도의 강한 자들이 벌이는 경기를 빗대는 표현인데, 이런 (연습)경기는 물론 실제로 약한 자들에 대해 관심을 기울이는 태도나 삶과 죽음이 걸린 문제와 씨름하는 진지함과는 거리가 멀다. 자신을 절제하는 것 혹은 자신의 영향력을 과시하는 것은 동료 그리스도인들의 생명 혹은 파멸을 야기하는 중대한 행동이 될 수 있다(8장 13절).

바울은 현실의 삶이 가볍게 취급될 수 있는 것이 아님을 잘 알고 있다. **매**

일의 삶에서, 바울은 자신의 욕망에 탐닉하지도 않고, 조심스럽고 우아하게 지내려 하지도 않는다. 오히려 그는 자신의 삶을 **거칠게 다룬다**(27절). 바울이 사용한 헬라어에는 종들이 그렇듯 일체의 호사스러움도 없이 힘겨움을 견뎌야 한다는 생각이 담겨 있다. 바울은 자신의 삶이 **기준에 통과하기를**, 또 **그렇게 드러나기를** 소망한다(27절). 그는 자신의 삶이 자신이 선포하는 복음에 일치되게끔, 그저 그럴듯한 말로 겉치레하는 사람으로 '드러나지' 않도록 최선을 다한다.

26. 묵상을 위한 제언(9장 19~27절)

1. '모든 것을 복음을 위해'(23절)

복음의 진전을 위해 우리는 어디까지 갈 준비가 되어 있을까? 우리는 그 사람을 얻기 위해 어떤 모양과 성격의 사람이라도 받아들일 준비가 되어 있는가?(19~23절) 우리는 우리의 복음선포를 더 신실하고 효과적인 것이 되도록 하기 위해 지속적으로 자신을 절제하고 많은 것들을 포기할 수 있을까?

2. 복음을 전해야 할 사람들의 '세계' 속으로 우리 자신을 투사하는 일에 관하여

바울은 "저는 약한 자가 되었습니다."(20, 22절)라고 말할 정도로 약한 자들과 유대감을 형성하기 위해 노력했다. 세심한 주의와 상대방의 '세계'에 대한 상상적 공감이 필요한 경우, 우리는 어떻게 그 사람들과 유대를 형성할 수 있을까? 언젠가 사우스웰(Southwell)의 조지 리딩(George Ridding) 주교가 영탄가[litany, 호칭 기도로서 탄원을 포함한 기도 형태—역주]를 하나 지은 적이 있는데, 거기서 그는 우리가 다른 사람의 관심사를 우리 일처럼 느끼면서도 참을성 있게 '우리 자신과의 유사점과 차이점을' 인식할 수 있어야 한다고 호소했다. 우리는 바울의 (20, 21절에 세 번 반복된) '… **처럼**'이라는 말 속에서 그러한 의도를 읽을 수 있는가? 우리가 다른 사람과 똑같이 될 수는 없는 것이라면, 우리는 상상력과 감수성을 동원하여 얼마나 깊이 다른 사람의 '세계' 속으로 들어갈 수 있을까? 그리고 우리의 이런 노력은 예수님께서 인간과 닮아지시고 인간 존재의 형체를 하신 성육신의 진리를 어떻게 반영하는 것일까?(빌 2장 7, 8절)

3. 기독교적 섬김을 위해 시간과 땀을 투자하는 일에 관하여

고린도에서 이스티무스 경기의 영향력은 도처에서 찾아볼 수 있었다. 이 경기를 보면, 선수들이나 관중이 얼마나 많은 공을 들였는지 알 수 있다. 이 경기에서 이긴 사람은 소나무 혹은 월계수로 만든 관을 받는데, 물론 이는 금방 시들어 부서져 버린다. 엄청난 희생을 치렀지만, 과연 무엇을 위해서였을까? 구원과 복음 전파라는 '최고의 상급'을 이것과 비교할 수 있을까? 우리가 들이는 힘과 시간, 땀은 복음을 위해 섬긴다는 목표에 어울리는 수준이라 할 수 있는가?

4. 미래의 영광을 바라보는 삶에 관하여

면류관을 시들고 부식해 버릴 것으로 묘사한 것은 인간 생명의 유한성과 여러 인간적 노력의 허망함을 떠올리게 한다. 이와는 대조적으로 부활을 다루는 15장에서 바울은 죽은 자들이 부활할 때, 그리스도인들이 변화를 경험하게 될 '부패의 역전'과 '영광'에 관해 더 자세한 설명을 제시할 것이다. 이것이 바로 '결코 시들지 않는 면류관'이다(25b절).

(5) 더 넓은 관점: 구약에 나오는 하나님 백성의 역사에서 도출된 사례 (10장 1~13절)

1 저의 사랑하는 동료 그리스도인 여러분, 저는 여러분이 이 점을 놓치는 일이
없기를 바랍니다. 곧 우리의 영적 조상이 모두 구름 아래 있었고 바다를 통과
하여 지나갔다는 사실입니다. 2 그들은 모두 스스로 구름 안에서와 바다 가운
데서 세례를 받고 모세에게 속했습니다. 3 또한 그들은 모두 같은 신령한 음식
을 먹고 같은 신령한 음료를 마셨습니다. 4 그들 안에 있던 영적 바위에서 저
는 물을 마셨는데, 이 바위는 바로 그리스도이십니다. 5 그럼에도 불구하고 하
나님께서는 그들 중 많은 수의 사람들을 기뻐하지 않으셨습니다. 그들의 시체
가 광야에 널리게 되었던 것입니다. 6 이 사건들은 우리를 형성하는 본보기로
서 일어났습니다. 그 사람들이 악한 욕망을 품었던 것처럼, 우리도 악한 욕망
을 품는 일이 없도록 하기 위해서입니다. 7 그들 중 어떤 이처럼 우상숭배에
빠지지 말아야 합니다. “사람들이 앉아 먹고 마시고 일어나 미친 듯이 주연을
벌였다”라고 기록되어 있는 것처럼 말입니다. 8 또 우리는 성적 부도덕에 빠지
지 말아야 합니다. 그들 중 어떤 이가 그렇게 되어 이만 삼천 명이 하루에 쓰
러진 것처럼 말입니다. 9 또 우리는 계속해서 그리스도를 시험해서는 안 됩니
다. 그들 중 어떤 이가 그분을 시험하여 뱀에 의해 멸망하는 과정을 겪었던 것
처럼 말입니다. 10 또한 불평하며 투덜대는 것을 멈추십시오. 그들 중 어떤 이
들은 불평을 늘어놓다가 멸망시키시는 분에 의해 멸망을 당했습니다. 11 이
[모든] 일이 우리에게서 올바른 행동 방식을 형성하는 본보기로서 그들에게서
계속해서 일어났습니다. 이 일들은 또한 세대의 마지막을 만난 우리를 위한 경
고로 기록되었습니다. 12 따라서 누구든 서 있다고 생각하는 사람은 넘어지지
않도록 주의해야 합니다. 사람이라면 누구나 겪는 그런 것들 외에는 여러분이

당하는 시험이 없습니다. 13 하나님께서는 신실하셔서, 여러분이 힘에 부칠 만큼 시험당하도록 두지 않으실 것이며, 시험이 올 때 또 빠져나갈 길을 만들어 주실 것입니다. 그분께서 이렇게 하시는 것은 여러분이 시험을 견디게끔 하기 위해서입니다.

바울은 모든 것을 자신의 일상적인 사건에 근거해 판단하는 그런 목회자가 아니다. 그는 고린도의 그리스도인이 하나님께서 그분의 백성을 대해 오신 긴 역사의 연장선 위에 서 있다는 사실을 지적한다. 역사 속에서 반복하여 나타나는 **형성하는 본보기**(6절)는 과거의 역사와 현재 고린도의 상황이 서로 병행되는 것임을 말해준다.

바울은 모든 것을 자신의 체험이나 사람들, 혹은 공동체에 의존하여 해결하려 들지 않는다. 오히려 바울은 여기서 성경의 권위에 대한 의식과 더불어 일종의 역사의식을 드러낸다. 소위 '포스트모던'적 태도로 규정되는 오늘날에는 현재를 모든 판단의 기준으로 삼으려는 경향이 있다. 과거에서 현재를 관통하면서 미래의 궁극적 목표를 향하여 흘러가는, 하나님의 백성에 관한 '거대 서사'는 이제 사고와 실천을 위한 영감의 원천으로서의 지위를 상실해 버린 것이다. 하지만 우리 그리스도인에게 고대 이스라엘의 체험에 관한 구약성경의 증언은 다름 아닌 **우리 자신의 영적 조상**에 관한 이야기이다(1절, '우리의 영적 조상'으로 번역된 구절은 문자적으로 '우리 조상'이다).

1) '모든'과 '대부분' 사이의 대조(10장 1~5절)

1절부터 3절까지의 논리는 선명하다. 바울은 하나님의 백성이 누리는 복과 유익은 시대를 막론하고 **모든** 이가 경험한 것이라는 사실을 교회로 하여금 떠올리게 한다(1~4절, '모든'이 다섯 번씩이나 등장한다). 덮어 보호하고 인도

하시는 하나님의 임재를 **모든** 사람이 구름의 형태로 경험하였다(1절, 출 13장 21절과 14장 19, 20절을 암시). 그들이 갈대 바다로 부르는 **바다를 통과하여 지나갔을 때**, 그들은 **모두** 이집트에서 겪은 종살이에서 새로운 삶으로 자신들을 구출하시는 하나님의 구속 행위를 경험한 것이었다(출 14장 19, 20절). 그들은 **모두 모세의** 영도 아래 구속된 백성으로서 공동체로서의 유대를 누렸다. **세례를 받고 모세에게 속했다는 것**은 그의 리더십에 복종하는 새로운 존재로서 그들 전체가 한 백성으로서 복과 저주를 공유했다는 것을 의미한다.

이 단락에서 마지막 다섯 번째로 사용된 **모두**는 **같은 영적 음식**을 먹고 **같은 영적 음료**를 마셨던 공통의 체험을 떠올린다(4절). 물론 이는 하나님의 직접적인 간섭을 통해 만나를 먹었던 일과 모세가 바위를 쳤을 때 물이 쏟아져 나와 백성들이 그것을 마실 수 있었던 일들을 가리킨다. 여기서 바울은 이런 축복이 의미하는 특권을 밝히면서, 또한 오늘날의 그리스도인들이 이 모든 이들과 긴밀한 연대 속에 있다는 사실을 강조한다. 이 점을 설명하기 위해 바울은 만나와 바위가 그 당시 상황에서 일차적으로 의미했던 바를 넘어, 미래의 더 큰 실체를 가리키는 영적 표지라는 사실을 지적한다.

여기서 곤란하게 만드는 표현이 두 가지 있다. 곧, **그들 안에 있었던 영적 바위, 그리고 이 바위는 바로 그리스도입니다**(4절)라는 표현이다. 아마도 바울 당시, 모세가 쳤던 바위가 광야 유랑생활 내내 이스라엘 백성을 따라 다니며 물을 공급했었다는 전설이 랍비들의 전승에 있었던 것으로 보인다. 어떤 이들은 바울이 **그들 안에 있었던**이라고 말할 때 그런 식의 전설을 염두에 두고 있었다고 생각한다. 물론 불가능한 것은 아니지만, 이는 거의 현실성이 없는 주장이라 할 수 있다. A. T. 핸슨(A. T. Hanson)은 이 두 개의 어려운 표현이 한 짝으로 되어있다고 생각한다. 즉, 여기서 바울은 '이스라엘의 역사 속에 그리스도께서 실재로 임재하셔서' 그들을 돌보셨다고 생각했다는 것이다(*Paul's Technique*, 100).

이런 견해를 무시하는 것은 현명치 못하다. 왜냐하면 바울은 하나님의 지혜가 이스라엘 백성들을 인도하고 보살핀 것이라고 믿었으며, 이 편지에서 이미 그리스도의 인격과 사역을 하나님의 지혜로 설명한 적이 있기 때문이다(1장 30절, 2장 6, 16절, 솔로몬의 지혜서 7장 25절, 11장 20절-12장 18절 참고). 제임스 던(James Dunn)은 이렇게 결론을 내린다. "바울은 지금까지 신의 지혜에 부여되었던 속성을 그리스도께 적용하고 있다."(*Theology of Paul the Apostle*, 270) 못해도 바울은 의식적으로 적당한 언어유희가 되게 하면 기호가 공명하도록 사용하고 있다.[4절에 나오는 '마시다'(에피온)와 '함께 다녔다'(에피논)라는 두 단어의 발음이 유사하다는 사실에 착안한 해석이다—역주] 다소 간 사족에 해당하지만, 여기서 바울의 해석 방식을 '알레고리적 해석'이라고 부르는 것보다는 모형론(typology)이라고 부르는 것이 더 좋을 것이다.[참고로, 개역에 '거울'(6절) 혹은 '경계'(11절)로 번역되고, 저자가 '형성하는 본보기들'(formative models)로 번역한 단어가 영어 type의 어원이 되는 튀포스로서, 여기서 모형론(typology)라는 단어가 생겼다—역주] 왜냐하면 보통 모형론은 사건들(events) 사이의 병렬구조에 근거하지만, 알레고리는 개념들(ideas) 간의 병렬을 도출하고 따지면서 너무 쉽게 자의적인 해석으로 흘러가기 때문이다.

5절에서 바울은 지금까지 **모든**이라는 단어를 다섯 번 반복하며 쌓아 온 논증의 흐름을 날카로운 대조 형식을 통해 절정으로 이끌고 간다. 다섯 가지의 '복'과는 달리, 대조적 어조는 지금까지와는 사뭇 다른 분위기를 조성한다. **그럼에도 불구하고 하나님께서는 그들 중 많은 수의 사람들을 기뻐하지 않으셨습니다**. 하나님의 불쾌함은 그들의 **시체**가 **광야에 널리게** 하였다. 여기서 '널렸다' 혹은 '흩어졌다'는 말은 이 사건을 기록하고 있는 칠십인역(구약의 헬라어 번역) 민수기 14장 16절을 정확하게 반영한다.

2) 성경과 이스라엘의 경험에서 끌어온 형성하는 본보기(10장 6절)

하나님께서 기뻐하지 않으시는 상황이 야기된 것은 하나님께서 제공해 주신 것으로는 만족할 수 없었던 이들의 **욕망**(헬, *에피튀미아*, 6절) 때문이다. 욕망이란 7절부터 13절까지에 구체적으로 드러나는 여러 행태의 바닥에 깔린 근본적 태도를 가리킨다. 현 소단락(1~6절)의 열쇠는 이 에피소드가 **형성하는 본보기들**(헬라어 복수형으로 *튀포이*, 6절), 곧 그리스도인, 특히 고린도의 '강한 자들'이 주목해야 할 경고로 작용하는 본보기를 제공한다는 사실이다. 허용된 것들의 경계 너머에 있는 것들에 대해 **욕망**을 품는 것은 하나님의 심판과 재난을 자초할 뿐이다.

여기서 '본보기'로 번역된 단어(헬, *튀포스*)는 많은 경우 사례(example), 표시(mark), 혹은 인장(imprint) 정도의 의미로 사용된다. 그러나 어떤 경우에는 본보기 혹은 규범으로 제시된 사례라는 의미를 전달한다. 이 경우 이 단어의 의미는 토마스 쿤이 말하는 과학철학적 의미의 '패러다임'(paradigm) 개념과 매우 유사하다. 하지만 여기서는 그보다 한 걸음 더 나아가, 고전적 규범 혹은 사례로서, 당사자들의 행동방식의 형성을 위해 특별한 역할을 수행하도록 주어진 패러다임을 의미한다. 따라서 여기 제시된 번역은 이 단어가 **형성하는 본보기**를 가리킨다는 슈낙(Schunack)의 제안에 따른 것이다("Typos," in H. Balz and G. Schneidr, *Exegetical Dictionary*, vol. 3, 374). **형성하는** 본보기들에 호소하는 것은 **욕망**, 곧 하나님께서 경계 밖에 놓으신 것들에 대한 갈망 혹은 강렬한 열망이라는 근본적 태도를 암시한다.

3) 파괴적 '욕망'의 네 가지 사례(10장 7~13절)

G. D. 콜린스(G. D. Collins)는 10장 1절부터 13절까지가 거의 독립된 단락으로서, 민수기 11장에 나타난 욕망이라는 주제를 출애굽기 32장 6절 및

다른 구약의 구절들에 근거하여 해설하고 있다는(미드라쉬) 점을 매우 설득력 있게 논증하였다("That We Might Not Crave Evil...", 55-75). 바울과 어거스틴이 분명히 밝히는 것처럼, 죄란 빗나간 열망과 관계가 있다(*Augustine on Free Will*, 1:3-4; 3:17-19; *Confessions*, 2:5). 볼프강 판넨베르크(W. Pannenberg)의 말을 빌자면, 죄란 '자아를 중심에 놓고, 다른 모든 것을 자아의 목적을 달성하기 위한 수단으로 사용하는 의지의 자율성'을 의미한다(*Systematic Theology*, vol. 2, 243). 현재의 단락에서 이처럼 빗나간 의지의 열망은 ① 우상숭배, ② 부도덕한 행위, ③ 하나님을 시험하는 의심, 그리고 ④ 절망과 불평 혹은 '원망'으로 이어졌다.

① 우상숭배에 대한 암시는 고린도 교회 내에서 '확신 없는' 자들의 눈에 비친 '강한 자들'의 행태를 묘사한다. 하지만 바울은 더 넓은 의미를 의도했을 수도 있다. 그렇다면 이는 5, 6장에서 다루어지고 있는 것처럼, 이방신전을 자주 출입하는 지나친 방종과 도덕적 해이함 사이의 긴밀한 관계를 지적하려고 한 것일 수 있다. 출애굽기 32장 1절부터 6절까지와 (부분적으로) 병렬되는 사항은 금송아지에 대한 우상숭배가 무절제하게 **먹고 마시는 행태** 및 **방탕한 연회**로 이어졌다는 것이다(7b절). 아무런 절제 없이 자기 마음대로 하면 자기 욕망 탐닉이라는 악순환에 빠지게 되며, 이는 바울이 9장 25절에서 호소하는 '자기 절제'와는 상반되는 태도가 된다. 따라서 '즐긴다'(NJB) 혹은 '논다'(NRSV)는 번역은 오늘날의 독자들에게 이러한 본문의 의도를 제대로 전달하지 못한다.

② 여기서 바울은 우상숭배에 대한 언급을 통해 당시 신전 경내의 사교적 연회를 동시에 언급하려고 했을 수 있다. 물론 그렇다고 확실하게 못박을 수는 없지만, 당시의 그리스-로마 문헌을 보면 신전에서의 예배와 연회가 긴밀하게 연관된 행사였음은 분명하다. 바울이 명시적으로 언급하는 **욕망**의

두 번째 사례는 **성적 부도덕**인데(8절), 이는 일차적으로 이스라엘 역사뿐 아니라, 당시에 횡행했던 디오니소스(바커스), 아폴론, 아프로디테, 이시스 및 세라피스 숭배 또한 염두에 둔 표현일 것이다. 시기적으로 많이 앞서기는 하지만, 에우리피데스(Euripodes)의 희곡 바커스(The Bachae)는 절제되지 않은 이교적 열정이 어떻게 자기 파멸과 괴이한 악행으로 이어질 수 있는지를 잘 보여준다.

하루에 쓰러진 이만 삼천 명에 대한 바울의 이야기(8b절)는 민수기 25장 1절부터 9절까지에서 나온 것이다. 하지만 민수기에는 그 숫자가 이만 사천 명으로 되어 있다. 이 차이는 성경의 '무오성'(inerrancy)에 관한 끝없는 논쟁의 빌미를 제공했다. 초대교회의 교부들은 이 둘의 차이에 별로 곤란을 느끼지 않았던 것으로 보인다. 민수기는 숫자를 위쪽으로 어림한 반면 바울은 낮은 쪽으로 어림했다는 칼빈의 제안은 물론 순전한 추측에 지나지 않는다(물론 찰스 하지는 당연히 이 제안에 따르지만). 이 문제를 어떻게 해결하든, 죽은 숫자의 어마어마함을 강조하려는 것이 바울의 의도라는 사실은 달라지지 않는다.

③ 세 번째 사례는 **그리스도를 시험하는 것**이다(9절). 출애굽기와 민수기에 나타난 이스라엘과 고린도의 '강한 자들' 사이에 드러나는 공통점은 오만한 착각으로 하나님의 인내심을 시험하는 것이었다. 곧 그들은 하나님께서 자기 백성을 끝까지 지키실 것이며, 어떤 경우에도 그들을 버리지 않으실 것이라는 식의 자신만만한, 그러면서도 신실하지 못한 착각에 빠져 있었다. 이처럼 지나친 확신에 근거하여 하나님의 사랑 가득한 보호와 그들의 의도적 **욕망**을 맞붙여 보려는 그들의 시도는 성공하지 못했다. 그들은 **뱀에 의해 멸망을 당하는 처지**가 되고 말았던 것이다.

④ 마찬가지로, **불평하며 투덜대는 것** 역시 **멸망하게 하시는 분에 의해**

멸망을 당하는 결과로 이어졌다. 사용된 헬라어 형태도 그렇고 출애굽기나 민수기의 문맥 역시 끊임없는 불평과 불만, 수군거림, 우는 소리로 하나님께서 베풀어 주신 것에 대해 불만을 드러냈음을 의미한다. 한편으로 이는 감사하지 않는 죄이기도 했고, 또 한편으로는 배은망덕하게 다른 사람의 마음에 불만의 씨를 뿌리는 행위이기도 했다. 고린도전서 8장부터 10장까지에 보면, 이는 일단 하나님의 너그러우신 은혜에 대한 배은망덕한 불만이고, 다음으로 하나님께서 은혜로 주신 것을 잘 받아들인 사람의 마음을 흔들어 놓는 비겁한 행동이기도 하다. 아마도 고린도 교회 내의 확신 없는 자들은 자신의 혼란스러움과 의구심을 두고서 일부 '강한 자들'이 등 뒤에서 수군거린다고 느꼈을 것이며, 그들의 이런 느낌에는 분명 그럴 만한 충분한 근거가 있었을 것이다.

바울은 이 모든 사건들이 **보다 넓은 행동 방식을 형성하는 본보기**이라고 선언한다(11a절). 다시 말해, 이 사건들은 이스라엘의 체험이라는 즉각적인 문맥을 초월하는 경고요 사례로 기능한다는 것이다. 출애굽기와 민수기는 성경이 들려주는 '이스라엘의 역사' 이상의 의미가 있다. **이 일들은 또한 세대의 마지막을 만난 우리를 위한 경고로 기록되었습니다**(11b절). 이스라엘의 역사 및 체험과 그리스도 교회의 역사 및 체험 사이에는 공통점과 차이점이 공존한다. 그렇지만 구약성경은 여전히 '기독교 성경'으로 남는다(물론 '히브리 성경'이기도 하다). ['히브리 성경'이라는 용어는 그리스도인들의 '구약'을 기독교적 전제 없이 지칭할 때 사용하는 단어다. 대부분의 경우 유대인의 관점을 전제한다—역주] J. W. 에지슨(J. W. Aageson)은 자기 책에 **또한 우리를 위해 기록된 말씀**(*Written Also for Our Sake*)이라고 제목을 붙이고서(위에서 인용되었다), 바울의 본문에서 '또한'이라는 말이 포함되었다는 사실의 의미를 깊이 숙고하고 있다.

성경이 하나님의 백성을 양육하고, 가르치고, 또 그들의 삶과 생각을 올바르게 형성하기 위해 기록된 것이라면, 성경이 기대하는 독자에는 이스라엘과 교회, 즉 둘 모두 포함된다. 그러니까 성경의 개별적인 저자들이 당시 의도했던 구체적이고 '국지적인'(local) 독자층을 초월한다는 것이다. 물론 그렇다고 해서 우리가 성경 본문을 본래의 역사적 토대와 정황에서 분리할 수 있다는 것은 아니다. 왜냐하면 최초에 통용된 의미란 대부분(항상 그런 것은 아니지만) 어떤 구체적 정황과 직접 맞닿아 있는 의사소통의 행위를 통해 형성되는 것이기 때문이다. 하지만 이러한 상황적 구체성으로 인해 본문이 지닌 추가적 의미의 잠재력이 소진되는 것은 아니다. 새로운 상황이 발생하면, 본문은 또 새로운 방식으로 '활성화된다'. 물론 여기에는 이러한 새로운 의미들이 일차적 소통 사건들이 전달하는 의미와 모순되거나 이를 침해하지 않는다는 전제가 붙는다. 이들 일차적 소통 사건들은 이후에 활성화되는 모든 추가적 의미를 통제하는 기준으로 남는 것이기 때문이다.

따라서 구약 민수기 25장 1절부터 9절까지의 이야기를 고린도의 독자들에게 적용하는 바울의 행동은 본문의 본래 의미를 존중하면서도 그 범위를 확대하는 것이라 할 수 있다. 더 나아가, 폴 가드너(Paul Gardner)가 관찰한 것처럼 그리스도 안에서 이루어진 하나님의 결정적 계시의 빛 아래서 볼 때, '기독교적' 혹은 기독론적 문맥은 단순히 구약적 의미의 '영적' 확장이 아니다. 오히려 이러한 새로운 문맥을 통해 '하나님께서는 진실의 참 모습을 더욱 풍성하게 계시하신 것이다'(*The Gifts of God*, 113).

그리스도인이 처한 '종말론적' 상황에 대한 바울의 호소는 바로 이 점을 더욱 분명히 한다. 그리스도인이란 **세대의 마지막을 만난 사람들**이다. 이 구절에 대한 전통적 이해는 그리스도인들이 '말세'의 때를 살아간다는 것이었다. 하지만 바울이 의도한 바는 이보다 더욱 구체적이다. 바울은 여기서 유대 묵시문학과 그의 사상에서 드러나는 '두 세대'(the two ages) 개념을 생각하고 있다. 그리스도인은 계속되는 현 세상 질서와 마지막 때의 새 세대 및 새 창조 사이의 경계를 살아간다. 이 두 세대는 '옛 세대의 끝이 새 세대의 시작과 함께 일어나는' 지점에서 서로 '교차한다'(Weiss, *Der erste Korintherbrief*, 254).

그렇다면 바울이 의도하는 실제적 논점은 두 가지다. ① 그리스도인은 여전히 현재의 세계 질서 속에서 살아가고 있으며, 따라서 성급한 교만을 주의하고 도덕적 권고에 귀를 기울여야 한다. ② 그리스도인은 새로운 세대에 속하였으므로, 그리스도 안에서 확정적으로 드러난 하나님의 뜻을 알 수 있고 그 안에서 주어진 하나님의 은혜를 누릴 수 있다. 그리스도인과 옛 세대가 맺은 관계는 그들에게 주어진 **경고**를 심각하게 받아들여야 한다는 점을 강조한다(11b절). 그리스도인들과 새 세대와의 관계는 그들이 절제와 성숙이라는 순례의 여정 중 빠질 수 있는 의심과 염려에 대해 분명한 해답을 제공해 준다.

12, 13절에서는 이와 같은 이중적 관점을 바탕으로 두 개의 상호보완적 논점이 제시된다. ① 신중하지 못하고 지나치게 자신만만하며 교만한 이들에게 바울은 엄중한 경고를 발한다. **누구든 서 있다고 생각하는 사람은 넘어지지 않도록 주의해야 합니다.**(12a절) 그리스도인은 여전히 시험과 위험이 득실거리는 순례의 여정 위에 있기 때문이다. ② 다른 한편, 어떠한 **시험**을 만나건 이 시험은 **사람이라면 누구나 겪는 그런 것의 범위**를 넘어서지 않는다. **또한 하나님께서는 신실하셔서, 여러분이 힘에 부칠 만큼 시험당하도록 두지 않으실** 것이다(12b절~13a절). 더욱이 그러한 경험을 하게 하는 하나님의 의도는 신자가 시험을 **견딤으로써** 성숙하게 되는 것이지 그들이 파멸에 떨어지는 것이 아니므로, 하나님께서는 시험이 올 때 또 빠져나갈 길

을 만들어 주실 것이다(13절).

다시 말하지만, 몰트만이 『희망의 신학』(*Theology of Hope*, 21)에서 역설한 것처럼 우리가 피해야 할 두 가지 죄는 성급한 오만과 절망이다. 이 두 가지 죄는 각각 고린도의 '강한 자들'과 '약한 자들'이 드러내는 문제와 관계된다. ① 분명 일부 신자는 자신들이 '특별한' 시험을 겪었다고 주장했을 것이다. 이에 대해 바울은 그들이 체험한 것들은 잘못된 열망, 빗나간 열정, 자기기만이나 근거 없는 환상 등과 같이, 사람이라면 누구나 겪는 그런 체험의 범위를 넘어서지 않는다고 대답한다. ② 바울은 또한 우리는 결코 '도저히 빠져나갈 길이 없다'고 말해서는 안 된다고 목소리를 높인다. 하나님께서는 돌아갈 수도, 피할 수도 없는, 그러니까 처음부터 이길 수 없는 그런 시험에 빠지도록 **허락하지** 않으신다.

27. 묵상을 위한 제언(10장 1~13절)

1. 더 넓은 지평을 바라보는 자세에 관하여

우리가 이런저런 압력에 시달릴 때, 눈을 들어 더 넓은 지평을 바라보는 것이 도움이 될 수 있다. 바울은 당시의 '국지적'인 상황에 관한 이야기에만 의존하지 않는다. 그는 성경에서 혹은 고대로부터 가장 최근에 이르기까지 하나님의 백성들의 경험에서 찾을 수 있는 공통된 체험의 양식으로 독자들의 생각을 넓혀간다. 그와 같이 넓은 성경적, 역사적, 혹은 보편적 관점 없이 현재의 상황과 시험을 감당하기에 충분한 관점을 확보할 수 있겠는가?(1~6절)

2. 잘못된 혹은 빗나간 열망에 관하여

우리는 너무 쉽게 인간의 죄를 잘못된 일을 저지르는 행위 혹은 정해진 기준에 미치지 못하는 행위로 묘사한다. 하지만 그보다는 방향을 잘못 잡은 열망이 이러한 잘못된 행동과 잘못된 태도로 나타나는 것이라고 말하는 것이 맞지 않을까? 어거스틴은 우리가 매력을 느끼는 사물을 창조하신 하나님보다는 창조된 사물을 통해 만족을 얻으려 노력하는 어리석음에 대해 이야기한다. 우리의 빗나간 열정이 하나님 자신보다는 하나님에 대한 우상숭배적 대체물을 추구하는 것으로 귀착되는 이유는 무엇일까? 통제 혹은 절제가 없다면, 어떤 결과가 생길까? 혹 자신의 욕망에 탐닉하다가 멸망에 이르는 악순환은 아닐까?(7~9절)

3. 책임을 전가하는 문화에 관하여

통제가 불가능한 상황이 되는 순간, 우리는 누군가 비난할 사람을 찾는다. 어떤 때는 자신을 향한 자책감이 하나님이나 다른 사람을 향한 '전가된 분노'의 형태로 표출되기도 한다. 어떤 사람들은 하나님께서 간섭하셨어야 했다고(자기가 하나님으로부터 벗어나려고 했음에도 불구하고) 말할 것이다. 마치 하나님께서 재판을 받거나 '시험대에 오른' 것처럼 말이다(9절). 우리 또한 우리가 자초한 면이 큰 그런 상황에서도 '불평을 늘어놓곤' 한다. 21세기에 우리들의 문화가 이러한 책임전가의 문화를 닮았다고 할 수 있는가? 우리는 모든 일의 책임을 다른 사람에게 떠넘기려고 하는가? 인간이란 언제나 그런 존재였다고 할 수 있지만(창 3장 12, 13절), 법정소송에 집착하는 우리의 문화를 볼 때 상황이 훨씬 더 악화되었다고 말할 수 있겠는가? 복음은 중재와 화해에 관해 말하고 있지 않은가?

4. 성급한 오만, 절망, 그리고 겸손한 신뢰에 관하여

앞에서 우리는 하나님의 약속은 인간의 성급한 오만이나 인간의 절망을 배제하고 하나님께 대한 신뢰로 우리를 초대한다는 몰트만의 말을 인용한 적이 있다. 첫 번째 태도는 고린도의 '강한 자들', 그리고 두 번째 태도는 '약한 자들'의 태도와 같다고 말할 수 있겠는가? 시험을 허락하시는 하나님의 의도는 한편으로는 그리스도인이 신뢰, 양육 및 강인함 면에서 성숙하는 것이지 시험을 '참고 견뎌냈다'는 사실로 인해 교만해지는 것이 아니다(13b절). '하나님'께서는 '시험을 빠져나갈 길'도 없이 우리가 견딜 수 없을 정도의 무게에 눌리도록 '허락하지 않겠다'고 약속하신다(13절).

5. 삶의 방식 형성을 위한 신적 원천으로서 성경(구약의 포함하여)

우리의 삶과 생각과 성품을 형성하는 일에서 성경은 어떤 방식으로 우리에게 영향을 미치는가? 너무 자주 우리는 성경을 어떤 정보를 '가르치는' 수단으로만 제한하지 않는가? 아니면 성경과 살아있는 만남을 통해 성경이 우리의 삶과 생각과 성품을 형성하도록 하고 있는가? 성경을 하나님의 역동적 임재 및 거룩하게 하는 능력과 나누어 생각할 수 없다. 하나님께서는 약속과 명령을 통해 말씀하기도 하시지만, '삶의 방식을 형성하는 본보기'를 통해 말씀하기도 하신다. 성경이 우리에게 이야기하는 방식은 다양하기 때문이다.

(6) 주님의 만찬을 함께 나눔: 언약적 충성의 패러다임(10장 14~22절)

> 14 그러므로 저의 사랑하는 친구 여러분, 우상숭배를 멀리하십시오. 15 저는
> 여러분의 상식에 호소합니다. 제가 선언하는 바를 스스로 판단해 보십시오. 16
> 우리가 축복하는 축복의 잔은 그리스도의 피에 공동으로 참여하는 것이 아닙
> 니까? 우리가 나누는 떡은 그리스도의 몸에 공동으로 참여하는 것이 아닙니
> 까? 17 떡이 하나이기 때문에, 우리가 비록 여러 사람이라도 모두 한 몸입니
> 다. 하나의 떡을 우리 모두가 함께 나누는 것이기 때문입니다. 18 육신의 혈통
> 을 따른 이스라엘을 생각해 보십시오. 희생제물을 먹는 사람들은 모두 희생제
> 단에 공동으로 참여하는 자들이 아닙니까? 19 그렇다면 제가 무슨 말을 하려
> 는 것이겠습니까? 우상에게 바친 제물이, 혹은 우상이 무엇이라도 된다는 말
> 입니까? 20 물론 그렇지 않습니다. 하지만 그들이 제사를 바칠 때, '그들은 마
> 귀에게 제사하는 것이지 하나님께 제사하는 것이 아닙니다'. 저는 여러분이 마
> 귀의 세력에 공동으로 참여하는 자들이 되기를 원치 않습니다. 21 여러분은 주
> 님의 잔과 마귀의 세력의 잔을 함께 마실 수 없습니다. 주님의 식탁과 마귀의
> 식탁에 함께 앉을 수는 없는 것입니다. 22 이게 무슨 일입니까! 우리가 주님의
> 질투를 불러일으키려 하고 있는 것입니까? 정녕 우리가 주님보다 '더 강한' 자
> 들은 아니지 않습니까?

민수기 25장 1절부터 9절까지와 이와 관련된 구절에서 도출된 사례는 한편으로 옛 언약 아래 하나님의 백성으로서 누리는 특권 및 책임에 동참하는 것과, 다른 한편으로 합당치 못한 욕망과 우상숭배로 그런 특권을 상실할 수 있는 위험을 선명하게 대조시킨다. 이제 바울의 초점은 새 언약과 그 언약의 제도 아래 불신앙 혹은 신실하지 못함을 보여주는 극명한 사례로 옮겨

간다. 주님의 만찬은 **그리스도의 피와 그리스도의 몸에 공동으로 참여하는 것**(헬, *코이노니아*)을 나타내는 핵심적 모범 혹은 패러다임이다(16절).

여기서 고린도전서 전체를 흐르는 생각의 통일성이 다시금 드러난다. 6장 12절부터 20절까지에서 바울은 복음적 삶의 방식과 맞지 않는 생활방식에 탐닉하는 것은 '**그리스도의 신체부위와 기관을 떼어내는**' 혹은 찢어내는 것이라고 이야기했다(6장 5절). 여기서는 동일한 논점을 더욱 통찰력 있게 발전시킨다. 그리스도인들은 '**값으로 사서**' 주님께 속하게 된 자들이다(6장 20절). 이를 더 깊이 밀고 나가면, **여러분은 주님의 잔과 마귀의 세력의 잔을 함께 마실 수 없습니다**(21a절). 왜냐하면 **주님께서** 그리스도인을 사서 자신의 소유로 만드셨고, 그리스도인 또한 **축복의 잔**과 떼어낸 **떡**을 함께 나눔으로써 그분께 충성을 맹세했기 때문에(16절), 이와 함께 **우상숭배**에도 참여하려고 하는 사람은(14절) **주님의 질투를 불러일으키는** 모험을 하는 셈이다(22절).

우상숭배를 멀리하십시오(14절)라는 경고는 한편으로 급박하고 신속한 행동을 요구한다. 크리소스톰은 이렇게 풀어 설명한다. "어서 이 죄를 제거하십시오." 이는 또한 '**우리는 우상이 실재하는 존재가 아니라는 것을 안다**'(8장 4절)는 근거 아래, 우상숭배가 동반되는 의식 행사에서 고기를 먹는 것이 과연 '우상숭배'가 되겠느냐고 따지며 시간을 끄는 행태의 어리석음을 질타하는 것이기도 하다. 8장 1절부터 11장 1절까지 사이의 큰 문맥을 놓고 볼 때, 바울은 분명 '강한 자들'을 향해 이야기하고 있다. 자신의 대화 상대자를 지성 혹은 **상식**(헬, *호스 프로니모이스*, 15a절)을 적용할 수 있는 사람으로 두고 있는 것을 보면 이를 알 수 있다. 바울은 **내가 선언하는 바를 스스로 판단해 보십시오**(15b절)라고 말한다. 여기서 헬라어 구문은 판단 주체로서 여러분 혹은 **여러분 자신**을 강조한다. 그들은 책임을 전가할 수 없다. 바울은 그들이 스스로 합리적인 결론을 도출할 수 있을 만큼 충분한 설명을 제시했다. 여기서 '알고 있는' 것에 대한 그들의 주장이 미묘하게 재정의된다. 그들은 지식이란 주로 우상의 비존재성 및 당당하게 마음대로 행동할 수 있는 자유와 관련된 것이라고 생각했었다. 그런데 더 심오한 의미에서 지식이란 하나님의 모든 언약 백성들과 맺은 결속과 관계된 것으로 드러났다. 그리고 이 결속에는 약한 자들 또한 포함되며, 여기에는 하나님을 불쾌하시게 하는 결과를 불러올 수도 있다는 위험도 존재한다. 무슨 일이 있더라도, 바울은 그들이 자기들의 생각을 근본적으로 재고할 것이라고 믿는다. 그는 권위만 내세우며 그들을 몰아세우지 않는다. 그럴 필요가 없기 때문이다. 바울은 그들이 합리적인 깨달음에 이르기를 원하는 것이다.

축복의 잔(16a절)은 감사의 기도를 동반하는 유월절 잔을 의미한다. 이는 기도하는 사람이 하나님을 축복한다는 의미의 감사 기도다. 통상 유대인의 가정은 다음과 같은 형태의 기도를 드렸다. "복되신 주 하나님, 포도원의 실과를 창조하신 우주의 왕이시여."(*미쉬나 베라코트* 6장 1절) 물론 다른 형태의 기도들도 존재한다(나는 *NIGTC* 주석에서 이에 대한 긴 설명을 달아 놓았다. *First Epistle*, 756-61). 유월절 식사에서 유월절을 기념할 때는 네 번의 포도주 잔이 돌아갔는데, 아마도 바울은 그중에서 세 번째 잔을 염두에 두고 있었을 것이다. 예수님께서 제자들과 나누신 최후의 만찬의 날짜를 어떻게 잡든, 예수님께서 그 식사를 자신(과 제자들)의 유월절 식사로 생각하셨다는 사실에는 의문의 여지가 없으며, 이 문맥에서는 첫 번째 잔을 두고 하나님께 감사의 기도를 드렸다.

로빈 루틀레지(Robin Routledge)는 일 세기 유월절 세데르[seder, 유월절과 출애굽 전후의 사건에 대한 다소간의 의식적인 재구성—역주]의 말과 행동을 배경으로 삼아 주님의 만찬에 관한 유익한 설명을 제공해 주었다("Passover and Last Supper", 203-21). 이 연구에는 '다시 들려주는 구원 이야기'(213)와 '출애굽기 새로 경험하기'(219) 등의 소제목들이 달려 있다. 먼저 누룩 없는 떡(고전 5장 2절 참고)과 견과류와 과일 반죽(하로셋)이 가장에게 주어진다. 그리고는 그 의미를 묻는 물음에 답하여 가장은 유월절의 구원 이야기를 새롭게 들려준다(출 12장 37~39절, 신 26장 5절 이하, 미쉬나 페샤림 10장 1~7절).

"쓴 나물을 먹는 이유는 무엇입니까?" "[우리가 먹는 것은] 이집트 사람들이 우리 조상의 삶을 쓰라리게 했기 때문이다."(페샤림 10장 5절) "이는 고난의 떡이다"라는 말 대신 예수님께서는 "이것은 내 몸이다"라고 선언하셨다. 이스라엘이 유월절 세데르를 암송하는 것은 그 의식에 참여하는 자를 그 사건에 적극적으로 개입하게 하는 기능이 있었다. 즉, 그들은 암송하는 사건의 '현장에' 있는 것이었다. 교회 또한 그리스도의 몸과 피라는 새로운 유월절 사건을 재현하면서 그리스도인을 바로 그 수난의 현장에 적극적으로 개입하게 한다. "주 예수 십자가에 달릴 때 그때 너 거기 함께 있었느냐?"라는 흑인영가는 바로 이런 차원을 정확하고도 절묘하게 짚어낸다. 따라서 이는 **그리스도의 피에 공동으로 참여하는 것이며(16b절), 하나의 떡을 우리 모두 함께 나누는 행동인 것**이다(17b절).

여기서 우리가 잘 알려진 헬라어 *코이노니아*를 **공동으로 참여한다**는 의미로 번역한 것은, 통상적인 '교제'가 별 의미가 없는 말이 되어 버렸기 때문이다. 많은 저술가들은 신자와 하나님 간의 '수직적' 차원의 관계가 동료 신자들 상호 간의 '수평적' 차원의 관계를 위한 근원적 기초가 된다는 사실을 강조해 왔다. *코이노니아*의 사회적 성격을 강조한 학자가 없는 것은 아니지만(Hainz, Koinonia; Panikulam, *Koinonia in the New Testament*), 여기서 *코이노니아*란 무슨 사교 모임에서와 같은 사회적 유대를 뛰어넘는 개념이다. 쏜튼(Thornton, *Common Life*)은 교제란 신자가 하나님의 백성으로서 그리스도, 그분의 십자가와 부활, 그리고 교회라는 새로운 현실에 대한 '주주' 혹은 '투자자'가 되는 측면이 있다는 사실을 강조했다. 바울은 앞서 1장 9절에서 이 단어를 사용한 적이 있는데, 여기서는 **함께 나누다** 혹은 참여하다라는 의미가 있는 또 하나의 단어(헬, *메테케인*, 17절)를 첨가함으로써 이 점을 더욱 분명히 하고 있다.

17절에서 바울은 **하나**라는 단어를 세 번 반복하여 사용한다. **한 떡…한 몸…한 떡…**. 연합에는 단 하나의 공통된 기반이 있고, 구원의 기반도 하나다. 곧, 우리가 떼는 떡으로 나타나는 '찢긴' **그리스도의 몸**이며, 우리가 함께 나누는 **그리스도의 피**다(16절). **떡**과 **잔**을 주고 받는 행위는 충성과 결속에 대한 언약적 맹세에 해당한다. 하나님께서 그분의 백성에게 맹세하시고, 그분의 백성은 자신들의 하나님께 맹세하는 것이다.

우리가 후대 교회에서 발전된 지나친 성례주의적 사고를 바울에게 끌어들일 수는 없지만, 바울은 고린도교회 내에 구원에 관한 모든 것은 '내적'이고 사적이라고 생각하는 부류를 반박하면서 틀림없이 '육체성'에 관한 이전의 논의를 훨씬 더 강화했다. 한편에서는 주는 것, 다른 한편에서는 먹고 마시는 것으로 나타나는 물리적 증표는 그런 행위가 묘사하는 실재에 대한 효과적인 표지가 된다는 점에서 '성례전적'이다. 이는 하나님의 구속적 사랑, 그리고 그리스도인이 이를 받아들이고 충성하겠다는 맹세에 대한 '감각적이고 가시적인' 증표다. 이것들은 그저 '보이는 언어'의 수준을 넘어선다. 폴 리쾨르(Paul Ricoeur)가 강조하는 것처럼, 상징이란 인간의 인지적 담론이 의식적 사고의 수준에서 충분히 기능하지 못하는 마음과 지성의 깊은 곳에서 창조적이고 생산적으로 공명할 가질 수 있다(*Interpretation Theory*, 45-60. 또한 Thiselton, *First Epistle*, 761-71 보라).

논의를 재확인하고 더욱 발전시키는 18절의 역할은 19, 20절로 계속 이어진다. 바울은 자신의 논점이 모두가 인정하는 기독교적 원칙, 곧 **우상**은 **아**

무것도 아니라는 원칙에 어긋나는 것이 아님을 떠올리게 한다(8장 4~6절 참고). 하지만 그는 또한 그러한 행동을 할 때 무슨 일이 생기는가에 관한 어떤 그리스도인의 인식은 다를 수 있다는 것을 **분명히 한다**. 여기서 바울의 논증에는 목회적인 입장과 철학적이고도 신학적인 입장이 모두 들어가 있다. 바울이 제기하는 심오한 목회적 논점은 설사 잘못된 인식이라 하더라도 사람들의 인식은 중요하다는 것이다. 이런 인식을 무시해서는 안 된다. 철학적이고 신학적인 논점은 형이상학적, 실재론적, 혹은 신으로부터 '주어진 것'으로서, 인간이 사회적인 재구성 과정을 통해 진리로 해석하고 인식하는 것과 진리의 사이에는 차이가 있다는 것이다(이상적으로는 '객관적'이라는 두루뭉술한 표현은 피하는 것이 좋겠지만, 굳이 말한다면 '객관적'이거나 '주어진' 진리는 주관적이고 구성된 진리와 다르다고 표현할 수도 있을 것이다). 이 구절에는 사본상의 문제나 독해상의 어려움도 있지만 본문의 흐름에 큰 영향을 미치는 것들은 아니다(나의 *NIGTC* 주석에서 다루었다. *First Epistle*, 772-75).

고린도의 몇몇 신자는 우상 제사가 **마귀**에게 **바치는** 것이라고, 그리고 이를 바치는(혹은 바치도록 부탁하는) 사람은 **마귀의 권세에 참여하는 것**이라고 생각했다. 바울의 관심사는 우상과 헛된 신의 절대적 비존재와 이들을 '세력'으로 인식하고 그들에 의해 좌우되는 경험적 인식 모두를 공평하게 다루는 것이다. 이런 이중적 관점은 구약과 유대교에서도 확인할 수 있다. 가령. 이사야 40장부터 55장까지에서는 우상이 '무'에 지나지 않는다는 선지자의 당당한 시각이 나온다. 반면 이후 유대교의 묵시론적 전통에서는, 때가 되면 하나님께서 정복하시겠지만 현재로서는 이 세상이 악한 권세의 손아귀에 있는 것으로 본다.

목회적 입장에서 보자면, 두 전통 모두 하나님의 주권이 절대적이라는 사실을 강조한다. 바울도 마찬가지로 어떤 '권세'(천사나 헬라어로 *아르카이*인 힘들, 또는 아마도 점성술적 세력 혹은 운명으로 이해되는 높은 곳이나 깊은 곳의)라도 '우리를 우리 주 예수 그리스도 안에 있는 하나님의 사랑에서 끊을 수 없다'(롬 8장 38, 39절)고 선언한다. 예수 그리스도께서는 신자들을 다른 모든 주인에게서 사서 자신의 소유로 삼으셨다(고전 6장 20절). 바울은 이 세계가 사악한 세력과 거룩한 세력에 의해 각각 지배되고 있다고 보는 '이원론적' 관점을 보여주지 않는다.

그러나 바울은 우상숭배와 **마귀의 세력**이 지금껏 신자들의 삶에 파괴적인 영향을 미쳤다는 것과 지금도 그런 영향을 미치고 있다는 사실 또한 인식한다(20, 21절). 그래서 그는 이런 영향에 대해 이야기한다. 이는 '귀신'을 쫓아내신 예수님의 행동을 떠올리게 할 수도 있다(마 9장 33, 34절, 막 7장 26절, 눅 9장 49절, 11장 15~19절). 다른 한편, 그의 서신 전체에 걸쳐 바울이 **마귀**라는 말을 사용한 것은 여기뿐이다(10장 20, 21절. 헬, *다이모니온*, 네 차례 사용됨). 콜린스(Collins)는 이렇게 말한다. "바울이 마귀에 대해 말하는 것은 고린도전서 10장 20, 21절에서뿐이다. 모든 실재는 하나님 한 분께 속했으며, 하나님께서는 모든 것을 다스리는 주권을 주님 한 분께 위임하셨다."(8장 6절, 15장 27절. *First Corinthians*, 380-81) 예수님의 지상 사역과 바울의 서신 사이에는 부활하신 예수님의 승리가 가로놓여 있으며, 아마도 여기서 둘 사이에서 보이는 강조점의 차이가 설명될 수 있을 것이다.

바울은 명시적으로 **마귀**가 '인격적인' 행동 주체라고 묘사하지 않는다. 하지만 그는 이 세상, 특히 이방의 종교와 문화가 악한 세력의 담지자가 되어 하나님과 그분의 백성에게 대항하는 거점이 되고 있음을 인식한다. 이들 세력은 무너지는 중이지만, 아직도 그 **사악한 세력**들이 영향력과 효력을 유지하고 있다. 이런 세력은, 특히 한 개인에 의해 야기되는 어떤 악보다도 훨씬 더 강력한 힘을 집단적이고, 구조적이며 제도적인 측면에서 행사한다. 악한 체제에 그런 힘이 있다는 것이다. 종종 이런 집단적이고 구조적인 악의 효과는 그것을 야기한 개인들을 다 합친 것보다 큰 경우가 많다.

바울은 이방신전과 우상숭배의 예전적 사건을 그런 구조적 세력의 일부로 파악한다(적어도 그 효과 면에서는 그렇다). 그런 이유로 바울은 그리스도인에게 더 강한 어조로 이 같은 의식에 공동으로 참여하는 일이 없도록 하라고 경고한다(20절). 더 구체적으로, **여러분은 주님의 잔과 마귀의 세력의 잔을 함께 마실 수 없습니다. 주의 식탁과 마귀의 식탁에 함께 앉을 수는 없는 것입니다**라고 한다(21절). 여기서 **잔**과 **식탁**의 의미는 이중적이다. 주님의 만찬을 나누는 자리에서 보면 이는 주님의 만찬 혹은 성찬의 **잔**과 **식탁**을 가리킨다. 하지만 예수께서는 고난당하고 속량하는 메시아로서 그분께서 받으시는 '세례'의 **잔**과 **식탁**을 나누는 것에 관해서도 말씀하신다. 이런 메시아의 사역에 제자들 역시 함께 나누고 **참여하라**고 부름받는다(막 10장 38, 39절). **주의 잔**을 받는다는 것은 언약적 연대 속에서 주님의 만찬에 참여하는 것은 물론, 그리스도의 속량하시는 죽음과 부활에 참여하는 것을 의미한다. 주님의 잔을 마시는 것 속에 이런 다차원적 의미를 함축하고 있는 것이라면, **마귀의 세력의 잔을 마신다**는 것 속에도 한 가지 이상의 의미가 들어있다는 말이 될 것이다.

이런 식으로 언약적 충성과 사랑을 깨뜨리게 되면 **주님의 질투를 불러오게 된다**(22절). 바울이 던진 수사의문문에 함축된 의미는 이렇다. "여러분은 정말 그처럼 무모한 짓을 하겠다는 것입니까?" NJB의 "우리가 정말로 주의 질투를 불러일으키려는 것입니까?"라는 번역도 이 점을 잘 전달하지만, 여기서의 번역이 헬라어 동사의 현재 시제적 의미를 더 분명히 해 준다. **우리가 주님의 질투를 불러일으키려 하고 있습니까?** 마지막 수사의문문은 주저하거나 역설적인 논조의 물음이다. **정녕 우리가**(설령 우리가 교회 내에서 '약한 자들'이 아니라 '강한 자들'이라고 해도) **주님보다 '더 강한' 자들은 아니지 않습니까?** 미첼(Mitchell)이 주장하는 것처럼, 만일 바울이 고린도전서에서 실제의 유익에 호소하는 수사를 자주 구사하는 것이 사실라면, 여기서도 그는 그 모든 이방인가의 관계를 유지하고 이방 신전의 의식에 참여함으로써 얻을 수 있는 유익은 **주님의 질투를 불러일으킬** 위험에 비교해 볼 때 일고의 가치도 없는 것이라는 사실을 말하고 싶었을 것이다.

얼핏 보면 이 단락에서 바울은 8장 1절부터 13절까지에서나 9장의 많은 부분에서 보여주었던 더 관대한, 또는 균형 잡힌 견해를 포기한 것처럼 보인다. 하지만 바울은 아직 본 장의 남은 부분(23~33절과 11장 1절)에서 쟁점의 양 측면을 정리하지 않았다.

28. 묵상을 위한 제언(10장 14~22절)

1. 책임감 있고 성경적 토대에 기초한 논리적 사고의 활용에 관하여

바울은 동료 그리스도인들에게 상식, 지성 및 판단력을 활용하라고 주문한다. "여러분 스스로 판단하십시오."(15절) 그렇다면 그리스도인들은 성경(10장 1~13절, 특히 형성하는 본보기가 제시된 10장 6절과 바울의 가르침을 염두에 두고서 합리적 사고를 통해 '자신의' 결론을 도출해 낼 수 있어야 할 것이다. 물론 그들의 지식은 성경과 사도의 가르침 및 성령에 근거를 둔 것이라야 한다. 바울은 지식에 의존한다고 자처하면서 마치 참된 이해를 위해 고려해야 할 제반 요인을 애초부터 다 알고 있었던 양 행동하는 태도를 비판했다(8장 1~3절, 7, 8절). 알게 된다는 것은 타인을 위한 사랑, 성경, 하나님의 성령에 대한 열린 태도 및 사도적 증언이 결정적인 요소로 작용하는 하나의 과정이다. 고린도의 성도들 중 일부는 얻은 상태로서 '지식'과 결과적으로 부분적 지식에 불과한 것 사이를 혼동했다. 그러나 일단 우리의 눈이 덜 이기적인 관심사들로 더 향하는 경우, 바울은 그리스도인들이 타당한 추론을 이끌어 내고 건설적인 판단을 내릴 수 있다는 사실을 의심하지 않았다. 언제나 그리고 오로지 권위에만 의존하는 것은 바울의 목회적 전략과는 거리가 멀다.

2. 언약적 맹세를 의미하는 주님의 만찬에 참여하는 것에 관하여

바울은 주님의 만찬 혹은 성찬에 참여하는 일이 결코 가벼운 일이 아님을 강조한다. 바울 이후 발전된 사상을 주님의 만찬에 관한 바울의 가르침에 역주입하는 것은 피해야 하지만, 그렇다고 '그리스도의 피와 그리스도의 몸에 공동으로 참여함'이라는 바울의 뚜렷한 표현을 무시하는 것도 위험하다(16절). 11장 26절에서 바울은 성도에게 경고하면서 성찬에 참여하는 것은 마치 증인석에 들어가는 것과 같다고 말한다. 거기서 성도는 자신이 구원, 곧 자신들의 구원의 근거인 그리스도의 '찢긴 몸'과 '피'에 절대적으로 개입되어 있고 또 거기 의존하고 있다고 선포하는 것이다. 한편으로는 찢어진 몸과 흘린 피를 줌으로써, 그리고 다른 한편으로는 잔과 떡을 받음으로써, 이중적 의미에서 그리스도와 하나가 된다는 언약적 맹약이 성립된다. 따라서 '그리스도 안에' 있는 자들은 충성 맹약을 취소하고 대신 다른 누군가에게 충성할 수 없다. 이는 하나님께서 언약적 축복의 약속을 다시 무를 수 없으신 것과 마찬가지다. 그런 식의 생각은 자신의 정체성을 부인하는 꼴이 될 것이다. 이중적이거나 중복된 '소속'을 주장하는 것은 그리스도인이라는 정체성의 기초를 아예 부인하는 행동에 지나지 않는 것이다.

3. 기독교 신앙과 삶에 대한 일체의 방해물을 피하는 것에 관하여

바울은 모든 논의의 공통된 기초로서, '우상은 존재하지 않는 것'이라는 생각을 포기한 적이 없다(8장 4~6절). 원칙적으로 이는 세상과 하나님의 백성의 안녕을 위협하는 모든 '존재'에 적용된다. 그리스도인은 아무것도 염려할 필요가 없다. 그들은 이미 그리스도께서 사셔서 자신의 소유로 삼으신 이들이며 그리스도 안에 계신 하나님께서 모든 것의 주권자이시기 때문이다(8장 4~6절). 그럼에도 불구하고, '인격적'이든 아니든 여전히 어떤 '세력'은 적어도 그 효과 면에서 볼 때는 파괴적인 세력으로 남아 있다. 이들 중 전부 혹은 일부는 인간의 신념 체계, 사회 경제적 이익 혹은 유사 국가적(pseudo-national) 이익에 의해 형성된 사회적 구성물일 것이다. 십자가와 부활이라는 승리 이후에도, 피조된 세계는 여전히 악한 구조들 혹은 세력들에게로 우리의 관심을 빼어가려는 이런저런 '관심 대상'에 의해 방해를 받는다. 그리스도인은 그들에게 충성을 맹세하거나 유대감을 형성하는 의미에서 그들에게 적극적으로 '참여하는' 일이 없도록 해야 한다. 그렇다고 그들을 두려워할 필요는 없다. 2장 6절의 표현처럼, 그들은 '사라질' 존재며, 권세는 무너지고 있다. 하나님만 주권자이신 것이다.

4. 사실 여부와 무관하게 사람의 지니는 상대적 중요성에 관하여

종종 악의 '힘'과 효과는 잘못된 생각 혹은 인식의 결과인 경우가 있다. 실제(reality)와 인식(perception) 사이에는 차이가 있다. 그럼에도 불구하고 바울은 '당당하고' 자신감 넘치는 그리스도인들, 곧 이들은 '단지' 생각에 불과한 것이고 어차피 존재하지 않는 것이므로 무시해도 좋다고 말하는 이들의 입장에 동의하기를 거부한다. 설사 진실에 근거한 것이 아닌 경우에도 사람의 인식은 중요하다. 목회적 전략과 기독교적 행동은 사람의 인식이 어떤 효과가 있는지에 주의해야 하며, 그에 따라 전략과 행동을 수정할 수 있어야 한다. 이는 8장 1절부터 14장 40절을 일관되게 관통하는 존중과 사랑이라는 큰 주제의 한 부분이다. 이 주제가 우상에게 바쳐진 제물, 예배 방식, 주님의 만찬 혹은 성령의 은사 등의 문맥을 통해 제시되는 것이다.

(7) 논증의 결론: 자유와 사랑(10장 23절~11장 1절)

23 여러분은 "모든 것을 할 자유가 있다"라고 말합니다. 하지만 모든 것이 유익한 것은 아닙니다. 또 "무엇이든 할 수 있는 권리가 있다"라고 말합니다. 하지만 모든 것이 [교회를] 세우는 것은 아닙니다. 24 누구도 자신의 권리를 추구하지 말고 다른 사람의 권리를 추구해야 합니다. 25 시장에서 파는 것이라면 여러분의 자의식 [혹은 가능한 한에서 양심] 때문에 그에 관해 묻고 판단하려 하지 말고 드십시오. 26 '땅과 그 안에 있는 모든 것이 주님의 것'이기 때문입니다. 27 만약 믿지 않는 누군가가 여러분을 식사에 초대한다면, 여러분의 자의식 때문에 그에 관해 묻고 판단하려 하지 말고 차린 것은 무엇이든 먹도록 하십시오. 28 하지만 만일 누군가가 "이것은 제사로 드려졌던 것입니다"라고 말하거든 당신에게 말해 준 그 사람과 그의 자의식을 존중하는 의미에서 먹지 않도록 하십시오. 29 그러니까 여러분 자신의 자의식이 아니라 그 사람의 자의식을 존중하라는 것입니다. 30 왜 다른 사람의 자의식에 나의 자유가 종속되어야 하느냐고 여러분이 물으니 하는 말입니다. 그렇습니다. 내가 감사함으로 식사에 참여한다면, 적어도 나로서는 감사를 드린 것인데, 왜 그것 때문에 내 명예가 손상되어야 하겠습니까? 31 그러므로 먹든지 마시든지, 혹은 다른 무엇을 하든지, 언제나 하나님의 영광을 위해 하십시오. 32 유대인과 이방인 모두에게, 그리고 하나님의 교회에 피해를 입히지 않도록 하십시오. 33 마찬가지로 저 자신 또한 모든 사람의 유익을 고려하려고 애를 씁니다. 저 자신에게 유리한 것 대신 많은 사람들의 선을 추구하여 그들을 구원코자 하는 것입니다. 11:1 제가 그리스도를 제 본으로 삼은 것처럼, 여러분은 저를 여러분의 본으로 삼으십시오.

두 가지의 사례 연구가 포함되었다는 사실을 제외하면, 본 단락은 8장 1절부터 10장 22절까지에서 논의를 요약하고 재확인하는 부분이라 할 수 있다. 두 사례 연구 중 하나는 시장에서 고기를 사는 경우이고, 다른 하나는 이방인 가정에 초대를 받아 이방신전에서 제사된 후 다시 시장에 팔려 나온 고기를 대접받게 된 경우이다. 어떤 이는 파는 고기의 거의 대부분이 이런 식의 과정을 거쳤을 것이라고 주장한다. 최상급 고기와 제일 좋은 부위는 이런 식으로 시장에 나오는 경우가 많았다. 제사 의식에는 다른 여러 가지도 고려되었겠지만, 초대받은 손님의 접대에 어울리는 품질도 중요한 고려 사항 중 하나였을 것이다.

바울은 6장 12절에서와 마찬가지로 고린도인들이 슬로건으로 내놓았던 원론적 준칙을 반복한다. **"모든 것을 할 수 있는 자유가 있다"**(10장 23절, 6장 12절)라는 주장에 대해 바울은 **"하지만 모든 것이 유익한 것은 아닙니다"**라는 말로 대응한다(10장 23절, 6장 12절). **"무엇이라도 할 수 있는 권리가 있다"**(10장 23b절) 혹은 "모든 것을 할 수 있는 자유가 있다"(6장 12b절)라는 주장에 대해 바울은 **"하지만 모든 것이 세우는 것은 아닙니다"**(헬, *오이코도메오*, 10장 23b절) 혹은 **"하지만 저는 어떤 것도 저를 자유로이 휘두르게 두지 않을 것입니다"**(6장 12b절)라는 말로 대답한다. 무엇이 유익한지 생각해 보라는 요구는 바울 당시 설득을 위한 수사학의 핵심이었던 유익함에 호소하는 것에 해당한다(Mitchell의 *Rhetoric*에 더 상세한 설명이 나온다). 그러나 6장 12절의 원칙이 '자유'와 '권리' 개념을 해석하면서 정당하지 못한 '권리' 혹은 힘(헬, *엑수시아*) 아래 자신을 종속시키는 것에 관해 말하는 것이라면, 여기서는 12절부터 14절까지에서 부각되어 나타날 주제, 곧 기독교 공동체의 **세우기**라는 핵심 주제를 미리 내다보는 것이라고 할 수 있다.

책임감 있고 사려 깊은 그리스도인이라면 동료 그리스도인들에게 상처를 입히거나 **세워지지** 못하게까지 하면서 자신의 **자유** 혹은 **권리**를 행사하려 들지는 않을 것이다. 본문의 논증 전체는 8장 1절의 원칙에 함축되어 제시된 바를 풀어낸 것이라 할 수 있다. **"지식은 [자신을] 우쭐하게 합니다. 반대로 사랑은 [다른 사람을] 세웁니다."** 다음 절은 이를 한 걸음 더 밀고 나간다. **누구도 자신의 권리를 추구하지 말고 다른 사람의 권리를 추구해야 합니다.**(24절) **다른 사람의 유익**은 헬라어로는 단수지만, 이를 우리 식으로 자연스럽게 번역하자면 다른 사람들의 유익이라는 복수 형태로도 번역할 수 있다. 이는 철학과 윤리 및 해석학적 논의에서 거의 전문용어가 되었다고 해도 과언이 아니다. '타자에 대한 존중'(*에밀리오 베티*), 혹은 심지어 '타자의 타자성에 대한 존중'(*폴 리쾨르*)과 같은 표현이 이를 잘 말해준다. 그리스도께서 자기 자신과 같은 사람들, 곧 '선하고 의로운' 자를 위해서가 아니라 '타자' 혹은 '경건치 않은 자들'을 위해 죽으셨다고 말할 때, 바울 역시 동일한 사실을 말한 것이다(롬 5장 6~8절).

그럼에도 불구하고, 통제의 부재가 아무런 손해를 야기하지 않은 경우, **자유**는 매우 중요한 기독교적 자원의 하나가 된다. 일상적인 경우라면 그리스도인들은 시장에서 고기를 사는 일을 놓고 지나치게 신경을 쓰거나, 너무 심각하게 굴거나 혹은 상황을 너무 세밀하게 따지거나 할 필요도 없고 또 그래서도 안 된다. 고기가 어떤 경로로 시장에 나오게 되었는지 혹은 어떻게 초대한 가정의 식탁에 오르게 되었는지 따지는 것은 어리석은 일이다.

제사에 사용된 고기가 다른 경로로 시장에 나온 고기와 구별되었는지의 여부는 여전히 논란이 되는 주제다. 머피 오코너(Murphy-O'Connor)는 사실상 대부분의 고기가 신전에서 나온 것이라고 주장하지만, 길(Gill)은 실제 사정은 해마다 달라졌을 것이라는 신중론을 편다("The Meat Market at Corinth", 389-393). 바울은 자신의 독자들에게 이런 것들은 별로 신경 쓸 일이 아니라고 말한다. 여기서 바울이 사용한 단어(헬, *수네이데시스*)를 **자의식**으로 옮기건 혹은 양심으로 옮기건, 자아와 관련된 쟁점이 사안을 결정하도록 해서는 안 된다. 오히려 시편 24편 1절을 기억하는 것이 좋을 것이다. **"땅도 주의 것이며…."** 하나님께서 주시는 모든 좋은 선물은 감사히 받을 수 있다. 형이상학적으로 말하자면, 속을 들여다보는 대신 위를 올려다보라는 것이다!

그리스도인이 불신자인 친구 혹은 동료의 가정에 식사 초대를 받는 경우라면 사안이 더 복잡해질까? 보통 주인은 손님에게 가장 좋은 품질의 고기를 대접하려 할 것이므로, 아마 그 고기는 대개 신전에서 나왔을 가능성이 높을 것이다. 설사 그렇다고 하더라도 통상적으로는 문제될 것이 없다. 까다롭게 **이것저것 묻지 말고 앞에 차려진 것은 무엇이든 먹으라**는 것이다(27절). 그런데 한 가지 고려해야 할 것이 있다.

잇따르는 두 절 혹은 세 절에는 해석상 어려움이 있지만, 어떤 입장을 취하건 무엇을 먹을 것인가에 관한 일반적 기준은 달라지지는 않는다. 곧 그 결정이 '나의' 염려나 '나의' 지나친 자신감에 근거한 것이어서는 곤란하며, 반대로 전적으로 '다른' 사람과 관련된 요소에 의해 결정되어야 한다는 것이다. 이전의 여러 주석가들에 의하면, "이것은 제사로 드려졌던 것입니다"라는 말은 사려 깊은 이방인 집주인 혹은 다른 이방인 손님이 그리스도인이 고기 먹는 일에 민감하다는 것을 고려하여 해 준 말에 해당한다. 이런 경우 고기를 먹는다면, 이는 타인의 세심함을 무례하게 거부하는 행위 내지는 다른 그리스도인을 지나치게 까다로운 이로 만드는 잘못이 될 것이다. 하지만 최근의 여러 주석가들은 이 말을 우상에게 드린 고기를 먹기 곤란해했던 동료 그리스도인의 입에서 나온 것으로 받아들인다. 이 경우라면, 조금 전 언급한 두 결과 중 두 번째 경우에 해당할 것이다. 그리스도인은 자신들의 더

'자유로운' 행동으로 다른 그리스도인을 불편하게 만들거나 폄하하는 일은 피해야 한다. 따라서 본문의 세부적인 사안에 대해 어떤 관점을 취하건, 큰 원칙은 동일하다. **자신의** 까다로움이나 자유로움이 아니라 **다른 사람의 처지**를 고려하라는 것이다. 행동의 기준은 자기 자신에 대한 관심이 아니라 **다른 사람**을 위한 관심에 따라 결정되어야 한다(29a절).

왜 다른 사람의 자의식에 나의 자유가 종속되어야 하느냐는 질문(29b절)은 아마, 설득을 위한 수사학에서처럼, 예상되는 반대를 미리 고려하는 수사적 의도의 표현일 것이다(이는 Watson, "1 Cor. 10:23-11:1", 1-18에서 제기된 주장이다). 그렇다면 이 질문 속에는 현재 논의에서 바울의 생각이 받아들일 수 없는 것으로 드러났다는 가정 혹은 견해가 담겨 있는 셈이다. 한마디로 말해, 바울이 말하는 바는 자유의 상실이 아니라 주어진 상황에서 '다른 사람'을 위해 가장 좋은 것을 할 수 있도록 그 자유를 합당한 방식으로 사용하라는 것이다. 13장에서는 이 '가장 좋은 것'을 '다른 사람'을 위한 사랑으로 더 확실하게 설명한다.

일관성 없이, 어떤 때는 고기를 먹다가 어떤 때는 먹지 않다가 하는 식으로 행동하면 명예가 손상될(헬, *블라스페무마이*, 30절) 위험이 생길 수도 있다. 그렇게 보면 이 두 번째 수사적 물음은 자기 처지에서 가장 문제가 적은 길을 택하는 것이 가장 좋다는 견해를 함축한다. 이에 반해 바울은 대신 **다른 사람의** 처지에서 가장 문제가 적은 길을 택하라고 권한다.

이 단락의 마지막 네 절(31~33절, 11장 1절)은 바울이 제시한 기준을 간결한 경구의 형태로 요약해 준다. ① 적극적인 최고의 기준은 **모든 것을 하나님의 영광을 위해 하라**는 것이다(31b절). ② 소극적인 최고의 기준은 비그리스도인들(**유대인**과 **이방인** 모두, 32a절)이든 혹은 동료 그리스도인(**하나님의 교회**, 32b절)이든, **누구에게도 상처를 입혀서는 안 된다는 것**이다.

③ 두 번째 적극적 기준은 **모든 사람들의 모든 유익을 고려하고**(33a절), '다른 사람'의 관심사와 복지를 보편적으로 존중하는 태도를 갖추라는 것이다. ④ 두 번째로 도출되는 소극적인 원리는 **저 자신의 유익을 추구하지 말라**는 것이다(33절). ⑤ 구체적인 목표 혹은 최종적인 명분은 **많은 사람의 유익을 구함으로써 그들을 구원에 이르게 하는 것**이다(33b절). ⑥ 이에 대한 형식적 명분은 바울의 모범에서 따라 나오는 것이며, 이는 다시 **그리스도**의 방식에서 도출된 것이다(11장 1절).

제가 그리스도를 제 본으로 삼은 것처럼, 여러분은 저를 여러분의 본으로 삼으십시오(1절)라는 번역은 NJB의 번역을 따른 것이다. 하지만 **본**이라는 단어 자체는 헬라어 원문에 나오지 않는다. 그럼에도 불구하고 이 단어를 사용한 것은 '본받는 자가 되라'(헬, *미메타이 기네스테*)는 표현이 같은 동작을 반복하는 식으로 '따라 하는 자가 되라'는 의미가 아니기 때문이다. 이 표현은 그리스도 및 사도로서의 삶의 방식에 대한 바울의 사도로서의 증언이 지금 구체적으로 언급한 원칙에 대한 하나의 **본** 혹은 넓은 의미의 모범이 된다는 것을 의미한다. 그러니까 하나님의 영광을 추구하고, 누구에게도 상처를 입히려 하지 않으며, 다른 사람의 유익을 자기 유익보다 앞세우는 모습이 하나의 본과 모범이 된다는 것이다. 이것이 받아들일 만한 모범이 되는 것은 그것이 바울의 것이어서가 아니라('여러분이 바울의 이름으로 세례를 받았습니까?' 1장 13절), 바울이 그것을 그리스도의 모습을 닮은 것으로(Christ-like), 따라서 그리스도에 대해 사도로서 증인하는 것의 일부로 인식했기 때문이다.

이 사실은 바울이 자신의 이상과 관심을 고린도의 대적들에게 강요하기 위해 실질적으로 가부장적이고 조작적인 전략을 사용하고 있다는 카스텔리의 제안에 대한 결정적인 비판이 된다(Elizabeth Castelli, *Imitating Paul*, 113;

89-138). 그런 식의 견해는 바울의 논증을 뒤집어 놓는 것이다. 바울은 어떤 한 가지의 전형적인 전략을 교회에 강요하지 않으며, 오히려 자신의 유익과 무관하게 '다른 사람'과 교회 전체의 덕을 세우는 태도를 옹호한다. 카스텔리의 견해는 1장 12절부터 17절까지의 논리와 어긋난다. 여기서 그녀는 '바울'파의 입장이 아니라 그 반대의 입장을 밀어붙인다. 하지만 이는 베스트(E. Best)와 크래프튼(Crafton)이 분명히 인식한 것처럼, 바울이 사도 직분을 권위주의적 '중재자'가 아니라 투명한 '중재 임무'로 이해한 것과 전혀 맞지 않는다. 이것은 십자가에 달리신 그리스도에 대한 선포와는 전혀 어울리지 않는 생활방식과 동기를 바울에게 덧씌우는 결과가 될 것이다(1장 18~25절). 이와는 반대로, 바울은 공개적으로 관찰이 가능했던 자신의 신실함에 호소한다. 이 실천적 일관성에 근거하여 바울은 자신의 행동에 호소하며 자신의 말을 뒷받침할 수 있었던 것이다.

29. 묵상을 위한 제언(10장 23절~11장 1절)

1. 예수와 바울을 관통하는 주제로서 타인을 위한 사랑의 부름에 응답하는 일에 관하여

예수와 바울 사이에 존재하지 않는 틈을 만들려고 시도하는 것은, 비록 널리 퍼져 있긴 하지만, 아무런 근거도 없는 잘못된 가설에 불과하다. 이런 견해에 의하면 예수님께서는 단순한 '사랑'의 윤리를, 그리고 바울은 복잡한 '교리'를 내세운 사람이 된다. 하지만 본 단락에서 바울은 '누구도 자기 자신의 유익을 추구하지 말고 다른 사람의 복지를 추구해야 한다'(24절)는 핵심 준칙을 제시한다. 8장 1절부터 14장 40절 사이의 논증 전체가 바로 이 준칙을 중심으로 돌아간다. 이는 산상수훈의 요약이라 할 수 있는 '황금률'과 밀접하게 상응한다. "다른 사람이 너희에게 대우했으면 하는 바로 그 방식대로 다른 사람들을 대우하라."(마 7장 12절) 예수님과는 다른 '제2의' 혹은 색다른 복음을 바울에게서 찾아내려는 시도는 피상적이고 편협하다. 어쩌면 예수님과 바울 사이의 틈을 벌리려는 시도가 성경을 꿰어 울리는 하나님의 음성을 회피하려는 시도는 아닐까? 다른 사람을 위한 사랑은 복음의 중심에 놓여 있는 가르침이다.

2. 올바른 기준에 근거하여 기독교적 판단을 내리는 것에 관하여

기독교적 기도와 섬김의 목적은 많은 부분 동료 그리스도인을 '세우는'(23절) 것이다. 올바른 결정과 행동방식을 알기 위한 우리의 묵상과 탐구 역시 동일한 기준에 기초하고 있는가? 이것이 다른 사람들에게 '유익'을 끼칠 것인가?(23절) 바울은 '객관적인'

기준을 우리가 어떤 행동을 '편하게' 느끼는가 하는 '내적인' 느낌보다 더 중요하게 생각한다. 때로 우리는 실수의 가능성이 훨씬 높고 개인주의적 경향으로 변질될 수 있는 우리의 '주관적' 기준에 더 의존하는 것은 아닌가? 우리는 과연 다른 사람과 전체의 유익을 더 중요하게 생각하고 있는가?

3. 지나치게 까다롭거나 심각하게 행동하는 모습에 관하여

우리는 매사에 지나치게 까다로운 태도를 취함으로써 필요 이상으로 상황을 복잡하게 만들고, 의심과 질문들을 불러일으킴으로써 시선을 우리 자신에게로 향하게 만들 위험이 있다. 올바른 감수성과 도덕적 진지함이 모든 사소한 일들은 다 '옳아야' 한다는 과도한 집착으로 변질되는 경우는 언제인가? 이러한 관심이 사실은 자신에 대한 집착의 표현일 경우는 없겠는가? 이런 태도는 은혜에 의한 칭의 교리와 어떻게 연관되는가? 바울은 그리스도인이 하나님께서 창조하신 선한 선물을 좀 더 여유를 가지고 자유롭게 즐길 수 있다고 말한다. 지나친 심각함으로 내면을 응시하는 태도는 밖을 바라보며 건강한 태도로 그리스도를 증언하는 것을 방해한다. 니체와 푸코는 모두 그리스도인이 부정적이고, 유약하며, 미적거리며 까다롭기만 하다고 생각했다. 우리가 그런 판단의 빌미를 제공한 적은 없을까? 이에 반해 루터, 본회퍼, 그리고 몰트만 같은 이들은 대담함과 당당함, 그리고 삶에 대해 '예'라고 말하는 것의 중요성을 강조하였다(몰트만의 *The Spirit of Life*를 보자).

4. 기독교 가정의 표지가 되는 식사의 감사기도에 관하여

그리스도인들은 '감사함으로 식사'를 나눈다(30절). 신약성경의 교회는 감사기도로 식사를 시작하는 유대의 전통을 이어갔다. 이 기도는 '하나님을 송축하는' 형식을 띠었는데, 항상 그런 것은 아니지만, 종종 "땅도 주의 것이요…." 하는 시편 24편 1절을 암시하는 경우가 많았다. 신자들은 이러한 감사 혹은 (하나님의) 축복의 행위를 통해 가정의 식탁에 하나님께서 임하시기를 기원하며 하나님의 선물에 대한 감사를 표현한다. 만일 이것이 기독교적 제도와 가정의 정체성을 구성하는 한 부분이라면, 이것이 우리에게는 어떤 의미가 있겠는가? 이것이 복음을 다음 세대로 이어주는 일의 근간이 될 수 있겠는가?

5. 과도한 대응을 삼가고, 쟁점의 양측 입장 모두를 존중해야 할 필요성에 관하여

바울은 자신의 목회적 보살핌을 설명해 주는 사례들을 언급한다. 그가 단지 고린도의 '강한 자들'을 공박하기만 하는 것은 아니다. 그는 과도한 대응을 삼간다. "맞습니다. 하지만…" 하는 방식으로 그는 그들의 입장에 일리가 있음을 인정한다. 자신의 정체성과 신학을 확실하게 정립한 사람이라면, 모든 반대 의견에 탁자를 내리치며 흥분할 필요는 없을 것이다. 바울은 그들의 주장이 얼마나 적용 가능한가를 시험하는 핵심적 물음을 던짐으로써 그들의 논점을 제한하고 그 방향을 수정한다. 그들이 옹호하는 태도를 실천하는 것이 '유익하겠는가?' 그것이 다른 사람을 세우는 것인가 아니면 파괴하는 효과를 낼 법한 것인가? '강한 자들'의 주장이 타당하게 적용될 만한 경우도 있을 것이다. "무엇이든지 시장에서 파는 것은 묻지 말고 드십시오." "땅도 주의 것이고…" 하고 고백할 수 있기 때문이다(25, 26절). 모든 음식은 하나님의 선한 창조의

한 부분이다. 하지만 바울은 또한 그것이 전부가 아니라고 첨언한다. 그리고는 쟁점의 두 입장 모두를 고려해 보도록 독자들을 독려한다.

6. 삶, 사고, 가르침과 생활방식의 일관성에 관하여

바울이 11장 1절에서 자신을 본으로 제시하고 있는 대목은 아마 기독교 지도자나 사역자에게 가장 큰 도전으로 다가올 것이다. 바울은 삶과 사상, 말과 행실에 일관성이 있었다. 그래서 그는 자신의 말뿐 아니라 자신의 생활 또한 교회를 위한 모범으로 제시할 수 있었다. 하지만 그가 '내가 그리스도를 모범으로 삼고 있는 한'이라는 의미의 전제를 달지 않았다면, 이는 무척 오만한 처사가 되었을 것이다(11장 1절). 진실된 기독교적 증거는 비단 말뿐 아니라 삶을 통해서도 그리스도를 가리키는 것이라는 말이 옳다. 그리스도께서는 다른 사람을 위해 살고 죽는 모습으로 신자들이 본받아야 할 모범이 되신다(24절). 종종 그리스도인이 자신들의 일상적 삶에서(가령 직장에서) 다른 사람에게 어떻게 행동하며 어떤 식으로 그들과 관계를 맺는지를 보여주고, 이를 통해 그들의 생활방식이나 실천적 가치를 충분히 입증하기 전까지는 그리스도에 대해 쉽게 말하려 하지 않는 것은 이해할 만하다. 때로는 그것이 현명하기도 할 것이다. '그리스도를 나의 모범으로 삼는 것'은 삶 전체가 결부된 일이다(1a절). 이는 우리의 증언과 삶의 방식에서 무엇을 의미하는가?

VII. 공적 예배에서 상호 존중의 문제(11장 2절~14장 40절)

1. 성과 관련된 상호 존중과 자존감(11장 2~16절)

2 언제나 저를 기억하고, 제가 여러분에게 전해준 전통을 계속 굳게 지키는 것에 관해서는 여러분을 마음껏 칭찬하고 싶습니다. 3 그러나 저는 그리스도께서 남자보다 우선[혹은 머리? 혹은 근원?]이시며, 남자가 여자보다 우선[혹은 머리? 혹은 근원?]이고, 하나님께서는 그리스도보다 우선이시라는 사실을 여러분이 이해하기를 바랍니다. 4 머리에 무엇을 쓰고[혹은 긴 머리카락으로] 남자가 기도나 예언을 한다면, 그것은 그의 머리를 수치스럽게 하는 것이며 5 머리를 가리지 않고 [혹은 길고 풀어 내린, 단정치 못한 머리카락으로] 여자가 기도나 예언을 한다면, 그것은 그녀의 머리를 수치스럽게 하는 것입니다. 이는 삭발한 여인과 매한가지이기 때문입니다. 6 그러므로 여자가 머리를 가리지 않으려 하거든 그녀의 머리를 짧게 깎도록 하십시오. 하지만 머리를 짧게 깎거나 삭발하는 것이 여자에게 부끄러운 일이라면 머리를 가리도록 하십시오. 7 한편으로 남자들은 자기 머리를 가리지 말아야 합니다. 그는 하나님의 형상으로 지어져서 그분의 영광을 [드러내기] 때문입니다. 다른 한편으로 여자는 남자의 영광입니다. 8 남자가 여자에게서 온 것이 아니라, 여자가 남자에게서 만들어졌기 때문입니다. 9 게다가 남자가 여자로 말미암아 창조된 것이 아니라 여자가 남자로 창조된 것입니다. 10 그런 이유로 여자는 천사들 때문에 머리를 통제해야 합니다. 11 그럼에도 불구하고, 주님 안에 있는 사람들이 그렇듯, 비록 남자가 없이는 여자가 아무것도 아니지만, 남자도 여자가 없이는 아무것도 아닙니다. 12 이는 여자가 남자에게서 기원한 것처럼, 남자 또한 여자로부터 그 존재를 취하는 것이기 때문입니다. 그리고 모든 것의 근원은 하나님이십

니다 13 여러분 스스로 판단해 보십시오. 여자가 머리를 가리지 않고 [혹은 풀
어 내린 머리카락으로] 하나님께 기도하는 것이 합당한 일입니까? 14 만물의
본성도 긴 머리가 남자를 수치스럽게 하지만, 15 여자에게는 긴 머리가 머리를
가리는 것이므로 영광이 된다는 것을 가르쳐 주지 않습니까? 16 따지고 들려
는 사람이 있을지도 모르지만, 우리에게나 하나님의 모든 교회에는 그러한 관
례가 없습니다.

이 구절이 단순히 고대세계의 낡아빠진 상황과 관련된 것일 뿐 오늘날 우리와는 더 이상 아무 상관도 없는 이야기라는 생각은 착각이다. 인류의 역사 전반에 걸쳐, 의상의 선택과 복장 규정은 그 나름의 실용적 중요성뿐 아니라, 사회적 상징성 또한 갖는 것이었다. 로마 사회에서 두건(혹은 너울, 혹은 일부 병렬되는 상징적 표현)을 쓰는 것은 결혼한 여인이 '존중받아야 할' 품위 있는 존재임을 알리는 표시였다. 그러나 이 단락에서 바울이 대화 상대자로 삼는 대상은 여성만이 아니라, 교회 내의 남성과 여성 모두다. 이들 양자에게 자기 자신과 서로를 위한 존중, 그리고 공적 예배의 초점이신 하나님께 대한 존중에 관해 이야기하는 것이다. 어떤 경우에든 특정한 한 집단이 나름의 입장을 고집한 나머지 예배 드리는 회중이 하나님께 집중하지 못하게 되거나 다른 사람을 제대로 존중하지 못하는 상황이 생겨서는 안 된다. '다른' 사람들에 대한 존중이라는 주제는 8장 1절부터 13절까지의 주요 논제로서 11장 1절까지 계속되었으며, 또한 앞으로도 14장 40절(특히 13장 1~13절)까지 지속될 것이다. 여기서의 쟁점을 단지 '너울을 쓰는' 문제로 축소하거나 상호관계에 관한 바울의 공정한 신학을 여성혐오 혹은 가부장주의인 것처럼 설명하는 것은 이 중요한 구절을 대단히 곡해하는 것이다.

2절에서 바울은 **제가 여러분에게 전해준 전통을 계속 굳게 지키는 것으**

로 고린도교회를 칭찬한다. **계속해서 지킨다**는 영어 표현(continuing to hold)은 헬라어 현재진행형의 번역이다.[헬라어의 현재형은 현재진행의 의미가 될 수도 있다—역주] 여기서 바울이 칭찬하고 있는 전통의 요소가 공적 예배와 관련된 보다 일반적인 전통을 가리키는 것인지, 혹은 보다 구체적으로 공적 예배에서 예언의 말씀을 말하는 여성의 역할과 관련된 전통을 가리키는 것인지는 결정하기가 쉽지 않다. "나는 더 이상 여러분을 칭찬할 수 없습니다." 라고 말하는 17절과의 대조를 생각해 보면 후자가 맞지 않을까 생각한다.

바울은 **기도나 예언을 하는 모든 여자**에 대해서 말한다(5절). 그 배경은 분명 공적 예배의 상황이다. 여기서 두 동사, 즉 기도하다(헬, *프로슈코마이*)와 예언의 말씀을 받아 말하다(헬, *프로페테우오*)는 현 문맥에서 각각 기도 인도와 구체적인 목회적 메시지의 발언 혹은 설교를 의미한다(**예언하다**와 **예언**의 의미에 대해서는 아래를 보자).

다른 한편, 여기서 우리는 고린도인들이 바울이 전해준 전통의 어떠한 측면들을 잘 지켰다는 것인지 분명히 알 수 없다. 교회가 함께 가진 사도의 전통을 유지하는 것이 관건이다. 교회들은 교리나 정치적 체제의 측면에 '혼자 알아서 하기'와 같은 방향으로 빗나가지 말아야 한다. 사실 이것이 고린도전서 전체를 관통하는 큰 주제에 해당하는데, 이 편지에서 바울의 주된 논적은 '영적'으로 성숙한 자들이라고 자처하면서 평범한 회중들보다 '더' 훌륭한 것처럼 행동하려는 유혹에 빠진 고린도의 교인들이다. 물론 그렇다고 해서 신학이 '상황에 맞는' 것이어야 한다는 요구 자체를 바울이 반대하는 것은 아니다(cf. 9장 19~23절). 다만 그런 상황성보다는 보편적인 사도의 전통을 준수하는 것이 더 우선임을 말하는 것뿐이다.

3절의 시작 부분에 있는 **그러나**(however)로 번역되는 헬라어 상반접속사(헬, *데*)는 남녀 모두가 기도하고 설교할 수 있지만 그렇다고 해서 이것이 양성의 획일적 동일성을 암시하는 것은 아니라는 생각을 강조하는 것일 수 있다. 기독교 교회가 성부, 성자, 그리고 성령이신 하나님께는 어떤 차별도 없다고 믿으며 삼위 하나님을 예배하듯, 교회 내에서 남자와 여자는 평등하다. 그럼에도 불구하고 성부 하나님께로부터 부여받은 특성들이나 특징들 및 '위치'는 성자에게 부여된 것들과 '동일'하지 않다. 즉, **하나님께서는 심지어 그리스도보다 우선**(혹은 머리? 혹은 근본?)**이시다**(3c절). 남성과 여성 사이에도 유사한 차이가 존재한다. 즉, **남자가 여성보다 우선**(혹은 머리? 혹은 근본?)**이다**(3b절). 남성의 지위도 상대화된다. 즉, **그리스도께서 남자보다 우선이시다**(3a절).

여기서 사용된 헬라어 단어(헬, *케팔레*)는 세 가지 서로 다른 번역이 가능하다(3a절, 3b절, 그리고 3c절에서 세 번 사용된다). 나는 '근원'이라는 번역을 옹호했던 이들을 존중하여 그 기조를 유지하면서 일종의 대안적 번역을 제안했었다. 그러나 이런 해석을 뒷받침하는 번역이 유행하던 때로부터는 상당한 세월이 흘렀다(주로 20세기의 마지막 30년간). 비록 바레트(C. K. Barrett), 피(Gordon D. Fee), 그리고 슈라게(W. Schrage) 등의 학자들이 여전히 이 관점을 옹호하기는 하지만, 이 단어에 대한 최근 연구들은 이 해석에 심각한 의문을 제기한다. 이들 논증들이 매우 복잡하기 때문에 여기서 그것을 공정하고도 상세하게 다루기는 어렵다. 하지만 나는 *First Epistle*, 811-23에서 '근원', '가장 높은 것', 그리고 '머리'에 대한 별도의 부연설명을 통해 그런 해석에 대한 나의 의구심을 표현하였다. 물론 머리라는 표현이 원문에 더 가까울 수는 있지만, 현대인들에게 이 표현은 바울이 의도한 바와 정확하게 일치하지 않는, 우위와 지배력이라는 불필요한 개념을 연상시킨다. 물론 그 말이 은유적으로 사용된 것이라는 사실은 의심할 수 없다. 그것은 생리학적인 뇌의 위치가 아니라, '가장 높은 것' 혹은 가축 두수의 경우처럼 전체를 대표하는(제유법으로서) '머리'라는 의미를 전달한다. 한 가족의 *케팔레*는 그 '공적인 얼굴'을 상징하는 사람, 가족의 정체성에 초점을 맞추는 대표지만, 그 가족의 정체성을 자기 속으로 흡수하거나 동화시키지 않는다. 한 가지 분명한 것은 성삼위 내에서의 사랑이나 남녀 간의 사랑은 일체의 경쟁적 관계를 배제하는 것이며, 그저 권위만을 내세워 어느 한 쪽이 다른 쪽을 '강요하는' 것과는 거리가 멀다는 것이다. 서로의 원하는 바가 상이한 경우라야 그런 식의 경쟁적 관계가 작동할 것이다. 따라서 '타자성'(어느 쪽에서든)이 이해관계의 차이를 동시에 함축하는 상황이라면, 이런 곳에서는 다른 사람을 존중하는 상호성과 호혜성을 더 부각시킬 필요가 있을 것이다(11, 12절).

이 단락의 첫 두 구절(2, 3절)의 역할은 이어질 핵심적 논점을 준비하는 것이다. 뒤이어 4, 5절에서는 바울 자신의 논제가 진술된다. 즉, **남자가 무엇을 쓰고**(혹은 아마도 길고 정돈되지 않는 머리카락으로) **기도하거나 예언의 말씀을 전하는 것은 자기 머리를 수치스럽게 하는 것이며, 자기 머리를 가리지 않은 채로**(혹은 가능성이 낮기는 하지만, '풀어 내린 긴 머리로'라고 이해할 수도 있다), **여자가 기도하거나 예언의 말씀을 전하는 것은 자기 머리를 수치스럽게 하는 것이다**. 두 번째 항목에서 여성의 경우에 추가된 항목을 제외하면, 이 두 대칭적 구절은 **남녀 모두**에게 공히 해당되는 것이다. 여성의 경우에 추가된 표현은 다음과 같다. **그것은 삭발한 여인과 매한가지이며…머리카락을 미는 것은 수치스러운 것입니다**.(6절)

바울은 세 구절에서 '수치'(헬, *카타이스키노*) 혹은 '수치스럽게 한다'는 단어를 사용한다(4~6절). 여기서 바울의 관심사는 존중 혹은 존중의 결여라는 주제로 돌아간다. 첫째, 이 존중, 혹은 그 반대인 **수치**는 하나님께 대한 존중을 포함한다. 여기서의 주제가 공적 예배이기 때문이다. 하나님 앞에서는 **천사들**도(10절) 자기 '날개'를 자신을 가리는 덮개로 사용함으로써 하나님에 대한 두려움과 경외와 존중을 드러낸다(사 6장 2절). 둘째, 머리에 무언가를 쓰거나 쓰지 않는 것은 함께 예배를 드리는 자신의 남편이나 아내에 대한, 그리고 교회 모임의 다른 구성원들에 대한 존중의 표시다. 상호성(mutuality)에 관한 구절들(7~12절)은 이 점을 부각시킨다. 셋째, 적절한 의상의 선택은 또한 그만큼 자신을 존중하는 것이기도 하다. 4, 5절에서 **그의 머리를 수치스럽게 한다**와 **그녀의 머리를 수치스럽게 한다**는 표현들은 의도적인 언어유희를 반영한 것일 가능성이 크다. 즉, 여기서 **머리**란 신체적으로 '가장 높은' 부분, 즉 자신을 대표하는 부위이기도 하지만, 또한 **남자**의 경우에 **그리스도**를, **여자**의 경우에 그녀의 **남편**을 암시하기도 하는 것이다.

오늘날의 서구 사회는 개인적인 죄책(guilt) 및 그 죄책감으로부터의 개인적 자유에 더 많은 관심을 가질 것이다. 하지만 많은 이들은 1세기의 지중해의 세계와 아마도 오늘날의 많은 동양문화들에서는 공적 수치와 영예의 대조에 더 많은 관심을(현대에도 여전히) 기울인다는 제안을 내놓았다(B. Malina, *The New Testament World*, 28-62를 보자). 바울은 **여성**뿐만 아니라, **남성** 또한 특정한 옷차림으로 인해 자신의 자존감을 훼손할 수 있을 뿐 아니라, 그의 머리이신 그리스도의 품위 또한(아마 그로 인해) 손상시킬 수 있다고 주장한다. 바레트(C. K. Barrett)는 이 구절(4절)에서 머리는 오로지 **그리스도**만을 가리킨다고 주장한다(*Commentary*, 250). 그러나 대부분의 저자들은 여기 사용된 **머리**를 일종의 언어유희로 이해한다. 즉, 자신의 품위를 손상시키는 것은 그로 인해서 그리스도를 모욕하는 것이다. 한 저자는 여기서의 상황을 현대의 미국문화에서 중요한 공식 만찬에 야구 모자를 쓰고 나타나는 것과 비교한다. 이것은 단지 예의에 맞지 않는 행동을 넘어('사랑'은 '무례하지…'않는다, 13장 5절을 보자). 모든 사람의 눈이 다른 곳, 무엇보다도 하나님의 영광을 향해야 할 상황에서 자신을 주목해 달라고 오만한 고집을 피우는 것과 같다.

이제 바울은 특유의 공정함으로 **여인**(결혼한)과 관련된 문제를 다룬다. 로마 사회에서 결혼한 여성이 공공장소에서 자신의 품위를 나타내기 위해서는 **두건**(혹은 아마도 너울)을 써야만 했다는 사실에는 거의 의심의 여지가 없다. 결혼한 여성이 공예배의 상황에서 두건 혹은 너울을 쓰지 않은 것은 사실상 남자들에게 이끌려 '관계를 맺을' 의사가 있는 사람으로 자신을 '간주해 달라고' 유혹하는 것이나 다름없었다. 결혼이 대부분 사랑 때문이 아니라 경제적, 사회적 이유나 다른 유익 때문에 이루어지던 시대였으므로, 남녀 간의 무분별한 성관계는 비교적(놀랄 것도 없지만) 흔한 일이었다(7장 10절부터 16절까지에 대한 해설을 보자). 고린도교회에서도 복음의 '자유'와 성 평등 개념을 내세우며 보다 인습적인 역할이나 제약으로부터 벗어나고 싶어 한 일부 여성 신자들이 성(性)구분을 무시한 '자유로운' 옷차림에 관심이 끌렸을 가능성은 매우 높다. 특히 지도자적 자질을 가진 여성으로서는 양성이 동등한 자유가 있다는 생각을 근거로 성적 통제를 탈피하는 것이 더 적절한 태도로 여겨졌을 수도 있다. 분명 바울은 여성들에게 공적 예배에서 기도를 인도하고, 예언의 말씀을 전하고, 더 긴 '예언'을 선포할 수 있는 자유가 있음을 인정한다. 당연히 그러한 여성은 더 이상 로마사회의 기혼여성 사이에 퍼져 있는 여성관에 맞는 '얌전하고 조신한 여인들'로 분류되기를 바라지 않았을 것이다. 그러므로 그들은 공공연히 자신들의 '자유'를 과시하였던 것이다(Wire, *Corinthian Women Prophets* 참고).

바울은 여인들이 지도자 역할을 수행하는 것을 비판하지 않는다. 오히려 여인들이 공적 예배에서 기도하고 예언적 교훈이나 말씀을 전하는 것을 좋게 생각한다. 그러나 그는 성 평등을 성적 획일성이나 성의 교차 가능성과 혼동하려는 태도는 전혀 좋아하지 않으며, 존중과 품위의 원칙을 무시하는 그들의 태도는 더욱 싫어한다. 무엇보다 중요한 것은, 공적 예배에서 수상한 옷차림을 하게 되면, 다른 사람들이 방해를 받아 하나님을 예배하는 일에 집중하지 못하는 결과가 생길 수 있으며, 그리스도인의 입장에서 다른 사람을 배려하지 않는 이런 식의 태도는 절대 용인할 수 없는 모습이라는 것이다.

오히려 바울은 그런 행동이 존중을 **수치**로, 상호성을 이기적 관심끌기로 대체하는 것이라고 주장한다. 루젤(Aline Rousell e)은 머리덮개, 너울, 그리고 두건이 다른 사람들에 대한 자기인식과 태도를 드러내는 중요한 상징적 표현들이었음을 설득력 있게 보여주었다. 그녀는 "훌륭한 여성들은 자신들에게 주의가 집중될 만한 일은 일체 하지 않았다…너울 혹은 두건은 경고를 의미했다. 곧 머리에 무언가를 쓰고 있는 여인은 품위 있는 여성이라는 것을 의미했다."라고 말한다("Body Politics in Ancient Rome", 315; cf. 296-337. 마찬가지로, Martin, *The Corinthian Body*, 229-49). 프랑스 철학자 롤랑 바르트(Roland Barth)가 잘 주장하였듯이, 우리가 특정 옷차림을 선택하거나 이런저런 모양의 가구를 사용하는 것은 편리함이나 실용성보다는 오히려 사회계층적 인식에 대한 우리의 기분, 태도, 그리고 욕구를 드러내기 위한 경우가 많다. 가령 20세기의 특정한 시대에 턱수염과 청바지가 가졌던 의미는 이런 차림의 실용적 기능을 훨씬 넘어서는 것이다(*Elements of Semiology*와 *Mythologies*).

그러므로 6절에서 바울은 일종의 귀류법(*reductio ad absurdum*)으로 자신의 요점을 강조함으로써 소위 '해방된' 고린도인들의 허세를 드러내려고 한 것이다. 당신이 정말 존중, 자아 존중, 양성 간의 상호성, 그리고 예의를 아랑곳하지 않는 사람이라면, 그런 식의 태도를 아예 끝까지 밀고 가는 것이 차라리 낫지 않겠는가? 그래서 아예 **머리를 민 채로** 사람들 앞에 나서는 것이 어떻겠는가? 오히려 그것이 여성성, 여성됨, 혹은 타인의 품위에 대한 당신의 무관심을 드러내는 가장 확실한 방법이 아니겠는가? 종종 이처럼 여성적 상징을 없애는 것이 노예들이나 매춘부들의 몫이었으니 말이다. 몇몇 문화인류학자들은 (1) 가려진 머리카락(예를 들면, 너울 혹은 두건으로 가려진 머리카락)은 성의 통제를 상징하였으며, 그와는 대조적으로 (2) 가려지지 않은 머리카락은 통제되지 않은 성을 상징하고 (3) 깎은 머리는 무성(the sexless)을 상징한다고 주장한다. 그러나 바울의 수사적 의도는 훨씬 더 단순한 것일 수 있다. 즉, 여러분이 그처럼 성의 구분에 무관심하다면, 차라리 사내아이같이 짧은 머리 모양을 하는 것이 낫지 않겠는가? 적어도 이렇게 하면 "'같이 놀 수 있는' 그런 여자처럼 보일지 모른다는 문제는 발생하지 않을 것이니 말이다.

7절부터 12절까지에서 바울은 성 간의 차이와 상보성, 그리고 상호성의 원칙을 천명한다. 오늘날 일부 포스트모던적 경향들과는 달리, 바울은 성적 차이가 단순한 생리학적 차이 이상이며, 이 '이상'이란 분명 사회적 구성물 혹은 사회적 관습으로는 다 설명할 수 없는 것이라고 주장한다. 하나님께서는 인류를 남성과 여성으로 창조하셨다. 그 둘의 관계는 우위와 굴복의 관계도 아니고 획일적이거나 교환 가능한 관계도 아니다. 이 구절에 대한 건드리-볼프(Judith Gundry-Volf)의 설명은 탁월하다. 그녀는 "바울이 말하려는 요지는 남성과 여성이 또 다른 존재의 영광이므로 양자는 그들의 '머리'를 수치스럽게 하지 말아야 할 의무가 있다는 것이다…그들이 다른 사람들의 영광이기 때문에…그들은 다른 수단을 사용함으로써 그들의 '머리'를 불명예스럽게하지 않도록 해야 한다."라고 말한다("Gender and Creation in I Cor. 11:2-16," 157).

바울에게 창조의 '질서정연함'은 교회의 '질서' 만큼이나 중요하다(12장 1절~14장 40절). 10절(**천사들로 인해서**) 역시 이것을 강조한다. 피조물들의 모든 '질서'에는 하나님께 존경을 표시하는 방식, 그리고 하나님께서 주신 고유한 역할을 수행하는 방식이 있으며, **천사들** 또한 그 질서 속에서 그들 나름의 역할을 수행한다. **천사들**도 자신들의 한계를 넘어서지 않는데, 우리가 누구라고 감히 그러한 제약을 벗어던질 수 있겠는가? 상호성과 호혜성의 원칙은 11절에 잘 표현되어 있다. 즉, **여성은 남성과 밀접한 관계가 있고 남성은 여성과 밀접한 관계가 있다**. 환언하자면, **남성**은 진정한 '여성'인 여성과의 관계에서 남성일 때라야 진정한 남성일 수 있으며, **여성**은 진정한 '남성'인 남성과의 관계에서 여성일 때라야 진정한 여성일 수 있는 것이다.

이렇게 생각하면 우리는 왜 바울이 **남성**과 **여성**의 관계 및 **하나님**과 **그리스도**의 관계에서 발견되는 병렬 혹은 비유에 호소하는지에 대한 실마리를 찾을 수 있다(3, 7, 12절). 그것은 하나님께서 그리스도와 관련하여 더욱 '하나님'이신 것과 마찬가지로, 그리스도께서는 하나님과 관련하여 더욱 '그리스도'가 되신다. 자아 정체성이란 우리가 다른 사람들과 어떤 관계를 맺는가에 달려있다. 그러나 이것은 사실 하나님께서 인류를 창조하실 때 그들이 그분의 '**형상**'으로서 그분의 본질을 반영하게끔 하셨다는 사실에 근거한 신학적 사실이다. 이는 그저 인간끼리의 사회학적 문제가 아니다. 스탠리 그렌츠(Stanley Grenz)는 『사회적 하나님과 관계적 자아』*(Social God and the Rational Self)*라는 저서에서 자아와 자기 정체성의 '관계적' 조건을 자세하게 검토한다. 그렌츠는 "상호협조는 인간 실존의 핵심적 요소다. …성은 인간을 독특한 방식으로 연대(連帶)하게 만드는 동력의 근거가 되는 역동성이며…(그것은)…불완전성과 총체성(을 반영한다)"라고 말한다(277-80).

그러므로 **남성**과 **여성**이라는 인간 정체성의 조건인 성(gender)적 차이는 공적 예배 속에서 하나님에 대한, '다른 사람'에 대한, 그리고 자아에 대한 존중(자기존중 또는 품위)을 구체화하는 다양한 표현들을 통해 가시적이고 공개적으로, 그리고 상징적으로 표현된다. 그러나 또한 바울은 성적 차이가 어느 한편의 지배 혹은 조종을 의미하는 것이 아니라 상호 존중을 도모하는 것임을 강조한다. 서로의 차이를 인식하게 되면 불필요한 경쟁이 줄어들 것이며, 이는 상호 관계를 더욱 진작시킬 것이다. 그 관계는 '질서정연하며 절제된' 관계다.

전통적으로 주후 3세기 혹은 4세기로부터 오늘날까지 대부분의 해석자는 10절에 나타난 자아의 외적 표현이 권위나 통제의 표식, 표시, 혹은 상징이라고 주장해왔다. 그러나 10절의 '권위'는 **여성**이 소유한 권위인가, 아니면 다른 누군가(그녀의 남편과 같은)가 그녀에게 부여한 권위인가? 1964년 모나 후커(Morna Hooker)는 이를 여성이 소유한 권위로 보는 것이 옳을 것이라는 제안을 내놓았다. 즉, 너울 혹은 두건을 쓰는 것은 예언을 할 수 있도록 주어진 능력 혹은 권위를 표시했다는 것이다. 그녀는 "머리를 가리는 일을…기도와 예언의 권위인 *엑수시아*(권위, 권리, 통제를 의미하는 헬라어)의 표시로도 기능한다."라고 말한다("Authority on Her Head").

이런 제안의 개연성은 부분적으로 **천사들로 인해서**라는 문구와 연관된다. 여기서 생각의 흐름은 권위를 가지고 섬기며 하나님을 대신하여 말하도록 위임받은 천사들의 지위를 암시하는 것이라고 이해할 수 있다. 그렇다면 이것은 그런 능력을 부여받은 사자들이 하나님 앞에서 '날개들'과 같은 것으로 자신을 '가렸다'고 말하는 이사야 6장 2절과도 관련이 있을 것이다. 그러나 초대교회에서는 보편적으로 그와 상반된 해석을 널리 받아들였다. 크리소스톰은 '덮개'가 복종의 표시라고 주장했다. 다른 한편 19세기에 T. C. 에드워즈는 모나 후커가 내놓았던 제안(*Commentary*, 277)을 예견했는데, 이는 램지(1907)와 앨로(1956)와 같은 이들의 지지를 받았다. 앨로는 그 '권위'를 악한 영들에 대한 여성 선지자들의 권위라고 간주한다. 부분적으로 이러한 해석은 제3세기 터툴리아누스의 관점을 반영하는 것이다(『마르시온 반박』 5.8). 그럼에도 불구하고 본문의 문맥을 지배하는 것은 경외와 존중의 필요성이며, 이는 이사야서 6장에서 묘사된 천사들의 두려움과 경외를 통하여 잘 드러난다. 바울은 예의, 존중, 경의, 품위, 그리고 사회적으로 인정된 남녀 간의 차이 등과 같은 기존 규범을 위반하지 않는다는 조건 아래 여성들도 기도 인도와 목회적 발언을 할 수 있다는 것을 인정하였다. 최근의 저자 중 한 사람인 요룬 외클란드(Jorun Okland)는 이러한 제안과는 전혀 다른 해석을 내어 놓았다. 그녀는 일체의 상호성 개념과는 반대로, "바울이 한편으로는 성적 위계질서, 다른 한편으로는 남성적 범주들 아래 여성을 암묵적으로 포함시키는 태도 사이를 오간다"라고 주장한다(222). 바울은 '그리스도의 몸'이라는 개념을 동성(同性)으로 구성된, 모두 남성인 '교회'를 의미하는 말로 사용한다. 하지만 내가 보기에 이는 7장 2절에서 시작하여 14장 40절까지 이어지면서 13장에서 그 정점에 도달하는 주제, 곧 '다른 사람들'에 대한 존중이라는 일관된 흐름을 간과하고 있다.

바울은 10장 15절에서 **스스로 판단하라**고 편지의 수신자들에게 권고했던 것처럼, 여기서도 다시 한 번 **스스로 판단하라**고 그들에게 촉구한다(13a절). 헬라어 부정과거형(aorist)을 사용한 것은 바울이 동사(헬, *크리노*)를 한 번 결정을 내린 후 다시는 흔들리지 않는다는 의미로 사용하고 있음을 말해준다. 바울은 고린도인들이 창조와 하나님의 뜻에서 도출된 원칙으로부터 결국 모든 것이 모호한 '양심'과 그보다 더 모호한 '자연'(헬, *피시스*, 14절)에 대한 호소에 불과한 것이 아니냐는 식의 잘못된 추론에 근거해 결정을 내리지 않게끔 그들 자신의 판단을 촉구한다. 앞에서 바울은 양심 혹은 자아인식이 아주 무시될 수는 없지만, 이 양심에는 분명 오류의 가능성이 있다는 것을 이미 분명히 했었다. 흔히 본질로 번역되는 단어(헬, *피시스*)가 항상 본질을 의미하는 것은 아니다. 나는 헬라어 본문을 다룬 *NIGTC* 주석에서 이에 가장 가까운 영어 표현이 **만물의 질서**(the ordering of how things are)일 수 있다고 주장하였다(Thiselton, *First Epistle*, 844-48).

하지만 이 단어에 대한 다른 해석들이 여전히 존재한다. 크리소스톰, 칼빈, 그리고 슈라게는 그것이 주로 사회의 지배적인 습관을 지칭한다고 생각한다. 호피우스(Hofius)는 그것을 세상의 질서 배후에 놓인 물리적 실재로 간주한다. 벵겔과 마이어는 그 단어가 가리키는 것은 무엇이 적절한가에 대한 직감이라고 믿는다. 구약에서는 '본질'이라는 말을 스토아학파 철학자들이 사용한 것과 같은 의미로는 사용하지 않는다. 분명, 로마사회 중 품위 있고 사려 깊은 사람들은 어떤 이유에서든 양성 간의 차이를 믿고 있었다. 여기서 바울은 지금까지 자신의 논증에 대한 적절한 기초를 잘 닦은 다음 상식과 현실적인 호소로 결론을 맺으려는 것처럼 보인다. 당신은 교회가 일반적으로 사회에서 존중하는 그런 규범을 존중하지 않는 것처럼 보이기를 원하는가? 물론 여성은 기도와 설교의 사역을 남자와 공유할 수 있다. 하지만 이는 상호성, 호혜주의, 그리고 존중과 품위의 기조를 '동질성'으로 바꿔치기 하려는 태도와는 다르다. 주디스 건드리-볼프(Judith Gundry-Volf)는 바울의 관심에서 드러나는 세 가지 주된 논점을 잘 식별하였다: (1) 창조의 질서, (2) 관습과 예의범절, 그리고 (3) 종말론 혹은 복음이다("Gender and Creation").

30. 묵상을 위한 제언(11장 2~16절)

1. 기존의 복장규정 자체가 문제가 되는 경우 혹은 그 시점에 관하여

어떤 옷을 입느냐는 전적으로 개인적 선호의 문제라는 생각이 합리적일 수 있다. 많은 경우 이 말이 옳을 수 있겠지만, 그 사람이 공예배에서 기도를 인도하거나 혹은 예언적 말씀을 전달하거나 하는 것처럼 핵심적 역할을 수행하는 경우라면 이야기가 달라진다(4, 5절). 우리의 의상 선택 혹은 복장 규정은 종종 남들이 나를 이런 사람으로 보아주었으면 좋겠다는 식의 의도를 전달하는 경우가 많다. 피할 수 없이 이것은 공적인 상황에서 우리의 자아정체성을 드러내는 셈이 된다. 공예배에서 그것은 복음에 도움이 될 수도 있고 방해가 될 수도 있다. 11장 2절부터 16절까지는 13장에서 상술될 원칙을 예견해 준다. "사랑은 무례히 행하지 않으며, 자기의 유익을 추구하지 않습니다."(13장 5절)

2. 교회의 사도적 전통과 지역 간의 상대적 차이에 관하여

사도적이고 성경적인 전통을 견지하는 것은 광범위한 교회 전체의 정체성을 위해 중요한 만큼 또한 지역교회의 정체성을 형성하는 요소이기도 하다. 지역교회들이 자유롭게 나름의 규칙을 제정할 수 있는 때는 언제인가? 물론 전통도 발전한다. 하지만 지역 교회의 결정이 사도적 전통의 주류와 심각한 차이를 보인다면 어떻게 되겠는가?(11장 2절) 합법적 개선 혹은 지역 상황에 대한 배려와 불법적 이탈 간의 차이가 무엇인가?

3. 성 평등과 성의 획일성의 차이점에 관하여

성 문제에 관한 한, 평등과 획일성은 별개의 문제다. 그러나 이 논증이 한편으로 '평등'을 파괴하거나, 다른 한편으로는 서로의 '차이'를 상대화함으로써 다른 사람을 통제하기 위한 수단이 될 수 있겠는가? 상호 존중은 하나님의 창조 질서를 받아들임으로써, 곧 거기에 각자의 한계와 경계를 마련해 줌으로써 더 튼튼해질 수 있다. 바울은 극단주의자들의 공허함을 폭로한다. 성을 장애 혹은 증오의 대상으로 여긴다면, 차라리 머리카락을 아예 소년처럼 '짧게 자르거나' 혹은 종처럼 '머리를 미는' 것이 낫지 않겠는가?

4. 공예배시에 하나님께 주목하지 못하게 만드는 일에 관하여

주목을 끌기 위한 행동들, 불쑥 끼어드는 말들 혹은 태도와 같은 것들은 사람들로 하여금 하나님께 집중하지 못하도록 하는 방해 요인일 수 있다. 어떤 사례를 생각할 수 있겠는가? 예배 중의 긴 광고는 유익한가? 아니면 주의를 산만하게 하는가? 예배를 방해하는 요인이 되지 않으면서도 아기들을 수용할 수 있는 방법은 무엇일까? 오늘날의 예배에서도 사람들의 옷차림이 하나님께 집중하지 못하게 하는 요인일 수 있는가? 8장 1절부터 11장 2절까지에서 말한 것처럼, 바울은 그리스도인들이 자기 자신의 지위보다는, 다른 사람들이 품을 법한 생각 및 그들이 받을 수 있는 유혹의 가능성에 대해서도 관심을 기울여야 한다고 주장한다.

5. 하나님의 창조 질서에서 '인간됨'의 한 부분으로서 성적 역할과 특징에 관하여

진정한 성적 특징은 '이성'(異性)으로 하여금 더욱 '이성' 다울 수 있도록 돕는다. "남자 없이 여자만 있지 않고 여자 없이 남자만 있는 것이 아니다."(11절) 진정한 '이성'과 관계를 이루지 못하면서도, 우리가 하나님께서 창조하시고 의도하신 그런 존재가 될 수 있겠는가? 바울은 이 원칙이 심지어 하나님께서 그리스도와 맺은 관계 및 그리스도께서 하나님과 맺은 관계에도 적용된다는 것을 암시한다. 그리스도의 사역은 하나님에 대한 증언을 포함하며, 하나님의 일은 아들에게 권한을 위임하고 그의 옳음을 입증하는 일을 포함한다. 따라서 관계 내에서 상보성과 상호 관계는 부가적이거나 주변적인 이슈가 아니다. 그것은 하나님께서 의도하신 실재 구조에 속한 본질이다. 우리는 우리를 더욱 우리가 되게끔 하는 다른 사람들(이성을 포함하여)의 '타자성'을 충분히 인정하는가? 아니면 다른 모든 사람을 우리처럼 만들려고 애쓰다가 오히려 우리 자신을 약하게 만들지는 않는가?

6. 우리가 바울의 여성관을 공정하게 평가하는지에 관하여

우리는 바울을 여성 혐오자로 생각하는가? 바울에게는 7장 이후로 모든 것이 상호성의 문제로 인식된다. 본 장에서 바울은 의상 문제를 두고 남성과 여성 둘 다를 상대로 논증하며, '여성이 남성에게서 만들어졌'지만(즉, 9절의 창조의 '배열'에 대한 창세기의 언급), 동시에 '남성은 여성을 통하여 자신의 존재성을 얻는다'(즉, 세상에 그가 태어남을 통하여, 12절)고도 말한다. F. F. 브루스는 바울을 여성 혐오자로 추정한다는 것은 "믿을 수 없는 일이다. …바울은 여성을 인격적으로 다루었다. 즉, 우리는 바울이 베베를 천거한 일과…복음을 위하여 바울과 나란히 일했던 유오디아와 순두게를 칭찬한 것을 기억한다. …브리스길라와 아굴라는 바울을 위해서 목숨의 위험을 무릅썼다"라고 말한다(롬 16장 1, 2, 4절; 빌 4장 2, 3절; Bruce, *Paul*, 457). 바울이 일관되게 여성을 비하했다면, 브리스길라가 어째서 바울을 위해서 목숨을 거는 위험을 무릅썼을까? 서로를 즐겁게 하는 태도가 결혼의 친밀성의 한 차원이라고 생각한 바울의 관점(고전 7장 4, 5절)은 바울 당시의 분위기를 앞서가는 것이다.

7. 예수와 바울에게 '다른 사람들'에 대한 존중이 사랑의 핵심적 특징임에 관하여

'다른 사람들'에 대한 존중은 이 구절의 요지다. 즉, 타자 존중이란 적어도 자아 존중의 관점에서 자아의 존중이 아니라, 예배 시 하나님과 그리스도인들, 그리고 그리스도인들을 인지하는 로마 세계에 대한 존중을 의미한다. 이는 예수님의 사역 중에서 어떤 면모를 반영하는 것으로 보이는가? 예수님께서는 버림받은 자와 멸시당하는 자들을 어떻게 대하셨는가? 예수님의 비유 속에서 탕자(눅 15장 22절)는 존엄과 존중의 표시로 겉옷, 신발 그리고 반지를 돌려받는다. 참된 존중은 '다른 사람'의 안녕을 바라는 사랑을 북돋우고 뒷받침한다(13장 4~7절). 사랑이 다른 사람의 '품위'를 멸시하지 않는 이유는 무엇인가? 이 상호 존중이라는 긍정적 태도는 예수님과 바울에게서 공통적으로 발견되는 것일 뿐 아니라, 일반적인 상식의 문제이기도 하다. "여러분 스스로 판단하십시오."(13절)

2. 주님의 만찬의 초점을 흐리지 말아야 한다(11장 17~34절)

17 제가 지시하는 이 일로는 여러분을 계속해서 칭찬할 수가 없습니다. 여러분이 교회로 모이는 것이 유익하기보다는 도리어 해롭기 때문입니다. 18 먼저 여러분이 교회로 모일 때에 여러분 중에 분쟁이 있다는 말을 듣는데, 어느 정도 그 말을 믿습니다. 19 이는 여러분 중에 옳다고 인정된 사람들이 드러나려면 ‘파당은 불가피하다’고 말하는 이들이 있기 때문입니다. 20 따라서 여러분이 같은 장소에 함께 모일 때 여러분의 모임은 주님의 만찬을 먹는 것이 되지 못합니다. 21 이는 주님의 만찬을 먹을 때 여러분이 각각 자신의 식사를 먹어치우고, 결과적으로 어떤 사람은 실제로 주린 채로 있고, 어떤 사람은 술에 취하기까지 하기 때문입니다. 22 먹고 마실 자기 집이 정말로 없는 것은 아니지 않습니까? 혹은 여러분은 하나님의 소유인 교회를 멸시하고, 아무것도 갖지 못한 자들을 부끄럽게 하는 것입니까? 제가 여러분에게 무슨 말을 하겠습니까? 여러분을 칭찬하겠습니까? 이 일에 대해서 도무지 찬성할 수가 없습니다. 23 사실 제가 여러분들에게 전한 전통은 주님께 받은 것입니다. 곧, 주 예수께서 넘겨지시던 밤에 24 떡을 취하사 감사하시고 떡덩이를 떼며 말씀하셨습니다. “이것은 너희를 위한 내 몸이다. 이것을 행하여 나를 기념하라.” 25 마찬가지로 식후에 잔을 두고도 이렇게 말씀하셨습니다. “이 잔은 내 피로 세운 새 언약이다. 이 잔을 마실 때마다 나를 기념하라.” 26 여러분이 이 떡을 먹으며 이 잔을 마실 때마다, 그분께서 오실 때까지 여러분이 전하는 것은 주님의 죽음입니다. 27 그러므로 누구든지 주님의 떡이나 잔을 합당하지 않게 먹고 마시는 자는 주님의 몸과 피를 그렇게 대한 책임을 지게 될 것입니다. 28 오히려 누구든 자신의 진정성을 살펴야하고, 오직 그렇게만 이 떡을 먹고 이 잔을 마셔야 합니다. 29 주님의 몸이 왜 다른가를 인식하지 못하고 먹고 마시면 자신에 대

한 심판을 먹고 마시는 것입니다. 30 여러분 중에 약한 자와 병든 자가 많고
잠자는 자도 적지 않은 것이 바로 그런 이유입니다. 31 그러나 우리가 그리스
도인들로서 우리의 본질을 인식한다면, 심판에 떨어지지 않을 것입니다. 32 그
러나 우리가 심판을 받는다면, 이는 우리가 세상과 함께 정죄받지 않게 하시
려고 주님께서 징계를 하시는 것입니다. 33 그런즉 친애하는 동료 그리스도인
들이여, 여러분들이 먹으러 모일 때에 서로 기다리십시오. 34 누구든지 시장하
다면, 집에서 먹게 하십시오. 이는 여러분이 함께 모일 때, 그 모임이 심판받는
모임이 되지 않게 하려는 것입니다. 그 밖의 일들에 대해서는, 제가 갈 때에 바
로잡도록 하겠습니다.

지금까지 바울은 공예배 시 남자뿐 아니라 여자 또한 나름의 역할을 수행하게 하는 방식으로 일반적인 질서를 확립하려 하였다(11장 2~16절). 이와는 대조적으로 바울은 고린도 교회가 주님의 만찬을 거행하던 방식과 거기서 보여주는 행태를 **칭찬할 수 없었다**(17a절). 그 문제의 주요한 원인은 1장 10절부터 12절까지에서 나타난 분열 문제와 유사하다. 두 본문에서 바울은 동일한 단어(헬, *스키스마*)를 사용한다. 그 분열은 주님의 만찬의 초점과 목적을 너무 심하게 흐렸고, 그 결과 **여러분이 교회로 모이는 것이 유익하기보다는 도리어 해로운 것이 되고** 말았다(17b절).

이어지는 다섯 구절에서(18~22절) 바울은 이 **분열**의 속내를 드러내 보인다(18절). 여기서 이 **분열**은 주로 부유함, 예배를 위해 사용하는 집들, 그리고 사회적 지위와 관련된 요인으로 말미암은 것임이 드러난다(20~22절). 1장 10절부터 12절까지의 경우 사안이 교리적인 문제들이 아니었다는 점에서, 여기서의 분열과 그것은 다른 것일 수 있다(1장 10~12절에 대한 논의를 보자). 재판에서 이길 것을 예상하고 동료 그리스도인을 법정에 세울 수 있을

정도의 충분한 부와 사회적 혹은 경제적 영향력이 있던 신자들이 보여주던 조종하는 행태의 배후에도 동일한 분열의 문제가 존재한다(6장 1~8절).

주님의 만찬을 위한 교회 모임을 '주관'할 수 있을 정도의 큰 집을 소유한 사람들은 확실히 부자이며 영향력 있는 자들이었다. 그들은 사실상 교회 모임의 '후견인' 역할을 자처하였고, 따라서 교회의 다른 회원들은 '손님'의 역할을 수행해야만 했다. 이때 식사 배치 방식에 따라 다양한 계급의 손님이 그 집의 서로 다른 부분에서 따로 식사하도록 분류될 위험이 생길 수 있었다.

'**파당은 불가피하다**'(19절)라는 표현은 난해하다. 바울의 이 진술은 바울 자신의 직설적인 진술일까, 아니면 고린도의 상황을 역설적으로 비꼬는 것일까? 그것도 아니면 파당을 정당화하려는 고린도인들의 말을 인용한 것일까? 어쩌면 이는 바울이 비록 교회 내에 마음 맞는 사람들이 모인 여러 집단이 공존할 수밖에 없다는 현실을 인정하면서도, 교회 내에서 **옳다 인정된 자들**, 즉 어느 한 편을 들거나 분열을 조장하기를 거부하는 자들을 가려내어 그들의 누명을 벗겨주려는 의도를 드러내는 것일 수 있다. 고든 피(Gordon D. Fee)는 이것을 '이 편지에 있는 가장 어려운 수수께끼 중 하나'라고 부른다(*First Epistle*, 538). 리처드 헤이스(Richard Hays)는 **불가피한 것**이라는 바울의 말을 '아마도 하나님의 계획상 필요한 것'이라는 의미로 이해한다(*First Corinthians*, 195). R. A. 호슬리(R. A. Horsley)는 이 용어를 직접 사회적 범주화라는 개념에 적용한다. 즉, 지체 높은 손님들 사이에는 틀림없이 '특별 대우'가 있어야만 한다는 것이다(*1 Corinthians*, 159). 아마도 고린도의 가난한 자들은 20절부터 22절까지에서 묘사되고 33절에서 다시금 확인되는 터무니없는 상황을 두고 불만을 제기했을 것이다. 그렇다면 '파당이 불가피하다'라는 말은 예배 처소를 제공했던 집 주인들의 입장에서 주님의 만찬이 거행되던 방식을 두고 내놓은 변명의 말이었을 가능성이 가장 높다.

지금 바울이 처한 상황은 모든 사역자, 목회자, 혹은 교회 지도자들이 직면하는 어려움을 잘 보여준다. 11장 2절부터 16절까지에서 바울은 성에 관한 한 평등은 획일성과 다르며, 그 속에 분명한 차이를 포함하는 것이라고 주장하였다. 그러나 이런 종류의 논증은 쉽게 부메랑이 되어 돌아올 수 있다. 즉, 누군가는 "아 그러니까, 우리가 자리를 이렇게 배치한 것은 '평등'의 부재가 아니라 그저 차이를 의미할 뿐이죠!"라고 대답했을 수도 있는 것이다. 그래서 바울은 서로 다른 사회 계층과 지위에 속한 그리스도인들에게 '만찬'의 경험이 어떤 느낌으로 다가왔을지를 상세하게 묘사한다(20~22절). 거기에는 분명 특정 구성원들로 하여금 자신을 '이류'로 느끼게 만드는 무언가가 있었던 것이다.

오늘날 독자들의 입장에서 본문을 제대로 이해하기 위해 중요한 것은 당시의 거대한 로마 빌라 내의 방 크기와 배치가 주는 효과뿐 아니라, 로마의 만찬 관행에 관한 배경을 제대로 이해하는 것이다. 고고학자들은 고린도의 외곽에 위치한 것으로 주전 50년과 75년 사이에 만든 것으로 보이는 고린도식 빌라인 아나플로가(Anaploga)를 통해 당시의 만찬 관행을 보여줄 수 있었다(그 빌라에 대한 묘사는 J. Wiseman, "Corinth and Rome I; 228 B.C.-A.D. 267," 438-548를 보자. 그 빌라의 청사진을 포함하고 있는 J. Murphy-O' Connor, *St. Paul's Corinth*, 154-55에서도 식사관행에 대한 묘사를 제시한다).

집주인과 선별된 손님이 사용하는 *트리클리니움*(*triclinium*)은 40평방미터 정도, 혹은 432평방피트 정도의 공간을 차지했다. 이 방에는 손님들이 기대어 앉을 수 있는 긴 의자(couch)를 배치했을 것이다. 그러니까 여기에는 통상 9, 10명까지의 손님이 들어갈 수 있었다. 그러나 안뜰, 곧 *아트리움*(*atrium*)도 '덜 중요한' 손님을 수용하는 기능을 수행하였다. 이곳의 크기는 대략 30평방미터, 혹은 320평방피트 정도였다. 한가운데 물을 모으기 위한 연못이 있긴 했지만, 기대는 의자가 없었기 때문에 손님이 30명 정도까지는 여기에 들어갈 수 있었을 것이다. 종종 특별한 손님의 종이나 젊은 친척과 같이 비교적 덜 중요한 손님은 말하자면 '북적거리는' 방에 서거나 앉거나 했을 것이다. 바울이 그려주는 상황으로 말하자면, 늦게 온 자들 및 별다른 연줄이 없는 신자들은 특별 대접을 받는 손님들이 이미 *트리클리니움*에 기대어 앉아 있는 것을 보았을 것이고, *아트리움*은 한 단계 낮은 손님을 위한 장소라는 인상을 받았을 것이다.*

고린도에서 주님의 만찬을 '주관하였던' 사람들은 자신들이 중상층 로마 사회에서 통용되는 만찬 관습을 따랐을 뿐이라고 주장했을 수도 있다. 그러나 바울은 그러한 태도를 **주님의 만찬**을 송두리째 뒤집는 행동으로 간주한다. **주님의 만찬**(20절)은 부유한 주인이 베푸는 통상적인 식사, 곧 집 주인이 어떤 사람을 다른 사람보다 더 선호할지, 어떤 사람에게 더 큰 예우를 베풀지를 마음대로 결정할 수 있는 그런 식사가 아니다. 바울은 분개하여 **여러분의 모임이 주님의 만찬을 먹는 것이 되지못한다**고 주장한다(20절). 또한 바로 앞에서는 **여러분의 모임이 유익하기보다는 도리어 해롭다**고 소리를 높였다(17b절). 만찬 자리 배치에 관한 로마의 관습은 달리 설명하기 어려워 보이는 세부 사항을 설명하는 데 매우 유용하다. 즉, **어떤 사람은 <u>실제로 굶주리는</u> 반면, 어떤 사람들은 술에 <u>취하기까지</u>**(21절), 한다!

---

* 별주. David R. Hall(The Unity of the Corinthian Correspondence, London and New York: T&T Clark, 2003, 64-74)은 '못가진 자들'이 '가진 자들'보다 더 늦게 도착했으리라는 점에는 동의하지만, 그 분리가 사회적 계급 차이에 주로 연유한 것이라는 타이센의 입장에는 동의하지 않는다. 그는 22절이 분열의 원인을 묘사한다는 주장을 부인한다(69). 그는 비록 로마 역사가들이 일부 가정들에서 '기대어 앉아 먹기' 위해 요구되는 사회적 조건들을 암시하긴 하지만, 서로 다른 식단이 제공되었으리라는 생각에는 의문을 표시한다. 고대의 몇몇 저자들은 종종 집주인들이 *트리클리니움*과 *아트리움*에 있는 손님들에게 서로 다른 품질의 음식과 포도주를 제공했다고 기록한다. 소장 플리니(Pliny the Younger)는 *트리클리니움*에서는 '최상의 음식'이 '최고의' 손님들에게 제공되었으나, '나머지 무리'에게는 '싼 부스러기'만 제공되었을 것이라고 기록한다. 때때로 손님의 사회적 지위에 상응하는 두세 가지 '등급'의 포도주가 있었다. 이런 사회적 배경이 고린도 교회의 상황과 아무 상관이 없다고 말하기는 어려울 것이다.

바울은 **주님의 만찬**이 단순한 '공동식사' 이상이라고 주장한다. **먹고 마실 자기 집이 정말로 없는 것은 아니지 않습니까?**(22a절) 그들이 만든 식사의 현재 '순서'는 **아무것도 갖고 있지 못한 자를 부끄럽게 만드는 것**으로, **주님의 만찬**을 우스꽝스러운 것으로 만드는 행위에 지나지 않는다(22b절). 즉, 그들로 하여금 영예와는 반대로 공적 **수치**를 경험하게 하는 방식인 것이다(로마와 고린도 문화에서 영예와 수치가 하는 역할에 대해서는 앞의 논의를 보자). 전통적으로 주석가들은 **아무것도 갖지 못한 자들**을 '먼저 온' 몇몇 사람이 자기들의 식사를 하고 난 후 뒤늦게 모임 장소에 도착한 노예와 연관을 지었지만(21b절), 브루스 윈터(Bruce Winter)는 NRSV, NIV 그리고 NJB(이문)에서 '먼저 먹는다'라고 번역된 단어가 사실 '탐욕스럽게 먹어치운다'는 의미로(시간적으로 먼저가 아니라) 이해해야 한다고 주장한다(cf. REB는 자신의 만찬을 먹다로 옮긴다. Winter, "Lord's Supper at Corinth," 73-82).

만찬(헬, *데이프논*)으로 번역한 단어는 특정한 시간과는 관계없이 그냥 하루의 주된 식사를 의미한다. 그래서 이 단어는 영어의 디너(dinner)와 마찬가지로 전통적 의미로 사용되는 경우 보통 저녁 만찬을 가리키지만, '크리스마스 만찬', '일요일 만찬', 혹은 '학교 만찬' 등의 경우처럼 전혀 다른 의미를 취할 때도 있다. 다시 말하자면, 이 단어는 식사의 시간보다는 그 경우의 중요성을 의미한다. 바울은 그 식사가 **주님의 만찬**이라면, 이 식사의 역동성은 가족, 주최자, 혹은 혜택을 받는 손님이 아니라, 사도적 전통과 성경과 교회의 절차에 따라 결정되는 것이 마땅하다고 주장한다(22b절).

23절부터 26절까지에서는 어조가 부정적인 색조에서 긍정적인 색조로 바뀐다. 긍정적인 해결의 방향은 바울이 **주님께 받아** 교회에게 **전해 주었던 주님의 만찬**에 관한 주님과 사도의 전통에 귀를 기울이도록 하는 것이다. 여기서 짝을 이루어 나타나는 받았다와 넘겨주었다(헬, *파라람바노…파라디*

도미)는 살아 있는 전통의 전승을 가리킨다. 그러므로 **주님께**라는 말투는 바울이 **받아** 고린도 교인들에게 **전해 주었던** 바울 이전의 전통으로서, 그리스도 본인께로부터 기원하여 최초의 사도들을 통하여 전해진 그 전통의 기원을 가리킨다. 이 전통의 내용(cf. 라틴어 *traditio*, 전달하기, 넘겨주기)은 '**주 예수께서 넘겨지시던 날 밤에 떡을 취하여**'로 시작한다. 여기서 (전승을) **넘겨 주는 것**과 (그리스도께서) **넘겨지셨다**는 표현 사이에는 분명 언어유희가 존재한다.[두 경우 모두 동일한 헬라어 동사가 사용되었다—역주] 여기서 이 단어의 의미는 배반당했다는 뜻(더 구체적인 의미로)일 수도 있고, (죽음에) 넘겨졌다는 의미(더 넓은 의미에서)일 수도 있다.

주님께서 자신의 말씀을 통해 주님의 만찬을 제정하실 때의 역사적 정황은 바울 이전의 사도의 전승뿐 아니라 바울의 전승에서도 핵심적인 것으로 남아 있다. 주님의 만찬의 역사적 정황과 그 전통 속에 인용된 주님의 말씀에 의하면, 이 제도는 새로운 유월절 식사로서 최후의 만찬의 상황에 확실한 기반을 두고 있다. 최후의 만찬의 날짜와 관련하여 첫 세 복음서의 증언과 요한복음의 증언을 일치시키는 데는 어려움이 없지 않다. 하지만 이와는 상관없이, 예수님과 그분의 제자들의 입장에서 볼 때 이는 분명 유월절 식사였으며, 따라서 성찬 제정에 관한 말씀 역시 이런 유월적 식사의 맥락에서 이해해야 한다.

성찬의 제정에서 중심적 동작은 떡을 떼는 일이었다. 예수께서 **떡을 취하여…떡덩이를 떼었다** …(23b절, 24절). 비록 바울이 여기에서 **주님의 만찬**이라는 용어를 사용하고 있고 10장 16절에서는 그것을 공동식사(*communion*. 헬, *코이노니아*)라고 부르긴 하지만, 여기서 **감사를 드렸다**라고 번역된 단어(헬, *유카리스테사스*) 때문에 성찬은 *유카리스트*(*Eucharist*, 감사)라는 이름으로 널리 불렸다. 엄밀히 말하자면, 고린도 성도와 바울에게 가장 익숙한 용어는 **주님의 만찬**인 것처럼 보이지만, 그럼에도 불구하고 이 세 명칭이 모두 '성경적'이라 할 수 있다.

감사는 식사 기도를 드림으로써 음식을 주신 하나님께 감사를 드리는 예수님과 그리스도인들의 관습 및, 유월절 의식에서 포도주 잔을 두고 하나님을 찬양하던 초기 유대교의 관습을 모두 반영한다.* 복음서의 해당 구절들에서 '찬양하였다'라는 말 다음에 '그것'이라는 대명사를 삽입한 번역본들은 오해의 여지가 있다.[음식이나 포도주를 축복하였다는 의미가 될 수 있다는 점에서 그렇다—역주] 현재의 문맥에서 볼 때, 축복의 대상이 생략된 경우라도 참여자가 음식을 축복하는 것이 아니라 **감사**의 행위로서 **하나님**을 축복 혹은 찬양하는 것이 분명하기 때문이다.

떡을 쪼개는 일(나누기 위해)이 주님의 만찬의 중심 동작이라면(10장 16, 17절에서도 인용되었다), 중심적 말씀은 다음과 같다. "**이것은 너희를 위하는 내 몸이다. 이것을 행하여 나를 기념하라. …이 잔은 내 피로 세운 새 언약이다. 이 잔을 마실 때마다 나를 기념하라.**"(24, 25절) 현재의 상황에서 그리고 기독교 신학을 위해서 다음과 같은 바울의 부연적 표현도 마찬가지로 중요하다. **여러분이 이 떡을 먹으며 이 잔을 마실 때마다 그분께서 오실 때까지 여러분이 전하는 것은 주님의 죽음입니다.**(26절)

예수님의 말씀과 그에 대한 바울의 해설 간의 연관성은 유월절 및 유월절 식사의 틀에서 가장 확실하게 드러난다. 1, 2세기 유대인의 관습에서 보면 식사 중의 모든 행동은 매우 강렬한 상징적 의미가 있는 것으로서, 출애굽기 12장에서 묘사된 것과 같은 유월절의 구속적 체험을 '기억'하고 또 이를 사실상 재현하는 것이었다. *미쉬나*는 참여자들이 이집트의 굴레에서 구속

* 본래 의미는 '축복하다'는 뜻이지만, 이 말이 목적어가 하나님이 될 때 '축복하다'는 의미는 어울리지 않는다. 따라서 이런 경우는 하나님을 '찬양하다'는 의미로 번역한다—역주.

된 드라마를 사실상 '다시 체험하는' 순서 혹은 의식(유월절 *세데르*)을 제시한다. 유월절 식사의 참여자들은 구속 사건을 대표하는 생생한 상징이었던 누룩 없는 떡의 의미에 초점을 맞추면서, 하나님의 구원 행위들에 관한 역사(신 26장 5절)를 낭송하며 기뻐한다. 쓴 채소는 하나님의 구속을 기다리며 굴레아래 살아야 했던 괴로운 삶을 상징했다. 그러므로 모든 세대의 사람은 자신을 마치 이집트에서 구출된 사람인 것처럼 간주해야 한다(『미쉬나 페샤림』 10:5). 환원하면, 유월절 식사가 유월절의 구속적 사건에 초점을 맞췄듯이, 낭송의 말과 상징적인 행동들은 참여자들이 과거에 발생했던 구속받은 사건들을 시간적으로 '함께 하는' 그런 '세계'를 투영하는 것이었다.

"이것이 너희 조상들이 먹었던 고난의 빵이다."라고 하시는 대신에, 예수님께서는 '**이것이 너희를 위한 나의 몸**'이라고 선언하였다(24절). 이 '식사'는 출애굽의 유월절 사건을 축하하고 다시 체험하는 것이 아니라, '**나를 기억하여**' 반복하는 것이었다(24b절). 식후에 마시는 잔(25a절)은 '**나의 피로 세운 새 언약**'을 상징했다(25b절). '**이것이 나의 몸이다**'라는 표현의 논리적 힘은 '이것이 고난의 빵'이라는 말의 근거가 되는 바로 그 사건을 '<u>체험하고' 참여하는</u> 유월적 의식과의 병행 관계에 의거하여 결정된다. 그것은 완전한 동일시를 의미하는 '**이다**'(is)가 아니라, 단순한 의미론적 묘사를 넘어서는 '살아내기'(a living through)를 의미한다. "그들이 나의 주를 못 박았을 때 당신은 '<u>거기에</u>' 있었는가?"라는 흑인 영가의 가사는 이런 <u>참여하듯 관련되는</u> 역동성을 잘 전달해 준다.

바울은 이러한 말씀과 행동의 의미를 설명하면서 이 점을 매우 선명하게 부각한다. "**여러분이 이 떡을 먹으며 이 잔을 마실 때마다, 그분께서 오실 때까지 여러분이 전하는 것은 주님의 죽음입니다.**"(26절) 각 참여자는 떡을 쪼개면서 "<u>그리스도께서 죽으셨다</u>"라고, 또한 떡을 먹고 잔을 마시면서 "그리스도께서 나를 위해서 죽으셨다"라고 선포하며 주장하고 설교한다. 나는 그분의 죽음을 나를 위한 것으로 받아들인다. 쪼개진 빵과 부어진 포도주를 받으면서, 나는 그리스도(의 죽음)를 '나의 죽음'으로 '삼는다'.

헬라어 본문에서 일부 사본상 이문이 있기도 하지만, 그 문제 때문에 지체할 필요는 없다. 나는 *First Epistle*(846-55와 866-94)에서 이런 이문들과 관련된 해석상의 차이점들을 논의하였다. 또한 거기에는 **나를 기억하는 것**에 대한 상세한 주해도 포함되어 있다(878-82). 나를 기억하는 것(24, 25절)은 단순한 정신적 회상 이상을 의미하지만, 그렇다고 단회적인 그리스도의 죽음을 '반복한다'는 의미는 결코 아니다. 일부 학자들(예를 들면, J. 예레미아스)은 이 표현이 하나님의 '기억'을 암시한다고 주장한다. 물론 하나님의 '기억'에 대한 관심이 구약과 오늘날의 그리스도인의 기도들에서 나타나는 것은 사실이지만, 이는 현재의 문맥과 표현에서 드러나는 것과는 다르다. 그리스도의 언약적 죽음과 피흘림을 **기억하면서** 떡과 잔에 참여하여 그것을 내 것으로 삼는 기독교 신자들에게, **기억**이란 십자가 아래 '거기에' 우리를 두는 극적인 개입 혹은 실현을 의미한다. 즉, 유월절 음식을 먹는 것이 유월절에 대한 생각을 넘어 기억의 대상이 되는 그 사건들에 참여자로서 '거기에' 있는 것과 마찬가지다. 이러한 의미에서 기독교 신자들은 그리스도의 죽음을 (a) 하나의 사건으로, 그리고 (b) 내가 개입된 '나를 위한' 사건으로 선포한다.

'**이 잔은 내 피로 세운 새 언약이다**'라는 표현(25절)은 이 모든 것을 강조한다. 언약 체결 의식을 거행하는 구약의 이야기들에서 피는 언약을 체결하는 모든 당사자에게 뿌려지거나 튀었을 것이다. 모든 언약의 참여자들은 언약의 조건과 약속에 대한 개입과 헌신을 서약한다. 그러므로(아이흐로트가 말한 것처럼) 고대 이스라엘의 주변 사람들은 자신을 항상 예측이 불가능한 신들의 처분 아래 있는 것으로 이해한 데 반해, 언약의 하나님을 섬겼던 이스라엘의 신자들 혹은 예배자들은 자신들이 어디에 서 있는지를 분명히 알고 있었다. 하나님께서는 자신의 주권적 자비를 근거로 이스라엘에게 주신 은혜의 약속을 지키시기로 맹세하셨고, 이로써 기꺼이 자신의 행동 범위를 스스로 제한하기로 서약하신 것이다. 마찬가지로 이스라엘은 그 나름의 헌신과 서약으로 이에 응답하라는 요구를 받았다. 이런 문맥에서 **내 피로 세운 새 언약**으로 명시된 그리스도께서 흘리신 피는, 우리에게 한편으로는 십자가에 함축된 모든 의미를 받아들일 것을 진지하게 서약하도록, 다른 한편으로는 하나님의 말씀을 그대로 믿고 그 약속을 우리 것으로 온전히 받아들이고 확신하도록 요구한다.

그분께서 오실 때까지라는 표현은 영광 중 이루어질 그리스도의 최종적 도래를 가리킨다. 일부 학자들(가령, 여기서도 J. 예레미아스)은 주님의 만찬을 준수하는 일 자체가 어떤 식으로든 이 도래의 때를 '앞당긴다'고 주장하였다. 그러나 이것은 바울의 생각이 아니다. 서약, 약속, 그리고 언약적 표징은 바로 신자들이 믿음으로 살아가야 하는 시기, 그래서 그러한 확신과 증거를 필요로 하는 시기에 신앙의 확신을 준다. 실재가 나타날 때, 이 실재의 표징은 잉여적 존재, 곧 쓸모없는 것이 된다. 하늘이 그자체로 주님의 만찬이 가리키는 '구세주의 만찬'에 대한 말을 실현하는 것이 된다.

27절부터 34절까지에서 바울은 주님의 만찬의 의미와 신학에 관한 설명(23~26절)을 끝내고, 고린도에서 주님의 만찬이 거행되던 방식에 대한 목회적 해설로 다시 돌아온다. 고린도에서 먹고 마시는 일은 적어도 많은 사람들에게는, 이른바 주님의 만찬을 나누는 것으로 보기에는 무가치한, 혹은 **부적절한**(헬, *아낙시오스*) 것이 되어 버렸다. 식사의 불화를 부르는 행태, 즉 누구는 흥청대고 누구는 굶주리는 식으로 먹고 마시는 행태는 **주님의 몸과 피**에 대하여 죄를 짓는 것이다(27절).

이처럼 잘못된 태도로 성찬에 참여하는 자들은 **주님의 몸과 피를 그처럼 다루었다는 책임을 지게 될** 것이다. 그러므로 바울은 **자신의 진정성을 점검해야 한다**고 간곡히 권고한다(28절). 자기 성찰은 그리스도인이 바른 태도로 주님의 만찬에 참여하는가를 검증하는 적절한 방식이다. 여기서 **책임이 있다**는 단어를 REB와 NIV는 '죄가 있다'라는 의미로 번역한다(또한 AV/KJV, RV, 그리고 바레트). 그러나 NRSV와 NJB는(마찬가지로 R. F. Collins 역시) '…의 책임이 있는'이라고 번역한다. 법적 상황에서 그리스어 단어(헬, *에노코스*)는 '책임', 혹은 (여기에서처럼 소유격과 함께) '의무가 있음'을 의미한다. 이 표현 뒤에는 범죄의 대상이 되었던 사람을 지칭하는 명사가 따라 나온다. 곧, 여기에서의 문제는 책임에 관한 것이다.

이 해석은 분명 이 구절의 후반부와 잘 어울린다. 즉, **주님의 몸이 왜 다른가를 인식하지 못하고 먹고 마시면, 그들은 자신들의 죄를 먹고 마시는 것**이 될 것이다(29b절). 여기에 사용된 헬라어 문장 '*메 디아크로논 토 소마*'는 번역이 쉽지 않다. 이 구절은 종종 '주의 몸을 분별하지 못하고'라는 의미로 번역된다. 그러나 이것이 아무런 설명이 없이 제시된다면, 이는 오히려 바울이 말하고자 하는 논점의 본질을 흐리는 결과를 초래할 수 있다.

① 여기서 바울이 지적하고자 하는 잘못은, 고린도 신자들이 유월절의 떡 자체가 그리스도의 몸으로 바뀌는 성례전적 변화를 제대로 인식하지 못했다는 것은 아닌 것 같다. 여기서 바울이 말하는 '분별'은 이런 의미의 분별과는 다르다. 비록 이 관점이 아우구스티누스, 토마스 아퀴나스, 그리고 피터 롬바르드를 포함한 훌륭한 전통을 반영하는 것이지만 말이다.

② 앞서 언급된 주장과는 반대로, 어떤 이들은 이것을 고린도인들이 교회가 그리스도의 몸이라는 사실을 이해하지 못하거나 인식하지 못한 것을 바울의 비판하는 것이라고 주장한다. 즉, 주님의 만찬에서 소위 '이등 시민들'

이 멸시당하거나 거의 모욕 수준으로 무시를 당했다는 것이다. 보른캄과 슈바이처 등이 이런 해석을 지지한다(Bornkamm, "Lord's Supper and Church in Paul", 123-60). 그러나 12장 12절부터 27절까지를 미리 끌어들인다면 이런 해석이 근거 있는 것이 되겠지만, 그 구절은 아직 나오지도 않았다. 그리고 지금 본문(17~28절)에서 바울이 현재까지 말해온 **몸**(소마)은 모두 성찬 제정 시 그리스도의 **몸**이었다(23~26절). 따라서 앞에서 소개된 두 가지 해석은 바울이 지금까지 사용해 왔던 주님의 말씀의 문맥과 제대로 부합하지 않는다.

③ 바울이 떡의 본체가 변화한다고 말하는 것은 아니지만, 여기서 그는 분명 그리스도의 몸에 관해 이야기하고 있다. 이는 십자가에서 '찢긴' 그리스도의 몸으로, 그 존재와 의미가 그저 흥청거리거나 육체의 굶주림을 채우려는 식사로 제공된 떡과는 다르다. 성찬에 참여하는 자들이 **분별하지 못하는 것**은 '너희를 위한' 예수의 죽음에 참여하는 행위의 의미다. 슈라게, 볼프, 그리고 호피우스는 그들 나름대로 이러한 관점을 대변한다. 환언하면, 그들은 **그 몸이 왜 다른가를 인식하지 못한 것**이다. 그리스도의 십자가 죽음이라는 일반적 문맥을 벗어나지 않는 이 번역은, **그 몸**이 어떤 의미에서 일반적인 저녁 식사의 떡과 **다른가** 하는 물음에 대해 본문의 진술을 초과하는 상세한 설명을 시도하지 않으면서도 바울의 의도를 정확하게 포착하는 장점이 있다. 그러니까 바울의 의도는 고린도에서 먹었던 그런 떡은 **주님의 죽음**에 대한 선언으로는 인식될 수 없었다는 것이다(26절).

심판을 먹고 마시는 것(29절)[개역개정에서는 심판이 '죄'로 잘못 번역되었다—역주]은 성도들이 **연약함과 병약함으로 고생하며 상당한 수의 사람들이 죽었다**는 사실에 근거하여 이해되는 것처럼 보인다(30절). 이 표현을 은유적으로 해석하려는 주석가들은 기껏해야 한두 명에 지나지 않는다. 데일 마틴(D. Martin)이 관찰하듯이, 많은 고대 저자들은 투여량과 투약 방식에 따라약이 될 수도 있고 독이 될 수도 있는 의학적 비유를 사용한다(*The Corinthian Body*, 191). 대부분의 저자들은 그것을 **진정성**이 없는 성찬, 환언하면 그리스도의 십자가에 참여하고 하나님의 언약적 약속을 자기 것으로 받아들이겠다는 서약과는 무관하게 성찬에 참여한 행태에 대한 심판으로 간주한다. 부유한 가정에서 그럴듯한 식사를 할 수 있는 기회를 얻고 싶을 뿐이면서 마치 **주님의 죽음을 선포하는** 것처럼 가장하는 것(26절)은 위증 행위에 해당한다. 이런 사람은 성찬 속에 담긴 서약과 약속을 통해 엄숙한 맹세를 하고 있으면서도, 정작 이런 서약과 약속에 진심으로 참여하지는 않는 사람들이다.

이 본문은 교회 내에서 발생한 불행한 상황을 기술하기만 할 뿐, 그러한 결과를 초래한 구체적인 수단들을 열거하지는 않는다. 속하지 않았으면서도 '속했다'고 주장했다는 사실을 깨닫게 된 죄책감이 내적 질병을 악화한 요인일 수도 있지만, 이것만으로 모든 것을 설명하기는 어렵다. 고린도인은 이런 결과를 자초한 면이 있기는 하지만, 바울은 그런 결과들을 **심판**으로 묘사한다. C. F. D. 모울(C. F. D. Moule)은 이 심판을 성령 및 12장 3절과 16장 22절의 저주(헬, *아나테마*) 개념과 연결하면서, 죄의 자각이라는 더 넓은 신념의 문맥에서 그 의미를 이해하려 한다("The Judgment Theme in the Sacraments", 464-81).

더 긍정적이고 건설적인 귀결은 31, 32절에서 표현된다. **우리가 그리스도인들로서 우리의 본질을 인식한다면**이라는 표현은 29절 중 마지막 절(節)의 번역을 반영한 것이다. 다만 29하반절이 **몸**(헬, *토 소마*)을 **인식하거나** <u>분별하는 것</u>을 다루는 반면, 현재의 구절(31절)은 우리 자신을 인식하거나 <u>분별하는 것</u>과 관련된다는 점이 다를 뿐이다. 두 곳에서 사용된 동사는 동일하다(헬, *디아크리노*). 동일한 의미론적 효과와 논리를 반복함으로써, **우리를 그리스도인들로 규정짓는 특징을 인식하는 것**이 **몸이 가진 차이를 인**

식하는 것과 병행되는 것으로 제시된다. 두 가지 모두 무엇에게 혹은 누군가에게 그 나름의 정체성을 부여하는 독특성을 구별해 낸다. 모울은 **심판**이 치료하는 것으로 드러나는지 아니면 '그를 [혹은 그녀를] 치명적인 몰아적 관심에 더 깊이 빠뜨리는 것인지'의 여부는 그 상황에 대한 개인적인 반응에 따라 달라진다고 설명한다(481). 모울과 앨런 리처드슨(Allen Richardson)은 여기서의 심판 개념이 세례와 주님의 만찬에서 '유죄 선고'로서의 그리스도의 죽음, 곧 그리스도를 통해 하나님과 올바른 관계에 놓이는 것으로 이어지는 죽음과 관련된 것이라고 생각한다.

여기서 헬라어 원문에 존재하는 언어유희를 다른 언어로 재생하는 것은 매우 어렵다. 여기서는 '심판하다'를 의미하는 동사(헬, *크리네인*)와 '구별하다, 차이를 구분하다'를 의미하는 동사(헬, *디아크리네인*)가 함께 뒤섞여 사용된다. 바울은 다음과 같이 말한다. <u>우리는 우리 자신을 올바르게 판단[심판]하고…그래서 (최후심판시에) 판단[심판]을 받지 않을 것이다</u>. 그러한 심판은 부분적으로 **훈육**으로서의 역할을 수행한다(32절). 그리스도인의 '차이' 혹은 차별성을 인식하는 일은 최후 심판 시에 드러나야 할 '차이들'에 대한 궁극적인 선언을 미리 준비하는 일이 되며, 바로 이런 이유로 그리스도인 신자들은 **세상과 함께 정죄되지 않는다**(32b절).

불행하게도 이 장의 마지막 두 구절들 역시, 간단히 말하자면 두 가지 서로 다른 의미로 번역할 수 있다. 중요한 영어 번역들(Collins와 함께, NRSV, REB, NIV, NJB와, AV/KJV)은 헬라어 동사(*엑데케스테*)를 **서로를 기다리라**로 번역한다. 그러나 로마서 15장 7절에서 바울은 동일한 동사를 '서로 문안하라'(=환영하라)는 의미로 사용한다. 문맥과 좀 더 잘 어울리고 더욱 그럴듯한 첫 번째 번역에 의하면, 바울의 권고는 '가지지 못한 자들'이 도착하기 전에 식사를 시작한 부유한 자들 혹은 특별대우를 받는 '가진 자들'을 향한 좀 더 구체적인 권고가 된다. 그렇지만 두 번째 해석 역시 적용이 가능하다. 즉, 바울이 로마서 15장 7절에서 유대인 그리스도인들과 이방인 그리스도인들 모두에게 명령하는 것처럼, 모든 신자는 모두 동일하게 무조건 환영을 받아야 한다.

바울은 설득력도 없는 반대 주장이 나올 수 있음을 예견한다. 하지만 우리도 배가 고픈 상황이라면 먼저 식사를 시작하지 말아야 할 이유가 무엇입니까? 바울은 분개하여 반응한다. 만일 그 '식사'가 여러분의 육체적 허기를 채우지 못한다면, 집에서 먹으십시오! 배를 채우는 것이 주님의 만찬의 목적은 아니다. 마지막 절(34절)은 관심을 기울여야 할 다른 사안들도 있다는 것을 암시한다. 그러나 바울은 나중에까지 기다릴 수 있는 소소한 사항 때문에 핵심적인 쟁점이 모호하게 되는 것을 원치 않는다. 오늘날 일부 그리스도인들조차도 포스트모던적 분위기를 따라 형식과 구조를 거부하고 혼란을 선호하는 시대에, 여기서 바울이 사용한 동사는 특히 중요하다고 하겠다. 바울은 고린도의 예배 의식 방식을 **바로잡을 것이다**. 이러한 '질서정연함'은 본 11장 전반부의 관심사를 반영한다(cf. 11장 2, 3절, 그리고 16절).

31. 묵상을 위한 제언(11장 17~34절)

1. 기독교 예배 방식이 본래의 목적을 해칠 수 있는지에 관하여

이 단락에서 우리는 예배의 이름으로 이루어지는 모임이기는 하지만 더 이상 예배 행위로 간주할 수 없을 정도로 원래의 본질과 취지에서 벗어나 버린 그런 마음 아픈 예배 행위의 사례 하나를 보게 된다. 성경 공부, 기도회, 성경 강해, 혹은 주님의 만찬의 경우에도, 자기중심적인 태도나 자기 마음대로 해 보려는 시도로 인해 모임 자체의 본질이 망쳐지거나 훼손되는 경우를 생각해 볼 수 있겠는가? 바울은 "여러분의 모임이 유익이 못되고 도리어 해롭습니다!"라고 목소리를 높인다(NIV, 17b절). "여러분이 먹는 것은 주님의 만찬이 아닙니다."(20절) 늘 반복되는 기도 혹은 성만찬이 단지 '시늉만 하는' 것으로, 너무 형식적이고 무의미하게 되어 결과적으로 유익보다는 오히려 해를 끼치는 행동으로 전락할 수 있지 않을까? 정말로 기도하는 대신 그저 '기도를 말하는 것'에서 그치는 경우는 없을까?['기도한다'는 의미로 영어권의 사람들은 자주 'to say one's prayer'라는 표현을 사용한다. 우리말로 치자면 '예배한다'와 '예배 본다'의 경우라고 할 수 있을 것이다—역주]

2. 특정 신자로 하여금 열등감을 느끼게 하는 것에 관하여

음식과 음료를 두고서도 상류층과 하류층을 구분짓던 로마의 만찬 관습이 오늘 현대의 우리 문화는 아닐지 모른다. 하지만 훨씬 미묘한 방식으로 특정 그리스도인들을 이류로 느끼게 만드는 다른 요인들이 존재하지는 않을까? 고린도 교회가 그랬던 것처럼, 교회 내에 서로 다른 집단이 형성되고, 이로써 일부 그리스도인들이 신앙공동체

안에 존재하는 계층으로 인해 '우리'와 '그들'로 나뉜다고 느낀다면, 이는 교회 자체를 망가뜨리는 수순이라 할 수 있다. 그 자체로는 악의가 없지만, 무의식적으로 기독교적 계급 체계를 형성하게끔 조장하는 물리적, 지리적, 사회학적, 혹은 교육적 요인이 존재하지 않는가? 이런 것들로 인해 소위 '이류' 그리스도인들로 치부되는 이들은 "여기는 내가 있을 곳이 아니구나"라는 생각을 하지 않겠는가?(12장 15절)

3. 교회 내에 부자와 가난한 자가 모두 필요함에 관하여

그리스도인들이 자기 자신만으로는 충분치 않다는 것을 잊지 않도록 하기 위해, 교회는 더 부유한 교인들(가령 교회로 모일 수 있을 만큼 넓은 집이나 그와 같은 시설들 때문에)과 또 더 가난한 교인들 모두가 필요하다(12장 12~27절). 그러나 교회에서 한 기독교 신자가 다른 사람들에 대해 '주인 행세'를 하고, 또 더 나아가 그로 인해서 다른 사람들 '위에' 올라서 지도자 행세하는 것을 당연하게 여기려는 유혹에 빠진다면, 이는 두 부류 모두에게 위험한 일이 아닐까? 후견제도(patronage)는 로마 사회의 특징이었다. 하지만 과연 기독교 교회 내에 후견인-피후견인 관계가 설 자리가 있을까?

4. 경축으로서의 예배에 관하여

서로 상반되는 극단에 치우치거나 혹은 중심에서 이탈하는 것은 종종 교회에 해를 끼친다. 일례로 보자면, 성경에서 특히 시편에서의 예배는 종종 축하 의식에 가깝다는 사실을 망각하기 쉽다. 또 이와는 반대로, 우리가 누구 혹은 무엇을 찬양하는지도 잊은 채, 하나님을 찬양하는 시간을 자축(自祝) 혹은 서로를 위한 향응의 시간으로 변질시킬 위험도 존재한다. 바울은 강한 어조로 다음과 같이 주장한다. "여러분은 먹고 마실 집이 없습니까?"(22절) 이 두 가지 극단 중 어느 것이 오늘 우리의 교회에 더 큰 위협을 줄까?

5. 공허한 혹은 거짓 증언의 위험에 관하여

준비되지 않은 모습 혹은 부적절한 모습으로 성찬에 참여하는 것은 그저 교회 질서상의 실수로 끝나지 않는다. 그러한 행동은 참여하는 자에게서 '**심판을 먹고 마시는**' 결과를 초래할 수 있다. 주님의 만찬을 단지 하나의 '환영' 예식으로 여기고, 그로 인해서 별로 진지하지도 않고 헌신된 자세도 없이 주님의 만찬에 참여하도록 조장하는 것은 치명적인 잘못이다. 어린 자녀들의 성만찬의 참여 문제는 하나의 딜레마다. 즉, 어린 자녀들의 성찬 참여를 불허하는 것은 그들을 '이류'로 여기는 것처럼 비칠 수 있고, 진지한 헌신의 준비가 안 된 이들에게 너무 성급하게 참여를 격려하는 것은 좋은 못한 결과를 초래할 위험이 있기 때문이다.

6. 온 회중이 수행하는 설교와 선포의 소명에 관하여

주님의 만찬은 모든 헌신된 그리스도인이 복음을 증언하고 간단한 설교를 전할 수 있는 기회를 준다. "너희가 이 떡을 먹으며 이 잔을 마실 때마다 주의 죽으심을 그분께서 오실 때까지 전하는 것이다."(26절) 쪼개진 떡은 그리스도의 죽음이라는 실체를, 그리고 부은 포도주는 그분께서 흘리신 피를 표현한다. 떡을 취하여 먹고 마시는 것은 다음과 같이 선언하는 것이다. "그리스도께서 나를 위해 돌아가셨다. 나는 그분의 것이며, 그분께서는 나의 것이다." 우리는 주님의 만찬에 참여하는 것을 신앙의 고백(신조를 말하는 것과 같은), 선포(설교를 하는 것과 같은), 그리고 증언(우리의 개인 간증을 제시하는 것과 같은)으로 생각하는가?

3. 교회를 세우기 위한 은사의 통일성과 다양성(12장 1~31절)

(1) '성령으로부터 온 것'의 그리스도 중심적 기준(12장 1~3절)

> 1 사랑하는 저의 그리스도인 가족이여, 저는 여러분이 '성령으로부터 온 것'에 대하여 모른 채로 머물기를 원치 않습니다. 2 여러분이 이방인이었을 때 말을 하지 못하는 우상에게 끌려다녔다는 것을 여러분도 알고 있습니다. 3 그러므로 저는 여러분들에게 이 지식을 전하려고 합니다. 곧 하나님의 성령의 매개를 통하여 말하는 자는 누구라도 "예수는 저주를 내린다"[혹은 "예수는 저주받은 자다"]라고 말하지 않으며, 성령의 매개를 통하지 않고는, 어느 누구도 "예수께서 주님이시다"라고 말할 수 없다는 것입니다.

계속하여 바울은 '영적인 것'을 '**성령으로부터 온 것**'으로 새롭게 정의한다(1절). 그는 2장 6절부터 16절까지, 그리고 특히 3장 1절부터 4절까지에서 이미 이러한 재정의 과정을 시작했었다. 고린도의 많은 그리스도인들에게 '영적'인 사람으로 간주된다는 것은 공동체에서 높은 지위에 올랐다는 주장과 상통하는 것이었다(Martin, *Corinthian Body*, 87-105, 그리고 Hall, *Unity*, 163-70 등을 보자). 홀은 '두 복음'과 '다른 영'에 대해서 언급한다(163). 3장 1절에서 바울은 경쟁적 질투와 분쟁이 있는 곳에서 이런 상황에 얽힌 자들을 '영적'인 사람으로 부를 수는 없는 법이라고 분명히 못박았었다. 이것이 바로 12장 1절부터 3절까지를 이해하기 위한 배경을 형성한다.

본 장의 서두를 장식하는 표현(12장 1절)은 <u>영적인 사람들에 관하여</u>로 번역해야 하는가(Weiss, Blomberg, Ellis, 그리고 Wire), 아니면 <u>영적인 은사에 관하여</u>라고 번역해야 하는가(Conzelmann, Senft, REB, NRSV, NIV, NJB)? 정관사와 '영적인'이라는 의미에 형용사가 결합된 헬라어 표현(헬, 톤 *프뉴마티콘*)은 복수 소유격 형태로서, 엄밀히 남성(사람들)일 수도 있고 중성(사물)일 수도 있다. 대부분의 문법학자들과 주석가들은 중성이 문맥에 더 잘 어울린다고 주장하지만, 바레트의 경우는 '결정을 내릴 만한 객관적인 근거'가 없다고 단언한다(*First Epistle*, 278). 초대교회와 중세의 주석가들 역시 이 문제에 관해 서로 의견이 갈린다.

여기에서 놓치지 말아야 할 결정적인 사항은 영적인(사람들) 혹은 영적인(은사)가 고린도인들이 즐겨 사용하던 용어인 반면, 바울은 이를 '은사'(헬, *카리스마타*), '거저 주어진, 아무런 공로나 조건이 없이 주어진 선물들'이라는 다른 단어로 바꾸고 있다는 사실이다. 바울은 '은사'란 받을 만한 자질이나 자격이 없이 순전히 선물로 주어진다는 점에서 '높은 신분'을 상징하는 개념이 될 수 없다고 주장한다. 하지만 바울 역시 '영적인'(톤 *프뉴마티콘*)이라는 표현을 함부로 다루지 않는다. 그래서 바울은, 특별히 12장 1절부터 3절까지에서 볼 수 있는 것처럼, 그 표현이 적용될 수 있는 기준을 구체적으로 제시하려고 한다. 그렇다면, 바울이 그 용어에 부여하는 의미는 무엇일까?

바울은 그 단어에 **성령으로부터 온 것**이라는 의미를 부여한다. 왜냐하면 바울에게 '영적인'(헬, *프뉴마티코스*)은 '인간의 영성'이 아니라, 성령과 관계된 것을 의미하기 때문이다. 이 점이 특별히 중요하게 드러나는 것은 15장 44절에서인데, 여기서 바울은 성령의 임재와 활동을 특징으로 하는 그런 형태의 '영적인 몸'(헬, *소마 프뉴마티콘*)에 대해 이야기하고 있다(Thiselton, *First Epistle*, 1275-81, 그리고 Wright, *The Resurrection of the Son of God*, 342-56, 특히 354). 그러므로 예수님께서 생명과 사고를 다스리는 주님이시라고 고백할 수 있는 능력(12장 3절)은 인간의 '영성' 혹은 소위 '영적인 사람들'의 높은 신분을 표시하는 기준이 아니라, 성령의(성령에 의한, 3b절) 활동을 드러내는 기준이다. 홀은 여기서 고린도교회와 바울의 입장이 서로 너무 멀리 떨어진 것이어서, 이 둘이 사실상 '서로 다른 영에게'에게 호소하고 있는 상황이라고 생각한다(183).

바울은 이미 2장 10절부터 3장 4절까지에서 이러한 논증의 토대를 마련해 놓았다. 성령은 하나님께부터 나온다(헬, *토 프뉴마 토 엑 투 테우*, 2장 12절). '영성'은 인간 속에 내재한 어떤 원칙이 아니다. 성령이 그리스도인 속에서 활발하게 활동하시는가 아닌가를 판별하는 기준은 그리스도를 닮는 것(2장 16절)이다. 12장 1절부터 3절까지에서 바울은 넌지시 이방 종교의 상황을 떠올리게 한다. 두 가지 근본적인 차원에서 이들 종교에서 말하는 '영성'은 바울이 생각하는 영성과 다르다. 첫째, 이방 종교의 '영성'은 자신에 의해 유도된다(self-induced). 우상은 '영성'의 근원이 될 수 없다. 그것들은 **말을 하지 못하며** 영감을 주지도 못한다(2절). 일부 저자는 14장 4절을 자기 유도적 영성에 대한 암시를 뒷받침하는 것으로 간주한다. 즉, 그와 같은 영성은 자아도취적인 것으로, 오로지 자기 자신만을 유익하게 할 뿐이다. 이것은 우리를 두 번째 기준으로 이끌고 간다. 둘째, 성령께서 활동하시는 곳에서 신자들은 예수님은 주님으로 고백할 것이며, 또 다른 사람들을 파멸시키거나 경쟁하거나 서로를 무시하는 대신, 건설적으로 다른 사람들을 세우는 그런 방식으로 예수님을 주님으로 섬기는 것을 실천할 것이다.

이러한 점들을 놓고 보면, 달리 보면 매우 난해하다 할 수 있는 3절에 관한 윈터(Bruce Winter)의 연구 결과들이 훨씬 더 개연성 있는 것으로 다가온다. **하나님의 성령을 매개로 말하는 사람은 그 누구도 "예수는** 저주[받은 자]다" 혹은 (아마 더 그럴듯하게) **"예수는 저주를 내린다"라고 말하지 않는다**. 이 구절을 설명하려는 시도들이 많이 있었다. *NIGTC* 주석에서 나는 지금까지 제시된 12가지의 가능한 해석을 논의했다(*First Epistle*, 917-27). 윈터가 제시한 새로운 해석의 열쇠는 두 가지다. 첫째, 헬라어 원문은 동사 없이 단지 "예수—저주"(헬, *아나테마 예수스*)라고만 쓰였기 때문에, 굳이 (기존의 12개의 제안에서처럼) "예수는 저주다" 혹은 "저주를 받았다"와 같은 식으로 번역할 필요는 없다. 오히려 "예수가 저주를 내린다"라는 의미일 수도 있는 것이다. 둘째, 최근 27개 정도의 고대 저주 납판이 고린도나 그 주변(이방 신전들 구역 내에 있는 아크로코린트 언덕에서 14개)에서 출토되었는데, 여기서 우리는 당시에 사업, 사랑, 고소, 혹은 운동경기에서 숙적이나 경쟁자들을 '저주'해 달라고 이방신들에게 호소하는 관습이 있었음을 확인할 수 있다(Winter, "Religious Curses and Christian Vindictiveness, I Cor. 12-14").

윈터는 **여러분이 이방인이었을 때 말을 하지 못하는 우상에게 끌려다녔다는 것**에 대한 언급(2절)이 이방 종교의 광란 혹은 무아지경과 관련된 어떤 사이비 '영성'을 말하는 것이 아니라, 이교의 예배자들이 신의 도움으로 삶의 여러 영역에서 적대자들과 경쟁자들에 대한 우위를 점하려고 노력하던 그런 종교적 분위기를 가리키는 것이라고 주장한다. 어쩌면 우리는 이것과 6장 1절부터 8절까지에서 나타났던 병폐, 곧 자기 유익을 위해 다른 사람을 조종하려 했던 태도 사이의 일종의 병행 관계를 읽어낼 수 있을 것이다. 오래 전에 A. D. 노크(A. D. Nock)는 소위 '주술 파피루스'에 이러한 관습이 나타난다는 사실을 주목하였다.

윈터는 고린도의 배경을 두고 본다면, 질투하고 분쟁하는 태도(cf. 3장 1~3절)가 이교 예배자들이 자신의 신들에게 자신의 경쟁자들을 저주해 달라고 아주 내놓고 요구하는 것으로 나타났을 것이라고 주장한다. 3장 1절부터 3절까지, 6장 18절까지 그리고 다른 구절들과 함께 생각해 보면, 고린도의 일부 그리스도인들도 스스로 '영적인' 존재라고 자부하면서 그들이 싫어하는 사람들에게 '저주'를 내려주도록 예수님께 요청했을 것이라 생각할 수 있다. 바울은 그런 식의 태도는 성령께서 그들의 삶 속에 나타나신다는 주장과는 완전히 모순되는 것이라고 선언한다. 그런 식으로 그리스도의 통치권을 세우거나 드러낼 수는 없는 것이다.

이것이 12장 2, 3절에 대한 최적의 설명일 수 있지만, 여전히 이는 확정된 사실이 아니며 지금까지 강력한 가설 중 하나로 남아 있다. 따라서 더 전통적인 제안들도 아주 무시하기는 어렵다. 이들 중에서, ① 오스카 쿨만은 핍박받는 상황에서 예수님께서 주님이시라는 고백이 매우 중요한 것이었다는 사실을 강조한다. 가이사가 아니라, 예수님께서 주님이시다. (『폴리캅의 순교』 9장 3절에서의 이야기가 시사하는 것처럼) 그리스도인들은 신앙을 버리겠다는 표시로 예수님의 이름을 모독하라는 압력을 받았을 수 있는 것이다. ② 일부 사람들은 "예수가 저주를 받았다"라는 표현이 황홀적 '영성'이 유발시킨 무아지경의 광란에서 터져 나온 말일 가능성이 있다고 제안한다(M. Thrall, W. Schmithals, J. Weiss). 심리 치료와 관련된 연구를 보면 특별히 고양된 의식의 상태에서는 심리적 '검열'이 없어지는 현상이 있는데, 이런 것들을 고려하지 않는다면 이런 해석은 매우 억지스러운 것으로 보일 것이다. 물론 C. 포브스(C. Forbes)와 같은 이들은 이러한 해석을 단호하게 배격한다. ③ 위 해석을 약간 변형한 또 다른 제안에 의하면, '영적인' 사람은 역사적, 지상적 예수에 대한 일체의 언급을 거부하면서 이 역사적 예수를 부활한 '영적' 그리스도와 대립시켰다. 그들은 지상의 예수 '너머로' 나아갔다는 것이다. ④ W. C. 판 우닉(W. C. van Unnik)의 제안에 따르면, 여기에는 예수님께서 인간의 죄를 위해 '저주'를 받았다고 보는 속죄신학에 대한 암시가 깔려 있다(신 21장 23절, 갈 3장 13절). 이런 근거로 보면, "예수가 저주받았다"라고 번역된 고백은 그리스도의 죽음이 희생적 속죄의 행위였다는 신앙을 표현하는 것일 수 있다. 하지만 이 고백에서는 결정적인 내용이 누락되어 있다는 것을 무시할 수 없다. 곧, 그러한 신앙을 살아계신 부활의 예수 그리스도를 신뢰하는 데까지 밀고나가지는 못한다는 것이다. 결국 이 구절이 말하고자 하는 것은 그처럼 축소되고, 부분적이며, 토막난 신앙이 성령에서 나올 수는 없다는 것이다.

지금까지 우리는 열두 가지가 넘는 제안들 중에서, 가장 그럴듯한 네 가지 설명들과 더불어 문장 구조를 새롭게 해석함으로써 모호한 표현을 설득력 있게 설명해 준 브루스 윈터의 연구를 함께 살펴보았다.

3절 하반절은 명확한 어조로 많은 사람들이 최초의 기독교 신조라고 부르는 내용을 표현한다. **성령의 매개를 통하지 않고서는 어느 누구라도 "예수님께서 주님이시다"라고 말할 수 없다**. 많은 사람들이 주장하듯이, 만일 바울이 이것을 그리스도인의 정체성이나 성격을 검증하는 리트머스 테스트로 여겼다면, 이는 분명 주(主)님이신 예수 그리스도의 신분에 대한 지적인 믿음 이상의 무언가를 표현하는 것이다. 예수님을 주(헬, *퀴리오스*)로 고백히는 것은 자기 전부를 한 사람의 인생을 돌보시는 주님이신 예수님께 신뢰하고, 복종하고, 헌신하고, 충성하는, 그리고 숭배하는 태도로 자기 전부를 끌어들이는 것이다.

예수님께서 **주님**이시라고 고백하는 것의 실제적인 의미를 가장 명확하게 드러내는 대목은 그렇게 고백하는 자가 자신을 예수 그리스도의 종으로 인정하는 것이다. 예수님께서 '값을 치르고 사셔서' 그리스도은을 소유하셨다.(고전 6장 20절). 바울 당시의 세계에서, 누군가를 주인이라고 인정하는 것은 "가이사가 주인"이라는 고백처럼, 총체적 충성, 복종, 그리고 순종을 표현하는 것이었거나, 혹은 '가주'에 대한 충성처럼, 자신을 소유한 주인의 임의적 처분에 달려 있는 종으로서 무조건적 신뢰, 의존, 그리고 복종을 표현하는 것이었다.

종의 처지에서 보면, 종을 소유한 사람 혹은 '주인'이 인정이 없거나 비양심적인 경우는 그야말로 재앙이요 불행이었다. 종은 단지 '대상' 혹은 '물건'(라틴어 *res*), 즉 주인의 소유물에 지나지 않았다. 바울은 바로 이러한 언어로 죄와 율법에 사로잡힌 인간의 노예상태를 묘사한다. 그러나 세심하고 인정이 있는 '주인들'은 자기 종의 안녕과 안전에 대한 책임을 다했다. '선한' 주인에게 속해 있다는 것은 안전함을 의미했으며, 이는 자신감 넘치는 신뢰로 이어졌다. 주인이 자신을 책임질 것이므로 이제 자기 스스로 자신을 위해 염려할 필요가 없어졌음을 알기 때문이다. "이제 나는 예수의 것이고, 예수는 나의 것이라네"라는 잘 알려진 찬송가의 노랫말은 자신이 스스로 책임져야 하는 부담을 던져버린 이들의 대담한 자신감과 신뢰의 한 면모를 잘 드러내 준다.

신뢰하며 '자신을 맡기는' 이러한 자유는 바울의 은혜 및 이신칭의 신학의 중심에 자리한 것으로서, 예수님을 주님으로 고백하는 것과 밀접하게 연관되어 있다. 복음의 핵심이 '그리스도를 주로 선포하는 것'인 이유가 바로 여기에 있다(고후 4장 5절). 바울은 그의 편지들에서 **주님**을 의미하는 단어(헬, *퀴리오스*)를 약 220번 정도 사용한다. 예수님께서 주님이시라는 고백은 여러 핵심적 논증과 묵상의 절정 부분에 등장하는데, 로마서 10장 9절, 14장 9절, 고린도전서 8장 5, 6절, 에베소서 4장 5절, 그리고 빌립보서 2장 11절 등이 그 대표적인 사례다. 예수 그리스도께서 주님이시라는 인식은 지금 현재가 어떤 상황인가에 대한 고백을 함축한다. 하나님께서는 예수님께서 부활하셨을 때(롬 1장 4절) 혹은 그분의 승귀 시에(빌 2장 9~11절) 그분을 주인의 자리에 앉히셨다. 그럼에도 불구하고 자기 죄에 대한 모든 염려, 소명, 부여된 과제, 실패, 성공, 그리고 운명을 예수님께 맡긴 그리스도인의 편에서 볼 때, 그 고백은 무엇보다도(단순한 사실의 고백을 넘어) 실천적이고 신뢰 가득한 충성과 '소속감'의 표현으로 다가온다. "우리가 살아도 주께 대하여 사는 것이며, 죽어도 주께 대하여 죽는 것입니다. 그러기에 살든 죽든 우리는 주께 속한 자들입니다."(롬 14장 7절) 불트만이 이 구절을 그리스도인의 자유에 대한 가장 위대한 선언들 중 하나로 간주한 것은 당연한 일이었다.

32. 묵상을 위한 제언(12장 1~3절)

1. '성령의 사람'으로 간주되는 것과 그리스도를 닮는 기준에 관하여

고린도의 많은 사람들은 다른 사람들이 자신들을 '영적'인 사람들로 여겨주기를 바라는 마음이 지나쳤던 것 같다. 바울은 이런 태도가 그들의 진정성이 아닌 다른 어떤 것을 드러내는 것이 아닌지 의심한다. 참된 영성을 검증하는 기준은 그들의 생각과 삶이 그리스도를 주로 드러내는가 하는 여부다. 그리스도를 '주님'으로, 그를 '우리의' 혹은 '나의' 주님으로 부르며 고백하는 것은 어떤 의미가 있는가? 초대교회에서(또 오늘날 우리들에게) 하나님의 영이 역사한다고 주장하는 그리스도인의 진정성을 확인하는 가장 간명한 시험으로 '예수님께서 주님'이시라는 신앙고백이 제시되는 이유가 무엇인가?

2. 그리스도에 대한 신앙과 주술의 차이에 관하여

'저주' 구절에 대한 윈터의 입장이 옳다면, 다른 사람의 불이익을 구하는 '기도'를 예수님께 드리는 것은 이를 행하는 자들이 '영적인 존재'도 아니며, 심지어 아예 그리스도인이 아니라는 사실을 폭로한다. 여기에 신앙과 마술 사이의 핵심적 차이가 존재한다. 마술은 자신의 유익을 위해서 초자연적 능력들을 조작하려고 노력한다. 신앙은 하나님의 뜻을 위하여 하나님의 손에 자신을 맡긴다. 신앙을 자기 유익의 수단으로 만들었던 적이 있지는 않는가? 종교적 문맥에서는 그런 태도가 어떤 식으로 나타날지 생각해 볼 수 있겠는가? 예수님께서는 자신이 직면한 메시아로서의 유혹에 저항하면서, 신앙이 요구하는 자제와 순종이라는 제한을 받아들이셨다. 그리스도인들이 하나님께로부터 '통제의 권한'을 찬탈하려 드는 경우가 있지 않은가?

3. 예수님을 주님으로 고백함에 관하여

우리가 전적으로 그리고 무조건 우리 자신을 예수 그리스도의 손에 맡긴다면, 그것은 어떤 면에서 우리를 제한할까? 혹은 어떤 면에서 우리를 자유롭게 할까? 무엇으로부터 우리를 해방시킬까? 이와 같은 신앙고백에서 우리는 (a) 세상이 믿고 안 믿고와는 상관없이 언제나 진리로 존재하는 사실과 (b) 우리 편에서의 실천적인 자세, 곧 일부 사람들이 '그분께 왕좌를 만들어 드리기'라고 묘사한 그런 태도를 구분할 수 있는가? '예수님께서 주님'이시라는 고백을 하는 데, 사실을 진술하는 차원과 우리의 헌신이나 태도의 차원을 구분하는 것이 유용한가? '예수님께서 [나의] 주님'이시라고 말하는 것은 '나는 그분의 종'이라고 말하는 것과 동일한 것인가?

(2) 전체 교회를 세우기 위한 다양한 은사(12장 4~11절)

4 은사의 분배는 다양하게 이루어지지만, 성령은 같습니다. 5 섬김의 방식은
여러 가지지만, 주님은 같습니다. 6 결과를 만들어내는 은사는 다양하게 분배
되지만, 모든 사람에게서 모든 것을 이루시는 하나님은 같습니다. 7 각 사람에
게 성령을 드러내시는 것은 모두의 유익을 위한 것입니다. 8 어떤 사람에게는
하나님께서 성령을 통하여 '지혜'와 관련된 말씀을, 어떤 사람에게는 같은 성
령을 따라 '지식'과 관련된 말씀을, 9 다른 사람에게는 같은 성령으로 믿음을,
어떤 사람에게는 같은 성령으로 다양한 병 고치는 은사를, 10 어떤 사람에게는
역동적이고 효력 있는 능력의 행위를, 어떤 사람에게는 예언을, 어떤 사람에게
는 영에 관한 것을 분별하기를, 다른 사람에게는 각종 방언을, 어떤 사람에게
는 방언으로 말한 것을 이해할 수 있게 표현하는 능력을 주십니다. 11 이 모든
일은 동일한 성령 한 분께서 그분의 뜻대로 각 사람에게 나누어 주시는 활동
입니다.

4절부터 7절까지는 두 가지 면에서 중요하다. 첫째, 이 구절은 삼위일체 신학을 위한 일종의 '기본 계획'을 제시한다. 둘째로, 그것들은 통일성과 다양성 간의 변증법적 관계를 설명해 준다. 즉, 다양한 **은사**(4절), 다양한 **섬김의 방법**(5절), 그리고 다양한 **은사의 분배**(6절)가 있지만, 이 모든 것이 모두 **동일한 영**(4절), **동일한 주**(5절), 그리고 **동일한 하나님**(6절)께로부터 비롯된 것이다. **동일한**이라는 표현을 사용하는 것은 두 가지 원칙을 확증한다. 즉, ① 하나님은 한 분이시요(고전 8장 4~6절), **은사들**, 곧 **섬기는 방식들**의 공통적 근원이 되신다는 것, 그리고 ② (은사의) **분배** 혹은 효과적 사역의 분배는 서로 경쟁하고 서로를 깎아내리기 위해서가 아니라, 하나님 한 분께서 의

도하신 하나의 총체적 목적, 즉 전체 교회 **공통의 유익** 혹은 공동의 선에 봉사하는 것이다. 그것들은 교회의 특정 부류를 위한 것도, 은사를 수행하는 혹은 봉사를 행하는 사람들 자신을 위한 것도(무엇보다도) 아니다(cf. 14장 4절). 다양성 속의 통일성에 대한 바울의 강조는 거룩한 성삼위이신 하나님 한 분의 본질에 근거한다. 바울은 하나님께서 다양성 속의 통일성이라는 방식으로 나누어 주신 은사들의 일관성을 강조한다. 여기에는 경쟁 혹은 다툼이 있을 수 없다.

바울은 본 장의 두 번째 주요 단락에서 한 몸의 여러 지체들이 서로를 뒷받침하는 구조를 이루고 있다는 사실을 설명한다(27~30절과 함께, 12장 12~26절). 눈이나 귀의 중요성을 폄하함으로써 손이나 발을 옹호하려는 식의 경쟁적 주장들은 터무니없는 것들이다. 몸이 전체로 움직이려면 모든 지체가 필요하기 때문이다.

그럼에도 불구하고 여전히 은사와 각각의 역할의 **다양한 분배**는 몸의 건강을 위해 필수적이다. 여러 가지 은사를 선택하거나 순위를 매기는 일은 교회 구성원의 몫이 아니며, 하나님께서 **공동의 유익을 위해** 성령께서 원하시는 대로 **각 사람에게** 은사를 나누어 주신다(7절). 바울이 제시하는 은사의 목록은 모든 은사를 망라한 것이 아니다. 다른 한편으로, 바울은 그 어떤 개인이라도 모든 은사를 전부 받을 수 있는 것은 아니라고 말한다. 다양한 은사의 전모는 그리스도 안에서 혹은 전체 교회 안에서만 확인할 수 있다. 이는 한 개인에게 교회가 필요한 여러 가지 이유 중 하나다.

① 사람들은 너무 자주 '**지혜**'**와 관련된 말씀**이라는 표현(8a절)을 특정 기독교 전통이나 문화적 가정들에 기초한 선입견에서 해석하려 한다. 그렇게 되면 바울이 의도한 것 이상의 의미를 본문에서 읽어내려 하게 될 것이다. '지혜로운 말씀의 은사'라는 REB의 번역은 좋은 번역이라 할 수 있다.

특히 배후의 헬라어(로고스)가 단순히 '말'이라기보다는 '연설', '담화', 혹은 '발언'을 의미한다는 사실을 고려하면 더욱 그렇다. '**지혜의**'라는 속격은 묘사적인 용법일 수도 있다('가장 심오한 지식을 말로 표현할 수 있다'는 REB처럼). 그러나 그것이 '주격'속격(지혜에서 비롯된)이라면, 그것은 '[하나님의] 지혜에서 비롯된 연설'을 의미할 수 있다.* 이는 1장 18절부터 25절까지와 2장 1절부터 16절까지에서 나타나는 생각과 일치한다.

이사야 11장 2, 3절에서 하나님의 영은 메시아적인 인물에게 지혜와 지식을 부여한다. 그리스도인들은 이러한 성령의 선물을 성령에 의한 그리스도의 기름 부음에서 비롯된 것으로 여긴다. 지혜는 고린도 교회가 내세운 표어였을 것이다(cf. 1장 17절, 2장 1, 5, 6절, 3장 19절). 그래서 아마도 바울은 여기서 성령께 마음을 열어 놓은데서 비롯된 지혜의 말씀과, 그저 인간의 조작에 불과한 '영리한' 말을 구별하고 있을 것이다. 널리 퍼진 몇몇 해석에서는 여기서의 지혜를 특정한 개인들에게 주어진 임의적인 메시지들로 국한한다. 하지만 이는 복음을 중심으로 하여 상황에 맞도록 주어진 내용을 부당하게 축소함은 물론, 여기에다 특정한 현대사상의 전통을 덧입히는 실수가 될 수 있다. 즉, 본문의 의미를 축소하면서 동시에 외면하는 것일 수 있다는 말이다.

② '**지식**'(8b절)은 고린도 신자들의 또 다른 유행어다(cf. 1장 5절, 8장 1, 7, 10, 11절, 13장 2, 8절, 14장 6절). 바울이 말하는 지식은 고린도의 신자가 선호하던 지식과는 다르다. 바울에게 지식은 마지막 심판 이전에 온전히 소유할 수 있거나 온전히 성취할 수 있는 자질이 결코 아니다. 그것은 알아가는 과정(헬라어로 명사형 *그노시스*보다는 동사형 *기노스코*)이며, 무엇보

* 원서의 본문에는 '목적격 속격'(objective genitive)로 잘못 표현되어 있지만, 번역에서 이를 바로 잡았다. 저자는 자신의 *NIGTC* 주석에서 주격 속격과 목적격 속격('지혜에 관한 말씀')의 두 가능성을 함께 소개하는데, 이를 요약해 소개하는 과정에서 혼란이 생긴 것으로 보인다—역주.

다 자신이 듣고 배울 필요가 있는 존재임을 인식하는 것에서 시작되는 것이다(3장 18~21절, 13장 12절).

초대교회 교부들 이후 수많은 주석가들은 '지혜'의 말씀과 '지식'의 차이가 무엇일까를 알아내기 위해 많은 노력을 기울였지만, 대부분의 학자들은 오늘의 우리로서는 이 둘 사이의 차이를 확실하게 알 수 없다는 데 동의한다. 많은 다른 상황에서 분명 차이가 존재한다. 즉, 지혜(신학적, 철학적 전통에서, 헬라어로 *소피아*보다는 *프로네시스*)는 합리적 평가, 직관적 인식, 그리고 특히 실천적 이해를 포함한 사고 과정 전체를 지칭한다. 이에 반해 지식은 기술적 자료를 파악하는 것과 관련된다(종종 헬라어로 *그노시스*보다는 *테크네*). 일부 주석가들은 이러한 두 은사를 모두 신학적 사고와 관련된 은사들로 간주한다(Senft, *Première Epître*, 158). 물론 이는 그 은사를 특정 개인에게 전달된 메시지로 생각하는 것보다는 더 그럴듯하지만, 여전히 불확실한 견해이기는 마찬가지다.

두 은사 사이에 굳이 차이가 있다면, 그 차이를 밝히는 최상의 실마리는 진리를 선지자적으로 적용하는 것을 지혜와 연관 짓고, 지식은 가르침의 은사와 관련된 것으로 이해하는 데서 찾을 수 있을 것이다.

③ 엄밀히 말해 현 문맥에서 **믿음**(9a절)은 또 한 부류의 **다른 이들**에게 주어진 은사로 등장한다. 따라서 이 믿음은 모든 그리스도인들이 그리스도인이라는 정체성의 일부로 소유하고 있는 믿음, 곧 신뢰하는 믿음과는 분명 다르다. 믿음을 통해, 그리고 은혜에 의해 주어지는 칭의는 모든 그리스도인이 누리는 은사이며, 그래서 그리스도인은 언제나 '신자' 혹은 신실한 자라고 규정된다. 이 확실한 신뢰하는 믿음은 받아들임(나의 것으로)을 의미한다. 폴 틸리히는 의롭다고 불리는 믿음을 두고 받아들여졌음을 받아들이는 것이라 말한다. 그렇다면 9절에서 말하는 은사는 분명 이런 믿음은 아니다.

아마도 이 은사는 열광적으로, 강력하게, 그리고 낙관적인 태도를 견지하면서 하나님의 주권적 사랑과 자비를 받아들이도록 격려하여 불확실한 상황에서 어려움을 겪는 교회를 격려하는 은사였을 것이다. 교회의 안전이나 성장이 위협받는 시험의 때에 그러한 믿음의 은사는 온 교회를 '세울'수 있다. 여기에는 동료 그리스도인들의 기운과 사기를 북돋우시는 하나님을 강하게 확신하는 태도 또한 포함될 것이다. 그런 점에서 이 은사는 공동의 유익을 준다(7절).

④ **다양한 종류의 치유의 은사들**이 그 다음으로 등장한다(9b절). 치유들과 은사들이(헬, *카리스마타 이아마톤*) 둘 다 복수 형태로 썼다는 사실이 중요하다. 대부분의 번역은 이 단어들 가운데 하나만 복수 형태로 놓고 다른 하나는 단수로 옮긴다(NRSV, REB, "gifts of healing"). 그런데 여기서 복수의 치유들은 하나 이상의 치유를 의미하는가(한 번 이상 치유하는 것 혹은 한 사람 이상을 치유하는 것), 아니면 한 종류 이상의 치유(일반적인 의미로)를 의미하는가? 두 번째 의미가 더 그럴듯해 보인다. 현대 영어에서는 종종 헤아리기 어려운 대상에다 복수형을 사용함으로써(cheeses or fruits에서처럼) 그 대상의 종류 혹은 다양성을 나타낸다. 에드워즈(*First Epistle*, 316)와 조다이어츠(*I Corinthians* 12, vol. 1, 152)는 치유들이라는 표현을 이렇게 이해한다.

몇몇 저자는 이 은사에 불가불 '초자연적' 치유를 포함해야 한다고 믿지만, 여기에는 의문의 여지가 있다. 현대 오순절 운동의 창시자 중 하나인 도날드 지(Donald Gee)는 그 구절이 무엇을 의미하든지 간에, 우리가 이 은사에서 '의학적 치유라는 자비롭고 다중적인 사역을 배제하지 말아야' 한다고 주장한다(1963 또는, 47-62). 벵겔(Bengel)도 그것이 '자연적' 치유 수단을 배제하지 않는다고 주장한다(*Gnomon*, 652). 비록 암묵적인 암시가 있기는 하지만, 바울은 이곳 말고는 자신의 편지 그 어떤 곳에서도 치유 은사를 명시적으로 언급하지 않는 것으로 보인다(여기서 오순절주의의 입장에 선 저자들의 논증에 관해서는 Thiselton, *First Epistle*, 947-51를 보자). 바르트(Barth)가 주장하듯이, 여기서 바울의 목적은 치유의 수단보다는 근원을 강조하려는 것이다. 즉, 이것은 교회 전체가 유익하고 세워져가기를 위해 한 성령께서 값없이 '거저' 주시는 은사이다.

하나님께 대한 감사를 통해 교회를 통일해야 할 은사가 때때로 분열의 원인으로 작용한다는 것은 슬픈 일이다. 성령의 은사 분배를 통해 치유가 일어날 것인지, 그리고 언제, 어떤 방식으로 치유가 이루어질 것인지를 결정하는 것은 오로지 성령의 주권에 속한 일이라는 사실을 충분히 인식한다면, 이런 분열은 훨씬 줄어들었을 것이다. 이 구절에서 바울이 의도한 것과는 반대로, 여기서의 치유를 치료자나 치유를 받는 자를 위한 보편적 은사로 이해하게 되면, 어떤 사람은 고통과 '불완전함'에 시달리는 데 반해 어떤 이는 그렇지 않다는 현실이 우리를 맥 빠지게 하는 난제가 될 수밖에 없을 것이다. 바울은 하나님께 '[그의] 육체의 가시'를 제거해 달라고 '세 차례'나 기도했지만(고후 12장 7절), 하나님께서는 바울에게 '연약함'에 만족할 수 있을 만한 '충분한 은혜'를 주셨다(6~10절). 성령께서 분배해 주시는 은사가 어떤 종류이든(4, 5절), 그 자체가 교회를 위한 하나님의 현존과 사랑에 대한 '충분'한 표현이 된다.

⑤ **또 역동적이고 효과적인 능력의 행위들**(10a절)이 다른 사람에게 주어진다. NRSV와 AV/KJB는 그 표현을 '기적의 수행'(the working of miracles)으로 번역한다. REB와 NIV 역시 '기적의 능력'(miraculous powers)으로 옮긴다. 그러나 '기적' 혹은 '기적적'이라는 말은 헬라어에는 존재하지 않는다. 헬라어 표현은 그저 '능력의 활동'(*에네르게마타 뒤나메온*)이다. 그래서 RV는 여백에 '능력의 작용'이라는 번역을 부기해 두었다. 둘 중 앞서 나오는 단어

와 관련하여, 신약 헬라어의 가장 대표적인 사전(Danker-Baur, *Lexicon*, 3판 2000. *BDAG*로 줄여 표기함)은 고린도전서 12장 10절의 문맥을 근거로 삼아 이 단어가 '기적을 통해 나타나는 활동들' 혹은 '기적적 능력'을 의미했을 수 있다는 것을 인정하지만, 그럼에도 불구하고 이를 '활동' 혹은 '능력의 표현'이라는 의미로 번역하고 있다(335).

두 번째 단어(헬, *뒤나미스*)는 복수 소유격 형태로 나타난다(헬, *뒤나메온*).* **역동적이고 효과적인 능력의 행위들**이라는 나의 번역은 '기적'이라는 의미가 암시되었을 가능성을 배제하지 않는다. 하지만 이를 다른 은사와 나란히 놓고 보면, 다음과 같은 질문이 생길 수밖에 없다. 과연 바울은 그리스도의 몸을 세우는 데 더 필수적인 것이 기적이라고 보는가 아니면 효율적인 지도력이라고 보는가? 게다가 '기적'이라는 개념 자체는 하나님의 행동을 '자연적인 것'과 '초자연적인 것'이라는 두 수준으로 나누는 것이다. 이런 관점은 하나님께서는 무엇이든 그분께서 선택하신 방식에 따라 행동하신다는 성경적 확신보다는, 18세기 계몽주의적 물질주의에 대한 반발에서 기인한 것일 가능성이 더 높다. 그런 의도는 아니었겠지만, 하나님께서 행하시는 일 중 특정한 부류를 '기적'이라고 따로 규정하는 것은 때로 세상에서 행하시는 하나님의 활동 범위에 대한 우리 이해를 확대하기보다는 축소하는 결과를 초래할 수 있다. 이 편지에서 바울의 논증이 특별히 드러내고자 하는 것은 인간의 겉꾸밈과 대조되는, 복음의 진정한 실효성이다. 바르트는 이

* 별주. BDAG는 이 헬라어를 '특정한 방식으로 기능할 수 있는 잠재력' 혹은 '능력, 세력, 힘, 재능'으로 해석한다(262). 때때로 이 단어는 보다 좁은 의미로 '기이한 일을 만들어 내는 권세'를 의미할 수 있지만(막 6장 14절, 행 10장 38절, 고전 12장 28, 29절, 갈 3장 5절, 골 1장 29절), 고린도전서 4장 19, 20절과 데살로니가전서 1장 5절에서는 그 단어가 단순한 말 혹은 나타남과 대조되는 의미에서의 '효력'을 의미한다(263). 두 번째 주된 의미 범주에서는 그 단어가 '무언가를 수행하는 능력, 능력, 재능'을 묘사한다. 우리의 현재 구절을 포함하고 있는 세 번째 범주에서 이 단어는 '힘 있게 움직일 수 있는 능력'을 의미한다. 이는 '능력의 활동' 혹은 '기적'에서부터 더 일반적인 의미의 '능력' 혹은 '자원'까지 다양한 의미가 될 수 있다(263). 효력과 자원은 두 단어가 함께 있을 때 나타낼 수 있는 의미의 최소공배수라 할 수 있다.

점을 매우 잘 드러내고 있다(*Resurrection*, 18, 24-26, 79-82; 그리고 Thiselton, *First Epistle*, 952-56).

⑥ **예언**(10절)은 번역상으로는 아무 어려움이 없다. 하지만 헬라어나 영어나 이 단어의 구체적 의미에 관해서는 여전히 치열한 논쟁이 벌어지고 있다. 앞에서 살펴본 것처럼, 최근의 한 저자는 사실상 바울과 고린도의 많은 그리스도인들 사이에 존재하는 모든 차이들의 배후에는 '선지자적 영감에 대한 두 가지 서로 다른 이해들 간의 충돌'이 놓여 있다고 믿는다(Hall, *Unity*, 71). 만약 이것이 옳다면, 우리는 '신약의 예언'에 대한 우리의 이해가 당시 고린도의 분위기에 더 유사한지, 혹은 사도의 관점에 더 가까운 것인지 매우 조심스럽게 따져보아야 할 것이다. 어휘 자체의 수준에서 말하자면, 예언이란 하나님의 계시된 뜻을 선언하거나 대언(代言)하는 광범위하고 일반적인 은사나 활동을 의미한다.

이러한 광의에서 볼 때, 모세는 한 사람의 선지자로 남아 있다. 모세는 이스라엘에게 하나님의 말씀을 중보하며, '위를 향한 중재자'의 역할을 맡아 하나님을 향해 이스라엘의 기도를 중보한다. 주전 8, 7세기의 정경 속의 선지자들(아모스, 호세아, 이사야, 그리고 예레미야)도 하나님의 말씀을 '대언하면서', 종종 주전 9세기 바알의 선지자들을 포함한 초기 '선지자들'의 황홀경 혹은 '영감'과 거리를 두기도 한다(왕상 18장 26~29절을 다음 구절과 대조해 보자. 왕상 19장 36~38절, 암 1장 3, 6절, 2장 1, 4, 6절, 3장 1절, 11장, 5장 1, 2절과, 그리고 특히 현 문맥에서는 7장 14~16절). 아모스는 예언의 말씀을 선포 또는 설교와 같은 것으로 본다(7장 16절에서 '이스라엘에게 나쁜 예언을 하지 말아라'는 NIV의 '그리고 이삭의 집에 대한 나쁜 설교를 중단하라')와 동의적 병행을 이룬다.

많은 학자들은 예언이 바울의 '목회적 설교'와 사실상 같은 것이라고 주장하였다(Hill, *New Testament Prophecy*, 110-40; Hering, *First Epistle*, 127; Muller, *Prophetie und Predigt*, 47-108; Gillespie, *First Theologian*, 130-50; 그리고 Thiselton, *First Epistle*, 956-65, 1087-94). 바울이 예언의 말씀이 지닌 목적을 '교화, 교훈 그리고 격려'라고 분명히 말하고 있기 때문에 '그것은 우리가 오늘날 설교라고 부르는 것과 많은 부분 일치한다'(Hering, *First Epistle*, 127; 또한 Garland, *I Corinthians*, 582-83를 보자). 예언이라는 말을 오늘날 우리에게 익숙한 15분짜리의 정형화된 독백을 복창하는 것으로 오독하는 것처럼, 바울이 언급한 예언을 즉흥적인 일련의 짧은 단문 '메시지'로 이해하려는 것 또한 잘못이다. 특별히 이들 메시지들을 복음 자체보다는 이런저런 개인들의 관심사에 국한되는 것으로 이해한다면 더욱 그렇다. 다음의 세 가지 사항도 바울의 관점을 이해하는 데 유익한 것들이다.

㉠ 사도의 소명에 관한 바울의 묘사는 예레미야의 소명 이야기와 같은 용어를 사용한다. 이는 바울이 사도로서 자신의 개인적 소명을 사실상 예레미야의 소명과 같은 선지자의 사역을 위한 소명으로 여기고 있음을 말해준다(갈 1장 15절, 그리고 렘 1장 5절, Sandnes, *Paul- One of the Prophets?*).

㉡ 예언을 구약의 전통에 따라 이해하는 이런 접근 방식은 그리스-로마 세계에서 알려진 많은 '예언들'의 사례와 좋은 대조를 이룬다. 무녀의 '예언들'과 다른 그리스-로마 신탁들은 자주 황홀경 혹은 무아지경의 상태에서 주어지는데, 이는 아모스를 비롯한 성경의 선지자들이 경멸하는 것이었다. 가장 악명 높은 사례를 들자면, 고대 그리스의 극작가 에우리피데스(Euripides)의 묘사 중에 나오는 바카이(=바커스나 디오니수스의 제자들)의 광적인 절규를 들 수 있다. 고린도 교회의 일부 신자들이 상황을 자세히 검토해 보지도 않고서 교회에서 말하는 예언 또한 그와 같은 광적인 절규와 같은 것으로 생각했다고 보는 것은 결코 무리한 추측이 아니다. 바울이 14

장에서 '절제된' 발언의 중요성을 그처럼 강조하고 있는 것도 바로 이런 상황을 바탕으로 둔 것이라 할 수 있다(고전 14장 29~33절). 유진 보링(Eugene Boring)도 고린도 교회에서 통용된 예언의 개념은(홀과 마찬가지로) 바울이 생각하고 있는 것보다 더 '신탁적'이고 황홀경적이며, 더욱 개인주의적이었다고 주장한다.

㉢ 예언의 말씀은 '외부자들'에게 복음의 진리를 확신시키고(고전 14장 24, 25절) 신자들의 믿음을 양육한다는 의미에서 교회를 '세우는' 일이었다. 종교개혁 시대에 쯔빙글리와 불링거는 오늘날의 어떤 사람들보다도 우리가 제시한 입장에 더 근접해 있었다. 그들은 예언의 말씀이란 목회적인 적용과 양육을 위해 성경 말씀을 숙고하는 것과 같은 것이라고 생각하였다.

⑦ 이 은사들 가운데 일곱 번째는 '**성령에 속한 것들'의 분별**이다(10절). 헬라어는 복수, 즉 '영들'(헬, *디아크리세이스 프뉴마톤*)로 되어 있다. 하지만 몇몇 저자는 바울은 '악한 영들'에 대해서는 거의 언급하지 않는다고 주장한다(예를 들면 Robertson과 Plummer, *First Epistle*, 267). 마찬가지로 에른스트 푹스(Ernst Fuchs) 역시 여기서 분별해야 할 차이란 단지 인간의 영에 의해서만 생겨나는 것과 성령에 의해서 촉진되는 것(진정한 계시적 담화) 사이의 차이라고 주장한다(*Christus und der Geist*, 36-48). 만일 이 저자들의 견해가 옳다면, 여기서의 '영들 분별하기'란 성령의 인도로 말한다는 당사자의 주장이 진정한 것인지 아닌지를 분별하는 은사가 된다. 이는 이 은사가 예언을 시험하기 위한 것이라는 주장과 잘 어울린다(Dautzenberg, *Urchristliche Prophetie*, 93-104).

그러나 이 표현(REB, '참 영들과 거짓 영들을 구별하는 능력')의 정확한 해석은 여전히 논란의 대상이다. 모든 입장에서 제시된 여러 복잡한 논증들은 *First Epistle*(965-70)에서 상세히 논의하였다. 대부분의 제안들에 의하면,

이 은사는 분별, 그리고 특히 성령께서 일하시는 때가 언제인가를 분별하는 은사를 포함한다.

⑧ **각종 방언들**. *글로쏠랄리아*(*glossolalia*) 혹은 방언하기에 대해 어떤 주장을 펴든, 바울이 '여러 **종류**의 방언들'(헬, *게네 글로쏜*)이라는 포괄적인 표현을 사용한다는 사실을 주목해야 한다. 신약 내에서 그리고 바울의 편지에서도 방언이라 불릴 수 있는 대상이 특정한 한 가지의 동질적 현상에 국한되지 않는다는 점을 고려하지 않으면, 그 어떤 이론이라도 충분치 않다. "방언 말하기란 무엇인가?"라는 일반적인 물음은 이 용어가 성경의 다양한 문맥에서 구체적으로 무엇을 의미하는지를 밝히기 전까지는 누구에게도 별 도움이 되지 못한다. 그러므로 이 용어가 13장 1절에서 '천사의 언어'를 암시할 수 있다는 이유를 들어 12장부터 14장까지 전체에 걸쳐 방언이 그와 같은 것을 의미한다고 주장하는 것은 대단한 비약이다.

두 가지 핵심적인 대조가 여기서 바울이 의도한 '방언' 개념을 설명하는데 도움을 준다. 예언적 담화가 명확하고 이해 가능한 데 반하여, 방언은 이 발언이 명확한 연설로 옮겨지지 않는 한 불명확하고 이해할 수 없는 것으로 남는다. 둘째로, 방언은 인간에 의해서 혹은 인간을 통해서 하나님께 들리는 것이며(14장 2절), 예언은 하나님께로부터 인간에게 들리는 것이다(14장 3절).

학술적 연구를 보면, 방언 말하기에 관해 적어도 다섯 가지의 서로 다른 입장들을 발견할 수 있다. 이들은 방언을 각각 ① 천사의 말, ② 외국어를 말하는 기적적 능력, ③ 제의적 혹은 고풍스러운 발언, ④ 황홀경적 발언, ⑤ 표출, 특히 동경이나 찬양을 표출하는 작용 등과 같은 다양한 의미로 이해한다(마지막 제안에 대해서는 Thiselton, *First Epistle*, 970-88을 보자). 나는 1979년 이후 지금까지 이 마지막 관점을 줄곧 지지했다. 나는 오순절파 작가 마키아(F. D. Maccia)의 입장에 동의한다. E. 케제만, K. 스텐달, 그리고 G. 타이센과 더불어 그는 방언이 로마서 8장 26, 27절에서 언급된 사실, 곧 성령께서 '말할 수 없는 탄식으로' 그리스도인 안에서, 혹은 그리스도인을 통해 말씀하시는 현상과 매우 밀접한 병행을 이룬다는 견해에 동의한다(F. D. Macchia, "Groans Too Deep for Words", 149-73, 그리고 "Tongues and Prophecy", 63-69, G. Theissen, *Psychological Aspects*, 276-341 특히 304-41). 로마서의 '탄식' 혹은 '신음'은 종말론적 성취와 완성에 대한 열망의 표현으로서, 언젠가는 하나님의 영광이 그 본연의 찬란함을 드러낼 것을 예견하는 데서 터져 나오는 것이다.

그러나 우리 마음의 가장 깊은 곳에 자리한 통찰력, 느낌, 혹은 동경에는 방출구가 필요하다. 그것은 '표출되어야' 한다. 이 부분에서는 스텐달, 좀 더 자세하게는 타이센의 연구가 도움을 준다. 성령께서는 성령의 선물로 무의식의 심연을 조사할 수 있는 능력을 부여하신다. 이 마음은 성령께서 하나님의 사랑을 넓게 밝히는 곳이다('하나님의 사랑이 우리 마음에 (홍수처럼) 부은 바 됨이니' 롬 5장 5절, REB). 마음에는 종종 요즘 우리가 무의식이라부르는 것이 포함된다(고전 4장 4, 5절). 따라서 타이센의 말처럼, '글로쏠랄리아란 의식이 가능한 무의식의 언어'로서, 우리로 하여금 '삶의 무의식적 심연의 차원에 접근할 수 있게' 만들어 주는 것이다(참고. Stendahl, "Glossolalia", in *Paul*, 111; 그리고 Theissen, *Psychological Aspects*, 306; cf. 59-114, 276-341).

바울은 이런 은사의 사용을 승인하지만, 세 가지 면에서 여기에 제한을 가한다. 첫째, 진정한 형태의 방언은 하나님의 영으로부터 나온다. 그것은 사람들 편에서 만들어 내는 모조품이 되어서는 안 된다(14장 4절, 특히 Vielhauer, *Oikodomē*, 91-98에서 논의되었다). 둘째로, 그것은 공개적 장소가 아닌, 철저히 개인적인 자리에서만 이루어져야 한다(14장 5~25절). 셋째로,

방언의 은사가 전체의 유익을 위해서 사용될 수 있는 유일한 방법은, 방언을 말하는 사람이 말하는 내용을 알아들을 수 있는 말로 전달할 수 있는 추가적인 은사를 받는 경우다(14장 13절, "방언을 말하는 자는 통역할 수 있는 능력을 지니기 위해서 기도하라", REB, 헬라어 본문은 방언 말하는 이와 다른 누군가가 방언 '통역자'가 된다고는 말하지 않는다).

⑨ **방언의 말씀을 이해할 수 있는 말로 옮기는 것**(10c절). 여러 사람이 이 은사가 방언을 말하는 은사와는 별개의 것이라고 본다. 그들은 한 사람이 방언으로 말하면 다른 사람이 방언의 화자가 말한 내용을 이해 가능한 말로 '해석하는' 은사를 받는다고 제안한다. 오랫동안 선호되어 온 이런 관점을 뒷받침하는 근거로는 바울이 다른 사람에게라는 대조 공식으로 각각의 은사를 소개한다는 점을 들 수 있다. 즉, 또 다른 사람에게(*알로 데*)는 방언 해석(*헤르메네이아*)의 은사를 주신다. 그러나 마지막 '다른 사람'은 방언으로 찬양을 표출하는 은사만 가진 한 사람과, 그런 표출의 은사와 더불어 말로 다른 사람과 그 경험을 나눌 수 있는 후속적인 능력을 함께 가진 다른 사람과의 차이를 가리키는 것일 수 있다.

통역으로 번역된 헬라어(*헤르메네이아*)를 해석보다는 **명확한 표현**으로 보는 견해를 뒷받침하는 증거로는 이런 의미가 바울 당시의 저자들에게서 자주 발견된다는 점을 들 수 있다. 요세푸스는 헤롯 성전의 형언할 수 없는 놀라움을 로마인 독자들에게 전하고 싶지만 그것을 제대로 '*헤르메네우오*'(혹은 '*디에르메누오*') 할 수 없다고 말한다. 그러니까 요세푸스는 그 웅장한 아름다움을 말로 제대로 표현할 도리가 없었던 것이다(『유대전쟁사』 5.176, 178, 그리고 182). 더 많은 예는 나의 "The Interpretation of Tongues?"(15-36)에서 찾아볼 수 있다.

둘째로, 예언의 말씀과 방언 말하기 사이의 핵심은 '명확하고 이해할 수 있는'것과 '불명확하고 이해할 수 없는' 것 사이의 차이다(특별히 14장에서). *헤르메네우오*와 *헤르메네이아*가 '해석'을 의미하는지 아니면 '명확한 표현'을 의미하는지는 이와 같은 문맥 속에서 결정되어야 한다.

셋째로, 이미 언급한 것처럼, 여기서 결정적으로 중요한 구절은 REB가 "방언을 말하는 자는 누구나 해석하는 능력을 지니기 위해서 기도해야 한다"라고 번역한 14장 13절이다. 즉, 방언을 말하는 자는 이것을 구해야 한다는 것이다. 불행하게도 NRSV는 '누군가가 통역하지 않는 한'이라는 표현을 사용하지만, 이는 애초에 헬라어 본문에 없는 '누군가'라는 단어(헬, *티스*)를 삽입한 것이다.

우리가 마지막 두 가지 은사(방언과 예언)를 두고 어떠한 입장을 취하든, 바울은 표출될 필요가 있는 깊은 감정, 열망, 그리고 경험을 억제하는 것은 좋지 않다고 생각한다. 게다가 '개인적' 행위가 전체에 미치는 영향을 고려하는 일에 있어서도 균형이 필요하다. 은사를 통해 계시된 깨달음을 다른 사람들이 이해할 수 있는 합리적 용어로 다른 사람들과 소통하는 능력은 자기 자신의 유익만 위한 '개인적' 소유로 고집하지 말아야 한다. 은사란 다른 사람들을 '세우기' 위해 주어진 것이다.

바울은 논의를 마무리하면서 성령의 은사들에 대한 논의의 핵심을 다시금 요약한다(12장 8~11절). **이 모든 일은 동일한 성령 한 분께서 그분의 뜻대로 각 사람에게 나누어 주시는 활동입니다.**(11절) 다른 누군가의 은사를 시기하거나, 혹은 반대로, 그 가치에 의문을 제기하는 것은 자신의 결정에 따라 원하는 사람에게 원하는 은사를 나누어 주시는 하나님의 성령의 주권적이고 자비로우신 의지에 의문을 제기하는 행위다.

33. 묵상을 위한 제언(12장 4~11절)

1. 다양성에서 일치를 이룰 수 있는 모범인 거룩한 삼위일체 하나님에 관하여(4~7절)

삼위일체 교리는 추상적 이론에 불과한 것이 아니다. 그것은 동일한 목적과 다양한 표현 모두를 기뻐하시며, 대인적이고, 관계적이고, 질서정연함을 원하시는 하나님의 본질을 반영한다. 하나님께서 자신을 표현하고 그 행동을 드러내시는 다양한 양상을 고려하는 일이, 어떻게 우리가 동료 그리스도인과 관계하면서 단일한 하나님의 뜻 안에서 서로의 다양함을 수용할 수 있도록 도와줄 수 있을까?

2. 그리스도인의 사고와 삶의 삼위일체적 체계에 관하여(4~7절)

일부 그리스도인들은 자신들의 헌신의 초점을 성부 하나님(그리스도 없는 하나님), 혹은 예수 그리스도('예수론'), 혹은 성령(성령 중심의 갱신)에만 너무 좁게 혹은 배타적으로 맞추고 있는 것은 아닌가? 바울은 삼위일체의 모든 위격이 창조, 구속, 그리고 구원에 온전히 관여하는 것으로 여긴다. 모든 은사는 궁극적으로 창조자이시며 사랑의 성부 하나님께로부터 오지만, 하나님께서는 매개자인 예수 그리스도를 통하여 우리에게 은사를 주시며, 은사는 권능을 부여하시는 성령의 특별한 사역에 의해 활용된다. 반대로, 신약의 기도는 보통 그리스도를 통하여 하나님께 드리며, 성령에 의해서 촉구되며 시작된다(롬 8장 15~17절). 우리가 이런 식으로 기도를 이해하였다면 더욱 더 마음에 와 닿는 기도가 되었을까?

3. 지혜와 지식과 연결된 담화에 관하여(8절)

우리는 '현대적' 영성의 전통들을 바울에게 덧씌우지 않고서도 지혜와 관련된 발언과 지식의 말들을 실질적으로 구분할 수 있을까? 혹은 여기서 목회적 적용과 가르침 사이의 차이를 발견할 수 있을까? 잠언이 지혜를 매우 좋게 말하는 데 반하여, 바울은 지식이 자아를 교만하게 할 수 있다고 경고하는 이유는 무엇일까?(8장 1절) 정보 기술의 발전에 따른 방대한 정보 자체와 그 정보를 평가하여 우리 삶에 올바르게 적용하는 지혜 사이의 차이를 더 극명하게 드러내는 것은 아닌가?

4. 교회의 덕을 세우는 강력한 믿음의 능력에 관하여(9절)

이 은사가 그리스도를 고백하는 구원 얻는 믿음이 아니라는 것을 전제하면서도, 우리는 강력하고, 활기차며, 확실한 믿음을 받아 하나님께서 주신 약속을 찬양하는 사람들의 가치를 긍정적으로 평가하는가? 혹은 그들을 맹신적이며 순진한 사람으로 평가절하하는 것은 아닌가? 그리스도인은 어떻게 하면 차분한 자기 비판적 상태를 유지하면서도, 기꺼이 마음을 고양하여 하나님을 향한 신뢰를 북돋우는 활기찬 신앙을 배울 수 있을까?

5. 하나님의 '때, 장소, 방법, 및 대상'을 중시하는 '다양한 치유'에 대한 감사에 관하여

하나님의 치유 은사는 한 가지 유형에 얽매이지 않는다. 이 은사를 '초자연적'인 것만으로 국한하거나, 혹은 '때와 장소를 가리지 않는 것'으로 일반화한다면, 이는 많은 사람이 겪고 있는 고통의 문제를 더 심각한 것으로 만들어 버린다. 사람들은 묻는다. 하나님께서 어째서 나를(혹은 그를 혹은 그녀를) 치료하지 않으시는가? 단지 하나님께서 그 이유를 밝히 말씀하시지 않는다고 해서, 이것이 하나님께 이유가 없다는 것을 의미하지는 않는다. 은사들(과 그것들의 시간과 장소)은 하나님의 불가사의한 뜻에 속한다. 이 구절들은 일반적인 개념이 아니라, 하나님께서 의도하시는 행동을 묘사한다. 무엇이 '다양한 종류의 치유의 은사들'에 대한 가장 유용한(그리고 적어도 유용한) 이해 방식일 수 있는가?

6. 계획한 일의 실천과 완수에 관하여(10a절)

바울에게서와 신약의 다른 곳에서 능력은 종종 효율성이라는 의미가 있다. 하나님께서 효율성이라는 능력을 주시는데 그리스도인은 자주 이것을 비효율적으로 치부하는 이유가 무엇인가? 우리는 기적뿐만 아니라, 일상적이지만 효과적인 것들을 통해서도 하나님의 은사를 발견할 수 있는가?

7. 선지자들의 전통에 나타난 연설의 은사에 관하여(10b절)

우리는 예전의 선지자들처럼, 하나님께서 계시하신 것을 일상의 삶이나 혹은 중대한 상황에 적용할 용기가 있는가? 예언은, 가령 반드시 급속한 단음의 '메시지'로 주어져야만 하는가? 혹은 하나님의 영감을 받아 특정한 때와 목회적 필요에 의해 준비된 말씀이나 설교의 형태로도 나타날 수 있는가? 그것을 시험하는 것의 일부로서 그것은 복음과 어떤 관련이 있는가?

8. 영들을 분별하는 은사에 관하여(10c절)

'영에게서 온 것'을 분별할 필요가 있다면, 우리가 하나님의 말씀을 듣는 과정에서 인내가 차지하는 역할은 무엇인가? 우리에게 필요한 것은 성령의 인도를 통한 신중한 숙고인가 아니면 순간적인 통찰력의 번뜩임인가? 혹은 이 두 가지가 적절하게 결합되는 것이 바람직한가? 고린도전서에서 '분별'의 기준은 철저히 그리스도 닮기라는 기준을 따른다(2장 6~16절, 3장 1~3절, 12장 1~3절). 교회의 범위를 더 넓혀 생각한다면, 이런 분별의 절차는 그것이 다른 지역 교회의 회중, 목회자, 그리고 감독에게도 영적인 것으로 '받아들여지기' 위한 좀 더 긴 과정이 필요할 것이다.

9. 찬양과 사모함을 표출하는 것, 그리고 알아들을 수 있는 의사소통에 관하여(10d절)

방언으로 말하는 것과 하나님께 말하는 것이 서로 연관이 있다면(14장 2절), 방언을 말하는 것이 어떻게 로마서 8장 26, 27절과 연관이 있을 수 있을까? 우리는 이러한 경험을 어떤 식으로 다른 사람과 공유하는가?

(3) 그리스도의 몸의 다양성에는 모든 지체를 포함한다(12장 12~26절)

12 이는 몸이 하나인데 많은 부위와 기관이 있고, 몸의 모든 부위와 기관들이
여럿이지만 한 몸을 이루는 것처럼, 그리스도의 경우도 이와 같습니다. 13 이는
우리가 유대인이나 헬라인이나 종이나 자유인이나 모두 한 성령에 의해 세례
를 받아 한 몸에 속했고, 모두 한 성령께로부터 마시게 되었기 때문입니다. 14
몸이 하나가 아니라 여러 부분으로 이루어져 있는 것입니다. 15 만일 발이 "나
는 손이 아니니까 몸에 속한 것이 아니다" 한다 해서, 그렇다고 발이 몸에 속
하지 않은 것입니까? 16 또 귀가 "나는 눈이 아니니까 몸에 속한 것이 아니다"
한다 해서 그렇다고 귀가 몸에 속하지 않은 것입니까? 그렇다고 해서 몸에 조
금이라도 덜 속한 것입니까? 17 온 몸이 눈이라면 귀는 어디에 있겠습니까? 온
몸이 귀라면 코는 어디에 있겠습니까? 18 그러나 사실인즉슨, 하나님께서는 자
신이 원하시는 대로 몸의 지체들, 그것들 각각을 몸에 두셨습니다. 19 그러나
전부 단일한 기관이라면, 무엇으로 몸을 이룰 수 있겠습니까? 20 또한 반대로,
많은 부위와 기관은 한 몸을 이룹니다. 21 눈이 손에게 "나는 네가 필요 없다"
할 수 없으며, 혹은 머리가 발에게 "나는 네가 필요 없다" 할 수 없습니다. 22
오히려 더 중요한 사실은, 능력이나 지위가 부족해 보이는 부위와 기관이 더
요긴하다는 점입니다. 23 우리는 몸 중에서 덜 귀해 보이는 부분들을 더 귀중
하게 다루고, 보이기 곤란한 은밀한 부위들은 더 멋진 장식으로 보기 좋게 만
듭니다. 24 내세울 만한 부분들에는 그럴 필요가 없습니다. 그러나 하나님께서
는 연약하게 느끼는 것들에 더 큰 영예를 주셔서 우리 몸을 만드셨습니다. 25
하나님께서는 몸에 분열이 없고 몸의 부위와 기관들이 서로를 위한 동일한 관
심을 공유하도록 의도하셨습니다. 26 그러므로 한 부위나 기관이 고통을 받으
면 몸의 모든 지체가 함께 고통을 받고, 한 부위나 기관이 칭찬을 받으면, 몸의

모든 지체가 함께 칭찬을 받습니다.

12절에서 **신체 부위와 기관들**(limbs and organs)으로 번역된 헬라어는 엄밀히 '멤버'members로 번역할 수 있다. 하지만 현대 영어에서 지체들(member)은 사실상 실제 신체의 부위라는 현실적 의미를 거의 상실해 버렸다. 이는 멤버라는 단어가 '한 클럽의 일원들' 혹은 '한 모임의 일원'과 같이 희석된 은유로 사용된다는 사실과도 관련이 있다. 그러므로 우리가 **그리스도의** 신체 부위를 묘사하려면 이와는 다른 번역이 필요하다. 그래서 우리는 **신체 부위와 기관들**(limbs and organs)으로 번역했다(cf. 'organs', REB). 바울은 교회를 특정한 의미에서(비록 그것이 전부는 아니지만) 그리스도 그분의 몸으로 간주한다. 이는 다메섹 도상에서 만난 주님의 음성을 떠올리게 한다. "사울아, 사울아, 네가 어찌하여 나를 핍박하고 있느냐?"(행 9장 4절, 22장 7절)

여기에는 몇 가지 함축적인 의미가 담겨 있다. 그중 하나는 겸손하거나 혹은 연약한 그리스도인이 다른 사람들이 '적절'하다고 여기는 은사가 자신에게는 없다는 이유로 자신을 이류 혹은 소외된 부류로 느낄 수밖에 없는 상황이 조성되면, 이는 다름 아닌 그리스도께 모욕을 드리는 것이다. 만일 그런 사람이 "나는 몸에 속하지 않았다"라고 말할 정도의 상황에 이르면, 이는 그리스도를 배신하는 것과 같다고도 말할 수 있다(12장 15절).

이 원칙을 교인들의 머릿속에 각인하기 위해 바울은 그리스-로마의 정치 및 수사학에서 오래전부터 친숙하게 사용되어 왔던 몸이라는 심상을 차용한 후 이를 뒤집는다. 주전 4, 5세기부터 주후 1세기를 거쳐 2세기까지, 플라톤, 플루타르크, 그리고 에픽테투스(바울과 같은 시대 사람인)와 같은 저술가들은 몸이라는 심상을 활용하여 신분상의 다양성이 존재하는 곳에 조화가 필요하다는 사실을 강조했다. 로마 역사가 리비우스(Livius)는 파업 중인 반역적 노동자에게 일을 재개하도록 호소하는 원로원 의원 메네니우스 아그립바의 말을 언급한다(*Ab Urbe Conditu* 2.32). 그는 도시라 불리는 '몸'이 상호의존적인 존재라는 사실에 호소하면서 노동자들이나 노예들에게 통치계급을 위해 식량을 준비할 것을 촉구한다. 바울은 이러한 호소를 거꾸로 뒤집어, '강자'를 향해 '약자' 혹은 경멸당하는 자의 소중함을 인정하라고 호소한다(12장 20~23절, 또한 Martin, *The Corinthian Body*, 94-105을 보자). 모든 그리스도인 신자들은 **한 몸을 이룬다**(12절). 누군가를 향해 그렇지 않다고 말하는 것은 **그리스도**의 신체 부위를 손상하거나 갈가리 찢어지게 하는 것이다(12b절).

이는 우리가 유대인이나 헬라인이나 종이나 자유인이나 모두 한 성령에 의해 세례를 받아 한 몸에 속했고, 모두 한 성령께로부터 마시게 되었기 때문입니다.(13절) 이 구절의 의미는 문맥상 명백하다. 그리스도인들이 그리스도인답기 위해서는 성령의 매개를 통해 '그리스도 안에' 존재하게 되는 공동체적 실제로 들어가야 한다(cf. 12장 3절). 그리스도인은 모두 그리스도 안으로 연합된 '지체들'(members)이라는 동일한 기반 위에 존재한다. 12절에서 **그 영**에 대한 두 번의 언급은 모두 **모든** 그리스도인에게 해당되는 것이다. **'모두' 한 성령에 의해 세례를 받아 한 몸에 속했고, '모두' 한 성령께로부터 마시게 되었다**. 오늘날 종종 '성령 세례'라고 묘사되는 체험은 체험 자체로는 유효할 수 있지만, 이를 묘사하기 위해 사용된 용어는 의심스러울 때가 많다. '성령의 세례'가 모든 신자가 아니라 일부의 특정한 사람에게만 주어지는 경험이라는 주장을 정당화하기 위해 이 구절을 인용하는 것은 이 구절의 의미를 거꾸로 뒤집는 것이다. 이는 바울이 의도한 것과는 정반대의 주장이기 때문이다. 바울은 **모든**이라는 단어에 힘을 준다. 성령 세례는 그리스도 안에서의 삶을 시작하는 통과의례와 같다. 우리가 여기서의 세례를 물 세례라는 구체적인 의식으로 간주하든, 혹은 그러한 물 세례의 근거로서 그리스도의 죽음과의 연합을 지칭하는 보다 일반적인 은유로 간주하든, 이 점은 달라지지 않는다.

여기서의 대조는 옛 언약 아래서 이루어진 모세 안으로의 세례(고전 10장 2절)와 새 언약 아래서 성령을 통해 그리스도께 속하여 연합하는 것 사이의 대조다(cf. 고후 3장 12~18절). 던(Dunn)은 이 구절에서 말하는 '성령 세례'가 그리스도인이 되는 경험과 별개의 후속적 체험을 말하는 것이 아니라는 사실을 설득력 있게 주장하였다(*Baptism in the Holy Spirit*, 책 전체에서). 반면 홀랜드(Holland)는 13절의 언어가 주로 '개별 신자에 대한 것'이 아니라, '역사적으로 일어났던 중요한 구속사건', 곧 이스라엘로서 "세례를 받아 모세에게 속하는 것"과 대응되는 사건을 가리킨다고 생각한다(*Contours of Pauline Theology*, 142-47).

14절부터 20절까지에서 바울은 '열등감'을 느끼는 자들을 향해 자기 확신에 넘치는 자들이나 영적인 상류층 못지않게, 그들 또한 참으로 그리스도의 몸에 속한 존재임을 인식하라고 호소한다. 그들은 "**나는 손이 아니니까 몸에 속한 것이 아니다**"라고 말해서는 안 된다(15절). 반대로 21절부터 25절까지는 '우월성'을 느끼는 사람들을 향해 말한다. **눈이 손에게 "나는 네가 필요 없다" 할 수 없습니다**.(21절) 분명 우리가 몸이라는 은유를 확실히 밀고 나간다면 그 의미는 분명하다. 몸의 모든 기관이 한 가지 기관의 복제품들이라면, 이는 몸이 아닐 것이다. **그러나 전부 단일한 기관이라면, 무엇으로 몸을 이룰 수 있겠습니까?**(19절, cf. 14절) 두번째로, **능력이나 지위가 부족해 보이는 부위와 기관이 요긴하다**(22절). 생명 유지라는 면에서 보면, 소위 **보이기 곤란한 부분들**은 가령 **눈**이나 **귀**처럼 표면에 있어서 더 중요한 것처럼 보이는 것들보다 더 요긴한 역할을 수행한다(23, 24절).

이것이 고린도교회와 오늘날의 교회 생활에 적용되는 바는 분명하다. 권력을 추구하는 이들은 신실하고, 겸손하며, 열심히 기도하고, 열심히 일하는 '부위들'을 무시할지 모른다. 하지만 이런 사람들에 비해 볼 때, 현란한 은사를 자랑하는 자들(혹은 교회에 훨씬 그럴듯한 사회적 특권을 부여할 법한 높은 신분에 있는 자들)은 훨씬 덜 요긴한 존재로 드러날 것이다. 위르겐 몰트만(J. Moltmann)은 모든 교회가 복음의 본질을 따라 살고 이를 가르치기 위해서는 무능력, 결핍, 혹은 고통의 경험을 간직한 그리스도인 신자가 필요하다고 말한다. 그런 점에서 이러한 지체들이 몸 중에서 가장 소중하고 가장 '은사적인'(charismatic) 부분일지 모른다고 주장한다(*The Spirit of Life*, 192-93).

바울이 핵심을 다시 요약하기 전의 마지막 두 절(25, 26절)에서는, 은사에 '등급'을 메기려는 헛된 시도와는 대조적으로 은사들의 상호의존성과 집단적 단결을 강조한다. 이렇게 보면 등급을 매기려는 태도의 어리석음은 더더욱 분명해진다. 은사들은 성령께서 원하시는 것, 혹은 **하나님께 좋게 보이는 것**이 무엇인가에 달려 있다(18절). 어떤 식으로든 은사를 경쟁적으로 서로 대조하는 것은 몸의 분열을 초래할 위험이 있다는 점에서 은사의 목적 자체를 무너뜨리는 행위다(25a절). 반대로 은사들은 그리스도의 생명을 함께 공유하기 때문에, 하나님께서는 **신체 부위와 기관이 서로를 위한 동일한 관심을 공유하도록** 의도하신다(25b절). **그러므로 한 부위나 기관이 고통을 받으면 몸의 모든 부분이 함께 고통을 받고, 한 부위나 기관이 칭찬을 받으면, 몸의 모든 지체들(members)이 함께 칭찬을 받습니다.**(26절) 우리는 우승한 육상 선수에게 "당신의 다리에게 축하의 말을 전합니다"라고 하는 대신 그 사람을 축하한다. '성공'은 몸의 모든 지체가 함께 협력한 결과다. 반대로 특정한 몸의 부분이 겪는 고통 혹은 피해는 몸 전체의 생리적 체계를 약하게 만들 수 있다. 즉, 그 사람이 아프게 되는 것이다.

고대 세계에서 히포크라테스(Hippocrates)와 갈레누스(Galenus) 같은 그리스의 의료 저술가들은 모두 특정한 기관이나 부위 일부의 고통이나 기능 장애가 몸 전체를 쇠약하게 만드는 효과가 있다는 이러한 원리에 대해 말한 바 있다. 크리소스톰은 발에 박힌 가시라도 사람 전체의 안녕에 영향을 줄 수 있다는 점에 주목한다. 톤튼(Thornton)은 이렇게 말한다. "엄밀히 말해, 그리스도의 몸에는 개별적인 고통이란 존재하지 않는다. 몸 전체에 한 생명이 있을 뿐이므로 모든 것은 공유된다. 따라서 한 교인에게 행한 잘못은 전체 교회에게 행한 잘못이며, 그리스도께 행한 잘못이다."(*Common Life*, 36) 이 원칙에 의하면, 서로의 기쁨과 슬픔을 공유하기 위해 동료 그리스도인 사이에는 최대한의 공감과 민감성이 요구된다. 남미의 해방신학자인 보프(Boff)는 '공-감'(com-passion) 혹은 그리스도의 몸의 지체들이 동료로서 함께하는 고통이 복음의 핵심적 요구 중 하나라고 말한다.

34. 묵상을 위한 제언(12장 12~26절)

1. 그리스도인을 곧 그리스도의 신체 부위로 존중하는 것에 관하여

그리스도인이 그리스도의 신체 부위라면, 동료 그리스도인에 대한 죄는 단순한 사회적 잘못을 넘어선다. 어떤 의미로 보면, 동료 신자에게 죄를 짓는 것은 다름 아닌 그리스도께 죄를 짓는 것이다. 이런 생각은 바울이 앞에서 말했던 내용, 곧 그리스도께서는 자신을 주님으로 부르는 모든 자를 자신의 보살핌과 보호 아래 있는 것으로 여기신다고 말한 것과 잘 부합한다.

2. 바울이 상호 의존의 관습을 역전시킨 일에 관하여

로마의 상류층은 하층민의 노동에 의존하고 있었다. 그래서 이들은 상류 집단을 위해 봉사하도록 하층민을 설득하기 위해 몸이라는 비유를 사용하였다. 우리는 어떤 방향으로 이 비유를 사용하는가? 우리도 연약한 자와 더 어려운 여건에 있는 자에게 강한 자의 지원과 봉사가 필요하다는 사실을(바울이 하듯이) 강조하는가? 우리는 약한 자들이 영예롭고 존귀한 몸의 일부라는 사실을 힘주어 강조하는가?

3. 바울의 몸 비유의 양면적 논리에 관하여

우리는 바울의 비유의 양면적 논리를 모두 적용하는가? 한편으로는, "비록 당신에게 화려한 은사는 없지만, 몸의 일부로서 당신은 여전히 요긴합니다"이다. 다른 한편으로는 "비록 당신에게 특별한 은사가 있다고 하더라도, 당신이 몸이 요구하는 전부라거나 혹은 최고라고 생각해서는 안 됩니다!"이다.

4. 세례라는 공유된 신분에 관하여

세례는 그리스도인들의 연합의 표지다. 성령에 의해서 그리스도인은 주님이신 그리스도께 공통으로 헌신하는 관계로 들어간다. '성령에 의해서(혹은 성령으로) 세례를 받은'이라는 표현(13절)이 때때로 심한 불화를 일으키는 이유가 무엇인가? 우리는 어떻게 이를 피할 수 있는가?

(4) 충만한 은사는 어느 한 사람의 소유가 아니다(12장 27~31절)

27 여러분은 바로 그리스도의 몸이며, 여러분 자신들이 나름대로 그 몸의 부위
요 기관입니다. 28 하나님께서는 교회 안에 첫째로 얼마의 사도들, 둘째로 선
지자들, 셋째로 교사들, 다음으로 효력 있는 능력의 행위, 다음으로 병 고치는
은사, 다양한 종류의 행정적 지원, 전략을 세우는 능력, 여러 가지 방언들을 두
셨습니다. 29 모든 사람이 사도는 아니지 않습니까? 확실히 모든 사람이 선지
자는 아니지 않습니까? 모든 사람이 교사일 수 있을까요? 모든 사람이 효력
있는 권세의 행위를 수행하는 것입니까? 30 모든 사람에게 다양한 치유의 은
사가 있을까요? 분명 모든 사람이 방언으로 말하는 것은 아니지 않습니까? 모
든 사람이 가장 심오한 비밀을 알 수 있는 말로 표현하는 것입니까? 31 계속
해서 '가장 큰' 은사에 열성적인 관심을 두십시오. 그렇습니다. 그보다 더 큰
길을 여러분에게 보여드리겠습니다.

이 장의 마지막 다섯 구절은 지금까지의 논증을 요약하면서 말하고자 하는 핵심 논점을 다시금 각인한다. 이 '은사들'이 하나님의 뜻과 관대하심에 따른 '각각 다르게 분배되는' 결과라면(4~6절), 그리고 그것들이 '공동의 유익'을 위해 전체 교회 내의 '한 사람에게…[혹은] 다른 사람들에게' 주어진 것이라면(4절), 여기에는 적어도 두 가지 결과가 따라온다. 첫째, 이 은사들이 신분 <u>경쟁</u>을 위한 비교의 근거가 될 수는 없다. 둘째, 은사의 전체적인 면모(제시된 그 어떤 은사 '목록'도 모든 것을 포괄하는 것은 아니다)는 어떤 한 신자 <u>개인</u>이 소유할 수 있는 능력의 한계를 넘어선다. 성령께서 주시는 다양한 은사의 풍성한 다채로움을 경험하고 증언 하는 일은, 서로 다른 각각의 구성원이 하나의 공동체를 이루어 전체의 유익을 위해 나름의 다양

한 은사를 발휘하는 교회 안에서만 가능하다.

이는 다른 사람들에게 있는 은사에 의해 보완될 필요가 있음을 알지 못하고 자기 혼자만으로도 교회에 '상당하는 사람'이 될 수 있다고 착각하는 자칭 지도자들을 겨냥한다. 또한 이는 자신에게 선호하는 그런 영적 자질이 있다고 여기는 특정 지도자들(1장 10~12절에서)을 구별하여 그들을 '자신들의' 모범을로 삼아 다른 지도자와 비교하려는 사람들에게도 마찬가지로 해당된다. 그리스도인에게는 하나님의 모든 은사가 필요하다. 그리고 이 은사들은 교회 전체에 골고루 나뉘어 있으며, 각기 다른 신자에게서 각기 다른 형태로 드러난다. 이것은 3장 5절부터 23절까지의 논증, 그러니까 3장 22절에서 절정에 이르는 논점을 더 강력하게 만든다. "바울이나 아볼로나 게바나 세계나 생명이나 사망이나…모두 여러분의 것이며, 여러분은 그리스도의 것입니다."

자기 홍보라는 면에서는 개별 그리스도인은 중요하지 않다. 그러나 그리스도인들의 몸 전체의 가치라는 측면에서 보면, 모든 개인이 다 중요하다. 그래서 바울은 27절에서 보통 '따로' 혹은 부분적으로를 의미하는 헬라어 관용어(*에크 메루스*)를 가져다 각자 나름대로라는 의미로 사용한다. 이 다섯 구절은 더 긴 본문 내에서 한 단락을 이루고 있는데, 이 본문은 시작과 마지막에서 **여러분 자신들이**와 같은 강력한 이인칭 복수를 통해 독자들로 하여금 제시되는 논점을 직접 적용하도록 유도한다. '개별적으로'(NRSV), 혹은 '너희 각자'(REB)와 같은 번역으로는 그 관용어 속에 함축된 스스로 관련되게 하는 어감을 제대로 파악하기가 어렵다.

28절에서 바울은 우리가 이미 살펴본 바 있는 다섯 가지 '은사'를 다룬다. **사도, 선지자, 능력을 행하는 자, 치유의 은사**…그리고 **다양한 종류의 방언들**이다(위의 8~10절을 보자). 하지만 우리는 또한 **교사…, 다양한 종류의 행**

정적 지원, 그리고 **전략을 세우는 능력**으로 번역했던 세 가지의 후속적 은사도 고려해야 한다.

이 구절은 두 가지 큰 의문을 야기한다. 첫째로, **첫째,…둘째,…셋째,…그 다음에**…등과 같은 표현은 교훈의 위계질서 혹은 중요성의 단계를 의미하는가, 아니면 목록을 열거하기 위해 순서 없이 나열한 것일 뿐인가? 둘째로, 몇몇 사례에서 바울은 의도적으로 다소 특별한 '은사들'(헬, *카리스마타*)에서 교회 내의 다른 역할이나 직책에 관한 이야기로 옮겨가는 것인가?

여러 사람들이 첫째, 둘째, 셋째로 매긴 목록을 에베소서 4장 11절에서도 반영되어있는 바, 사도의 증언, 예언의 말씀, 그리고 신앙 교육을 '세 가지 중요한 사역'으로 지명한다(Bruce, *1 and 2 Corinthians*, 122). 몇몇 사람들(전부 아니다)은 이것을 감독, 장로, 그리고 집사라는 삼중의 체제와 관련짓는다.

① 교회가 **사도들**을 만드는 것이 아니다. 교회는 진리의 기초 위에 존재하며, 사도들은 이 진리의 증인이다. 앞에서 살핀 적이 있는 크래프튼의 말처럼, 사도들이 **첫째**라는 말은 매개자로서 사도들 자신을 강조하는 것이 아니라, 그들의 매개적 역할을 통해 십자가에 달리셨고 부활하신 그리스도의 복음이 투명하게 증언된다는 의미에서 그렇다는 뜻이다(*Agency*, 53-103). 바로 이 역사적 증언이 교회의 기초인 것이다.

② **선지자**를 **두 번째** 위치에 둔 것을 볼 때, 예언의 말씀을 목회적 설교로 간주한 우리의 해석이 더 힘을 받을 수 있을 것처럼 보인다(앞의 12장 10절의 단락). 예언의 말씀은 목회적 상황과 관련하여 계시된 진리를 선포하는 것이다. 지금의 우리로서는, '계시'를 성경 말씀에 대한 묵상과 구별해야 할 뚜렷한 증거를 가지고 있지 않다.

③ **교사들**은 말씀 소통의 목표, 내용 및 그 방법을 신중하게 살피는 역할을 맡았다. 던이 생각하는 것처럼(그러나 피의 입장과는 달리), 교회 내에서

'전통을 전수하는 것'도 **교사들**이 수행한 자연스러운 임무의 일부였을 것이다(Fee, *First Epistle*, 621; Dunn, *Jesus and the Spirit*, 236-38). 전문용어를 빌어 말하자면, **선지자**는 대개 선포하고, 촉구하며, 격려하고, 공표하는 화행(speech act)들을 수행하고, **교사들**은 보다 전형적으로 전통을 전승하고 설명하는 화행을 수행한다. 그러나 이 두 사역은 분명 중첩되는 부분이 있다. 상상력이 풍부한 교사라면 분명 성도들을 충동하고 자극할 것이며, 선지자의 역할에도 가르침을 전달하며 설명하는 것이 들어갈 것이다. J. N. 콜린스(J. N. Collins)의 저작에 비추어 볼 때, 집사들(헬, *디아코노스*, 곧 *디아코니아*를 행하는 자들)은 그저 '봉사하는' 자로 그치는 것이 아니라, 복음 진리를 가르치는 일에서도 사도, 감독, 혹은 선임 장로의 대리자 역할도 수행했다고 볼 수도 있다(*Diakonia*, 책 전체에서).

④, ⑤ **효력 있는 능력의 행위**와 다양한 **치유 은사**는 앞에서 논의한 적이 있다(12장 9, 10절 부분을 보자).

⑥ **다양한 행정적 지원**. 이 표현은 헬라어로는 단순히 도움(헬, *안틸렘프세이스*, 복수형)이라는 말이다. 이를 복수형으로 쓰면 한 번 이상 행한 도움의 행위를 의미할 수 있다. 던은 이를 '도움이 되는 행위들'이라는 의미로 풀이한다(*Theology of Paul*, 556). 그러나 특히 비(非)문학적인 파피루스(법정문서, 통치적 필기, 그리고 편지)에 나타난 여러 행정이나 제도의 상황을 신중하게 살펴보면, 그 단어가 복수 형태로 사용될 경우 특정한 제도적 상황이 요구하는 일종의 기술적 지원이라는 개념을 전달할 수 있음을 볼 수 있다. 가령, 의학 분야에서 이 용어가 붕대의 제공을 의미한다거나, 정부나 정치와 관련된 상황에서는 행정적 지원의 제공을 의미한다거나, 혹은 사업과 상거래의 맥락에서는 맡은 책임의 수행을 의미할 수 있었다.

성장하는 교회 내에서 은사와 역할이라는 맥락에서 바울이 의미한 바를 이해하는 데는 표준적 사전들에 실린 문학적 사례보다는 이 파피루스의 용례가 더 많이 도움이 되는 것처럼 보인다(Thiselton, *First Epistle*, 1019-20). 그러나 교회가 얼마나 '카리스마적'이든, 그 교회는 조만간 메모, 기록, 결정, 정책, 도구화 등의 기능을 수행할 하위조직이 필요하게 된다. 따라서 고린도전서가 저술될 무렵에는 고린도교회가 이미 3년 정도 존속해 왔던 상황임을 생각해 볼 때, **사도, 선지자, 교사**, 그리고 기타 다른 사람들은 어떤 형태의 **행정적 지원**의 필요성을 분명히 느꼈을 것이다. 재정을 담당하고, 편지를 보내고, 교회의 결정을 기록하고, 영수증을 써 주거나 혹은 무엇이든 늘 필요한 도움을 제공하는 사람들이 있었을 것이다.

하지만 그렇다고 해서 보다 일반적인 형태의 '도움이 되는 행위'를 배제할 필요는 없을 것이다. 이 은사를 너무 구체적인 영역으로 제한하고 싶지 않다면, 로버트슨(Robertson)과 플러머(Plummer)가 제안한 '전반적인 관리'도 좋을 것이다(*First Epistle*, 280). 물론 이 제안에는 카리스마에는 합리적 숙고와 계획된 행동이 지속적으로 필요하다는 생각이 담겨 있다. 즉흥적인 행정은 용어상 모순이다.

⑦ **전략을 세우는 능력**이라는 번역은 '다스림'(governments, AV/KJV, RV) 혹은 심지어 '여러 형태의 지도력'(NRSV) 등보다 헬라어의 본래 의미를 더 정확하게 포착한다. 여기 사용된 단어(헬, *퀴베르네세이스*, 복수)는 일반적인 의미에서 '지도력'을 의미할 수 있지만, 이와 관련된 동족어 명사(헬, *퀴베르네테스*)는 '배의 조타수' 혹은 '키잡이'를 의미한다. 교회 전체를 위한 특정 은사를 지닌 사람에 대한 은유로서, 이는 역류나 역풍 및 숨은 위험에 맞서 교회라는 배의 키를 잡거나 배의 항해를 인도할 수 있는 능력이 있는 자를 묘사한다. 긍정적인 의미에서, 조타수는 재앙으로부터 배를 보존할 뿐만 아니라, 목표를 향해 배를 움직인다. 당황스럽거나 불확실한 상황에서 교

회가 하나님의 목적 가운데 어느 쪽으로 가야 하는지를 묻는 상황을 떠올려 보자. 바로 이런 순간에 교회는 **전략을 세우는 능력이 있는 사람**, 즉 여기 저기에 어떤 기회 혹은 위험이 놓여 있는지를 파악할 수 있는 사람이 필요하다.

논증의 절정은 29, 30절이다. 이 은사들은 교회 전체에 '배분'되었다(4절). 그 어떤 개인도 모든 은사를 받지는 않았으므로 모든 그리스도인은 다른 사람이 필요하며, 전체로서 교회는 상호적 필요와 호혜적 존중에 의존한다. 불행하게도 NRSV, NIV, AV/KJV, 그리고 RV 모두 마치 이 구절이 무슨 '개방적' 질문을 제기하는 것처럼 번역하고 있다. "모두 사도입니까? 모두 선지자입니까? 모두 교사입니까?" REB와 NJB는 "모두 사도입니까? 모두가 선지자? 모두가 교사입니까?"라고 번역하여 이러한 물음이 빈정대는 수사의문문이라고 친절하게(그러나 과도하게 친절하게) 귀띔해준다. 바울의 물음에 담긴 부정어(헬, *메*, "확실히 아니다! 그럴 수가 없다, 그렇지 않은가?")를 훨씬 명확하게 드러낼 필요가 있다. 또한 자연스러운 영어라면 단조로우며 집중력을 떨어뜨리는 반복적인 문체를 피할 것이다. 그러므로 우리는 다음과 같이 번역한다. **모든 사람이 사도는 아니지 않습니까? 확실히 모든 사람이 선지자는 아니지 않습니까? 모든 사람이 교사일 수 있을까요? 모든 사람이 효력 있는 능력의 행위를 수행하는 것입니까? 모든 사람에게 다양한 치유의 은사가 있을까요? 분명 모든 사람이 방언으로 말하는 것은 아니지 않습니까? 모든 사람이 가장 심오한 비밀을 알 수 있는 말로 표현하는 것입니까?**

31절은 앞의 12장 1절부터 30절까지와 뒤의 13장 1절부터 13절까지에 함께 연결된 연결구로 볼 수 있다. **계속해서 열정적 관심을 두라**는 말은 계속해 나가라는 의미의 진행적 명령형을 반영한다. 그러나 독자들이 무엇을 계속 행해야 하는지는 다음 두 가지 중 하나의 의미로 이해할 수 있다. 우선 바울은 경쟁적 태도로 다른 사람들의 은사를 시기하는 이들을 꾸짖는 것일 수 있다(여기 사용한 단어(헬, *젤루테*)는 시기를 의미할 수 있다). 그리고는 그것을 모든 사람이 소유할 수 있는 하나의 은사, 즉 본질적으로 경쟁과 무관한 사랑의 은사로 그들의 관심을 이끌고 간다. 하지만 이와는 다른 해석이 더 그럴듯하다. 곧 바울은 '영적 은사'를 받으려는 그들의 **열정적 관심**(지나칠 정도의)이 사실 그 은사 중에 '**가장 큰 것**', 즉, **사랑**으로까지 확대되어야 한다는 것을 역설적 언어로 비꼬아 말하고 있다는 것이다.

이는 또한 3장 1절부터 3절까지에서 이루어진 '영적인 것'에 대한 재정의를 더욱 강화한다. 바울의 의도한 바는 이렇다. 고린도인들이 정말 더 깊은 '영성'을 추구한다면, 이는 그리스도께서 주님이심을 삶으로 실천하는 것뿐만 아니라(12장 3절), 지금부터 **사랑**의 본질과 행동으로 묘사될 그런 자질들을 형성하고 갖추기 위해 노력하는 삶으로 드러나야 한다(13장 1~13절).

35. 묵상을 위한 제언(12장 27~31절)

1. '고독한' 기독교인의 자아 빈곤에 관하여(29, 30절)

어떤 사람들은 말한다. "나는 교회에 가지 않아도 그리스도인이 될 수 있다." 이는 "나는 오직 빵과 물만으로도 살 수 있다"라고 말하는 것과 같다. 성령의 은사들이 지닌 풍성함은 구체적인 형태를 지닌 공동체에 속하여 다른 동료 그리스도인과 상호작용하는 삶을 통해서만 드러날 수 있다. 무엇이 그리스도인들로 하여금 혼자 있고 싶도록 만드는가? 이는 당사자가 느끼는 환멸이나 두려움만큼이나 또한 교회가 잘못한 것인가?

2. 사도, 선지자, 그리고 교사라는 기초 위에 세우는 일에 관하여(28절)

독자적으로 존재하고, 모든 것을 스스로 알아서 하는(do-it-yourself) 교회는 '교회'이기를 그만둔 것일까? 각기 다른 기독교 전통이나 교파들은 이에 대해 다양한 대답을 내놓았지만, 교회의 정체성이 성경에서 확인되는 것과 같은 사도의 증언에 의지해야 하며 다른 교회와 교제하는 관계에 있어야 한다는 점에서는 의견이 폭넓게 일치한다. 성경의 진리를 목회적으로 적용하지 않고, 혹은 가르치지 않고, 교회가 얼마나 오래 '교회'로 남아 있을 수 있을까?

3. 행정적 지원이라는 영적 은사에 관하여(28b절)

일반적으로 교회(혹은 우리의 지역교회)가 어려움을 겪는 것은 행정적인 지원이 너무 많아서인가 아니면 너무 적어서인가? 전망은 안정적인 조직(서기, 재정, 법, 사회조직)에 의해서 보완될 필요가 있다. 하지만 하위조직이 그 자체로 목적이 되어 도리어 봉사해야 할 전망에 방해가 되는 경우는 없는가?

4. 하나님의 은사들의 비경쟁적, 보완적 본질에 관하여

이 구절(12장 27~31절)이 자연스럽게 사랑장(역주: 13장)으로 잘 이어지는 이유는 무엇인가? 이 두 장(12, 13장)이 얼마나 밀접하게 연관을 맺고 있는가?

4. 사랑과 상호 존중: 그리스도를 닮은 '영성'의 범주(13장 1~13절)

(1) 사랑의 본질과 역동적 효과들(13장 1~7절)

> 1 제가 사람이나 천사의 말을 하더라도, 제게 사랑이 없다면, 저는 단지 울리는
> 항아리나 울리는 심벌즈에 불과합니다. 2 제가 예언하는 능력이 있어 인간으
> 로서는 발견할 수 없는 심오한 비밀을 통찰하고, 모든 '지식'이 있다 해도, 또
> 산을 옮길 수 있을 만큼 충분한 온갖 종류의 믿음이 있다고 해도, 사랑이 없다
> 면 저는 아무것도 아닙니다. 3 제가 제 모든 소유를 나누어 가난한 자들을 먹
> 였더라도, 제가 제 몸을 내주어 자랑할 거리가 있다고 하더라도, 제게 사랑이
> 없다면, 아무런 유익이 없습니다. 4 사랑은 참고 기다리며, 사랑은 친절을 베
> 풉니다. 사랑은 시기심에 불타오르지 않으며, 우쭐하지도 않고, 자기만 중요한
> 듯 뻐기지 않습니다. 5 사랑은 무례하게 행동하지 않으며, 자신의 유익에만 몰
> 두하지 않으며, 감정이 상하도록 화를 내지 않으며 악한 일을 일일이 기억하지
> 않습니다. 6 사랑은 잘못된 일을 기뻐하지 않으며, 오히려 기쁨으로 진리를 환
> 영합니다. 7 사랑은 지치지 않고 도움을 베풀며, 결코 신뢰를 잃어버리지 않으
> 며, 소망이 다하는 일이 없고, 결코 포기하는 일이 없습니다.

1) 사랑의 본질: 사랑이 없는 은사 혹은 희생제사의 무익함(13장 1~3절)

언뜻 보면, 사랑에 관한 본 장에는 그리스도께서도 성령께서도 등장하지 않으시는 것처럼 보인다. 그래서 몇몇 사람들은 이 장이 원래 12장이나 14장과는 아무 상관이 없는 독립된 시나 찬송 중 하나였다고 본다. 그러나 크레이그(C. T. Craig)는 "면밀하게 살펴보면, 이 장에 사용된 거의 모든 단어는 바울이 다루고 있는 현재의 특정한 상황에 맞게끔 선택된 것으로 보

인다"라고 정확하게 선언한다("First Epistle", 165). **사랑은…자기만 중요한 듯 뻐기지 않으며**(13장 4절, cf. 4장 6절, 8장 1절), **시기심에 불타오르지 않으며**(13장 4절, cf. 3장 1~3절), **무례하게 행동하지 않는다**(13장 5절, cf. 1장 12절, 4장 10, 18절, 5장 1, 2, 6절, 11장 17~22절, 12장 21절, 14장 4, 11, 27~33절).

하지만 여기서 바울이 **사랑**에 부여하고 있는 자질들은 서신 전체에 걸쳐 바울 자신이 '영적'으로 간주한 것들, 곧 하나님의 지혜와 '그리스도의 마음'을 따라 성령께서 자극하시고 활성화하시는 그런 자질들이다(2장 6~16절, 3장 1~4절). 사랑의 본질을 결정하는 핵심은 '다른 사람'에 대한 관심과 존중이다. 바로 이것이 서신 전체를 하나로 묶는 흐름이다.

그렇다면 12장과 14장은 왜 13장과는 그처럼 다른 어조와 내용으로 기록했는가? 이미 간략하게 제시한 것처럼, 12장과 14장에서 바울은 사실상 고린도에서 생겨난 문제점, 가설, 그리고 관심사에 의해서 결정된 주제들을 다룬다. 하지만 13장에서는 바울 자신이 주도하는 논제를 제시한다. 이를 시작하는 이는 바울이다. 분명, 잘 조율되고, 운율감이 넘치며, 정제된 시적 표현으로 이 장을 기록했다. 그럼에도 불구하고 나는 바울 자신이 고린도의 상황을 생각하면서 며칠간에 걸쳐 이 장을 기록하였고 그 후 고린도전서의 흐름에 이를 삽입했을 것이라고 주장했다(1964년 캠브리지의 틴데일 강좌 때부터 그렇게 주장했다. 하지만 이 강의는 출판되지 않았다). 이는 이전에 모팻(Moffat)에 의해 제기되었던 입장이다. 모팻은 바울이 이 편지를 황급하게 구술하면서 그와 같은 '서정시'를 저술한 것이 아니라, "이 찬송을 일반적인 그리스도인들, 특히 고린도 교인들과 나눈 긴 대화에서 얻은…밀접하고 쓰라린 경험에서 기록하였다"라고 주장한다(*First Epistle*, 182). 마찬가지로 슈라게는 13장을 12장 1절부터 14장 40절까지를 바라보는 '기준'으로 여긴다

(*Der erste Brief*, vol. 3, 276-77). '사랑은 세운다'(8장 1절)라는 표현은 이 편지 전체를 연결하는 맥락을 이루고, 13장은 14장과 '동일한 관심을 드러낸다'(Hurd, *Origin*, 189; 또한 Mitchell, *Rhetoric*, 270).

1절부터 3절까지는 '은사들'이 논의의 출발점이라는 사실을 시사하지만, 여기서는 단지 사랑이 없는 모든 은사의 무익함을 주장하려는 의도에서다. **내가 사람 혹은 천사의 말로 말하더라도**(1절)는 막연한 가정을 나타낸다. AV/KJV와 NJB가 '내가 말하지만'이라고 잘못 번역한 것과 마찬가지로, NIV와 NRSV의 좀 더 직설적인 번역('내가 말하면…') 역시 이를 확정되지 않은, 또는 조건부 가정으로 간주하는 잘못을 범했다. 바울은 칭찬이나 비난을 하려는 것이 아니라, 가정하는 시나리오를 생생하게 묘사하려는 것이다. 만약 내가 **사랑이 없이** 천사의 방언으로 말하는 경우를 상상해 보라. **나는 무엇과 같을까?** 바울은 한정된 음색과 높이를 보여주는 악보가 아니라, 단지 소리 혹은 잡음을 증폭하게끔 고안된 청동 조각품을 비유로 사용한다. 사랑이 없으면 나는 단지 **고대의 확성기, 음향 공명체**, 혹은 공명하고 울리는, **소리를 내는 병**(jar)이었을 것이다. 관련된 단어(헬, *에콘*)는 발생한 소리가 아니라, 보통 공명을 통해 소리가 전달되는 것을 의미한다. 그것은 연관된 단어(헬, *알랄라존*)와 짝을 이루어 선율도 없이 끝없이 울려대는 잡음을 의미한다(다음을 보자, Harris, "Sounding Brass", 그리고 Klein, "Noisy Gong or Acoustic Vase?").

다른 한편으로, 울리는 **심벌즈**(cymbal)는 금속성의 얇고 둥근 접시같이 생겼는데, 양쪽이 서로 부딪혀 소리를 내도록 고안한 악기다. 고대의 크로탈(*crotal*)은 현대 오케스트라의 심벌즈보다 더 두껍고, 서로 어긋나게 치는 것이 아니라 정면으로 부딪혀 소리를 냈다. 이런 은유를 하나로 모아 보면, 다른 사람들에 대한 사랑이 없이 방언을 말하는 자는 곧 앞서 나온 잡음을 만들어 내는 악기와 별 차이가 없을 만큼 거만하고, 허풍 떨며, 성가신 잡음(데시벨)을 만드는 자라고 묘사하는 것이다. 요크셔(Yorkshire)의 잉글랜드 지방에서, 사람들은 종종 '아주 시끄러운' 누군가를 '시끄럽기만 한 놈'(Now't but rattle)이라고 말하며 쫓아냈다고 한다.

우리는 13장 1절부터 13절까지에서 바울이 **사랑**을 지칭하는 말로 *아가페*라는 헬라어 단어를 선택한 것에 무슨 특별한 의미를 부여해야만 할까? 적어도 우리는 칠십인역(구약의 헬라어 번역)에서 *아가페*는 구약에서 사랑을 나타내는 일상적 단어(히, *아하바*)의 번역어라는 사실을 기억하며 이 용어 자체에 너무 많은 의미를 부여하지 말아야 한다. 그럼에도 불구하고 바울은 사랑을 *에로스*라는 단어로 표현하기를 거부한다. 이 *에로스*가 종종 열정(순수한)과도 관련이 있지만, 육감적이며, 감정적이며, 종종 남녀간의 사랑을 의미하기도 하기 때문이다. 이것은 바울이 원하는 의미가 아닌 것이다. 여기서 바울이 *아가페*라는 단어를 사용한 것은 다른 사람과 다른 사람의 안녕을 위한 걱정, 배려 및 존중의 개념에 뿌리를 두고 있다. 물론 이는 사전적 정의를 통해서가 아니라 실제 바울이 그 단어를 사용하는 구체적인 방식을 통해 드러난다. **사랑은 친절을 베풀며…사랑은 무례한 행동을 하지 않으며, 자기만의 유익에 몰두하지 않는다**(4, 5절)라는 표현에는 고린도 성도들의 일상에서의 태도와 습관적 관행으로 사랑이 성장하기를 바라는 바울의 관심이 암시되어 있다.

이 장과 신약에 나타난 사랑에 대한 세 개의 가장 중요한 고전적 저작들, 즉, 스피크(Spica)의 『신약의 아가페』(*Agape in the New Testament*), 니그렌(Nygren)의 『아가페와 에로스』(*Agape and Eros*), 그리고 비쉬마이어(Wischmeyer)의 『최고의 길』(*Der höchste Weg*) 중에서, 특히 니그렌의 논의는 여기서 우리에게 필요한 해설을 대부분 담고 있다. 니그렌은 *아가페*가 즉흥적이고, 자발적이며, 창조적이고 자유로운 사랑을 의미한다고 주장한다. 그리스도인들은 매력이 있어 보이는 사람이나 자신의 가치, 사회적 신분, 혹은 신학적 입장을 공유하는 사람만 사랑하는 것이 아니다. 기독교의 사랑을 움직이는 힘은 우리에게 친절한 이들에게 대한 상호적 응답이 아니라, 그리스도의 사랑이라는 우선적 체험이다.

그러나 이는 *아가페*라는 단어 자체에 대한 설명은 아니다. 실제로 이 단어가 항상 그런 의미로 사용되는 것은 아니기 때문이다. 하지만 바울의 용법에서는 그런 의미로 사용된다. *아가페*가(바울의 용법에서 보면) 가치에 반응하기보다는 가치를 창조하는 것이라는 니그렌의 주장은 정당하다. 하나님의 사랑은 자기 백성에게 가치를 부여하는, 본질적으로 자유롭고 주권적인 하나님의 은총이다. 따라서 니그렌의 올바른 지적처럼, *아가페*의 이런 개념은 에로스의 가장 특징적인 용례, 곧 전형적으로 사랑받는 자의 욕구에 의해서 '발생한' 사랑이라는 의미와 좋은 대조를 이룬다. 그렇다면 이를 고린도 교회와 오늘날 우리의 상황에 목회적으로 적용할 수 있다. 그리스도인들은 얼핏 매력적이지도 않고 우리들과 문화, 성, 인종, 혹은 관심사들이 같지도 않은듯 보이는 경우라도, 하나님께서 사랑하시는 동료 신자나 사람을 존중하고 돌봐야 한다. 바로 이것이 8장부터 14장까지에서 다루는 주제, 곧 '다른 사람'에 대한 존중의 핵심이다.

한편으로 **사랑**과, 다른 한편으로 **사랑**이 결여된 **예언, '지식'** 및 **믿음**의 은사 사이의 대조(2절)는 **'지식'은 우쭐대지만 사랑은 덕을 세운다**는 이전의 대조를 떠올리게 한다(8장 1절). 사랑이 없이 받거나 수행된 예언 혹은 소위 '지식'은 허황되이 자만하는 데 도움이 될 뿐이다. 사실인즉슨, **사랑**이 없으면, **나는 아무것도 아니다**. 바울은 거짓으로 꾸민, 허황된 주장이라는 개념을 확립하기 위해 **모든**이라는 단어를 사용하고선(**모든 '지식'**–"나는 모든 것을 알고 있다"–**너무 심오해서 인간으로서는 발견할 수 없는 심오한 모든 것을**), 그 다음 우리를 비참한 파국으로 밀쳐 버린다. 결국 **나는 아무것도 아니다!** 신비(비밀을 뜻하는 헬라어 단어)는 인간의 발견 너머에 있는 것을 의미한다(Bockrmuhl, *Revelation and Mystery*).

산을 옮기는 것(2b절)은 어려움을 극복한다는 표현으로 잘 알려진 은유였다(cf. 마 17장 20절; 막 11장 23, 24절). 사랑의 결핍은 **산을 옮길 수 있는 모든 종류의 믿음**으로도 보상할 수 없다. 하나님의 뜻과 관련하여 그처럼 탁월하고 강력한 확신의 은사를 지닌 사람이라도 사랑이 없다면 **아무것도 아니다.**

다음 절(3절)은 아주 짧은 주석임에도 본문비평(사본의 독법과 사본의 필사자들의 전통에 대한 평가)에 관한 논증을 할 수밖에 없게 만드는 얼마 안 되는 구절 중 하나다. 바울 및 가장 오래되고 '순수한' 본문은 **불태우게 하다**라고 말했을까(REB, NJB, NIV), 아니면 뽐내다(NRSV, 'boast')라고 말했을까? 미국성서공회판 헬라어 신약성경(*Greek New Testament*, 1993)은 어느 쪽이든 분명한 결정을 내리기 어렵다는 사실을 인정한다. 편지를 구술했을 때의 유일한 차이는 서로 밀접한 소리를 가졌다고 볼 수 있는 '트(th)'와 '크(ch)'였다.* 그러므로 일부 사람들은 의미의 개연성이 '더 순수한' 이른 연대의 사본들보다 더욱 결정적인 증거라고 주장한다. 그들은 '내 몸을 불에 태우도록 내어줄지라도'라는 표현이 박해 아래서 자발적인 순교를 표현하는 자연스러운 방법이었을 것이라고 주장한다. 하지만 그와 대조적인 입장에서 보면, 사랑이 없는 순교는 자신을 뽐내는 행위로도 여길 수 있는 셈이 된다. 따라서 이 독법을 선호하는 것 역시 타당하다. 나는 잠정적으로 **불태워진다**

---

* 별주. 최초의 사본들[P46(주후 200년경), 시내산 사본(4세기), 그리고 바티칸 사본(4세기)을 포함한], 즉, P46, ℵ, B, A와 같은 최초의 사본들은 '내가 자랑하려고'(that I may glory, 헬, *히나 카우케소마이*)라고 읽으며 전달한다. 그러나 일반적으로 '서방' 본문들(C와 D, 아마도 5세기)은 '내가 불에 태워져야'(that I should be burned, 헬, *히나 카우테소마이*)로 읽는다.

라는 해석을 선호하는데, 나의 *First Epistle*, (1042-44)에서 이와 관련된 논증을 자세하게 제시하였다.

어떤 독법을 취하든, 3절의 논리는 2절의 논리에 정확하게 병행된다. 이전 구절은 그리스도인들이 어떤 '은사를 받았건' 사랑이 없이는 전혀 **아무것**도 아니라고 주장하는 반면, 3절에서는 그리스도인이 그 어떤 개인적 희생을 치르건, 심지어 죽음이라는 자기희생을 감수하더라도, 이 모든 것에 사랑이 없으면, 그 희생은 **아무것도 아니라**고 주장한다. 바울은 그 누구보다 이 점을 잘 안다. 바울은 '자랑'할 수 없지만, 그가 자랑을 해야만 한다면, 그는 오히려 자신을 하나님의 은총에만 의존하게 만드는 자신의 '연약함'만 '자랑'할 것이다(고후 12장 5, 9, 10절).

가난한 자들을 먹이기 위해 개인의 소유를 나누는 일조차도 사랑이 없는 행위가 될 수 있다. 어쩌면 억지스러운 의무감이었을 수도 있고, 하나님께나 사람에게 인정받으려는 의도였을 수도 있을 것이다. 바울은 이런 행동이 사랑, 즉 진정한 관심에서 나오는 것이 아니라면 아무런 가치도 없다고 주장한다. 대부분의 번역은 이 헬라어를 '내게 아무런 이득이 없다'로 이해하지만(NRSV, REB, NIV), 수동태로 사용된 이 단어는 아마도 **아무 쓸모가 없다**(it counts for nothing)는 의미일 것이다.

2) 사랑의 역동적 행동(13장 4~7절)

바울은 문법과 구문 및 동사를 모두 동원하여 사랑의 역동적이고 능동적이며 효율적인 본질을 부각한다. 따라서 우리는 '오래 참고 온유하며 시기하거나 자랑하지 아니하며'(NRSV)라고 번역하는 대신, '**참고 기다리며, 친절을 베풀고, 시기심에 불타오르지 않고, 뽐내지 않고**'(4절)라고 번역한다.

참고 기다리는 것을 우리는 '시간적 덕'이라 부를 수 있을 것이다(잉글랜드 교회 2003년 교리 위원회 보고서에 있는 *Being Human*, 121-23의 경우처럼). 신실함이나 소망처럼 인내는 하나님께서 주시는 시간의 선물과 하나님의 은사에 대한 바른 태도 및 그 은사의 바른 활용에 의존한다. 인내심이 있는 사람은 정한 시간 전에 서두르지 않으며 화내지도 않는다. 목회사역에서 적절한 때를 아는 것이 종종 그 행동 자체보다도 더 중요한 경우가 있다. 다른 사람을 위한 참 사랑은 그 사람이 들을 준비가 될 때까지 기다릴 것이다. 이는 특히 그 사랑이 경고나 꾸짖음의 말을 수반하는 경우라면 더욱 그러할 것이다. 성경은 '쉽게 화를 내지 않는' 하나님과 사람들에 대해서 이야기한다(잠 19장 11절). 사랑은 섣부르거나 함부로 내뱉지 않는다.

그 다음에 나오는, **친절을 베푼다라**는 동사는 1세기 헬라어에서는 더욱 따스함을 전달한다는 점만 제외하면 사실상 현대 영어의 용법과 일치한다(Spicq, *Agape*, vol. 2, 151). 북부 잉글랜드의 재사(才士) 알렌 베네트(Alen Bennet)는 '그가 친절했다'라는 말은 자기 미망인에게 낮에나 밤에나 아무것도 요구하지 않았던 유순한 남편을 위한 훌륭한 묘비명이 될 것이라고 비꼰 적이 있다. 고대 헬라어에서 이 단어는 현대 영어에서 종종 나타나는, 이러한 칭찬 같은 비꼬기와는 아무 상관이 없다. 긍정적인 의미에서 **친절**은 타자의 안녕에 대한 순수하고 이타적인 관심이다.

사랑은 시기심으로 불타오르지 않는다(4b절)라는 번역은 원문에다 **불타오르다**라는 말을 첨가했는데, 이는 시기심(헬, *젤로이*)이라는 단어의 강렬함을 드러내기 위해서다. 이는 고린도인이 지녔던 '시기와 분쟁'의 태도를 다시금 생각나게 한다(3장 3절). 바로 이것 때문에 바울은 '영적인 사람들'로 여겨주었으면 하는 많은 고린도 신자들의 바람을 거절했던 것이다. 이어지는 구절에 대한 최상의 번역은 **우쭐하지 않는다**라고 할 수 있는데, 이는 바레트(Barrett)와 스피크의 연구 및 번역의 결과와 일치한다.

이 구절의 마지막 용어, **자기만 중요한 것처럼 뻐기지 않는 것**(4c절)은 하나의 동사를 번역한 것인데, '뽐내지 않는다'(Collins), '허풍을 떨지 않는다'(AV/KJV), 혹은 '우쭐대지 않는다'(REB, NJB) 등으로도 번역될 수 있다. 중요한 점은 여기서 바울이 '지식'은 우쭐하게 하지만, 사랑은 세운다고 말하는 8장 1절에서처럼, 뽐낸다 혹은 바람만 가득 찬다라는 표현과 같은 은유를 사용한다는 점이다. 그것은 이솝 우화에서 자기를 부풀렸던 거만한 개구리를 떠올리게 한다. '자랑스러운'(NIV)이나 '오만한'(NRSV)은 이러한 은유의 맥락에 부합하지 않는다. 게다가 **뻐기기**는 자기 자신에게 더 많은 관심을 더하고 관심을 끌 만한 행동을 부추기는 것인데, 바울이 고린도의 그리스도인들을 놓고서 그처럼 염려스럽고 비기독교적인 것이라고 생각했던 태도가 바로 이것이었다. 그들은 자기들의 '은사들'과 '영성'을 과시하고 싶었던 것이다.

5절은 다른 사람을 위한 존중의 필요를 다시금 언급하는데, 이는 습관적 양식으로 자리잡은 성품으로서, 오늘날 우리가 '교회의 질서'라고 부를 만한 것이다. **사랑은 무례히 행동하지 않는다**(5a절). 그러나 이 말은 좀 더 넓은 의미로 적용될 수 있다. 12장 23절에서 이 단어의 형용사형이 사용된 것을 보면 바로 훌륭한 취향, 공적인 예의 및 다른 사람들을 배려하는 예의가 문제가 되고 있었던 것으로 보인다. 이 모든 태도는 다른 사람들에 대한 존중의 태도를 유지하면서, 기꺼이 자신과 자신의 생각을 주장하고 싶은 욕구를 제한하는 것이다. 참된 사랑이라면 적절한 예의도 갖추지 않은 채 대화하는 법이 없으며, 예배할 때도 억지로 자기주장을 관철하려 들지 않을 것이다.

사랑은 **자기의 유익에만 몰두하지 않는다**(5절)라는 표현은 이처럼 자기를 내세우지 않는 예의의 바탕이 되는 마음과 생각의 근본적인 태도를 묘사한다. AV/KJV가 '자기의 것을 추구하지 않는다'라고 문자적으로 번역한 헬라어의 의미는 '결코 이기적이지 않다'(REB)나 '자기 생각을 고집하지 않는다'(NRSV)라는 말보다 더 광범위하다. '이기적이지 않다'(NIV)는 의미상으로 좀 더 가깝지만, 오늘날의 문화를 고려해 볼 때, 여기에는 자기 유익과 자기중심주의라는 두 개념이 결합되어야 할 것으로 보인다. 그래서 나는 번역할 때 이러한 이중적 어감을 전달하려고 노력했다.

여기서 앞서 니그렌이 강조했던 바를 기억하는 것이 이해에 도움이 될 것이다. 전형적인 *에로스*와는 대조적으로, '아가페적' 사랑은 결코 스스로 자신의 만족을 위해 다른 사람을 '소유하려' 들지 않는다. 연인(혹은, 다른 관용어로서, 부모)이 "나는 너를 원해"라는 말로 사랑을 표현하는 것은 일종의 위험 신호일 수도 있다. 자기 '유익'의 만족이라는 바람(wind)에 휩쓸릴 위험이 있을 정도로 바짝 붙어 항해하는 그런 종류의 사랑이기 쉽기 때문이다. 참사랑은 상대를 지키기 위해 노력하겠지만, 결코 그를 통제하려고 들지는 않는다. 참사랑은 결혼과 가족 안에 존재하는 여러 종류와 수준의 관계뿐 아니라, 교회 내에서나 삶의 다른 영역에 존재하는 관계에도 관심을 기울인다. 그것은 '자신을 기쁘게 하지 않으셨던' 그리스도의 사랑을 반영하는 것이다(롬 15장 3절).

바울은 고린도 교회에 발생한 문제들이 상당 부분 성도들이 이런 삶을 살지 못한 탓에 기인한다고 여긴다. 즉, 우상 음식에 대한 나름의 방식을 고집하는 것(10장 24, 33절), 주님의 만찬에 서둘러 달려들거나 혹은 세심하지 못한 방식으로 주님의 만찬을 '주관하는 것'(11장 21, 22절), 이미 말하고 있는 이의 말을 막고서 갑자기 자기가 받은 계시를 들이대는 것, 혹은 다른 사람들의 말을 들을 기회가 없을 정도로 자기 말만 길게 늘어놓는 것(14장 29~33절) 등이다. 자신의 유익에 집착하는 이러한 모든 태도의 표현은 '다른 사람'을 그 자체로 권리가 있는 한 인격('당신')이 아니라, 나에게 도움이 되는 대상(마르틴 부버의 표현으로는 '그것')으로 여기는 것이다. 이는 결혼이나 낭만적 또는 성적인 관계에서 사랑과 육욕을 구분하는 중요한 차이이기도 하다.

사랑은 **감정이 상하도록 화를 내지 않는다**(5b절)는 말은 날카롭게 혹은 신랄하게 만든다는 의미의 단어를 은유적으로 사용한 것으로, 다른 사람에게 **짜증을 내거나** 화내는 것을 의미한다. 파피루스를 보면, 이 단어의 능동태는 종종 다른 사람을 '자극하는' 것, 특히 '화나게' 만드는 행동을 가리킨다. 이 의미에서 사랑은 '과민하게 반응하지 않는' 것이라고 바울은 선언한다. '신경질적인'(touchy)이라는 바레트의 간명한 번역에는 많은 장점이 있지만, 자주 제시되는 다른 여러 번역과 마찬가지로, 바울이 의도적으로 수동태를 사용하고 있다는 사실을 제대로 고려하지 못했다는 한계가 있다.

바울의 말은 **사랑이란 참고 기다리는 것**이라는 이전의 긍정적인 묘사를 떠올리게 한다. 사랑에 인내가 없이 자기중심적 태도가 끼어들도록 둔다면, 그러한 오염된 사랑은 한편으로는 이기적 관심이 상처를 입었다는 이유로, 그리고 다른 한편으로는 과민한 반응을 보였다는 사실 때문에, 쉽게 **분노**나 쓰라림으로 격화될 것이다. '아가페적' 사랑은 종종 그런 '상처'를 키우고 과시하는 이기적인 사랑으로 퇴화할 수 있다. 이럴 때 사랑은 종종 일종의 도덕적 협박으로 타락하게 되며, 다른 사람을 내 마음대로 조종하려는 시도로 전락한다. 이것은 서로를 비난하는 끊임없는 순환을 만들어 낼 수 있다는 점에서 '참된' 사랑의 생존과 성장에 심각한 위협으로 작용한다.

대단한 목회적 예민함과 통찰력으로 바울은 그러한 과정이 촉발될 수 있는 가능성을 예견한다. 그는 다음과 같은 주장으로 그런 사태를 미연에 방지하고자 노력한다. 사랑은 **악한 일을 일일이 기억하지 않는다**(5c절). 몇몇 주석가는 이런 표현을 '악을 마음에 담아두지 않는다'라는 의미라고 주장하지만, 스피크는 '악한 것을 생각지 않는다'라는 전통적 견해를 따른다(AV/KJV). 그러나 통상 이 동사는 '고려하다' 혹은 **계산하다**라는 의미로 사용되는데, 회계와 관련된 영역에서는 특별히 그렇다.

REB는 '악한 일을 일일이 기억하지 않습니다'라고 옮겼지만, NRSV는 '분개하는'(resentful)이라는 형용사 때문에 본문의 역동적 흐름을 놓치고 말았다. 위에서 제안한 것처럼, 사랑이 서로를 비난하는 양상으로 변질될 때 참사랑에서 이탈하고 타락하는 일이 생겨난다. 이 동사의 우선적 의미는 잘못을 '더하고' 또 '헤아리는' 것을 가리키겠지만, 동시에 다른 번역은 바울이 그려내고 있는 상황에 대한 또 다른 점을 보충해 준다. 즉, 다른 사람이나 집단이 저지른 것처럼 보이는 잘못은 주목하고, 고려하고, 깊이 생각하고, 분개함으로써 '상처'의 총계를 더해간다는 것이다. 각각의 표현들은 이런 선지자적 묵상이 필요해지는 상황을 훌륭하게 묘사해 준다.

사랑은 잘못된 일을 기뻐하지 않는다(6a절)는 말은 분명 다른 누군가의 범죄를 시사하는 것처럼 보인다. 고린도 사회의 경쟁적 분위기나 행태 또는 상황은 다른 누군가의 실패, 실수, 혹은 추락이 은밀한 기쁨의 근원이 될 수 있는 그런 환경을 만들어 놓았다. 이와는 다른, 혹은 이에 대한 추가적인 해석에 의하면, 여기서 바울은 마음 한 구석에 5장 1절부터 5절까지에서 다룬 상황을 생각하고 있었을지도 모른다. 곧, 참된 사랑이란 근친상간의 죄를 범한 사람을 용납하거나 심지어 그를 따뜻하게 맞아들이는 행태에서 나타나는 것과 같은 자축(self-congratulation) 혹은 오만의 분위기에는 결코 가담하지 않을 것이라는 것이다. 사랑은 자기에게 상처를 주고 자신의 파멸을 초래하는 그런 결과를 무시하지 않을 것이다. 참 사랑은 결코 다른 사람의 실패를 반가워하는 법이 없으며, 그 사람의 단점에 대해 훈계를 한바탕 늘어놓을 수 있겠다는 생각에 가슴 설레는 일은 더더욱 없을 것이다. 사랑은 "거봐, 내가 뭐랬어!"라고 할 법한 그런 기회를 결코 반가워하지 않는다. 회중을 사랑하는 목회자라면 매정한 말을 해야만 하는 상황이 결코 반갑지 않을 것이다. 신중하고 자비로운 마음에서 흘러나온 것이 아니라면, 다른 사람의 사역에 대한 비판에서 개인적인 만족을 느끼는 것이 그 사역자를 향한 참된 사랑의 표현이기는 어려울 것이다.

6절의 마지막 표현은 자주 오해되어 왔다. 많은 사람들이 여기서의 **진리**가 복음의 진리를 의미한다고 제안하였다(Fee, *First Epistle*, 639). 그러나 이런 용법은 신약성경 중 상대적으로 후대의 저작에서 나타나는 것으로, 본문의 문맥과는 전혀 어울리지 않는다. 그러나 고린도에서 사용되었던 조종하는 수사학(cf. 2장 1~5절)은 오늘날 우리 문화 속의 포스트모던적 국면과 상통하는 관점을 시사한다. 많은 저자들 중 미쉘 푸코(Michel Foucault)는 지식과 수사학적 '여론조작'(spin)의 사용을 권력의 수단이라고 여긴다. 니체에서부터 푸코와 리오타르(Lyotard)에 이르기까지, 대인 관계는 진리가 아니라 자기 자신을 위한 수사법과 권력의 관점에서 이해되었다. 그러나 이는 인간의 마음의 거짓됨과 인간의 타락에 대한 성경의 인식에서도 잘 드러난다. 그러므로 바울은 사랑은 자기를 앞세우거나 생각의 조작이나 수사적으로 과장하여 권력을 확보하려 들지 않으며, 오히려 사심 없이 **진리를 기뻐한다**고 권고하는 것이다.

이러한 이해에 근거하여, 스피크는 복합동사('함께'라는 접두사와 '기뻐하다'라는 동사의 합성어)가 자기 개입적 의미로 '경축하다, 칭찬하다, 박수를 치다, 환호하다'라는 의미가 된다는 것을 정확하게 이해하였다(Spicq, *Agape*, vol. 2, 158). 숨겨 놓은 이기적 관심사를 버린다는 점에서, 최상의 번역은 **기쁨으로 진리를 경축한다**는 것이다. 이는 니그렌이 강조한 것처럼, 사심이 없고, 사사로운 이득에 대한 관심으로 산만해지지 않으며, 새로운 가치를 창조해 내는 것이라는 사랑의 개념과 잘 어울린다. 잇따르는 구절이 시사하는 것처럼, 사랑은 어떤 수사적 도구나 조종하는 장치를 요구하지 않는다. 사랑이 모든 것을 직면할 수 있기 때문이다.

7절은 논증의 최고 절정을 이룬다. 사랑은 **지치지 않고 도움을 베풀며, 결코 신뢰를 잃어버리지 않으며, 소망이 다하는 일이 없고, 결코 포기하는 일이 없습니다**. 내가 나의 *NIGTC* 주석에서 살핀 것처럼, '모든 것'이라는 바울의 용어에 담긴 배제와 포함이라는 이중적 역할을 영어로 드러내려면 이중부정을 사용해야 한다. 영어번역본 중에서는 유일하게 REB만이 이런 점을 제대로 인식하고 있다. 여기서의 '모든 것'은 제한을 없애는 것이기는 하지만, 사랑이 무엇을 포함하는지에 대해서는 말해주는 것이 없다. 가령, '사랑은 모든 것을 믿는다'라는 번역(AV/KJV)은 결코 신뢰를 그치지 않는다는 아가페적 사랑의 표현을 낭만적인, 혹은 남녀 간의 사랑에서 보이는 눈먼 맹신으로 바꾸어 버리는 것이다. 이런 식의 태도는 종종 *아가페*가 아니라 *에로스*라는 단어로 나타난다. 여기서는 REB의 번역이 정확하다. '신뢰에는 한계가 없다.' 물론 이런 번역조차도 '신뢰한다'라는 헬라어 동사의 역동적 움직임을 포착하지 못하고 있는 것은 사실이다. 그래서 우리는 '**결코 신뢰를 잃어버리지 않는다**'라는 번역으로 이를 되살리려 했다.

이런 참사랑이 보여주는 네 가지 끝 없는 특성 가운데 첫 번째는 하나의 단어(헬, *스테게이*)로 표현되는데, 이는 덮개로서의 지붕과 보호막으로서의 지붕, 그리고 지지대와 관련이 있는 것처럼 보인다. 서로 다른 번역이 나오는 것이 바로 이런 이유에서다. 어쩌면 바울은 사랑이란 그 사람의 명성에 해가 될 만한 모든 행위에 보호막을 치는 것이라고 말한 것일 수 있다. 물론 가능한 해석이다. 하지만 NRSV의 '모든 것을 인내한다'나 NIV의 '언제나 보호한다'라는 번역이 더 그럴듯하다. NJB는 '언제나 사정을 고려하려 한다'라고 번역함으로써 양자를 아우르려 한다. 유례없이 강렬한 바울의 언어가 점점 힘을 더해 가다 마지막에 이르러서는 '모든 것을…모든 것을…모든 것을…', 혹은 '결코…결코…결코…' 하며 최고조에 이르는 데 반해, 다분히 진부한 이들 영어 번역들은 이런 역동성을 제대로 담아내지 못하고 있다는 사실이 부분적으로 이러한 번역들의 문제다.

우리가 사랑은 **지치지 않고 도움을 베풀며**라고 번역한 데는 또 다른 이유가 있다. 일부 해석자는 바울이 자신을 사랑하는(=고린도교회를 사랑하는) 사람의 자리에 놓고 있다고 주장한다.* 이는 물론 추측에 불과하지만, 만약 그것이 사실이라면, 네 가지 표현은 고린도후서에서 구체적으로 드러나는 바울의 태도를 정확하게 묘사하는 것이 된다. 즉, 사랑은 **지치지 않고 도움을 베풀며, 결코 신뢰를 잃어버리지 않으며, 소망이 다하는 일이 없고, 결코 포기하는 일이 없습니다. 사랑은 결코 포기하지 않습니다**라는 말은 '사랑은 결코 끝나지 않는다'라고 말하는 본 장의 세 번째 연으로 계속된다. 그러나 이 말들에 영감을 주는 것은 바울의 사례만이 아니다. 그리스도의 사랑은 결코 포기하지 않는다. 즉, '그분께서는 그들을 끝까지 사랑하셨다'(요 12장 1절).

* 기술적 주해: 예를 들면, E. Stuart, "Love Is…Paul", *Expository Times* 102 (1991): 264-66. 그러나 스튜어트는 이것을 조작적 전략이라고 여긴다. C. J. 발터스는 이 주장을 거부하지만(cf. 1:6), 기본적 제안을 지지한다, "Love Is…Paul"-A Response", *Expository Times* 103 (1991-92): 75.

36. 묵상을 위한 제언(13장 1~7절)

1. 사랑 없이 모든 은사를 추구하는 일의 허무함에 관하여(1~3절)

우리는 무엇을 위해 우리의 시간과 정력을 소비하는가? 어떤 은사나 성취가 우리를 가장 존경받을 만한 사람으로 만들어 준다고 생각하는가? 심오한 지혜나 선지적 통찰력, 혹은 큰 자기희생의 행위들인가? 성령께서 하나님의 사랑을 우리 마음에 부어 주지 않으셨다면(롬 5장 5절), 이 모든 다른 '성취'는 결국 잔액 없음(zero)으로 끝나게 될 계산서에 여러 통계 수치나 방정식을 덧붙이는 것과 같다. 우리의 이런 다양한 섬김의 방식들이 상대적인 가치만 있는 것인데도, 무엇이 이에 대해 비현실적이고 자기기만적인 판단을 내리게끔 우리를 유혹하는가? 진심으로 다른 사람을 존중하고 그들을 돌보기 위해서는 아마도 시간과 노력을 더 들이는 수준보다 훨씬 더 급진적인 방식의 자기 변화가 필요할 것이다. 이것이 너무 빈번한 자기 망상을 해결하는 방법이 될 수 있을까?

2. 사랑 없이 방해만 되는 '잡음'을 피하는 것에 관하여(1절)

음향학이나 전자공학에서는 '잡음'(noise)을 전문용어로 사용한다. 이는 전달된 신호에 동반되는 것이기는 하지만 그 신호의 일부는 아닌 것, 그래서 오히려 신호를 모호하게 하고 부분적으로 그것을 덮어 버리는 소리나 전류를 가리킨다. 이는 바울이 사용한 음향공명기라는 은유와도 유사하다. 곧 잡음만 증폭할 뿐, 의미 있는 곡조나 신호를 전달하지는 않는 그런 기구다. 타인에 대한 사랑이 없다면, 그리스도인은 뜻하지 않게 '잡음'만 만들어낼 수가 있다. 이렇게 되면 이들은 강압적인 방식으로 자신들의 고유한 영역을 침범당했다고 느낄 것이며, 이로 인해 화가 날 것이다. 우리의 자리와 발언, 그리고 우리의 행동이 그저 불청객의 간섭에 불과한 것이 아니도록 하려면 어떻게 해야 하겠는가? 그러니까 그리스도를 전하기보다 오히려 그리스도를 모호하게 만드는 '잡음'이 아니려면 어떻게 해야 할까?

3. 사랑과 사랑의 행동 배후에 있는 순수한 혹은 혼합된 동기에 관하여(3절)

3절의 본문을 '기뻐하다'로 읽든 '불태워지다'로 읽든, 바울은 사람들이 사랑 아닌 다른 이유로도 엄청난 희생을 감수할 수 있다고 경고한다. 전혀 내키지도 않고 반감을 느끼면서도 자기를 희생하는 일이 가능한가? 그런 희생이 존중받고 인정받으려는 욕구, 혹은 다른 사람으로 하여금 우리를 더 무게 있게 대하도록 만들려는 안타까운 욕구에서 비롯되는 것은 아닐까? 사랑이 아무 대가 없이 자유로이 주어질 때는 언제이며, 또 모종의 대가에 대한 기대에 의존하는 경우는 언제인가? 하나님의 사랑은 우리가 하나님께 매력적인 존재인지 아닌지와 아무 상관이 없다. 즉, 하나님께서는 아무런 이유 없이 우리를 사랑하신다. 어떻게 하면 우리 그리스도인의 사랑이 서로 생각이 같거나, 취미가 같거나, 이런저런 매력이 있는 사람들만 사랑하는 그런 수준을 넘어갈 수 있을까? 이 모든 것은 그리스도의 사랑에 어떤 이해의 빛을 비추어 주는가?

4. 인내하며 기다리는 미덕에 관하여(4a절)

우리는 인내를 '시간의 미덕'이라고 말한다(영국 국교회 교리 위원회 보고서인 Being Human, 121-23). 훌륭한 음악이나 떡갈나무의 성장, 그리고 사상가, 학자, 혹은 예술가의 원숙함을 보면 알 수 있는 것처럼, 위대한 일이나 사건 중에는 급하게 만들어 낼 수 없는 경우기 많다. 그렇다면 우리의 '포스트모던적' 시대가 늘 즉각적인 것을 요구하는 이유는 무엇인가? 왜 우리는 즉각적인 해결책, 즉각적인 성공, 즉각적인 치료 혹은 대답을 요구하는가? 다른 사람을 위한 참사랑은 그들을 괴롭히거나 힘들게 하는 것을 성급하게 끝내려고 할까? 목회 사역에서 어떤 행동을 하거나 혹은 입을 다물어야 할 적합한 시점을 찾는 것이 얼마나 중요한가? 하나님께서는 이 세상의 구성 요소로 공간뿐 아니라 시간 또한 만들기로 하셨다. 우리의 사랑이 그 사랑을 표현할 좋은 시점를 기다리지 못하는 경우가 생길 수도 있을까? 시간의 미덕은 하나님께 근거를 두고 있다. 하나님께서는 계획하신 일들을 위해 우리에게 때를 주실 것이다. 만일 하나님께서 무언가를 할 때 주지 않으신다면, 그것이 과연 하나님께서 바라신 일일까?

5. 친절을 베풀려는 열정, 관용, 그리고 순수함에 관하여(4a절)

앞에서 우리는 현대 영어에서 '친절하다'라는 형용사가 종종 별 느낌이 없는 진부한 표현에 불과하다는 사실을 언급한 적이 있다. "정말 친절하시네요!"라는 말은 마음이 없는 관습적 대답일 때가 많다. 하지만 여기서 바울은 더 일상적인 추상명사인 '친절'을 두고, 더 신중하게 역동적 행동을 나타내는 흔치 않은 동사를 고른다. 이 단어는 신약 전체에서 여기 한 번 등장하고, 다른 기독교 저작에서도 다소 다른 방식으로 꼭

한 번 등장할 뿐이다(Danker, *Greek-English Lexicon*, 3판. 1089). 그러나 그 명사조차도 '도움을 주려는 성품, 주저 없는 기질 상의 관대함'이라는 의미를 포함한다(1090). 이런 성품은 하나님의 성품이기도 하다(시 30편 20절; 롬 2장 4절; 9장 23절; 11장 22절). '친절하게 대하는 것'(동사)은 다른 사람들로 하여금 친절한 행위로 대응하도록 만든다(클레멘트1서 13장 2절; 14장 3절). 어떻게 우리는 순전한 친절에서 우러나는 따뜻함, 능력, 그리고 너그러움을 더 잘 알아 줄 수 있을까? 친절이라는 이 한마디 말이 얼마나 우리를 사랑의 본질에 더 가까이 다가가게 하는가?

6. 시기, 자만, 그리고 이기주의에 오염된 사랑에 관하여(4b, 5절)

4b절의 상황은 특히(다른 정황도 배제할 필요는 없지만) 교회를 염두에 둔 것이다. 우리가 정말 동료 그리스도인들을 사랑한다면, 하나님께서 그들에게 주기로 결정하신 은사나 사역들을 두고 불평할 이유가 있겠는가? 우리가 그들을 사랑한다면, 질투가 존재할 여지가 있는가? 사랑은 사랑받는 자를 위해 가장 좋은 것을 바라지 않는가? 하나님께서 순전한 은혜의 선물로만 우리를 다루시는 마당에, 우리가 전혀 다른 기준으로 다른 사람들을 대할 수 있을까? 사랑의 '순수함'을 보여주는 표지로서 관대함이란 얼마나 중요한 것인가?

7. '상처'의 틈을 유지하라는 억압을 받는 사랑에 관하여(5b, 6절)

몰트만이 관찰한 것처럼, 사랑한다는 것은 자신을 상처받을 수 있는 상황에 노출되는 것이다. 확실히 '고통을 겪을 수 없는 하나님은 사랑할 수도 없다'(*Trinity and Kingdom*, 38). 이는 남편과 아내, 부모와 자식, 그리고 연인들 관계에도 그대로 적용된다. 그래서 사랑하는 사람은 오해나 잘못된 억측, 혹은 실망 때문에 쉽게 상처를 받을 수 있는 입장에 선다. 어떻게 하면 우리는 이런 상처가 '격한 분노'로 이어지는 것을 막을 수 있을까?(5b절) 자신을 중요시하지만 참을성이 없는 그런 곳에서는 이런 상황이 쉽게 '상처의 과시'로 이어진다. 그리고는 이는 또 상대를 심리적으로 압박하여 결국 내가 원하는 것을 얻어내는 수단이 되기도 한다. 그러니까 '상처받은' 사람이 그 상처를 보상하려 드는 것이다. 바울은 서로를 향한 비난으로 이어지는 파괴적 악순환을 막으려면, 사랑이 악한 일을 기억하지 않도록 하는 것(5c절) 혹은 '잘못을 담아 두지 않는 것'(REB)뿐이라고 말한다. 사랑은 결코 내가 받은 것처럼 느껴지는 '상처'나 손해가 얼마나 큰지 확인하려 들지 않을 것이다. 교회와 가정과 직장 혹은 사회에서 이런 함정을 피할 수 있는 가장 효과적인 방법이 무엇일까?

8. 사랑의 조종하려 하지 않는 특징에 관하여(6절)

사랑은 다른 사람의 실패를 결코 기뻐하지 않는다. 때로 우리의 사랑은 방향을 잃은 채, "거 봐요, 내가 뭐랬어요?"라고 말하고 싶은 유혹을 느끼지는 않는가? 그것도 그 상황을 은근히 즐기면서 말이다. 사랑의 역학이 얼마나 쉽게 조종과 통제의 역학으로 변질되는가? 그러면서도 우리는 이것이 다른 사람의 유익을 위한 것인 양 착각할 수 있다. 그러나 참 사랑은 끈질기게, 잘못된 수사법을 버리고 함께 진리를 찾아가며 그 진리를 기뻐한다.

9. 참사랑의 영속성과 참을성에 관하여(7절)

사랑은 결코 도움 주는 일에 싫증을 내지 않으며, 결코 포기하지 않는다(7절).

사랑은 죽음같이 강하다.
많은 물도 이 사랑을 끄지 못하고
홍수라도 이 사랑을 삼키지 못한다.
사람이 그의 모든 재산을 다 주고
사랑과 바꾸려 할지라도
오히려 멸시를 받을 것이다. (아 8장 6, 7절)

사랑에 관한 바울의 호소력 있는 선언은 특정한 상황이나 시간, 혹은 장소에 국한되지 않는다. 세상과 교회를 위한 하나님의 사랑은 지치지 않고 도움을 베풀며 결코 포기하지 않는다. 그리스도인들은 그 사랑에 사로잡힌 자들이다. 기독교적 확신, 신뢰, 그리고 소망의 차원에서 이 사실은 우리에게 어떤 격려가 되는가? 또 이 진리는 우리에게 어떠한 도전으로 다가오는가?

(2) 사랑의 영원성과 확고한 미래(13장 8~13절).

8 사랑은 결코 떨어져 버리지 않습니다. 예언이 있다 하더라도, 여기에는 끝
이 있으며, 방언이라 해도 멈추게 될 것입니다. '지식'이라면 무용지물이 될
것입니다. 9 이는 우리가 단편적으로만 알고, 부분적으로만 예언하는 것이
기 때문입니다. 10 그러나 완전한 전체가 올 때, 부분적인 것들은 사라질 것
입니다. 11 내가 어렸을 때는 말하는 것도 어린아이와 같았고, 생각하는 것
도 어린아이와 같았고, 가치를 따지는 것도 어린아이와 같았습니다. 하지만
어른이 되면서는 어린 시절의 일들을 버렸습니다. 12 우리는 이 현재를 거
울을 통해 간접적으로만 볼 뿐이지만, 그때에는 얼굴을 맞대고 볼 것입니다.
지금은 내가 부분적으로 알게 될 뿐이지만, 그때는 내가 알려지는 대로 알게
될 것입니다. 13 그러므로 믿음, 소망, 사랑, 이 세 가지는 남을 것입니다. 하
지만 그 중에서 가장 큰 것은 사랑입니다.

사람들과 관계에서 드러나는 사랑의 진리는 종말의 때와 관련된 우주적 차원에서 더욱 큰 의미가 있다고 할 수 있다. 인간의 인식에 영향을 받지 않는 차원의 상태에 대해 묘사하면서 바울은 **사랑은 결코 무너지지 않는다**, **땅에 떨어지지 않는다** 혹은 **허물어지지 않는다**고 선언한다(8a절). NIV의 (AV/KJV와 마찬가지로) '결코 실패하지 않는다', NRSV의 '결코 끝나지 않는다', 그리고 REB, NJB의 '결코 끝나지 않는다' 등의 번역은 이 은유를 더 상세히 설명해 주지만, 지금까지 바울이 연소, 팽창, 누군가에게 날카로운 칼끝을 겨누는 것, 혹은 수치 더하기와 같은 '물리적' 은유를 사용했었다는 것을 생각해볼 때, 떨어짐(falling)이라는 물리적 은유를 포기하기에는 다소 아쉬운 감이 있다. **허물어진다**라는 표현은 그 은유를 지키면서도 그 속에 담

긴 의미도 잘 드러내 준다.

세 조건문에 등장하는 세 개의 조건절(…**있더라도** …**이라면** …**이라면**)은 절대적이며 영원한 **사랑**과 대조되는 이들 은사가 상대적이며 일시적이라는 사실을 강조한다. 설사 누군가가 예언의 말씀을 전하는 은사가 **있더라도**, 마지막 때에는 무익하고 불필요한 것이 될 것이며, 방언의 은사라 하더라도 **그치게 될 것이다**. 사실 교회에는 '**지식**'조차도 필요하지 않을 것이다. 왜냐하면 주님의 날이 모든 것을 드러낼 것이며, 따라서 이 은사도 **쓸모없는 것이 되고 말 것**이기 때문이다.

'**지식**'의 상대성과 **사랑**의 절대적 영원성 간의 대조는 8장 1절에서 제시되었던 지식과 사랑 사이의 대조를 더욱 강력하게 드러낸다. 그 대조는 3장과 8장부터 10장까지의 내용을 떠올리게 하는데, 이는 사랑과 **예언** 혹은 **방언**의 대조가 14장을 미리 내다보고 있는 것과 마찬가지다. **끝이 나다**와 **무용지물이 되었다**로 번역된 강렬한 동사는 **예언**과 **지식**에 각각 동일하게 적용된다(**그치다**는 그저 형태를 다양하게 한 것이다).

이 동사는 2장 6절(이 시대의 통치자들은 '없어질 운명'이다) 및 1장 28절에서 사용된 것과 동일한 단어다. 속량되어 천국에 있는 자들에게 **예언자**의 설교가 필요할까? 부활하여 살아가는 삶에서도 방언으로 찬양을 하게 될까? 물론 그렇지 않다. 하지만 **사랑**은 천국에서도 관계를 맺어가는 끈으로 남아 있을 것이다. 이는 하나님과 하나님께서 창조하신 것들 간의 관계를 규정짓는 것이다. 다른 은사는 불필요한 잉여적 가치가 되어 사라지겠지만, 우리 삶의 태도로 자리 잡은 사랑의 태도와 행위는 하나님의 천상적 영광의 일부가 되어 남아 있을 것이다. 칼 바르트는 모든 다른 은사가 '미래의 빛 아래 상대화되지만, 이런 상대화가 사랑을 압도하지는 않을 것'이라고 말했다(*Church Dogmatics* IV/2, 단락. 68, 837). *NIGTC* 주석에서 나는 방언에 대한

'중지주의'(cessationism) 관점, 혹은 '방언'이 성경적 정경의 종결 이후에 중단되었다는 입장에 대해 논의하였다(*First Epistle*, 1961-64).

9절의 전통적인 번역, 즉 '지금은 우리가 부분적으로 알고'(AV/ KJV, NRSV, NIV)와 '부분적 지식'(REB) 등의 번역은 원문(헬, *에그 메루스*) 속에 담긴 의미, 곧 하나의 과정으로서의 지식 습득이라는 개념을 제대로 담아내지 못한다. 바울은 현세에서는 우리가 조금씩, 부분적으로, 그리고 점차적인 방식으로 지식을 얻게 된다고 말한다. 9a절에서는 이를 **단편적으로**라고 번역하고, 9b절에서는 부분적으로라고 번역한 것은 문체의 변형을 위해서다. **이는 우리가 단편적으로만 알고, 부분적으로만 예언하는 것이기 때문입니다**.

이는 인식론 혹은 지식 이론(theory of knowledge)에 대해서도 중요한 의미가 있다. 아직 죽음의 이편에 있는 우리들로서는 지식의 통합적 전체성에 도달할 수 없다. 우리는 단지 '조금씩' 지식을 얻는 것이기에, 인간의 이해는 항상 잠정적 성격이 있다. 그렇기는 하지만, 이 지식이 계시 위에 근거한 것일 때, 이는 우리로 하여금 성숙되는 과정에서 그 다음 단계로 나갈 수 있게 해 줄 수 있다는 점에서 그 나름의 실용적 적합성이 있다. 이것이 바로 루터가 에라스무스와 벌였던 논쟁에서 제시했던 '성경의 명료성'이라는 개념, 즉 다음 단계로 나갈 수 있도록 하기에 충분할 정도로 명료하다는 의미이다. 그러나 바울은 고린도의 일부 성도들이 생각했던 지식이라는 개념, 곧 '지식'이 완전하게 습득되고 터득될 수 있다는 식의 견해는 거부한다(3장 18절; cf. 8장 1절). 바울이 고린도에서 선호되던 '지식'이라는 명사(헬, *그노시스*) 대신 '알게 되다'라는 과정의 동사(헬, *기노스코*)를 더 선호하는 이유가 바로 그런 것이다.

완전한 전체는 종말의 때까지는 **오지** 않을 것이다(10절). 그러나 종말이 오면, 이는 마치 밝은 태양이 비침으로 이전에 어두웠을 때 꼭 필요했던 초의 불빛을 무의미하게 만드는 것과 같다. 바보가 아니라면 햇빛이 환히 비치는 곳에서 촛불을 밝히려 들지 않을 것이다. 이런 의미에서 초가 비추는 '부분적인' 빛은 **없어질 것이다**(10b절, 철학적으로 말하자면, '오직 전체가 실제'라는 헤겔의 주장이나 신학에서의 '전체'와 의미에 대한 판넨베르크의 논의는 철학적 논의에 흥미가 있는 이들에게 이 절을 이해하기 위한 유용한 배경을 제공해 줄 것이다. 판넨베르크, *Basic Questions*, I권, 181). 마찬가지로 엄밀히 말해, 현재에 **조금씩** 얻어지는 지식은 **없어지게** 될 것이다. 몰트만은 '새로운' 것이 단순히 발전적인 의미로 이전 것에서 '등장하는 것'이 아니라고 주장한다. "새로운 것은 이전 것을 쓸모없는 것으로 만든다. 그것은 이전 것이 새로운 형태를 입은 것과는 다르다. 그것은 새로운 창조이기도 한 것이다."(*The Coming of God*, 27-28)

많은 저술가들은 바울이 사용한 비유의 핵심을 놓치고 있는 것처럼 보인다: **말하는 것이 어린아이와 같고, 생각하는 것이 어린아이와 같고, 가치를 따지는 것이 어린아이와 같다**(11절). 요즘의 유행에 맞지 않는 것이기는 하지만, 『고백록』에서 어거스틴은 어린아이란 미성숙할 뿐 아니라, 아무리 순진무구하다고 하더라도 자기중심적 성향에('타락한' 인류와 같이) 물들어 있다고 말한 적이 있다. 대개 아이들은 당장 갖고 싶어하는 그 순간의 바람을 성취하는 쪽으로 욕망충족 작전을 지시한다. **어른**이라면 즉흥적이고 단기적인 바람들을 통제하면서 한 사람이 자신을 주장함으로써 누리는 '재미'가 다른 사람에게 어떤 영향을 줄지를 고려할 '필요'가 있음을 인식할 것이다.

학자들은 **아이**와 어른이라는 바울의 대조가 14장의 방언 은사 및 12장과 14장의 다른 성령의 은사들과 직접 연관되는지 아닌지를 두고 뜨겁게 논쟁하고 있다. 많은 이들은 **어린 시절의 일들을 버렸다**(11b절)라는 말이 '예언과 방언을 **버렸다**'라는 의미로 이해될 수 있다는 주장을 거부한다. 하지만 어떤 이들은 14장 20절을 인용하면서 바로 그것이 바울이 의미한 것이라고 주장하기도 한다. 그러나 세 번째 관점이 더욱 그럴듯한 것일 수 있다. 즉, **생각하는 것이 어린아이와 같고 가치를 따지는 것이 어린아이와 같다는 것**은 성령께로부터 온 은사를 성령의 은사답게 사용하는 것이 아니라 어린아이처럼 자기중심적인 입장을 지키기 위해 이용하는 것에 불과하다는 것이다. 고린도전서 전체에서 드러나는 것처럼, 고린도교회는 '영성'을 삶의 변화를 포함하여 그리스도를 닮는 거룩함보다는, 오히려 놀이터에서 큰소리칠 수 있도록 해 주는 대단한 장난감 선물(gifts)과 같은 것으로 받아들였다. 여기서 말하고자 하는 핵심은, **사랑**이란 그와는 대조적으로 오히려 자신을 중심에 두지 않는다는 것이다. 참**사랑**은 영적 은사들이 '자기'가 아니라, '교회를 위한' 것, 곧 '다른 사람'을 세우기 위한 것임을 아는 것이다(14장 4절).

이 절(11절)은 어떻게 '성숙'이 모든 것에 영향을 끼치는가가 아니라, 어떻게 온전한 **사랑**이 모든 것들에 영향을 끼치는가를 설명하는 데 결정적이고도 중추적인 역할을 담당한다. 사실 바로 이것이 13장 1절부터 3절까지의 논점이었다. 그렇다면, 13장 전체는 세 번째 연이 첫 번째 연에서 제기된 논점을 다시금 강조한다는 점에서 대략적인 교차대구 형식을 이룬다고 하겠다.[교차대구란 a – b – c – d – c′ – b′ – a′ 처럼 비슷한 논점이 대칭적 구조로 제시되는 논증 형식을 의미한다—역주] 두 번째 연에서는 사랑의 본질과 능력 및 그 구체적 행동에 관해 놀라울 만큼 아주 효과적인 설명을 찾아볼 수 있다. 이를 근거로 하여 세 번째 연은 1절부터 3절까지의 논점을 더욱 효과적으로 부각시킨다. '성숙'은 어떤 것이 이기주의와 자기중심주의에서 비롯된 것인지, 그리고 어떤 것이 보다 깊은 숙고와 자기인식에 근거한 것인지와 관련된 비유를 제공해 준다.

거울에 대한 12절의 비유는 한두 가지 어려운 문제를 야기한다. 고린도는 당시의 기준으로는 매우 훌륭한 품질의 청동거울을 제작하고 수출하던 도시였다. 광택이 나는 청동은 들여다보는 사람의 모습을 꽤 깨끗이 비출 수 있었다. 그렇다면 왜 바울은 '거울을 통해서 희미하게 본다'(AV/KJV)는 것은 고사하고, 그러한 거울이 단지 '희미한 모습'(NIV) 혹은 '알 수 없는 모습'(puzzling reflection, REB)을 비출 뿐이라고 말하는 것일까? 볼록거울이나 오목거울이라면 모양을 왜곡할 수 있겠지만, 고린도인들은 청동거울의 효과를 이처럼 하찮은 것으로 말하는 바울의 태도를 자연스럽게 받아들이기가 어려웠을 것이다. 이 어려움을 해결하는 열쇠는 거울을 통해 보는 것과 **직접 얼굴을 맞대고 보는 것** 사이의 대조에 있다(12b절). 상대적으로 말하자면, 어떤 형상을 **간접적으로** 바라보는 것과 얼굴을 맞대고 **직접 눈을 마주치며 보는 것** 사이에는 엄청난 차이가 있다.

학자들은 가령 '보는 것'과 '거울'에 대한 히브리어의 언어유희(민 12장 8절과 겔 43장 3절)에서부터, 주술가들이 사용하는 '마술'거울에 대한 언급, 그리고 플라톤 철학에서 '심상'(image)의 역할에 이르기까지 이 유비의 배경에 관해 수많은 제안을 내놓았다(이는 나의 *First Epistle*, 1067-70에서 논의되었다). 바울과 그의 청중이 '플라톤주의자'인 것은 아니지만, 플라톤에게서 발견되는 특정 개념들은 후대의 대중적인 사상에서도 발견된다. 그러한 생각의 하나는 실제(reality)의 열등한 복제로서 '이미지'가 지니는 열등성이다. 또 하나는 어두운 동굴 속에서 희미한 '반사'를 통해서만 알게 된다는 생각, 곧 그 유명한 플라톤의 동굴의 비유다. 하지만 여기서 우리가 바울의 비유를 어떻게 이해하든, 그 핵심적 논지는 분명하다. 즉, 완벽한 '지식'은 단지 추론이나 연역에 의해서 얻어지는 것이 아니라는 것이다.

성경에서 하나님 **얼굴**의 광채에 대한 기술은 대인관계의 차원에서 **나를 알고 계셨던 것처럼 온전히 알게 된다**는 표현에 대한 최고의 모범 혹은 패러다임을 제공한다(12c절). **맞대면하는**(face-to-face) 이해는 앎을 추구하는 다른 모든 방식을 무의미하게 만드는 것이지만, 만일 그 얼굴이 그분의 백성들 '위를 비추시는' 하나님의 얼굴이라면, 백성을 구원하시는 하나님의 친밀한 자기계시적 임재는 계시적일 뿐만 아니라 그들을 변화시키는 것이기도 하다. 바로 여기서만 **지식**과 **사랑** 사이의 대립 혹은 대조가 사라진다. 왜냐하면 여기서는 **앎**(knowing)이 **알려짐**(being known)으로 말미암아 형성되고, **사랑**이 이 상호관계를 규정하기 때문이다.

"주의 참 모습을 뵈올 때, 온전히 주를 찬양하게 되리"라고 노래하는 찬송 가사는, 성령을 통해 하나님의 사랑이 사람의 마음에 부어지는 것(롬 5장 5절)이 종말의 때에 완전함에 이를 것이라는 동일한 확신을 표현한다. 여기서 **안다**(know)라는 동사 표현이 함축하는 친밀하고 인격적인 만남의 의미는 히브리어에서 이 단어가 성적 연합을 의미하기도 한다는 사실에서 유추할 수 있다.

얼굴과 얼굴을 맞대는(face-to-face) 만남을 통해 하나님과 하나가 된다는 것은 조건 없는 사랑의 상호성을 촉진하는 하나님의 사랑에 흠뻑 젖는다는 것이다. 보른캄은 '하나님을 아는 것과 하나님에 의해서 알게 되는 것 사이의 차이가 제거되는' 것에 관해 언급한다(Bornkamm, "The More Excellent Way," in *Early Christian Experience*, 185). 이 점에서는 요한의 신학도 바울의 생각과 유사하다. "그리스도께서 나타나시면 우리도 그분과 같이 될 줄을 압니다. 이는 우리가 그분을 있는 모습 그대로 보게 될 것이기 때문입니다." (요일 3장 2절, REB)

이처럼 멋진 논증의 정점을 살핀 후에 다시 13절에 대한 두 가지 다른 해석을 살펴보아야 한다는 것은 다소 김이 빠지는 일이다. 여하튼, 이 구절은 다음의 두 가지 의미 중 하나로 읽힐 수 있다. 세 가지(믿음, 소망, 사랑)가 영원히 지속되는가(REB와 NRSV), 아니면 한 가지(사랑)만 영원히 지속되는 것인가?(NIV와 NJB) REB는 '영원히 지속되는 것이 세 가지가 있는데, 곧 믿음과 소망과 사랑'이라고 번역하며, NRSV 역시 '그런데 믿음과 소망과 사랑은 지속된다'라고 번역한다. 하지만 이에 반해, NJB와 NIV는 '지속하다' 또는 '남아 있다'(헬, *메네이*) 시간적 의미('계속하다')가 아니라, 논리적 의미(고려해야 할 것이 '남아 있다')로 이해한다.[믿음과 소망과 사랑이 종말 이후에도 영원히 남아 있다는 의미가 아니라, 온전한 것이 오게 될 때 이 세 가지가 어떻게 될지는 바울이 아직 언급하지 않은 채로 남아 있다는 의미다—역주]

만일 이 헬라어 동사가 시간적 의미로 사용된 것이라면, 이는 사랑만 영원히 남는다는 8절부터 12절까지의 진술과 조화를 이루기가 어렵다. 다른 한편, 믿음은 모든 면에서 하나님을 확신 있게 바라보는 태도로 남아 있을 수 있고, 소망은 살아 계신 하나님에게서 '새로운 것들'을 계속하여 기대할 수 있다. 전체적으로 바울의 말은 아마도 다음과 같은 의미일 것이다. "이 모든 것들을 고려해 볼 때, 믿음, 소망, 그리고 사랑 세 가지가 남는다고 할 수 있는데, 그중에서 최고는 사랑이다". 우리의 번역은 이러한 입장 쪽으로 기울지만, 부분적으로 다른 해석의 여지를 남겨두는 것이기도 하다. **그러므로 믿음, 소망, 사랑, 이 세 가지는 남을 것입니다. 하지만 그중에서 가장 큰 것은 사랑입니다.**

우리가 소망하는 것이 확실히 드러날 때 소망은 사라지며(롬 8장 24절), 믿음은 적어도 한 가지 의미에서는 '보는 것'과 대조적인 개념이기 때문에(고후 5장 7절), 비록 믿음과 소망이 영원히 남는다 할지라도, 최소한 지금과는 다른 모양이 될 수밖에 없을 것이다. 바르트는 사랑에 대한 그의 강렬한 선언문에서 바로 이 점을 계속 이야기해 준다. 사랑은 "현재를 비추는 영원한 미래의 불빛이다. 따라서 사랑은 전혀 모양을 바꿀 필요가 없다."(*Church*

Dogmatics, IV/2, 단락. 68, 840) 마지막 때가 되면 목회자와 신학자는 할 일이 없을 것이다. 그러나 사랑을 배운 사람이 기준 사고와 태도의 습관은 결코 불필요해지거나 쓸모없어지지 않을 것이다. 사랑은 다름 아닌 하나님의 본성에 근거한 것이기 때문이다.

37. 묵상을 위한 제언(13장 8~13절)

1. 사랑의 끈질김에 관하여(8절)

"사랑은 … 죽음만큼 강하다"는 것은 어떤 의미에서인가?(아 8장 6절) 죽음이란 오직 한 번만 달려들어 때 이른 종말을 가져다주지만, 사랑은 '결코 떨어지지 않으며'(8절) 마지막 때까지 견딘다. 호세아는 자신의 사랑이 거부되는 순간에도 사랑하는 자를 사로잡고 놓지 않는 하나님의 끈질긴 사랑을 선언한다(11장 4절과 도처에). 프란시스 톰슨(Francis Thompson)의 소설 『천국의 사냥개』(Hound of Heaven)는 심지어 정체를 감춘 모습으로라도 결코 지치거나 포기하지 않고 끝까지 찾아가는 하나님의 사랑을 묘사한다. 조지 매티슨(George Mattheson)은, 정신적 고뇌의 암흑기를 벗어나, '나를 가게 내버려 두지 않을 사랑아'라고 외치며 '끝이 없을 붉은 생명을 꽃피우는 그곳'에서 그 '바다처럼 깊은 … 햇빛의 찬란함'을 노래한다. 이것이 언약적 사랑이다. 서약하고 약속한 것을 결코 취소하지 않는 사랑인 것이다.

2. 사랑의 절대적, 궁극적 가치 대(對) 예언, 방언 및 '지식'의 잠정적 가치에 관하여 (8b~10절)

사랑을 보여주는 일에 있어서는 '만약 …하면'이나 '하지만'과 같은 조건은 존재하지 않는다. 하지만 다른 은사들은 적절한 때와 바른 태도를 갖출 때에라야 본연의 가치를 드러낼 수 있다. '예언'을 활용하는 시기나 방식이 잘못될 수 있겠는가? '지식'을 제시하는 일이 그저 '지식이 있는' 사람의 자기 과시로 변모하는 때는 언제인가? 우리는 '조금씩 조금씩 참된 지식'을 갖추어 가는 일이 얼마나 많은 수고를 요구하는 일인지 알고 있는가? 하물며 지속적이고 이타적인 사랑의 습관을 갖추려면 대체 얼마나 많은 수고가 필요할까?

3. 어린 시절을 벗어나 성숙해지는 일에 관하여(11절)

앞에서 이미 바울은 자기도취적인 기질이 남아 있는 유아적 혹은 유치한 '영성'에 대해 암시한 적이 있다(3장 1~3절). 어린이들의 순진무구함은 우리를 즐겁게 한다. 그러나 성인기(成人期)를 늦추는 것이 더 매력적이라는 환상에 속아 오랫동안 신앙생활을 했으면서도 여전히 '어린아이'로 머물러 있으려는 그리스도인들을 우리는 무엇이라 부르는가? 그리스도인은 어떤 식으로 '유치한' 신앙에 머물 수 있는가? 과도한 의존성, 불안정함, 근시안적 관점, 그리고 즉각적 만족에 대한 욕구와 같은 특징이 이 은유의 보다 자세한 내용이라고 볼 수 있겠는가? 다른 한편, '성숙함'이 열정의 부재, 냉담, 혹은 염세적이고 '식상한' 냉소주의를 초래할 수 있겠는가? 어떻게 하면 우리는 젊음의 열정과 원숙함의 지혜를 함께 간직할 수 있겠는가?

4. 완벽한 교제를 통해 사랑하며 사랑받는 행복한 비전에 관하여(12절)

(하나님을 직접 대면하여) 보는 행복함은 마지막 때에 이루어질 것이다. 이때는 성례나 교회나 성경, 혹은 추론에 의한 지식 등이 필요 없이, 하나님을 직접 대면하여 보면서 서로 간의 사랑을 주고받을 것이다. 사랑하는 사람들이 함께 만났을 때 그들은 사랑하는 상대방에 대해서 누군가 다른 사람이 그들에게 말해줄 필요가 없다. 죽음 이편에서 우리가 누릴 수 있는 최상의 체험은 "거울을 보는 것 같이 주의 영광을 보며 … 동일한 형상으로 변화하며 한 차원의 영광에서 다른 차원의 영광에로 이르는" 것이다(고후 3장 18절). 이러한 천상의 비전을 표현하려면 시나 찬송이라야 할 것이다: "주의 참 모습을 뵈올 때, 온전히 주를 찬양하게 되리."

시편은 하나님이 "그의 얼굴 빛을 우리에게 비추"실 것이라고 선언한다(시 67편 1절). 한스 우어즈 폰 발타자르(Hans Urs von Balthasar)가 설명하는 것처럼, "하나님의 영광"은 하나님의 아름다움과 광채이기도 하다. 바르트를 인용하면서, 발타사르는 하나님의 얼굴을 보는 것이란 하나님을 "우리를 즐겁게 하고, 그에 대한 열망을 불러일으키며, 기쁨으로 갚아주시는 분 … 하나님으로서 사랑스럽고 사랑받으실만한 분"으로 바라보는 것이라고 말한다(The Glory of the Lord, I권, 54). 하나님을 대면하여 관찰하는 것은 하나님이 "아름다우며, 그 나름의 방식으로 신적 아름다움을 지니신 분, 도달할 수 없지만 참으로 아름다운 근원적인 아름다움을 지니 분"이심을 아는 것이다 (Barth, Church Dogmatics II/I, 단락 31, 650).

5. 설교와 방언을 말하는 은사들에 사랑을 더하기(14장 1~40절)

많은 주석가들은 마치 14장이 13장과는 전혀 다른 주제를 소개하는 것처럼 기술하는 인상을 준다. 하지만 14장과 13장은 긴밀하게 연결되어 있다. 13장에서 사랑의 의미를 규정한 뒤, 14장 전체에 걸쳐 바울은 이 사랑으로 인해 그리스도인들이 성령의 은사, 특히 말씀과 관련된 은사를 활용하는 방식에 어떤 차이가 생기는지 보여준다. 바울은 방언으로 말하는 것이 하나님을 찬양하는 수단으로서 가치가 있다고 인정하지만(2, 5절), 다른 사람을 세워 주고 사랑으로 전체 교회에 두는 관심을 표현하는 수단이 된다는 점에서 예언의 말씀을 더 중요한 것으로 강조한다(1, 4, 5, 19절).

바울의 관점에 의하면, '교회의 질서'(즉, 교회 생활에서 훈련과 제한을 수용하는 것)에 관심을 기울인다고 해서 성령께서 새롭게 하시는 것에 대해 무관심한 태도를 취하는 것은 결코 아니다. 오히려 이런 관심은 동일한 성령의 영감을 받은 다른 사람들에게 사랑과 존중을 표현할 수 있도록 해 주는 수단을 제공한다. 물론 이런 진리는 시대의 흐름과는 잘 맞지 않는 것이어서 무시될 때가 많기는 하지만 말이다. 교회의 질서를 강조함으로써 우리는 상대적으로 말하기를 더 좋아하는 그리스도인들이 빠질 수 있는 자기중심적 개인주의의 위험을 억제할 수 있다. 종종 '구조'(構造)가 모든 이를 유익하게 할 수 있는 것이다.

물론 사랑에서 우러난 자기 절제라는 이 주제는 8장 7절부터 13절까지, 9장, 10장에서는 부분적으로, 그리고 11장에서는 전체적으로 이미 다루어졌던 사항이다. 14장에서는 여러 은사들 간의 차이를 다시 한 번 언급하면서, 방언으로 말하는 것과 예언의 말씀이 하는 각각의 역할이라는 문제에 이 주제를 새롭게 적용한다. 이처럼 이 장에는 하나의 일관된 주제가 있지만, ①

14장 1절에서 25절까지에서는 다른 사람들을 '세우기' 위해서는 '알아들을 수' 있어야 한다는 사실에 초점을 맞추고, ② 14장 26절부터 40절까지에서는 '절제된' 말하기에 초점을 맞춘다.

(1) 알아들을 수 있는 말이라야 다른 사람들을 '세울 수'있다(14장 1~25절)

1) 자신을 위한 은사인가, 다른 이들의 유익을 위한 은사인가?(14장 1~5절)

> 1 사랑을 추구하고, 그리고서 성령의 [말하는] 은사들을 사모하십시오. 특별히 예언을 할 수 있기를 바라십시오. 2 이는 방언을 말하는 사람은 사람에게 말하는 것이 아니라 하나님께 말하는 것이기 때문입니다. 이것은 알아듣는 사람이 없으며, 그 사람이 영으로 신비스러운 것을 말하는 것입니다. 3 그러나 누군가가 다른 사람에게 예언을 말하면, 이로써 말하는 사람은 그들을 세우고, 그들을 격려하며, 그들에게 위로를 주는 것입니다. 4 방언을 말하는 사람은 자기 자신을 '세우는' 것이지만, 예언하는 사람은 교회 공동체을 세우는 것입니다.
> 5 저는 방언을 말하는 모든 여러분을 두고 기뻐합니다. 그렇지만 저는 그보다는 더 예언을 할 수 있기를 바랍니다. 만일 방언을 말하는 자가 교회를 세우기 위해서 그 말한 내용을 알아들을 수 있는 말로 표현하지 않는 한, 방언으로 말하는 것보다는 예언을 말하는 것이 매우 더 중요하다고 할 수 있습니다.

사랑을 추구하라는 표현 다음에 나타나는 짧은 접속사는 '그리고' 혹은 '그러나'로도 번역할 수 있다. 이전 나의 *NIGTC* 주석에서는 '그러나'라는 번역을 제안했었는데, 그 후 5년 이상 거듭 생각해 본 결과 나는 여기에 단순한 대조 이상의 의미가 담겨 있다는 결론을 내렸다. 그래서 나는 NRSV의

'그리고서'(then)를 따르면서 다음과 같은 번역을 제안한다. **사랑을 추구하고, 그리고서 성령의 은사들을 사모하십시오**. 그러나 '애를 쓰라'(strive for, NRSV)는 번역은 부적절해 보인다. 바울이 격려하는 것은 무엇이든 성령께서 스스로 주고자 하시는 것들을 받고 싶어 하는 열정이다. '사랑은 세우는' 것이기 때문에(8장 1절), '다른 사람들을 위해' 가장 많은 것을 할 수 있는 은사는 **예언의 말씀**으로서, 이는 그 자체가 교회 공동체를 **세우는 것**으로 규정된다.

2절, **이는 방언을 말하는 사람은 사람들에게 말하는 것이 아니라 하나님께 말하는 것이기 때문입니다**는 방언에 대한 신약성경의 진술들 가운데서 가장 명확한 구절 중 하나라 할 수 있다. 여기서는 두 가지 조건을 늘 염두에 두어야 한다. ① 바울은 다양한 종류의 방언을 인정했다(12장 10절). ② 이것들은 고린도 교회에서, 그리고 아마도 다른 바울 공동체들에서 논란이 되고 있던 은사들이었다. 우리는 이것이 로마서 8장 26절에서 묘사된 것과 유사한 경험, 곧 하나님의 임재 속에서 말로 표현할 수 없는 찬양 혹은 신적인 신비의 표출과 같은 형태를 취할 수 있을 것이라고 제안했었다. 그곳에서 '신음' 혹은 '탄식'(헬, *스테나그모스*)은 전의식(preconscious) 심연, 곧 성령께서 활동하시는 영역이기는 하지만, 우리 의식의 수준의 사고로는 거의 이해할 수 없는 영역에서 솟아나온 것을 가리킬 수도 있다. 현 문맥에서 바울은 입에서 나오는 소리를 하나님 그분 외에는 **어느 누구도 이해하지 못한다**는 사실을 강조한다.

알아들을 수 없는 방언과는 대조적으로, 예언의 말씀은 **다른 사람들을 세우며**(3절), **그들을 격려하며, 그들에게 위로를 준다**. 따라서 만일 다른 사람에 대한 **사랑**을 기준으로 은사를 평가한다면(1절), 확실히 **예언의 말씀**이 더 중요하다고 할 수 있다. 앞에서 우리가 주장했던 것처럼, 여기서 말하는 예언은 실제 상황에 적용되는 목회적 설교를 비롯하여, 하나님께서 주신 다양한 종류의 계시적 말씀을 포함하는 것일 수 있다. 24, 25절에 의하면, 여기에는 복음전도 차원의 설교도 포함되는 것 같다.

방언으로 말할 때 얻을 수 있는 실질적 효과는 **자기 자신만 '세우는 것'** 뿐이다(4절). 바울의 말을 있는 그대로 읽자면 방언 나름의 가치를 인정하려는 의도가 포함된 것처럼 보일 수도 있지만(Fee, *First Epistle*, 657), 동시에 거기서 드러나는 개인주의와 자기중심적 면모를 비난하는 것일 수도 있다. 필하우어(Vielhauer)에 의하면, 여기서 '세운다'는 말은 역설적인 의미로 사용된 것으로서, 개인에게는 만족을 줄지 몰라도 그 외 다른 사람에게는 누구에게도 도움이 되지 못하는 자기탐닉적 종교성을 비판적으로 지칭하는 표현이다(Vielhauer, *Oikodome*, 86-98; 또한 Garland, *I Corinthians*, 633-34). 바울은 '**세우는 일**'이 사랑과 예언의 말씀의 효과일 뿐 아니라, 바울 자신에게 주어진 사도로서의 임무의 목적이기도 하다고 생각한다. 산네스(Sandness)는 예언의 은사에 그리스도의 죽음과 부활을 선포하는 바울 자신의 선지자의 소명을 연결함으로써 우리로 하여금 예언을 더 잘 이해할 수 있도록 돕는다. 그러니까 예언은 사도의것이며 선지자의 선포라는 것이다(Sandnes, *Paul - One of the Prophets?*).

나는 방언을 말하는 모든 여러분을 두고 기뻐합니다(5절)라는 구절을 번역하는 최상의 방법에 관해서는 논란이 많다. REB는 "나는 여러분 덕분에 기쁩니다"로 옮기고 있는데, 이는 현재의 문맥과도 잘 어울린다. NRSV와 NIV의 경우는 더욱 논란이 된다. "나는 여러분 모두가 방언 말하기를 바랍니다." 여기서 문제가 생기는 것은 바울이 사용한 동사(헬, 텔로)가 '원한다' 혹은 '…하고 싶다'에서부터 '기꺼이 하겠다' 혹은 '…로 인해 기쁘다'에 이르기까지 다양한 의미를 담을 수 있기 때문이다.

주석가들과 성경번역가들을 살펴 보면, 양 극단의 입장뿐 아니라 중도적인 입장에 이르기까지 그 분포가 다양하다. 예를 들면, ① NJB, 콘젤만, 브루스, 그리고 헤링은 이를 일종의 양보하는 표현으로 이해한다. 그러니까 바울이 방언을 '허용한다'는 것이다. ② NIV와 피는 그것을 적극적인 희망의 표현으로 이해한다. 즉, 바울은 방언을 '원한다'는 것이다. ③ 일부 주석가들은 바울의 '바람'을 방언이 아닌 전체 문장에 적용해야 한다고 주장한다. 곧, **저는 오히려 여러분이 예언하기를 바랍니다**(Kistemaker는 '나는 주의 모든 백성이 선지자이기를 바란다'는 민수기 11장 29절을 인용한다). ④ 마가복음 12장 38절에서는 동일한 헬라어 동사가 '…를 즐겨한다'는 의미로 사용된다(서기관들은 긴 외투를 입고 걷는 것을 기뻐한다). 우리가 이 동사의 어떤 측면을 강조하든, 바울은 5b절에서 자신의 핵심적인 의도를 잘 요약해 준다. **저는 오히려 여러분이 예언하기를 바랍니다.**

5절의 세 번째 부분은 하나의 조건을 첨가함으로써 바울의 논점을 뒷받침한다. **방언으로 말하는 사람이 그 말**(방언으로 한 말)**을 알아들을 수 있는 말로 표현하지 않는 한**, 방언으로 말하는 것보다는 예언의 말씀이 메시지를 전달하는 데 더 중요한 매개 수단이 된다는 것이다. 그러나 본문에는 누가 그 '명확한 표현' 혹은 '해석'을 하는 사람인지 분명하게 나타나 있지 않다. 그래서 대부분의 저자들은 여기서 말하는 '방언 해석'이 방언으로 말하는 사람이 아닌 다른 누군가가 담당하는 역할이라고 생각한다. 여러 연구를 통해서 나는 이런 해석과는 반대되는 주장을 펴 왔다. 나의 주장은 주로 14장 13절에 근거하고 있는데, 왜냐하면 이 본문의 헬라어 원어에는 통역을 맡은 그 '누군가'에 해당하는 단어가 보이지 않기 때문이다(Garland, *1 Corinthians*, 635 역시 나의 입장을 따른다).

나는 이것이 이 두 구절을 이해하는 가장 자연스러운 방법이라고 주장한다. 곧, 만일 방언으로 찬양을 하거나 하나님의 신비를 말하는 사람이 자신의 그 심오한 경험을 이해 가능한 말로 옮길 경우, 그 사람은 사실상 예언의 말씀을 말하는 것과 다르지 않다는 것이다. 하지만 독자적인 '통역자' 개념은 이미 많은 기독교 진영에서 확고하게 자리 잡은 문화적인 전통의 일부가 되어 있다. 물론 어떤 관점을 취하건, 바울의 핵심적인 관심사는 복음의 진리가 이해할 수 있는 말로 소통되어야 한다는 사실이다.

38. 묵상을 위한 제언(14장 1~5절)

1. 하나님의 선물을 사모하는 일에 관하여(1절)

인간적인 비유를 드는 것이 미진하고 또 때로 오해의 소지도 있겠지만, 생일이나 크리스마스가 가까워 올 때 부모의 선물을 고대하는 아이들의 태도에서 무언가를 배울 수 있겠는가? 아이들은 자기가 원하는 선물을 '받을 만한' 성과나 조건을 부모에게 제시하려고 들지는 않을 것이다. 하지만 그들은 고대하는 선물을 받고 싶은 마음이 지금 얼마나 간절한지, 그리고 드디어 그 선물을 받을 경우 얼마나 신날 것인지 얘기할 수도 있을 것이다. 그렇다고 해도 부모를 신뢰하는 아이라면 선물을 받기 어려운 시점이나 상황에서 부모가 선물을 주지 않는다고 해서 여기에 불만을 품지는 않을 것이다. 기르기에 적합하지 않은 애완동물을 사달라고 졸랐지만, 부모님의 사랑과 지혜에 의해 거절당했던 적이 얼마나 많았던가? 우리에게 가장 좋은 것이 무엇인지를 알고 선택하실 하나님의 사랑과 지혜를 신뢰하면서 하나님의 선물을 받기를 원하는 진정한 열망이 우리에게 있는가?

2. 예언의 말씀의 은사를 사모하는 동기에 관하여(1, 3, 4절)

예언의 말씀은 다른 사람들을 '세운다'(build, 44절). 은사를 바라는 우리의 동기가 이를 다른 사람들과 나눔으로써 그들을 유익하게 하려는 것이라면, 그러한 우리의 바람을 더 높은 수준이라고 말할 수 있는가? 이것이 예언의 말씀의 은사를 사모하는 것이 방언 말하기를 사모하는 것보다 더 수준 높은 것처럼 보이는 이유 중 하나인가?

3. 방언의 은사를 비난하지 않는 신중함에 관하여(2, 5절)

14장을 부분적으로 보면, 방언이 예언 혹은 사랑과 대조된다는 점에서 마치 방언을 '폄하하는 것'처럼 느껴질 수도 있다. 그러나 방언은 하나님께 말하는 것이다(2b절). 그리고 하나님을 찬양하거나 그분을 향한 열망을 표현하는 것은 설사 다른 사람을 유익하게 하지 못하는 경우라도 하나님을 기쁘시게 할 수 있다. 그러한 은사를 주시는 일을 누가 나쁘다 할 수 있겠는가(12장 4~7절)? 또 어떻게 그것을 시기하거나 비판할 수 있겠는가? 여기서 비판의 대상이 되는 것은 이해할 수 있는 말로 설명하지 않은 채 공적 예배에서 방언을 말하거나, 방언을 말하는 자가 자기만족 혹은 다른 사람에 대한 우월감을 드러낼 때뿐이다. 하나님께서는 방언의 은사를 주시기로 선택하지 않은 자에게도 깊은 곳에 있는 것을 표출하거나 찬미의 언어를 사용할 수 있는 다른 방법을 주시는가? 그리고 우리는 이것들을 부지런히 찾고 있는가?

4. 다른 이들 및 더 넓은 교회를 '세우려는' 목표에 관하여(3~5절)

앞서 바울은 건축물 비유를 소개한 적이 있다(3장 11~13절). 제대로 된 재료가 그리스도라는 기초 위에서 사용된다면, 그와 같은 건물은 영원히 지속된다. 우리는 다른 사람들의 덕을 세우는 것이 영원의 풍경을 조성하는 일이라고 생각하는가? 사랑으로 행하는 은사는 다른 사람들에게 영원한 영향을 끼치는 일로서, 마지막 날과 천국에서의 삶에서 명백하게 드러날 것이다. 목회적 용어로는 이를 영적 형성(spiritual formation)이라 부른다.

2) 이해할 수 없는 소리를 내는 것의 무의미함에 관한 네 비유: 자신의 전부를(생각을 포함해서) 하나님께 개방하는 일(14장 6~19절)

6 자, 사랑하는 동료 신자 여러분, 제가 여러분에게 갈 때, 방언으로 말을 한다
고 생각해 보십시오. 제가 여러분에게 계시나 지식이나 예언이나 가르침을 말
하지 않는다면, 그것이 여러분에게 무슨 유익이 있겠습니까? 7 생명이 없는 악
기에 대해서도 마찬가지입니다. 피리나 거문고의 경우, 이들이 음조의 차이가
선명한 소리를 내지 않는다면, 바람이나 현에 의해 나는 그 소리를 어떻게 알
아들을 수 있겠습니까? 8 게다가 나팔이 신호라고 하기에는 애매한 소리를 낸
다면, 누가 전투를 준비할 수 있겠습니까? 9 그렇다면 방언으로 말하는 여러분
또한 쉽게 이해할 수 있는 말을 하지 않는다면, 그 말하는 것을 어떻게 이해
할 수 있겠습니까? 이는 그저 허공에다 대고 말하는 것과 같을 것이기 때문입
니다. 10 이 세상에는 온갖 종류의 언어가 있겠지만, 소리를 사용하지 않는 언
어는 없습니다. 11 그런데 제가 그 소리의 효과를 알지 못하면 저는 그 말하는
사람에게 외국인이 되고, 말하는 자 또한 제 눈에는 외국인에 불과할 것입니
다. 12 지금 여러분의 상황도 이와 같습니다. 여러분에게 성령의 능력에 대한
불타는 관심이 있는 만큼, 그 열정을 교회 공동체를 세우는 쪽으로 돌려 이 일
에 뛰어는 사람이 되도록 하십시오. 13 따라서 방언으로 기도하는 사람은 그
말한 바를 말로 옮길 수 있도록 기도하십시오. 14 사실 제가 방언으로 기도할
때는 가장 깊은 나의 영적 존재가 기도하는 것이지만, 나의 지성(mind)은 거기
서부터 아무런 열매를 맺지 못합니다. 15 그러면 어떻게 해야 하겠습니까? 저
는 가장 깊은 영적 존재와 더불어 기도하겠습니다. 하지만 또한 저의 지성으로
도 찬송을 드릴 것입니다. 제 존재의 깊은 부분과 더불어 찬송을 부르지만, 제
지성으로도 찬송을 부를 것입니다. 16 그렇지 않고 만일 여러분이 여러분 존

> 재의 깊은 부분에서부터만[혹은 '영으로'] 하나님을 찬양한다면, 방언을 모르
> 는 자가 여러분이 무슨 말을 하는지 모르는 상황에서 어떻게 여러분의 감사에
> 아멘으로 응답할 수 있겠습니까? 17 여러분의 처지에서는 제대로 감사를 드린
> 것이겠지만, 다른 사람들의 처지에서는 전혀 세워지지 못합니다. 18 제가 여러
> 분 누구보다 더 많은 방언의 은사를 받았다는 사실에 감사합니다. 19 그러나
> 여전히 저는 성도가 함께 모인 자리에서는 방언으로 수만 마디의 말을 하는
> 것보다 다섯 마디 알아들을 수 있는 말을 함으로써 다른 사람들에게 가르침을
> 주고 싶습니다.

어떤 이들은 바울의 편지를 '추상적'이라고 생각하지만, 사실 바울은 그런 사람들이 생각하는 것보다 더 생생하고 구체적인 비유를 자주 사용하여 자신의 논점을 설명한다. 이 단락은 약 12절로 이루어져 있는데, 주로 부정적 논조를 지닌 전반부에서는 네 가지 비유들을 동원하여 이해할 수 없는 소리나 말의 무익함을 선명하게 부각한다.

① 설교자가 '방언을 말하는' 것으로만 그친다면, 어떻게 청중이 사도의 복음을 들을 수 있겠는가?(6절) 2장 1절부터 5절까지에서 바울은 거창한 전문적 웅변술에 의존하지 않기로 결심했다고 말한다. 마찬가지로 여기서는 이해할 수 있는 소통의 행위가 필요하다는 점을 강조한다. 복음이 전달되거나 기독교의 **가르침**이 실질적인 효과를 내기 위해서는 설교자와 청중 간에 공통적인 언어가 공유되어야 한다.

② 악기가 여러 가지 다양한 높이의 소리를 내지 못한다면 어떻게 음악이 생겨날 수 있겠는가?(7절) 바울은 이 원칙을 관악기(**플룻**)와 현악기(**수금**)의 예를 들어 설명한다. 우리가 어떤 선율을 **인식하기** 위해서는 들리는 소리가 나름의 패턴에서 서로 구별되어야 한다. 자기 시대를 훨씬 앞질러서 바울은,

오늘날 소쉬르(Saussure)나 데리다(Derrida)와 관련된 원칙, 곧 의미는 '차이'에 의존한다는 원칙 혹은 (좀 더 전문적으로 말하자면) 이해 가능한 의사소통을 만들어 내는 기호 체계 내에 있는 차이에 의존한다는 원칙을 제시한다.

③ 군대에서 나팔수가 그 악기로 알아들을 수 있는 신호를 만들어 내지 않는다면 어떻게 그 악기로 구체적인 명령을 내릴 수 있겠는가(8절)? 기호가 혼란스럽거나 희미하다면, 그 신호는 명료함을 상실한 채 모호해져 버린다. 전쟁을 준비해야 하는 중대한 상황에서 그런 모호함은 재앙으로 이어질 가능성이 높다.

④ 서로 의사소통을 시도하는 외국인들이 어떤 특정 언어에 대한 지식을 공유하지 않는 한, 어떻게 그들이 서로를 이해할 수 있겠는가(9절)? 모든 언어는 **소리**를 사용하기 마련이지만, 의미가 없는 소리로는 아무것도 이루지 못한다(10, 11절). 그런 상황에서는 서로에 대해 **외국인** 혹은 야만인으로만 남는다. 언어 장벽이란 생각 및 숙고, 그리고 이해할 수 있는 말이 없이는 극복되지 않는다. **지금 여러분의 상황도 이와 같습니다**(12a절).

이처럼 여러 가지 비유를 반복하여 제시하는 바울의 의도는 분명하다. 그저 자기를 과시하기 위해서나 어떤 지위를 얻기 위해서 혹은 자신의 개인적인 만족을 위해 '은사'를 활용하는 것이 아니라, 고린도인들이 보여주는 **성령의 능력들에 대한 불타는 관심을 교회 공동체를 세우는 방향으로** 돌려놓으려는 것이다(12b절).

이것은 13절의 의미를 제대로 이해하는 데 결정적으로 중요한 문맥의 흐름이다. 즉, **방언으로 기도하는 사람은 그 말한 바를** [알아들을 수 있는] **말로 옮길 수 있도록 기도하는 것이 마땅하다**. 바울이 바라는 바는 하나님을 향한 말할 수 없는 열망이 그리스도인 존재의 전의식적(preconscious)이고 정서적인 차원뿐만 아니라 우리 자아의 **숙고하는 지성까지도** 적시는 것이다

(15절). 만일 방언을 말하는 사람이 [그의] **존재의 깊은 부분에서 찬양을 노래**하면서[혹은 말하면서] [그의] **생각으로도 찬양을 노래하게** 하는 후속적 은사, 즉 신중한 사고와 인지적 분별을 통해 [자신의] 존재의 깊은 곳에서 솟아나는 것을 분명한 말로 표현하거나 혹은 '통역'하게 만드는 은사를 받는다면, 이 방언의 은사는 '명확한 표현' 내지는 '해석'의 은사를 통해(12장 10절) 사실상 예언의 말씀과 같은 모양으로 바뀔 것이다. 이렇게 해서 하나님께서 계시해 주신 것이 알아들을 수 있는 형태로, 그리고 공통의 언어로 표현되는 것이며, 이런 식으로 다른 사람들도 그 체험과 경배에 동참하여 그 들리는 말씀에 '아멘'으로 화답할 수 있게 되는 것이다(16절).

이런 의미로 13절을 이해하면, 14장의 1절에서 19절까지 끊어진 부분이 없이 부드럽고 일관되게 흐르는 논리가 드러난다. 만일 그 '언어'가 공유되지 않은 채 이해할 수 없는 사적 상태에 머문다면, **여러분의 입장에서는 제대로 감사를 드린 것이겠지만, 다른 사람들의 입장에서는 전혀 세워지지 못합니다**.(17절) 혹은 REB의 번역처럼, '그것은 다른 사람에게 전혀 도움이 되지 못합니다'. NIV, REB, NRSV, 그리고 NJB는 사실상 이와 같은 방식으로 4장 13절의 의미를 이해하고 있다. "방언을 말하는 사람은 자신이 말하는 것을 해석할 수 있도록 기도해야 합니다."(NIV) "방언을 말하는 사람은 해석하는 능력을 얻기 위해 기도해야 합니다."(REB)

인간의 자아에 관한 바울의 견해에서 근본적인 것은 **가장 깊은 영적인 존재**와 **지성**이 서로 대립되거나 대조되는 것이어서는 안 된다는 것이다. 이 두 가지가 모두 성령이 현존하고 활동하시는 동등한 자아의 차원이다: **내 존재의 깊은 부분과 더불어 찬송을 부르지만, 내 지성으로도 찬송을 부를 것입니다**.(15절) 바울은 그리스도인에게는 신중한 사고가 중요하다고 말하면서, 이 점에서 스스로 먼저 모범을 보인다. 앞에서 살펴본 것처럼, 많은 사람들 중 특별히 스탠리 스토워스(Stanley Stowers)가, 바울은 '이성'이 그리스도인에게 긍정적인 역할을 한다고 보았다는 사실을 강조한다. 한편으로, 바울은 타락한 인간의 이성에게는 복음이 '어리석은 것'에 지나지 않는다는 것을 알고 있다(고전 1장 18~25절). 하지만 일단 성경과 성령에 대해 마음이 열리면, 합리적 사고는 항상 복음을 이해하는 중요한 도구나 수단이 된다. 판넨베르크가 상기시켜 주는 것처럼, 바울은 엄밀한 합리적 논증의 수고를 회피하지도 않았고, 또 그저 "주께서 이렇게 말씀하신다"라는 식으로 자신의 주장을 강요하려고만 하지도 않았다.

합리적 사색이 하는 역할을 긍정적으로 평가하는 입장은 뒤따르는 14장 1절부터 19절까지에서는 교회를 '세우는' 조건인 언어, 의사소통, 그리고 이해 가능성을 강조하는 것으로 나타난다. 14장 20절부터 25절까지에서 바울은 성숙을 장려하는 일에서 이성적 숙고가 차지하는 역할을 부각하면서 자신의 논증을 이어간다.

39. 묵상을 위한 제언(14장 6~19절)

1. 이해할 수 있는 말로 기독교 신앙을 전달하는 것에 관하여(6~10절)

바울은 "내가 만일 복음을 전하지 아니하면 내게 화가 있을 것이다. … 유대인들에게 내가 유대인과 같이 된 것은 유대인들을 얻고자 함이며 … 약한 자들에게 내가 약한 자와 같이 된 것은 … 복음을 위한 것이다"라고 외친다(9장 16, 20, 22, 23, NRSV). 바울처럼 우리도 다른 사람들로 하여금 복음을 '듣게 할' 수 있는 그런 전달 방식을 찾기 위해 심사숙고하는가? 우리가 전달하는 표시나 신호는 음감이 좋지 않은 가수의 목소리 같거나, 혹은 도대체 어떤 의미인지를 알 수 없게끔 이상한 몸짓으로 신호를 보내는 경찰관과 같지는 않은가? 말, 몸짓, 그리고 사랑은 모두 '방언'보다는 더 명확하고 덜 모호한 메시지를 전하는 것처럼 보인다. 가장 명확하게 그리고 적절한 예민함을 갖춘 방식으로 복음을 소통하기 위해 어떤 노력을 기울일 수 있겠는가?

2. 사람들이 자연스럽게 느끼도록 교회의 질서를 갖추는 일에 관하여(11절)

이 점은 21절부터 23절까지에서 다시금 더 자세하게 논의된다('묵상을 위한 제언'에 제시된 후속적인 논의를 보자). 외부인, 방문객, 혹은 다른 그리스도인들은 그들 보기에 그저 기괴하기만 한 모든 현상들로 인해 '불편한' 느낌을 받을지도 모른다. 그럴 수밖에 없는 특별한 이유가 있는 것이 아니라면, 그러한 행동 양식을 정당화하기 어렵다. 혹시 우리 교회가 드러내는 특징이나 장식, 절차, 혹은 우리의 개인적인 행동에 외부인이나 다른 동료 그리스도인들에게 소외감을 줄 만한 위험 요소가 존재하지는 않는가?

3. 자신의 전부, 곧 존재의 깊은 영역과 이성적 생각 전부를 하나님께 드리는 것에 관하여(13~15절)

존 헨리 뉴먼(John Henry Newman)은 사랑이 식어갔던 18세기를 '이성의 시대'라고 묘사했다. 진젠도르프, 웨슬리 형제들, 그리고 기독교 경건주의자들이 마음(heart)에는 아무런 영향도 변화도 주지 못했던 이성(理性)만의 종교에 반대하고 나선 것은 합당한 일이었다. 그러나 그 반대 극단도 '전인격'(the whole person)적 차원을 무시하는 것은 마찬가지다. '신성의 부르짖음'이란 사실상 '한숨에 겨운 마음'을 거창하게 표현한 것에 지나지 않는다는 니체의 비난에는 어느 정도 일리가 있다. 우리는 지성을 올바르게 사용함으로써 진실에 대한 우리의 관심이 무모한 맹신(盲信)으로 타락하는 것을 막을 수 있다. 우리는 '영으로…하지만 마음으로도' 찬양하고 기도한다고 말할 수 있는가?(15절)

4. 공동체로 다 함께 예배드리는 것에 관하여(16~19절)

고린도 교회는 지나친 개인주의라는 현대 서구인들의 나쁜 버릇을 어느 정도 예견하는 면이 있다. 하나님께서는 자기 백성들이 한 백성으로서 예배하기를 기대하신다. 다른 사람들이 찬양이나 기도를 온전히 알아듣고서 거기에 '아멘'으로 화답하는지 여부가 얼마나 중요한가? 어떻게 하면 우리 혹은 우리 교회로 하여금 이처럼 다 함께 공동체적 예배에 참여하는 것을 보다 어렵게 만들거나 아니면 보다 수월하게 만들 수 있겠는가? 공동의 예배를 위해 사용되는 시각적 도구는 이 같은 이해의 명료함을 촉진하는 것인가, 아니면 오히려 창조적 참여를 방해하는 것인가? 기도와 예배를 인도하는 어떤 방식은 공동체의 참여를 촉진하기보다는 오히려 인도자의 자기 과시를 위한 기회가 되는 것은 아닌가? 여기서도 균형이 필요한가?

3) 성숙한 사고는 '가정' 전체가 공유한 언어를 중시한다(14장 20~25절)

20 저의 동료 그리스도인들이여, 더 이상 어린아이처럼 생각하지 마십시오. 악
한 일에 관해서는 어린아이가 되어야 하지만, 장성한 어른처럼 생각하기를 시
작하십시오. 21 율법에 이렇게 기록되어 있습니다. "내가 생소한 언어를 말하
는 사람들과 다른 입술을 통해 이 백성에게 말을 하겠다. 하지만 그럴 때조차
도 그들은 내 말을 듣지 않을 것이다. 주께서 말씀하신다." 22 그러므로 방언은
신자를 위한 표적이 아니라, 불신자의 심판을 위한 표적입니다. 그러나 예언의
말씀은 믿지 않는 사람들이 아니라 믿는 사람을 위한 표적입니다. 23 그러므로
온 교회가 함께 모여 모두 방언으로 말하고 있는데 초심자나 불신자가 들어온
다면, 그들은 여러분이 정신이 나갔다고 말하지 않겠습니까? 24 이와는 대조
적으로 모두 예언의 말씀을 말하고 있을 때 불신자나 사정을 잘 알지 못하는
이가 들어와서 자신에게 들리는 모든 말씀을 통해 책망과 심판을 받는다고 생
각해 보십시오. 25 그들 존재의 가장 깊은 비밀이 드러나게 되고, 그래서 그들
이 무릎을 꿇고 절하며 하나님께 경배를 돌리고, "하나님께서 참으로 여러분들
중에 계십니다" 하고 고백할 것입니다.

바울은 순진함과 유치함을 구분한다. 순진한 사람은 아직 악에 물들지 않았다는 의미에서 '순수한' 사람이다(20절). 그러나 유치한 사고방식에는 어떤 매력도 있을 수 없다. **더 이상 어린아이처럼 생각하지 마십시오…장성한 어른처럼 생각하기 시작하십시오.**(헬라어 원문에는 현재 명령형의 부정적 형태인 **생각하기를 그만두는 것**과 긍정적 형태의 부정과거 명령으로 사용된 **생각하기 시작하는 것** 사이의 대조가 나타난다.)

어떤 의미에서 고린도의 그리스도인들은 습관적인 유치한 수준에 머물러

있었는가? 어느 부분에서 성숙한 숙고가 결여되었는가? 21절부터 25절까지 에서 바울은, 비록 이런 소리가 '무언가를 아는' 사람들에게서 인정을 받는다 하더라도, 성숙하고 사려 깊은 그리스도인이라면, 알아들을 수 없는 소리로 말하는 것은 그렇지 못한 평범한 그리스도인들로 하여금, 교회에 '잘못 와 있는' 느낌을 받도록 하는 경향이 있음을 쉽게 인식할 것이라고 주장한다. 그러나 그리스도인이 한 가족 안에 속했다는 말이 사실이라면(12장 12~27절), 그 어떤 이유로도 그들이 '소속감'을 느끼지 못하는 상황이 생겨서는 안 된다. 공동체 예배에서 방언을 말하며 자기 능력을 과시하는 것이 다른 사람들에게 멋진 인상을 풍길 것이라고 생각하는 것은 '유치하고' 경솔한 생각에 지나지 않는다. 이에 반해 성숙한 숙고는 그 반대 결과가 초래될 것을 잘 안다.

바울은 이사야서 28장 11, 12절에서 예증된 성경적 원칙을 인용하는데(자신의 논점을 부각하기 위해 히브리어 본문 및 칠십인역 본문과는 다소 상이한 형태로 인용한다), 이 구절에 의하면 '잘못 와 있는' 경험이란 바로 하나님의 심판의 결과로서 포로 생활을 해야만 했던 이스라엘이 겪은 경험과 같은 것이다. 그러나 그리스도인은 심판이 아닌 은혜 아래 있다. 따라서 오직 믿음으로 함께 모인 그리스도인이라면 누구나 환영받고 인정받는 것이 당연할 것이다. 그런데도 공예배에서 방언을 말하는 사람들은 경솔하게도 이를 거부하는 결과가 된다. 그들이 받은 '은사'가 무엇이든, 이는 분명 잘못된 태도이다. 그러므로 바울은 **방언은 신자들을 위한 표적이 아니라, 불신자들의 심판을 위한 표적**이라고 추론한다.(22a절) 말하자면, 이들은 그리스도인들에게 심판 아래 있는 불신자들에게 더 어울릴 만한 그런 자리를 내놓는 셈이다. 아직 교회라는 가정에 온전히 속하지 못한 사람의 자리처럼 말이다.

이와는 대조적으로, 예언의 말씀은 그들을 가정에 속한 사람으로 대하며 말하는 것이라 할 수 있다. **예언의 말씀은…믿는 사람을 위한 표적입니다.**(22b절) 확실히 여기서 더 큰 것이 더 작은 것을 포함한다. 즉, 모임에 들어오는 사람(**무언가를 아는 자가 아닌**)은 누구나, 만일 모두가 방언을 말하고 있다면, **여러분**(말을 하고 있는 이들)**이 정신이 나갔다**는 결론을 내릴 수도 있다. 하지만 그 말하는 것이 그들에게도 이해가 되는 예언의 말씀이었다면, 사정이 얼마나 달라졌을 것인가! **모두 예언의 말씀을 말하고 있다고… 생각해 보십시오. 그러면 그들 존재의 가장 깊은 비밀이 드러나게 되고, 그래서 그들이 무릎을 꿇고 절하며 하나님께 경배를 돌리고, "하나님께서 참으로 여러분 중에 계십니다"하고 고백할 것입니다.**(25절)는 이와는 대조적이다. '정신이 나갔구나'인가 아니면 '하나님이 참으로 여기 계시는구나'인가? 이보다 더 선명한 대조가 있을까? 바울은 고린도인들에게 호소한다. "한 번 생각해 보라."*

* 번역 상의 주해: 나는 이전 번역에다 약간의 사소한 수정을 가하였다. '충분한 경험이 없는 사람들'이라는 이전의 번역은 정확하긴 하지만 너무 형식적인 데 반해, '**알지 못하는 자들**'이라는 번역은 헬라어(*이디오테스*)에 담긴 의도를 더 잘 반영해 준다. 마찬가지로 20절에서도 "**계속 생각하지 마십시오**"라는 어색한 번역을 "더 이상 생각하지 마십시오"라는 좀 더 자연스러운 번역으로 바꾸었다.

40. 묵상을 위한 제안(14장 20~25절)

1. 특히 사람을 편안하게 만들어주기 위해 강한 인상을 심어 주려고 애쓰는 일의 위험성에 관하여

사람에게 좋은 인상을 심어 주려는 시도가 때로 역효과를 내어 정반대의 결과가 생기는 경우가 있는가? 때때로 꾸미지 않은 '평범함'이 그 무엇보다도 더 효과적일 수 있다. 교회를 다니지 않는 부부를 자신의 어질러진 부엌으로 초대한 적이 있는 한 목회자는, 만약 그 자리가 어려운 책으로 잔뜩 둘러싸인 서재였다면 그 부부가 얼른 나가 버렸을 것이라는 것을 나중에 알게 되었다. 어떻게 하면 우리는 사람들이 복음 혹은 교회를 더 편안하게 느끼게끔 도울 수 있을까? 아니, 다른 그리스도인들은 우리가 있는 곳을 편안하게 느끼는가?

2. 우리의 가정, 공동체, 혹은 교회에 나타난 하나님의 임재의 표시에 관하여

사람들은 우리의 교회 혹은 가정을 두고 "하나님께서 정말 여기 계시는구나"라고 말할 수 있을까?(25절) 최근에 일단의 기독교 지도자들이 개인적 '성결함'의 의미에 관해 논의를 한 적이 있다. 거룩한 사람과의 만남은 어떤 식으로든 그 만남을 통해 우리가 하나님도 만났다는 느낌을 받게 만든다. 우리는 우리 또한 그렇게 되기를 바라고 있는가?

3. 하나님의 아름다움을 드러내는 예언의 말씀에 관하여

예언의 말씀이 존재의 심연에 있는 내적 비밀을 드러내고, 이로써 우리 자신을 하나님 앞에 던져 머리를 조아리고자 하는 열망을 갖게 만든다면(25절), 이는 예언의 말씀이 그저 죄를 드러내는 것이라는 의미인가? 예언의 말씀은 주 하나님의 아름다움을 드러내는 것이기도 하지 않는가? '자신을 위해 우리로 열망을 품게 하시고, 즐거움으로 갚아 주시는 분, 사랑하시며 또 사랑받으실 만한 하나님'의 아름다움을 말이다(Hans Urs von Balthasar, *The Glory of the Lord*, vol. 1, 54; 그는 바르트의 말도 인용하고 있다).

(2) 말의 은사 활용을 통제하는 일의 중요함(14장 26~40절)

1) 공예배의 질서(14장 26~33a절)

26 사랑하는 친구 여러분, 그렇다면 어떻게 하겠습니까? 여러분이 함께 모일
때 각각 찬송이나 어떤 가르침이나, 밝혀진 무언가나 방언으로 말하는 것과,
방언의 언어를 말로 옮기는 일을 하는 모습을 생각해 봅시다. 여기서도 중요한
것은 이것입니다. 곧 '모든 것이 공동체를 세우는 것이 되도록 하라'는 것입니
다. 27 만일 누가 방언으로 말하게 되면, 두 사람 혹은 많아야 세 사람이 차례
대로 말하게 하고, 말하는 자로 하여금 그것을 말로 통역하게 하십시오. 28 그
러나 만일 그 사람이 말로 옮기지 못한다면, 회중이 모인 자리에서는 잠잠하게
하고, 개인적으로 하나님께 말하도록 하십시오. 29 그러나 예언하는 사람의 경
우에, 두세 사람으로 말하게 하고, 다른 사람은 그 말하는 내용을 분별하게 하
십시오. 30 만약 곁에 있는 다른 누군가에게 계시가 주어진다면, 먼저 말하던
사람은 말을 멈추어야 합니다. 31 그러니까 여러분 모두는 예언할 때 한 사
람씩 차례로 할 수 있는 능력을 받은 것입니다. 이렇게 되면 모든 사람이 배울
수 있고, 모두가 격려와 권면을 받을 수 있게 됩니다. 32 그리고 예언자들의
영적 발언은 예언자들의 통제를 받습니다. 33a 하나님께서는 무질서의 하나님
이 아니라, 평화의 하나님이신 것입니다.

바울은 잇따르는 내용이 이해 가능한 의사소통과 합리적 숙고에 관한 이전 단락의 논증에서 도출된 일련의 추론이라고 분명히 말한다. **그렇다면 어떻게 하겠습니까?**(26a절) 혹은 그렇다면 이것이 함축하는 의미가 무엇입니까? 그리고는 뒤이어 교회의 질서를 위한 일련의 지침들에 대해 설명한다.

어떤 저자들은 바울의 '질서' 개념을 권위주의적 '위계질서' 혹은 '가부장적'상황에 입각함으로써 은사주의적인 열정적 자유를 억압하려는 시도로 이해한다(Antoinette Wire, *The Corinthian Women Prophets*, 1990). 그러나 우리는, 13장에서 예증된 것처럼 바울은 다른 사람들의 유익에 대한 구체적인 관심의 표현으로서 좋은 예절과 '약한 자'에 대한 존중의 태도를 보존하려고 애를 썼다고 주장했다. '질서'는 사랑의 구체적 표현이다. 여기에는 절제와 근신이 포함되는 반면, 개인의 '독자성'은 재고해야 할 대상이다. '사랑은 세워준다'는 바울의 신념(8장 1, 10절)이 핵심적인 논점을 이끈다. 공예배의 절차는 '**모든 것이 공동체를 세우는 것이 되도록 하라**'는 지배적 원칙의 통제를 받는다(26b절).

많은 주석자가 26절의 **각각**(헬, *헤카스토스*)이라는 말을 너무 쉽게 자기 나름의 교회적 전통에 입각하여 해석하는 것은 애석한 일이다. 가령 피(Fee)는 모인 회중의 모든 일원이 26절에 언급된 은사 혹은 봉사를 수행한다고 믿는 반면(Fee, *First Epistle*, 684), 콘젤만, 슈라게, 그리고 젠프트(Senft)는 그 단어가 수(數)로서 '한 사람 한 사람 모두'를 지칭하는 말이라기보다는 특정한 시점에 해당되는 한 사람을 의미한다고 믿는다(Conzelmann, *I Corinthians*, 244; Senft, *Première Epître*, 181). 이 문제는 헬라어만으로는 해결할 수 없다. 하지만 현 문맥에서 **각각**이라는 단어를 지나치게 문자적으로 풀면 본문에 무리한 부담을 지우는 결과를 낳는다(Thiselton, *First Epistle*, 1134-35).

26절에서 사용된 용어 중 몇 가지는 그 의미가 모호하다. **찬송**(헬, *프살몬*)은 성경의 시편 중 하나일 수도 있고, 이미 불리고 있던 찬송이나 아니면 말보다는 노래로 불렀던 새로운 말씀을 가리킬 수도 있다. 다른 용어들은 현대의 통상적인 의미(예를 들면, **가르침**)와 거의 비슷하다. **밝혀진 무언가**(헬, *아포칼립시스*)는 하나님에 의해 한 사람에게 '주어진' 일련의 예언의 말씀을 의미할 수 있지만, 또한 성경에 근거한 설교거나 혹은 하나님의 계시로 이미 '주어진' 성경의 한 부분을 포함할 수도 있다. 우리가 주장한 것처럼, 우리는 방언을 말하는 **각 사람**이 그 말하는 내용을 통역하는 사람과 다른 누군가라고 보는것을 주의해야 한다. 그래서 여기서는 27절을 다음과 같이 번역하였다: **만일 누가 방언으로 말하면, 두 사람 혹은 많아야 세 사람이 차례대로 말하게 하고, 말하는 자로 하여금 그것을 말로 통역하게 하십시오.**

NRSV는 28절을 "그러나 만일 통역하는 자가 없으면 그들로 교회에서는 잠잠하게 하고, 자기 자신에게 그리고 하나님께 말하게 하십시오."라고 번역하며, NIV도 이와 유사하게 "통역하는 사람이 없다면, 말하는 자들은 입을 다물어야 합니다."라고 번역한다. 헬라어가 여기서 명사를 사용하고 있기 때문에(NIV, '통역하는 사람'. 헬, *디에르메네우테스*), 어찌 보면 방언을 말하는 자와는 별개의 통역자라는 개념이 더 나아 보일 수도 있다. 하지만 이 헬라어 단어는 신약성경 중 여기에서만 한 번 등장할 뿐, 수 세기가 지난 비잔틴 시대까지 등장하지 않는다(F. W. Danker, *Greek-English Lexicon*, 3판, 244). 일부 후대의 서방사본들(D*, F, G)은 '*헤르메네우테스*'라는 독법을 취하는데, 이 단어 역시 신약에서 이곳에서만 나타난다. 어떤 독법을 취하건, 이 단어들이 반드시 다른 사람이 말한 방언을 '통역하는' 은사를 받은 어떤 사람을 가리킨다는 가정은 위험하다. 어쩌면 이는 계속해서 숙고함으로써 자신의 가장 심오한 체험을 말로 옮기는 법을 배운 사람을 가리키는 것일 수 있다. 이렇게 되면 28절의 의미는 다음과 같다. 만일 그 사람이 자신의 깊은 체험을 말로 옮기지 못한다면, **회중이 모인 자리에서는 잠잠하게 하고, 개인적으로 하나님께 말하도록 하십시오**. 어쩌면 이 구절은 방언하는 사람과는 다른 방언 통역자라는 개념을 뒷받침하는 유일한 근거가 될 수 있지만, 이처럼 의미가 의심스러운 한 구절만을 근거로 그처럼 중요한 사안을 결정하는 것은 위험한 일일 것이다.

예언자들 또한 그들이 말하는 방식과 내용을 통제할 능력이 있다(29~32절). 그래야만 할 자연스러운 이유가 발생하면, 예언의 말씀은 중단되어야 한다. 마찬가지로 엄격하게 제한된 숫자 이상의 사람들이 말하기를 원한다면, 그중 일부는 적당한 때를 기다려야 한다. 무엇보다 중요한 것은 **다른 사람들**이 예언의 말씀 혹은 예언의 명목으로 전한 말씀을 **분별**해야 한다는 것이다. 다른 사람들은 들리는 말씀이나 발언이 정말로 하나님께서 주신 것인지, 혹은 하나님께서 주신 말씀으로 시작했던 것이 나중에 단지 사람의 의견으로 변질되는 것은 아닌지 살펴야 한다. 바로 이것이 바울이 **먼저 말하던 사람은 말을 멈추어야 한다**(30b절)고 했을 때의 의도였을 수 있다. 물론, 단순히 다른 발언자에게 양보하는 예의가 필요하다는 뜻일 가능성도 있지만 말이다. 여하튼 바울은 하나님께서 주신 예언의 말씀을 말한다고 주장하는 자들이 언제 말을 멈추어야 할지 알 수 있을 정도로 비판적인 자기인식을 갖추기를 기대한다.

고린도교회의 분위기가 차례대로 말하는 것과 같은 예의에 전혀 개의치 않는 상황이라면, 이는 바울이 13장 4, 5b절에서 했던 말을 떠올리게 한다. “사랑은 참고 기다리며…자기만 중요한 듯 뻐기지 않습니다. 사랑은 무례하게 행동하지 않습니다.” 바울은 질서라는 원칙에 대해서는 일체 예외를 허용하지 않는다. **예언자들의 영적 발언은 예언자들의 통제를 받습니다**.(32절)

그리스도인들이 자기가 하는 말이 하나님께서 ‘주신’ 것 혹은 영감된 것이라고 주장할 경우, 그 말의 진정성을 확인하는 또 하나의 기준은 그 주신 말씀이 교회의 ‘질서’를 증진하는 것인지 아니면 약화시키는 것인지를 살피는 것이다. 왜냐하면 하나님께서는 **무질서의** 하나님이 아니시기 때문이다. ‘무질서’로 번역된 이 단어는 동요하며, 통제되지 않은 상태 혹은 받아들인 권위에 대한 반대를 의미한다(F. W. Danker, *Lexicon*, *BDAG*, 3판, 35). 바울이 15장 23절부터 28절까지와 15장 38절부터 44절까지에서 설명하는 것처럼, 창조주 하나님께서는 분명한 의도를 품고, 정연한 질서를 따라 움직이는 분이시다. 어떤 사람들은 마치 성령께서 무질서와 혼란을 초래하기라도 하는 것처럼, 그래서 그분의 이전 활동과의 연속성보다는 불연속성을 더 많이 보여주시는 것처럼 말한다. 하지만 12장 1절부터 14장 40절까지에 걸쳐 이루어지는 통일성과 다양성에 관한 변증법적 논증은 일관성과 질서를 존중하시는 하나님의 주권적 의도를 잘 드러내 준다. 곧, 하나님께서는 다양한 은사와 역할을 주시지만, 이를 통해 오히려 전체를 **세우신다**.

41. 묵상을 위한 제언(14장 26~33a절)

1. 사랑을 위한 절제와 모든 이의 유익을 위한 규칙 활용에 관하여(26~33a절)

동료 그리스도인들을 존중하고 그들에 대한 예의를 지키기 위해 때때로 우리는 기꺼이 다른 사람에게 양보해야 하는 상황이 종종 생긴다. 모임에서나 교회에서, 혹은 집에서나 공동체에서, 구성원을 위한 '내부 규약'은 전체의 유익을 고려한 절제가 필요할 수도 있다는 것을 분명히 해야 한다. 우리는 다른 사람을 사랑하기 위해 만든 규칙을 싫어하는가? 규칙을 깨는 것은 낭만적이고 용기 있는 행동인가? 아니면 그저 이기적인 행동에 불과한가? 그러나 규칙이 현실에 맞지 않거나 억압적인 것이 될 경우, 우리는 다른 사람과 뜻을 합하여 기꺼이 그 규칙을 바꾸어 원래 목적이 구현될 수 있도록 노력하는가? 억압을 위한 도구로서 세운 규칙과, 하나님의 성품인 사랑에 근거한 규제 혹은 질서정연함 사이에는 어떤 차이가 있을까?(33a절)

2. 차례대로 말하는 법을 배우는 것에 관하여(27~32절)

모임을 주관하는 사람이라면 누구나 중요하게 할 말이 있는 사람들의 은사나 지혜를 방해하지 않으면서도 모든 사람에게 공정한 발언의 기회를 줄 수 있는 방법을 찾아야 하는 어려움에 직면한다. 얼마나 길게 이야기하면 되는지를 가장 잘 판단할 수 있는 사람은 언제나 말하는 사람 자신인가? 이 구절은 어떤 사람에게는 더욱 자유롭게 말하도록 격려하지만, 다른 사람에게는 더 겸손하고 침묵하도록 촉구한다.

3. 더욱 간명하게 말하는 법을 배우는 것에 관하여(27~32절)

시간 제한은 얼마나 중요한가? 모든 사람이 시간을 내어 우리가 말하고자 하는 것을 들어 주기를 기대할 수 있을까? 상호 참여뿐만 아니라 건설적인 공동체를 세우는 것도 보장하는 그런 균형은 어떻게 유지될 수 있는가? 한 집단에서 우리에게 인내라는 시간적 덕목이 필요하겠지만, 지도자나 사회자에게도 질서유지의 덕이 필요하고, 말하는 사람에게도 자기절제의 덕이 필요하다.

4. '안수받은' 목회 사역, 혹은 지도력, 구조, 그리고 예의에 관하여(29~33a절)

어떤 전망을 표방하는 모든 단체는 그 자체를 지탱하기 위한 구조가 필요하다. 이 '삼인칭 명령형'(그로 하여금…하게 하라)의 설득력을 보증하는 이는 누구인가? 최초의 교회가 '사회자'를 선출한 것이든 혹은 사도들이 사역자 혹은 지도자를 지명하거나 안수하여 위임한 것이든, 무질서와 혼란을 방지한 것은 교회의 구조와 질서였다. 무질서나 혼란이 성령께서 역사하시는 증거로 여길 수 있는 상황이 과연 있을까?(33a절) 평화(33a절)는 서로 간에 예의를 지키는 데서 비롯된 조화로움을 의미한다. 사랑은 다른 사람을 소중하게 여기는 것이며, 이는 예의에 대한 독특한 기독교적 근거를 제공한다. 우리는 이 점을 자주 망각하지 않는가?

5. 예언의 말씀의 분별에 관하여(29b절)

바울은 예배 중에 주어지는 예언적 계시의 전부 혹은 일부가 정말 하나님께서 주신 것인지 아닌지는 검증과 분별에 의해 결정되어야 할 문제라고 분명히 말한다. 하나님의 영감을 받았다는 사람의 주장을 우리가 말 그대로 받아들일 수 없는 이유는 무엇인가? 신실한 그리스도인의 경우라도 착각(자기 기만)에 빠져 잘못될 수가 있을까? 오늘날 우리는 어떤 분별의 기준을 적용해야 할까? 구약과 신약으로 이루어진 성경 말씀에 어떤 역할을 부여해야 할까? 또 언급되는 내용이나 설교가 전체 기독교의 전통과 부합하는가 아닌가를 묻는 것은 얼마나 중요할까? 하나님에 대한 성경의 가르침, 복음 속의 다른 진리들, 그리고 그 말이 주어지는 문맥과 상황에 비추어 볼 때 그 말씀이 설득력이 있는지 혹은 '타당한지' 여부가 중요한가? 성령을 분별하기 위한 기도(12장 8~11절)는 언제나 그러한 숙고, 묵상, 혹은 분별을 동반하는 것이라야 한다.

2) 통제된 말의 은사 활용에 관한 추가적 사례: 여성과 '무질서한' 발언 (14장 33b~40절)

33b 하나님의 거룩한 백성의 모든 교회에서 하는 것처럼, 회중이 공적으로 모
일 때, 여자는 침묵하는 것을 고려해야 합니다. 34 그들이 [그들이 하는 식으
로] 말을 하도록 허용할 수는 없기 때문입니다. 율법이 말하는 것처럼, 그들로
하여금 자신의 정해진 자리를 지키도록 하십시오. 35 여인이 무언가를 배우고
싶다면, 집에서 자기 남편에게 물어보도록 하십시오. 여자가 그런 식으로 공적
예배에서 말하는 것은 부끄러운 일이기 때문입니다. 36 그렇지 않다면, 하나
님의 말씀이 여러분에게서 나온 것입니까? 혹은 여러분에게만 말씀이 주어진
것입니까? 37 만일 누구든지 자기를 선지자나 '성령의 사람'으로 생각한다면,
그들은 제가 여러분에게 쓰는 말이 주님께서 주신 [명령]인 줄 인정해야 합니
다. 38 만일 누구든지 그것을 인정하지 못한다면, 그런 사람은 인정해 줄 필요
가 없습니다. 39 그러니 저의 사랑하는 형제 여러분, 예언의 말씀에 대해 계속
열정적으로 관심을 기울이고, 방언 말하는 것을 막지 마십시오. 40 다만 모든
것이 적절하게, 그리고 질서정연하게 이루어져야 합니다.

계속하여 바울은 **하나님의 거룩한 백성의 모든 교회**가 지켜야 할 또 다른 교회질서의 규칙을 제시한다(33b절). 문맥을 고려해 볼 때, '교회에서'(34절, NRSV)는 **회중이 공적으로 모일 때**를 의미한다. 그리고 25절부터 40절까지와 연결하여 볼 경우, '여자는 잠잠해야 한다'(NRSV. 헬, *시가토신*)는 말은 좀 더 넓은 의미로 이해하여 **여자는 침묵하는 것을 고려해야 한다**라고 번역하는 것이 좋을 것이다. '모인 회중에게 말을 해서는 안 된다'는 NEB의 번역은 11장 2절부터 16절까지와 분명 모순된다. 거기서는 '여성이

예언의 말씀을 말하는'(5절) 것으로 되어 있기 때문이다. 내가 앞서 주장했던 것처럼, 예언의 말씀이 목회적인 설교를 포함하는 것이 맞다면, 14장 33b절부터 36절까지의 **침묵**이 공적인 설교나 예배 인도를 원칙적으로 금지함을 의미할 가능성은 거의 없다.

많은 사람들이 여기서 제시된 모순이 확실한 모순이기는 해도 33b절부터 36절까지는 바울이 쓴 말이 아니라고 제안한다. 이런 입장에 의하면, 이 구절은 현재의 본문 속에 잘못 끼어들어온 비(非)바울적 단편이다. 피, 헤이스, 슈라게 등은 다음과 같은 사실에 근거하여 그러한 입장을 지지한다. ① 이 구절들은 12장부터 14장까지의 중심 주제와 맞지 않는다. ② 이 구절들은 예언에 관한 논증의 흐름을 끊어 놓는다. ③ 이 구절들은 11장 5절과 충돌한다. ④ 이 구절들은 법적 규칙에 호소한다. ⑤ 소수의 후대 사본에서는 이 구절이 40절 이후에 위치한다. 이 구절들의 바울 저작권을 인정하는 '대중적인' 해결책 하나는 11장 5절이 공적인 연설을 암시하는 데 반하여, 14장 33b절부터 36절까지는 '잡담'을 가리킨다고 보는 것이다. 그러나 헬라어 본문은 이런 해석을 지지하지 않는다.

참을성 있게 본문을 주해해 보면, 이 난해구절이 실제로 바울의 글이라는 견해를 뒷받침해 주는 설명을 도출해 낼 수 있다. 본 단락은 분명 예언이라는 주제를 다루고 있으며, 직접적인 문맥은 예언의 말씀을 분별해야 할 필요성에 관한 것이다. 따라서 특정한 종류의 말을 제어하라는 가르침은 예언자의 권위로 말한다는 주장을 분별 혹은 검증하는 데 참여하려고 하는 여자의 발언과 관련된 충고임이 거의 확실하다. 어떤 상황이 그러한 말을 '질서에 맞지 않는'것으로 만들었을까? 아마 '평소에 행동하는 것을 보면 그런 주장이 설득력이 없다'는 주장이 제기되거나, 여자들이 하나로 뭉쳐 '여자의 힘'을 발휘하여 남자 선지자를 배제하려는 시도가 이루어진다면 문제는 더욱 악화되었을 것이다.

상황의 본질이 무엇이었는지에 대해서는 그저 추측해 볼 수밖에 없지만, 말하는 사람의 콧대를 꺾으려는 기회를 찾다 보니 오히려 자유를 남용하고 '질서'를 무너뜨리는 결과가 나오는 시나리오를 상상하기는 그리 어렵지 않다. 이와 유사하게 벤 위더링턴(Ben Witherington)은 예언을 분별하려는 의도로 '부적절할 수 있는 질문들'을 던지는 여자로 인해 '예배가 방해를 받는 상태'였다고 추정한다(Witherington, *Conflict and Community*, 287). 35절에 비추어 보면, 일부 여성이 자기 남편이 내놓는 예언의 말씀에 대해 의문을 제기한 것이라는 가설은 더욱 그럴듯해진다. 즉, **그들이 뭔가를 배우기 원한다면**(아마도 예언의 말씀을 할 만한 능력이나 동기에 대해 의문을 제기하면서), **집에서 자기 남편에게 묻게 하라**(cf. Thiselton, *First Epistle*, 1146-62)는 것이다.

바울은 공적 모임에서나 가정에서 남편과 아내 사이의 존중뿐만 아니라(11장 2~16절), 예배 시의 질서나 무질서가 '외부인' 혹은 불신자들에게 미치는 영향에 대해서도 관심을 기울인다(14장 25절). 이는 우리가 제안했던 해석을 더 확증하는 것일 수 있다. 집안에서의 갈등 관계를 공예배 자리에까지 끌고 들어오면 비극적인 결과를 초래할 수밖에 없다. 이것이 여자들에게서 시작된 것이라면 더욱 그럴 것이다. 위더링턴은 "여자들이 '규칙을 제시하거나' 혹은 주도적으로 질문을 제기함으로써 남편의 예언을 판단하고 있었다면…예배가 한 가족의 집안싸움으로 전락할 수도 있었다"라는 사실을 관찰한다(*Women in the Earliest Churches*, 102).

37절의 표현(**누구든지 자기를 선지자나 '성령의 사람'으로 생각하거든**)은 주장이 다소 의심스러운 예언자를 가리키는 것일 수도 있다. 그러나 이는 자신이 제기한 비판이 예언의 말씀을 검증하는 데 필요한 '영적' 분별을 제시한다고 주장하는 여성에게도 공히 적용될 수 있을 것이다. 다른 한편으로, 36절에서 "**하나님의 말씀이 여러분에게서 나온 것입니까?**"라는 바울의 질책은 '모든 곳에 있는' 다른 그리스도 교회(1장 2절)가 어떻게 하고 있는지는 상관도 없이 마음대로 자기 나름의 '지역적' 규칙을 만들 수 있다고 여겼던 고린도교회의 지도자들을 겨냥한 것일 가능성이 높다.

38a절, **만일 누구든지 그것을 인정하지 않는다면, 그런 사람은 인정해 줄 필요가 없습니다**는 특정 사람들의 주장에 대한 인정을 철회하는 화행(speech act) 기능을 수행한다.[바울이 이 말을 함으로써 실제로 그들에 대한 인정을 철회하고 있다는 의미—역주] 하지만 더 중요한 것은 이것이 고린도전서 3장 18절에 담긴 '내적 논리'를 드러낸다는 사실이다. "아무도 자신을 기만해서는 안 됩니다. 여러분 중 누군가가 이 세상 질서의 기준에서 볼 때 자신을 지혜롭다고 생각한다면, 차라리 바보가 되십시오. 그러면 지혜로운 사람이 될 것입니다." 이 원칙은 3장 17절에 뒤따라 나오는 것이다. "누구라도 하나님의 성전을 파괴하면, 하나님께서 그 사람을 파괴하실 것입니다." 그러한 행동은 불가피한 처벌로서 자아 상실을 초래하는 자충수에 지나지 않는다. 정해 놓은 한계를 넘어서는 행위 자체로 인해 이미 자기의 주장이 타당성 없는 공허한 것임을 드러내는 것이다.* 이 점은 특히 1장 18절부터 2장 5절까지에서 분명히 드러난 것처럼, 십자가가 복음과 교회의 '근거와 기준'으로 이해되는 곳에서는 더욱 분명해진다.

바울은 자신의 **사랑하는 친구들**, 혹은 그리스도 안의 형제 자매들에게 **예언의 말씀에 대해 계속 열정적으로 관심을 기울이라**는 격려로 단락을 마무

---

* 별주. A. C. 와이어(Wire)는 바울이 자기 대적들의 주장을 '생각에 불과한 것'이며 자신의 주장이 '실재'라고 주장하는 값싼 수사적 수법을 시도한다고 주장한다(*Women Prophets*, 14-15, 149-52). 그러나 이것은, 그저 자충수에 불과한 것으로 드러나는 주장은 오히려 필연적인 피해를 초래할 수밖에 없다는 미묘한 '내적 논리'를 무시한 논증이다.

리한다(39a절). 물론 방언이 개인적 헌신을 위해서나 혹은 좀 더 공적인 예언으로 바뀔 수 있다는 점에서 분명 진정한 '은사'이기는 하지만, 방언으로 말하는 것을 두고 그처럼 열정적인 관심을 보일 필요는 없다. 그들은 **방언 말하는 것을 막지 말아야 한다**(39b절). 그러나 교회 생활에 대한 가장 근본적인 권고는 모든 일이 **적절하게** 행해져야 한다는 것이다(40절, 헬, *유스케모노스*, '적절하게'). 그 단어는 '질서정연하고 타당한 순서에 따라서'라는 의미(이는 27절부터 30절까지에서 나타난다)와, '합당하고, 좋게 보이는 행동으로 적절하게'라는 의미(20절부터 26절까지도 반영하는)를 모두 가진다. 다시금 이 단어는 13장 4절에부터 7절까지에 나타난 사랑의 본질을 반영한다.

마지막 표현은 핵심적인 논점을 다시금 강조한다: 적절하고 질서정연하게 하십시오.(40b절) 여기 사용된 헬라어 표현(*카타 탁신*)은 이 자질이 바로 하나님 자신의 성품과 연관된 것임을 상기시켜준다. 15장 23절에서 우리는 하나님께서 부활을 이루시지만, 하나님께서는 이 부활을 '각각 자기 나름의 순서를 따라' 이루실 것이라는 사실을 알게 된다. **질서**와 **질서정연함**은 교회나 하나님의 창조에만 국한되는 특성이 아니다. 질서란 하나님께서 자신의 본질과 상응하기 때문에 그렇게 일하시기로 선택하신 방식인 것이다.

42. 묵상을 위한 제언(14장 33B~40절)

1. 민감한 상황에서 권리나 특권을 포기하는 일에 관하여(33b, 35, 40절)

바울은 무엇보다 우선되는 두 가지 사항을 강조한다. ① 다른 사람을 위한 사랑과 존중, 그리고 ② 모든 것은 복음을 위해 이루어져야 한다는 원칙이다. 바울은 공예배에서 여성도 말하는 역할을 수행할 수 있다고 믿지만(11장 2~16절), 이 두 가지 최고 우선순위가 위협을 당하는 민감한 상황에서는 다른 충고를 내놓는다. 어떤 점에서 이 구절들이 8장 1절부터 11장 1절까지와 병행을 이루는가? '강한 자들'이 우상에게 바쳐진 고기를 먹지 않는 절제와 여성이 남성이나 남편의 예언을 검증하기 위한 발언을 절제하는 것 사이에는 어떤 병행 관계가 존재하는가? 우리는 다른 사람을 존중하고 복음을 촉진하려는 태도를 얼마나 중요한 것으로 생각하는가? 이것은 어떤 대가를 치러도 좋을 만큼 중요한가?

2. 독자적 행보를 고집하는 교회나 그리스도인에 관하여(33b, 36, 38절)

신학적인 면에서나 실천적인 면에서 고린도교회는 독자노선을 걷기를 좋아했다. 그래서 바울은 묻는다. '지역' 교회가 자기 나름으로 하나님의 말씀을 만들어 내거나 복음을 발견한 것인가?(36절) 지역 교회가 복음을 만들어 내거나 이를 고칠 수 있는 것인가? 교회가 그리스도에 근거하여, 그리고 하나님의 모든 백성과 맺은 공통성에 근거하여 그것의 성경적, 사도적 정체성을 확보하는 것이라면, 심지어 지역적 상황과 관계된 것이라 하더라도, 어떻게 자기 마음대로 규칙들을 만들어 낼 수 있을까? '그리스도인'으로서의 '면모'를 상실하지 않으면서 누릴 수 있는 독자적 행보의 한계는 어디까지일까?(38절)

3. 예언의 말씀을 분별하고 검증하는 일의 다른 측면들에 관하여(37~40절)

예언을 분별하는 것에 관해서는 앞(29b절의 논의)에서 이미 생각해 본 적이 있다. 그러나 이 구절에는 또 다른 함축적 의미가 있을 수도 있다. 성경 말씀, 보편적인 교회의 가르침, 합리적 숙고, 그리고 성령의 지혜를 구하는 기도와 같은 그러한 기준 이외에 말하는 사람의 편에서 통상적이고 일상적인 사역의 진정성을 '인정하는 것'은 어떤 의미가 있겠는가? 생활방식도 예언을 분별하는 기준에 포함해야 하는가? 우리는 다른 사람을 판단할 수 있는가? 혹은 그들이 주장하는 바를 분별할 때 솔직하면서도 예의와 존중의 태도를 잃지 않을 수 있는가? 누가 그러한 판단을 내릴 수 있는가?

4. 모든 것을 질서정연하게 행하는 일에 관하여(40절)

하나님께서 질서의 하나님이시라면, 하나님의 백성으로 살아가는 삶의 전부가 이 '질서정연함'을 드러내는 것이어야 하는가? 방향이 잘못된 목표로 인해 그들의 열심이 혼란이나 심지어 자기모순에 빠지고, 결과적으로 그리스도인으로서 효과적인 삶을 살지 못하게 되는 경우는 없는가?

Ⅷ. 죽은 자의 부활(15장 1~58절)

15장의 논증은 매우 선명하고 신중하며 논리적으로도 일관성이 있다. 또한 당시 최고의 로마 수사학에서 유래한 재료를 효과적으로 활용하고 있다. 하지만 그렇다고 해서 이것이, 일부 사람들이 제안하듯 15장이 이 편지의 나머지와 동떨어진 독립적인 문서라는 것을 의미하지는 않는다. 이에 대해 칼 바르트의 말을 인용할 필요가 있을 것 같다. "죽은 자의 부활은 바울 논증의 출발점이면서 또한 목표지점이기도 하다."(*The Resurrection of the Dead*, 107) "부활은 바울 논증의 결말이요 절정으로서, 서신 전체를 이해하는 열쇠를 제공해 준다. 부활이라는 빛으로부터 우리는 서신 전체가 하나의 통일된 논증이라는 것을 보게 된다."(11)

계속하여 바르트는 이렇게 말한다(18). 가령 "모든 사람은 하나님의 칭찬을 받을 것이다"(4장 5절)와 같은 구절에서 '하나님의'라는 표현이 바로 '서신 전체의 숨겨진 뇌관'이다(18절) 부활은 종교적 성취나 사후 생존을 위한 인간의 내재적 능력이 아니라, 하나님께서 다스리셔서 변화시켜주시는 은혜이다. 바울은 이전의 논증 중에서 "여러분이 가진 것 중 받지 않은 것이 무엇입니까?"라고 질문했었다(4장 7절). 죽음에 직면하여 사람이(그리스도인이든 아니든) 제공할 수 있는 것은 없다. 그리스도인은 그저 순전한 은혜의 선물을 받을 뿐이며, 이 은총의 선물에 따라 다스리시는 창조자이신 하나님께서는 그들을 되살려내셔서 변화된 존재 방식으로 살아가게 하시는 것이다.

그리스도 안에서 그리고 그분을 통하여 하나님의 능력으로 살려내지시는 일은 믿음에 의해 지금까지 얻을 수 있었던 것, 곧 하나님과 바른 관계를 맺게 된 변화의 최종적 결과라 할 수 있다. 은혜에 의한 칭의와 죽은 자의 부활은 동일한 동전의 양면이다. 몰트만은 죽음의 '무'(無)가 어떻게 십자가의

'무'와 어울리는지를 보여준다. "살아계신 주로서 십자가에 달리신 분에 대한 체험은 … 총체적 무(nihil)를 파괴한다. … 그것은…심지어 예수까지도 넘어 다가올 하나님의 계시를 가리킨다."(*Theology of Hope*, 198, 201)

죽음과 '종교적 사상의 부재'에 따른 '진공 상태'는 '하나님의 약속에서 받는 생명과 대조적으로 죽음의 치명적 독성'의 체험을 '그 본래의 잔인한 모습 그대로' 드러내 놓는다(*Hope*, 210). 부활은 '단지 생명을 향한 귀환이 아니라, 죽음의 치명적 독성의 정복—하나님께 유기 되는 일 자체를 정복하는 것'으로 이해된다(211). '고린도전서 15장을 종말론보다는 사도적 선포의 방법론으로, 서신 전체의 중추로 묘사하는 것이 더 나은' 이유가(바르트의 말로 하자면) 여기에 있다(*Resurrection*, 이탤릭체는 저자의 것, 115).

바울이 주장하는 바는 인간 자신의 능력에 의거한 사후 생존이라는 인문주의적 신념이 아니라, 하나의 선물로서 하나님의 다스리시는 권세에 의해 변화된 삶의 방식으로 되살아나는 것이다. 부활을 부인하는 것은 '그보다 더 많은 것을 부인하는 것, 한 마디로 하나님이 하나님이시라는 사실을' 부인하는 것이라고 루터가 예리한 어조로 말한 이유가 바로 여기 있다(*Luther's Works*, 28권, 95).

이제 바울은 이 핵심 주제를 큰 4개의 막(연극에서처럼) 혹은 4개의 논리적 단계로 설명한다. 즉, ① 예수 그리스도의 부활의 실제성(15장 1~11절), ② 부활을 부인하는 데 따르는 납득할 수 없는 결과(15장 12~34절), ③ 몸의 부활이 믿을 만한 것이며 또한 충분히 생각해 볼 수 있는 일인 이유(15장 35~50절), 그리고 ④ 일상생활에 대한 후속적 추론(15장 51~58절) 등이다.

일부 고린도 교인이 의심하거나 부인하고 나선 것은 정확하게 무엇이었을까? 이에 대해서 세네 가지 대답이 제시되었다. ① 그들은 그 어떤 형태로든 인간이 죽음 이후에 계속 존재함을 부인하였다. ② 그들은 '부활'(자기 나름의 영적 의미로)이 이미 일어났으며, 이제는 소망할 만한 아무런 사건도 남아 있지 않다고 주장하였다(cf. 딤후 2장 18절). ③ 그들은 '몸'(헬, 소마)의 부활을 믿지 않았거나 깨닫지 못했을 것이다. ④ 루터부터 최근의 마가렛 미첼에 이르기까지 몇몇 저자들은 이 모든 것이 고린도의 서로 다른 집단에게 문제가 되었을 것이라고 제안했다. 이런 주장에는 개연성이 있다. 바울은 교회 내의 서로 다른 문제들을 다루고 있다. 그리고 이 모든 문제들은 오늘날에도 여전히 의미 있는 것들이다.

1. 예수 그리스도의 부활의 진실성: 중요한 전제(15장 1~11절)

1 사랑하는 형제자매 여러분, 저는 여러분에게 복음에 대한 온전한 지식을 되
찾아 주고자 합니다. 곧 제가 여러분에게 선포했던 복음, 그리고 여러분이 받
아 지금 그 위에 서 있는 복음입니다. 2 이 복음을 통하여 여러분은 구원 받게
되는 과정에 있습니다. 제가 여러분에게 선포했던 복음의 핵심을 굳게 붙들고
있다면, 그러니까 일관된 고려도 없이 믿은 것이 아니라면 말입니다. 3 다른
무엇보다도 제가 받았던 것을 먼저 여러분들에게 전해주었기 때문입니다. "성
경대로 그리스도께서 우리 죄를 위하여 죽으시고 4 장사되셨고 성경대로 그
분께서 사흘 만에 살려내지셨으며, 5 베드로에게 그리고 그 후 열두 제자들에
게 나타나셨습니다." 6 그 후에 한 번에 오백여 명의 그리스도인들에게 나타나
셨는데, 그중 몇몇 사람은 죽었지만, 대부분은 아직도 살아 있습니다. 7 그 후
에 그분께서는 야고보에게 나타나셨고, 그 뒤 모든 사도에게 나타나셨습니다.
8 마지막으로 그분께서는 유산되어 나온 태아와 같은 제게도 나타나셨습니다.
9 제가 사도 가운데 가장 작은 자이기 때문입니다. 저는 하나님의 교회를 박해
한 사람이므로 사도라 불릴 자격이 없는 것입니다. 10 그러나 하나님의 은혜로

> 지금의 제가 되었고, 내게 베풀어 주신 하나님의 은혜는 무익한 것이 아니었습니다. 오히려 제가 다른 모든 사도보다 더 많이 수고했지만, 제가 아니라 저와 함께 행하신 하나님의 은혜였습니다. 11 어쨌든 그들이나 저나, 우리가 선포하는 것은 바로 이 복음이며, 여러분이 믿은 것도 바로 이 복음입니다.

그리스도의 부활에 대한 믿음은 '바울의' 고안물에 불과한 것이 아니다. 이 신앙은 바울보다 시기적으로 앞선 기독교 신앙의 토대의 일부로서, 신조 또는 신앙고백으로 제시되었다. 이는 진리의 내용(믿음의 내용)을 선포하는 것인 동시에, 마치 돛대에 깃발을 다는 것처럼, "이것이 나의 믿음이다"라고 선언하는 실존적 결단이기도 하다. 독자들이 **받은**(헬, *파렐라베테*, 1절) 것은 바울 자신이 먼저 **받아** 그들에게 **전했던**(헬, *파레도카*, 3절) 것이었다. 실질적으로 이 단어는 이전에 주어진, 그리고 보호되고 보존되어야 할 전통의 수용 및 전달을 가리키는 용어로 사용된다. 고린도 교인들은 바로 이러한 사도적 전통 위에서 **굳게 섰다**. 신조는 신학적 내용의 선언(마치 깃발을 내거는 행위와 같은)과 실존적이고 인격적인 결단이라는 이중적 역할을 수행한다(Neufeld, *Earliest Christian Confessions* 참조). 이처럼 초기의 신조는 신앙의 한 조항으로서 **최우선적** 위상이 있는 것이다. 그것은 무엇보다도 중요한 고백이다.

바울이(혹은 나중의 저자가) 후기 목회서신에서나 복음의 진리 혹은 기독교 교리를 **굳게 지키는** 것에 관심을 보인다는 제안은 오해의 산물이다. 복음의 진리는 그들이 **구원을 받게 되는 과정**의 근거로 작용한다(현재시제, 1장 18절의 경우처럼). 여기에는 **일관성 있는 고려**가 요구된다(2절). RSV는 '너희가 헛되이 믿지 않았다면'이라고 번역함으로써 괜히 어렵게 만든다. 여기서 '일관된 고려 없이'로 번역된 단어(헬, *에이케*)는 성급하고 생각이 모자라는 신앙적 헌신을 시사한다. 이 점을 강조하는 것은 12절부터 34절까지에서 바울이 부활에 대한 믿음 혹은 그것을 불신하는 것이 논리적으로 함의하는 바를 차분하게 설명하고 있다는 사실과 잘 어울린다.

3절부터 5절까지에서(혹은 3절부터 6절까지 혹은 3절부터 7절까지에서) 바울은 복음의 진리로 수용된 이들 전통의 '조항들'을 인용한다. 인용된 신조에는 네 가지 신앙의 요소들이 포함된다. 각 '조항'은 목적절을 이끄는 그리스어 *호티*로 시작하는데, 여기서 이 접속사는 어느 정도 인용 부호의 기능을 수행한다.

① 첫 번째는 '**성경대로 그리스도께서 우리 죄를 위하여 죽으시고**'이다. 이 첫 번째 조항(그리스도의 구원의 죽음)과 세 번째 조항(부활) 모두 '**성경대로**' 이루어진 일이다. 기독교의, 사도들의 신앙에 대한 이와 같은 초기의 고백은 그리스도의 죽음과 부활 사건들이 어떻게 혹은 어떤 의미로 '우리를 위한' 혹은 **우리를 죄에서** 구원하는 사건이 되는가를 이해할 때 (구약)성경이 하나의 표준 틀 혹은 해석의 열쇠를 제공한다고 선언한다. 그렇다고 해서 이 표현이 그리스도의 죽음과 부활 사건이 하나의 특정한 성경 구절과 관계있다고 암시하는 것은 아니다. 따라서 바울 이전의 신조 혹은 신앙고백은 누가복음 24장 27절('모세와 모든 선지자의 글로 시작하여 예수께서 모든 성경에 기록된 자기에 관한 것들을 그들에게 해석해 주셨다')나 24장 44절부터 46절까지('모세의 율법과 선지자의 글과 시편에 나를 가리켜 기록된 모든 것이 이루어져야 할 것이다…메시아가 고난을 받고 제삼일에 죽은 자 가운데서 살아날 것이 기록되었다') 등과 같은 구절 배후에 놓인 전통을 반영한다.['성경대로'라는 표현이 '특정 구절에 의하면'이라는 뜻이 아니라, '구약성경 전체에 메시아에 관해 예언되어 있듯이'라는 의미로 이해되어야 한다는 뜻이다—역주]

이러한 관점에서 보면, **그리스도께서 우리 죄를 위해서 죽었다는 진술**(3절)은 바울 이전의 시기, 그러니까 역사상 실존하신 예수 그분께로까지 거슬러 올라가는 사도적 교리의 핵심에 속하는 것이 된다. 15장 3절에 더하여, 바울 이전에 생겨난 이와 유사한 고백문들이 고린도전서 11장 23절부터 25절까지(위에서 논의하였다), 로마서 4장 25절('예수께서 우리의 범죄로 인해서 사망으로 넘겨졌고 우리를 의롭게 하시려고 살아나셨다') 등 기타 여러 곳에서 나타난다. 쿨만(Cullmann) 등의 많은 학자들은 이들 구절들이 바울 이전의 전승을 반영하는 것으로 보았는데, 이는 정확한 판단이다. 바울의 글에서 '**죄들**'이라는 복수형이 사용되었다는 점이 매우 특이한데, 이 점 또한 이 구절들이 바울 이전의 전승에 기원을 두고 있다는 견해를 뒷받침한다. 갈라디아서 1장 4절에 동일한 표현이 나타난다는 사실도 매우 초기에 그것이 만들어졌음을 시사한다.

판넨베르크는 "바울서신에 나타나는 전통적인 고백문들(고전 15장 3절)은 … 분명 그분[그리스도]께서 우리의 죄를 속하셨음을 의미한다"라고 말한다(*Systematic Theology*, vol. 2, 418). 여기서 '**위하여**'(for)로 번역한 헬라어 전치사는 *휘페르*(*hyper*)다. 이것은 보통 누군가를 '위하여 대신하는'이라는 의미인데, 종종 '대신에'를 의미하는 전치사(헬, *안티*)의 동의어로 사용되기도 한다. 따라서 이 표현이 전달하는 일반적인 의미는 인간의 죄로 야기된 상황을 바로잡는다는 것이다.

② 초기 신앙고백의 두 번째 요소는 '**그분께서 장사되셨다**'는 것이다(4a절). 이 고백의 목적은 이중적이다. 우선 그것은 예수의 죽음이 부인할 수 없는 사실이었음을 보여준다. 또한 이 고백은 일체의 '가현설적'(假現設, decetic) 그리스도 개념, 곧 그리스도의 살과 피는 단지 '그런 것처럼 보였을' 뿐이며, 순전한 영적 존재 위에 덧입혀진 '옷'에 불과한 것이었다는 사상을

배격한다.[가현설을 의미하는 영어의 docetism은 '…처럼 보이다'를 뜻하는 헬라어에서 유래했다—역주] 이런 식의 사고는 혈과 육은 천상적 존재를 담는 수단이 될 가치가 없다는 헬라식 사고에서 연유한다. 하지만 몸에 관한 생각부터가 잘못되었다는 사실과 별개로, 그러한 관점은 예수 그리스도의 고난과 죽음 자체의 사실성을 부인하는 셈이 될 것이다. 바로 그런 이유로 '**그분께서 장사되셨다**'는 고백이 초기 기독교 신앙의 중요한 항목으로 자리를 잡은 것이다.

③ 세 번째 조항은 '**성경대로 사흘 만에 살려내지셨다**'는 고백이다(4b절). **그가 살려내지셨다**는 동사가 헬라어로 완료수동태라는 사실을 유념하는 것이 중요하다. 바울신학에서는 그리스도께서 스스로 '살아나신' 것이 아니라, 성령의 매개를 통하여 하나님의 능력에 의해서 살려내지신 것이라고 누구보다 정확하게 주장한 것은 닐스 알트스트르프 달(Nils Alstrup Dahl)이었다(*The Resurrection of the Body*, 96-100). 우리가 이 사실을 염두에 두지 않는다면 "예수를 죽은 자 가운데서 살리신 이의 영이 여러분 안에 거하시면 그리스도 예수를 죽은 자 가운데서 살리신 이가 여러분 안에 거하시는 그의 영을 통하여 여러분의 죽을 몸 또한 살리실 것입니다"라는 진술의 논리적 결론을 제대로 이해하기 어렵다(롬 8장 11절, NRSV). 달은 바울의 편지들에서 사용된 '살려내다'라는 단어의 용례를 열거함으로써 이런 논점을 더욱 분명하게 제시한다.

요한복음은 예수께서 원하신다면 스스로 부활할 수 있는 능력이 있으셨다는 생각이 유일하게 나타나는 곳이지만, 이 요한복음에서조차 예수님께서는 자신의 그 잠재적 능력을 부활 사건의 실질적 요인으로 제시하지 않으신다(cf. 요 6장 39, 40, 54절). <u>하나님께서</u> 그리스도를 살려내신다는 타동사적 의미는 사도행전 3장 15절, 4장 10절, 5장 30절, 10장 40절, 13장 30절, 로마서 4장 21절, 8장 11절, 10장 9절, 고린도전서 6장 14절, 15장 15절, 고린도후서 4장 14절, 갈라디아서 1장 1절, 골로새서 2장 2절, 데살로니가전서 1장 10절 등 기타 여러 곳에서 나타난다. 더욱이 만약 그렇지 않다면, 앞에서 우리가 '무'(nothingness)의 체험, 오로지 하나님의 손에 자신을 내놓는 체험으로 죽음을 설명했던 것이 예수 그리스도의 죽음에는 적용되지 않을 것이다. 그러나 그리스도의 죽음은 분명 바로 그런 무의 체험이었다. 부활의 유일한 원천은 하나님의 약속, 하나님의 권세, 하나님의 새로운 창조의 행위, 그리고 하나님의 은총이며, 그 외 다른 근거란 생각조차 할 수 없는 것이다.

사흘에 대한 언급의 구약적 배경을 설명하면서 호세아 6장 2절과 같이 동일한 표현을 포함하는 구절에만 얽매일 필요는 없을 것이다. **성경대로**라는 표현은 **사흘 만에**라는 제한된 표현을 수식한다기보다는, 하나님께서 자신의 신실한 종이요 아들인 이의 무죄를 입증하는 사건으로서 부활 개념 자체가 성경적 표준 틀에 의존한 것이라는 생각을 표현한 것이다. 여기서 강조되는 핵심은 하나님의 약속, 하나님의 신실하심, 그리고 하나님께서 스스로 선택하신 종-아들의 무죄 입증이라는 성경의 패턴이다. 사흘 만에라는 표현에 대해 많은 설명이 제시되었지만, 가장 널리 받아들인 설명은 그 표현이 그저 실제로 십자가에 달리신 지 **사흘 만에** 부활하신 그리스도를, 혹은 그분의 빈 무덤을 발견하였던 첫 증인들의 체험을 기록한 것으로 보는 것이다. 바레트와 헤이스 역시 다른 많은 사람들과 마찬가지로 이런 해석을 지지한다(Barrett, *First Epistle*, 340; Hays, *First Corinthians*, 256).

하지만 자세히 살펴볼 만한 가치가 있는 대안적 설명이 하나 있다. 요하네스 바이스(Johannes Weiss)와 다른 몇몇 사람들은 죽고 나서 삼일 뒤에 몸이 부패하기 시작한다는 잘 알려진 유대교의 신념을 떠올리게 한다. 이 해석에 따르면, **세 번째 날**은 죽음이 진정한 죽음이었음을 나타내는 표현이 된다. 그리고 **성경대로**라는 말은(만약 이 표현이 사흘을 가리킨다면) 가령, 시편 16장 9절부터 11절까지(LXX)를 염두에 둔 것일 수 있다. " … 주의 거룩한 자로 썩는 일을 겪지 않게 하소서." 하지만 이 두 번째 해석은 첫 번째 해석보다는 신빙성이 떨어지는 것으로 보인다.

④ "**베드로에게 그리고 그 후 열두 제자에게 나타나셨습니다**."(5절) 이것은 헬라어 *호티*가 이끄는 마지막 네 번째 문장, 또는 절이다. **나타났다**는 말의 정확한 의미를 놓고 현대 신학계와 신약학계 내에서 매우 격렬한 논쟁이 오래 이어져 왔다. 전통적으로 그 동사는 부활하신 그리스도께서 공개적인 방식으로 증인들에게 나타나신 것을 의미하는 것으로 이해되었다. 그러나 일부 사람들은 그것을 단지 종교적 혹은 환상적 경험을 가리키는 것으로 간주하였다.

예를 들면 W. 마르크센(W. Marxsen)은 이 구절이 부활하신 그리스도에 대한 실제 '체험'의 표현이라기보다는, 열두 사도가 당시 교회 내에서 정하고 있던 위상을 반영하는 것이라고 주장한다(*The Resurrection*, 84). 즉, 그것은 신조 혹은 신앙고백의 일부로서, 과거 사건의 진실 혹은 거짓을 말해주는 것이 아니라, 사도들이 부활에 '관련됨'을 혹은 '그들의 현재 신앙'을 표현한다는 것이다(19-20). 마르크센은 그리스도께서 어떤 방식으로 나타나셨는지는 확정할 수 없는 문제라고 주장한다. 그것은 부활에 대한 '실제 증거'를 제공하기보다는 오히려 '신앙에 의한 발견'에 관한 증거로 보아야 한다는 것이다(108).

하지만 과연 마르크센의 관점이 옳을까? 많은 학자들은 전혀 다른 관점을 취한다. 그중에 퀴네스(Künneth)와 판넨베르크(Pannenberg) 두 사람이 두드러진다. 퀴네스는 '[부활]이 세상의 창조와 같은 근본적 중요성을 지닌 기적'이라고 선언한다. 그것은 부활하신 그리스도께서 나타나신 일이 그리스도에 대한 황홀경적 경험이나 여타의 '종교적' 체험과는 '질적으로 다른' 종류의 체험이라는 사실을 보여준다(*The Theology of the Resurrection*, 75, 84; cf 7291). 판넨베르크는 "이 사건은 이 세상에서, 즉 여인들이 방문하기 전 예루살렘에 있던 예수의 무덤에서 발생했다. …여기에는 역사상 사실인 주장이 함축되어 있다"라고 주장한다(*Systematic Theology*, vol. 2, 360).

퀴네스와 판넨베르크는 앞 절에서 그리스도께서 장사되셨다 언급된 것이 '**그분께서 나타나셨다**'라는 표현을 올바르게 이해하는 맥락의 일부를 구성한다는 것, 그리고 이는 기초적인 사도들의 증언인 **베드로와 열두 사도**들의 구체적인 언급에도 마찬가지로 적용된다고 정확하게 주장한다. 두 저자는 이들 항목을 한 곳에 둔 것과 현재의 문맥이 부활하신 그리스도의 '나타남'과 빈 무덤이라는 주제를 하나로 모으고 있다고 주장한다. 그러니까 나타남에 관한 이야기는 빈 무덤 이야기를 암묵적으로 전제한다는 것이다. 판넨베르크는 "예수의 몸이 무덤에 온전히 있었더라면, 최초의 그리스도인들이 예수의 부활을 성공적으로 설교할 수 없었을 것이다"라고 말한다(358). "**그분께서 장사되셨다**"는 절이 '빈 무덤의 발견에 대한 그의[바울의] 지식에 관해 아무것도' 말해주지 않지만, 그럼에도 불구하고 '바울에게 빈 무덤은 부활 현현에 관한 언급의 배후에 자리 잡은 자명한 전제였다'(359).

퀴네스는 '나타남'이 '환상도, 신의 현현도 아니었다'고 주장한다. 그리스도께서는 '새롭고 살아있는 양식의 존재'로 나타나신다(85). 이 양식은 영광으로 규정되는 존재 양식지만, 이 속에는 '신체성'을 포함하고 있다. "빈 무덤 이야기는 확실히 사도적 전통에 포함되었다."(87, 93; 물론 이 진술이 "신체성"의 구체적 성격을 말하고 있는 것은 아니다. 35~44절 부분을 보자.)

이상 신앙고백 혹은 신조를 소개하면서 우리는 이 조항이 신앙의 내용에 대한 선언(특정한 사건들이 발생했다는 믿음)인 동시에 그 한 사람이 고백한 것(신앙의 대상)에 스스로 관여되기로 하는 약속으로 가능하기도 한다는 것을 살펴보았다. 마르크센의 입장을 따르는 저자들은 때때로 이것들이 약속과 개인적 신앙의 표현이라는 사실을 근거로 한 더욱 '사실적인' 이해라는 것을 폄하하려 한다. 하지만 이 둘은 배타적인 양자택일의 문제가 아니다.

어떤 해석자들은 바울이 **받았고 전해주었던** 전통(3절)에는 6절과 7절도 (어쩌면) 포함되었을 것이라고 주장한다. 사실상의 인용 부호에 해당하는 접속사(헬, *오티*)의 사용, **열두 사도**라는(통상 바울서신에서는 잘 나타나지 않는) 표현의 사용 및 기타 몇 가지 특징들은 1절부터 5절까지에 나타난 내용이 '바울 이전의' 전승임을 분명히 해준다. 6, 7절 또한 교회가 '받아들인' 바울 이전의 교리에 포함된다는 견해는 가능성이 더 낮기는 하지만, 그렇다고 불가능한 생각은 아니다. 그리스도께서 **한 번에 오백여 명의 그리스도인들에게 나타나셨다**(6절)는 이야기는 우리로서는 직접 검증할 도리가 없지만, 바울은 **그중 대부분이 아직도 살아 있다고 말함으로써**(혹은 그 말을 전승 속에 삽입함으로써) 이것이 바울이 이 편지를 쓸 당시에는 여전히 확인이 가능한 사실이었다는 것을 시사한다. 판넨베르크는 '과거에 어떤 사건이 일어났다는 주장은 역사적 주장을 펴는 것이며, 따라서 검증이 가능한 진술이 된다'고 선언한다(*Systematic Theology*, vol. 2, 360). 당시 바울은 이렇게 역사적으로 검증하려는 도전을 수용한 셈이다. 이처럼 많은 수의 증거가 한 번에 생겨났다는 사실은 분명 이 사건을 순전히 개인적 '환상'으로 치부하려는 시도를 말도 안 되는 것으로 만들어 버린다. 알로(E.B. Allo)는 여기서 언급된 내용이 마태복음 28장 16절부터 20절까지에 기록된 것과 같은 사건이라고 생각한다(*Première Epître*, 396; cf. 394-98).

여기 언급된 **야고보**(7절)는 열두 사도 중 하나인 세베대의 아들 야고보가 아니라, 예수님의 형제인 예루살렘의 야고보다(갈 1장 19절). 바울은 갈라디아서 2장 9절에서 이미 야고보를 사도이자 예루살렘 교회의 기둥으로 묘사한다. 그러니까 바울은 사도라는 용어를 이미 열두 사도집단 이상으로 확대한 셈이다. 퀴네스가 부활 현현의 효과들, 그러니까 예수님을 부인하였던 베드로(또는 **게바**, 5절)와 복음서에서는 신자가 아니었던 **야고보**가 부활을 통해 회복되고 사명을 부여받게 되었다는 사실의 중요성을 강조한 것은 타당하다. **모든 사도들**을 가리키는 단어는 한 몸으로서의 **사도들**이라고 제안하는 것이 나아 보인다. 숫자적 의미에서 **전부**(all)가 아니라, 바울을 제외한 전체 사도들의 '집단'을 하나로 묶어서 지칭하고 있다는 것이다.

이제 바울은 자신의 개인적 증언을 덧붙인다. 그는 **유산되어 태어난 자와 같은 저에게도 나타나셨습니다**.(8절) 이 진술의 중요성은 10절에서 분명히 드러난다. **그러나 하나님의 은혜로 지금의 제가 되었습니다**. 우리가 본 장의 서론적 설명에서 언급했던 것처럼, 부활의 핵심은 순전한 선물이요, **은혜**로 다가오는 하나님의 다스리시는 능력이다. 이 능력은 죽은 자에게 생명을 주고 생명 없는 것들을 변화시킨다. 베드로, 야고보, 그리고 그 누구보다도 바울 자신이 그리스도께서 부활하셔서 나타나심을 통해 회심하고 그리스도께로부터 사명을 위임받을 필요가 있었다. 바울이 자신을 단지 부차적으로 증인 중 하나로 제시하는 것이 바로 이런 이유에서다. 즉, 그럴수록 은혜를 받을 만한 자격이나 공로가 부족하다는 사실이 더 부각되는 것이다. **저는 하나님의 교회를 박해한 사람이므로 사도라 불릴 자격이 없는 것입니다**.(9절)

유산되어 나온 태아(헬, *엑트로마*)라는 은유에는 다음과 같은 의미가 함축되어 있다. ① 인간적인 관점에서 말하자면, 정상적 출산의 때 이전에 **유산된 태아**와 같은 비참한 경우에는 산 사람이 될 가능성이 없다. ② 이는 바울이 사도로 태어난 것이 하나님의 은혜가 빚어낸 기적임을 시사할 뿐 아니라, **하나님의 교회를 박해했다**는 면에서 그토록 추하고, 잘못되고, 자격이 없는 사람에게도 생명을 주는 은혜가 얼마나 큰 것인지 보여주는 것이기도 하다. NRSV('너무 빨리 태어난 자처럼'), REB('급작스럽고도 비정상적 출산과 같이'), 그리고 NJB/NIV('비정상적으로 태어난') 등의 번역들은 이런 표현의 또 다른 모습을 드러내 준다. ③ 다른 사도들와 달리 바울은 역사상 실재하신 예수님께 제자가 되기 위한 3년간의 제자가 되는 훈련을 받지 못했다.

그렇다면 **유산되어 나온 태아**라는 표현은 무엇보다도 조건 없이 다가와 생명을 부여하는 다스리시는 은혜의 기적에 대해 강조하는 것이다. 이것이 바로 바울이 말하고자 하는 핵심이다. 조롱이나 경멸을 함축한 이 말이 실제로 바울에게 가해진 모욕의 표현이었는지 아닌지는 확실하게 말할 수 없지만, 바울은 이제 그러한 표현을 하나님의 은총을 자랑스러워하는 수단으로 사용한다. 헬레니즘 시대의 헬라어에서 이 단어는 괴물 혹은 괴짜를 의미할 수도 있었다. 하지만 더 일반적으로 이 단어는 조산 혹은 사산을 가리키는 경우가 많다.

바울은 그처럼 유래 없이 큰 **은혜**에 대한 감사를 표현하고 전달하기 위해 다른 모든 사도보다 **더 많이 수고하였다**(10b절). 그러나 그것은 받은 은혜를 '하나님께 되갚으려는' 무익한 시도가 아니었다. 바로 하나님의 **은혜**가 [그와] **함께 일한 것**이기 때문이다. 여기에는 예수님의 가르침이 깊이 배어 있다. "거저 받았으니, 거저 주어라."(마 10장 8절). 그러나 어쨌든, **그들이나 저나**(11a절), 모든 증인들은 은혜 아래 서 있으며, 모두 사도들의 선포라는 특권을 함께 누리고 있다. 바로 이 선포를 고린도인들이 믿게 되었던 것이다(11b절).

43. 묵상을 위한 제언(5장 1~11절)

1. 신중하게 생각하지 않고 경솔하게 믿음을 고백하는 것에 관하여(2절)

통상 '헛된'(NRSV, NIV, REB)이라고 번역되는 헬라어 단어는 '신중한 생각 없이' 혹은 '적절한 고려 없이'로 옮기는 것이 더 낫다(Danker, *Lexicon*, 3판, 281, 이 구절에 대한 설명이 나온다). 지나치게 서두르는 경솔한 믿음은 믿지 않는 것보다 더 나쁠 수 있는가? 경솔한 신앙이 우리로 하여금 근거 없는 확신이나 환상에 빠지도록 할 위험이 있지는 않은가? 실제로는 우리가 '구원의 과정'에 있는지 여전히 의심스러운 상황에서 우리가 구원의 진리를 내 것으로 소유했다고 착각하는 것처럼 말이다. 여기서 우리는 예수님께서 얕은 돌밭에 뿌려진 씨로 비유하신 것을 연상할 수 있는가?(막 4장 5, 6, 16, 17절) 우리는 기독교 진리를 내 것으로 삼기 위해 필요한 시간과 노력을 들이고 있는가?

2. 전승된 사도적 진리의 견고한 기초에 관하여(1, 4, 5절)

기독교 교리의 근본적 기반은 예수 그리스도에 대한, 그리고 예수 안에서와 예수를 통해서 이루어진 하나님의 구원 행동에 대한 사도들의 증언이다. 그 기초는 그리스도이시며(3장 11절), 그리스도의 죽음과 부활은 '그 무엇보다도 중요한 것'이다(15장 3절). 이러한 기독교의 진리는 사도들과 선지자들의 기초 위에 건설된다(엡 2장 20절). 복음은 인간이 만들어 낸 사회적 구성물이 아니다. 우리는 오늘날 '기독교' 진리에 대한 우리의 주장이 사도들을 통해 우리에게 전승된 사도들의 교리와 신앙에 일치 할 수 있을 만큼 분명한 의식을 지니고 있는가?

3. 복음의 핵심인 그리스도의 구원하시는 죽음과 부활에 관하여(3~5절)

사도들의 증언에는 "그리스도께서 우리의 죄를 위해서 죽으셨다"라는 고백과 "그리스도께서 부활하셨다"라는 고백이 있을 뿐 아니라, 그 각각의 경우에 '성경대로'라는 표현이 더해져 있기도 하다. '그 무엇보다 중요한' 것(3절)은 성경이라는 표준 틀 내에서 이 사건과 그 의미를 이해하는 것이다. 어떤 사람들이 죄, 희생제사, 그리고 구원에 대한 구약의 가르침을 자기 것으로 만들지 못했다면, 그리스도의 죽음에 담긴 희생제사로서의 개념을 말도 안되는 것 혹은 기괴한 것으로 여기는것이 놀랄 일일까? 사람들이 구약 성경에서 계시된 하나님의 약속, 하나님의 옳다 하심, 혹은 하나님의 은총을 조금 밖에, 혹은 아예 이해하지 못한 탓에 부활과 불멸성을 혼동하는 경우가 많다는 사실은 우리를 얼마나 괴롭히는가? 우리는 구약이 초대교회의 성경이었다는 원칙을 얼마나 심각하게 고려하는가?(cf. 눅 24장 27, 44~46절)

4. 현재 구원을 받는 과정에서 복음을 굳게 잡는 일에 관하여(2절)

1장 8절에서와 마찬가지로, 바울은 그리스도인을 '구원받는 과정(진행의 의미를 함축한 현재 시제)에 있는' 자로 간주한다. 그리스도인은 난파된 배 혹은 익사의 위험에서 구출되었지만, 여전히 구명보트를 타고 항구와 육지를 향해 움직이고 있는 사람들과 같다. 그리스도인으로서 '복음의 핵심을 굳게 붙잡는다'(2a절)는 것은 선택 사항이 아니라 본질적 조건이다. 우리가 복음의 핵심을 굳게 붙잡을 수 있도록 하나님께서는 어떤 것들로 또 어떤 방식으로 우리를 도우시는가? 하나님께서 주려 하시는 것 중에 우리가 혹 간과하거나 잊어버린 것이 있지는 않은가? 우리는 적극적으로 그리고 주도적으로 복음을 고수하고 있는가, 아니면 이와 대조적으로 하릴없이 파도에 밀리고 있는가?

5. 그리스도와 진리에 대한 믿을 만한 증인들의 역할에 관하여(5~8절)

증인에 대한 보다 일반적인 언급(여기에 나타난 베드로와 열두 사도를 포함해, 5절) 외에도, 사복음서는 예를 들어, 막달라 마리아나 도마의 증언과 같은 다른 세부사항들에 관해서도 알려준다. 알로가 제안한 것처럼, 오백여 명(6절)은 그리스도께서 지상명령을 내리시던 자리에 있던 사람을 가리키는 것일지도 모른다. 비록 마태가 일부 의심하는 자에 관해 말하기는 하지만 말이다. 법정 소송에서는 정확한 정황을 파악하기 위해 당시 '그 자리'에 있었던 증인들의 증언에 크게 의지한다. 바로 이런 점에서 사도와 성경 저자들의 증언은 일차적이고 독특한 것으로 남는다. 그러나 어떤 의미에서 오늘날 살아계신 그리스도에 대한 그리스도인의 증언이 여전히 '유효한' 것이 되는가? 우리는 신뢰할 만한 예수 그리스도의 증인인가? 우리의 증언은 무엇으로 이루어져 있는가? 어떤 의미에서 우리의 증언이 '사도들의 것'이라 할 수 있는가?

6. 교리와 경험의 관계에 관하여(1~5절)

교회사에서, 특히 종교개혁시대 부터 오늘날에 이르기까지 어떤 그리스도인들은 교리를 폄하하고 체험에 큰 비중을 둔 반면, 또 어떤 이들은 그와는 반대되는 방향으로 움직였다. 바울이라면 교리와 체험 중 어느 것 하나를 중시하고 다른 것은 무시하는 일을 용인했을까? 사도들의 가르침을 배제한 체험이 얼마나 진정성 있는 것일까? 혹은 교리를 내 것으로 삼음으로써 체험이 변화되고 형성되는 일이 없는데도 여전히 교리가 유익한 것일 수 있을까?(2a절)

7. 배를 놓친 것일 지도 모른다는 염려에 관하여(9~11절)

바울은 '너무 늦게' 예수님을 믿어, 예수님께서 자기 제자들로 훈련한 열두 사도 중에는 포함될 수 없었다. 그러나 하나님의 다스리시는 계획과 풍성한 은총으로 바울은 거의 모든 의미에서 사도의 울타리 속에 들게 되었다. "하나님의 은혜로 지금의 내가 되었습니다."(10절) 하나님께는 심지어 '시계를 무시하고' 혹은 '달력을 무시하고도' 그분의 뜻을 이루실 수 있는 방법들이 있다는 것을 의심할 수 있겠는가?

8. 과거의 비극이나 수치를 자랑의 계기로 바꾸는 것에 관하여(8절)

우리는 '유산되어 나온 태아'라는 표현이 바울이 자신을 묘사하기 위해 고안한 표현인지 아니면 다른 사람이 바울을 폄하하기 위해 사용한 모욕의 표현인지 확실히 알 수는 없다. 어쩌면 둘 다 사실이었을 수 있다. 바울은 자신을 겨냥한 모욕하는 언어를 하나님의 순전한 선하심과 은총을 드높이는 근거로 바꾸어 놓는다. 그가 제대로 태어난 사람은 아닐지 모르지만, 하나님께서는 그를 선택하셨고, 그에게 자신의 사랑을 퍼부어 주셨으며, 또 그를 불러 섬기게 하셨다. 교회를 박해했던 부끄러운 기억조차도 하나님의 관대함과 삶을 변화시키는 은총을 더 확실하게 부각시키는 배경으로 작용했다. 우리에게는 하나님의 영광을 위한 수단으로 바꿀 수 있을 만한 부끄러운 자기만의 비밀, 혹은 공공연한 실패는 없는가?

2. 부활을 부인하면 뒤따르는 받아들이기 싫은 결과(15장 12~34절)

이 장에서 제시된 바울의 논증 구조는 바울이 그리스-로마 수사학에서 익숙한 형식과 관습을 사용했다는 것을 보여주는 아주 놀라운 예들 중 하나다. 첫 단락(1~11절)은 핵심적인 전제 혹은 기본적 논지(라틴어 *narratio*)를 제시한다. 통상적으로 이 부분에서는 이후에 나머지 논증의 근거가 될 만한 것으로서 모두가 공유한 신념 혹은 가정을 서술한다. 그 뒤를 잇는 가운데 단락(12~34절)에서는 수사학자들이 말하는 논박(*refutatio*, 제시된 논지를 부인하면 수용하기 어려운 결과가 도출될 수밖에 없는 이유를 설명, 12~19절)과 확증(*confirmatio*, 논리적 대안과 그 함축적 의미에 대한 재확언, 20~34절)이 이루어진다. 바울의 논증은 논박(*refutatio*)으로 시작한다.

(1) 부활의 개념이 부인되면 어떤 결과가 뒤따르는가?(15장 12~19절)

> 12 그런데 그리스도께서 죽은 자 가운데서 살아나신 분으로 선포되고 있는데도, 여러분 중에 어떤 사람들은 어떻게 죽은 자의 부활이 없다고 주장할 수 있습니까? 13 하지만 죽은 자의 부활이 없다면, 그리스도께서도 살아나지 못하셨을 것입니다! 14 만일 그리스도께서 살아나지 못하신 것이라면 우리가 복음을 선포하는 것이 허사가 될 것이며, 여러분의 믿음도 공허하게 될 것입니다. 15 우리 역시 우리가 하나님에 대해 증언한 것 때문에 거짓말쟁이로 드러날 것입니다. 왜냐하면 그와는 맞지 않게 하나님께서 그리스도를 다시 살리셨다고 증언 하였기 때문입니다. 만일 죽은 자가 다시 살아나는 일이 없다면, 하나님께서 그리스도를 살리신 것이 아닐 텐데 말입니다. 16 죽은 자가 살아나지 않는다면, 그리스도께서도 살아날 수 없으셨을 것입니다. 17 그러나 그리스도

께서 살아나신 것이 아니라면, 여러분의 믿음은 아무 의미가 없는 것이며, 여러분은 여전히 자신의 죄 안에 있는 것입니다. 18 그리고 그리스도 안에서 잠든 사람들도 영원히 망한 것입니다. 19 우리가 현재의 삶에서 그리스도 안에 우리 희망을 두었을 뿐 다른 어떤 것도 없다면, 우리가 그 누구보다 더 불쌍한 사람일 것입니다.

우리는 본 장의 서론 부분에서 고린도의 일부 그리스도인들을 괴롭혔던 세 가지 문제에 대해 살펴보았다. 그중 하나가 바로 부활의 개념이었는데, 이는 헬라의 영혼 불멸성이라는 개념과는 전혀 다른 것이었다. 바울은 이런 질문으로 이 단락(*refutatio*)을 시작한다. 곧, 그들의 구원 자체가 예수 그리스도의 부활이라는 근본적인 사건에 근거하고 있는 마당에, 이 '부활'의 가능성 혹은 신빙성을 부인하려 드는 것이 도대체 말이 되느냐는 것이다. **그런데 그리스도께서 죽은 자 가운데서 살아나신 분으로 선포되고 있는데도, 여러분 중에 어떤 사람들이 어떻게 죽은 자의 부활이 없다고 주장할 수 있습니까?**(12절) 이 물음은 현재 단락의 논증의 핵심을 위한 사전적 포석에 해당한다. **하지만 죽은 자의 부활이 없다면, 그리스도께서도 살아나지 못하셨을 것입니다!**

처음부터 바울은 부활의 가능성을 부인하는 것은 기독교 신앙을 그 기초부터 허무는 것이라고 주장한다. 확실히 그것은 논리적 배제(logical exclusion)를 통해 문자적 의미에서 복음이 근거한 기초를 파괴한다. 바울은 14, 15절에서 이것에 대해 자세히 설명한다. **만일 그리스도께서 살아나지 못하신 것이라면 우리가 복음을 선포하는 것도 허사가 될 것이며, 여러분의 믿음도 공허하게 될 것입니다.**(14절)

이 단락의 나머지 부분에서 바울은 부활을 부인하면 야기되는 네 가지

받아들이기 싫은 논리적 귀결을 열거한다. 하지만 먼저 우리는 12절부터 14절까지에 제시된 중심적 추론에 주목해야 한다. 그리스도의 부활은 다른 것과 분리된 별개의 사건이 아니다. 따라서 기독교 신자들의 부활 역시 별개의 사건이 되지 않을 것이다. 그리스도의 부활과 신자의 부활이라는 두 사건은 인과론적으로, 개념적으로, 그리고 신학적으로 하나로 묶여 있다. 그리스도의 부활을 배제한 채 신자의 부활을 생각하는 것은 아무 의미가 없다. 왜냐하면 그리스도인은 부활을 '그리스도와 함께하는' 사건으로 경험할 것이기 때문이다(cf. 롬 6장 4절). 쏜튼(Thornton)이 생생하게 묘사한 것처럼, '그리스도께서 되살려내지셨을 때 교회도 죽은 자들 가운데서 부활하였다'(*The Common Life in the Body of Christ*, 282).

부활이란 용어의 본래 의미로 보면, 그리스도께서는 부활의 전형적인 사례(paradigm case)에 해당한다. 다시 말해, 부활이 무엇인가 하는 것은 바로 그리스도의 부활에 근거하여 규정될 수 있다는 것이다. 바울이 20절부터 28절까지에서 확실하게 말하는 것처럼, 중요한 차이 하나는 두 사건의 시기 차이이다. 그리스도는 '첫 결실'(firstfruits, 20절), 곧 아직 이루어지지 않은 추수의 견본인 첫 볏단이다. 그리스도인은 지금 성령의 매개를 통해 생명과 변화를 받는 일의 전조를 맛본다는 점에서 이 부활을 기대하지만(롬 6장 4~11절), 이는 마지막 때에 온전히 이루어질 영광스러운 실제 추수에 대한 하나의 단서 내지는 '첫 회분'에 지나지 않는다.

그러는 와중에 바울은 14b절부터 19절까지에서 부활이 그리스도와 그리스도인에게 해당되는 개념이요, 사실이라는 사실을 부인할 때 초래될 네 가지의 어찌할 도리가 없는 결과에 대해 설명한다. 이것은 다음과 같다.

① **복음의 선포하는 것이 허사**[가 될 것]**이며 여러분의 믿음도 공허하**[게 될 것입니]**다.**(14b절) **허사**와 **공허**는 동일한 단어(헬, *케노스*, '내용이 없

는, 헛된, 공허한')를 번역한 것이다. 부활이 없다면, 복음 자체는 물론 그리스도인들의 믿음 또한 그 내용이나 진정성, 혹은 실효성을 유지하지 못할 것이다. 아니 오히려 가짜이고 착각에 지나지 않을 것이다. 기독교는 사람들이 만든 사회적 구성물에 불과할 것이다.

② 사도들은 **거짓말쟁이로 드러나게** 될 것이다. 고린도의 소피스트 웅변가들의 경우와는 달리, 바울이 생각한 선포의 기준은 '성공'이 아니라 진리였다. 만일 복음에 근간이 없다면, 그리스도인 공동체가 고린도에 만들어졌든 아니든 아무런 의미가 없다. 바울이 관심을 가진 것은 상황에 맞는 실용적 '적응'이 아니라 진리에 근거하여 사고와 삶의 변화를 이끌어 내는 것이었다.

③ 세 번째 함의는 죄에서 벗어나지 못한다는 것이다. **여러분은 여전히 자신의 죄 안에 있는 것입니다.**(17b절) 부활이 없다면 그리스도의 죽음에 있는 구원하고 속량하며 해방하는 효력도 무익한 것으로 전락한다. 그리스도의 죽음과 부활은 동일한 구속의 양면이기 때문이다. 죄 혹은 굴레'에서'의 속량은 새 생명'으로'의 속량 없이는 구속이 아닌 것이다.

그리스도인은 그리스도의 죽음과 부활도 그와 동일시 된 자들이다. 그리스도께서는 우리가 아니었다면 필요 없었을 자신의 죽음을 통해 우리로 하여금 용서 및 칭의와 화해를 얻게 해 주셨다. 여기에는 '우리를 위한' 대속적(substitutionary) 차원이 있다. 그러나 또 다른 차원은 동일시(identification)라는 개념으로 더 잘 설명된다. 즉, 예수님께서 살아 계시기 때문에, 우리도 살게 될 것이라는 것이다. 그리스도의 사역의 의미를 이해하는 핵심적인 개념 중 하나인 승리 모티프는 부활의 승리 없이는 무의미할 것이다. 바울은 고린도전서 5장 7, 8절에서 이 두 가지를 하나로 모았다. "여러분들이 새 떡덩이가 될 수 있도록 오랜 누룩을 제거해 버리십시오. …그리스도께서 희생

되셨으므로, 우리는 누룩이 없는 이 순전함과 진실함이라는 떡으로 유월절을 기념합시다." 옛 것에서 구원되는 일은, 이를 통해 새 것을 소유하는 것이 아니라면 언제나 무의미한 것으로 머물 뿐이다.

④ 네 번째 결과는 죽은 신자들은 망한 자라는 것이다. **그리스도 안에서 잠든 자들도 영원히 망한 것입니다**.(18절) 무덤 **이후에 아무것도 없다**면(19a절), 바울은 그리스도인이 **그 누구보다 불쌍한 존재**라고 생각한다(19b절). 이 불쌍함은 네 가지 귀결들의 고리가 적용되는 경우 처하게 되는 그리스도인의 상태를 가리키는 것으로, 특히 앞에 놓인 모든 것의 극적인 **상실**을 표현한 것이다.

잠(18절)은 미래의 새로운 날의 동이 틀 때 다시 깨어나리라는 약속이 담긴 말이다. 판넨베르크는 초기 기독교에서 이 단어를 사용한 방식에 대해 이렇게 설명한다. "잠에서 깨고 일어나는 친숙한 경험은 죽은 자들을 위해 준비된 전혀 알려지지 않은 미래에 대한 비유로 기능한다."(*Jesus - God and Man*, 74) A. G. 호그(A. G. Hogg)는 장차 그리스도인을 위해 예비된 끝없는 가능성의 '새 세계', 즉 제약된 것과 변질되는 것들은 사라진 세상을 이렇게 시적으로 묘사한다. "새 세상은 어린이 외에는 아무도 들어갈 수 없는 나라다. …그곳에서는 어린이의 작은 손가락이 거대한 세상보다 더 강하게 된다. 그 날의 견고한 진리 속에서 지금의 세상은 어리석고 고집 센 꿈에 지나지 않는다."(*Redemption from this World*, Edinburgh: T&T Clark, 1924, 25-26). 부활이 없다면, 죽음 이후의 변화된 존재 방식에 대한 어떤 생각도 순전한 공상으로 전락해 버릴 것이다.

44. 묵상을 위한 제안(15장 12~19절)

1. 부활 개념 자체(혹은 존재 가능성)에 대한 의심에 관하여(12~15절)

어떤 개념의 신빙성 혹은 통용 가능성은 우리가 그 개념을 상상할 수 있는가 없는가에 달려 있는가? 우리는 -1의 제곱근, 혹은 수천 개의 각으로 이루어진 다각형을 상상할 수 있는가? 부활은 우리가 부활을 상상할 수 있는가 없는가에 달린 것이 아니라, 부활을 고안하고 실행하시는 창조주 하나님의 능력에 달려 있다. 결국 바울은 이 장에서, 부활에 대한 믿음은 우리가 '하나님과 그분의 방식을 아는 지식'이 있느냐 없느냐에 달려 있다고 주장할 것이다(34절). '우리의 하나님께서 너무 작으셔서' 이런저런 사항을 믿기 어려워하는 것은 아닌가?

2. 분명치 않은 신앙이나 불신앙의 결과에 관하여(14~18절)

종교적 신념을 조사하는 사람들이 제시한 설문은 매우 이상한 결과를 보여준다. 어떤 이는 죽음 이후의 삶은 믿지만 하나님은 믿지 않으며, 어떤 이는 '구원'은 믿지만 사후의 삶은 믿지 않는다. 바울은 기독교 신앙을 논리적 우순 순위에 따라 여러 단계로 제시한다. 하나님께서는 부활을 믿을 만한 것으로 만드는 근간 이시다. 그리스도의 죽음과 부활은 실효성 있는 믿음, 죄 용서, 사도들의 선포, 미래의 부활, 그리고 내세에서 사랑하는 자와의 만남에 대한 근간이다. 우리의 믿음 체계는 하나님을 중심으로 하고 있는가, 아니면 이런저런 신념의 조항에 기초하고 있는가? 우리가 믿을 수 있거나 믿고 있는 사항은 분명한 토대에 놓여 있는 것인가?

3. 새벽의 깨어난다는 필연적 약속을 함축한 '잠'에 관하여(18절)

최초의 그리스도인들은 곧잘 죽음을 '잠'이라고 불렀다(18절). 잠은 피곤하고 지친 이에게 안식으로 다가올 뿐만 아니라, 그 안에 새로운 날에 깨어난 다는 약속도 품고 있기 때문이다. 우리는 죽음을 어떻게 바라보는가? 우리의 생각 속에서 죽음은 영광 중에(15장 44절) 하나님을 대면하여 보게 될(13장 13절) 영광스러운 날을 향해 가는 여정의 한 에피소드인가? '우리를 위한' 그리스도의 죽음이 죽음의 '쏘는 독침'을 해소하였는가?(15장 55절)

4. 전혀 불쌍할 이유가 없는 그리스도인의 삶에 관하여(19절)

부활을 부인하는 데서 연쇄적으로 생겨나는 그 모든 부정적 결과들이 사실이라면, 그리스도인은 '그 누구보다도 불쌍한 존재'다. 그러나 이 가설은 사실과 맞지 않는다. 우리가 때때로 마치 불신자들보다 자랑할 만한 것이 없는 듯 행동하는 것은 아닌가? 우리 앞에 놓인 영광은 현재 우리의 태도에 영향을 미치며, 또 우리를 고무하여 복음을 전파하도록 만드는가?

(2) 부활의 진실성 재확인: 확증(*confirmatio*, 15장 20~28절)

20 하지만 사실은 그리스도께서 죽은 자 가운데서 살아나셔서, 죽은 자들의 추수의 첫 열매가 되셨습니다. 21 죽음이 한 사람을 통해 왔던 것처럼, 죽은 자의 부활도 한 사람을 통해 옵니다. 22 아담으로 말미암아 모든 사람이 죽는 것처럼, 그리스도로 말미암아 모든 사람이 생명을 얻을 것입니다. 23 그러나 각각 정해진 자기의 순서대로 될 것입니다. 그리스도께서 첫 열매이시고, 그리고 후에는 그분께서 오실 때 그리스도께 속한 자들입니다. 24 그리고는 마지막이 되어, 그리스도께서 모든 통치와 모든 권세와 능력을 멸하시고서, 하나님이시요 아버지이신 그분께 통치권을 넘겨 드리게 될 것입니다. 25 이는 그분께서 모든 원수를 자기 발아래 둘 때까지 다스리셔야 하기 때문입니다. 26 없어지게 되어 있는 마지막 원수는 죽음입니다. 이는 “그분께서 모든 것을 자기 발아래 복종하게 하셨다”라고 되어 있기 때문입니다. 27 그러나 “모든 것을 복종하게 하신다”라고 말씀하실 때, 모든 것들을 자신에게 복종시키시는 분께서 이 ‘모든 것’에 포함되지 않으시는 것이 분명합니다. 28 그러나 모든 것들이 그분께 복종하게 되었을 때, 그 때 아들 자신도 모든 것을 자신에게 복종하게 하신 분께 복종하실 것이며, 그렇게 해서 하나님께서 모든 것들 안에서 모든 것이 되시려는 것입니다.

이제 바울은 확증(*confirmatio*) 부분을 시작한다. **사실은 그리스도께서 죽은 자 가운데서 살아나셔서 죽은 자들의 추수의 첫 열매가 되셨습니다.** **‘첫 열매’**는 농업적인 용어로서, 같은 종류의 곡식이 나중에 뒤따를 것임을 보증하는 추수의 첫 번째 수확을 가리킨다. 바울은 늘 그리스도의 부활과 그리스도 ‘안’에 있는 그리스도인들의 부활 사이의 ‘동일성’, 연대성, 혹은 범주적 동등성을 강조한다. 하지만 이 둘 사이에는 부활의 시기라는 한 가지 결정적 차이가 있다. 이런 의미에서 그리스도께서는 많은 형제자매 중에 '처음 나신 자'이다(헬, 프로토토콘, 롬 8장 29절, cf. 골 1장 18절). 따라서 그리스도의 부활은 그리스도 안에서 죽은 자들의 미래의 부활을 위한 서약이며 보증이다. 또한 이 용어는 나머지 곡식을 대표하는 것을 의미하기도 한다.

이러한 대표성 개념이 21, 22절의 생각으로 이어진다. **죽음이 한 사람을 통해 왔던 것처럼, 죽은 자의 부활도 한 사람을 통해 옵니다**. 21절에서는 일반적으로 **사람**을 의미하는 단어(헬, 안트로포스)가 사용되었지만, 22절은 인류를 대표하는 두 인물들로서 **아담**과 **그리스도**를 각각 언급한다.[참고로, 아담이라는 히브리어 이름은 사람이라는 보통명사이기도 하다—역주] 타락한 인류는 **아담에게서** 말미암았고, 속량된 새로운 인류는 **그리스도께로부터** 말미암았다. 바울은 15장 45절부터 48절까지에서 이 용어를 발전시키는데, 거기서 그리스도는 '마지막 아담'이라 불린다. 이 대조는 나중에 로마서 5장 12절부터 21절까지에서 더욱 상세한 방식으로 전개될 것이다.

세 가지 신학적 주제가 21, 22절에서 집중되어 나타난다. ① 첫째로, 그리스도의 부활은 이스라엘과 교회의 역사와 삶 속에서 일어났던 단순한 하나의 사건이 아니라, 우주적 중요성을 지닌 사건이다. 사람들은 부활을 '말세'에 있을 사건으로만 기대했기 때문에, 이제 그리스도의 부활은 새 창조의 첫 열매로서 종말을 현재로 이끌고 온 사건이 된다. 뒤에 오는 38절부터 44절까지에서 바울은 절대주권이 있는 창조주 하나님의 행위, 곧 생명을 조성하는 능력과 목적의 측면에서 창조 행위 자체와 비견되는 행위로 부활을 설명할 것이다. 전문용어로 말하자면, 이는 하나의 '묵시적'(apocalyptic) 사건이다. 베커는 15장 20절부터 28절까지에 나타나는 이 관점을 15장의 가장 중요한 중심으로 간주한다(*Paul the Apostle*, 168-70).

② 둘째로, 그리스도의 부활이 고립된 사건이 아니라 그 속에 신자의 미래의 부활에 대한 약속도 함께 함축한 사건이기 때문에, **아담에게 속한**과 **그리스도에게 속한** 이라는 표현(22절)은 공동의 연대(corporate solidarity)라는 신학적 실체를 반영한다. 대중매체가 스포츠를 오늘날처럼 삶의 모든 영역을 뒤덮는 현상으로 만들기 전에는, 또 노동조합이 이 용어를 가져다가 '다수를 위한 개인'과 '개인을 위한 다수'라는 의미를 부여하기 전에는, 현대 서구의 개인주의 문화에 이 '연대'(solidarity)라는 개념을 설명하기가 매우 어려웠다. 팀의 한 선수가 골을 넣거나, 아니면 반대로 벌칙을 받는다면, 그 한 개인이 야기한 득점이나 처벌로 인해 팀 전체가 이득을 보거나 손해를 보게 된다. 로마서 5장 12절부터 21절까지에서 바울은 우리가 어떤 하나(책임)는 무시한 채 다른 하나(유익)만 가질 수는 없다는 사실을 보여준다. 하지만 '한 사람의 범죄의 결과'는 '한 사람의 의로운 행동'에 비해 그 효력과 범위가 현저한 차이가 있다. '더욱더 풍성하게 예수 그리스도 한 사람을 통해 주어지는 하나님의 은혜와 선물이 많은 사람들에게 넘치'(5장 14절, NIV) 기 때문이다.

③ 세 번째 신학적 주제는 그리스도의 통치권, 혹은 기독론이다! **죽은 자들의 부활도 한 사람을 통해 옵니다. …그리스도께 속한 모든 사람이 생명을 얻을 것입니다**(21, 22절). 이는 '그리스도께서 주님으로서 등극하신 것'에 근거한 우주적이며 집합적인 의미의 사건이다(Beker, 위에 인용. 또한 롬 1장 3, 4절 참고). 바울의 설명은 계속된다. 곧, 이러한 우주적 사건을 통하여, 그리스도께서 **모든 통치와 권세와 능력을 멸하실 것입니다. 이는 그분께서 모든 원수를 자기 발아래 둘 때까지 다스리셔야 하기 때문입니다**(24b, 25절).

그리스도의 통치는 부활 시에 최종적으로 확립되겠지만, 또한 시간을 두고 지속될 승리의 과정을 시작하는 것이기도 하다. **각각 정해진 자기의 순서대로**라는 말을 바르게 주목하는 것이 20절부터 28절까지의 의미를 이해하는 데 무엇보다도 중요하다(23절). 이것은 14장에서 나타났던 '질서'[order, 군대의 서열을 나타내기도 한다. 자연스러운 번역을 위해 여기서는 순서로 옮겼지만 14장의 '질서'와 동일한 단어다—역주]라는 주제와 연관된 것인데, 그리스도의 부활이 **첫 열매**로 미리 일어나고, **그 후에 그리스도의 재림**(헬, *파루시아*, 23절) **시에 그리스도께 속한 자들**의 부활이 있을 것이라는 뜻이다.

이것은 **종말**을 알려주는 세 가지의 큰 '마지막 일'(*파루시아*, **부활**, 그리고 최후의 심판) 중 하나다(24a절). 이 세 가지 '마지막 일'은 **그리스도께서** 하나님의 전권을 위임받은 대리자로서 **다스리시는** 중간기가 종결되고, **그리스도께서 모든 통치와 권세와 능력을 멸하시고서 하나님이시요 아버지이신 그분께 통치권을 넘겨드리게 될** 때가 되었음을 의미한다(24절).

24b절부터 28절까지에서 부활하신 후 주님이신 그리스도께서는 자신의 직위와 임무를 수행하여 '메시아적 통치'를 확립하시고, 더 나아가 결국 하나님의 통치 혹은 하나님 나라의 성취를 가져다 준다. 강한 힘이 실린 단어인 **멸하다**(24, 26절. 헬, *카타르게오*, '철저하게 무력화시키거나 없애다')는 동일한 동사를 사용하고 있는 1장 28절, 그리고 특히 2장 6절(cf. 또한 6장 13절; 13장 8, 10, 11절)과 관련이 있다. **하나님이시요 아버지이신 분께**(to him who is God and Father)로 번역된 헬라어가 '하나님 아버지께'로 번역되어야 하는지는 의심스럽다(NRSV, REB, NIV, 그리고 NJB는 그렇게 번역했다). 원문에는 '**그리고**'를 의미하는 접속사가 포함되어 있다. 이것은 아마 **하나님이자 아버지**이신 분을 가리킬 것이며, 이는 그분의(=그리스도의) **하나님이자 아버지**를 의미하는 표현일 것이다.

모든 통치와 모든 권세와 능력이라는 언급은 그리스도의 통치를 반대하거나 하나님의 백성을 압도하려고 위협하는, 구조적 혹은 집단적인 악의 세력을 가리킨다. 묵시적 문맥에서라면 이 표현들이 '초자연적'인 권세를 포함할 수도 있겠지만, 바울은 그들이 인간 개인의 능력을 넘어서는 능력을 지닌 실재라는 사실만 말할 뿐, 그들의 정체에 대해서는 더 이상 구체적인 언급을 하지 않는다. 종종 '정권들'이나 반(反)기독교적 문화들, 혹은 국제적인 사회경제적 영향들이 야기하는 누적적인 악의 효과 혹은 그것의 집단적 파장은, 어떤 영향력 있는 개인이 끼칠 수 있는 해악의 수준을 훨씬 넘어가는 방식으로 복음과 교회를 위협한다('권세들'에 대해서는 Wink, *Unmasking the Powers*와 *Engaging the Powers*를 보자). 그리스도께서는 그러한 악한 권세들을 멸하실 것이다. 확실히 2장 6절에 보면 그들은 이미 무너지기 시작하는 과정에 있다고 말한다. **그분의 모든 대적을 그분의 발아래에 두신다**는 표현은 시편 110편 1절에서 나온 것이다. 그리고 26, 27절에서는 생각이 시편 8편 6절로 옮겨갈 것이다.

죽음은 **없어지게 되어 있는 마지막 원수**이다(26절). 죽음에 대한 기독교의, 그리고 구약-유대교의 관점은 대부분의 그리스 사상가들과는 다르다. 그리스인들은 종종 몸에서 영이 벗어나는 것을 반가운 해방이라 간주했고, 자아가 순수한 영이 될 때 육체는 버려진다고 생각했다. 이와는 대조적으로 성경에서는 죽음이란 생명을 훼손하는 것, 그러니까 부활과 관계없이 혼과 몸이 통합된 존재로서 자아의 전체성이 축소되는 것으로 본다. 그런 의미에서 죽음은 타락성, 죄, 그리고 하나님의 심판과 연관된 원수다.

그러한 생각이 물리적 세계에서 죽음이 드러내는 생물학적 필연성과는 모순되는 것이라 생각하여 이를 거부하는 것은 피상적인 반응이 될 뿐이다. 반대로 바울의 관점에 의하면, 창조세계 전체(헬, *헤 크티시스*)는 '타락의 노예 상태에서 해방되기를 간절히 고대하며…온 피조물이 이제까지 함께 탄식하며 함께 고통을 겪고 있는데, 창조세계뿐 아니라, 성령의 첫 결실을 받은 우리까지도 속으로 탄식하여 … 우리 몸의 속량을 기다린다'(롬 8장 19~23절, NRSV).

불트만을 추종하는 저자들은 이러한 언어를 과학 이전의 '신화'에 불과한 것으로 여기지만, 존중할 만한 많은 신학자들은 이것이 '우주적' 영성을 드러내는 것으로서, 그저 인간중심적인 수준을 넘어 '생명 중심적'인 관점을 드러내는 것으로 받아들인다. 몰트만은 '지구의 해방'과 '창조세계의 보존'에 대한 논의에서 이에 대해 긴 지면을 할애한다(*God for a Secular Society*, 101-16, *Source of Life*, 118-24, 보다 상세하게, *God in Creation*).

이제 바울은 시편 8편 6절을 인용한다. 이 시편에서 시인은 인류(아담으로 대표되는)의 과제가 하나님의 권위를 위임받은 대리적 통치자로서 하나님을 대신하여 창조 질서를 다스리는 것임을 떠올리게 한다. 하지만 히브리서 2장 5절부터 8절까지의 병행적 구절에서 알 수 있는 것처럼, 아담(혹은 인류)은 이 역할을 수행하는 데 실패하였고, 우리는 오직 그리스도 안에서만 창조 세계를 다스리고 회복하는 자로서 '참 사람됨'을 발견하게 된다. 그리하여 그리스도는 새 아담, 혹은 마지막 때의 아담('마지막 아담', 45, 46절)으로서의 역할을 수행한다. 그리스도께서는 하나님의 참 형상이시며, 하나님이 원래 의도하신 그대로의 '인간성'을 보여주신다. 하나님을 대신하는 통치자로서 그리스도께서는 **모든 권세와 능력** 위에 주(Lord)로서 자신의 권위를 확립한다.

이제 바울의 논증은 결론으로 이어진다. **그러나 모든 것이 그분께 복종하게 되었을 때, 그때 아들 자신도 모든 것을 자신에게 복종하게 하신 분께 복종하시게 될 것이며, 그렇게 해서 하나님께서 모든 것들 안에서 모든 것이 되시려는 것입니다.**(28절) 이렇게 하여 **그리스도**의 통치에 초점을 맞추면서 **하나님의** 통치에서 절정에 달하는 우주적 종말론에 대한 이야기가 끝이 난다. 삼위일체의 세 위격의 그 영광이 상호 동등하다는 후대 교회의 삼위일체 교리의 공식을 생각하는 사람들 중 어떤 이들은 여기에 표현된 '종속설'의 기독론에 대해 어려움을 느낀다. 그러나 이에 대해서는 두 가지로 답변을 할 수 있다.

① 첫째로, 1세기 헬레니즘의 종교들은 어떤 특정한 '주'(헬, *퀴리오스*)에 너무 지나친 관심을 기울인 나머지, 최고의 존재인 초월적 하나님을 어두운 배경 속의 희미한 그림 정도로만 축소해버리는 경향이 많았다. 창조주이시며 예수 그리스도의 부활의 실행자이신 **하나님**께서 만유의 궁극적 근원이자 목표이시다. 닐 리처드슨(Nil Richardson)도 한 전문적 연구에서 15장 24절과 5장 28절이 '다른 곳에서 보이는 바울의 신학과 일치한다'고 결론을 내린다 (*Paul's Language about God*, 303).

② 둘째로, 주류 기독교 신학은 ⓐ 삼위일체 내에서의 신적 위격 간의 '내적' 관계와 ⓑ 삼위일체이신 **하나님**께서 세상에게 그리고 세상 안에서 어떤 방식으로 일하시는지를 구별해 왔다. 인류와 창조 세계에게 **하나님**께서는 하나님이시며, 신자들은 하나님이신 성부, 성자 그리고 성령과 관계를 맺는다. 삼위일체론의 '내적' 역할 구분과 관련한 문제로 인해 성령의 능력으로 그리스도를 통해 하나님께 영광을 돌리는 창조질서의 송영이 달라지는 것은 아니다. 하나님께서는 여전히 **만유**의 근거이자 목적이시며, **하나님**께서는 **만유 안에서 만유**(all in all)가 되신다.

45. 묵상을 위한 제언(15장 20~28절)

1. 새로운 인류로서 교회가 담고 있는 그리스도를 닮은 본질에 관하여(20~23절)

그리스도를 '새' 아담이라고 부른다는 것은 아담 안에서 타락한 인간성과는 대조되는 참된 '사람됨'이 그리스도 안에서 발견된다는 것을 의미한다. 이러한 두 사람됨은 각각 이를 대표하는 두 인물, 곧 아담과 그리스도의 본질을 반영한다. 우리는 '그리스도와 닮은 성품'을 특별히 거룩한 그리스도인에게만 해당되는 선택적인 '플러스 알파'로 여기는가, 아니면 우리 그리스도인다운 존재와 정체성 자체에 대한 정의라고 생각하는가? 그리스도인의 모든 존재와 소유는 그리스도 께 속했다는 사실에서 연유한 것이다. 이런 식으로 모든 것을 바라보게 되면 어떤 차이가 생기는가?

2. 첫 열매인 그리스도에 관하여(20, 23절)

우리는 그리스도의 부활을 우리의 부활에 대한 보증으로 여기는가? 우리는 부활하신 그리스도의 존재 방식을 우리 부활의 본질을 나타내 주는 것으로 이해하는가? 부활하신 그리스도의 '몸'은 알아볼 수 있는 동질성과 변화된 차별성이 함께 있는 것이었다. 이는 그리스도인의 부활에 대해서 무엇을 암시하는가?(이는 42~44절에서 더욱 자세히 논의된다.)

3. 마지막 원수인 죽음에 관하여(26절)

일부 그리스도인들은 그리스도의 죽음과 부활의 효과가 즉각적으로 한꺼번에 성취되지 않는다는 사실에 당황한다. 하지만 이 구원의 사건은 하나의 과정이 진행되게 하는 것과 같다. 죄와 죽음은 여전히 손상과 슬픔을 야기하지만, 이것들은 이제 더 이상 결정적인 세력이 아니다. 이것들은 최후의 승자가 아닌 것이다. 그리스도께서 사망의 '쏘는 것'을 제거하셨기 때문에(55절), 사망은 더 이상 두려움의 대상이 될 필요가 없다. 오히려 죽음은 하나님의 현존에 아주 가까이 가는 통로다.

4. 근원이요 목적이신 하나님의 궁극성에 관하여(24~28절)

교회는 서로 동등한 영광을 공유하시며 다 함께 우리의 창조와 구원을 이루어 가시는 성부, 성자, 성령 삼위 하나님을 예배한다. 그러나 세 위격의 '내적' 관계에서, 하나님께서는 모든 것의 궁극적 근원이자 목표로서 '정해진' 위치가 있다. 하나님께서는 **만유 속에 계신 만유**이시다. 어쩌면 우리는 성경이나 교회나 성례와 같은 신앙의 '차상위적 요소들'(penultimates)을 유일한 궁극적 존재이신 하나님 그분과 혼동한 적은 없는가? 우리 그리스도인이 하나님과 나란히, 혹은 하나님 대신, 어떤 사람이나 대상이나 욕구에 궁극적인 자리를 부여함으로써 무의식적인 우상숭배의 유혹에 빠질 가능성은 없는가?

(3) 고린도에서의 실제 행동과 바울이 가정한 부활의 진리(15장 29~34절)

29 만약 그렇지 않다면, 죽은 자들의 유익을 위하여 스스로 세례를 받은 자들
이 무슨 생각에서 그런 일을 하고 있다고 생각합니까? 죽은 자가 정말로 살아
나지 않는다면, 그들을 위해 세례를 받는 것이 무슨 소용이 있습니까? 30 또
무엇 때문에 우리가 매 순간 위험을 무릅쓰겠습니까? 31 맞습니다. 저는 그리
스도 예수 우리 주님 안에서 여러분들로 말미암은 저의 자부심을 전부 걸고 분
명히 말합니다. 저는 날마다 죽음의 위험을 자초합니다. 32 제가 에베소에서 거
친 맹수와 싸운 것이라면, 그저 인간적인 수준의 생각에서였다면, 그것이 제게
무슨 유익이 있었겠습니까? 만약 죽은 자가 살아나지 못한다면, "먹고 마십시
다, 내일이면 죽을 터이니." 33 더 이상 속지 마십시오! "악한 '패거리'에 속하
게 되면 훌륭했던 삶의 방식을 망치게 됩니다." 34 정신을 차리십시오. 깨어서,
각성하십시오! 죄를 짓지 마십시오! 여러분도 아다시피 '하나님을 아는 지식'
이 전혀 없는 사람들이 있습니다. 여러분을 부끄럽게 하려고 이 말을 합니다.

29절은 고린도전서에서 그 분명한 의미를 알아내기가 가장 어려운 구절 중 하나다. 물론 바울이 말하고자 하는 <u>전반적</u> 의미는 분명하다. 즉, 부활이 없다면, '**죽은 자**를 위한 세례'는(구체적으로 그것이 무엇을 의미하든) 무의미하며 어리석은 짓에 지나지 않는다는 것이다. 그러나 분명하게 그들은 **죽은 자를 위하여 스스로 세례를 받았기** 때문에, 그들 중 어떤 이들은 암묵적으로 부활의 진리를 전제하고 있거나 아니면 자기모순적인 행동을 하고 있는 셈이 된다.

여기서 언급된 이 관습이 무엇을 의미하는가에 대한 자세한 해석들은 수 없이 많다. 헬라어 원문(*호이 밥티조메노이 휘페르 톤 네크론*)을 번역하는

단계에서조차 논란이 된다. NIV는 AV/KJV를 따라 '죽은 자를 위한' 세례로 번역하는 반면, NRSV, REB, 그리고 NJB는 '죽은 자를 대신하는' 세례라고 옮긴다. 핀들리, 슈나켄부르크, 그리고 콜린스의 입장을 따라 나는 **죽은 자의 유익을 위한** 세례로 번역한다. 헬라어 전치사 *휘페르*는 보통 '누군가를 대신하여' 내지는 '누군가의 유익을 위하여'라는 의미를 갖지만, 구체적인 문맥에서 그 의미는 좀 더 광범위하다(나의 *NIGTC* 주석에서 나는 관심을 기울여 볼 만한 가치가 있는 13개의 해석들을 나열하였지만, 그중에서도 진지한 고려의 대상이 될 만한 것은 서너 가지뿐이다. 1240-49). 여기에는 세 가지 주된 이유가 있는데, 나는 세 번째 해석을 지지하고 두 번째 해석도 가능하다고 여긴다.

① 많은 해석자들은 이 표현을 액면 그대로 받아들일 경우, 이미 죽은 사람들의 대신하거나(vicarious) 또는 위임받아(proxy) 받는 세례 관습을 지칭하는 것 같다고 주장했다. 20세기 전반에는 많은 이들이 이런 입장을 선호했지만, 그 후에 이 관점의 인기는 시들해졌다. 물론 바울 자신이 직접 그 관습을 지지하지는 않았지만, 그럼에도 불구하고 그런 해석은 바울이 너무 조야한 '원인–결과'식 성례신학을 갖춘 것으로 만드는 결과가 되기 때문이다. 어떤 학자들은 그러한 관점을 수정하여 이것이 죽기 전에는 실행하지 못했던 '욕망의 세례'를 추구하다 죽었던 자들을 가리키는 것이라고 제안한다. 그러나 머피 오코너(Murphy O'Connor)가 지적한 것처럼, 그런 생각 자체가 '성례가 효력을 발휘하는 방식에 대한 바울의 이해'와 충돌한다(*1 Corinthians*, 178).

② 아마 세례를 받고자 했던 사람들(불신자였던)의 동기는 단순한 것이 아니었을 것이다. 세례를 받는 자의 마음 한편으로 자신이 사랑하는 이들, 곧 그리스도인이 되어 먼저 죽은 이들과 장차 다시 만나고 싶었을 것이다. 그런 의미에서 그들은 죽은 **자들의 유익을 위하여** 세례를 받고자 했을 것

이다. 그러니까 미래의 삶에서 그들과 다시 만나기를 원했던 것이며, 이것이 그들이 세례를 받은 동기의 일부가 되었으리라는 것이다. 충분히 가능성이 있는 해석이지만, 이것 역시 추측일 뿐이다.

③ 내가 보기에 이 관습은 임종하는 자리에서 놀라운 확신으로 그리스도를 증언했던 사람들의 임종 증언과 관련된 것일 가능성이 가장 커 보인다. 이들은 사랑하는 사람들이었을 수도 있고, 아니면 그냥 확신에 찬 그리스도인들이었을 수도 있다. 만약 그러한 그리스도인들이 그리스도와 함께 부활할 것을 기쁨으로 바라면서 죽음을 맞이했다면, 이로 인해 어떤 사람들이 그리스도께 온전히 헌신하여 세례를 받게 되었을 수도 있었을 것이다. 바울은 이렇게 묻는다. 여러분들은 그리스도와 함께 살아날 것을 더 이상 확신하지 못한다는 말입니까? 부활을 의심한다면, 도대체 왜 세례를 받는 것입니까?

제시된 모든 설명의 배후에 놓인 관점은, 세례는 그분의 죽음과 부활로 그리스도와 하나가 되는 행위라는 원칙이다(롬 6장 3~11절). 부활이 없다면, 세례 그 자체로는 아무 의미도 없을 것이다.

30절에서 바울은 자신의 독자들의 관행에서 도출된 함축적 의미에서 눈을 돌려, 자기 자신의(그리고 다른 사도들의) 사역과 삶의 방식의 기초인 부활 이야기로 옮겨간다. **또 무엇 때문에 우리가 매 순간 위험을 무릅쓰겠습니까? 저는 날마다 죽음의 위험을 자초합니다.**(30, 31a절) 고린도후서 1장 9절에서 바울은 은유적 의미에서 '자신의 마지막에 이르는 체험'으로서의 죽음이 하나님의 능력과 갱생의 체험으로서의 '부활'로 자신을 인도할 것이라고 말한다. 고린도후서 4장 10절에서 바울은 보다 신학적으로 "제 몸에 예수님의 죽음을 지니고 다닙니다"라고 말한다. 다시 말해, 그리스도의 죽음 및 부활과의 동일시되기를 실천하는 그런 삶을 살아간다는 것이다.

여기 30절부터 32절까지에서 바울이 말하고자 하는 바는 이처럼 그리스도와 하나가 되는 삶이 만약 '죽음'의 차원만 가져오는 것이라면, 이는 무언가가 잘못되어도 한참 잘못된 상황이리라는 것이다. 바울은 하나님의 부활의 능력이 역사하고 있다는 것과 이 능력이 정해진 때에 종말의 부활이라는 절정의 사건을 약속하고 있다는 것을 알았기 때문에, 계속해서 자신을 죽음의 문턱에까지 이르게 하는 그런 사역과 삶의 방식을 기꺼이 받아들인다. 목회적 용어로 말하자면 이는 ㉠ 불굴의 용기로 죽음을 맞이하는 것, ㉡ 그리스도 및 그분의 사역과 일치된 삶을 살아가는 것, 그리고 ㉢ 하나님의 부활의 능력을 바라보면서 위험과 연약함을 받아들이는 것을 의미한다.

헬라어 '*네*'로 시작하는 다음 절은 통상 맹세의 형태로 표현되는 확언을 뜻한다. 곧, "제우스에게 맹세코! 헤르메스의 발에 대고 맹세코!" 하는 식이다. 바울은 "여러분들로 말미암은 저의 기쁨에 맹세코!"라는 말을 선택한다. 내가 제안한 번역, 곧 **맞습니다. 저는 그리스도 예수 우리 주님 안에서 여러분들로 말미암은 저의 소중한 자부심을 전부 걸고 분명히 말합니다**라는 번역 속에는 헬라어 원문에는 없는 소중한(that I hold dear)이라는 말이 첨가되었는데, 이는 바울이 확언하며 맹세를 할 때 이처럼 놀라운 매개를 택한 이유를 드러내려는 의도에서였다. '그는 지금 자신에게 가장 소중한 것을 놓고 맹세하고 있다'는 피(Fee, *First Epistle*, 770)의 설명은 고대의 사람들이 자기에게 가장 소중한 것을 '놓고' 맹세하였던 관습을 반영한다. 따라서 내가 추가한 표현은 바울이 당연시하는, 하지만 현대의 독자들에게는 잘 드러나지 않는 의미를 드러내 준다고 할 수 있다.

바울은 자신이 언급한 그런 체험의 구체적인 사례를 되새긴다. **저는 에베소에서 거친 맹수들과 싸웠습니다**.(32절) 이 언급을 문자적으로 해석해야 하는지 아니면 비유적 의미로 해석해야 하는지는 확실하게 말할 수는 없다. 다만 일반적으로 말해, 로마 시민이었던 바울이 야생동물들과 싸우도록 강요받지는 않았을 것이다. 따라서 분명 이는 광신적이고 과도한 적대감으로 말미암은, 생명을 위협하는 극한적 상황을 가리키는 표현일 것이다. 고린도 후서 1장 9절(위에 인용한)은 이 구절과 밀접한 병행 관계를 이루고 있는 것으로, 어쩌면 이 체험과 관련된 것일 수 있다.

하지만 부활의 진리가 없다면 이것들이 모두 공허하고, 무익하고, 무의미한 것이라고 바울은 주장한다. **제게 무슨 유익이 있었겠습니까?**(32절)라는 말은 세 가지 방식으로 한정된다. 첫째로, 그는 마치 그것이 **인간적인 수준에서**의 일이었던 것처럼 그 경험에 관해 이야기한다. 둘째로, 그 **유익**은 단순히 개인적인 '보상'이 아니라, 바울이 복음 사역을 위해 공헌한 것을 가리킨다. 설령 여기에 미래의 부활에 참여하는 기쁨이 포함된다 하더라도 마찬가지다. 무엇보다 셋째로, 다름 아닌 복음 자체가 성도들의 명예 회복 및 부활의 능력에 대한 하나님의 약속이 얼마나 타당한가에 달려 있다.

"**먹고 마십시다, 내일이면 죽을 터이니.**"(32b절)라는 표현은 가능한 두 가지 출처 중 어느 하나, 혹은 두 가지 모두에서 나온 것이다. 이 문구는 앗수르에 의해 포위당한 예루살렘 거민들이 보여주는 피동적이고 회의적인 모습, '마치 내일이 없는 것처럼' 묘사한 이사야 22장 13절(LXX)을 정확하지 않은 형태로 인용한 것일 가능성이 있다(Hays, *First Corinthians*, 268). 하지만 또 한편으로 이는 에피쿠로스학파의 회의주의적 철학, 혹은 에피쿠로스학파의 회의주의에 대한 스토아-견유학파의 풍자에서 시작되어 보편화된 문구에서 가져온 것일 수도 있다. 바울이 이 인용문을 가지고 온 것은, 미래의 죽음 너머에 무엇이 있을까에 관해서는 아무런 인식도 없이 그저 생물학적이고 물리적인 자신의 오감으로만 한정되는 그런 인생의 터무니없음과 허망함을 강조하기 위해서다. 이 인용문이 원래는 메난더(Menander)의 희극에서 나온 것이지만, 바울 당시에는 이미 잘 알려진 격언이 되어 있었을 것이다.

인간의 삶에 대한 그처럼 병적이고 회의적인 관점은 실수, 착각(자기 기만), 망상, 그리고 유혹의 결과다. 그래서 바울은 외친다. **속지 마십시오!**(33a절). 잘못된 무리와 어울리고 있는 고린도의 그리스도인들도 그러한 병적 관점을 조장한다. **"악한 '패거리'에 속하게 되면 훌륭했던 삶의 방식을 망치게 됩니다."**(33b절) **'패거리'**(나의 *NIGTC* 주석에서는 '갱들'로 옮겼다)는 현재의 문맥과 다소 어울리지 않는 어색한 단어처럼 보일 수 있다(RSV, REB, NIV, 그리고 NJB 모두 '나쁜 동료'라는 표현을 사용한다). 그러나 헬라어 원문(*호밀리아이 카카이*)의 뉘앙스는 동류 집단에게서 느끼는 압력이 바로 문제의 핵심임을 시사한다. 이 동류 집단 혹은 '무리'는 일반적인 의미에서 '질이 나쁜' 이들이거나 혹은 현세주의자들로 볼 수 있을 것이다.

바울은 이런 상황에 얽힌 사람들에게 명령한다. **정신 차리십시오. 깨어서, 각성하십시오! 죄를 짓지 마십시오! 여러분도 알다시피 '하나님을 아는 지식'이 전혀 없는 사람들이 있습니다.**(34절) NRSV는 첫 절을 "차분하고 바른 생각을 하십시오"로 번역한다. 하지만 여기서 사용된 일련의 이미지들은 보다 구체적으로 술에 취해 감각이 없는 상태에서 깨어나 각성하는 것과 관련된 것들이다. 그들은 **깨어** 참된 현실을 보아야 하고 **깨어** 분명히 생각할 수 있게 되어야 한다(cf. 2b절).

여기서는 두 가지 핵심적 사인이 제시되었다. 곧, ㉠ 일관된 사고의 필요성으로, 이는 바울이 15장 1절부터 32절까지에서 보여주었던 그런 종류의 일관성이다. 그리고 ㉡ **하나님**을 창조와 은혜와 능력 및 약속의 하나님으로 알게 되어야 할 필요성이다. 죽은 자의 부활의 개연성, 실현 가능성, 신빙성 및 상상 가능성은 모두 **하나님**께 달려 있다. 부활은 인간의 상상력이나, 죽음에서 살아남는 인간 자신의 능력에 대한 신념이 아니라, **하나님**의 무한한 능력과 그분께 있는 자원의 무한한 풍성함에 달려있다. 그러한 **하나님**께서는 그리스도께 속하여 부활한 공동체를 위해 올바르게 변화된 새로운 존재의 양식을 의도하고 설계하실 것이며, 새로이(필요한 경우 '무에서') 창조하실 능력이 있으시며, 그리스도로 말미암아 그리고 그리스도를 통해서 그분의 언약 백성과 약속을 지키실 것이다. 여기서 바울은 미래 부활의 신빙성과 상상 가능성은 우리가 어떤 하나님을 믿는지 혹은 '아는'지에 달려있다는 것을 밝히고 있으며, 잠시 후 이를 증명해 보일 것이다. 고린도에 있는 사람들은 그러한 '지식'을 갖고 있다고 주장하지 않는가?(고전 8장1, 2, 7절) 그러나 그들의 혼란스러운 신앙 체계는 그들이 아직도 하나님에 대한 그러한 지식을 자기 것으로 만들지 못했음을 드러낸다.

46. 묵상을 위한 제언(15장 29~34절)

1. 임종 시 어떤 그리스도인들의 자신에 찬 증언에 관하여(29절)

나는 한 그리스도인이 '주님과 함께 있을 것'이라면서 자신에 찬 확신 가운데 숨을 거두는 임종을 지켜볼 수 있는 특권을 누렸다. 이런 사람들은 고통 중에서도 죄의 용서, 하나님과의 화해, 천국에서의 환영, 그리고 부활의 생명을 절대적으로 확신한다는 것을 분명히 선언하였다. 자신들이 죽어가고 있기 때문에 더 이상 누구를 속이거나 자신을 기만할 필요가 없다는 것을 잘 아는 이들이 제시하는 증언에 우리는 어떤 가치를 부여하는가? 우리 또한 죽음에 직면하여 그와 같은 증언을 내놓을 수 있겠는가? 우리의 죽음은 다른 사람이 신앙을 갖는 데 도움이 되는 그런 죽음이 될 것인가?

2. 그리스도의 사망과 부활에 참여하는 세례에 관하여(29절)

세례는 그저 하나의 입문 의식에 불과한 것인가, 아니면 어떤 의미에서 '그리스도를 옷 입는' 것인가?(갈 3장 27절) 우리에게 세례는 그리스도 없이 자신만 위해서 살아가던 인생에 확실한 종지부를 찍고, '그리스도와 함께 부활한' 새로운 세계로 들어가는 것을 의미하는가?(롬 6장 3~11절) 어떻게 보면 신조를 고백하는 일은 마치 우리가 날인한 서명을 '잉크 없는 필기구로' 다시 써 가면서 우리의 세례 서약을 다시금 확언하는 것과 같은 그런 행위가 아닐까? 부활이 없다면 세례가 무슨 의미가 있겠는가?

3. 용기와 희생이 드러나는 그리스도인의 삶의 증거에 관하여(30~32절)

'종교에 열심인' 사람들 중 어떤 이들은 착각 속에서 살아가고 있는 것이라는 말에는 어느 정도 일리가 있다. 하지만 그처럼 많고 다양한 모습과 성격이 전부 자기 기만의 결과일 수 있을까? 본회퍼는 '도움'을 받기 위해서, 그리고 자신의 존재를 확인하기 위해 살아가는 자기 방어적인 신앙생활이란 거의 쓸모없는 것이라는 점을 강조한다. 다른 사람들은 그런 것을 두고 희망사항에 불과한 것이라 여길 것이다. 그러나 기꺼이 더 큰 모험과 자기 희생을 감수하겠다는 동기를 부여하는 그런 신념이라면, 우리는 그런 신념조차도 쉽게 무시할 수 있을까? 모든 것을 요구하는 신앙을 누가 선택하려 하겠는가?

4. '잘못된 무리'에 끼어들도록 유혹하는 영향력에 관하여(33절)

우리가 속한 '우리끼리'의 집단 혹은 동류 집단을 구성하고 있는 사람들은 우리의 세계관, 기대, 우선순위, 그리고 가치 체계의 형성에 엄청난 영향력을 행사한다. 신앙과 행위는 결코 개인적인 문제만이 아닌 것이다. 우리가 우리의 사고방식을 형성하는 일에서, 한편으로는 우리가 친구들이나 신뢰할 만한 사람들을 선택하는 일, 그리고 다른 한편으로 우리가 그리스도께서 주인이 되시는 그런 교회에 속해 있는가 아닌가의 여부는 모두 우리가 느끼는 것 이상으로 다양하게 그 나름의 영향력을 행사하게 된다. 그러한 관점에서 볼 때 우리의 상황은 어떠한가?

5. 잠에 취해 표류하다 자기도 모르게 난관에 봉착하는 어리석음에 관하여(34절)

어떻게 하다 고린도의 그리스도인들은 그처럼 혼란스러운 신앙에 이르게 되었을까? 바울은 그들에게 깨어나라고 촉구한다. '만사가 형통'이라는 그리스도인의 확신이 자장가가 되어 재앙을 향해 표류하는 그런 꿈같은 잠에 빠지도록 유혹하는 것은 아닌가? 깨어 각성함으로써 우리는 더 진지하게 하나님에 대해 묵상할 수 있게 될 것이다.

6. 올바른 지각을 판단하는 기준으로서 '하나님을 아는 지식'에 관하여(34절)

부활에 대한 문제는 '하나님을 아는 지식'에 대한 우리의 대답에 얼마나 의존하고 있는가? 하나님께서 창조주시라는 중심적 교리를 기억하는 것이 무슨 차이를 만들까?(다음 단락에서 이에 대해 더 다룰 것이다.)

3. 우리는 육체의 부활을 어떻게 이해할 수 있을까? 하나님께서 어떤 종류의 '육체'를 부활하게 하실까?(15장 35~50절)

(1) 부활한 '몸'은 이해하고 상상하는 것이 불가능하다고 주장하는 잘못된 회의주의(15장 35~44절)

35 그럼에도 불구하고 어떤 사람은 이렇게 반문할 것입니다. 죽은 자가 어떻게 살
아난다는 말입니까? 어떠한 몸으로 죽은 자가 되돌아올 수 있다는 것입니까? 36
여러분은 말도 안 되는 이야기를 하고 있습니다! 여러분이 심은 것은 죽지 않으
면 살아나지 못합니다. 37 또 여러분이 심는 것에 관해 생각해 봅시다. 여러분이
심는 것은 장차 생기게 될 몸이 아니라, 밀이나 혹은 다른 곡식의 알갱이뿐입니
다. 38 그러나 하나님께서 그분의 의도대로 거기에 '몸'을 주십니다. 즉, 각각 다
양한 종류의 씨앗에게 그 나름의 부패할 몸을 주시는 것입니다. 39 육체라고 해서
다 같은 육체가 아닙니다. 사람의 육체도 있고, 짐승에게 속한 다른 육체도 있고,
새를 위한 육체도 있고, 물고기를 위한 육체도 있습니다. 40 이 땅을 초월한 몸도
있고, 땅에 속한 존재를 위한 몸도 있습니다. 이 땅을 초월한 몸들에게 그 나름의
영광을 주는 것이 다르고, 땅 위에 사는 자의 몸에 주어지는 영광도 전혀 다릅니
다. 41 해의 광채가 그 나름으로 독특하다면, 달의 광채 또한 그와 다르고, 별들 또
한 그들 나름의 독특한 광채를 지니고 있습니다. 이는 한 별의 광채는 다른 별의
광채와 다르기 때문입니다. 42 그러므로 죽은 자의 부활도 그와 같습니다. 썩는
채로 심어진 것이 썩는 것이 되돌려짐으로써 살아날 것입니다. 43 이는 비천한 채
로 심어지지만, 영광스럽게 살아납니다. 약한 채로 심어지지만, 능력 있게 살아납
니다. 44 평범한 사람의 몸으로 심어지지만, 성령에 의해 형성된 몸으로 살아납니
다. 인간적인 영역을 위한 몸이 있다면, 성령의 영역을 위한 몸도 있는 것입니다.

이 단락은 두 번째의 논박(*refutatio*)로서, 12절부터 19절까지에서의 논박을 보충한다. 첫 번째 논박에서 바울은 부활의 개념 자체를 부인함으로써 그리스도의 부활까지도 부인하는 데서 생겨나는 받아들이기 싫은 결과를 열거했었다. 이제 여기서는 미래의 '몸'의 부활을 변호하거나 지지하기가 불가능할 만큼 이해할 수도, 믿을 수도 없는 개념이라는 주장이 어리석음을 파헤친다.

어떤 사람은 이렇게 반문할 것입니다. 죽은 자가 어떻게 살아난다는 말입니까? 어떠한 몸으로 죽은 자가 되돌아 올 수 있다는 것입니까?(35절) 회의주의자 혹은 의심을 품은 사람들은 이것이 어려움을 호소할 것이다. 나는 미래에 몸이 부활한다는 것을 상상할 수가 없다. '부활'이라는 것이 도대체 어떤 종류의 사건이라는 것인가? 이에 대한 바울의 답변은 세 단계로 제시된다. ① 첫째로, 창조계 혹은 자연이 부활 개념에 대한 다양한 비유, 유비, 혹은 모범을 제공해 준다. 그러므로 땅에 심은 것은 씨라는 그 나름의 존재로서는 종말에 이르지만, 이 동일한 실체 혹은 동일한 생명이 변화를 겪으면서 새롭고 더 영광스러운 존재 방식을 얻게 된다(36, 37절). ② 둘째로, 인간이 부활을 생각할 수 있느냐 하는 문제는 중요하지 않다. 부활이라는 변화된 상태에 합당한 존재 방식 혹은 '몸'을 창조하고 설계하는 분이 **하나님**이시기 때문이다(38~42절). ③ 마지막으로, 바울은 각각 부활 이전과 부활 이후의 존재 방식을 특징짓는 세 쌍의 대조를 소개한다.

전통적으로 '바보!'(NRSV)로 번역되는 헬라어(*아프론*)에 대한 적절한 현대어 번역을 찾기란 쉽지 않다(36a절). NIV의 '얼마나 어리석은가!'와 REB의 '얼마나 어리석은 질문인가!'와 같은 번역은 그 의미를 보다 잘 전달해 주지만, 문제는 이 단어가 그냥 진술이 아니라 질문자에게 말을 거는 표현이라는 점이다. *NIGTC* 주석에서 나는 '말도 안 되는 소리를 하는 당신!'이라는 번역을 제안했었지만, 아마도 **여러분들은 말도 안 되는 이야기를 하**

고 있습니다!라고 옮기는 것이 상대방을 부르는 말투를 유지하면서도 덜 어색한 번역이 될 것이다. 씨의 비유는 어떤 하나의 실체가 원래의 모습 자체로서는 생명의 종말에 이를 수 있지만, 바로 그 동일한 실체로서 다른 무언가로 변화될 수 있다는 사실을 예증한다. **여러분이 심은 것은 죽지 않으면, 살아나지 못합니다. 또 여러분이 심는 것에 관해 생각해 봅시다. 여러분이 심는 것은 장차 생기게 될 몸이 아니라, 밀이나 혹은 다른 곡식의 알갱이 뿐입니다.**(37절)

35절부터 44절까지는 철학자들 및 죽음 이후의 생명에 대한 믿음이라는 문제로 씨름하는 모든 사람들이 제기하는 악명 높은 끈질긴 물음에 심오한 대답을 제공한다. '영혼'이라는 말로 이 문제를 다루는 것은 만일 사후의 생명이 존재한다면 살아남거나 혹은 되살려지게 된 존재가 지금의 '나'와 같은 존재인가 아닌가 하는 핵심적 사안을 놓치는 것이다. 바울은 두 가지 주장을 제기함으로써 이 문제의 핵심을 정면으로 공략한다. ① 죽음 이후 변화된 존재의 방식에서 자신에게 생명을 주시는 분은 하나님뿐이시다. **하나님께서 그분의 의도대로 거기에 '몸'을 주십니다.**(38절) 그리고 ② 그것은 동일한 자신이지만, 이 동일한 자신은 다른 형태(즉, 부활한 삶에 적합하게끔 영화롭게 변화된 형체)를 입게 될 것이다.

1) 씨의 비유

이 비유는 다음과 같은 점들을 강조함으로써 한 가지 어려운 논점을 이해하는 데 도움을 준다. ① 씨는 씨라는 그 나름의 존재로서는 **종말**에 이르게 된다. **여러분이 심은 것은 죽지 않으면, 살아나지 못합니다.**(36절) ② 새로운 부활의 '몸'은 이전 '심어진 것'과 동일한 형태가 아니다(37절). ③ 하나님께서는 정체성의 연속성과 더불어 형태상의 변화를 주실 수 있다. **썩는**

채로 심어진 것이 썩는 것이 되돌려짐으로써 살아날 것입니다. 이는 비천한 채로 심어지지만, 영광스럽게 살아납니다(42, 43절).

그 나름의 몸에 대한 헬라어 단어(*이디온*, 38절)는 '동일한' 정체성을 강조하는 것으로, 창세기 1장 11절('각각 종류대로의 씨들')을 떠올리게 한다. 여기서 **몸**(헬, *소마*)이라고 번역된 단어는 '사람 전체'를 가리킨다. 여기에는 '공적' 환경에서 나름의 정체성을 갖고, 하나님과 관계를 맺고, 다른 사람과 소통하는 한 사람의 능력이 포함된다(이에 대해서는 아래 42절부터 44절까지의 항목에서 추가로 논의 할 것이다).

일상생활에서 도출된 또 다른 비유들은 동일한 자아가 여러 가지 다른 형태들을 거쳐갈 수 있다는 사실에서 부각된다. 아기, 젖먹이, 10대, 중년, 그리고 허약자, 노인은 모두 동일한 자신일 수 있지만, 동시에 그들의 표현, 정체성 및 의사소통의 방법은 근본적으로 다를 수 있다. 때때로 목소리와 같이 '예기치 못했던' 특징으로 인해 우리 앞에 있는 노인이 우리가 50년 전에 알고 지내던 바로 그와 '동일한' 사람이라는 것을 알게 되기도 한다. 새로운 직장을 구하면서 50년 후 연금을 받게 될 80살의 노인은 지금 자기와는 전혀 '같지' 않을 것이기 때문에 지금 자기로서는 연금 조항은 전혀 중요치 않다고 말한다면, 얼마나 어리석은 일이 되겠는가! 겉모습이, 심지어 성격까지도 바뀔 수 있지만, 그래도 자신은 여전히 동일한 자신인 것이다.

이 모든 비유는 부활의 '상상 가능성'의 문제를 효과적으로 해결해 준다. 하지만 어떻게 이런 변화가 이루어질 수 있다는 것일까? 이 물음이 바울의 두 번째 핵심 논증을 인도한다.

2) 모든 것이 하나님께 달려있다(15장 39절)

이 모든 문제는 전적으로 하나님께 무한히 풍성한 자원이 있다는 사실에 달려 있다. 이 자원의 풍성함은 창조주 하나님의 면모를 통해 이미 드러난 바와 같다. 하나님께서는 그분께서 유기체나 다른 실체를 비롯하여, 모든 종류의 조건이나 환경에 어울리는 존재 형태를 창조하셨다는 것을 이미 보여주셨다. 땅을 위해서는 **짐승**을, 강과 바다를 위해서는 **물고기**를, 하늘에는 **새**를, 우주 공간을 위해서는 **행성** 혹은 **불타는 가스**를, 은하계와 우주 속의 각기 다른 장소를 위해서는 각기 다른 크기의 **별들**을 주셨다(39~41절). 여기서 '**육체**'라는 단어를 창조에 사용된 물질(substance-used-in-creation)이라는 의미로 사용하면서, 바울은 **육체라고 해서 다 같은 육체가 아니**라고 선언한다(39a절). **인간의 육체**는 **동물의 육체**와 다르다. 마찬가지의 원리를 적용하여 우리는 각각 **해**, **달**, 그리고 **별들** 역시 각각 서로 다른, 나름대로의 **광채**가 있다고 말할 수 있다. 뿐만 아니라 **한 별의 광채 역시 다른 별의 광채와 다르다**(41b절). 따라서 하나님께서는 부활과 관련하여 어떤 방식을 취해야 될지 몰라 어려움을 겪는 일은 없으실 것이다.

3) 부활 이전과 부활 이후의 대조에 관한 설명

마지막으로, 바울은 이 단락의 탁월한 논증을 통해 현재의 삶을 위해서 주어진 평범한 인간의 몸과, 이에 상응하여 죽은 자의 부활을 통해 나타날 '몸' 사이에 존재하는 네 가지 핵심적 대조점을 열거한다(42a절).

① 썩는 채로 심어진 것이 썩는 것이 되돌려짐으로써 살아날 것입니다.(42b절) NRSV, REB, NIV, 그리고 NJB는 모두 '썩을 것…썩지 않을 것'으로 번역한다(cf. KJV/AV '썩음을 통해…썩지 않음을 통해'). 언뜻 보기에 이것이 "썩지 않음"이라는 긍정적인 용어를 잘 설명하는 것처럼 보인다. 썩지 않음(헬라어, *아프타르시아*)이 부정적 용어(*프토라*, '썩음')의 단순한 반대처럼 보이기 때문이다. 하지만 현재의 문맥에서 '썩음'이란 어떤 질적 특성이

라기보다는 하나의 과정을 가리킨다. 즉, 능력의 감소, 연약함의 증대, 손쉬운 고갈, 급기야는 침체 상황에 고착되어 버리는 과정이다. 중년 이후에 나타나는 여러 증상을 조금이라도 경험하기 시작한 사람라면 누구나 이러한 대조적 과정(단순히 상태가 아니라)이 의미하는 바를 쉽게 알 수 있을 것이다. 우리의 지상적 몸은 우리 삶의 아주 초기부터 '죽어가기' 시작하는 것이다.

이와 대조적으로, 썩는 것의 되돌려짐 혹은 썩지 않음이란 단순히 부패의 부정에 그치는 것이 아니다. 부패가 과정이라면, 부패의 반대는 **부패**(과정)**의 역전**, 곧 활력과 능력의 증가를 의미한다. 이것은 이중적인 강함을 통해 약함(pianissimo)을 부정하는 것이 아니라, 점점 약해짐(decrescendo)의 과정이 점점 강해짐(crescendo)이라는 과정으로 바뀌는 것이다. 그것은 새로운 부활의 활력과 생명이라는 '젊음'을 회복하는 것이다. 히브리어에서 생명이란 하나의 과정이며, 헬라어와 히브리어 모두에서 살아있는(=생명의) 물은 흘러가는 물, 곧 과거에 지나간 것을 늘 새로운 것으로 바꾸어 주어, 늘 새로운 것으로 사용되는 물을 가리킨다(나의 *NIGTC* 주석, 1271-72에서 이 헬라어 단어에 대한 추가적인 논의를 볼 수 있다).

② **이는 비천한 채로 심어지지만, 영광스럽게 살아납니다**(43a절). **비천함** 혹은 '불명예'(NRSV, NIV, AV/KJV)는 부활의 영광스러움과 대조되는 개념으로서, 부분적으로는 부활 이전의 존재 방식이 갖는 하찮은 위치를 암시하는 것일 수 있다. 이와 비슷하게, 어쩌면 더 개연성이 있게, 이는 타락한 인류에게는 몸이 종종 무가치한 태도와 행동을 드러내는 수단이 되었다는 사실을 염두에 둔 것일 수도 있다(cf. 50절). 하지만 '멸시할 만한'이라는 NJB의 번역은 지나치게 몸의 가치를 평가절하하는 제안으로 보인다. 여기서 **광채**는 '영광'으로도 공히 번역할 수 있다. 이 헬라어(독사)는 히브리어 *카보드*와 상응하는 것으로서, 누군가를 혹은 무언가를 주목할 만하고, 무게 있게

혹은 위풍당당하게 만들어 주는 것을 의미한다. 종종 여기에 광채, 빛 혹은 광휘 등의 의미를 첨가하기도 한다.

그렇다고 해서 우리가 부활의 몸이 '빛'으로 이루어졌다는 식으로 생각해서는 곤란하다. 여기서 사용된 형용사들이 결코 몸의 구성 성분이나 재료를 가리키는 것이 아니기 때문이다. 부활의 존재 방식은 영광스러운 것, **광채**의 특징을 지닌 것이 될 것이다. 44절에서 설명하는 것처럼, 이는 무엇보다도 성령께서 그것을 활성화하고 변화하게 할 것이라는 점에서 그렇다. 그것은 그저 빛나는 정도를 넘어설 것이다. 우리는 매우 행복하거나 애틋한 마음을 느끼는 순간 사랑하는 사람 혹은 사랑받는 사람의 얼굴이 기쁨으로 빛나는 것을 경험하는데, 이런 경험이 바울이 여기서 말하는 바의 의미를 어렴풋이나마 느끼게 해 준다. 그때에는 태양을 가릴 만한 죄의 흔적이나 조각은 어디에서도 찾아 볼 수 없을 것이다.

③ **약한 채로 심어지지만, 능력 있게 살아납니다**.(43b절) 오래된 일상의 몸이 **연약함**으로 괴로움을 겪게되는 이유 중 하나는 그 몸이 시간의 파괴성에, 그리고 시간과 공간의 영역을 차지하고 있는 창조세계 전체에 퍼진 제약과 한계에 종속되어있기 때문이다. 지상적인 몸은 과거 그 몸에 닥치는 손상, 신체의 훼손 및 사고의 영향 아래 놓일 수밖에 없다. 때때로 이 연약함은 중독이나 과도한 탐닉, 혹은 몸과 마음에 상처를 남기는 죄의 속박 등과 같은 과거의 빗나간 선택 혹은 악한 선택으로 인해 더 심각한 것이 된다.

이와는 대조적으로, 부활이라는 존재 방식의 **능력**은 그 미래성에서 연유한다. 여기서 결정적인 것은 죄, 율법, 그리고 퇴화와 죽음의 과정이 빚어내는 인과적 그물망의 영향이 아니라, 과거에서 해방되어 하나님께서 정하신 새로운 미래를 받아들이는 것이다. 이 미래는 '영광에서 영광에' 이르는 변화, 곧 신자들이 '수건을 벗은 얼굴로' 하나님의 얼굴을 대면하여 보면서 점점 더 그리스도의 형상을 닮아가는 변화를 특징으로 삼는다(고후 3장 17절). 부활의 새 '몸'을 짓누르거나 소진하는 것들은 존재하지 않으며, 오로지 새 창조의 생명을 만들어 내는 **능력**만 있을 것이다. 위에서 살펴본 것처럼, 이 **능력**이란 하나님의 성령의 능력을 통하여 하나님의 뜻을 이루어 내는 효력이 있음을 의미한다.

④ 따라서 결론은 이렇다. **그것은 평범한 사람의 몸으로 심어지지만, 성령에 의해 형성된 몸으로 살아납니다. 인간적인 영역을 위한 몸이 있다면, 성령의 영역을 위한 몸도 있는 것입니다.**(44절) NRSV 번역은 보통 신뢰할 만하고 또 종종 탁월한 번역을 제시해 주지만, 여기서의 '물질적 몸으로 뿌리고…영적인 몸으로 거둔다'라는 번역은 독자를 오도하는 실수를 저지른 것이다. 바울이 의도한 대조는 물질적인 것과 비물질적인 것 사이의 대조가 아니다. 여기서 사용된 단어(헬, *프뉴마티코스*)는 '비물질적인 영으로 이루어진' 어떤 것을 의미하지 않는다. 고린도전서에서 바울이 이 단어를 사용하는 것은 성령의 임재와 능력과 그 변화의 역사를 드러내고 반영하는 것들을 지칭하기 위해서다. 부활한 몸의 특징은 중단되지 않고 우리를 변화시키는 하나님의 성령의 능력이다. 이 부활의 몸은 부활 이전의 **평범한 사람의 몸**과는 대조적인 관계가 된다. 물론 부활 이전의 몸도 성령의 영향에 열려 있기는 했지만, 부분적으로만 그랬을 뿐, 여전히 인간의 실패와 유한성과 이기적 관점에 의해 훼손되어 있는 것이다. 따라서 부활의 몸의 특징이 되는 성령에 대한 완전한 개방성 속에서, **부패의 역전, 광채** 혹은 '영광', **능력**, 그리고 **성령에 의해 형성된** 존재 형태 등 모두가 하나로 묶인다(42b~44a절).

그러므로 이와 비슷하게 44b절에서도, 그러한 '몸' 혹은 존재의 형태는 그저 비물질적인 '영'의 영역을 위한 것이 아니라, 거룩한 **영**의 임재와 부활 행위의 영역 혹은 분야를 위한 것이다.

이 단락과 이 장 전체에 걸쳐 **몸**(헬, *소마*)이라는 말에는 현재와 같이 우주 내의 시공간 속에 존재할 때와 같은 물질적 몸이 포함된다. 그러나 바울은 39절에서 이미 **육체**(flesh)의 의미를 확장하여 물고기와 새의 몸의 본질을 포함하였고, 40절에서는 **몸**의 의미를 확장하여 행성과 별들을 포함했다. 부활의 존재 형태로서 **몸**은 우리가 이 땅에서 '몸'이라고 부르는 것과 상응하는 변화된 형태가 될 것이다. 곧, 지금 우리가 우리의 몸으로 하는 것과 마찬가지로, 부활의 몸 또한 인격은 표현하고, 정체성을 드러내고, 인식하고, 의사소통하는 것과, 또한 하나님과 다른 사람들과 부활 세계의 환경과 상호적인 관계를 맺는 매개체를 의미한다는 것이다.

바울은 예수 그리스도의 부활의 몸을 죽은 자의 부활을 바라보는 **첫 결실** 혹은 예견적 모델(anticipatory model)이라고 말하지만, 복음서에서 예수님께서 시공간적 우주의 조건들 내에서 그분의 제자들에게 나타나셨다는 사실을 잊어서는 안 된다. 그러므로 이들 구절들은 현재의 세상 질서를 벗어난 다른 조건 속에서 부활의 존재 형태가 드러내게 될 온전한 성격을 보여주는 것이 아니다. 부활의 **몸**은 그 몸이 처한 직접적인 환경에 따라 다양한 형태를 취할 수 있다. 그런 의미에서 부활의 몸은 '물리적인 것' 이상이지, 결코 그보다 덜한 것은 아니다.

47. 묵상을 위한 제언(15장 35~44절)

1. 인내와 이해심을 품고 들어주는 모습에 관하여(35~39절)

궁극적으로 볼 때, 회의주의자가 제기한 물음(35절)은 말이 되지 않는다(36절). 그러나 바울은 그 문제에 귀를 기울이며, 둘 사이에 놓인 장애물이 제거되어 모든 것이 분명해질 수 있도록 일련의 비유, 형상, 병행되는 사례 등을 동원하고 또 신학적 관점까지 바꾸어 가면서 그 문제를 다룬다. 그것이 말이 되고 안 되고를 떠나서, 우리는 얼마나 진지하게 다른 사람의 문제에 귀를 기울이는가? 우리는 단순함, 명료함, 상상력 및 신학적 통찰력을 동원해 그들을 도우려고 노력하는가? 어떻게 우리는 이 부분에서 더 나은 사람들이 될 수 있겠는가?

2. 현재의 몸과 부활의 몸 사이의 대조와 연속성과 변화에 관하여(36~38, 42~44절)

미래에 우리가 부활할 때, 부패의 역전, 생명, 권세, 그리고 점증하는(crescendo) 영광에 대한 하나님의 확고한 약속을 우리는 얼마나 진지하게(혹은 기쁘게) 받아들이는가? 우리는 우리 자신과 우리의 사랑하는 자들이 여전히 우리이면서 동시에 근본적으로 변화된 존재가 될 것이라는 하나님의 약속을 확신하며 기뻐할 수 있는가? 우리로 하여금 알아볼 수 있는 동일한 정체성을 유지하면서도 하나님의 영광스러운 아름다움에 동참하게끔 하시는 하나님의 계획을 이해하는 일에, 우리의 생활에서 도출된 비유가 얼마나 도움을 주는가?

3. 그런 약속이 성취될 수 있는 궁극적 근거에 관하여(38~41절)

그러한 미래가 사실이기에는 너무 황홀한 것처럼 보이는가? 창조주로서 하나님께서 하신 활동은 이미 인간의 상상을 초월하는 놀랍고도 다양한 우주를 건설하시는 설계자요 창조주시며 기술자이신 그분의 풍부한 자원을 잘 보여준다. 이것만으로도 하나님께서는 우리를 '다르면서도 같은' 존재로, 마치 '한 별의 광채가 다른 별의 광채와 다른 것처럼' 살려내고도 남을 만큼 풍성한 지혜와 능력이 있는 분이시라는 것이 너무도 분명하지 않은가?

(2) 새로운 존재 질서의 본질은 '마지막' 아담이신 그리스도에 의해 결정된다 (15장 45~50절)

45 바로 이런 의미에서 성경은 이렇게 기록합니다. '첫 사람' 아담은 '살아있
는 인간이 되었다'. 마지막 아담은 생명을 주는 영이 되셨습니다. 46 그러나
먼저 온 것은 성령께 속한 사람이 아니라, 순전히 인간이었고, 그 다음에 성령
께 속한 사람이었습니다. 47 첫 사람은 '땅의 토양으로, 진흙으로 만들어졌지
만', 둘째 사람은 하늘로부터 났습니다. 48 흙에서 난 자는 흙에 속한 자들의
원형이며, 하늘에서 난 자는 하늘에 속한 이들의 원형입니다. 49 우리가 땅의
흙으로 만들어진 자의 형상을 입었던 것처럼, 또한 하늘에 속한 이의 형상을
입을 것입니다. 50 저의 친애하는 친구들이여, 이것을 분명히 밝히고자 합니다.
곧 피와 살은 하나님 나라를 상속할 수 없으며, 썩는 것은 썩기를 면한 것을
소유할 수 없습니다.

바울과 1세기 유대교의 사고방식은 현대 서구사회보다는 훨씬 덜 개인주의적이었다. 현재 존재하고 있는 창조세계의 자연 질서는 창세기 2장 7절에서 나온 하나님의 뜻을 성취한다. 즉, **'첫 사람' 아담은 '살아있는 인간이 되었다'**(45a절). 바울은 창세기의 구절에다 **첫**과 **아담**이라는 단어를 삽입함으로써 뒤이어 제시하게 될 내용과의 대조를 더욱 날카로운 것으로 만든다. **마지막 아담은 생명을 주는 영이 되셨습니다.**(45b절) 창세기 2장 7절의 히브리어는 **살아 있는**이라는 의미로 하야(LXX 헬라어, *조산*)라는 단어를 사용하며, **인간**이라는 뜻으로는 *네페쉬*를 사용한다(헬라어 *프시케*는 영혼으로 번역될 때가 많지만, 사실 그 의미는 영혼 외에도 훨씬 더 광범위하다). 이 용어들은 옛 질서(우리를 대표하는 최초의 부모에게서 비롯된), 그리고 **마지**

막 아담, 혹은 '마지막 때'의 **아담**으로 오신 **생명을 주는 영**이신 그리스도 사이의 강력한 대조를 그려낸다. 그리스도께서는 새 인류와 새로운 존재의 질서의 머리이며 대표자다.

잇따르는 구절(46~48절)은 아마도 바울과 거의 동시대인이었던 필로의 글에서 확인할 수 있는 것과 같은 헬레니즘 유대교의 신학과 관련된 것으로 보인다. 필로는 플라톤의 철학적 전통을 이어받아, 하나님께서 먼저 이상적인 '하늘의' 아담을 창조하셨고, 그 후 *이데아*(혹은 육체와 분리된 형태의 이상적 실재)의 육체적 혹은 물질적 모방에 해당하는 지상적 아담을 통해 이 이상적이고 비물질적인 원형을 구체적으로 표현한 것이라고 제안했다. 바울은 그런 식의 생각과는 거리를 둔다. 즉, **첫 사람**은 '**땅의 토양으로, 진흙으로 만들어진**' 자였다(47a절, 창 2장 7절의 인용). **두 번째 사람**인 그리스도께서는 **하늘에서 난 자**이시다(47b절).

인류의 옛 질서는 유한하다. 즉, '인류는 흙에서 나와 흙으로 돌아간다' (창 3장 19절). 하지만 속량받은 인류의 새로운 질서는 그 본질과 미래를 '종말'의 아담이신 그리스도께로부터, 그리고 생명의 성령께로부터 획득한다. 여기서 사용된 헬라어는 '그런 성질이 있음'을 의미하는 대명사들을 사용하여, 옛 인류가 옛 아담의 특징에 의해 규정되고 새 인류는 새 아담의 특징에 의해서 규정된다는 생각을 전달한다. 말하자면, **하늘에서 온 자는 하늘에 속한 자들의 원형이다**(48b절)라는 것이다.

이 구절들이 조금 모호해 보인다면, 그것은 주로 이 구절들이 아담과 관련하여 시간에 대한 빗나간 사변을 다루고 있기 때문이다. 그러나 49절이 모든 것을 분명하게 만들어 준다. **우리가 땅의 흙으로 만들어진 자의 형상을 입었던 것처럼, 또한 하늘에 속한 이의 형상을 입을 것입니다**. 이는 부분적으로 15장 22절에 대한 주석의 역할을 수행한다. 즉, '아담 안에서 모든 사람이 죽은 것 같이 그리스도 안에서 모든 사람이 삶을 얻을 것입니다'라는 말이다. 하지만 이 구절은 여기서 한 걸음 더 나아간다. 새 아담이신 그리스도께서는 '그리스도께 속한' 자들에게 생명의 원천이 되실 뿐 아니라, 그 생명의 성격과 특성을 형성하고 결정하는 분이기도 하다. 그러므로 부활의 생명은 그리스도를 닮은 거룩한 모양을 가질 것이다. 바로 이것이 그들의 존재 형태를 전적으로 성령께 개방한 자에게서 기대할 수 있는 모습이다. 휘장으로 정체를 드러내고 방패 위에 문장(紋章)을 그리는 것처럼, 그리스도인은 그리스도의 **형상**을 **입을** 것이다.

이것이 **천국** 생활의 특징이다(49b절). 바울은 이 용어에 이중적 의미를 부여한다. **천국**의 삶은 그리스도를 닮은 것으로서 거룩하며 사랑에 넘치는 삶이기도 하지만(13장 13절), **천국**은 또한 그리스도께서 *파루시아*(=재림) 혹은 마지막 때에 나타나실 출발점이라는 의미도 함축한다. 그리스도께서는 마지막 때에 모든 사람에게 나타나실 **마지막 아담**(혹은 '마지막 날의' 아담)이시다.

45절부터 49절까지는 50절이 비물질적 형태의 필요성을 주장하는 것이 아니라는 것을 분명하게 보여준다. 바울이 **피와 살은 하나님 나라를 상속하지 못한다**고 말하는 것은 결코 그 연약함이나 육체성 때문이 아니다. 바울이 말하고자 하는 바는 하나님께서는 죄 대신 거룩함을 요구하신다는 것이다. 하나님께서는 부활과 성령을 통해 자신이 변화될 것을 요구하신다. 그 마음이 거룩하고 순수한 자만이 직접 하나님을 대면하여 볼 수 있는 복된 특권을 누릴 것이다. 50절의 두 번째 부분은 하나님의 부활의 선물이 연약함과 부패로부터 해방시켜 주실 것이라는 보조적 논점을 제시한다.

48. 묵상을 위한 제언(15장 45~50절)

1. 마지막 아담인 그리스도 안에서 회복된 하나님의 형상에 관하여(45~49절)

하나님께서는 자신의 형상을 따라 인류를 창조하셨지만(창 1장 26, 27절), 아담의 모양을 따라간 인류는 타락하여 이 형상을 훼손하였다. 하나님께서는 나무나 돌로 만든 형상을 금지하신다(출 20장 4절). 이는 그분께서 나무나 돌보다 더 크실 뿐 아니라, 인류 자신이(이들 사물이 아니라) 하나님의 형상 혹은 거울이 되어야 할 사명을 띠고 있기 때문이다. '사물들'은 이를 대신할 수 없다. 그리스도인들이 하나님의 회복된 형상을 '입은 것'이라면, 우리는 지금 세상에게 하나님을 어느 정도라도 '형상화'해 내고 있는가? 우리는 다른 그리스도인에게서도 하나님의 형상이 투영된 것을 볼 수 있는가?

2. '온전한 인간됨'에 관하여(46절)

바울은 비물질적인 아담에 관한 당대의 철학적 이론을 거부한다. 성경의 기록은 살과 피, 즉 육체를 지닌 사람됨을 좋은 것으로 제시한다. 우리는 그리스도를 닮은 '새로운' 인류로 살아가기를 노력하면서도, 여전히 하나님께서 우리를 위하여 선택하신 창조 질서인 '사람됨'을 기쁘게 수용하는가? 그 모든 지상적 연약함과 제약과 시공의 한계를 받아들이면서 말이다. 예수님께서는 우리의 '새' 아담으로서 그러한 제한을 공유하셨다.

3. 하나님 나라에 들어가기 위한 '피와 살'의 변형에 관하여(50절)

'피와 살'을 이해하는 방식의 차이보다 더 명확하게 죽음과 부활에 대한 일반적인 관점과 기독교적 관점 사이의 차이를 보여줄 수 있는 것은 없다. 우리가 말하고자 하는 것이 물질적인 것에서 물질을 벗어난 것으로 변화되어야 할 필요성인가? 아니면 하나님을 대면하기 위해 요구되는 거룩함에 더 깊은 관심을 두는 것이 옳은가? 부활의 존재 방식이 성령의 활동이라는 특징에 의해 규정된다면, 우리는 성령께서 우리를 그리스도의 의로 옷 입히고 하나님을 대면하는 데 필요한 모습으로 우리를 변화시키실 것이라는 사실을 의심할 수 있는가?

4. 미래 영광의 전망과 그 현실적 귀결(15장 51~58절)

51 보십시오! 제가 여러분에게 비밀을 말합니다. 우리가 모두 죽어 잠들 것
이 아니라, 우리는 모두 변화를 겪을 것입니다. 우리는 모두 순식간에, 눈 깜
짝할 사이, 마지막 나팔이 울릴 때 그럴 것입니다. 52 나팔이 신호를 내면,
죽은 자들이 썩는것이 악화되지 않고 살아날 것이며, 우리 또한 다른 모습
으로 변화할 것입니다. 53 이는 썩을 수밖에 없는 이 몸이 반드시 쇠하지 않
는 것을 입어야 하고, 이 죽을 몸이 죽지 않을 것을 입을 것이기 때문입니
다. 54 이 썩을 몸이 이 썩지 않을 것을 입을 때, 그리고 이 죽을 것이 죽지
않을 것을 입을 때, 그때 성경의 선언이 효력을 발휘할 것입니다. "승리가
죽음을 삼켰다. 55 죽음아 너의 승리가 어디 있느냐? 사망아 너의 침이 어
디 있느냐?" 56 자, 죽음이 쏘는 침은 죄요, 죄의 능력은 율법에서 나옵니다.
57 그러나 우리 주 예수 그리스도를 통해 우리에게 승리를 주시는 하나님께
감사드립니다! 58 그러므로 제 사랑하는 동료 그리스도인들이여, 굳게 서서
흔들리지 말고, 여러분의 수고가 주의 역사 안에서 헛되지 않다는 것을 알
고, 언제나 주님의 일이 셀 수 없이 풍성한 사람이 되십시오.

2장 7절에서 우리는 '신비'라는 헬라어를 '사람이 발견하기에는 너무 심오한 것'이라고 번역하였다(NRSV, REB, NIV). 이것이 바로 51절에서 그 단어가 전달하는 의미다. 바울이 지금 드러내는 것은 인간이 발견할 수 있는 수준을 넘어서는 것으로, 하나님의 계시에서 비롯된 것이다. 이 계시의 핵심은 **우리는 모두 순식간에, 눈 깜짝할 사이, 마지막 나팔이 울릴 때 변화를 겪을 것**이라는 점이다(51절). 마지막 때 겪을 변화는 긴 과정이 아니다. 그 변화는 순식간에 일어난다. 여기서 사용된 헬라어 단어는 더 이상 나눌 수

없는, 우리가 상상할 수 있는 가장 짧은 순간(*아토몬*, '나눌 수 없는')을 의미한다. **마지막 나팔**이라는 은유는 이 사건의 순간적인 성격을 드러낸다. 갑작스런 신호는 새로운 상황이 되었음을 말해준다. 가령, 그런 나팔은 곧바로 잠자는 군대를 깨워 일으킨다. 그 군대는 벌떡 일어나 즉각적으로 행동에 돌입할 태세를 갖춘다.

'**우리는 모두 죽어 잠을 잘 것이 아니라**'라는 표현(51a절)은 그리스도의 재림이 얼마나 빨리 임할 것이냐를 두고 말하는 것이 아니다. 여기서 사용된 우리를 지나치게 문자적으로 해석하여 이를 보통 사람들 혹은 일반적인 그리스도인이 아닌 고린도 교회의 독자들만으로 국한시키지 않는다면 말이다. 바울은 단지 죽기 이전에 거대한 종말의 사건들을 경험하게 될 '마지막 세대'가 있을 것이라고 말할 뿐이다. 여기에서 중요한 것은 *파루시아*(=재림)전에 죽든 혹은 살아 종말을 맞이할 '마지막 세대'에 속하든 상관없이, **우리는 모두** 똑같은 **변화**를 경험할 것이라는 사실이다. 52절의 두 번째 부분은 51절의 위대한 **변화**가 함축하고 있는 내용을 부연하여 설명한다. **죽은 자들이 썩는 것이 악하되지 않고 살아날 것이며, 우리 또한 다른 모습으로 변화할 것입니다**. 53절은 여기서 생겨나는 상황을 설명한다. 우리는 **부패** 대신 **쇠할 수 없고 죽을 수 없는** 그런 존재의 모습을 받을 것이다. 우리는 앞의, 특히 41절부터 44절까지에 대한 우리의 해설에서 이 용어에 대해 논의하였다.

이 모든 것의 최종적 결과는 54절부터 57절까지에서 강력하게 표현된다. **"승리가 죽음을 삼킬 것이다. 죽음아 너의 승리가 어디 있느냐? 사망아 너의 침이 어디 있느냐?"**(55절) 여기서 바울은 아마도 이사야서 25장 8절을 호세아 13장 14절과 연관하여 활용하고 있는 것으로 보인다(히브리 본문과 칠십인역 본문 사이의 관계는 복잡하지만, 여기서 우리가 그런 문제에 얽매일 필요는 없다. 자세한 논의는 Thiselton, *First Epistle*, 1298-1300을 보자). **승**

리 혹은 정복은 완성된 그리스도의 사역과 직접적으로 연관된다. 그리스도께서는 자신의 구속사역을 통해 죽음의 **독침**을 이미 제거하였다. 이 단어는 맹독성 동물이 물어 생기는 상처나 전갈이 꼬리로 찌르는 것을 의미한다. 우리가 **죄**와 **율법**이 다스리는 곳에서 죽음을 만난다면, 죽음에게는 독이 든 침이 있을 것이다(56절). 그러나 그리스도께서 이러한 죄와 율법을 해결하셨다. 따라서 이제 그리스도인들은 해독제로 독이 중화되어 없어져 버린 그런 독잔을 든 것처럼 그렇게 죽음을 대면한다. 그리스도께서 사망의 침과 그 독을 자기 자신 속으로 흡수하셨기 때문이다.

이 구절에 대한 쿨만의 설명은 매우 생생하다. 죽음이란 우리를 하나님께로부터 갈라놓는 것이기 때문에, 예수님께서는 겟세마네에서 그처럼 두려워하고 떨며 죽음의 공포와 전율에 직면하셨던 것이다(*Immortality of the Soul or the Resurrection of the Dead?*, 24). 이에 반해 소크라테스는 죽음을 몸이라는 '무덤'에서 해방되는 것으로 여겼기 때문에 평화롭게 죽음을 맞이했다. 그는 죽음을 두려워하지 않았다(20). 그렇다면 그리스도께서 그만큼 용기가 없으셨다는 것인가? 예수님께서 직면하신 죽음은 하나님께 버림받는 일이요, 죄에 대한 하나님의 진노의 성례요, '우리를 위해' 죽음의 독침을 자기 속으로 흡수해 들이는 경험이었다. 그로 인해 그리스도인들은 이제, 마치 소크라테스가 그랬던 것처럼 죽음을 두려워할 필요가 없다고 착각하는 것이 아니라, '예수님을 따르는' 자들에게는 죽음이 본래의 공포를 상실했다는 진리 안에서 죽음을 맞이할 수 있다. 이제 죽음은 신자들이 '그리스도와 함께' 부활과 죽음의 독침에 대한 승리를 맛보게 된다는 점에서, 하나님의 임재 속으로 더 가까이 가는 통로로 바뀌었다. "**승리가 죽음을 삼켰다**."

죄와 **율법**에 대한 56절의 진술은 바울이 로마서 4장부터 7장까지와 갈라디아서 3장에서 이 주제에 관해 했던 모든 설명의 집약 혹은 요약이라고 간주되었다. 죄, 율법, 그리고 죽음의 상호 관계는 죽음을 공포의 대상으로 만든다. **율법**은 인간이 저지른 **죄**의 결과를 취소할 수 없게끔 만드는 필연적 인과관계 체계를 형성한다. 그러나 그리스도인들은 그리스도의 죽음과 부활을 통해 율법이 다스리고 죄가 여전히 결정적인 **권세**를 휘두르는 영역(56절)을 떠나 부활한 새로움이라는 영역 속으로 들어간다. 그리고 여기서는 우리 주 예수 그리스도를 통하여 이러한 만연한 세력들을 극복한다(57절). 바울은 다만 **우리에게 승리를 주시는 하나님께 감사한다**고 외칠 수밖에 없었다(57절). **승리**는 은혜로 주어지는 것이기 때문이다.

바울은 실제적인 추론과 함께 자신의 논증을 마무리한다. 이 추론에서 바울은 30절부터 32절까지에서 그가 그리스도인이 수고하고 땀 흘리는 것에 관해 말했던 바를 긍정적인 관점에서 다시금 되풀이한다. **그러므로…굳게 서서 흔들리지 말고, 여러분의 수고가 주님의 역사 안에서 헛되지 않다는 것을 알고, 언제나 주의 일이 셀 수 없이 더욱 더 풍성한 사람이 되십시오**. (58절)(굳게) 서 있으라는 권고는 15장 1절의 말을 떠올리게 한다. 여기서는 그들이 복음 '위에 서 있었지만', '일관된 관점을 상실한 채로' 믿게 되는 위험에 처해 있었다(2절). 지금까지 바울은 그리스도의 부활과 미래에 있을 죽은 자의 부활에 관해 일관된 이야기를 풀어 왔다. 이런 이야기들은 그리스도인들로 하여금 그들의 현재뿐 아니라 그들의 미래 역시 **더욱 더 풍성한** 하나님의 은총에 모든 것이 달려있음을 알고, 주님의 일이 **더욱 더 풍성한**('양쪽 모두 후하게 달아 주는', 눅 6장 38절 참고) 삶을 살게 하는 든든한 근거가 된다.

49. 묵상을 위한 제언(15장 51~58절)

1. 새 세계의 시작으로서 순간적 변형에 관하여(51, 52절)

우리가 그리스도의 *파루시아* 이전에 죽어서 종말의 사건들을 맞이하든 살아서 맞이하든 관계없이, 순간적인 변화의 경험은 모든 그리스도인에게 동일하게 부여될 것이다. 우리는 사망을 단지 종말로 보는가, 혹은 새롭고 변화된, 그리고 계속되는 부활한 존재 방식의 '시작'을 알리는 출발 신호와 더 유사한 것으로 여기는가? 어떤 면에서건, 변화산에서 변화되셨던 예수님의 이야기는 미래에 있을 우리의 변화에 대해 어떠한 비유가 될까?

2. 악화의 끝과 부패의 역전(53, 54절)

열역학 제2법칙(열의 흐름을 되돌릴 수 없다는)과 이와 관련된 엔트로피 원칙은(천체 물리학의 대폭발 이론과 발맞추어) 우리 우주의 '퇴보'를 강조한다. 비록 어떤 학자들은 이를 현 단계의 우주에만 적용하기는 하지만 말이다(후자는 신학에서 말하는 우주적 속박이나 구출과 관련이 있는 것일까? 아니면, 이것은 비현실적인가? Cf. 롬 8장 19~23a절). 우리는 견고한 토대로 돌아가, 부활 이후의 '세상'에서는 이러한 방향과 동태가 역전될 가능성을 기대하게 할 수 있는가? 이때 세계는 점점 커져가는 영광의 움직임 속에서 갈수록(더이상 엔트로피 없이) 강한 상태로 옮겨갈 것이다. 살아계신 하나님께서 항상 '움직이시는' 분이시기에, 그 세계 또한 정적일 수는 없을 것이다.

3. 독침이 제거된 죽음(55~57절)

자신의 구원사역을 통하여 예수님께서는 독이 발린 죄의 침을 자기 속으로 '흡수하였고', 이로써 이 죽음이 율법 및 처벌과 맺는 인과적 관계를 폐기하셨다. 그리스도인들은 지금 어떠한 태도로 죽음을 대해야 하는가? 우리는 어떠한 자신 있는 소망으로 죽음을 맞이해야 하는가? 이전에 공포에 떨었던 것이 승리로 변했는가?

4. 여러 가지로 현재의 행동에 동기를 부여하는 부활의 소망에 관하여(58절)

우리가 하는 봉사에 동기를 부여하는 것이 58절에 얼마나 많이 감추어져 있거나 서술되어 있는가? 감사의 마음도 그중 하나일까? "거저 받았으니, 거저 주어라." 모든 것이 하나님의 넘치는 은총에서 비롯된 것이라면, 그리스도께 봉사하는 것을 인색하게 계량하려 들 수 있을까? 기독교의 '세우기'(3장 12~15절)가 영속적인 효과를 낸다는 사실로 인해 어떤 차이가 생기는가? 미래에 부활하는 복에 대한 희망적인 전망은 우리의 봉사에 어떤 영향을 미치며, 또 어떻게 우리에게 영감을 주어 모든 것을 드리며 모든 위험을 감수하게 하는가? '주님을 위한' 일 가운데 '소용없는' 일은 아무것도 없다.

IX. 모금, 여행 계획, 그리고 작별 인사(16장 1~24절)

1. 하나님의 백성 사이의 단결, 보살핌, 그리고 상호 관계의 행위로서 연보 (16장 1~4절)

1 이제, 하나님의 백성을 위한 모금에 관해서는, 제가 갈라디아의 교회들에게
지침을 주었던 것처럼 여러분도 그렇게 해야 합니다. 2 매주 일요일 여러분 각
자는 형편에 따라 모은 것을 집에 따로 모아, 제가 언제 가든지 닥쳐서 모금을
하는 일이 없도록 해 주시기 바랍니다. 3 제가 언제 도착하든, 저는 여러분에
게 진실을 검증받은 대리인에게 추천장을 주어 여러분의 선물을 예루살렘으로
가지고 가도록 할 것입니다. 4 나도 그들과 함께 가는 것이 합당하다고 여긴다
면, 그들이 나와 함께 갈 것입니다.

'모금'에 대한 문제는 이 편지의 나머지 부분에 이어 나오는 일종의 부록이거나 혹은 사후적인 생각에 불과한 것이 아니다. '몸'의 부활에 대한 긴 설명은 그리스도인 간의 관계라는 공적인 세계에서 책임과 행동이라는 문제로 우리를 인도한다. 특별히 모금은 바울이 고린도전서 전체에서, 특히 1장 1절부터 14장 40절까지에서 줄곧 장려해 왔던 주제들, 곧 '다른 사람'을 위한, 그리고 상호성과 연대성을 위한 존중을 구체적으로 표현하는 것이라 할 수 있다.

두 가지 신학적 원칙이 모금의 중요성을 결정하고 있다. 첫째로, 바울이 고린도후서 8, 9장에서 더 자세하게 설명해 주는 것처럼, 모금은 '부요하신 이로서 여러분을 위하여 가난하게 되신' 주님이신 그리스도께 대한 순종을 구체적으로 표현하는 '풍요의 경제학'이라는 원리를 반영한다(고후 8장 9절.

Ford, "The Economy of God," 171-85를 보자). 둘째로, 갈라디아서 2장 10절에 따르면, 예루살렘의 유대 그리스도인을 도우려는 이방인 교회의 재정 모금은 이방인 그리스도인과 유대 그리스도인 사이의 유대와 상호성을 유지하는 중요한 보증의 역할을 수행한다. 이 원리를 오늘날에 적용해 보자면, 형편이 더 나은 교회나 교단이 보다 가난한 교회와 공동으로 공유함과 공동의 정체성을 더 실질적으로 표현해야 할 의무감과 연결해 볼 수 있을 것이다. 여기에는 특별히 큰 어려움에 처한 동료 그리스도인과 경제적인 자원을 함께 나누는 일이 포함될 것이다.

초기 예루살렘 교회에서는 '모든 것을 공유'하기 위해 '그들의 재산을 팔았던'(행 4장 32~37절) 일은 확실히(바이스가 제안한 것처럼), 만일 그렇지 않았다면 예루살렘 교회에 보다 장기적인 수입을 보장해 주었을 다양한 사업체를 몰락시키는 결과를 낳았을 것이다. 그러한 몰락의 실질적 원인이 무엇이었든(물론 다른 외적인 이유도 있었다), 예루살렘의 그리스도인들을 위한 재정적으로 지원하는 호의는 이중적인 의미를 담고 있었다. 즉, 한편으로는 궁핍한 혹은 가난한 자들에 대한 지원이라는 의미가 있었고, 또 한편으로는 유대라는 기원을 가진 그리스도들인과의 연대를 표현하는 행위라는 의미도 있었다.

바울은 **모금**을 위해 다소 특이한 단어를 사용한다(1절). 여기서 이 단어는 기독교 공동체의 통상적인 후원과는 달리 보다 구체적인 목적을 위한 특정한 **모금**을 의미한다. 바울이 모금에 관한 지침을 주었던 **갈라디아교회들**(1절)에는 비시디아 안디옥, 이고니움, 루스드라, 그리고 데베 등 바울이 제1차 선교 여행에서 세운 교회들이 포함된다(행 13, 14장). 모금 배후에 놓인 신학적 근거는 갈라디아서 2장 10절에서 좀 더 확실해진다. 바울의 주요 서신에는 매번 헌금, 재정적 후원, 그리고 **모금**에 관한 언급이 등장하는데, 로마서 15장 25절부터 28절까지, 고린도전서 16장 1절부터 4절까지, 고린도후서 8장부터 9장까지, 갈라디아서 2장 10절 등이 대표적이다.

성도는 **매주 주일에 집에** 적당한 액수를 **따로 모금해 두어야 했다**(2절). 이 구절(헬라어를 직역하면, 매주 첫날)은 주일(일요일)에 대한 가장 초기의 언급 중 하나이다. 이와 매우 유사한 표현이 부활하신 예수 그리스도께서 막달라 마리아와 다른 여인에게 나타나셨던 날을 지칭하는 데 사용되었다(막 16장 2절; cf. 눅 24장 1절). 따라서 **주일**은 뒤로는 '부활의 날'을 돌이켜 생각하고, 앞으로는 요한계시록의 1장 10절의 '주의 날'과 밀접한 연관이 있다. 교회사적으로, 우리는 그리스도인이 얼마나 빠른 시기부터 안식일 대신 주일에 모여 예배를 드리기 시작했는지는 확실히 알 수 없다. R.T. 벡위드(R. T. Beckwith)와 윌프레드 스토트(Wilfred Stott)는 이것이 사도시대 때부터 시작되었다고 주장하지만, 다른 사람들은 좀 더 회의적이다. 아마도 이 변화는 사도시대에 시작되어 점진적 과정을 거쳐 정착된 관습이었을 것이다(세부적인 내용을 보려면, Thiselton, *First Epistle*, 1321-23을 참고하자).

형편에 따라라는 수식어구는 바울의 지침을 융통성 있는 것으로 만든다. 성도 중에는 아마도 경제적인 난관에 봉착한 사람도 있었을 것이다. 그러나 바울은 고린도후서 9장 6절에서 고린도 교인들에게 '적게 뿌리는 자마다 적게 거둘 것'이라는 점을 떠올리게 한다. 바울은 그들이 매주 모금 상황을 점검해야 한다는 원칙에는 단호한 입장을 보인다. 그래야만 마지막에 닥쳐서 얼마를 내면 좋을지 허둥대는 일이 없을 것이기 때문이다. 여기서 드러나는 기본 원칙은 계획, 규율, 그리고 정규적인 헌금이다.

3절에서 바울은 사람에게 보여주어야 할 '공적' 책임과 관련하여 특유의 목회적 지혜와 감각, 그리고 깊은 인식을 보여준다. 바울은 교회가 예루살렘 성도를 위해 모금한 재정적 선물을 책임지고 안전하게 운반할 만큼 **진실**

하다고 검증된 자를 **대리인으로 선임할** 것을 요청하며, 바울도 이들을 승인하는 위임장을 작성해 줄 것이다. 모든 것은 정당한 절차를 따라, 혹은 21세기의 전문적이고 행정적인 용어로 말하자면, '엄격할' 뿐 아니라 '투명하게' 진행될 것이다(엄밀히 말하자면, 진실하다고 **검증된**이라는 번역 배후에 있는 헬라어는 '승인된'이라는 뜻이다. 하지만 고린도전서에서 이 단어 *도키모스*는 더 깊은 의미를 담고 있는데, 우리의 번역은 이 점을 표현하려 했다. 3장 13절, 11장 19, 29절 참고). NJB, NIV, 그리고 REB는 '소개장'으로 번역하고, NRSV는 단순히 '편지들'로만 번역하지만, 이 단어 혹은 표현 뒤에 놓인 생각, 곧 책임성과 투명성에 대한 관심의 측면에서는 다를 바가 없다. 사도라 해도 행정상 '최고의 전문성'을 고려해야 한다. 바울은 어떠한 상황이 발생하기에 앞서 가장 큰 우선순위를 어느 곳에 놓을 것인가하는 결정을 자신이 주도하는 것을 바라지 않기 때문에, **나도 그들과 함께 가는 것이 합당해 보이는지 아닌지**의 여부는 결정하지 않은 사안으로 남겨둔다(4절). 아직 상황이 생기기도 전에 그가 가장 중요하게 생각하는 것이 무엇인가 결정하는 일에서 선수를 치고 싶은 생각은 없기 때문이다.

50. 묵상을 위한 제언(16장 1~4절)

1. 사람들 앞에서 투명한 제자도에 관하여(1, 2절)

기독교 제자도가 몸의 부활보다 더 '내적'이거나 '사적'인 것은 아니다. 어떤 사람이 말한 것처럼, 제자도의 진정성을 판단하는 한 가지 기준은 그리스도인들이 자신들의 주머니와 돈지갑으로 하는 일이다. 우리는 시간, 재능, 그리고 돈을 사용하는 일을 하나님의 은혜에 대한 우리의 응답을 공개적으로 표현하는 것으로 생각하는가? 이것이 우리의 그리스도인으로서의 진정성을 반영하는가?

2. 상호성과 연대감을 통해 가난한 자에게 경제적 도움을 베푸는 일에 관하여(1, 2절)

예루살렘 교회를 돕는 일은 가난한 자에 대한 도움 이상의 의미가 있었다. 바울은 그런 도움이 이방인에게 복음을 전하는 일의 정당성과 관련이 있는 엄숙한 서약이라 보았다. 이방인 그리스도인에게서 나온 이러한 선물은 예루살렘의 그리스도인과 연대의식을 서약하는 것이었고, 또한 유대인에게서 받은 유산을 인정한다는 의미였다. 오늘날 우리의 헌금은 그 헌금의 도움을 받게 될 사람들이 서있는 입장에 공감한다는 의미를 포함하고 있는가?

3. 풍부함 중에 내는 혹은 '형편대로' 내는 헌금에 관하여(2절)

헌금은 하나님께서 주시는 '넘치는 은혜'에 대한 우리의 응답이다. 하지만 동시에 이는 실재하는 불평등이라는 현실적 필요에 대한 인식에서 나온 것이기도 하다. '형편대로'라는 표현을 어렵게 느낀다면, 하나님께서는 우리가 갖고 있지 않은 것을 요구하는 분이 아니심을 기억할 수 있다. 하지만 우리는 실제 필요를 놓고서 우리가 갖고 있는 자원을 얼마나 철저하게 가늠하는가? 이 구절은 부유한 교회가 궁핍한 교회를 도와야 한다는 것을 말하는가? 이 원칙은 어디서 시작하며, 또 어디서 끝나는 것이(만약 끝이 있다면) 옳은가?

4. 계획되고 정기적인 활동으로서의 헌금에 관하여(1, 2절)

'주일'(더 이상 안식일이 아니라)을 지키는 것이 인정된 일이었음을 암시하는 것 외에도, 바울은 이 부활의 날에 모금된 돈을 '따로 떼어 놓을 것'을 권고한다. 우리가 쓸 수 있는 돈을 이미 다 써 버린 상황이라면, 어떻게 급작스런 상황의 요구에 대처할 수 있겠는가? 어떻게 하는 것이 가장 지혜로운 헌금 계획이 될까?

5. 관리나 지도력의 책임성과 투명성에 관하여(4절)

바울은 모든 재정적인 일이 정당한 방식으로 진행되는 것뿐 아니라, 또 그것이 사람들에게 그렇게 보이도록 애를 쓴다. 우리 중 지도자나 관리자의 역할을 맡은 이는 투명성과 책임의식을 유지하기 위해 얼마나 철저한 노력을 기울이는가?

2. 전략적인 여행 계획: 바울, 디모데, 그리고 아볼로(16장 5~12절)

5 제가 마케도니아를 지나가게 되면, 여러분에게로 가겠습니다. 마케도니아를
지나가려는 계획이 있기 때문입니다. 6 저는 한동안 여러분과 함께 머물 것입
니다. 어쩌면 여러분과 함께 겨울을 지낼지도 모르겠습니다. 그리고는 저의 다
음 행선지를 어디로 정하든 여러분이 실질적인 도움과 함께 저를 그곳으로 보
내 주었으면 하는 것입니다. 7 저는 그저 지나는 길에 여러분을 보는 것을 원
치 않고, 주께서 허락하신다면 한 동안 여러분과 함께 머물 수 있기를 바랍니
다. 8 하지만 오순절까지는 에베소에 머물려 합니다. 9 크고도 효과적인 가능
성이 열려 있고, 또 많은 대적이 저를 대적하고 있기 때문입니다. 10 언제든지
디모데가 도착하면, 그가 여러분과 함께 있을 때 아무런 두려움도 느끼지 않
도록 신경을 써 주시기 바랍니다. 저와 마찬가지로, 그 또한 주님의 일을 계속
하고 있기 때문입니다. 11 아무도 그를 하찮은 사람으로 여기지 못하게 하십시
오. 그의 여행을 위해 실질적인 도움을 베풀어 주고, 평화로이 떠날 수 있게 해
주십시오. 제가 형제자매들과 더불어 그를 기다리고 있습니다. 12 그리고 형제
아볼로 이야기입니다. 형제들과 함께 떠나 여러분에게 가라고 제가 그에게 간
청을 했지만, 지금은 갈 의사가 전혀 없습니다. 하지만 알맞은 때가 되면, 지체
없이 여러분에게로 갈 것입니다.

이 구절은 '바울' 공동체에 속한 '모든 교회를 보살필 책임을 진' 사도로서의 바울의 면모를 잘 드러내 준다(고후 11장 28절). 오늘날의 문맥에서 말하자면 그의 책임은 다수의 지역교회에 대해 '감독직분'(헬, *에피스코페*)을 맡은 선임 감독, 감독자, 혹은 목회자의 역할과 상응한다. 여기서 바울은 자신이 이미 복음을 전했던 교회를 새로이 방문하고 이들의 상태를 점검해 보

려는 그의 전략과 계획 및 희망을 성도와 함께 나눈다. 여기에는 앞으로 복음 사역의 계속적인 확장에 대한 기대 또한 포함되어 있다. 바울의 사역에는 사도, 목회자, 신학자, 그리고 전도자나 선교사의 역할이 모두 결합되어 있는 것이다. 고린도는 그리스의 가장 전략적인 국제 도시로서, 동서남북으로 뻗어 나가는 중심지로 남아 있다. 에베소는 그의 소아시아 사역을 위한 전략적 요충지를 대표한다. 빌립보와 데살로니가는 마케도니아의 핵심 거점이다. 로마와 로마 너머의 서쪽 역시 복음 전파를 위한 바울의 구상 속에서 한 부분을 차지한다.

그러나 많은 이들이 흔히 생각하는 것과는 달리, 바울은 결코 자기 자신을 독자적으로 사역하는 고독한 전도자로 여기지 않았다. 바울은 하나님뿐만 아니라 후원교회에 의해서도 '파송된' 사람으로서, 나 홀로 사역이 아니라 디모데, 누가, 실라, 혹은 아볼로와 같은 동역자와 힘을 합쳐 사역했다. 바울 신학계 및 현대의 교회론 분야에서 보면, 다수의 사역자가 서로 협력하여 수행해 가는 사역 양식의 역할 모범으로서 바울서신에 나타나는 '동역자들'에 대한 관심이 점점 더 고조되고 있다.

고린도전서 저술 당시 바울은 아시아 선교를 위한 '핵심 기지'인 에베소에서 사역하는 중이었다. 빌립보교회가 직면했던 위험과 위협(빌 3장 2절~4장 1절)을 고려해 볼 때, 바울은 고린도로 돌아가기 전에 먼저 마케도니아를 방문해야 했다. 그러나 고린도교회에 더 큰 위협이 존재한다는 소식이 고린도에서 들려온다면, 바울은 이런 잠정적 계획을 바꿀 수도 있다. 여기서 한 가지 타협안은 우선 디모데를 보내어 고린도교회 내의 문제가 얼마나 심각한 것인지 살펴보는 것이다(고전 4장 17, 18절, cf. 14~21절). 16장 10, 11절에서 설명하는 것이 바로 이것이다. 바울은 또한 아볼로 역시 고린도를 다시 방문해 주기를 바랐지만(16장 12절), 아볼로는 지금은 자신이 고린도에 가기에 적합한 때가 아니라고 판단하였다(12절). 어쩌면 바울을 반대하는 집단의 대표격으로 아볼로의 이름을 도용하려고 시도하는 사람들 때문이었을 수도 있고, 아니면 다른 더 시급한 일이 있었기 때문일 수도 있다. 기본적 전략에 대해서는 계획을 세웠지만, 구체적인 전술이나 작전의 수행 과정은 상황이 명확해지거나 변하기 전까지는 부득불 유동적이고 가변적인 상태로 남아 있을 수밖에 없다.

마케도니아에 대한 목회적 방문(주로 빌립보였지만 데살로니가도 포함되었을 것이다)은 최종 목적지인 고린도에서의 체류보다 짧았을 것이다. 바울이 **한동안 여러분과 함께 머물고 어쩌면 여러분과 함께 겨울을 지낼** 계획을 세우고 있다는 사실이 그런 가능성을 시사한다(6절). 고린도전서를 쓰기 이전, 바울이 고린도 지역을 방문한 기간은 약 18개월 정도 지속되었고, 두 번의 방문을 합하면 아마도 족히 2년은 될 것이다. 그가 에베소에 있으면서도 고린도를 위한 사역을 수행했던 것을 계산하며, 고린도를 위한 그의 목회적, 선교적 사역은 아직도 더 장기적인 것이라 할 수 있다. 이런 관찰은 바울이 목회적 관심은 거의 없고, 단지 복음 전파만을 위해서 여기저기 '바삐 돌아다닌' 사람이라는 식의 생각이 얼마나 잘못된 것인가를 잘 보여준다.

이런 행보의 실질적 효과 중 하나는 고린도인들로 하여금 그의 **다음 행선지가 어디가 되건 실질적인 도움과 함께** [바울을] **그곳으로 보내주도록** 하는 것이었다(6절). 여기서 고린도인이 맡은 역할은 결코 작은 것이 아니다. 진정한 목회적 후원이란 **지나가는 길**에 주고받을 수 있는 것이 아니기 때문이다(7절). 바울이 이 점에 많은 신경을 쓰고 있다는 사실은 그가 같은 표현을 두 번이나 반복한다는 데서 확인할 수 있다(6, 7절, 헬, *카타메네…크로논 티나 에피메이나이*). 바울이 암시하는 **실질적 지원**은 여행을 위한 도움을 의미하며, 이는 종종 필요한 음식의 공급 및 환대와 숙소를 베풀어 줄 만한 사람들을 소개해 주는 것을 포함한다. 그러나 **보내주다**라는 말에서 느껴지는 것처럼, 그 지원에는 바울을 배후에서 '지원하고' 그를 위하여 기도하는 것과 같은 영적 책임이라는 어감이 포함되었을 수도 있다.

물론 궁극적으로 모든 것은 **주님께서 허락하시면**이라는 조건에 달려 있다(7b절). 이런 주님의 허락을 전제하고서, 바울은 **오순절까지 에베소에 머물겠다**는 계획을 세운다(8절). 이는 현재 에베소의 상황이 매우 중대한 기로에 있기 때문이다. 한편으로는 바울과 **복음을 위한 크고 효과적인 문**이 열린 것이며, 다른 한편으로는 바울과 복음에 **맞서는 대적들이 많은 것**이다(9절). 해외 선교사들은 바울이 사용한 표현을 가져다가 복음을 전할 기회에 대해 **열린 문**이라는 은유를 사용하기도 하지만(cf. 고후 12장과 골 4장 3절), 사업이나 사무 행정과 관련된 일상적인 대화에서는 기회의 창(window)이라는 표현을 그와 같은 의미로 사용한다. 하지만 마찬가지로 기회는 또한 위협과 얽히는 수가 많다. **대적들**이 복음을 반대하고 나서는 것이다. 현재로서는 기회와 위협이라는 두 가지 면 모두에서 바울을 더 원하고 요구하는 곳은 에베소이다. 하지만 그렇다고 해서 고린도와 **마케도니아**가 이후로도 바울의 계획 속에서 설 자리를 잃었다는 의미는 아니다. 이 모든 것의 배후에는 지금 당면한 문제에 대한 민감하며 즉흥적인 관심이 아니라, 미리 계획되고 충분한 고려를 거친 적극적인 전략이 있음을 시사한다.

이 단락의 중간 부분은 얼마 후에 고린도를 방문하여 바울의 대행자 혹은 대리자로 수고할 **디모데**를 위한 바울의 염려와 관련된 것이다. 고린도의 독자들은 **그가 여러분과 함께 있을 때 아무런 두려움도 느끼지 않도록 신경을 써 주어야** 한다(10절). 바울은 고린도인에게 **아무도 그를 하찮은 사람으로 여기지 못하게 하라**고 역설한다(11절). 자기들이 선별하여 택한 이들이 아닌 다른 지도자에 대한 고린도인의 오만과 비방을 생각해 보면 전혀 이상한 권고가 아니다. 디모데는 바울의 대리자로 행동하겠지만, **마찬가지로 그 또한 주님의 일을 계속하고 있기** 때문이다(10b절). 이러한 두 가지 논점은 바울의 이전 논증에서 사람을 '보잘것없는 자'로 여기는 것(고전 1장 28절) 및 동일한 사역 안에서 서로 다른 역할을 맡아 하는 것(3장 6~9절)에 대한 이야기를 생각나게 한다.

또한 고린도 교회는 바울을 위해서 그렇게 해야 하는 것과 마찬가지로(6b절), **그의 여행을 위해 실질적 도움을 베풀어 주어야** 한다(11b절). 바울 자신도 디모데의 도움이 필요하다고 말한다. 그래서 그는 **그를 기다리고 있다**는 것을 언급한다(11b절). 동역자들과 하는 협력에 관한 바울의 이야기는 말로만 '협력 사역' 운운하면서 반권위주의적 혹은 반(反)독재적 흉내를 내려는 텅 빈 수사가 아니라, 실제로 모든 이의 유익을 위해 책임을 나누어 지는 모습을 표현한 것이다.

이 단락의 마지막 부분은 **아볼로**에 관한 것인데(12절), 여기서는 바울과 **아볼로** 양자에 관한 매우 흥미로운 사실이 드러난다. 바울은 **아볼로에게 형제들과 함께 떠나 여러분에게 가라고 간청했다**. 그만큼 바울은 **아볼로**가 고린도에 머무는 일에 대해 아무런 두려움을 느끼지 않는다는 것이다. 그는 **아볼로**가 고린도인의 아첨에 넘어갈 사람이 아니라는 것을 확신하고 있으며, 따라서 바울과 같은 일을 하는 데서 그가 보여주는 개방적 태도를 변호한다. **아볼로** 편에서 보자면, 그는 소위 '아볼로파'의 아첨을 즐기려 들기는커녕, 오히려 좌절감 아니면 슬픔에 가까운 반응을 보였을 것이다. 정작 바울과 아볼로는 동일한 전망을 공유하면서 주님의 일에 힘쓰고 있는데, 어떻게 고린도인은 이들이 서로 경쟁하는 관계인 것처럼 여길 수 있었을까? **아볼로**는 마땅히 관심을 기울여야 할 더 중요한 일에 관심을 기울이며 다른 의무를 수행하는 데 무리가 되지 않는 경우여야 고린도로 돌아가게 될 것이다. 하지만 교회를 위한 그의 관심은 부인할 수 없다. 그래서 **알맞은 때가 되면, 지체 없이 여러분에게로 갈 것입니다**.라고 말하는 것이다(12b절).

51. 묵상을 위한 제언(16장 5~8절)

1. 소망과 계획을 함께 나누는 일에 관하여(5~12절)

바울은 심지어 사도라고 해도, 모든 일이 자기가 바라고 의도하는 대로 움직이지 않는다는 것을 안다. 여행의 경우나 다른 상황에서, 하나님께서 언제나 그리스도인을 지켜 '예기치 못한' 상황이 발생하지 않도록 해 주시는 것은 아니다. 그래서 바울은 현명한 목회자답게, 자신의 소망을 피력하면서도 사정이 달라질 수 있음을 미리 밝힘으로써, 불필요한 오해나 비난의 소지를 없애고자 한다. 모든 것을 내 마음 속으로만 생각하는 것이 언제나 현명한 태도일까?

2. 전략적 요충지에 복음을 심는 일에 관하여(5~9절)

지리적 요인은 교회에 상당히 큰 영향을 미친다. 비록 많은 사람이 바울이 전략적 요충지를 선택한 것에 관해 조심스런 입장을 보이지만, 고린도라는 거대한 중심지, 에베소, 데살로니가, 그리고 빌립보와 같은 도시는 분명 복음을 전파하는 일에서 전략적인 중요성이 있는 곳이었다. 목회자와 교회는 적극적인 전략 수립에 얼마만큼의 관심을 쏟는 것이 좋을까? 그러한 계획이 성령을 '소멸하는'것인가, 아니면 성령의 일깨우심을 반영하는 것인가? 혹 우리는 다른 사람들이 계획한(시간을 들인) 것을 두고 이에 대응하는 데만 너무 많은 시간을 소모하고 있는 것은 아닌가?

3. 협력적 지도력과 동반 사역에 관하여(7~12절)

바울은 독자적이고 '자유롭게 활동하는' 그런 전도자가 아니다. 그는 사도들에 의해 나름의 역할을 위임받았고, 바나바, 실라, 아볼로, 디모데 등과 밀접하게 협력하면서 사역하였다. 바울은 지속적인 목회적 도움을 베풀기 위해 사역했던 교회를 다시금 방문한다(고린도에서는 후속적인 방문들을 포함해 약 18개월 정도를 지냈으며, 에베소에서는 더 오래 머물렀을 것이다). 혹 상황을 '자신의 주도권 아래' 두고 싶어서, 다른 이들과의 협력 사역을 평가절하하려고 들지는 않는가?

4. 기회의 문이 열렸을 때 필요한 용기에 관하여(9절)

바울은 복음을 전할 '효과적인 문'이 활짝 열렸을 때에는 '대적들'과 맞서는 상황도 회피하지 않는다. 우리는 유사한 상황에서 그러한 용기를 보일 수 있을까? 우리는 우리 곁에 계시는 하나님을 신뢰할 수 있는가?

5. 젊은 지도자와 사역자에 대한 존중에 관하여(10, 11절)

더 큰 영향력과 경험이 있는 바울조차도 고린도에서 여러 가지 문제에 직면했는데, 어떻게 디모데가 바울의 대리자로서의 책임을 잘 수행할 수 있을까? 디모데를 존중하라는 바울의 호소는 그가 8장부터 10장까지 및 11장부터 14장까지에서 보여준 그의 관심과 부합한다. 우리는 모든 사람을 동등하게 존중하는가?

6. 민감성과 신뢰에 관하여(12절)

바울은 아볼로에게 고린도교회를 방문해 달라고 요청했다. 아볼로의 '숭배자들'로 인해 분란이 생겼던 바로 그 교회였다. 그만큼 바울은 아볼로를 전폭적으로 신뢰했다. 그러한 신뢰에 대한 아볼로의 반응은 세심한 감각을 드러내 보인다. 그는 문제를 더 어렵게 만들기를 원하지 않는다. 이러한 예들은 오늘 우리의 상황에 대해 무엇을 말해 주는가?

3. 최종 이별, 의견, 금지 명령, 그리고 인사(16장 13~24절)

13 깨어 있으십시오. 믿음에 굳게 서십시오. 성숙한 용기를 보이십시오, 힘을
키우십시오. 14 여러분이 하는 모든 일을 사랑으로 행하십시오. 15 친애하는
그리스도인 형제자매 여러분, 여러분에게 또 한 가지 요청을 하려고 합니다.
여러분은 스데바나 집안이 아가야에서 앞으로 생겨날 더 많은 회심자 중 첫
열매였고, 그들이 하나님의 백성을 섬기기로 자원한 것을 잘 알고 있습니다.
16 그래서 여러분의 입장에서는 이와 같은 사람들에게, 그리고 우리 공통의 사
역을 위해 함께 수고하는 모든 사람에게 기꺼이 복종하기를 바랍니다. 17 스
데바나와 브드나도와 아가이고가 이곳에 도착하여 참 기쁩니다. 여러분이 여
기 없는 서운함을 그들이 채워주었기 때문입니다. 18 그들이 여러분의 기운을
북돋아 주었던 것처럼, 또한 저의 기운도 북돋아 주었습니다. 그러므로 여러분
은 이런 사람들을 제대로 알아주어야 합니다. 19 아시아 교회들이 여러분에게
문안하고 아굴라와 브리스가 역시 그들의 집에서 모이는 온 교회와 더불어 주
님 안에서 여러분에게 따뜻한 안부를 전합니다. 20 여러분의 모든 동료 그리스
도인이 여러분에게 인사를 전합니다! 여러분은 거룩한 입맞춤으로 서로 문안
하십시오. 21 저 바울도 친필로 여러분에게 인사를 전합니다. 22 주님을 사랑
하지 않는 사람은 누구든 저주받게 하십시오. "우리 주님이시여 오소서" 23 주
예수님의 은혜가 여러분과 함께 있기를 바랍니다. 24 그리스도 예수 안에서 저
의 사랑이 여러분 모두와 함께 있기를 바랍니다.

전체 윤곽 면에서 볼 때, 바울은 대체로 당시 그리스-로마 편지의 종결 형식을 따르고 있다. 이는 1장 1절부터 4까지에서 편지의 시작과 인사말 형식을 그대로 따랐던 것과 마찬가지다. 또한 서두에서와 마찬가지로, 편지의

결말에서도 바울은 통상적인 편지 형식에다 독특한 기독교적 내용을 채워 넣는데, 고린도전서에서는 이런 첨가를 통해 무엇보다도 **사랑**의 중요성이 반복적으로 강조되는 것을 관찰할 수 있다(14, 22, 24절). 편지의 말미에 **저주**가 등장하는 것도 예외적이다(오직 16장 22절과 갈 1장 8, 9절에서).

모든 사려 깊은 수사에서처럼, 결론(수사학적 용어로는 결어, *peroratio*)은 편지 전체에서 드러난 핵심 주제(혹은 수사적으로 논제, *propositio*)의 여러 가지 측면들을 재확인한다. 여기서 우리는 이런 논증이 개별적인 독자들이 따로 읽는 것이었다기보다는 함께 모인 회중 혹은 청중들이 함께 듣는 것이었다는 사실을 기억하는 것이 중요하다.

여러분이 하는 모든 일을 사랑으로 행하십시오(14절)는 행동과 용기가 필요하다는 사실을 말해주지만, 또한 다시 유치한 수준으로 돌아가서는 안 된다는 훈계를 더 강화하는 것이기도 하다. 왜냐하면, 앞에서 살핀 것처럼 '유치한' 것을 버린다는(13장 11절) 것은 훨씬 장기적인 안목에서 선을 위해 당장의 소망, 결핍, 혹은 이익을 포기하는 것을 포함하기 때문이다. **성숙한** 성인이라면 더 넓은 안목으로 상황을 바라보고, 거기서 드러나는 필요를 중요하게 생각할 것이다.

다음에 등장하는 일련의 권고는 교회 내에서 오랜 연륜이 있는 그리스도인 '연장자'를 구체적으로 언급하면서 다른 사람들에 대한 존중이라는 주제를 발전시키는 것이다. 여기서는 **스데바나 집안**이 하나의 대표적인 사례로 등장한다(15, 16절). 여기서 '부탁하다' 혹은 '요청하다'에 상응하는 단어(헬, *파라칼로*)는 아마 현대 영어의 please처럼 정중한 부탁을 뜻하는 것이라 볼 수 있다(16절). 1장 16절에서도 암시하듯이, **스데바나 집안**은 아마도 **아가야** 사람들 중 고린도에서 그리스도인이 된 최초의 사람들이었을 것이다. 그들은 앞으로 생겨날 더 많은 **개종자 중 첫 번째**라는 의미로, 반가운 첫 열매(헬, *아파르케*) 혹은 선구자가 되었다. 교회 역사의 초창기 교인들이 그랬던 것처럼, 그들은 **하나님의 백성을 섬기는 데** 지속적이고도 신실한 사례가 되었으며, 그런 의미에서 그들은 **우리 공통의 사역을 위해 함께 수고하는 사람들**이었다(16b절). 새로운 그리스도인을 교회로 영접하고, 새로 세례를 받은 그리스도인이요 교회의 일원으로서 그들이 자리 잡을 때까지 뒷받침해 준 이들에게 특별한 존경을 표하지 않겠다는 것은 무례한 일이다. 하지만 그런데도 '연륜 있는' 성도들의 충성된 봉사와 지도력을 간과하기란 얼마나 쉬운가!

이어서 바울은 개인적으로 **스데바나, 브드나도, 아가이고**가 에베소를 방문하면서 함께 누릴 수 있었던 신앙적 도움과 우정과 연대감에 대해 기쁨을 표현한다. 그들의 **방문**은 바울의 마음을 매우 후련하게 해 주었다. **그들이 여러분의 기운을 북돋아 주었던 것처럼 저의 마음도 북돋아 주었습니다**(18절). NIV의 '그들은 제가 여러분에게서 부족했던 것을 보충해주었습니다'(18b절)라는 번역은 바울의 의미를 호도할 수 있다. **그들이 여러분이 여기 없는 서운함을 채워 주었습니다**라고 말할 때 바울의 의도는, 로벗슨과 플러머가 말한 것처럼, 이들의 방문이 마치 '전체 고린도교회의 축소판'이 온 것과도 같다는 것이다. 이들로 인해 고린도 성도와 온갖 기억이 새삼 떠오르고, 그래서 말썽을 일으키긴 하지만 여전히 사랑스러운 고린도교회의 성도가 직접 **여기** 와 있는 것 같은 느낌을 받는다는 것이다.

즉석 이메일과 휴대전화를 비롯한 최신의 전자통신 장치들로 즉각적인 의사소통을 할 수 있는 현대인의 입장에서는, 먼 길을 걷거나 배를 타고 여행하는 사람을 통해 소식을 기다려야 하는 고통을 상상하기가 어려울 것이다. 역시 확인되지 않은 소문이나 상황의 전모를 알 수 없는 보고의 진실을 땅이나 바다를 건너와야 했던 간헐적인 편지로만 확인해야 하는 어려움을 생각할 경우 더욱 그럴 것이다. 그런 상황에서 바울은 드디어 고린도교회의 사정을 속속들이 알고 있는 신실한 동료에게서 교회에 관한 자세한 소식을 들을 수 있게 되었다. 이참에 바울은 고린도의 성도들에게 이처럼 훌륭한 세 사람의 지도자가 있는 그들이 얼마나 행복한 교회인지를 새삼 기억하게 하면서, 앞으로는 **이런 사람들을 제대로 알아주고** 존경하라는 당부를 남긴다(18b절).

그럼에도 불구하고 바울은 자신의 관심을 결코 어느 특정한 지역교회로만 제한하지 않는다. 바울은 결코 '내' 목회지에만 몰입하는 사람이 아니다. 바울은 에베소의 그리스도인들에게 고린도교회에 대한 이야기를 했고, 또 고린도의 그리스도인들에게도 틀림없이 에베소교회에 대한 이야기를 했을 것이다. 그래서 바울은 이제 **아시아의 교회들이 고린도교회에 인사를 전한다**고 말한다(19절). 여기서 말하는 **아시아**는 에베소를 주도(主都)로 삼아 그 주위를 둘러싸고 있던 로마의 한 주(州)를 가리킨다.

바울과 함께 고린도에 있다가 지금 에베소에서도 여전히 바울과 함께 있는 그리스도인들의 문안인사가 특별히 언급되고 있는 것은 자연스럽다. 아굴라와 **브리스가**(또는 브리스길라)**는 주님 안에서 여러분들[고린도]에게 따뜻한 문안 인사를 전하기를** 원했다(19절). 바울은 로마서 16장 3절에서 '브리스가와 아굴라'를 그의 '동역자들'이라 부른다. 이들은 고린도에서 바울과 만나기 전 로마에서 이미 그리스도인이 되었을 것이다. 바울이 고린도에서 에베소로 여행할 때에도 이 부부 사역자는 바울보다 앞서 거기 있었다(cf 행 18장 26~28절). 바울과 더불어 이 두 사람은 따뜻한 애정의 마음으로, 이교적이며 다원적인 도시에서 그리스도인으로 살아가며 고린도의 동료 신자와 함께 나누었던 승리와 갈등의 시간과 그 도전적인 상황에서 함께 복음을 증거하며 하나님을 예배하였던 때를 돌이켜 본다. 나는 종종 '많은 인사'(REB)

로 번역하는 복수형 헬라어가 인사의 횟수가 아니라 인사의 질을 강조하는 것으로 보아, **따뜻한 문안 인사**로 번역하였다(NIV와 NRSV의 '여러분에게 따뜻한 인사를 전합니다'는 좋지만, NJB의 더욱 형식적이며 동떨어진 '안녕히 계십시오'는 곤란하다. 그보다는 더 많은 의미를 담은 표현일 것이기 때문이다!).

그들의 집에서 모이는 교회(19b절)는 **아굴라**와 **브리스가**가 소유한 집에서 교회로 모였던 그리스도인의 모임을 의미할 수밖에 없다. 브리스길라는 상당한 교육을 받은 사람이었다(그녀는 아볼로에게 성경을 가르쳤다). 이들 부부는 분명 가죽 제품, 천막, 돛 등과 관련된 제품을 취급하는 사업가였다. 그들은 로마에서 고린도로, 또 고린도에서 에베소로 이동하였고, 아마 그리고는 다시 로마로 돌아갔을 것이다. 그들은 자신의 사업체를 소유하고 있었고, 이동하면서 사업체를 확장하였던 것으로 보인다.

당시 여행은 부자 아니면 벌이가 좋은 사업가들만 할 수 있는 것이었다. 주후 53년 무렵이라면, 이들 부부가 50명 내지 60명 정도의 예배 공동체를 수용할 수 있을 정도의 큰 집을 소유했다는 것은 가능성이 있고도 남는 일이다. *아트리움*(*atrium*, 안뜰이 딸린 큰 방)과 *트리클리니움*(*triclinium*, 눕는 긴 의자가 있는 식당 방)을 다 개방하고, 아트리움에 사람들이 서 있었다고 전제하면 충분히 가능한 일이다. 바울은 이들 부부에게 감사해야 할 특별한 빚을 졌다. 로마서 16장 4절에서 우리는 그들이 바울을 위하여 '목숨을 내놓았다'는 사실을 알 수 있었는데, 그 일이 있었던 때가 바로 에베소에 있던 이 무렵이었을 것이다. F. F. 브루스는 자신의 생각이 분명한 브리스길라가 소위 불쾌한 여성 혐오자를 위해 목숨을 내놓았을 리는 만무하다고 잘라 말한다!

에베소의 다른 사람들 역시 이름을 들어서 아는 고린도의 그리스도인에게나 혹은 '친구의 친구'에게 안부를 전해줄 것을 바울에게 부탁했을 수 있다. 현명한 목회자였던 바울은 헷갈리는 기억이나 지면의 부족으로 인해 한 사람이라도 누락되는 일이 생기지 않도록 **여러분의 모든 동료 그리스도인이 여러분에게 인사를 전합니다**라는 말을 편지에 포함한다! **입맞춤**은 존경과 영예의 표시였다. 입맞춤이 개인적인 애정을 전달하는 것이었을 수도 있겠지만, 이 점은 확실하지 않다. 에베소 장로들의 이별의 **입맞춤**(행 20장 37절)은 바울에 대한 그들의 존경과 감사의 표시다. 그리스-로마 세계에서 의례상 **입맞춤**이 뜻하는 바에 대한 연구를 보면, 입맞춤이 다양한 행동과 태도를 나타낼 수 있었다는 것을 알 수 있다. 그런 이유로 바울은 입맞춤에다 **거룩함**이라는 형용사를 결합함으로써 하나님의 백성 안의 연대감과 상호성 및 존중을 표현하기에 적합한 그런 종류의 인사가 되도록 만든다. 소극적으로는, 이렇게 함으로써 입맞춤이 성적 애정이나 지나친 친밀감의 표현이 되는 것을 막고, 적극적으로는 상호 존중과 화해의 표현이(필요하다면) 되게끔 한다. 세월이 흐르면서 이는 평화의 입맞춤이라는 공식적 예전의 일부로 발전한다.

나 바울도 친필로 여러분에게 인사를 전합니다(21절)는 바레트의 탁월한 번역을 따른 것이다. 바울은 당시 짧지 않은 편지를 보내던 사람들의 통상적인 관습을 따라 이 대목까지 편지를 구술하였다. 예를 들면, 로마서를 받아 적은 사람은 더디오였고(롬 16장 23절), 아마 고린도전서 1장 1절부터 16장 20절까지는 소스데네가 받아 적었을 것이다. 편지 여러 곳에서 바울은 자신의 개인 서명을 넣기도 하고, 앞의 것과는 다른 자신의 큰 글씨체로 내용을 몇 줄 추가하기도 한다(갈 6장 11절을 보자. 또 골 4장 18절, 몬 19장, 그리고 살후 3장 17절 참고).

일부 학자는 "**우리 주님이시여 오소서!**"라는 말이 **주님을 사랑하지 않는**

사람은 누구든 저주받게 하십시오(22절)와 함께 사용된 것을 주목하면서, 이것이 성찬 혹은 주님의 만찬 때 이 편지를 큰 목소리로 읽어 주는 상황을 시사하는 것이라고 주장한다(리츠만과 보른캄). 그러나 다른 사람들은 설득력 있는 논리로 이 이론을 배격하는데, 대표적으로 모울(C. F. D. Moule)과 가장 최근의 에릭슨(Anders Eriksson)을 들 수 있다(이들의 논증은 나의 *First Epistle*, 1348-52에서 다룬 바 있다).

모울은 신중한 논증을 통해 "**우리 주님이시여, 오소서**"가 성찬 때의 탄원이 아니라, *파루시아*의 시점에 주님의 오심을 간구하는 종말론적 기도라고 주장한다. 에릭손은 13절부터 24절까지가 편지 전체의 핵심적 주제를 하나로 모으고 있다는 점을 명확하게 보여준다. 13절에서 **깨어 있으십시오**라는 말의 어조는 "우리 주님이시여, 오소서"에서 다시금 재현된다. 물론 이 둘은 모두 그리스도의 최종적 도래를 가리키는 표현이다. **굳게 서십시오**라는 표현은 견고한 기초 위에 세우기와 사도적 전통을 고수하는 것과 연관된다. 최종적으로, **저주**와 **주를 사랑하는 것**은 언약적 저주와 축복을 요약한 것이다. 고린도전서의 여러 곳에서 암시된 바 있는 이 주제는 10장 1절부터 22절까지와 11장 23절부터 32절까지 같은 곳에서는 매우 명시적으로 드러난다. 여기서 주님을 **사랑한다**는 것은 언약적 충성을 그 속에 포함한다.

에릭슨의 결론에 의하면, 사랑의 명령을 언약적 문맥에 놓음으로써 바울은 십자가의 말씀(1장 18~25절)을 새롭게 선포하는 셈이 된다. 바울이 1장 18절에서 말하는 것처럼, 그것을 어리석다고 여기는 이에게는 파멸 혹은 저주가 임하겠지만, 신자의 입장에서 그 효력을 받아들이는 자에게는 구원이 있을 것이다. 또한 에릭슨은 수사학적, 서신적 관점에서 볼 때, 편지의 종결 부분은 편지의 핵심 주제를 요약하면서 거기에 감정적인 호소를 더하는 수가 많다는 주장을 덧붙인다. 그것은 마치 바울이 다음과 같은 결론을 내리는 것과 같다. "자, 그렇다면 말해 보십시오. 십자가가 여러분에게 선포되는데, 여러분은 그 '안'에 있습니까 아니면 '밖'에 있습니까?"*

그러나 가장 마지막 단어는 이 편지의 또 다른 핵심 주제인 **은혜**에 관해 이야기한다. "여러분이 가진 것 중 받지 않은 것이 하나라도 있습니까?"(4장 7절) "그러나 하나님의 은혜로 지금의 내가 되었습니다."(15장 10절) "여러분에게 하나님께서 주시는 은혜와 평화가 있기를 원합니다."(1장 3절) **주 예수님의 은혜가 여러분과 함께 있기를 원합니다**(23절). 이런 **은혜** 개념은 로마서에서처럼, 아니 어쩌면 그보다 더 강하게, 고린도전서를 시종일관 채색하고 있을 것이다. 가없는 관대함이라는 이 과분한 선물은 그들의 마음도 차례차례 풍성한 은혜로 흘러넘치도록 바울과 다른 복음 매개자들을 통해 흐른다. 그래서 바울은 마음으로부터 이런 말을 덧붙인다. **나의 사랑이 그리스도 예수 안에서 여러분과 함께 있기를 바랍니다**.(24절) 여기에는 어떠한 조건도 제한도 붙지 않는다.

* Anders Eriksson, "Maranatha in the Letter's Peroratio," in Eriksson, Tradition as Rhetorical Proof: Paul's Argumentation in I Corinthians (Stockholm: Almqvist & Wiksell, 1998), pp. 279-98.

52. 묵상을 위한 제안(16장 13~24절)

1. 통상적 편지 형식에 기독교적 내용을 담는 것에 관하여(14~21절)

1장 1절부터 3절까지, 4절부터 9절까지에서 관찰하였듯이, 편지 서두에서 바울은 대체로 당시의 편지 작성 관습을 따르는데, 이는 여기 종결부에서도 마찬가지다. 문화적 관습이 복음을 거스르지 않는 한, 바울은 반문화적인 태도를 취하지 않는다. 그러나 그는 수용된 형식에 기독교적인 내용을 담음으로써 이를 더욱 강화한다. 그리스도인으로서 우리는 언제나 복음에 관해 생각하면서도 우리 시대의 통상적인 예의범절을 제대로 존중하고 있는가?

2. 오래 수고한 그리스도인을 특별히 존중하는 것에 관하여(15~18절)

대부분의 교회들에는 스데바나 가족처럼 '무거운 짐과 한낮의 뜨거움을 감내했던 자들'이 존재한다. 특별히 젊은 지도자들은 이런 그리스도인에게 마땅한 존경을 표하고 있는가?(18절) 교회는 하나님께 '속한' 것이지만(1장 1, 2절), 최근에 들어온 사람들(혹은 종종 오래된 신자들)은 교회가 마치 '자신들의 소유'인 것처럼 여기지는 않는가? 교회의 예배는 모두가 서로를 존중해야 하는 모두의 일이다(16절).

3. 증언과 믿음으로 우리의 기운을 북돋는 이들에 대한 감사에 관하여(17, 18절)

아마도 스데바나는 아가야에서 바울이 얻은 첫 회심자였을 것이다(1장 16절; 16장 15절). 의심의 여지 없이 바울은 고린도에서 18개월을 보내는 동안 그(브드나도, 아가이고 등과 함께)와 더불어 많은 추억거리를 나누어 가졌을 것이다. 그들은 교회를 위해 헌신적으로 봉사했을 뿐 아니라(15절), 또한 활기차고 기쁘고 감사하는 마음으로 바울에게 와 그의 마음을 후련하게 해 주었던 것으로 보인다(18a절). 우리는 우리의 기운을 북돋우는 활기차고 신실한 동료 그리스도인에게 충분한 감사를 표현하고 있는가? 마찬가지로 우리 또한 다른 사람들의 마음을 후련하게 하려고 노력하는가?

4. 바울의 이별의 인사인 '은혜'와 '사랑'에 관하여(23, 24절)

하나님의 과분한 은혜가 흘러넘침을 강조하는 면에서는 고린도전서가 결코 로마서에 뒤지지 않는다. 고린도전서에서 바울이 사랑에 부여한 역할도 매우 심도 있는 것이다. 이 주제는 8장부터 14장까지에서, 특히 정점인 13장에서 가장 지배적으로 나타난다. 이 사랑은 단순한 느낌의 문제가 아니라 존중, 예의, 민감성, 그리고 다른 사람의 유익에 대한 구체적인 욕구 등의 창조적인 방식으로 그 모습을 드러낸다. 고린도전서의 핵심인 사랑에 대한 우리의 인상은 어떤 것인가? 이 사랑은 어떤 점에서 오늘날의 그리스도인의 생각과 삶에서 가장 큰 변화를 일으킬 수 있겠는가?

참고문헌

| 일반서적 및 연구들 |

Aageson, J. W. *Written Also for Our Sake*. Louisville: Westminster/John Knox, 1993.

Balthasat, Hans Urs von. *The Glory of the Lord*, vol. 1. Edinburgh: T&T Clark, 1982.

Balz, Horst, and Gerhard Schneider. *Exegetical Dictionary of the New Testament*, 3 vols. Eng. tr. Grand Rapids: Eerdmans, 1993.

Barrett, C. K. *The Signs of an Apostle*. London: Epworth, 1970.

Barth, Karl. *The Resurrection of the Dead*. Eng. tr. London: Hodder, 1933.

________. *Church Dogmatics*, II/1. Edinburgh: T&T Clark, 1957.

________. *Church Dogmatics*, IV/2. Edinburgh: T&T Clark, 1958.

Barthes, Roland. *Elements of Semiology*. London: Cape, 1967.

________. *Mytholgies*, London: Cape, 1972.

Beker, J. Christiaan. *Paul the Apostle*. Philadelphia: Fortress, 1980.

Blomberg, Craig L. *1 Corinthians*. Grand Rapids: Zondervan, 1994.

Bockmuehl, M. *Revelation and Mystery in Ancient Judaism and Pauline Christianity*. Tbingen: Mohr, 1990.

Bonhoeffer, Dietrich. *Meditating on the Word*. Cambridge, Mass.: Cowley, 1986.

Bornkamm, G. "Lord's Supper and Church in Paul." 123-60 in *Early Christian Experience*. London: SCM, 1969.

________. "The More Excellent Way(1 Cor. 13)." 180-93 in *Early Christian Experience*. Eng. tr. London: SCM, 1969.

Brown, Alexandra R. *The Cross in Human Transformation*. Minneapolis: Fortress, 1995.

Bruce, F. F. *Paul: Apostle of the Free Spirit*. Exeter: Paternoster, 1977.

Bullimore, M. A. St. *Paul's Rhetorical Style: An Examination of 1Cor 2:1-5*. San Francisco: International Scholars, 1995.

Bultmann, Rudolf. *Theology of the New Testament*, vol. 1. Eng. tr. London: SCM, 1952.

Caird, George B. *The Language and Imagery of the Bible*. London: Duckworth, 1980.

Carson, Don. "Pauline Inconsistency: Reflection in 1 Cor. 9:19-23 and GAl. 2:11-14." *Churchman* 100 (1986): 6-45.

Casteilli, Elizabeth. *Imatating Paul: A Discoruse of Power. Louisville*: Westminster/John Knox, 1991.

Clarke, Andrew D. *Secular and Christian Leadership in Corinth*. Leiden: Brill, 1993.

Collins, G. D. "That We Might Not Crave Evil. …" *Journal for the Study of the New Testament* 55 (1994): 55-75.

Collins, John N. *Diakonia: Re-Interpreting the Ancient Sources*. New York and Oxford: Oxford University Press, 1990.

Crafton, J. A. *The Agency of the Apostle*. Sheffield: Sheffield Academic Press, 1991.

Crocker, Cornelia Cyss. *Reading 1 Corinthians in the Twenty-First Century*. London and New York: T&T Clark International/ Continuum, 2004.

Cullmann, Oscar. *Immortality of the Soul or Resurrection of the Dead?* Eng. tr. London: Epworth, 1958.

Dahl, M. E., *The Resurrection of the Body*. London: SCM, 1962.

Danker, Frederick W. (ed.). *A Greek-English Lexicon of the New Testament and Other Early Christian Literature*, 3rd edn. [BDAG]. Chicago: University of Chicago Press, 2000.

Dautzenberg, G. *Urchristliche Prophtie*. Stuttgart: Kolhammer, 1975.

Deissmann, Adolf. *Light from the Ancient East.* Eng. tr. London: Hodder & Stoughton, 1927.

Deming, William. P*aul on Merriage and Celibacy: The hellenistic Background of 1 Cor. 7.* Cambridge: Cambridge University Press, 1995.

Dungan, D. L. *The Sayings of Jesus to the Churches of Paul.* Oxford: Blackwell, 1971.

Dunn, James D. G. *Baptism in the Holy Spirit.* London: SCM, 1970.

________. *Jesus and the Spirit.* London: SCM, 1975.

________. *The Theology of the Apostle Paul.* Grand Rapids: Eerdmans and Edinburgh: T&T Clark, 1998.

Eckstein, Hans-Joachim. *Der Begriff Syneidēsis bei Paulus.* Tübingen: Mohr, 1983.

Elliott, Neil. *Liberating Paul.* Maryknoll, N. Y.: Orbis, 1994.

Ellis, E. E. "'Spiritual' Gifts in the Pauline Community." 24-44 in Ellis, *Prophecy and Hermeneutics in Early Christianity.* Grand Rapids: Eerdmans, 1978.

Engels, Donald. *Roman Corinth.* Chicago: University of Chicago Press, 1990.

Eriksson, Anders. *Tradition s Rhetorical Proof: Pauline Argumentation in 1 Corinthians.* Stockholm: Almqvist & Wiksell, 1998.

Fish, Stanley. "Rhetoric." 471-502 in *Doing What Comes Naturally.* Oxford: Clarendon, 1989.

Ford, David F. "The Economy of God." In F. Young and D. F. Ford, *Meaning and Truth in 2 Corinthians.* London: SPCK, 1987.

Fuchs, E. *Christus und der Geist bei Paulus.* Leipzig: Hinrichs, 1932.

Gardner, Paul D. T*he Gifts of God and the Authentication of a Christian: An Exegetical Study of 1 Cor. 8:1-11.* Lanham, Md.:University Press of America, 1994.

Gee, Donald. *Spiritual Gifts in the Work of th Ministry Today*. Springfield, Mo.: Gospel, 1963.

Gill, D. W. "The Meat Market at Corinth [1 Cor. 10:25]." *Tyndale Bulletin* 43 (1992): 389-93.

Gillspie, Thomas W. *The First Theologians: A Study in Early Christian Prophecy*. Grand Rapids: Eerdmans, 1994.

Glad, C. E. *Paul and philodemus: Adaptability in Epicurean and Early Christian* Psychology. Leiden: Brill, 1995.

Grenz, Stanley. *The Social God and the Relational Self*. Louisville & London: Westminster/ John Knox, 2001.

Gundry-Volf, Judith. "Gender and Creation in 1 Cor. 11:2-16." 151-77 in J. Adna and Others (eds.). *Evangelium, Schriftsauslegung, Kirche: Festschrift für Peter Stuhlmacher*. Göttingen: Vandenhoeck & Ruprecht, 1997.

Hall, David R. *The Unity of the Corinthian Correspondence*. London and New York: T&T Clark International/Continuum, 2003.

Hainz, J. *Koinonia*. Regensburg: Pustet, 1982.

Hanson, Anthony T. *Studies in Paul's Technique and Theology*. London: SPCK, 1974.

Harris, W. V. "'Sounding Brass's and Hellenistic Technolgy." *Biblical Archaeologist Reader* 8 (1982): 38-41.

Harrisville, R. A. *The Concept of Newness in the New Testament*. Minneapolis: Augsburg, 1960.

Hengel, Martin. T*he Cross of the Son of God*. Eng. tr. London: SCM, 1986.

Hill, David. *New Testament Prophecy*. London: Marshall, 1979.

Holland, Tom. *Contours of Pauline Theology*. Fearn: Mentor/Christian Focus, 2004.

Hooker, Morna D. "Beyond the Things Which Are Written." *New Testament Studies 10* (1963-64): 127-32.

________. "Authority on Her Head: An Examination of 1 Cor. 11:10." *New Testament Studies 10* (1964): 410-16; also reprinted in Hooker, *From Adam to Christ: Essays on Pual.* Cambridge: Cambridge University Press, 1990, 113-20.

Horsley, R. A. "Consciousness and Freedom among the Corinthians: 1 Cor. 8-10." *Catholic Biblical Quarterly* 40 (1978): 574-89.

Hurd, John C., Jr. *The Origin of 1 Corinthians.* London: SPCK, 1965.

Judge, E. A. *The Social Patterns of the Christian Groups in the First Century.* London: Tyndale, 1960.

Jüngle, E. *God as the Mystery of the World.* Eng. tr. Edinburgh: T&T Clark, 1983.

Käsemann, Ernst. "Sentences of Holy Law in the New Testament." 66-81 in *New Testament Questions of Today.* Eng. tr. London: SCM, 1969.

Klein, W. W. "Noisy Gong or Acoustic Vase? A Note on 1 Cor. 13:1." *New Testament Studies 32* (1986): 286-89.

Künneth, Walter. *The Theology of the Resurrection.* Eng. tr. London: SCM, 1965.

Lanci, J. R. *A New Temple for Corinth.* New York & Bern: Lang, 1997.

Lietzmann, H. *An die Korinther* 1/2. Tübingen: Mohr, 1949.

Litfin, D. *St Paul's Theology of Proclamation.* Cambridge: Cambridge University Press, 1994.

Loader, William. *The Septuagint, Sexuality, and the New Testament: Case Studies on the Impact of the LXX on Philo and the New Testament.* Grand Rapids: Eerdmans, 2004.

Luther, martin. *Heidelberg Disputation, in Early Theological Works.* Library of Christian Classics, vol. 16. London: SCM, 1962.

McCant, jerry W. "Paul's Parodic Apologia." 175-92 in James D. Hester and J. David Hester(eds.), *Rhetorics and Hermeneutics*. New York & Edinburgh: T&T Clark/ Continuum, 2004.

Macchia, F. D. "Tongues and Prophecy: A Pentecostal Perspective." *Concilium* 3 (1996): 63-69.

________. "Groans Too Deep for Works." *Asian Journal of Pentecostal Studies* 1 (1998): 149-73.

Malina, Bruce. *The New Testament World: Insights from Cultural Anthropology*. Louisville: Westminster/John Knox, 2d edn. 1993.

Martin, Dale. *The Corinthian Body*. New Haven, Conn.: Yale University Press, 1995.

Marxsen, Willi. *The Resurrection of Jesus of Nazareth*. London: SCM, 1970.

Mitchell, Margaret M. *Paul and the Rethoric of Reconciliation*. Louisville: Westminster/John Knox, 1992.

Moltmann, Jürgen. *Theology of Hope*. Eng. tr. London: SCM, 1967.

________. *The Crucified God*. Eng. tr. London: SCM, 1974.

________. *The Trinity and the Kingdom of God*. Eng. tr. London: SCM, 1981.

________. *God in Creation*. Eng. tr. London: SCM, 1985.

________. *The Spirit of Life: A Universal Affirmation*. Eng. tr. London: SCM, 1992.

________. *The Coming of God*. Eng. tr. London: SCM, 1996.

________. *The Source of Life*. Eng. tr. London: SCM, 1997.

________. *God for a Secular Society*. Eng. tr. London: SCM, 1999.

Moores, John D. *Wrestling with Rationality in Paul*. Cambridge: Cambridge University Press, 1995.

Moule, C. F. D. "The Judgment Theme in the Sacraments." 464-8 in W. D. Davies and D. Daube (eds.). *Background to the New Testament and of Eschatology*. Cambridge: Cambridge University Press, 1956.

Müller, U. B. *Prophetic und Predigt im Neuen Testament*. Gtersloh: Mohn, 1975.

Murphy-O'Connot, Jerome. "Corinthian Slogans in 1 Cor. 6:12-20." *Catholic Biblical Quarterly* 40 (1978): 391-96.

________. *St. Paul's Corinth: Texts and Archaeology*. Wilmington: Glazier, 1983.

________. *Paul: A Critical Life*. Oxford: Oxford University Press, 1997.

Neufeld, Vernon H. *Earliest Christian Confessions*. Leiden: Brill, 1963.

Nietzsche, F. *The Complete Works*. 18vols. Eng. tr. London: Allen & Unwin, 1999-13. The Antichrist. Aphorism 43.

Nock, A. D. *St. Paul*. New York: Harper, 1938.

Nygren, Anders. *Agapē and eros*. Eng. tr. London: SPCK, 1957.

Økland, Jorunn. *Women in Their Place: Paul and the Corinthian Discoruse of Gender and Sanctuary space*. London and New York: T&T Clark International/Continuum, 2004.

Panikulam, G. *Koinonia in the New Testament*. Rome: Pontifical Biblical Institute Press, 1979.

Pannenberg, Wolfhart. *Jesus - God and Man*. Eng. tr. London: SCM, 1968.

________. *Basic Questions in Theology*, vol. 1. Eng. tr. London: SCM, 1970.

________. *Systematic Theology*, vol. 2. Edinburgh: T&T Clark and Grand Rapids: Eerdmans, 1994.

Pierce, C. A. *Conscience in the New Testament*. London: SCM, 1955.

Pogoloff, Stephen M. *Logos and Sophia: The Rhetorical Situation of 1 Corinthians*. Atlanta: Scholars, 1992.

Ramsey, Ian. *Religious Language*. London: SCM, 1957.

Richardson, Neil. *Paul's Language about God*. Sheffield: Sheffield Academic Press, 1994.

Ricoeur, Paul. *The Sysbolism of Evil*. Boston: Beacon Press, 1967.

________. *Interpretation Theory*. Fort Worth: Texas Christian University Press, 1975.

Robinson, J. A. T. *The Body*. London: SCM, 1957.

Rorty, Richard. *Truth and Progress: Philosophical Paper*, vol. 3. Cambridge: Cambridge University Press, 1998.

Rosner, Brian. *Paul, Scripture and Ethics: A Study of 1 Cor. 5-7*. Leiden: Brill, 1994.

Rousselle, Aline. "Body Politics in Ancient Rome." 296-337 in G. Duby and M. Perrot (eds.). *A History of Women in the West*, vol. 1. Cambridge, Mass.: Harvard University Press, 1992.

Routledge, Robin. "Passover and Last Supper." *Tyndale Bulletin* 53 (2002): 203-21.

Sanders, K. O. *Paul - One of the Prophets?* Tbingen: Mohr, 1991.

Shanor, J. "Paul as Master Builder." *New Testament Studies* 34 (1998): 461-71.

Spicq. C. *Agapē in the New Testament*, 3 vols. Eng. tr. London: Herder, 1963.

Stanley, C. D. *Paul and Language of Scripture*. Cambridge: Cambridge University Press, 1992.

Stendahl, K. "Glossolalia - The New Testament Evidence." In Stendahl, *Paul among Jews and Gentiles*. London: SCM, 1977.

Stowers, Stanley. "Paul on the Use and Abuse of Reason." 253-86 in D. L. Balch, E. Ferguson, and W. A. Meeks (eds.). *Greeks, Romans, and Christian: Essays in Honour of Abraham J. Malherbe. Minneapolis*: Augsburg, 1990.

Theissen, Gerd. *The Social Setting of Pauline Christianity*. Eng. tr. Philadelphia: Fortress, 1982.

________. *Psychological Aspects of Pauline Theology*. Eng. tr. Edinburgh: T&T Clark, 1987.

Thiselton, Anthony C. "The 'Interpretation' of Tongues?" *Journal of Theological Studies* 30 (1979): 15–36.

________. *Interpreting God and the Postmodern Self*. Grand Rapids: Eerdmans and Edinburgh: T&T Clark, 1995.

________. "Part VI: Philosophy, Language, Theology, and Postmodernity." 523–682 in Thiselton on *Hermeneutics: The Collected Works and New Essays of Anthony Thiselton*. London: Ashgate and Grand Rapids: Eerdmans, 2006.

Thornton, Lionel S. *The Common Life in the Body of Christ*. London: Dacre, 3d edn. 1950.

Vielhauer, P. *Oikodomē: Das Bild vom Bau*. Karlsruhe: Harrassowitz, 1940.

Watson, D. F. "1 Cor. 10:23–11:1 in the Light of Graeco-Roman Rhetoric: The Role of Rhetorical Questions." *Journal of Biblical Literature* 108 (1989): 1–18.

Welborn, L. L. *Politics and Rhetoric in the Corinthian Epistles*. Macon, Ga.: Mercer University Press, 1997.

________. *Paul the Fool of Christ: A Study of 1 Corinthians 1-4 in the Comic-Philosophic Tradition*. London and New York: T&T Clark International/Continuum, 2005.

Willis, W. L. *Idol-Meat in Corinth*. Chico, Calif.: Scholars, 1985.

Wimbush, V. *Paul, the Worldly Ascetic: Response to the World and Self-Understanding according to 1 Corinthians* 7. Macon, Ga.: Mercer University Press, 1987.

Wink, Walter. *Unmasking the Power: The Invisible Forces That Determine Human Existence*. Philadelphia: Fortress, 1986.

________. *Engaging the Power*. Minneapolis: Fortress, 1992.

Winter, Bruce. "The Lord's Supper at Corinth." *Reformed Theological Review* 37 (1978): 78-82.

________. "Secular and Christian Responses to Corinthian Famine." *Tyndale Bulletin* 40 (1986): 86-106.

________. *Philo and Paul among the Sophists*. Cambridge: Cambridge University Press, 1997.

________. "Religious Curses and Christian Vindictiveness, 1 Cor. 12-14." 164-83 in *After Paul Left Corinth*. Grand Rapids: Eerdmans, 2001.

Wire, Antoinette C. *The Corinthian Women Prophets*. Minneapolis: Fortress, 1990.

Wischmeyer, O. *Der böchste Weg: Das 13 Kapitel des 1 Kor*. Gtersloh: Mohn, 1981.

Wiseman, J. "Corinth and Rome 1." *Aufstieg und Niedergang der rmischischen Welt* 2:7:1 (1979): 438-548.

Witherington, Ben. *Women in the Earliest Churches*. Cambridge: Cambridge University Press, 1988.

________. *Conflict and Community in Corinth*. Grand Rapids: Eerdmans, 1995.

Wright, N. T. *The Resurrection of ths Son of God*. London: SPCK, 2003.

Zodhiates, S. 1 Cor. 12. 2 vols. Chattanooga, Tenn.: AMG Publishers, 1983.

| 주석들 |

Allo, E.-B. *Première Épître aux Corinthians*. Paris: Gabalda, 2d edn. 1956.

Ambrose, *Commentarius in epistolam Beati Pauli ad Corinthios primam*. Vol. 17 in J. P. Migne (ed.). Patrologia Latina. Paris: Petit-Montrouge, 1857-86.

Barrett, C. K. A *Commentary on the First Epistle to the Corinthians*. London: Black, 2d edn. 1971.

Bengel, J. A. *Gnomon Novi Testamenti*. Stuttgart: Steinkopf and London: Dulau (from 3d edn. 1773), 1886.

Bruce, F. F. *1 and 2 Corinthians*. London: Oliphants, 1971.

Calvin, John. *The First Epistle of Paul to the Corinthians*. Eng. tr. Edinburgh: Oliver & Boyd and St. Andrews, 1960.

Chrysostom, John. *Homilies on 1 and 2 Corinthians*. Edinburgh: T&T Clark and Grand Rapids: Eerdmans, rpt. 1989.

Collins, R. F. *First Corinthians*. Collegeville, Minn.: Glazier, 1999.

Conzelmann, Hans. *1 Corinthians*. Philadelphia: Fortress, 1975.

Craig, C. T. "The First Epistle to the Corinthians." 3-262 in *The Interpreter's Bible*, vol. 10. New York and Nashville: Abingdon, 1953.

Deluz, Gaston. *Companion to 1 Corinthians*. Eng. tr. London: Darton, Longman & Todd, 1963.

Edwards, T. C. A *Commentary on the First Epistle to the Corinthians*. London: Hodder, 2d edn. 1885.

Fee, Gordon D. *The First-Epistle to the Corinthians*. Grand Rapids: Eerdmans, 1987.

Garland, David E. *1 Corinthians*. Grand Rapids: Baker Academic, 2003.

Hays, Richard B. *First Corinthians*. Louisville: John Knox, 1997.

Heinrici, C. F. G. *Das erste Sendschreiben des Apostel Paulus an die Korinther*. Berlin: Hertz, 1880.

Héring, Jean. *First Epistle of St Paul to the Corinthians*. Eng. tr. London: Epworth, 1962.

Horsley, R. A. *1 Corinthians*. Nashville: Abingdon, 1998.

Johnson, Alan F. *1 Corinthians*. Downers Grove, Ill.: InterVarsity Press, 2004.

Kistemaker, Simon J. *1 Corinthians*. Grand Rapids: Baker Book House, 1993.

Lightfoot, J. B. *Notes on the Epistle of St. Paul*. London: Macmillan, 1895.

Luther, Martin. *Works*: Vol. 28, Commenta*ry on 1 Corinthians 7 and 15*. St Louis: Concordia, 1973.

Merklein, H. *Der erste Brief and die Korinther kapitel 1-4* Gütersloh: Gütersloher and Mohr: Echter, 1992-2005.

Moffatt, James. *The First Epistle of Paul to the Corinthians*. London: Hodder, 1938.

Murphy-O'Connor, Jerome. *1 Corinthians*. Wilmington, Del.: Glazier, 1979 and Oxford: Oxford University Press, 1997.

Robertson, A. T., and A. Plummer. *A Critical and Exegetical Commentary on the First Epistle of St Paul to the Corinthians*. Edinburgh: T&T Clark, 2d edn. 1914.

Senft, C. *La Première Epître de Saint Paul aux Corinthians*. Commentaire du Nouveau Testament. Geneva: Labor et Fides, 2d rev. ed. 1990 (1979).

Schrage, Wolfgang. *Der erste Brief an die Korinther*, 4 vols. Zürich: Benziger and Neukirchen-Vluyn: Neukirchener, 1991-2001.

Thiselton, Anthony C. *The First Epistle to the Corinthians: A Commentary on the Greek Text*. Grand Rapids: Eerdmans and Carlisle: Paternoster, 2000.

Weiss, Johannes. *Der erste Koringherbrief*. Göttingen: Vandenhoeck & Ruprecht, 1910, rpt. 1977.

고린도전서

초판 1쇄 발행 2011년 4월 29일
초판 2쇄 발행 2013년 3월 20일
2판 4쇄 발행 2023년 11월 28일

지은이 앤서니 C. 티슬턴
옮긴이 권연경
펴낸이 유동휘
펴낸곳 SFC출판부
등록 제104-95-65000
주소 (06593) 서울특별시 서초구 고무래로 10-5 2층 SFC출판부
Tel (02)596-8493
Fax 0505-300-5437
홈페이지 www.sfcbooks.com
이메일 sfcbooks@sfcbooks.com
기획・편집 편집부
디자인편집 최건호
ISBN 978-89-93325-94-2 (03230)
값 30,000원